한 권으로 끝내는 영단어

수능 2000

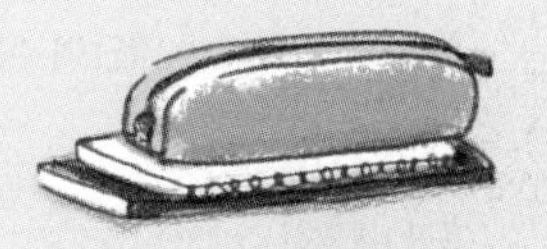

한 권으로 끝내는 영단어 수능 2000

초판 1쇄 인쇄 2022년 12월 15일
초판 1쇄 발행 2023년 1월 2일

지은이 김호성
펴낸이 임승규 김문식 최민석
기획편집 박소호 김재원 이혜미 조연수 김지은 정혜인
디자인 배현정
제작 제이오
펴낸곳 ㈜해피북스투유
출판등록 2016년 12월 12일 제2016-000343호
주소 서울시 성북구 종암로 63, 5층 501호(종암동)
전화 02-336-1203
팩스 02-336-1209

ISBN 979-11-6479-853-7 53740

단어 암기하시나요? 즐겁게 단어 공부를 하세요!

단백질, 지방, 탄수화물, 섬유질, 무기질 등과 같은 영양소가 부족하면 우리 몸은 이상이 생깁니다. 마찬가지로 말소리, 의미, 문법, 형태 등의 중요한 요소를 반영하는 단어는 모국어뿐만 아니라 특히 외국어 공부에서도 필수적이므로, 언어 학습에 있어 반드시 필요한 요소로 여겨집니다. 외국어는 공부를 할 때에만 접하게 되므로, 우리는 필수적인 단어를 그저 시험 대비용으로만 암기하게 되는데, 그렇게 익혀서는 안 됩니다.

한 연구 결과에 따르면, 우리의 뇌가 하나의 새로운 단어를 암기하는 데 최소 50초가 걸린다고 합니다. 이렇게 시간이 많이 소요되는 이유는, 새로운 단어를 암기하는 것이 우리 뇌로 하여금 저항하도록 만들기 때문이라고 합니다. 이렇듯 단어 암기는 매우 힘든 일입니다.
효과적으로 단어를 뇌 속에 저장시키기 위해서 우선 말소리, 즉 발음을 연상하면서 암기해야 합니다. 눈으로만 읽거나, 손으로만 적는 것보다 발음을 수반한 연습을 통해서 단어 공부의 효율성을 높여야 합니다. 또한 외우는 단어가 적용된 예문을 읽어보는 것이 중요합니다. 자신이 학습한 단어가 예문에 어떻게 활용되는지를 직접 확인하여 뇌에 각인시키면 기억하기에도 좋습니다.

즐거운 마음이 단어를 뇌 속에서 지속 가능하게 만듭니다!

단어를 조급하게 암기하기보다는 즐거운 마음으로 공부하는 것이 중요합니다. 긍정적인 마음을 가지고, 단어 공부에 시간과 에너지를 아끼지 말고 꾸준히 지속해야 합니다. 우리의 학습과 생활에 필수적인 영어 단어에 시간을 투자하는 것은 곧 우리 자신의 미래에 투자하는 것이니까요.

Knowing it is not as good as loving it; loving it is not as good as delighting in it.
아는 자는 좋아하는 자를 이기지 못하고, 좋아하는 자는 즐기는 자를 이기지 못한다.

즐거운 단어 공부를 〈한 권으로 끝내는 영단어 수능 2000〉과 함께 하세요!

저자 김호성

▶ 공들인 집필기

20여 년간 현장에서 학생들을 가르치면서 단어 암기에 어려움을 호소하는 학생들을 많이 봐왔습니다.
"단어 때문에 시험을 망쳤다!", "그 단어만 알았어도 맞출 수 있었는데…"라며 탄식하는 학생들의 소리를 많이 들었습니다.
그래서 어떻게 하면 학생들의 공부에 실질적인 도움이 되는 단어와 예문이 될 수 있을지에 대한 끊임없는 고민으로 본서의 집필이 이뤄졌습니다.

▶ 수능 2000 단어 선정

기존 단어장에 수록된 단어는 고전에 가까운 단어 중심인 느낌이었습니다.
〈한 권으로 끝내는 영단어 수능 2000〉은 최신 출제 경향을 반영하여 2017년 이후의 수능, 교육평가원 모의평가, 교육청 학력평가, EBS, 교과서의 지문을 중심으로 필수 단어를 선정하여 아래 기준으로 출제, 구성했습니다.

- **2017년 이후 수능 출제 빈출순**
- **모평, 학평 출제 빈출순**
- **EBS, 교과서 내신 출제 빈출순**
- **중요도, 난이도 고려하여 단어 배열**
- **혼동어, 다의어, 고난도 어휘-효율적 암기를 위한 체계적, 순차적 배열**

▶ 예문

- **수능, 모평, 학평, EBS 연계 교재의 3,800개 주요 지문 선정**
- **표제어의 쓰임에 가장 적합한 기출 예문 선정**
- **단어 학습에 효과적으로 예문 수정**

▶ 한끝더+하기 vs. 한끝+더하기

영어 단어에는 같은 단어가 다른 뜻을 나타내거나 서로 비슷한 철자, 발음, 의미로 인해서 혼동되는 단어들이 있어 학습을 어렵게 합니다. 이런 단어를 아래와 같이 구분하여 'A vs. B' 형식으로 비교하면서 학습함으로써 효율적인 공부가 될 수 있도록 구성하였습니다.

- **하나의 뜻만 알면 문제되는 어휘**
- **혼동하기 쉬운 어휘**
- **어법 시험에서 알면 유용한 표현**
- **시험에 잘 나오는 숙어**
- **시험에 잘 나오는 동사구**
- **어원으로 이해하는 어휘**

▶ Crossword Puzzle

퍼즐 풀기 방식으로 즐겁게 공부하면 뇌새김을 좀 더 효과적으로 만들 수 있습니다.
일별로 중요한 단어를 선정하여 퍼즐을 풀어보면서 효과적인 학습을 할 수 있습니다.

▶ Vocab +

최근 시험 출제 경향인 동의어와 반의어를 최대한 수록함으로써 수능뿐만 아니라 내신에도 대비할 수 있도록 하였습니다.
또한, 표제어 관련 숙어를 통해 단어의 활용도를 높였습니다.

▶ 영단어 암기 App 서비스 제공

'CLASS CARD'와 '암기고래' 제휴를 통해 더욱 쉽고 재미있게 단어를 암기할 수 있도록 하였습니다.

[한 권으로 끝내는 영단어 수능 2000]이 수능과 내신 1등급을 보장합니다.
'한끝영단어 수능 2000'은 서로 관련된 단어를 DAY별로 인접하게 배치함으로써 반복 간격(spaced repetition)을 활용하여 쉽게 암기하고 오래 기억에 남을 수 있도록 하였습니다.

▶ STRUCTURE & FEATURES

빈출, 신출, 중요도 및 난이도 등을 반영해 단어를 50일로 구성하여 체계적·효과적으로 학습할 수 있습니다.

표제어 난이도를 제시하여 체감 난이도와 비교할 수 있고, 3회독 표시를 통해 반복 학습이 용이하도록 하였습니다.

최신 기출 단어 중심의 표제어 선정

2017년 수능 이후 출제된 최신 단어 중 빈출도 및 중요도 순으로 2,000단어를 선정하였습니다.

수능, 모평, 학평, EBS 연계 교재 예문 100%

3,800개 지문에서 선정한 예문을 단어 학습에 효과적인 문장으로 수정, 반영하였습니다.

시험에 출제가 잘 되는 유의어, 반의어 학습

지문에서 중요한 단어의 유의어와 반의어를 활용하여 문제를 출제하는 최근 시험의 경향을 반영하여 구성하였으며, 변별력 있는 문제 대비를 위해 유의어는 다소 어려운 단어를 수록하였습니다.

내신빈출 단어

중간, 기말고사 내신시험에 자주 출제되는 단어를 별도 표시함으로써 암기해야 할 동기부여를 명확히 하였습니다.

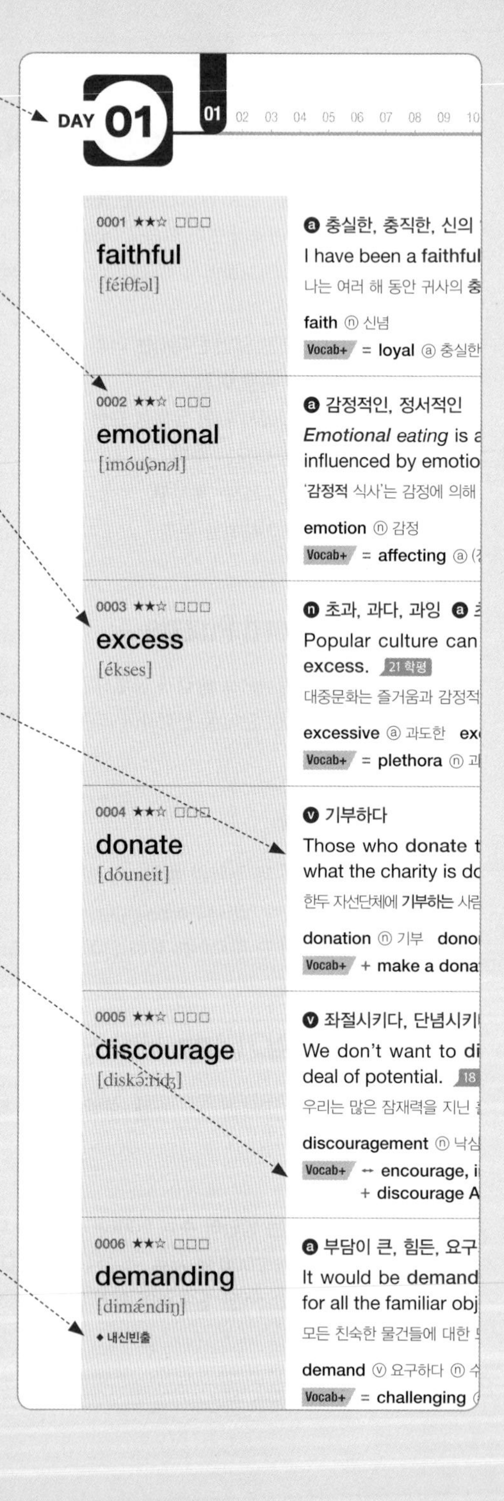
DAY 01

01 02 03 04 05 06 07 08 09 10

0001 ★★☆ □□□
faithful [féiθfəl]
ⓐ 충실한, 충직한, 신의
I have been a faithful
나는 여러 해 동안 귀사의 충
faith ⓝ 신념
Vocab+ = loyal ⓐ 충실한

0002 ★★☆ □□□
emotional [imóuʃənəl]
ⓐ 감정적인, 정서적인
Emotional eating is a
influenced by emotio
'감정적 식사'는 감정에 의해
emotion ⓝ 감정
Vocab+ = affecting ⓐ (

0003 ★★☆ □□□
excess [ékses]
ⓝ 초과, 과다, 과잉 ⓐ
Popular culture can
excess. 21 학평
대중문화는 즐거움과 감정적
excessive ⓐ 과도한 ex
Vocab+ = plethora ⓝ 과

0004 ★★☆ □□□
donate [dóuneit]
ⓥ 기부하다
Those who donate t
what the charity is do
한두 자선단체에 기부하는 사람
donation ⓝ 기부 dono
Vocab+ + make a dona

0005 ★★☆ □□□
discourage [diskə́:ridʒ]
ⓥ 좌절시키다, 단념시키
We don't want to di
deal of potential. 18
우리는 많은 잠재력을 지닌
discouragement ⓝ 낙심
Vocab+ ↔ encourage, i
+ discourage A

0006 ★★☆ □□□
demanding [dimǽndiŋ]
◆ 내신빈출
ⓐ 부담이 큰, 힘든, 요구
It would be demand
for all the familiar obj
모든 친숙한 물건들에 대한
demand ⓥ 요구하다 ⓝ 수
Vocab+ = challenging

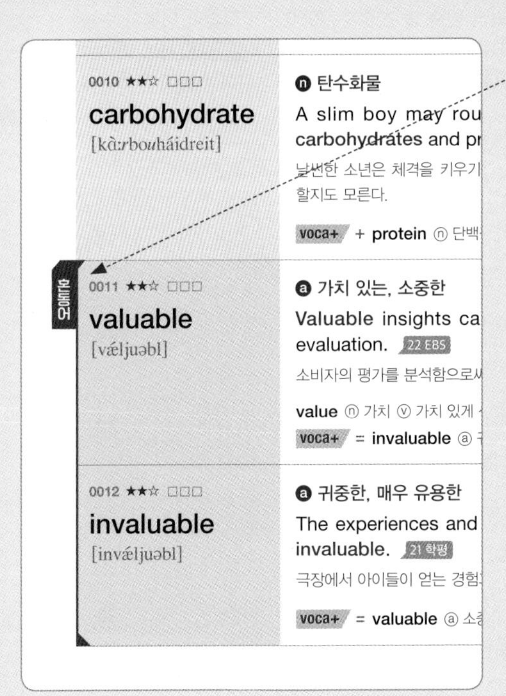

혼동어, 다의어, 고난도 어휘 학습

단어 학습에서 있어서 발음이나 철자의 유사성으로 인해 간섭을 받는 혼동어와 하나의 뜻만 암기하고 있으면 문제가 되는 시험빈출 다의어, 최신 기출에서 자주 등장한 고난도 어휘를 매일 학습하도록 적절한 배분으로 구성하였습니다.

이 책에 쓰인 기호

ⓝ 명사 ⓥ 동사 ⓐ 형용사 ad 부사
ⓟ 전치사 ⓒ 접속사 pl 복수형
↔ 반의어 = 동의어 + 숙어 및 기타 표현

듣기 파일 이용 방법

DAY별 본문 상단의 QR코드를 찍으면 해당 DAY의 MP3 파일을 바로 들을 수 있습니다.

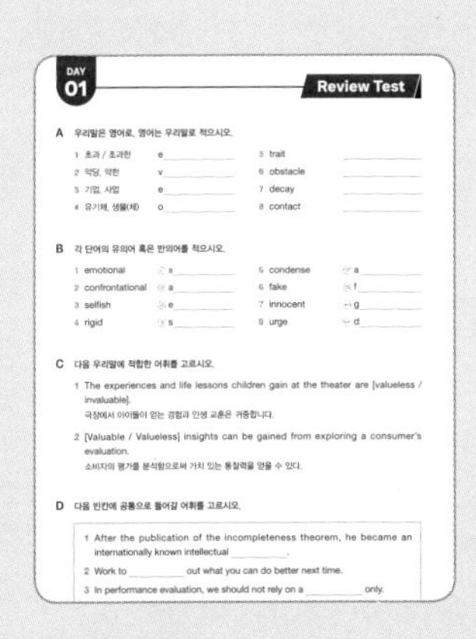

Review Test

DAY별로 주요한 단어를 선정하여, 4가지 유형의 Test로 학습을 점검할 수 있도록 출제하였습니다.

한끝더+하기 vs. 한끝+더하기

하나의 뜻만 알면 문제되는 어휘, 혼동하기 쉬운 어휘, 어법 시험에서 유용한 표현, 시험빈출 숙어, 시험빈출 동사구, 어원별 어휘 학습을 'A vs. B' 형식으로 제공하였습니다.

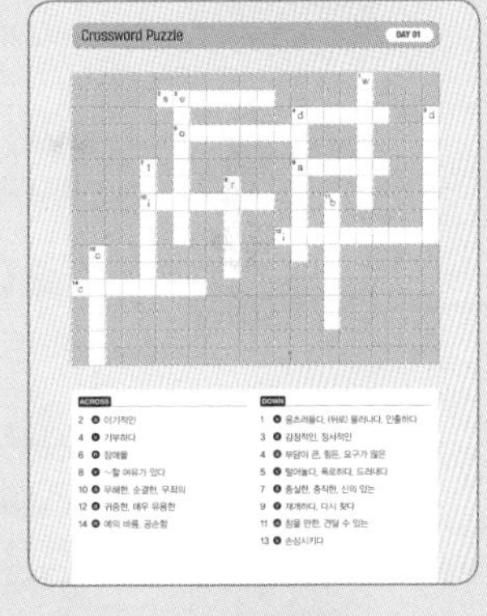

Crossword Puzzle

시험에서 중요한 단어를 크로스워드 퍼즐 형식으로 만들어 실전에 효과적으로 대비할 수 있고 즐겁게 암기할 수 있도록 하였습니다.

▸ CONTENTS

[한 권으로 끝내는 영단어 수능 2000]은 최신 빈출 및 신출순 2000단어 학습과 더불어 수능에서 꼭 알아야 할 내용을 선별하여 '한끝더+하기 vs. 한끝+더하기' 코너를 통해 서로 비슷한 형태, 발음, 의미로 인해서 혼동하게 되는 어휘를 비교하는 방식으로 구성하여 수능에 완벽하게 대비할 수 있도록 하였습니다.

▸ CONTENTS

0001 ★★☆ □□□
faithful
[féiθfəl]

ⓐ 충실한, 충직한, 신의 있는 19 EBS

I have been a **faithful** customer of your company for several years.

나는 여러 해 동안 귀사의 **충실한** 고객이었습니다.

faith ⓝ 신념

Vocab+ = **loyal** ⓐ 충실한 ↔ **unfaithful** ⓐ 불성실한

0002 ★★☆ □□□
emotional
[imóuʃənəl]

ⓐ 감정적인, 정서적인

Emotional eating is a popular term used to describe eating that is influenced by emotions. 18 모평

'**감정적** 식사'는 감정에 의해 영향 받는 식사를 설명하는 데 사용되는 일반적인 용어이다.

emotion ⓝ 감정

Vocab+ = **affecting** ⓐ (정서적으로) 충격적인 **sentimental** ⓐ 정서적인

0003 ★★☆ □□□
excess
[ékses]

ⓝ 초과, 과다, 과잉 ⓐ 초과한, 과도한

Popular culture can be said to display pleasure and emotional **excess**. 21 학평

대중문화는 즐거움과 감정적 **과잉**을 보여준다고 말할 수 있다.

excessive ⓐ 과도한 **excessively** ⓐⓓ 지나치게

Vocab+ = **plethora** ⓝ 과잉, 과다

0004 ★★☆ □□□
donate
[dóuneit]

ⓥ 기부하다

Those who **donate** to one or two charities seek evidence about what the charity is doing. 17 수능

한두 자선단체에 **기부하는** 사람들은 그 자선단체가 무슨 일을 하고 있는지에 관한 증거를 찾는다.

donation ⓝ 기부 **donor** ⓝ 기부자

Vocab+ + **make a donation of** ~의 금액을 기부하다

0005 ★★☆ □□□
discourage
[diskə́:ridʒ]

ⓥ 좌절시키다, 단념시키다

We don't want to **discourage** a good student who has a great deal of potential. 18 EBS

우리는 많은 잠재력을 지닌 훌륭한 학생을 **좌절시키는** 것을 원하지 않는다.

discouragement ⓝ 낙심

Vocab+ ↔ **encourage, inspire** ⓥ 격려하다
+ **discourage A from -ing** A가 ~하는 것을 단념시키다

0006 ★★☆ □□□
demanding
[dimǽndiŋ]
◆ 내신빈출

ⓐ 부담이 큰, 힘든, 요구가 많은

It would be **demanding** to always consider all the possible uses for all the familiar objects. 20 모평

모든 친숙한 물건들에 대한 모든 가능한 용도를 항상 고려하는 것은 **부담이 클** 것이다.

demand ⓥ 요구하다 ⓝ 수요

Vocab+ = **challenging** ⓐ 도전적인 **exhausting** ⓐ 진을 빼는

0007 ★★☆ □□□

conversely
[kənvə́ːrsli]

ⓐⓓ 반대로, 역으로 (19 학평)

If a favor is extended to us, we will be liklely to return it. **Conversely**, if others aren't helpful to us, we are not likely to.

(누군가가) 우리에게 호의를 베풀면, 우리는 그것을 갚을 가능성이 높다. **반대로**, 다른 사람들이 우리에게 도움이 되지 않는다면, 우리는 그럴 가능성이 없다.

converse ⓐ 정반대의 ⓝ 정반대, 역 ⓥ 대화하다

Vocab+ = **contrarily** ⓐⓓ 이에 반하여, 역으로

0008 ★★☆ □□□

condense
[kəndéns]

ⓥ 응축하다, 요약하다

The mathematical goal is the achievement of a formula that **condenses** your manipulatory gestures. (20 학평)

수학의 목표는 여러분의 조작적 표현을 **응축하는** 공식의 완성이다.

condensation ⓝ 응축, 응결, 결로

Vocab+ = **summarize, abridge** ⓥ 요약하다 **compress** ⓥ 압축하다

0009 ★★☆ □□□

colonize
[kálənàiz]

ⓥ 식민지로 개척하다, 식민지로 만들다; 대량서식하다

Australia was **colonized** 45,000 years ago by pioneers spreading east from Africa along the shore of Asia. (13 수능)

호주는 아프리카로부터 아시아의 해안을 따라 동쪽으로 세력을 넓혔던 개척자들에 의해 45,000년 전에 **식민지로 개척되었다**.

colonization ⓝ 식민지화 **colony** ⓝ 식민지; 군집

0010 ★★☆ □□□

carbohydrate
[kὰːrbouháidreit]

ⓝ 탄수화물

A slim boy may routinely consume foods that are dense in **carbohydrates** and proteins to 'bulk up.' (10 모평)

날씬한 소년은 체격을 키우기 위해 **탄수화물**과 단백질이 촘촘한 음식을 일상적으로 섭취할지도 모른다.

Vocab+ + **protein** ⓝ 단백질 **fat** ⓝ 지방 **fiber** ⓝ 섬유질

혼동어

0011 ★★☆ □□□

valuable
[vǽljuəbl]

ⓐ 가치 있는, 소중한

Valuable insights can be gained from exploring a consumer's evaluation. (22 EBS)

소비자 평가를 분석함으로써 **가치 있는** 통찰력을 얻을 수 있다.

value ⓝ 가치 ⓥ 가치 있게 생각하다

Vocab+ = **invaluable** ⓐ 귀중한 ↔ **valueless** ⓐ 가치 없는

0012 ★★☆ □□□

invaluable
[invǽljuəbl]

ⓐ 귀중한, 매우 유용한

The experiences and life lessons children gain at the theater are **invaluable**. (21 학평)

극장에서 아이들이 얻는 경험과 인생 교훈은 **귀중합니다**.

Vocab+ = **valuable** ⓐ 소중한 **precious** ⓐ 귀중한

0013 ★☆☆ □□□

widespread
[wáidsprèd]

ⓐ 널리 보급되어 있는, 널리 퍼진

In Germany, the Netherlands, and Norway, employee board representation is **widespread**. 22 EBS

독일, 네덜란드, 노르웨이에서는 종업원 이사회 대표제가 **널리 보급되어 있다**.

Vocab+ = **diffuse** ⓐ 널리 퍼진 **prevailing** ⓐ 우세한, 만연한

0014 ★★☆ □□□

trait
[treit]

ⓝ 특징, 특성

A fundamental **trait** of human nature is its incredible capacity for adaptation. 18 학평

인간 본성의 근본적인 하나의 **특성**은 그것의 놀라운 적응력이다.

Vocab+ = **characteristic** ⓝ 특징 ⓐ 특유의 **property** ⓝ 속성

0015 ★★☆ □□□

obstacle
[ɑ́bstəkl]

ⓝ 장애물

A problematic image is a major **obstacle** in attracting tourists. 18 학평

문제가 있다는 이미지는 관광객들을 끌어들이는 데 있어서 주된 **장애물**이다.

Vocab+ = **barrier** ⓝ 장벽, 장애물 **hurdle** ⓝ 장애물

0016 ★☆☆ □□□

resume
[rizjú:m]

◆ 내신빈출

ⓥ 재개하다, 다시 찾다

His team **resumed** their normal working hours. 18 EBS

그의 팀은 정상적인 업무 시간을 **재개했다**.

resumption ⓝ 재개

Vocab+ + **résumé** ⓝ 이력서

0017 ★★☆ □□□

fake
[feik]

ⓥ ~체하다, 속이다 ⓐ 가짜의, 거짓된, 모조의 ⓝ 모조품, 사기꾼 17 EBS

Whatever you do, please don't paste a **fake** smile on your face.

무엇을 하든지, 제발 얼굴에 **가짜** 미소를 띠지 마라.

Vocab+ = **fabricate** ⓥ 속이다 **counterfeit** ⓐ 위조의 ⓥ 위조하다

0018 ★☆☆ □□□

possess
[pəzés]

ⓥ 소유하다; ~의 마음을 사로잡다

Knowledge **possessed** by an individual determines which stimuli become the focus of that individual's attention. 18 모평

한 개인이 **소유하고** 있는 지식은 어떤 자극이 그 개인의 관심에 초점이 되는지를 결정한다.

possession ⓝ 소유, 소유물

Vocab+ = **own** ⓥ 소유하다

0019 ★☆☆ □□□

organism

[ɔ́ːrɡənìzəm]

ⓝ 유기체, 생물(체)

If an **organism** does not have a receptor for the particular odor molecule, for that organism, the odor has no smell. 21 EBS

어떤 **생물체**가 그 특정한 냄새 분자에 대한 감각 기관을 갖고 있지 않다면 그 생물체는 그 냄새를 맡지 못한다.

organic ⓐ 유기농의

Vocab+ = **creature** ⓝ 생명체

0020 ★★☆ □□□

confrontational

[kɑ̀nfrəntéiʃənl]

ⓐ 대립을 일삼는

When you understand what another person is trying to do, it is **confrontational** to prevent that person from doing it. 18 학평

다른 사람이 무엇을 하려고 애쓰는지 알고 있는데, 그 사람이 그것을 못 하게 막는 것은 **대립을 일삼는** 것이다.

confrontation ⓝ 대립 **confront** ⓥ 정면으로 맞서다

Vocab+ = **adversarial** ⓐ 적대적인

다의어

0021 ★☆☆ □□□

figure

[fíɡjər]

1. ⓝ 인물 2. ⓝ 숫자, 수치 3. ⓥ 알아내다, 이해하다, 계산하다

1. After the publication of the incompleteness theorem, he became an internationally known intellectual **figure**. 19 학평

   불완전성 정리의 발표 후, 그는 국제적으로 알려진 지적인 **인물**이 되었다.

2. In performance evaluation, we should not rely on **figures** only. 15 수능

   업무 수행 평가에 있어서, 우리는 그저 **수치**에만 의존해서는 안 된다.

3. Work to **figure** out what you can do better next time. 19 모평

   다음번에 여러분이 무엇을 더 잘할 수 있을지 **알아내도록** 노력하라.

figurative ⓐ 비유적인; 조형의

Vocab+ = **number** ⓝ 수, 숫자 **numeral** ⓝ 숫자 ⓐ 수의

0022 ★☆☆ □□□

innocent

[ínəsənt]

ⓐ 무해한, 순결한, 무죄의

Even proven toxins, such as lead and mercury, were presumed **innocent** for years. 18 EBS

심지어 납과 수은 같이 검증된 독성 물질도 수년 동안 **무해하다**고 여겨졌다.

innocence ⓝ 무죄, 순결

Vocab+ ↔ **guilty** ⓐ 유죄의

0023 ★☆☆ □□□

graduate

ⓥ[ɡrǽdʒuèit]

ⓝ[ɡrǽdʒuət]

ⓥ 졸업하다, (졸업생을) 배출시키다 ⓝ 졸업생; 대학원

Charles Richard Drew **graduated** from McGill University Medical School in Montreal, Canada. 17 학평

Charles Richard Drew는 캐나다 몬트리올에 있는 McGill University 의과대학을 **졸업했다**.

graduation ⓝ 졸업

Vocab+ + **graduate from** ~을 졸업하다

0024 ★☆☆ □□□

enterprise [éntərpràiz]

ⓝ 기업, 사업, 일

Today's parents devote more time and money to the parenting **enterprise** than did earlier generations. 18 EBS

오늘날의 부모들은 이전 세대가 그랬었던 것보다 육아 **일**에 더 많은 시간과 돈을 쏟는다.

Vocab+ + **entrepreneur** ⓝ 기업가

0025 ★☆☆ □□□

disclose [disklóuz]

◆ 내신빈출

ⓥ 털어놓다, 폭로하다, 드러내다

Steven was hesitant at first but soon **disclosed** his secret. 20 모평

Steven은 처음에는 주저했지만, 곧 자신의 비밀을 **털어놓았다**.

disclosure ⓝ 폭로

Vocab+ = **reveal** ⓥ 드러내다

0026 ★★☆ □□□

decay [dikéi]

ⓝ 부패, 쇠퇴 ⓥ 품질이 저하되다, 부패하다, 쇠퇴하다

Ripening is followed sometimes quite rapidly by deterioration and **decay**, and the product becomes worthless. 20 모평

숙성 이후에 때로는 아주 빠르게 품질 저하와 **부패**가 뒤따라서, 제품이 가치 없게 된다.

Vocab+ = **corrode** ⓥ 부식시키다 **deteriorate** ⓥ 악화되다

0027 ★☆☆ □□□

contact [kántækt]

ⓝ 접촉, 연락 ⓥ 연락하다

The urban environment is generally designed so as not to make **contact** with our skin. 21 학평

도시 환경은 일반적으로 우리의 피부와 **접촉**하지 않도록 설계된다.

Vocab+ = **communication** ⓝ 의사소통, 연락
+ **keep in contact with** ~와 접촉[연락]을 유지하다

0028 ★☆☆ □□□

classify [klǽsəfài]

ⓥ 분류하다

Classifying things together into groups is something we do all the time. 21 수능

사물들을 묶어서 그룹으로 **분류하는** 것은 우리가 항상 하는 일이다.

classification ⓝ 분류 **classified** ⓐ 분류된; 기밀의

0029 ★☆☆ □□□

afford [əfɔ́ːrd]

ⓥ ~할 여유가 있다

If even the poor could **afford** wooden artifacts, the rich would not want to own them! 22 EBS

가난한 사람들조차 목재 공예품을 살**만한 여유가 있다**면, 부자들은 그것을 소유하고 싶어 하지 않을 것이다!

affordable ⓐ (가격이) 알맞은, 입수 가능한, 줄 수 있는

0030 ★★☆ □□□

withdraw
[wiðdrɔ́ː]
◆ 내신빈출

ⓥ 움츠러들다, 위축시키다, (뒤로) 물러나다; 인출하다 20 학평

An authoritarian form of correction often prompts even the very brightest of students to **withdraw** from an uncomfortable situation.
권위적인 형태의 교정은 흔히 단연코 가장 명석한 학생들조차도 불편한 상황에서 **움츠러들게** 만든다.

withdrawal ⓝ 위축, 물러남; 인출
Vocab+ = **pull out** ~을 빼내다 **extract** ⓥ 꺼내다

0031 ★★☆ □□□

urge
[əːrdʒ]

ⓥ 촉구하다, 강요하다 ⓝ 욕구, 충동 21 EBS

There was no authority figure **urging** the participants to continue.
참가자들에게 계속하라고 **촉구하는** 권위 있는 사람이 없었다.

Vocab+ ↔ **discourage** ⓥ 위축시키다

0032 ★★☆ □□□

therapy
[θérəpi]

ⓝ 치료법

Gene **therapy** works by inserting a normal copy of the human gene in place of the faulty one. 20 EBS
유전자 **치료**는 인간유전자의 정상적인 복제품을 결함이 있는 유전자를 대신하여 삽입함으로써 작용한다.

therapeutic ⓐ 치료상의 **therapist** ⓝ 치료사
Vocab+ = **treatment** ⓝ 치료, 처치

0033 ★★☆ □□□

startling
[stáːrtliŋ]

ⓐ 깜짝 놀랄 만한, 아주 놀라운

The results were quite simply **startling**. 17 학평
결과는 정말 놀랍기 그지없었다.

startle ⓥ 놀라게 하다
Vocab+ = **alarming** ⓐ 놀라운 **astonishing** ⓐ 깜짝 놀라게 하는

0034 ★★☆ □□□

selfish
[sélfiʃ]

ⓐ 이기적인

Such **selfish** learning cannot be allowed by society. 18 학평
그렇게 **이기적인** 학습은 사회에 의해 허용될 수 없다.

selfishness ⓝ 이기적임
Vocab+ = **egoistic** ⓐ 이기주의의 **egocentric** ⓐ 자기중심적인

0035 ★★☆ □□□

rigid
[rídʒid]

ⓐ 엄격한, 완고한, 굳은

A young teacher might begin with a highly principled but **rigid** idea that fairness is treating all students the same. 21 EBS
젊은 교사는 공정함이란 모든 학생을 똑같이 대하는 것이라는 매우 원칙적이지만 **엄격한** 생각을 가지고 시작할 수도 있다.

rigidity ⓝ 엄격함
Vocab+ = **strict** ⓐ 엄격한 **stiff** ⓐ 뻣뻣한, 경직된

0036 ★★☆ □□□

bearable
[bέ(:)ərəbl]

ⓐ 참을 만한, 견딜 수 있는

If you have the belief that you're there for yourself, every situation seems more **bearable** and achievable. 18 학평

만약 여러분이 자신을 위해 그곳에 있다는 믿음을 갖는다면, 모든 상황이 더욱 **견딜 수 있고** 성취 가능한 듯 보인다.

bear ⓥ 참다

Vocab+ = **endurable, tolerable** ⓐ 참을 수 있는
↔ **unbearable** ⓐ 참을 수 없는

0037 ★★★ □□□

hospitality
[hàspətǽləti]

ⓝ 환대, 접대

A piece of plate hangs in my dining room as a pleasant reminder of her **hospitality**. 13 모평

한 점의 접시가 그녀의 **환대**를 기분 좋게 생각나게 해주는 물건으로서 내 부엌에 걸려 있다.

hospitable ⓐ 환대하는

Vocab+ + **hospitality suite** 귀빈실

고난도

0038 ★★★ □□□

civility
[sivíləti]

ⓝ 예의 바름, 공손함

Regular members' cohesion helped cement the culture of **civility** even more. 16 학평

정규 구성원들의 결속은 **예의 바름**의 문화를 훨씬 더 견고하게 하는 데 도움이 되었다.

civil ⓐ 시민의

Vocab+ + **with civility** 공손하게

0039 ★★★ □□□

villain
[vílən]

ⓝ (이야기·연극 등의 중심인물인) 악당[악한] 20 학평

Because of the conventions of appearance, dress, and manners in a western movie, we recognize the hero, sidekick, **villain** on sight.

서부 영화에서, 외모, 복장, 행동 방식의 관례 때문에, 우리는 주인공, 조연, **악당**을 보자마자 알아차린다.

Vocab+ + **heroes and villains** 영웅과 악당

0040 ★★★ □□□

cripple
[krípl]

ⓥ 손상시키다

Gutenberg, a faithful Catholic, never foresaw that his invention would **cripple** the church he loved. 18 EBS

신실한 가톨릭 신자였던 Gutenberg는 자신의 발명품이 자신이 사랑했던 교회를 심각하게 **손상시킬** 것이라고는 결코 예측하지 못했다.

Vocab+ = **disable** ⓥ 무능하게 하다

DAY 01

Review Test

A 우리말은 영어로, 영어는 우리말로 적으시오.

1 초과; 초과한 e__________
2 악당, 악한 v__________
3 기업, 사업 e__________
4 유기체, 생물(체) o__________
5 trait __________
6 obstacle __________
7 decay __________
8 contact __________

B 각 단어의 유의어 혹은 반의어를 적으시오.

1 emotional ⊜ s__________
2 confrontational ⊜ a__________
3 selfish ⊜ e__________
4 rigid ⊜ s__________
5 condense ⊜ a__________
6 fake ⊜ f__________
7 innocent ↔ g__________
8 discourage ↔ i__________

C 다음 우리말에 적합한 어휘를 고르시오.

1 The experiences and life lessons children gain at the theater are [valueless / invaluable].
극장에서 아이들이 얻는 경험과 인생 교훈은 귀중합니다.

2 [Valuable / Valueless] insights can be gained from exploring a consumer's evaluation.
소비자 평가를 분석함으로써 가치 있는 통찰력을 얻을 수 있다.

D 다음 빈칸에 공통으로 들어갈 어휘를 고르시오.

1 After the publication of the incompleteness theorem, he became an internationally known intellectual __________.
2 Work to __________ out what you can do better next time.
3 In performance evaluation, we should not rely on a __________ only.

① feature ② figure ③ character ④ number ⑤ celebrity

A 1 excess 2 villain 3 enterprise 4 organism 5 특징, 특성 6 장애물 7 부패, 쇠퇴; 품질이 저하되다 8 접촉, 연락; 연락하다 B 1 sentimental 2 adversarial 3 egoistic[egocentric] 4 strict[stiff] 5 abridge 6 fabricate 7 guilty 8 inspire C 1 invaluable 2 Valuable D ② figure

discount

ⓝ 할인 ⓥ 할인하다	You are offered a two percent **discount** when paying in cash. 현금으로 결제하시면 2% **할인**을 받습니다.
ⓥ 평가절하하다	Students shouldn't **discount** the importance of studying. 학생들은 공부의 중요성을 **평가절하해서는** 안 된다.

second

ⓝ (시간 단위) 초	Most people do not like repetitive 30-**second** TV commercials. 대부분의 사람들은 반복적인 30**초**짜리 TV 광고를 좋아하지 않는다.
ⓐ 둘째의	We preferred to sit in the **second** row in a bus. 우리는 버스에서 **두 번째** 줄에 앉는 것을 선호했다.

contract

ⓝ 계약(서) ⓥ 계약하다	The company signed a **contract** to merge with a competitor. 그 회사는 한 경쟁업체와 합병하는 **계약**을 체결하였다.
ⓥ 수축하다	A hot metal **contracts** as it cools. 뜨거운 금속은 식으면서 **수축한다**.
ⓥ (병에) 걸리다	Such a poor little girl **contracted** chicken pox. 그렇게 불쌍한 어린 여자 아이가 수두에 **걸렸다**.

compact

ⓐ 소형의, 작은	**Compact** cars offer great gas mileage and ease of driving in high traffic areas. **소형** 자동차는 교통량이 많은 지역에서 뛰어난 연비와 운전 편의성을 제공한다.
ⓝ 콤팩트(화장품의 종류)	A **compact** is a cosmetic product which includes a mirror and a powder. **콤팩트**는 거울과 파우더를 포함하는 화장품이다.

Crossword Puzzle

DAY 01

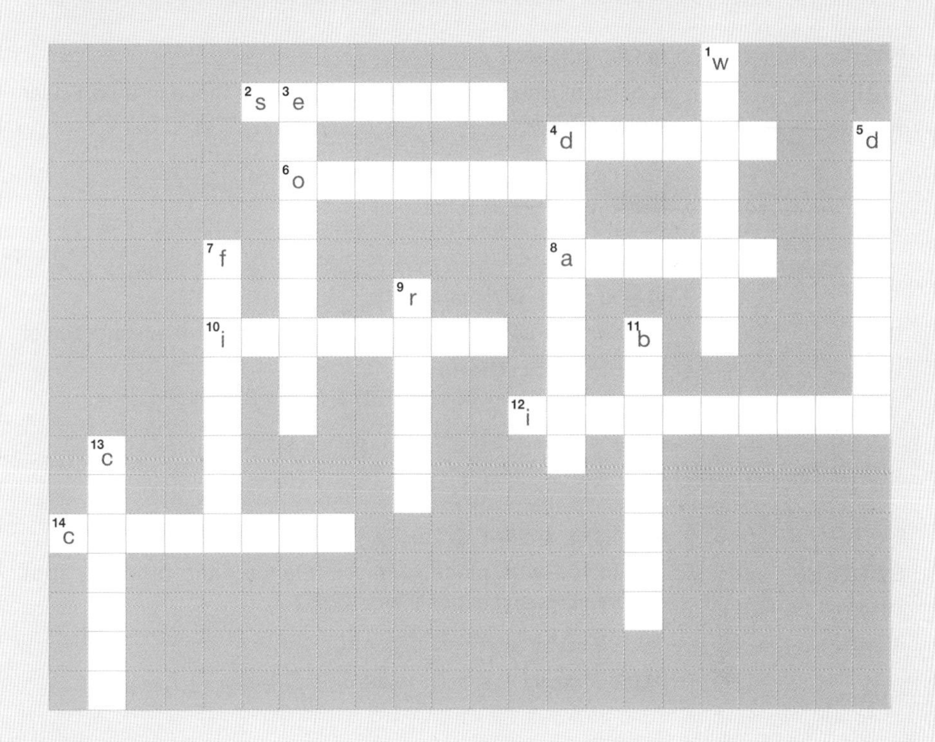

ACROSS

2 ⓐ 이기적인
4 ⓥ 기부하다
6 ⓝ 장애물
8 ⓥ ~할 여유가 있다
10 ⓐ 무해한, 순결한, 무죄의
12 ⓐ 귀중한, 매우 유용한
14 ⓝ 예의 바름, 공손함

DOWN

1 ⓥ 움츠러들다, (뒤로) 물러나다, 인출하다
3 ⓐ 감정적인, 정서적인
4 ⓐ 부담이 큰, 힘든, 요구가 많은
5 ⓥ 털어놓다, 폭로하다, 드러내다
7 ⓐ 충실한, 충직한, 신의 있는
9 ⓥ 재개하다, 다시 찾다
11 ⓐ 참을 만한, 견딜 수 있는
13 ⓥ 손상시키다

Answer p.514

0041 ★☆☆ □□□

welfare

[wélfɛ̀ər]

ⓝ 안녕, 복지, 행복

A political issue may affect the **welfare** of those in a particular group. 18 모평

정치적 문제가 특정 집단의 사람들의 **안녕**에 영향을 줄 수도 있다.

Vocab+ = **well-being** ⓝ 복지

0042 ★☆☆ □□□

trail

[treil]

ⓝ 흔적; 오솔길 ⓥ 추적하다; 끌다

We leave a **trail** of cues that are meant to guide the responses of our audiences. 20 EBS

우리는 청중들의 반응을 유도하기 위해 의도된 신호들의 **흔적**을 남긴다.

Vocab+ = **trace** ⓝ 흔적 ⓥ 추적하다 **path** ⓝ 작은 길

0043 ★☆☆ □□□

spot

[spɑt]

◆ 내신빈출

ⓥ 포착하다, 발견하다 ⓝ 장소; 점

Within the workplace, peers influence each other to **spot** opportunities and act on them. 20 모평

직장 내에서 동료들이 기회를 **포착하고** 그에 따라 행동하도록 서로에게 영향을 미친다.

Vocab+ = **detect** ⓥ 발견하다 **locate** ⓥ 위치를 찾아내다

0044 ★★☆ □□□

restrict

[ristríkt]

ⓥ 제한하다, 한정하다

The aerobic range of flight speeds for any bird is **restricted**. 20 학평

어떤 새에게나 대기 중에서 낼 수 있는 비행 속도의 범위가 **제한된다**.

restriction ⓝ 제한

Vocab+ = **limit** ⓥ 한계를 설정하다

0045 ★★☆ □□□

refine

[rifáin]

ⓥ 개선하다, 정제하다

The best science can really be seen as **refining** ignorance. 18 수능

최고의 과학은 진정 무지를 **개선하는** 것으로 여겨질 수 있다.

Vocab+ = **purify** ⓥ 정화[정제]하다 **polish** ⓥ 다듬다

0046 ★☆☆ □□□

pose

[pouz]

ⓥ 자세를 취하다; (문제를) 제기하다 ⓝ 자세

Changes in sea temperature may not **pose** an immediate threat to deep-sea fishes. 18 학평

바다 온도의 변화는 심해어류에 즉각적인 위협은 **제기하지** 않을 수 있다.

Vocab+ = **posture** ⓝ 자세 **raise** ⓥ 제기하다

0047 ★☆☆ □□□

ordinary

[ɔ́ːrdənèri]

ⓐ 평범한, 보통의, 일상적인

Schemata tell you what's typical or **ordinary** in a given situation. 18 수능

도식은 주어진 상황에서 무엇이 전형적이거나 **평범한** 것인지 여러분에게 말해 준다.

Vocab+ ↔ **extraordinary** ⓐ 비범한

0048 ★☆☆ □□□

inform

[infɔ́ːrm]

◆ 내신빈출

ⓥ 알리다, 통지하다

Crowd sourcing can **inform** people about whether to seek alternative routes. 22 EBS

크라우드 소싱은 사람들에게 대안 경로를 찾아야 할지에 대해 **알려줄** 수 있다.

information ⓝ 정보

Vocab+ = **notify** ⓥ 통지하다 + **inform A of B** A에게 B를 알리다

0049 ★☆☆ □□□

grab

[græb]

ⓥ 붙잡다, 움켜쥐다 ⓝ 움켜쥠

Executives should present their vision for the company in a manner that reaches out and **grabs** people's attention. 16 모평

임원들은 사람들의 관심에 도달해 그것을 **붙잡는** 방식으로 회사를 위한 자신들의 비전을 제시해야만 한다.

Vocab+ = **seize** ⓥ 붙잡다

혼동어

0050 ★★☆ □□□

altitude

[ǽltitjùːd]

ⓝ 고도

In the aircraft cockpit, a separate display was provided for **altitude**, airspeed, engine temperature, etc. 17 학평

항공기 조종실 안에는, **고도**, 대기 속도, 엔진 온도, 기타 등등을 위한 개별적인 디스플레이가 제공되었다.

Vocab+ = **elevation** ⓝ 고도, 상승

0051 ★★☆ □□□

latitude

[lǽtətjùːd]

ⓝ 위도, (위도 상의) 지역

In a few locations with prime conditions, particularly at **latitudes** near the equator, tea can be harvested year-round. 17 학평

최적의 조건을 갖춘 몇몇 지역, 특히 **위도**상 적도 부근의 지역에서는 차가 일 년 내내 수확될 수 있다.

Vocab+ + **cold latitudes** 한대 지방

0052 ★★☆ □□□

longitude

[lɑ́ndʒətjùːd]

ⓝ 경도

John Harrison, who invented a marine chronometer, made it possible for the first time for ships anywhere to establish their **longitude**. 18 학평

항해용 정밀 시계를 발명한 John Harrison은 최초로 어떤 곳에 있는 배도 자신의 **경도**를 확인하는 것을 가능하게 해주었다.

Vocab+ + **celestial longitude** [천문] 황경

0053 ★☆☆ □□□

agency
[éidʒənsi]

ⓝ 주체성, 주도성; 기관; 대행사, 대리점

People from more individualistic cultural contexts tend to be motivated to maintain self-focused **agency** or control. 19 수능

더 개인주의적인 문화 환경의 사람들은 자신에게 초점을 맞춘 **주체성** 또는 통제력을 유지하려는 동기를 가지는 경향이 있다.

agent ⓝ 행위자

Vocab+ + **CIA(Central Intelligence Agency)** 미국 중앙정보부

0054 ★☆☆ □□□

fiction
[fíkʃən]

ⓝ 공상, 허구, 소설

1984 is a social science **fiction** novel by George Orwell about government control of the lives of individuals by a Big Brother brain. 18 EBS

〈1984〉는 George Orwell의 사회 과학 **공상** 소설로 Big Brother 지능을 통해 정부가 개인의 삶을 통제하는 것을 다룬다.

fictional ⓐ 허구의

Vocab+ = **novel** ⓝ 소설 **fabrication** ⓝ 날조

0055 ★☆☆ □□□

energetic
[ènərdʒétik]

ⓐ 활기찬, 정력적인

The rhythm and tempo were so **energetic** and sensational that they shook her body and soul. 20 모평

리듬과 박자가 너무 **활기차고** 선풍적이어서 그녀의 몸과 마음을 뒤흔들었다.

energy ⓝ 에너지

Vocab+ = **vigorous** ⓐ 원기 왕성한 **dynamic** ⓐ 역동적인

0056 ★☆☆ □□□

disappear
[dìsəpíər]

ⓥ 사라지다

The minute I saw the results, all my anxiety **disappeared**. 21 학평

(시험) 결과를 보자마자 나의 모든 걱정은 **사라졌다**.

disappearance ⓝ 사라짐

Vocab+ = **vanish** ⓥ 사라지다 ↔ **appear, emerge** ⓥ 등장하다

0057 ★☆☆ □□□

debt
[det]

ⓝ 부채, 빚

We all live in the same physical reality, ultimately, and owe a common **debt** to the world. 18 학평

우리 모두는 궁극적으로 같은 물리적 현실 속에서 살고 있으며, 세상에 공통의 **빚**을 지고 있다.

indebt ⓥ ~에게 빚지게 하다

Vocab+ + **owe a debt** 빚을 지다

0058 ★☆☆ □□□
consume
[kənsjúːm]
◆ 내신빈출

ⓥ 소비하다, 먹다[마시다]

Richer people **consume** smaller proportions of their income on food. 19 모평

더 부유한 사람들은 자신들의 소득의 더 낮은 비율을 음식에 **소비한다**.

consumption ⓝ 소비, 섭취

Vocab+ = **spend** ⓥ 쓰다 **ingest** ⓥ 섭취하다

0059 ★★★ □□□
resurrect
[rèzərékt]

ⓥ 부활시키다

20 학평

The task of historians is bringing the past to life—or **resurrecting** it.

역사학자들의 일은 과거를 소생시키는, 즉 그것을 **부활시키는** 것이다.

resurrection ⓝ 부활

Vocab+ = **revive** ⓥ 활기를 되찾다, 부활시키다

0060 ★☆☆ □□□
bet
[bet]

ⓥ 돈을 걸다, 내기를 하다; 틀림없이 ~이다, 확신하다 ⓝ 내기

He would **bet** in favor of himself. 19 학평

그는 자신에게 이익이 되도록 **내기할** 것이다.

Vocab+ = **gamble** ⓥ 도박하다 ⓝ 도박

다의어

0061 ★☆☆ □□□
firm
[fəːrm]

1. ⓝ 회사, 기업
2. ⓐ 확고한, 단단한

1. The market for energy efficiency could contribute to the economy through job and **firms** creation. 20 수능

   에너지 효율 시장은 일자리와 **기업** 창출을 통해 경제에 이바지할 수 있는 것이다.

2. **Firm** reminders and warnings are best conducted privately and individually. 18 EBS

   단호한 주의와 경고는 개인적이고 개별적으로 이루어질 때가 가장 좋다.

firmness ⓝ 경도 **firmly** ⓐⓓ 확고하게

0062 ★☆☆ □□□
advertise
[ǽdvərtàiz]

ⓥ 알리다, 광고하다

Computer companies have even begun to **advertise** ways in which computers can replace parents. 21 모평

컴퓨터 회사들은 심지어 컴퓨터가 부모를 대신할 수 있는 방법을 **광고하기** 시작했다.

advertisement ⓝ 광고 (줄임말: **ad**)

Vocab+ = **publicize** ⓥ 알리다 **promote** ⓥ 홍보하다

0063 ★★☆ □□□
superior
[sju(ː)pí(ː)əriər]
◆ 내신빈출

ⓐ 우월한, 우수한, 상관의 ⓝ 선배, 상관

Eco-certification of production helps the socially conscious consumer to identify environmentally **superior** products. 17 모평

생산에 대한 친환경 인증은 사회적으로 의식 있는 소비자가 환경적으로 **우수한** 제품을 식별할 수 있도록 도와준다.

Vocab+ = **better** ⓐ 더 좋은 ↔ **inferior** ⓐ 열등한 + **superior to** ~보다 우월한

0064 ★★☆ □□□
theoretical
[θìː(ː)ərétikəl]

ⓐ 이론의, 이론적인

Intellectuals almost always imagine that **theoretical** knowledge is far superior to practical wisdom. 22 EBS

지식인들은 거의 항상 **이론적인** 지식이 실제적인 지혜보다 훨씬 우월하다고 생각한다.

theory ⓝ 이론

Vocab+ ↔ **practical** ⓐ 실용적인

0065 ★★☆ □□□
fabulous
[fǽbjuləs]

ⓐ 기막히게 좋은[멋진], 엄청난; 우화나 전설에 나올 만한

Talking and laughing over coffee, they enjoyed the **fabulous** spring day. 16 모평

커피를 마시며 이야기하고 웃으면서, 그들은 **기막히게 멋진** 봄날을 즐겼다.

fable ⓝ 우화 **fabulously** ⓐⓓ 기막히게, 엄청나게

Vocab+ = **amazing** ⓐ 놀라운, 굉장한 **surprising** ⓐ 놀라게 하는

0066 ★★☆ □□□
insistently
[insístəntli]

ⓐⓓ 고집 세게, 끈질기게

Discoveries speak too powerfully and too **insistently** for prejudiced humans to silence them. 18 모평

발견은 매우 강력하고 매우 **끈질기게** 말해서, 편견을 가진 사람들이 그것들을 침묵하게 할 수 없다.

insist ⓥ 고집하다, 주장하다 **insistent** ⓐ 고집하는

Vocab+ = **persistently** ⓐⓓ 끈질기게

0067 ★★☆ □□□
self-esteem
[sèlfistíːm]

ⓝ 자존감, 자부심

Clearly defined expectations and limits are often associated with developing positive **self-esteem** in children. 18 EBS

분명하게 규정된 기대와 허용치는 흔히 자녀의 긍정적인 **자존감** 형성과 연관된다.

Vocab+ = **pride** ⓝ 자존심, 자부심

0068 ★★☆ □□□
reliance
[riláiəns]

ⓝ 의존, 의지

Any reduced **reliance** on artificial light can make significant energy savings. 18 EBS

인공조명에 대한 **의존**을 어느 정도 축소하면 에너지를 상당히 절약할 수 있다.

rely ⓥ 의지하다

Vocab+ = **dependence** ⓝ 의존

0069 ★★☆ □□□
relief
[rilíːf]

ⓝ 안도, 안심, (고통·불안 등의) 제거, 경감

The biter associates the act of nail biting with the temporary **relief** it provides. 17 EBS

물어뜯는 사람은 손톱을 물어뜯는 행위를 그것이 주는 일시적인 **안도감**과 결부시킨다.

relieve ⓥ (불쾌감·고통 등을) 없애[덜어] 주다

Vocab+ + **feel relieved** 안도감을 느끼다 (= **feel at ease, feel comfortable**)

0070 ★★☆ □□□
probe
[proub]

ⓥ 탐색하다, 조사하다, 연구하다 ⓝ 조사, 탐사선 20 모평

We can **probe** difficult-to-reach places with the extended end.
우리는 확장된 끄트머리로 도달하기 어려운 곳을 **탐색할** 수 있다.

Vocab+ = **investigate** ⓥ 조사하다 + **probe into** ~을 면밀히 조사하다

0071 ★★☆ □□□
majority
[mədʒɔ́(:)rəti]
◆ 내신빈출

ⓝ 다수, 대부분

The vast **majority** of manufacturers still think that product development and service development are always done by manufacturers. 22 모평
제조업자의 대**다수**는 여전히 제품 개발과 서비스 개발은 항상 제조업자들에 의해 이루어진다고 생각한다.

Vocab+ ↔ **minority** ⓝ 소수

0072 ★★☆ □□□
peculiar
[pikjúːljər]

ⓐ 이상한, 특이한, 독특한

It is **peculiar** indeed that many leading museum officials have justified the illegal trade in cultural treasures. 21 EBS
많은 주요 박물관 관계자들이 문화재의 불법적 거래를 정당화했다는 것은 참으로 **이상한** 일이다.

peculiarity ⓝ 독특성
Vocab+ = **bizarre** ⓐ 기이한 **characteristic** ⓐ 특유의

0073 ★★☆ □□□
overall
[òuvərɔ́ːl]

ⓐ 전반적인, 전체의

Leaving some farmland as set-aside is also a way to decrease **overall** production. 17 모평
일부 농지를 비경작지로 놓아두는 것 또한 **전체적인** 생산량을 줄이는 방법이다.

Vocab+ = **general** ⓐ 일반적인 **comprehensive** ⓐ 포괄적인

0074 ★★☆ □□□
notable
[nóutəbl]

ⓐ 주목할 만한, 유명한

His most **notable** finding was that unusual combinations prompted the most creative responses. 19 EBS
그의 가장 **주목할 만한** 연구 결과는 특이한 결합이 가장 창의적인 반응들을 촉발한다는 것이었다.

note ⓥ 주목하다
Vocab+ = **eminent** ⓐ 저명한 **distinguished** ⓐ 현저한, 유명한

0075 ★★☆ □□□
mislead
[mislíːd]
◆ 내신빈출

ⓥ 잘못 판단하게 하다, 현혹하다

The average person is often **misled** into believing false and manipulated facial emotions. 18 모평
보통 사람은 흔히 거짓되고 조작된 얼굴에 나타난 감정을 믿도록 **현혹된다**.

misleading ⓐ 현혹시키는
Vocab+ = **deceive** ⓥ 속이다, 현혹시키다

0076 ★★☆ □□□
disgust [disgʌ́st]

ⓝ 혐오감 ⓥ 혐오감을 유발하다
He could not hear a discord without expressing **disgust**. 19 EBS
그는 불협화음을 들으면 늘 **혐오감**을 표현했다.

disgusting ⓐ 지긋지긋한, 역겨운
Vocab+ + **distasteful** ⓐ 혐오스러운

0077 ★★★ □□□
humanitarian [hjuːmæ̀nitɛ́(ː)əriən]

ⓐ 인도주의적인, 인도주의의
Many African-Americans lobby their leaders to provide **humanitarian** relief. 18 모평
많은 아프리카계 미국인들은 자신의 지도자들에게 **인도주의적** 구호를 제공하라는 압력을 가한다.

Vocab+ + **philanthropy** ⓝ 자선 활동, 박애(주의)

고난도

0078 ★★★ □□□
imprecision [imprisíʒən]

ⓝ 부정확, 비정밀, 불명확
Because researchers are human, they are subject not only to **imprecision**, but sometimes prejudice. 20 학평
연구자들도 사람이기 때문에, 그들은 **부정확함**뿐만 아니라 때로는 편견의 지배를 받기도 한다.

imprecise ⓐ 부정확한
Vocab+ ↔ **precision** ⓐ 정확, 정밀, 명확

0079 ★★★ □□□
classified [klǽsəfàid]

ⓐ 기밀의; 주제별로 분류된
Diplomacy aimed at public opinion can become as important as traditional **classified** diplomatic communications. 18 모평
여론을 겨냥한 외교가 전통적인 **비밀** 외교 소통만큼이나 중요할 수 있다.

classify ⓥ 분류하다
Vocab+ = **confidential** ⓐ 기밀의

0080 ★★★ □□□
override [òuvərráid]

ⓥ 결정을 뒤엎다, 기각[무시]하다; ~보다 더 중요하다[우선하다]
Emotion expressed by the body can **override** and even reverse emotion expressed by the face. 20 학평
몸에 의해 표현된 감정은 얼굴에 의해 표현된 감정**보다 우선하며** 심지어 뒤집을 수도 있다.

Vocab+ = **overrule** ⓥ (결정을) 뒤엎다

Review Test

A 우리말은 영어로, 영어는 우리말로 적으시오.

1 자존감	s________	5 humanitarian	________
2 주체성, 기관	a________	6 trail	________
3 안도	r________	7 notable	________
4 부채, 빚	d________	8 welfare	________

B 각 단어의 유의어 혹은 반의어를 적으시오.

1 insistently	⊜ p________	5 ordinary	↔ e________
2 fabulous	⊜ a________	6 theoretical	↔ p________
3 classified	⊜ c________	7 disappear	↔ a________
4 superior	⊜ b________	8 majority	↔ m________

C 다음 우리말에 적합한 어휘를 고르시오.

1 John Harrison, who invented a marine chronometer, made it possible for the first time for ships anywhere to establish their [altitude / longitude].
John Harrison은, 항해용 정밀 시계를 발명하였는데, 최초로 어떤 곳에 있는 배도 그것의 경도를 확인하는 것을 가능하게 해주었다.

2 In the aircraft cockpit a separate display was provided for [attitude / altitude], airspeed, engine temperature, etc.
항공기 조종실 안에는 고도, 대기 속도, 엔진 온도, 기타 등등을 위한 개별적인 디스플레이가 제공되었다.

D 다음 빈칸에 공통으로 들어갈 어휘를 고르시오. [예문에 실린 어휘의 원형을 고를 것]

1 The market for energy efficiency could contribute to the economy through job and ________ creation.

2 ________ reminders and warnings are best conducted privately and individually.

① form ② term ③ perm ④ firm ⑤ bill

A 1 self-esteem 2 agency 3 relief 4 debt 5 인도주의적인 6 흔적, 오솔길; 추적하다 7 주목할 만한, 유명한 8 안녕, 복지, 행복
B 1 persistently 2 amazing 3 confidential 4 better 5 extraordinary 6 practical 7 appear 8 minority C 1 longitude 2 altitude D ④ firm

project

ⓝ 프로젝트, 과업, 계획 ⓥ 계획하다	The research **project** was no more than a partial success. 그 연구 **프로젝트**는 부분적인 성공에 지나지 않았다.
ⓥ 추정하다	The committee **projected** next year's budget slightly higher than this year's one. 위원회는 내년 예산을 올해 예산보다 약간 더 높게 **추정했다**.

object

ⓝ 사물	A rock, a chair and a book can be categorized into **objects**. 바위, 의자, 책은 **사물**로 분류될 수 있다.
ⓝ 목적	The **object** of the baseball game is to score more runs than the other team. 야구 경기의 **목적**은 상대 팀보다 더 많은 득점을 하는 것이다.
ⓝ 대상	The **object** of study in this research is the human brain. 이번 연구에서 연구 **대상**은 인간의 뇌이다.
ⓥ 반대하다	Your honor, I **object**. That question is misleading. 재판장님, 저는 **반대합니다**. 그 질문은 오해의 소지가 있습니다.

lie

ⓥ 눕다	**Lie** down for a while, and you will feel better. 잠시 **누워** 있으면 기분이 좋아질 거예요.
ⓥ 위치해 있다	The village **lies** on the coast. 그 마을은 해안가에 **위치해 있다**.
ⓥ 거짓말하다 ⓝ 거짓말	Her dad could discern that his daughter was **lying**. 그녀의 아버지는 딸이 **거짓말을 하고** 있다는 것을 알아차릴 수 있었다.

Crossword Puzzle

DAY 02

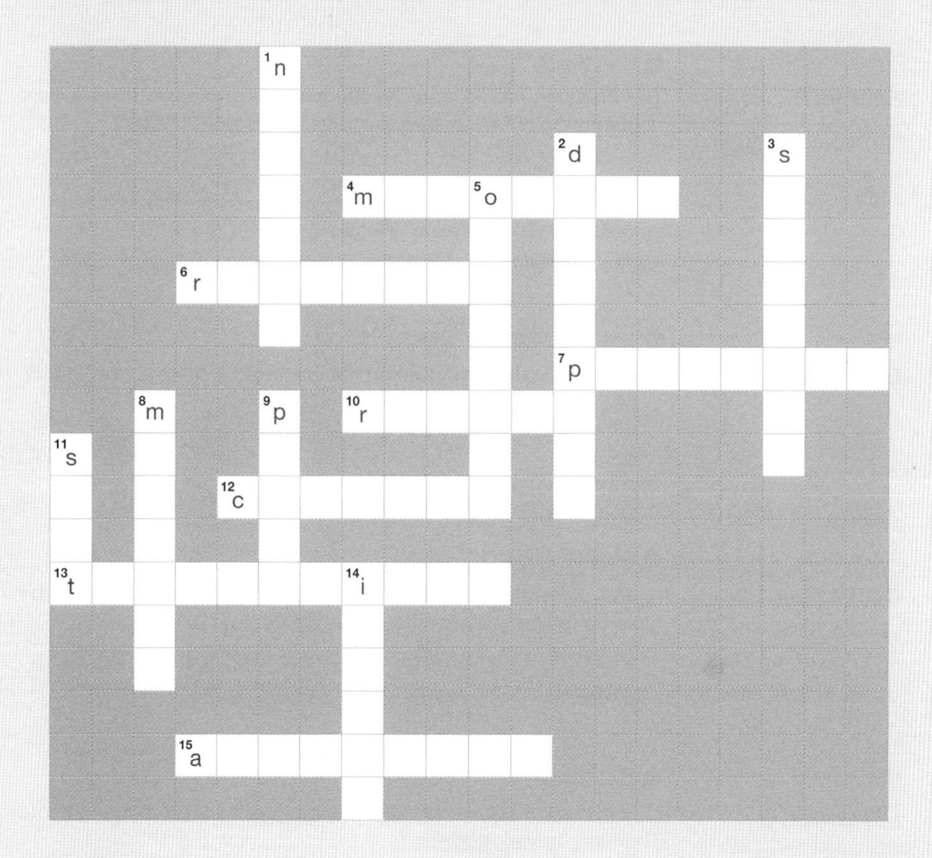

ACROSS

4 ⓝ 다수, 대부분

6 ⓝ 의존, 의지

7 ⓐ 이상한, 특이한, 독특한

10 ⓥ 개선하다, 정제하다

12 ⓥ 소비하다, 먹다[마시다]

13 ⓐ 이론의, 이론적인

15 ⓥ 알리다, 광고하다

DOWN

1 ⓐ 주목할 만한, 유명한

2 ⓥ 사라지다

3 ⓐ 우월한, 우수한, 상관의 ⓝ 선배, 상관

5 ⓥ 결정을 뒤엎다, ~보다 더 중요하다[우선하다]

8 ⓥ 잘못 판단하게 하다, 현혹하다

9 ⓥ 탐색하다, 조사하다, 연구하다 ⓝ 조사, 탐사선

11 ⓥ 포착하다, 발견하다 ⓝ 장소, 점

14 ⓥ 알리다, 통지하다

Answer p.514

0081 ★☆☆ □□□
analyze
[ǽnəlàiz]

ⓥ 분석하다
The historian has to **analyze** the sources and seek independent confirmation of their testimony from archaeology. 21 EBS
역사학자는 자료들을 **분석하고** 고고학으로부터 그것들의 증언에 대한 독자적인 확인을 추구해야 한다.

analysis ⓝ 분석 (ⓟⓛ **analyses**) **analytic** ⓐ 분석적인
Vocab+ = **dissect** ⓥ 분석하다, 해부하다 **authenticate** ⓥ (진위를) 감정하다

0082 ★★☆ □□□
declare
[diklɛ́ər]

ⓥ 선언하다; (세관에) 신고하다
The World Health Organization has **declared** a sleep loss epidemic throughout industrialized nations. 18 학평
세계 보건 기구(WHO)는 산업화된 나라 전체에 수면 부족 유행병을 **선언하였다**.

declaration ⓝ 선언, 선언문; 신고서

0083 ★★☆ □□□
contradict
[kὰntrədíkt]

ⓥ 반박하다, 부정하다; 모순되다
In the scientific long run, theories that are **contradicted** by observation do still get sifted out. 19 수능
과학의 측면에서 장기적으로는, 관찰에 의해 **반박되는** 이론은 실제로 계속 걸러진다.

contradiction ⓝ 모순 **contradictory** ⓐ 모순적인

0084 ★☆☆ □□□
biography
[baiάgrəfi]

ⓝ 전기, 일대기
'The history of the world is but the **biography** of great men,' wrote Thomas Carlyle. 20 학평
'세계의 역사는 위인들의 **전기**일 뿐이다.'라고 Thomas Carlyle은 썼다.

Vocab+ + **autobiography** ⓝ 자서전 **chronology** ⓝ 연대기

0085 ★★☆ □□□
eject
[i(:)dʒékt]

ⓥ 튀어나오게 하다, 쫓아내다
The paper will be **ejected** automatically. 19 학평
용지가 자동으로 **튀어나옵니다**.

ejection ⓝ 배출, 쫓아냄
Vocab+ ↔ **inject** ⓥ 주입하다

0086 ★★☆ □□□
withstand
[wiðstǽnd]
◆ 내신빈출

ⓥ 견디다, 버티다
The rate of injuries exploded because human joints simply could not **withstand** the increased force of movement. 18 EBS
부상 비율은 인간의 관절이 동작의 증대된 힘을 **견딜** 수 없었기 때문에 폭발적으로 증가했다.

Vocab+ = **endure, tolerate** ⓥ 참다, 견디다 **put up with** ~을 참고 견디다

0087 ★★☆ □□□

urgent [ə́ːrdʒənt]

ⓐ 긴급한

Adrenaline adds the sense that something is ultra-urgent. 21 EBS

아드레날린은 무언가 극도로 **긴급하다**는 느낌을 더한다.

urgency ⓝ 긴급

0088 ★★☆ □□□

supervision [sjùːpərvíʒən]

ⓝ 감독, 관리

The supervisor is responsible for the employee's performance, providing supervision, handing out assignments, and developing the employee. 21 모평

관리자는 (직원에게) **감독**을 제공하고, 과업을 배정하며, 그 직원을 계발하면서, 그 직원의 성과를 책임진다.

supervise ⓥ 감독하다, 관리하다, 통제하다

Vocab+ + **under the supervision of** ~의 감독하에

0089 ★★☆ □□□

statesman [stéitsmən]

ⓝ 정치인

English statesman and philosopher Thomas More's book *Utopia* was published in 1516, which imagined an ideal nation. 19 수능

영국의 **정치인**이자 철학자인 Thomas More의 책 〈유토피아〉는 1516년에 출판되었는데, 그것은 이상적인 국가를 그렸다.

Vocab+ + **representative** ⓝ (미국) 하원의원 **senator** ⓝ (미국) 상원의원

0090 ★★☆ □□□

readily [rédəli]

ⓐⓓ 쉽게; 선뜻, 기꺼이

In essence, birds cannot readily slow down. 20 학평

본질적으로, 새는 **쉽게** 속도를 줄일 수 없다.

ready ⓐ 준비된

Vocab+ = **easily** ⓐⓓ 쉽게

오답노트

0091 ★★☆ □□□

rational [rǽʃənəl]

ⓐ 합리적인, 이성적인

Young children are not fully rational and autonomous to degree of normal competent adults. 18 EBS

어린아이들은 정상적인 능력을 갖춘 어른 정도만큼 온전히 **합리적이고** 자율적이지 않다.

rationality ⓝ 합리성

Vocab+ ↔ **irrational** ⓐ 비이성적인, 비합리적인

0092 ★★☆ □□□

rationale [ræ̀ʃənǽl]

ⓝ 논리적 근거, 근본적 이유, 이론적 근거, 명분

Choosing similar friends can have a rationale. 20 수능

비슷한 친구를 선택하는 것은 **논리적 근거**가 있을 수 있다.

Vocab+ = **reason** ⓝ 근거, 이유

0093 ★★☆ □□□
soar
[sɔːr]
◆ 내신빈출

ⓥ 급등하다, 날아오르다

New technologies were skill-biased and so caused the demand for high-skilled workers to **soar**. 21 학평

새로운 기술은 숙련 편향적이어서 고도로 숙련된 노동자에 대한 수요를 **급증하게** 했다.

soaring ⓐ 급상승하는, 날아오르는

Vocab+ = **skyrocket** ⓥ 급등하다

0094 ★★☆ □□□
sensational
[senséiʃənəl]

ⓐ 선정적인, 선풍적인, 세상을 놀라게 하는

Timely and **sensational** topics might initially draw readers to your blog. 17 EBS

시기적절하고 **선정적인** 주제들이 처음에는 독자들을 여러분의 블로그로 끌어들이기도 한다.

sensation ⓝ (자극을 받은) 느낌, 감각; 센세이션

0095 ★★☆ □□□
fanciful
[fǽnsifəl]

ⓐ 기발한, 비현실적인, 상상의

Development can get very complicated and **fanciful**. 22 모평

(음악의) 전개부는 매우 복잡하고 **기발할** 수 있다.

fancy ⓥ 공상하다 ⓝ 공상

Vocab+ = **imaginary** ⓐ 가상적인

0096 ★★☆ □□□
proceed
[prəsíːd]

ⓥ 진행하다, 계속하다, 나아가다

A well-developed plan does not guarantee that the executing process will **proceed** flawlessly. 21 모평

잘 개발된 계획이 실행 과정이 흠 없이 **진행하는** 것을 보장하는 것은 아니다.

procession ⓝ 행진, 행렬, 줄

Vocab+ = **advance** ⓥ 전진하다 **make one's way** 나아가다

0097 ★★☆ □□□
pottery
[pátəri]

ⓝ 도기류, 도자기, 도예

The growth in the export of olive oil encouraged the development of **pottery**, in which the oil was transported. 10 모평

올리브유 수출의 증가는 **도기류** 발달을 촉진했는데, 그것에 기름이 담겨 운반되었다.

pot ⓝ 자기, 그릇, 냄비

Vocab+ + **craft** ⓝ 공예

0098 ★★☆ □□□
pendulum
[péndʒuləm]

ⓝ (시계의) 추

Educators began to notice that the **pendulum** had swung too far to the "hands-on" component of inquiry. 19 수능

교육자들은 '직접 해보는' 탐구 요소 쪽으로 **추**가 너무 많이 기울었다는 것을 알아차리기 시작했다.

pendulous ⓐ 축늘어져 대롱대롱 매달린

Vocab+ + **the pendulum of public opinion** 여론의 추

0099 ★★☆ □□□

overestimate
[òuvəréstəmèit]
◆ 내신빈출

ⓥ 과대평가하다

We tend to **overestimate** the extent to which other people's character is responsible for their behavior. 19 모평

우리는 다른 사람들의 성격이 그들의 행동의 원인이 되는 정도를 **과대평가하는** 경향이 있다.

overestimation ⓝ 과대평가

Vocab+ = **overrate** ⓥ 과대평가하다 **exaggerate** ⓥ 과장하다
↔ **underestimate** ⓥ 과소평가하다 **undervalue** ⓥ 평가절하하다
disregard ⓥ 무시하다

0100 ★★☆ □□□

nurture
[nə́ːrtʃər]

ⓝ 양육, 교육 ⓥ 양육하다, 양성하다, 교육하다

The interaction between nature and **nurture** is highly complex. 19 수능

천성과 **양육** 사이의 상호 작용은 매우 복잡하다.

nurturing ⓝ 육아

Vocab+ = **foster** ⓥ 기르다, 조성시키다 **bring up** ~을 기르다[양육하다]

다의어

0101 ★☆☆ □□□

clear
[kliər]

1. ⓐ 분명한, 확실한
2. ⓥ 제거하다 ⓐ 깨끗한, (방해 등이) 없는 ⓐⓓ ~로부터 떨어져

1. The difference between apes and human beings was never **clear**. 17 EBS
   유인원과 인간 사이의 차이점은 결코 **명확하지** 않았다.
2. Roads and sidewalks are kept **clear** of obstacles. 21 학평
   길과 보도는 장애물이 **없는** 상태로 유지된다.

clearly ⓐⓓ 분명하게 **clearance** ⓝ 없애기; 간격

Vocab+ + **clear of** ~이 없는 **clear A of B** A에게서 B를 제거하다

0102 ★★☆ □□□

misrepresent
[mìsreprizént]

ⓥ (정보를) 잘못[불완전하게] 표현하다

One person who **misrepresents** his or her income on a mortgage application is not going to undermine the real estate market. 19 EBS

담보 대출 신청서에 자신의 소득을 **거짓으로 기술하는** 한 사람이 부동산 시장을 훼손하지는 않을 것이다.

misrepresentation ⓝ 고의적인 사실 왜전

Vocab+ + **represent** ⓥ 표현하다

0103 ★★☆ □□□

recession
[riséʃən]

ⓝ 경기 침체, 경기 후퇴, 물러남

Both the budget deficit and federal debt have soared during the recent financial crisis and **recession**. 18 모평

최근의 재정 위기와 **경기 침체** 동안에 재정 적자와 연방 정부의 부채가 둘 다 치솟았다.

recede ⓥ 후퇴하다

Vocab+ = **downturn** ⓝ 경기 침체 **depression** ⓝ 불경기; 우울증

0104 ★★☆ □□□
alleviate
[əlíːvièit]
◆ 내신빈출

ⓥ 완화하다

To **alleviate** such concerns as federal government's power abuse, the first Congress approved 10 amendments to the U.S. Constitution. 18 EBS

연방정부의 권력 남용이라는 그러한 걱정을 **완화하기** 위해 첫 번째 미국 의회는 미국 헌법에 대한 10가지 수정 조항을 승인하였다.

alleviation ⓝ 완화

Vocab+ = **bring down** ~을 내리다[낮추다]

0105 ★★☆ □□□
injure
[índʒər]

ⓥ 상처를 입히다, 손상시키다

In 1950, Charles Richard Drew was seriously **injured** in a car accident in Alabama. 17 학평

1950년에 Charles Richard Drew는 앨라배마주에서 자동차 사고로 심각하게 **부상을 입었다**.

injury ⓝ 상처

Vocab+ = **wound** ⓥ 부상을 입히다 **hurt** ⓥ 아프게 하다

0106 ★★☆ □□□
fragrant
[fréigrənt]

ⓐ 향기로운, 향긋한

A tomato at room temperature is sweetly **fragrant** and juicy. 18 학평

상온에 있는 토마토는 달콤한 **향기가 나고** 과즙이 풍부하다.

fragrance ⓝ 향기, 향수

Vocab+ = **aromatic** ⓐ 향이 좋은

0107 ★★☆ □□□
imprint
ⓝ[ímprint]
ⓥ[imprínt]

ⓝ 인쇄물, 찍은 자국; 인상 ⓥ 찍다; 감명시키다

Even if that library stops purchasing all Mexican **imprints**, its Mexican collection will still be large and impressive. 19 모평

그 도서관이 멕시코 **인쇄물**을 구매하는 것을 전면적으로 그만둘지라도, 그곳의 멕시코 소장품은 여전히 대규모이고 인상적일 것이다.

Vocab+ = **print** ⓥ 각인시키다, 찍다 **stamp** ⓥ 스탬프로 찍다

0108 ★★☆ □□□
harsh
[hɑːrʃ]

ⓐ 가혹한, 엄한, 거친

The reviewer was **harsh**, calling it "an awful performance." 20 모평

그 평론가는 그것을 '끔찍한 공연'이라며 **혹평했다**.

harshness ⓝ 엄격함, 거침

Vocab+ = **severe** ⓐ 극심한, 엄한

0109 ★★☆ □□□
exclusive
[iksklúːsiv]

ⓐ 상위의, 고급의; 전용의; 배타적인 ⓝ 독점기사

When a 12-year-old is cut from an **exclusive** club soccer team, she may not want to play in the local league. 20 모평

12세의 선수가 **상위** 클럽 축구팀에서 퇴출되면 그 선수는 지역 리그에서 뛰고 싶지 않을 수도 있다.

exclude ⓥ 배제하다 **exclusion** ⓝ 배제

0110 ★★☆ □□□
downside
[dáunsàid]

ⓝ 불리한 면

The only **downside** to being part of a big family was that Silei never had alone time with either parent. 21 EBS

대가족의 일원인 것의 유일한 **불리한 면**은 Silei가 부모님 중 한 분과 단독으로 보내는 시간이 없다는 것이었다.

Vocab+ = **drawback** ⓝ 단점, 결점 ↔ **upside** ⓝ 유리한 면

0111 ★★☆ □□□
discriminate
[diskrímənèit]
◆ 내신빈출

ⓥ 구별하다, 차별하다 19 수능

The dog already knows how to **discriminate** one scent from another.

개는 이미 한 냄새를 다른 냄새와 **구별하는** 법을 알고 있다.

discrimination ⓝ 차별

Vocab+ = **distinguish** ⓥ 구별하다 **segregate** ⓥ 차별하다, 분리하다

0112 ★★☆ □□□
deposit
[dipázit]

ⓝ 매장층, 매장, 보증금 ⓥ 침전시키다, ~에 두다 17 학평

Deposits of oil lie under the frozen ground, or tundra, of Alaska.

석유 **매장층**이 알래스카의 얼어붙어 있는 땅 툰드라 아래에 있다.

Vocab+ + **coal deposits** 석탄 매장층 **gold deposits** 금 매장층

0113 ★★☆ □□□
asset
[ǽset]

ⓝ 자산, 재산

Your strengths are your core, your hard-wired **assets**. 17 모평

여러분의 강점은 여러분의 핵심이고, 여러분의 하드웨어에 내장된(본래 갖추고 있는) **자산**이다.

Vocab+ = **property** ⓝ (유형·무형의) 재산

0114 ★★☆ □□□
coordinate
ⓥ[kouɔ́ːrdənèit]
ⓐ[kouɔ́ːrdənət]
◆ 내신빈출

ⓥ 조정하다, 조직하다 ⓐ 동등한

It is unlikely that members in larger groups can **coordinate** their actions without making a special effort to do so. 14 수능

규모가 큰 집단의 구성원들은 자신들의 행동을 **조정하고자** 하는 특별한 노력 없이 그렇게 할 수 있을 것 같지 않다.

coordination ⓝ 조정

참고 coordinate ⓐ 동급의 subordinate ⓐ 종속된 superordinate ⓐ 상위의

0115 ★★☆ □□□
thrift
[θrift]

ⓝ 절약, 검소 20 EBS

Poorly timed public **thrift** can make a bad economic situation worse.

부적절한 시기의 공공 부문 **절약**은 좋지 않은 경제 상황을 더 악화시킬 수 있다.

thrifty ⓐ 검소한, 절약하는

Vocab+ = **frugality** ⓝ 검소, 절약

0116 ★★☆ □□□

inanimate
[inǽnəmit]

ⓐ 무생물의, 죽은, 죽은 것 같은

Toys that appear to be alive challenge how we think **inanimate** objects and living things should behave. 21 학평

살아있는 것처럼 보이는 장난감들은 우리가 생각하는 **무생물의** 사물과 생물의 행동 방식을 거스른다.

inanimation ⓝ 생명 없음, 무기력

Vocab+ ↔ **animate** ⓐ 살아있는, 생물의 ⓥ 생기를 불어 넣다

0117 ★★☆ □□□

narcissism
[náːrsisìzəm]

ⓝ 자아도취, 자기 도취증, 나르시시즘 17 학평

We would expect to see a decline of empathy and a rise in **narcissism** in children who have little opportunity to play socially.

우리는 사회적으로 놀 기회가 거의 없는 아이들에게서 공감의 감소와 **자아도취**의 증가를 볼 것을 예상할 것이다.

narcissist ⓝ 자아도취자

Vocab+ + **fall[slip, sink] into narcissism** 자아도취에 빠지다

고난도

0118 ★★★ □□□

unprecedented
[ʌnprésidèntid]

ⓐ 전례 없는, 미증유의 18 학평

We can communicate and share ideas in **unprecedented** ways.

우리는 **전례 없는** 방법으로 의사소통을 하고 아이디어를 공유할 수 있다.

precedent ⓝ 선례, 관례

Vocab+ = **unheard-of** ⓐ 전례가 없는, 아주 유별난

0119 ★★★ □□□

vindicate
[víndəkèit]

ⓥ 정당성을 입증하다, 정당화하다 21 학평

The emphasis on effort and hard work seeks to **vindicate** the faith that, if the competition is truly fair, success will align with virtue.

노력과 근면에 대한 강조는 경쟁이 진정으로 공정하다면, 성공이 미덕과 일치할 것이라는 믿음의 **정당성을 입증하는** 것을 추구한다.

vindication ⓝ 정당성

Vocab+ = **justify** ⓥ 정당화하다 ↔ **disprove** ⓥ 틀림을 입증하다

0120 ★★★ □□□

aviation
[èiviéiʃən]

ⓝ 항공(술)

We will offer the Summer **Aviation** Flight Camp for student pilot certificates. 19 수능

우리는 학생 조종 자격증을 위한 하계 **항공** 비행 캠프를 제공할 것입니다.

aviate ⓥ 비행하다

Vocab+ + **aviation industry** 항공산업

Review Test

A 우리말은 영어로, 영어는 우리말로 적으시오.

1 도기류 p__________
2 매장층 d__________
3 불리한 면 d__________
4 양육(하다) n__________
5 imprint __________
6 asset __________
7 biography __________
8 statesman __________

B 각 단어의 유의어 혹은 반의어를 적으시오.

1 proceed ⊜ a__________
2 fragrant ⊜ a__________
3 recession ⊜ d__________
4 readily ⊜ e__________
5 withstand ⊜ e__________
6 inanimate ↔ a__________
7 eject ↔ i__________
8 rational ↔ i__________

C 다음 우리말에 적합한 어휘를 고르시오.

1 Choosing similar friends can have a [rational / rationale].
비슷한 친구를 선택하는 것은 논리적 근거를 가질 수 있다.

2 Young children are not fully [rational / rationale] and autonomous to degree of normal competent adults.
어린아이들은 정상적인 능력을 갖춘 어른 정도만큼 충분히 합리적이고 자율적이지 않다.

D 다음 빈칸에 공통으로 들어갈 어휘를 고르시오.

1 The difference between apes and human beings was never __________.
2 Roads and sidewalks are kept __________ of obstacles.

① clean ② devoid ③ avoid ④ clear ⑤ remove

A 1 pottery 2 deposit 3 downside 4 nurture 5 인쇄물; 감명시키다 6 자산, 재산 7 전기, 일대기 8 정치인 B 1 advance 2 aromatic 3 downturn[depression] 4 easily 5 endure 6 animate 7 inject 8 irrational C 1 rationale 2 rational D ④ clear

minute

ⓝ (시간 단위) 분, 순간	It's five **minutes** to five. 5시 **5분** 전입니다.
ⓐ 상세한, 미세한	The plan should be prepared in **minute** detail. 계획은 아주 **상세하게** 준비되어야 합니다.

lead

ⓥ 이끌다	Don't forget to **lead** your little child by the hand. 손을 잡고 아이를 **이끄는** 것을 잊지 마세요.
ⓝ 납	Long exposure to **lead** can be harmful to your health. **납**에 오랜 기간 동안 노출되는 것은 건강에 해로울 수 있습니다.

entrance

ⓝ 입문, 입장	The book describes their **entrance** into politics. 그 책은 그들이 정계에 **입문**하는 과정을 묘사하고 있다.
ⓝ 입구	The main **entrance** is on the left side. 주 **입구**는 왼편에 있습니다.
ⓥ 도취시키다	The students were **entranced** with the thrilling view. 학생들은 그 황홀한 장면에 **도취되었다**.

clip

ⓝ 클립	The gentleman uses a money **clip** instead of a wallet. 그 신사는 지갑 대신 머니 **클립**을 이용한다.
ⓥ 고정하다	Before broadcast, you have to **clip** a microphone onto the shirt. 방송 전에, 당신은 셔츠에 마이크를 **고정해야** 합니다.
ⓥ 자르다	He is outside **clipping** the bushes now. 그는 지금 밖에서 덤불을 **자르고** 있다.

Crossword Puzzle

DAY 03

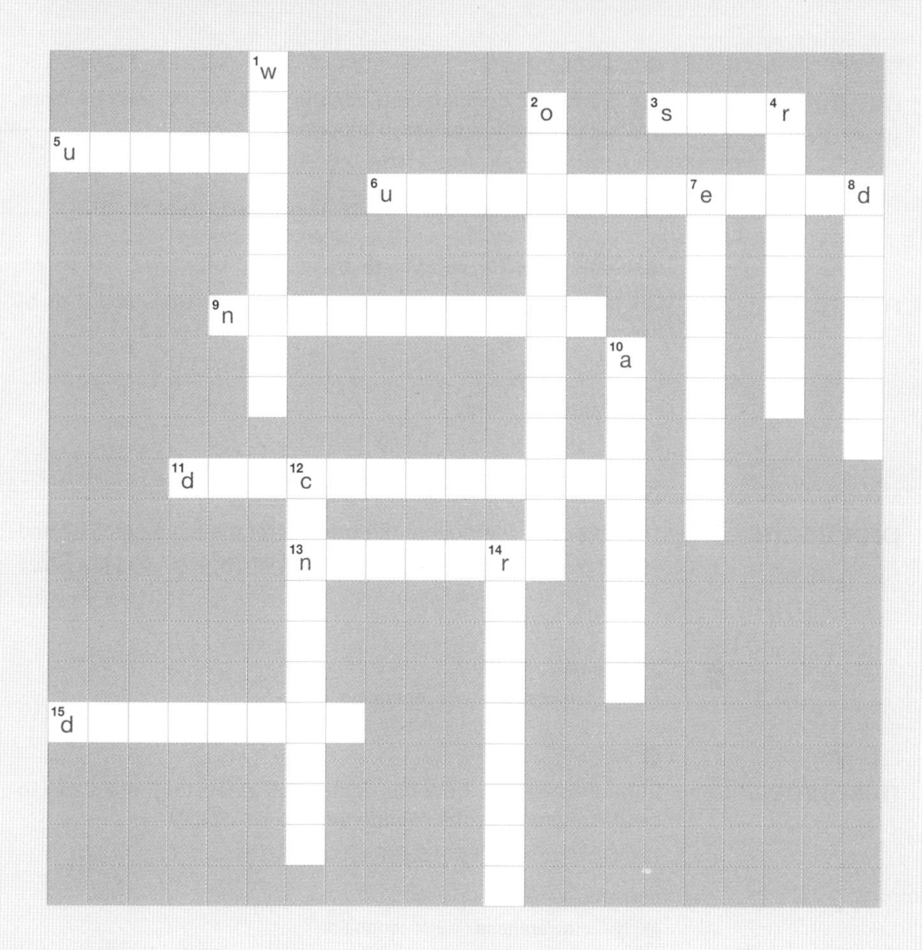

ACROSS

3 ⓥ 급등하다, 날아오르다

5 ⓐ 긴급한

6 ⓐ 전례 없는, 미증유의

9 ⓝ 자아도취, 자기 도취증, 나르시시즘

11 ⓥ 구별하다, 차별하다

13 ⓝ 양육, 교육
ⓥ 양육하다, 양성하다, 교육하다

15 ⓝ 불리한 면

DOWN

1 ⓥ 견디다, 버티다

2 ⓥ 과대평가하다

4 ⓐ 합리적인, 이성적인

7 ⓐ 상위의, 전용의, 배타적인 ⓝ 독점기사

8 ⓥ 선언하다, (세관에) 신고하다

10 ⓥ 완화하다

12 ⓥ 반박하다, 부정하다, 모순되다

14 ⓝ 경기 침체, 경기 후퇴, 물러남

Answer p.514

0121 ★★☆ □□□
magnify
[mǽgnəfài]

ⓥ 확대하다, 과장하다

Our immediate concerns are often ignored for the sake of minor matters that are **magnified** in importance. 19 학평

우리가 당면한 관심사는 중요성이 **과장된** 사소한 사안으로 인해 흔히 무시된다.

Vocab+ = **enlarge, amplify** ⓥ 확대하다 + **magnifying glass** 확대경

0122 ★★☆ □□□
remedy
[rémidi]

ⓥ 치유하다, 수습하다, 바로잡다 ⓝ 치료

Our progress in understanding has not **remedied** the social ills of the world. 20 모평

이해에 있어서의 우리의 발전은 세계의 사회적 병폐를 **치유하지** 못했다.

remediation ⓝ 복원, 교정

Vocab+ = **cure** ⓥ 치료하다 **rectify** ⓥ 바로잡다

0123 ★★☆ □□□
procedure
[prəsíːdʒər]

ⓝ (특히 어떤 일을 늘·제대로 하는) 절차[방법]; 수술

The less clear the goal of the **procedure**, the more carefully and precisely the human child will imitate even irrelevant steps. 21 학평

절차의 목표가 덜 명확할수록, 유아는 무관한 단계까지도 더욱 주의 깊고 정확하게 모방할 것이다.

procedural ⓐ 절차상의

Vocab+ = **process** ⓝ 과정 **operation** ⓝ 수술

0124 ★★☆ □□□
misperception
[mìspərsépʃən]

ⓝ 오해, 오인

Euphemisms can become dangerous when they are used to create **misperceptions** of important issues. 11 수능

완곡어법은 중요한 문제에 대한 **오해**를 불러일으키는 데 사용될 때 위험할 수 있다.

misperceive ⓥ 오인하다, 오해하다

Vocab+ + **awareness** ⓝ 인식 **cognition** ⓝ 인지

0125 ★★☆ □□□
potential
[pəténʃəl]

ⓝ 잠재력 ⓐ 잠재적인, 가능성 있는

Only after the Renaissance did people begin describing an artistic creative **potential** or the source of inspiration as genius. 20 EBS

르네상스 시대에 이르러서야 비로소 사람들은 예술적인 창의적 **잠재력** 또는 영감의 원천을 천재성이라고 묘사하기 시작했다.

potentiality ⓝ 잠재력

Vocab+ = **possible** ⓐ 가능성 있는 **promise** ⓝ 장래성

0126 ★★☆ □□□
confidence
[kɑ́nfidəns]
◆ 내신빈출

ⓝ 자신감, 확신

Standing up for myself didn't grant me unlimited and never-ending **confidence**. 18 학평

내 자신의 편이 되어 주는 것이 나에게 무한하고 끝없는 **자신감**을 주지는 않았다.

confident ⓐ 확신하는

Vocab+ = **assurance** ⓝ 확신

0127 ★★☆ □□□

noticeable
[nóutisəbl]

ⓐ 눈에 띄는, 뚜렷한, 현저한

Coral bean plants are most **noticeable** in the autumn when their leaves have turned golden. 14 학평

산호콩 식품은 잎이 황금색으로 변하는 가을에 아주 **눈에 잘 띈다.**

notice ⓝ 신경씀, 주목, 알아챔 ⓥ 알아차리다

Vocab+ = **obvious** ⓐ 명백한 **clear** ⓐ 확실한 **striking** ⓐ 현저한

0128 ★★★ □□□

notoriety
[nòutəráiəti]

ⓝ 악명, 악평

The possessor of the information can turn the fact that he knows into something socially valuable like social recognition, prestige, and **notoriety**. 19 모평

정보의 소유자는 자신이 알고 있는 사실을 사회적 인지, 명성 그리고 **악명**과 같은 사회적으로 가치 있는 어떤 것으로 바꿀 수 있다.

notorious ⓐ 악명 높은

Vocab+ = **infamy** ⓝ 악명, 오명 ↔ **fame** ⓝ 명성, 명예

0129 ★★☆ □□□

initial
[iníʃəl]

ⓐ 초기의, 처음의 ⓝ 머리글자(이니셜)

Waldemar Haffkine's **initial** work on developing a cholera vaccine was successful. 21 학평

콜레라 백신 개발에 관한 Waldemar Haffkine의 **초기** 연구는 성공적이었다.

initiate ⓥ 개시하다 **initiative** ⓝ 계획; 주도권

Vocab+ ↔ **final** ⓐ 최종적인 + **acronym** ⓝ 두문자어

혼동어휘

0130 ★★☆ □□□

causal
[kɔ́:zəl]

ⓐ 인과관계의

The assumption that what is being studied can be understood in terms of **causal** laws is called determinism. 19 모평

연구되고 있는 것이 **인과** 법칙의 관점에서 이해될 수 있다는 가정을 결정론이라고 한다.

cause ⓥ 유발하다 ⓝ 대의명분, 원인

0131 ★★☆ □□□

casual
[kǽʒjuəl]

ⓐ 비격식의, 태평스러운; 우연한 ⓝ 평상복; 임시직

Casual conversations can naturally lead to other subjects. 19 학평

비격식의 대화는 자연스럽게 다른 주제로 이어질 수 있다.

Vocab+ = **relaxed** ⓐ 느긋한, 여유 있는

0132 ★★★ □□□

casualty
[kǽʒjuəlti]

ⓝ 사상자

Minor war is so highly stylized that **casualties** are rare. 22 EBS

작은 전쟁은 매우 양식화되어 있으므로 **사상자**는 드물다.

Vocab+ = **victim** ⓝ 피해자

0133 ★★☆ □□□
overcome
[òuvərkʌ́m]

ⓥ 극복하다
To rise upward means to **overcome** resistance. 22 EBS
위로 올라가는 것은 저항을 **이겨내는** 것을 의미한다.

overcoming ⓝ 극복
Vocab+ = **surmount** ⓥ 극복하다 **subdue** ⓥ 진압하다

0134 ★★☆ □□□
impressive
[imprésiv]

ⓐ 인상적인
The most **impressive** acts of creative thought appear to have been the products of individuals. 19 학평
창의적 사고의 가장 **인상적인** 행위는 개인의 산물이었던 것으로 보인다.

impress ⓥ 깊은 인상을 심어주다 **impression** ⓝ 인상

0135 ★★★ □□□
miscellaneous
[mìsəléiniəs]

ⓐ 잡다한, 갖가지의 21 EBS
Billingsgate market was originally a general market for corn, coal, iron, wine, salt, pottery and **miscellaneous** goods as well as fish.
Billingsgate 시장은 원래는 생선뿐만 아니라 곡물, 석탄, 철, 포도주, 소금, 도자기와 **갖가지** 상품을 파는 일반 시장이었다.

Vocab+ = **various** ⓐ 여러 가지의 **diverse** ⓐ 다양한

0136 ★★☆ □□□
exclude
[iksklúːd]
◆ 내신빈출

ⓥ 배제하다, 차단하다, 거부하다
Place des Vosges created an exclusive residential environment by **excluding** and discouraging traffic. 20 모평
보주 광장(Place des Vosges)은 교통을 **배제하고** 막음으로써 고급 주거 환경을 조성했다.

exclusive ⓐ 배타적인, 독점적인
Vocab+ = **expel** ⓥ 쫓아내다 **ostracize** ⓥ 배척하다 ↔ **include** ⓥ 포함시키다

0137 ★★☆ □□□
emphasis
[émfəsis]

ⓝ 강조, 역점
Much **emphasis** has been placed on rewarding the good behaviour of children and on maintaining their self-esteem. 18 EBS
아이들의 선행에 보상하는 것과 그들의 자부심을 유지하는 것이 크게 **강조**되었다.

emphasize ⓥ 강조하다
Vocab+ + **place an emphasis on** ~을 강조하다, ~에 중점에 두다

0138 ★☆☆ □□□
transfer
[trænsfə́ːr]

ⓥ 전환하다, 이동하다, 환승하다 ⓝ 이동, 환승
Music **transfers** formulas into gestures when performers interpret the written notes. 20 학평
음악은 연주자가 쓰여진 음표를 해석할 때 공식을 표현으로 **전환한다**.

transferable ⓐ 이동 가능한
Vocab+ = **relocation** ⓝ 이전

0139 ★★☆ □□□

pedestrian
[pədéstriən]

ⓝ 보행자 ⓐ 보행자의

Traffic signals, crosswalks, warning signs, curbs, and even lines are dangerous to drivers and **pedestrians** alike. 19 EBS

신호등, 횡단보도, 주의 표지판, 도로 경계석, 그리고 심지어 선들도 운전자와 **보행자** 둘 다에게 매우 위험하기도 하다.

Vocab+ + **pedestrian crossing** 횡단보도

0140 ★★☆ □□□

discourse
[dískɔːrs]

ⓝ 담화, 강연

Media portrayals of genetic influences on health have become part of the public **discourse**. 19 모평

건강에 미치는 유전적 영향에 대한 대중 매체의 묘사가 공개적 **담화**의 일부가 되었다.

다의어

0141 ★☆☆ □□□

subject
[sʌ́bdʒikt]

◆ 내신빈출

1. ⓐ ~의 영향하에 있는, ~에 종속된
2. ⓝ 주제; 학과
3. ⓝ 대상자, 피험자

1. Large, single generation stations can be **subject** to large-scale blackouts or terrorist attacks. 19 EBS

   대규모 발전소들은 대규모 정전 또는 테러 공격의 **영향을 받기** 쉽다.

2. Not only architects are researching architectural **subjects**. 17 학평

   단지 건축가들만이 건축과 관련된 **주제**를 연구하고 있는 것이 아니다.

3. There is likely to be some shared experience between the writer and the **subject**. 18 EBS

   작가와 **대상 인물** 간의 어떤 공유된 경험이 있을 가능성이 있다.

subjective ⓐ 주관적인 **subjection** ⓝ 복종

Vocab+ + **in subjection to** ~에 복종하여

0142 ★★☆ □□□

combat
[kəmbǽt]

ⓥ 싸우다, 방지하다 ⓝ 전투

There is disagreement in the literature on whether chocolate plays a role in gaining weight or **combating** obesity. 22 EBS

초콜릿이 체중을 늘리는 역할을 하는지 비만과 **싸우는** 역할을 하는지는 문헌마다 의견 차이가 있다.

combative ⓐ 전투적인, 금방 싸울 기세의

Vocab+ = **battle** ⓝ 전투

0143 ★★☆ □□□

assessment
[əsésmənt]

ⓝ 평가

Individuals make migration decisions based on their **assessment** of the costs as well as benefits of remaining in a given area. 18 학평

개인들은 특정 지역에 남는 것의 편익뿐 아니라 비용에 관한 자신들의 **평가**에 기반하여 이주 결정을 내린다.

assess ⓥ 평가하다

Vocab+ = **evaluation** ⓝ 평가

0144 ★★☆ □□□
likewise
[láikwàiz]

ⓐⓓ 마찬가지로 17 모평

Likewise, understanding how climate has changed over millions of years is vital to properly assess current global warming trends.

마찬가지로, 수백만 년에 걸쳐 기후가 어떻게 변해 왔는지를 이해하는 것은 현재의 지구 온난화 추세를 제대로 가늠하기 위해 매우 중요하다.

Vocab+ = **similarly** ⓐⓓ 유사하게도

0145 ★☆☆ □□□
wrinkled
[ríŋkld]

ⓐ 주름이 있는

Her hands were so **wrinkled**, and there were so many bruises on her hands. 18 학평

그녀의 손은 매우 **주름지고**, 아주 많이 멍들어 있었다.

wrinkle ⓝ 주름(살) ⓥ 주름을 잡다, 주름지다

Vocab+ + **wrinkle up one's nose** 코를 찡그리다

0146 ★☆☆ □□□
innovation
[ìnəvéiʃən]

ⓝ 혁신

Innovation in food production has spared land and forest from the plough, the cow and the axe on a grand scale. 21 학평

식량 생산의 **혁신**은 쟁기, 소 그리고 도끼로부터 땅과 숲을 대규모로 절약해 왔다.

innovate ⓥ 혁신하다

Vocab+ + **technological innovation** 기술 혁신

0147 ★★☆ □□□
starve
[stɑːrv]

ⓥ 굶어 죽다, 굶주리다, 굶기다

That some organisms must **starve** in nature is deeply regrettable and sad. 18 EBS

몇몇 유기체들이 자연에서 **굶어 죽어야** 한다는 것은 매우 유감스럽고 슬픈 것이다.

starvation ⓝ 굶주림

Vocab+ + **hunger** ⓝ 기아 **famine** ⓝ 기근

0148 ★★☆ □□□
retain
[ritéin]

ⓥ 유지하다, 보유하다, 함유하다

Chess players have the ability to **retain** an accurate mental image of the chessboard. 19 학평

체스 선수들은 체스판의 정확한 정신적 이미지를 **유지하는** 능력을 가지고 있다.

retention ⓝ 보유; 기억

Vocab+ = **preserve** ⓥ 보존하다 **maintain** ⓥ 유지하다; 주장하다

0149 ★☆☆ □□□
refreshment
[rifréʃmənt]

ⓝ 상쾌함; 다과

Both Noah and Steve knew that the place would provide them with energy and **refreshment**. 22 모평

Noah와 Steve 둘 다 그 장소가 그들에게 에너지와 **상쾌함**을 제공하리라는 것을 알았다.

refresh ⓥ 생기를 되찾다, 새롭게 하다

Vocab+ + **afresh** ⓐⓓ 새로, 새롭게 다시

0150 ★★☆ □□□

precise
[prisáis]

◆ 내신빈출

ⓐ 정확한, 정밀한

Genomic sequencing will help doctors sequence human DNA to discover the **precise** cause of an illness. 19 EBS

게놈 배열 순서는 의사들이 질병의 **정확한** 원인을 발견하기 위해 인간의 DNA의 배열 순서를 밝히는 데 도움을 줄 것이다.

precision ⓝ 정밀성

Vocab+ = **accurate** ⓐ 정확한

0151 ★☆☆ □□□

organize
[ɔ́ːrgənàiz]

ⓥ 조직하다, 구조화하다, 체계화하다

In a certain situation, behavior is **organized** according to its expected consequences. 22 EBS

특정 상황에서는, 예상되는 결과에 따라 행동이 **구조화된다**.

organization ⓝ 조직

Vocab+ ↔ **disorganize** ⓥ 조직을 해체하다

0152 ★☆☆ □□□

irony
[áiərəni]

ⓝ 아이러니; 비꼼, 반어법 19 EBS

The **irony** is that the more committed we are to our vocation, the more likely it is that we will experience time stress and burnout.

아이러니는 우리가 우리의 직업에 더 많이 전념할수록, 우리는 시간적 스트레스와 극도의 피로를 경험할 가능성이 더 커진다는 것이다.

ironical ⓐ 풍자의, 반어의, 야유의

참고 Socratic irony 소크라테스식 반어법 (무지를 가장하고 질문·추구하여 상대방의 무지를 폭로시키는 변론법)

0153 ★★☆ □□□

doom
[duːm]

ⓥ 불행한 운명[결말]을 맞게 하다, 운명 짓다 ⓝ (나쁜) 운명

Such a slow-breeding species would be **doomed** if any efficient predator began to focus on it. 11 모평

그렇게 느리게 번식하는 종은 만약 어떤 효율적인 포식자가 그것에 집중하기 시작하면 **불행한 운명을 맞을** 것이다.

doomed ⓐ 운이 다한, 불운한

Vocab+ = **fate** ⓝ 운명 **destine** ⓥ 운명을 정하다

0154 ★☆☆ □□□

grateful
[gréitfəl]

ⓐ 감사하는

We would be extremely **grateful** if you could come to the event and be a part of our celebration. 17 학평

귀하께서 행사에 오셔서 저희 축하 행사에 참여해 주신다면 정말 **감사하겠습니다**.

gratitude ⓝ 감사

Vocab+ = **thankful** ⓐ 감사하는 + **be grateful for** ~에 감사하다

0155 ★★☆ □□□

file

[fail]

ⓥ (소송을) 제기하다; 정리해 놓다, 파일에 철하다 ⓝ 서류철

A lawsuit has been **filed** regarding a patent for a social media company's software algorithm. 22 EBS

한 소셜 미디어 기업의 소프트웨어 알고리즘 특허에 관한 소송이 **제기되었다**.

filing ⓝ 서류철하기

Vocab+ + **file for** ~을 출원하다 **file a suit** 소송을 걸다

0156 ★☆☆ □□□

entertainment

[èntərtéinmənt]

ⓝ 오락, 여흥, 접대, 연예

Food **entertainment** media relies on its own hidden labor to create the visual spectacle. 20 학평

음식 **오락** 매체는 시각적 구경거리를 연출하기 위해서 그 자체의 숨겨진 노동에 의존한다.

entertain ⓥ 즐겁게 하다

Vocab+ + **entertainment industry** 연예산업, 예능계

고난도

0157 ★★★ □□□

relevance

[réləvəns]

ⓝ 관련성, 적절, 타당성

The author has selected the content according to his own worldview and his own conception of **relevance**. 17 모평

작가는 자신의 세계관과 **관련성**에 대한 자신의 이해에 따라 내용을 선택했다.

relevant ⓐ 관련된

Vocab+ ↔ **irrelevance** ⓝ 무관함 + **have relevance to** ~와 관련성이 있다

0158 ★★★ □□□

rebel

ⓝ[rébəl]

ⓥ[ribél]

ⓝ 반항자, 반역자 ⓥ 모반[반역]하다, 반란을 일으키다, 반항하다

The Brontë sisters perceived themselves to be **rebels**. 18 학평

Brontë 자매는 자신들을 **반항아**라고 생각했다.

rebellion ⓝ 반란, 모반

Vocab+ + **rebel against** ~에 대해 반항하다 **rebel force** 반란군

0159 ★★★ □□□

heretofore

[hìərtəfɔ́:r]

ad 지금까지는, 이전에는

17 모평

A new manner to represent the problem is suddenly discovered, leading to a different path to a solution **heretofore** unpredicted.

그 문제를 표현하는 새로운 방식이 갑자기 발견되어 **지금까지** 예측되지 않은 해결책으로 가는 다른 길로 이어진다.

Vocab+ = **previously** ad 이전에는 **until now** 지금까지는

0160 ★★★ □□□

utilitarian

[ju:tìlitɛ́(:)əriən]

ⓐ 실용적인, 공리주의의

All cultures collected, used, and admired flowers for **utilitarian** purposes. 18 EBS

모든 문화는 **실용적인** 목적을 위해서 꽃을 모으고, 사용하고, 동경했다.

utilitarianism ⓝ 공리주의

Vocab+ = **practical** ⓐ 실용적인 **pragmatic** ⓐ 실용적인, 화용론의

DAY 04

Review Test

A 우리말은 영어로, 영어는 우리말로 적으시오.

1 절차 p__________
2 강조 e__________
3 담화 d__________
4 반항자 r__________
5 pedestrian __________
6 refreshment __________
7 misperception __________
8 retain __________

B 각 단어의 유의어 혹은 반의어를 적으시오.

1 combat ⊜ b__________
2 remedy ⊜ c__________
3 magnify ⊜ e__________
4 assessment ⊜ e__________
5 noticeable ⊜ s__________
6 organize ↔ d__________
7 notoriety ↔ f__________
8 exclude ↔ i__________

C 다음 우리말에 적합한 어휘를 고르시오.

1 [Casual / Causal] conversations can naturally lead to other subjects.
비격식의 대화는 자연스럽게 다른 주제로 이어질 수 있다.

2 The assumption that what is being studied can be understood in terms of [casual / causal] laws is called determinism.
연구되고 있는 것이 인과 법칙의 관점에서 이해될 수 있다는 가정을 결정론이라고 한다.

D 다음 빈칸에 공통으로 들어갈 어휘를 고르시오. [예문에 실린 어휘의 원형을 고를 것]

1 Large, single generation stations can be __________ to large-scale blackouts or terrorist attacks.
2 Not only architects are researching architectural __________.
3 There is likely to be some shared experience between the writer and the __________.

① subject ② reject ③ project ④ inject ⑤ eject

A 1 procedure 2 emphasis 3 discourse 4 rebel 5 보행자(의) 6 상쾌함, 다과 7 오해, 오인 8 유지하다, 보유[함유]하다 B 1 battle 2 cure 3 enlarge 4 evaluation 5 striking 6 disorganize 7 fame 8 include C 1 Casual 2 causal D ① subject

row

ⓝ 열, 줄	The desks are arranged in six **rows** in the classroom. 교실에 책상이 여섯 **줄**로 배열되어 있다.
ⓝ 말다툼 ⓥ 말다툼을 하다	Brian got into a terrible **row** with his girlfriend. Brian은 여자 친구와 심한 **말다툼**을 했다.
ⓥ 노를 젓다	We took turns **rowing**. 우리는 번갈아가면서 **노를 저었다**.

right

ⓐ 옳은 ad 정확히, 바로	Telling a lie is not so **right** as stealing. 거짓말을 하는 것은 훔치는 것만큼 **옳지** 않다.
ⓐ 오른쪽의 ⓝ 오른쪽	Betts felt a pain in his **right** side. Betts는 그의 **오른쪽** 옆구리 쪽에 통증을 느꼈다.
ⓝ 권리	People have a **right** to know the truth. 사람들은 진실을 알 **권리**가 있다.

fine

ⓐ 좋은, 뛰어난	The bridge is in **fine** shape. 그 다리는 **좋은** 상태다.
ⓐ 미세한	Coffee for espresso machines is ground **fine**. 에스프레소 기계를 위한 커피는 **미세하게** 갈린다.
ⓝ 벌금 ⓥ 벌금을 부과하다	The careless driver had to pay a **fine** for speeding. 그 부주의한 운전자는 과속으로 **벌금**을 내야 했다.

Crossword Puzzle

DAY 04

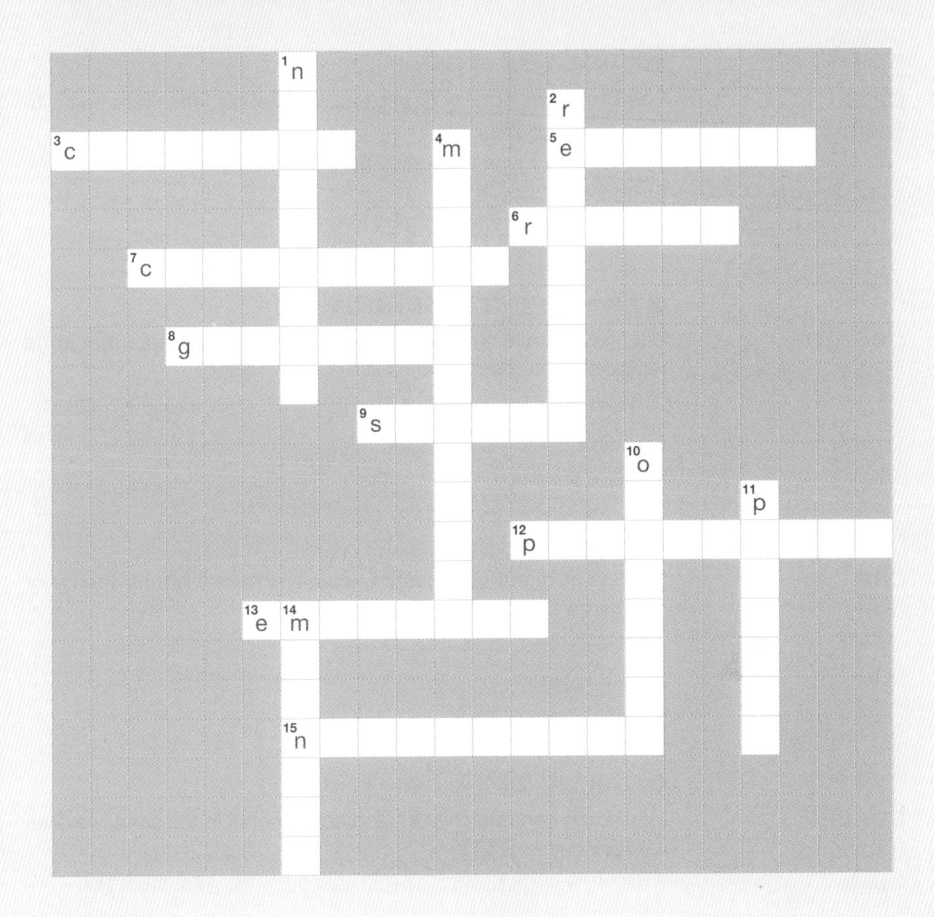

ACROSS

3 ⓝ 사상자

5 ⓥ 배제하다, 차단하다, 거부하다

6 ⓥ 유지하다, 보유하다, 함유하다

7 ⓝ 자신감, 확신

8 ⓐ 감사하는

9 ⓥ 굶어 죽다, 굶주리다, 굶기다

12 ⓝ 보행자 ⓐ 보행자의

13 ⓝ 강조, 역점

15 ⓐ 눈에 띄는, 뚜렷한, 현저한

DOWN

1 ⓝ 악명, 악평

2 ⓝ 관련성, 적절, 타당성

4 ⓐ 잡다한, 갖가지의

10 ⓥ 극복하다

11 ⓐ 정확한, 정밀한

14 ⓥ 확대하다, 과장하다

Answer p.514

0161 ★☆☆ □□□
dine
[dain]

ⓥ 식사하다, 만찬을 대접하다
The Brookville Hotel was packed with people who were eager to dine there. 21 EBS
Brookville 호텔은 그곳에서 **식사하길** 간절히 바라는 사람들로 꽉 차 있었다.
diner ⓝ 작은 식당; 식당에서 식사하는 사람
Vocab+ + **dine with** ~와 함께 잘 차린 식사를 하다

0162 ★☆☆ □□□
debate
[dibéit]

ⓥ 논의하다, 논쟁하다, 토론하다 ⓝ 논쟁, 토론
Why Neanderthals became extinct about 40,000 years ago to be replaced by modern humans is **debated**. 20 학평
왜 네안데르탈인이 약 4만 년 전에 멸종되어 현생 인류로 대체되었는가가 **논의되고** 있다.
debatable ⓐ 이론의 여지가 있는
Vocab+ = **discuss** ⓥ 토의하다 **argue** ⓥ 논증하다

0163 ★★☆ □□□
cite
[sait]

ⓥ 인용하다, 예를 들다
Studies in distributive justice usually **cite** the equity theory of Adams from the 1960s. 20 EBS
분배의 공정성에 관한 연구는 대체로 1960년대 Adams의 공정성 이론을 **인용한다**.
citation ⓝ 인용
Vocab+ = **quote** ⓥ 인용하다

0164 ★☆☆ □□□
benefit
[bénəfit]
◆ 내신빈출

ⓥ 이익을 얻다, 도움이 되다 ⓝ 이익, 혜택
Meditation **benefits** children and adolescents in the same ways as it does adults. 20 EBS
명상은 어른을 이롭게 하는 것과 똑같은 방식으로 아동과 청소년들도 **이롭게 한다**.
beneficial ⓐ 이로운
Vocab+ = **help** ⓥ 돕다 **contribute to** ~에 도움이 되다, 기여하다

0165 ★★☆ □□□
suitable
[sjú:təbl]
◆ 내신빈출

ⓐ 적합한, 적절한
Wingstar Drone is **suitable** for experienced drone users aged 14 years and older. 19 학평
Wingstar Drone은 숙련된 14세 이상의 드론 사용자에게 **적합합니다**.
suitability ⓝ 어울림
Vocab+ = **appropriate, right, fitting** ⓐ 적절한 ↔ **unsuitable** ⓐ 부적합한

0166 ★★☆ □□□
wicked
[wíkid]

ⓐ 악한, 심술궂은
Socrates said that no man is voluntarily **wicked**. 18 EBS
소크라테스는 자발적으로 **악한** 인간은 없다고 말했다.
wickedness ⓝ 사악함
Vocab+ + **vice** ⓝ 악덕

0167 ★★☆ □□□
unspoken
[ʌnspóukən]
◆ 내신빈출

ⓐ 말해지지 않은, 입 밖에 내지 않은, 무언의
One **unspoken** truth about creativity is about productivity. 17 모평
창의성에 관해 **말해지지 않은** 사실 중 하나는 생산성에 관한 것이다.

Vocab+ = **implicit** ⓐ 암시된 **unsaid** ⓐ 말로 표현하지 않은

0168 ★★☆ □□□
texture
[tékstʃər]

ⓝ 질감, 감촉; (여러 요소의) 조화; 조직, 구조
It is shown that **texture** of food is an important factor in weight gain. 19 학평
음식의 **질감**이 체중 증가에서 중요한 요인이라는 것이 드러났다.

textural ⓐ 조직의, 구조의
Vocab+ = **structure** ⓝ 구조

0169 ★☆☆ □□□
venture
[véntʃər]

ⓥ 모험을 하다, 위험을 무릅쓰다 ⓝ 모험, 모험적 사업
Nothing **ventured**, nothing gained. 19 수능
모험하지 않으면 아무것도 얻을 수 없다.

Vocab+ = **adventure** ⓝ 모험 ⓥ 모험을 무릅쓰다

0170 ★★☆ □□□
hypothesis
[haipɑ́θisis]

ⓝ 가설, 가정 (ⓟⓛ **hypotheses**)
An experiment that successfully proves a **hypothesis** is a measurement; one that doesn't is a discovery. 18 수능
가설을 성공적으로 입증하는 실험은 측정이며, 그렇지 않은 것은 발견이다.

hypothesize ⓥ 가설을 세우다

참고 '-is'로 끝나는 어미의 복수형 → '-es':
oasis - oases / analysis - analyses / diagnosis - diagnoses

오답률 TOP
0171 ★★☆ □□□
credible
[krédəbl]

ⓐ 믿을 만한, 받아들일 만한
Research confirms the finding that nonverbal cues are more **credible** than verbal cues, especially when verbal and nonverbal cues conflict. 16 모평
연구는 특히 언어적 신호와 비언어적 신호가 상충할 때에는 비언어적 신호가 언어적 신호보다 더 **믿을 만하다는** 연구 결과를 확증해 준다.

credit ⓝ 신용
Vocab+ = **convincing** ⓐ 설득력 있는 **viable** ⓐ 실행 가능한
↔ **incredible** ⓐ 터무니없는

0172 ★★★ □□□
credulous
[krédʒuləs]

ⓐ 잘 속는 17 모평
The thieving bees sneak into the nest of a **credulous** "normal" bee.
도둑질하는 벌들은 **잘 속는** '보통' 벌의 집으로 슬며시 들어간다.

Vocab+ = **gullible** ⓐ 남의 말을 잘 믿는 **unsuspecting** ⓐ 의심하지 않는

0173 ★★☆ □□□
snatch
[snætʃ]

ⓥ 잡아채다
Joe looks at you sullenly, and then **snatches** the salt away and puts it out of your reach. 18 학평
Joe는 시무룩한 표정으로 당신을 바라보다가, 소금을 **잡아채어** 당신의 손이 닿지 않는 곳에 둔다.

Vocab+ = **grab** ⓥ 붙잡다 **seize** ⓥ 와락 붙잡다

0174 ★★☆ □□□
self-efficacy
[sèlféfikəsi]

ⓝ 자기효능감
The performer is likely to experience increases in intrinsic motivation and **self-efficacy**. 22 EBS
경기 참가자는 내재적 동기와 **자기효능감**의 증가를 경험할 가능성이 있다.

0175 ★☆☆ □□□
discover
[diskʌ́vər]

ⓥ 발견하다, 찾아내다, 알아내다
AI is **discovering** ways to slow down or even reverse biological processes such as ageing. 22 EBS
AI는 노화와 같은 생물학적 과정을 늦추거나 심지어 역전시키는 방법을 **발견하고** 있다.

discovery ⓝ 발견
Vocab+ = **find out** ~을 알아내다

0176 ★★☆ □□□
upright
[ʌ́pràit]

ⓐ (자세가) 똑바른, 꼿꼿한, 수직으로 세워 둔 ⓐⓓ 똑바로
Standing **upright**, he battled the wave all the way back to shore. 18 수능
똑바로 서서 그는 해안으로 되돌아오는 내내 파도와 싸웠다.

Vocab+ = **erect** ⓐ 똑바로 선 ⓥ 건립하다

0177 ★★★ □□□
ratio
[réiʃjou]
◆ 내신빈출

ⓝ 비율, 비
Our self-esteem is determined by the **ratio** of our actualities to our supposed potentialities. 10 모평
우리의 자부심은 우리가 가상하는 잠재력에 대한 우리의 현실의 **비율**에 의해 결정된다.

Vocab+ = **rate** ⓝ 비율 **percentage** ⓝ 백분율, 비율 **proportion** ⓝ 비, 균형

0178 ★★☆ □□□
peasant
[pézənt]

ⓝ (특히 과거 또는 현대 빈곤 국가의) 농민, 소작농[소농]
The prosperity brought about by the international trade in olive oil spread to the **peasants**. 10 모평
국제적인 올리브유 거래가 가져온 번영은 **농민들**에게도 퍼졌다.

peasantry ⓝ (한 지역·국가의) 소작농[소농]들

0179 ★★☆ □□□
possibility
[pàsəbíləti]

ⓝ 가능성, 기회
The **possibility** of trade created an incentive for standardization. 19 EBS
교역 **가능성**은 표준화의 동기를 만들어냈다.

possible ⓐ 가능한
Vocab+ = **feasibility** ⓝ 실현 가능성 **likelihood** ⓝ 가능성

0180 ★★☆ □□□

privilege
[prívəlidʒ]

ⓥ 특권을 주다 ⓝ 특권

Human physical and intellectual struggle work to **privilege** the human body over technoscience. 22 EBS

인간의 육체적, 지적 노력이 기술 과학보다 인간의 신체에 **특권을 부여하도록** 작용한다.

privileged ⓐ 특권[특전]을 가진, ~하게 되어 영광스러운

Vocab+ + **the privileged** 특권층
be privileged to *do* ~하게 되어 영광이다 (= **be honored to *do***)

다의어

0181 ★☆☆ □□□

affect
ⓥ[əfékt]
ⓝ[ǽfekt]

1. ⓥ 영향을 미치다 2. ⓝ [심리학] 정서

1. The capitalist mode of production is **affecting** peasant production in the less developed world. 17 수능

   자본주의 생산 방식이 저개발 세계 소작농의 생산에 **영향을 끼치고** 있다.

2. Large numbers have been found to lack meaning unless they convey **affect** (feeling). 18 수능

   큰 수는 **정서적 반응(감정)**을 전달하지 않는다면 의미가 없는 것으로 밝혀졌다.

affective ⓐ 정서적인 **affection** ⓝ 애정

Vocab+ = **influence, impact** ⓥ 영향력을 미치다 + **effect** ⓝ 영향(력)

0182 ★★☆ □□□

outdated
[àutdéitid]

ⓐ 시대에 뒤진, 구식의

In the face of evolving technology, legal codes are already **outdated** by the time the laws are printed. 17 수능

진화하는 기술에 직면하여, 법전은 법 내용이 인쇄될 무렵에는 이미 **시대에 뒤떨어져** 버린다.

outdate ⓥ 시대에 뒤지게 하다

Vocab+ = **old-fashioned** ⓐ 옛날식의 **obsolete** ⓐ 더 이상 쓸모가 없는, 한물간

0183 ★★☆ □□□

misinterpret
[mìsintə́ːrprit]

ⓥ 잘못 해석하다

When Alexander Graham Bell invented the telephone, phone calls were extremely noisy and easy to **misinterpret**. 20 학평

Alexander Graham Bell이 전화를 발명했을 때, 전화 통화는 극도로 시끄러웠고 **잘못 해석하기** 쉬웠다.

misinterpretation ⓝ 오독, 오해

Vocab+ = **misconstrue** ⓥ 오해하다 + **interpret** ⓥ 해석하다

0184 ★★☆ □□□

machinery
[məʃíːnəri]

ⓝ 기계류

Manufacturers all work by **machinery** or by vast subdivision of labour and not, so to speak, by hand. 21 수능

제조업자들은 모두 **기계류**나 방대한 분업에 의해서 일하며, 말하자면 수작업으로 일하지는 않는다.

참고 machine ⓝ 기계 (machinery는 집합적 개념으로 셀 수 없는 명사임)

0185 ★☆☆ □□□

maintain
[meintéin]

ⓥ 유지하다, 관리하다; 주장하다

Bee pollination can play an important role in **maintaining** a sustainable and profitable agriculture. 17 EBS

꿀벌에 의한 수분은 지속 가능하고 수익성이 있는 농업을 **유지하는** 데 중요한 역할을 할 수 있다.

maintenance ⓝ 관리, 유지보수

Vocab+ = **preserve** ⓥ 보존하다 **assert** ⓥ 주장하다

0186 ★★☆ □□□

inferior
[infí(:)əriər]
◆ 내신빈출

ⓐ 열등한, 질 낮은

The standing of explanations put forward by historians is very much **inferior** to that of scientific explanation. 22 EBS

역사가들이 제시하는 설명의 입지가 과학적 설명의 입지보다 훨씬 더 **열등하다**.

inferiority ⓝ 열등함

Vocab+ ↔ **superior** ⓐ 우월한 + **inferior to** ~보다 열등한 (= **worse than**)

0187 ★★☆ □□□

concrete
[kὰnkríːt]

ⓐ 구체적인, 사실에 의거한; 콘크리트의

A lyric is the place where the emotional suggestions of pure music are defined as **concrete** human concerns and events. 21 학평

가사는 순전한(가사 없는) 음악의 정서적 암시가 **구체적인** 인간의 관심사와 사건으로 한정되는 부분이다.

concretely ⓐⓓ 구체적으로

Vocab+ ↔ **abstract** ⓐ 추상적인

0188 ★★☆ □□□

impose
[impóuz]

ⓥ 부과하다, 시행하다, 강요하다

The fact that there are only twenty-four hours in a day **imposes** an implicit ceiling. 18 학평

하루에 24시간만 있다는 사실은 내재된 상한을 **부과한다**.

imposition ⓝ 부과, 시행, 부담, 강요

Vocab+ = **levy** ⓥ 부과하다

0189 ★★☆ □□□

dominant
[dάmənənt]

ⓐ 지배적인, 우세한, 우성의

Movies may be said to support the **dominant** culture and to serve as a means for its reproduction over time. 19 수능

영화는 **지배적인** 문화를 지지하고 시간이 지남에 따라 그것을 재생산하는 수단의 역할을 한다고 말할 수 있다.

dominance ⓝ 우세, 지배 **dominate** ⓥ 지배하다

Vocab+ = **prevailing** ⓐ 지배적인 **main** ⓐ 주요한

0190 ★☆☆ □□□

reflect
[riflékt]

ⓥ 반영하다, 반사하다; 숙고하다(on)

Taste **reflects** the quality and quantity of vitamins, minerals and protein. 22 EBS

맛은 비타민, 미네랄, 단백질의 질과 양을 **반영한다**.

reflection ⓝ 반사, 반영; 심사숙고

Vocab+ = **consider** ⓥ 숙고하다, 고려하다 **contemplate** ⓥ 숙고하다

0191 ★★☆ □□□

exceed
[iksí:d]

ⓥ 넘다, 초과하다, 초월하다

In Helsinki, the optimal temperature is typically **exceeded** only 18 days per year. 17 학평

헬싱키에서 (실제 기온이) 일반적으로 일 년당 18일만 최적 기온을 **넘는다**.

excess ⓝ 과다 **excessive** ⓐ 과도한

Vocab+ = **go beyond** ~을 초과하다 **overrun** ⓥ (예정된 시간·금액을) 초과하다

0192 ★★☆ □□□

emission
[imíʃən]

ⓝ 배출, 배기가스

A number of governments have introduced regulations on the chemical **emissions** produced when using adhesives. 17 수능

여러 나라의 정부가 접착제를 사용할 때 발생하는 화학물질 **배출**에 대한 규제를 도입했다.

emit ⓥ 배출하다

Vocab+ = **giving off** 발함 **release** ⓝ 방출

0193 ★★☆ □□□

fossil
[fásl]

ⓝ 화석

As a child, William Buckland naturally became interested in **fossils** while collecting them. 22 모평

어릴 때, William Buckland는 **화석**을 수집하면서 자연스럽게 화석에 관심을 갖게 되었다.

fossilize ⓥ 화석화하다 **fossilization** ⓝ 화석화

0194 ★★☆ □□□

discount
ⓥ[diskáunt]
ⓝ[dískaunt]
◆ 내신빈출

ⓥ 평가절하하다, 무시하다; 할인하다 ⓝ 할인

Biological organisms **discount** distant outputs over those available at the present time. 18 수능

생물학적 유기체는 현재 이용 가능한 것에 비해 멀리 있는 이익을 **평가절하한다**.

discounted ⓐ 할인된

Vocab+ = **undervalue, underrate** ⓥ 과소평가하다
ignore, disregard ⓥ 무시하다

0195 ★★☆ □□□

delighted
[diláitid]

ⓐ 아주 기뻐하는

Sally was **delighted** by the books about birds and she joyfully looked at the beautiful pictures in them. 18 모평

Sally는 새에 관한 책들을 보고 **기뻤으며**, 즐거운 기분으로 그것들에 있는 아름다운 사진들을 보았다.

delight ⓥ 기쁘게 하다 ⓝ 기쁨 **delightful** ⓐ 기쁜

0196 ★★☆ □□□

controversy
[kάntrəvə̀ːrsi]

ⓝ 논쟁, 언쟁, 논란

Although Donald Griffin claim sparked much **controversy** in the science community, there is no question that he radically opened up the field of animal cognition. 21 학평

비록 Donald Griffin의 주장이 과학계에 많은 **논란**을 유발했지만, 그가 동물 인지 분야를 급진적으로 열었다는 것에는 의문의 여지가 없다.

controversial ⓐ 논란이 되는

Vocab+ = **argument** ⓝ 논쟁 **row** ⓝ 논란, 분쟁; 줄, 열
↔ **agreement** ⓝ 의견 일치

0197 ★★★ □□□

manipulate
[mənípjulèit]

ⓥ 조작하다, 잘 다루다

It is possible for a person to personally **manipulate** and create consequences for his actions. 19 학평

한 사람이 자신의 행동에 대한 결과를 직접 **조작하고** 만들어내는 것이 가능하다.

manipulation ⓝ 조작 **manipulatory** ⓐ 조작적인, 교묘하게 다루는

Vocab+ + **manipulate public opinion** 여론을 조작하다

고난도

0198 ★★★ □□□

synchronously
[síŋkrənəsli]

ad 같은 시간에, 동시적으로

In a typical experiment, two toy cars were shown running **synchronously** on parallel tracks. 19 수능

한 대표적인 실험에서 두 대의 장난감 자동차가 **같은 시간에** 평행 선로에서 달리고 있는 것이 보여졌다.

synchronous ⓐ 같은 시간의, 동시적인

Vocab+ = **concurrently** ad 동시에

0199 ★★★ □□□

eligible
[élidʒəbl]

ⓐ 적임인, 적격인

Students can be nominated for any position on Council if they are **eligible** for that position. 20 EBS

학생들은 그 자리에 **자격이 있다면** 학생회의 어느 자리든 추천받을 수 있습니다.

eligibility ⓝ 적격, 적임

Vocab+ ↔ **ineligible** ⓐ 부적격인

0200 ★★★ □□□

incompatible
[ìnkəmpǽtəbl]

ⓐ 양립할 수 없는

Zoo life is utterly **incompatible** with an animal's most deeply-rooted survival instincts. 11 모평

동물원 생활은 동물의 가장 뿌리 깊은 생존 본능과 전혀 **양립할 수 없다**.

incompatibility ⓝ 양립할 수 없음, 상반, 성격의 불일치

Vocab+ = **inconsistent** ⓐ 일치하지 않는 ↔ **compatible** ⓐ 양립할 수 있는

Review Test

A 우리말은 영어로, 영어는 우리말로 적으시오.

1 농민, 소농 p______
2 가설 h______
3 질감 t______
4 배출 e______
5 machinery ______
6 self-efficacy ______
7 fossil ______
8 ratio ______

B 각 단어의 유의어 혹은 반의어를 적으시오.

1 synchronously ⊜ c______
2 reflect ⊜ c______
3 debate ⊜ d______
4 upright ⊜ e______
5 concrete ↔ a______
6 eligible ↔ i______
7 inferior ↔ s______
8 suitable ↔ u______

C 다음 우리말에 적합한 어휘를 고르시오.

1 Research confirms the finding that nonverbal cues are more [credible / credulous] than verbal cues, especially when verbal and nonverbal cues conflict.
연구는 특히 언어적 신호와 비언어적 신호가 상충할 때에는 비언어적 신호가 언어적 신호보다 더 믿을 만하다는 연구 결과를 확증해 준다.

2 The thieving bees sneak into the nest of a [credible / credulous] "normal" bee.
도둑질하는 벌들은 잘 속는 '보통' 벌의 집으로 슬며시 들어간다.

D 다음 빈칸에 공통으로 들어갈 어휘를 고르시오. [예문에 실린 어휘의 원형을 고를 것]

1 The capitalist mode of production ______ peasant production in the less developed world.
2 Large numbers have been found to lack meaning unless they convey ______.

① infect ② affect ③ effect ④ impact ⑤ compact

A 1 peasant 2 hypothesis 3 texture 4 emission 5 기계류 6 자기효능감 7 화석 8 비율 B 1 concurrently 2 consider[contemplate] 3 discuss 4 erect 5 abstract 6 ineligible 7 superior 8 unsuitable C 1 credible 2 credulous D ② affect

wind

ⓝ 바람 [wind]	There isn't much **wind** tonight. 오늘밤에는 **바람**이 많지 않다.
ⓥ 굽이치다, 감다 [waind]	The river **winds** through the valley. 그 강은 계곡을 **굽이치면서** 흐른다.

bachelor

ⓝ 미혼남	Brandon is said to be an eligible **bachelor**. Brandon은 신랑감으로 좋은 **미혼남**이라고 말해진다.
ⓝ 학사, 대학졸업자	A **bachelor's** degree is given to students by a college or university usually after four years of study. **학사** 학위는 보통 4년 동안 공부한 후에 단과대학이나 종합대학에 의해 학생들에게 주어진다.

overlook

ⓥ 간과하다	A detective must not **overlook** an important clue. 탐정은 중요한 단서를 **간과해서는** 안 된다.
ⓥ 내려다보다	We decided to rent a suite that **overlooks** the lake. 우리는 호수가 **내려다보이는** 스위트룸을 빌리기로 했다.

deliberate

ⓐ 의도적인	They don't think his behavior was a mistake; they think it was **deliberate**. 그들은 그의 행동이 실수였다고 생각하는 것이 아니라 그들은 그것이 **의도적**이었다고 생각한다.
ⓐ 조심스러운	She tried to speak in a **deliberate** manner. 그녀는 **조심스러운** 태도로 말하려고 했다.
ⓥ 숙고하다	I am **deliberating** whether I had better accept the job offer. 나는 그 일자리 제안을 받아들이는 것이 좋을지 **심사숙고하고** 있다.

Crossword Puzzle

DAY 05

ACROSS

2 ⓐ 열등한, 질 낮은

4 ⓐ 양립할 수 없는

6 ⓝ 가설, 가정

10 ⓐ 지배적인, 우세한, 우성의

12 ⓝ 비율, 비

13 ⓥ 특권을 주다 ⓝ 특권

14 ⓥ 넘다, 초과하다, 초월하다

DOWN

1 ⓐ 적임인, 적격인

3 ⓝ 논쟁, 언쟁, 논란

5 ⓐ 구체적인, 사실에 의거한, 콘크리트의

7 ⓐ 적합한, 적절한

8 ⓥ 조작하다, 잘 다루다

9 ⓥ 유지하다, 관리하다, 주장하다

11 ⓐ 믿을 만한, 받아들일 만한

Answer p.515

0201 ★★☆ □□□
rewarding
[riwɔ́ːrdiŋ]

ⓐ 보상이 되는, 보람 있는, 수익이 많이 나는

Trying to figure out why something fails to work is **rewarding**. 17 EBS

왜 뭔가가 잘 되어가지 않는지를 알아내려고 애쓰는 것은 **보람이 있다**.

reward ⓥ 보상하다 ⓝ 보상

Vocab+ = **fruitful** ⓐ 성과 있는 ↔ **unrewarding** ⓐ 성과 없는

0202 ★★☆ □□□
release
[rilíːs]
◆ 내신빈출

ⓥ 방출하다, 놓아주다 ⓝ 분비, 석방, 발표

A large oak tree can **release** through evaporation 40,000 gallons of water per year. 17 EBS

큰 오크 나무는 증발을 통해 연간 4만 갤런의 물을 **방출할** 수 있다.

Vocab+ = **emit** ⓥ (소리·빛 등을) 내다 **discharge** ⓥ 방출하다

0203 ★★☆ □□□
random
[rǽndəm]

ⓐ 무작위의, 임의의

A hare zigzags in a **random** pattern in an attempt to shake off the pursuer. 20 학평

토끼는 쫓는 것을 뿌리치려는 시도로 **무작위로** 지그재그로 움직인다.

randomly ⓐⓓ 무작위로

Vocab+ = **arbitrary** ⓐ 임의적인

0204 ★★☆ □□□
primitive
[prímitiv]

ⓐ (산업화 이전의) 원시사회의, 초기의, 원시적인 단계의

Log houses in the United States were considered to be rough, **primitive**, and low-class housing. 17 수능

미국의 통나무집은 대충 만들어지고, **원시적**이며, 하류 계층의 주택으로 여겨졌다.

primitively ⓐⓓ 원시적으로, 소박하게

Vocab+ = **archaic** ⓐ 구식의 **primeval** ⓐ 태고의

0205 ★★☆ □□□
positive
[pázitiv]

ⓐ 긍정적인, 낙관적인, 확신하는

Studies have shown significant health benefits from people who have **positive** interactions with animals. 18 EBS

여러 연구는 동물과 **긍정적인** 상호 작용을 한 사람들에게서 나오는 상당히 많은 건강상의 이점을 보여주었다.

positivity ⓝ 확실함, 적극성

Vocab+ = **affirmative** ⓐ 긍정적인 **confident** ⓐ 확신하는
↔ **negative** ⓐ 부정적인

0206 ★★☆ □□□
patronizing
[péitrənàiziŋ]

ⓐ 깔보는 듯한, 잘난 체하는

Empathic short responses appear artificial or **patronizing**. 22 EBS

공감적인 짧은 응답은 인위적이거나 **깔보는** 듯이 보인다.

patron ⓝ 후원자, 고객 **patronize** ⓥ 잘난 체하다; 후원하다

Vocab+ = **look down on** ~을 깔보다

0207 ★★☆ □□□

hallmark
[hɔ́:lmὰ:rk]

ⓝ (전형적인) 특징[특질], 품질 보증 마크

One of the **hallmarks** of evaluating the quality of a black tea is by assessing how tightly the leaves are rolled. 17 모평

홍차의 품질을 평가하는 **특징** 가운데 하나는 얼마나 단단히 잎이 말려 있는지를 평가하는 것이다.

Vocab+ = **certification** ⓝ 증명서 **authentication** ⓝ 인증

0208 ★★☆ □□□

miserable
[mízərəbl]

ⓐ 비참한

According to the Stoics, we are enslaved to negative strong emotions, which causes us to feel **miserable**. 22 EBS

스토아학파에 따르면, 우리 대부분은 격한 부정적인 감정의 노예가 되는데, 이것이 우리가 **비참하다고** 느끼게 만든다.

misery ⓝ 고통, 비참 **miserably** ⓐⓓ 비참하게

Vocab+ = **pathetic** ⓐ 불쌍한, 애처로운

0209 ★★☆ □□□

lyric
[lírik]

ⓝ 노래가사, 서정시 ⓐ 서정시의, 노래가사의

The next time we hear a song on the radio again, we hear a **lyric** we didn't catch the first time. 19 EBS

다음에 우리가 라디오에서 어떤 노래를 다시 들을 때, 우리가 처음에는 알아차리지 못한 **가사**를 듣게 된다.

lyrical ⓐ 서정적인

0210 ★★☆ □□□

disprove
[disprú:v]

◆ 내신빈출

ⓥ 반증하다, 틀렸음을 증명하다, 논박하다 19 학평

We should prove or **disprove** propositions against the sampled data.

우리는 표본 자료를 바탕으로 명제를 증명하거나 반증해야 한다.

disproof ⓝ 반증

Vocab+ = **refute** ⓥ 반박하다 ↔ **prove** ⓥ 증명하다

혼동어

0211 ★★☆ □□□

industrial
[indʌ́striəl]

ⓐ 산업의, 공업의

Industrial robots excel in carrying out regular tasks to perform assembly work. 22 EBS

산업용 로봇은 조립 작업을 수행하기 위한 규칙적인 과업을 수행하는 데 탁월하다.

industry ⓝ 산업, 공업 **industrialize** ⓥ 산업화하다

Vocab+ + **technological** ⓐ 산업기술의

0212 ★★☆ □□□

industrious
[indʌ́striəs]

ⓐ 부지런한, 근면한

We know Mr. Turner to be alert and **industrious**, as well as faithful in his duties. 21 학평

우리는 Turner 씨가 자신의 직무에 충실할 뿐만 아니라 기민하고 **부지런하다는** 것을 알고 있습니다.

industry ⓝ 근면(성) **industriously** ⓐⓓ 부지런히

Vocab+ = **diligent** ⓐ 부지런한 **hard-working** ⓐ 근면한

0213 ★★☆ □□□
implication
[ìmpləkéiʃən]

ⓝ 함의, 암시; 영향
Both handshake and hand-kiss are gestures of trust and friendship, but they differ in their political **implications**. 19 EBS
악수와 손등에 입 맞추기 둘 다 신뢰와 우정의 몸짓이지만, 그것들의 정치적인 **함의**는 다르다.

imply ⓥ 암시하다 **implicit** ⓐ 암시적인, 암묵적인

0214 ★★☆ □□□
habitual
[həbítʃuəl]
◆ 내신빈출

ⓐ 습관적인, 상습적으로 하는
You may discover that there are **habitual** patterns in your life that rarely change. 21 EBS
여러분은 자신의 삶에 거의 변하지 않는 **습관적인** 패턴이 있다는 것을 발견할 것이다.

habit ⓝ 습관 **habituate** ⓥ 습관화하다
Vocab+ = **customary** ⓐ 관행적인

0215 ★★☆ □□□
formulate
[fɔ́ːrmjulèit]

ⓥ (명확히) 표현하다, 공식화하다, 만들어내다
The idea behind the scientific attitude is simple to **formulate** but difficult to measure. 21 EBS
과학적 태도 이면에 있는 생각은 **표현하기는** 간단하지만 측정하기는 어렵다.

formulation ⓝ 공식화 **formula** ⓝ 공식
Vocab+ = **articulate** ⓥ 정확히 표현하다 **codify** ⓥ 공식화하다

0216 ★★☆ □□□
fade
[feid]

ⓥ 사라지다, (색깔이) 바래다
While we are born with a strong drive to seek novelty, this drive **fades** over time. 20 학평
우리는 새로움을 찾는 것에 대한 강한 욕구를 지니고 태어나지만, 이러한 욕구는 시간이 가면서 **약해진다**.

Vocab+ = **wither** ⓥ 시들다 **wane** ⓥ 약해지다

0217 ★★☆ □□□
excavation
[èkskəvéiʃən]

ⓝ 발굴, 발굴지
Academic archaeologists have been urged to conduct their research and **excavations** according to hypothesis-testing procedures. 19 수능
학계의 고고학자들은 가설 검증 절차에 따라 연구와 **발굴**을 수행하라고 촉구받아 왔다.

excavate ⓥ 발굴하다
Vocab+ = **dig** ⓝ 발굴 (**dig out** ~을 발굴하다)

0218 ★★☆ □□□
approximation
[əprɑ̀ksəméiʃən]

ⓝ 추정, 근사치
Many physicists believe in a "final theory" of nature, a theory beyond **approximation**. 22 EBS
많은 물리학자는 **추정**을 넘어선 이론인 자연에 관한 '최종 이론'을 믿는다.

approximate ⓐ 거의 정확한 **approximately** ⓐⓓ 대략
Vocab+ = **alikeness** ⓝ 유사치 **estimate** ⓝ 근사치

0219 ★★☆ □□□

divorce [divɔ́ːrs]

ⓥ 이혼하다, 분리시키다 ⓝ 이혼, 분리

Rejecting the 'natural' enjoyment of mass culture **divorced** the critic from an image of a mindless, pleasure-seeking crowd. 18 모평

대중문화의 '자연적인' 즐거움을 거부하는 것은 생각 없이 쾌락을 추구하는 군중의 이미지로부터 비평가를 **분리시켰다**.

divorcement ⓝ 이혼, 분리

Vocab+ + **divorce A from B** A를 B로부터 분리시키다

0220 ★★☆ □□□

disconnect [dìskənékt]

ⓥ 연결을 끊다 ⓝ 단절

You'd better **disconnect** the Internet, phone, and television set and try spending twenty-four hours in absolute solitude. 17 모평

너는 인터넷, 전화, 텔레비전의 **연결을 모두 끊고** 24시간 동안 절대적인 고독 속에서 한 번 지내보는 것이 좋을 것이다.

disconnection ⓝ 분리

Vocab+ = **detach** ⓥ 떼어내다 **dissociate** ⓥ 분리하다 **disengage** ⓥ 풀다

다의어

0221 ★☆☆ □□□

wear [wɛər]

1. ⓥ 착용하다 ⓝ 옷
2. ⓥ 닳다 ⓝ 마모

18 학평

1. All participants in the Kinetic Derby Racing must **wear** a helmet.
   키네틱 더비 레이싱의 모든 참가자들은 헬멧을 **착용해야** 합니다.
2. Many grazers have teeth that are very long or grow continuously to compensate for the **wear** associated with grinding hard cell walls. 19 학평
   풀을 뜯는 많은 동물은 단단한 세포벽을 분쇄하는 것과 관련이 있는 **마모**를 보완하기 위해 매우 길거나 계속 자라는 이빨을 가지고 있다.

wearing ⓐ 지치게 하는

Vocab+ = **be dressed in, put on** ~을 입다 **abrasion** ⓝ 마모

0222 ★★☆ □□□

contribute [kəntríbjuːt]

◆ 내신빈출

ⓥ 공헌하다, 기여하다

Despite some campaign finance laws, there is no upper limit on the number of dollars that a person can **contribute**. 18 학평

몇몇 선거자금법에도 불구하고, 개인이 **기여할** 수 있는 달러 금액에는 상한이 없다.

contribution ⓝ 공헌, 기여

Vocab+ + **contribute to** ~에 기여하다

0223 ★★☆ □□□

colonial [kəlóuniəl]

ⓐ 식민지의, 식민시대의 ⓝ 식민지 주민

Under **colonial** conditions, the discourse of individual rights is meaningless without the prior right of the political community to self-government. 22 EBS

식민지 상황에서, 개인의 권리에 관한 담론은 그에 앞서 정치적 공동체의 자치권이 없다면 무의미하다.

colony ⓝ 식민지 **colonize** ⓥ 식민지화하다; 대량서식하다

0224 ★★☆ □□□

capacity
[kəpǽsəti]

ⓝ 수용력, 용량, 능력, 지위

Differences in the oxygen content and heat **capacity** of air and water affect the activity levels of animals. 22 EBS

공기와 물의 산소 함유량과 열 **수용량** 차이는 동물의 활동 수준에 영향을 미친다.

capable ⓐ 능력 있는

Vocab+ = **ability** ⓝ 능력, 재능 **competence** ⓝ 능숙함 **capability** ⓝ 능력

0225 ★★☆ □□□

assemble
[əsémbl]

ⓥ 모으다, 조립하다

A student entered a room in which a group of their peers were **assembled**. 19 EBS

한 학생이 자기 동료 집단이 **모여 있는** 방에 들어갔다.

assembly ⓝ 조립; 의회, 입법기관

Vocab+ = **put together, gather** ⓥ 모으다 ↔ **disassemble** ⓥ 분리하다

0226 ★★☆ □□□

concerted
[kənsə́ːrtid]

ⓐ 합심한, 결연한

The problem is often a lack of **concerted** research on the importation of natural enemies in the specific agro-ecosystem setting. 18 모평

문제는 특정한 농업 생태계 환경에 있어서 천적 도입에 대한 **공동의** 연구가 없다는 것이다.

concert ⓝ 콘서트, 연주회 ⓥ 합심하다

Vocab+ = **united** ⓐ 연합한 **combined** ⓐ 결합된

0227 ★★☆ □□□

collide
[kəláid]

ⓥ 충돌하다, 일치하지 않다

On stage left, children were **colliding** into each other behind some obstacle. 21 EBS

무대 왼쪽에서 아이들은 어떤 장애물 뒤에서 서로 **충돌하고** 있었다.

collision ⓝ 충돌

Vocab+ = **crash** ⓥ 충돌하다 **slam into** ~에 충돌하다

0228 ★★☆ □□□

fool
[fuːl]

ⓥ 속이다, 기만하다 ⓝ 바보, 광대

Like faces, sometimes movement can **fool** us into thinking that something has a mind. 21 학평

표정과 마찬가지로, 움직임은 간혹 어떤 것이 생각을 가지고 있다고 믿도록 우리를 **속일** 수 있다.

foolish ⓐ 어리석은

Vocab+ = **deceive** ⓥ 속이다 **idiot** ⓝ 바보
+ **fool A into -ing** A를 속여서 ~시키다

0229 ★★☆ □□□

aspirational
[æspəréiʃənl]

ⓐ 야심찬, 출세지향적인, 열망의, 동경의 대상인 21 EBS

People who work within the self-styled "tech community" prefer an **aspirational** discourse of "innovation and entrepreneurship."

자칭 '기술 업계' 내부에서 일하는 사람들은 '혁신과 기업가 정신'의 **야심적인** 담론을 선호한다.

aspiration ⓝ 열망 **aspire** ⓥ 열망하다

Vocab+ = **ambitious** ⓐ 야심찬

0230 ★★☆ □□□

alternative
[ɔːltə́ːrnətiv]

◆ 내신빈출

ⓝ 대안 ⓐ 대안의

We have no chance of developing the **alternative** green technologies we need to slow climate change. 19 수능

우리는 기후 변화를 늦추기 위해 필요로 하는 친환경 **대체** 기술을 개발할 가망이 없다.

alternate ⓥ 번갈아 나오게 하다 ⓐ 번갈아 하는

Vocab+ = **substitute** ⓝ 대체물

0231 ★☆☆ □□□

weave
[wiːv]

ⓥ (천을) 짜다, (엮어서) 만들다 ⓝ 짜기

It is better to "**weave**" something more into the context of the existing structure. 18 학평

기존 구조의 맥락 안에 무언가를 더 '**짜 넣는**' 것이 더 낫다.

weaving ⓝ 직조, 짜기

Vocab+ = **tie together** ~을 묶다 **interweave** ⓥ 섞어 짜다

0232 ★☆☆ □□□

trace
[treis]

ⓥ 추적하다, 밝혀내다 ⓝ 자취, 흔적

We can **trace** the origins of innovation to mid-twentieth-century centers of research and electronics production. 21 EBS

우리는 혁신의 기원을 20세기 중반의 연구 및 전자 기기 생산 중심지로 **추적할** 수 있다.

traceable ⓐ 추적할 수 있는

Vocab+ = **track down** ~을 추적하다

0233 ★☆☆ □□□

opportunity
[àpərtjúːnəti]

ⓝ 기회

Exposure to workplace while studying provides students with the **opportunity** to acquire valuable insights. 20 EBS

학업 중에 업무 현장을 접하는 것은 학생들에게 귀중한 통찰을 얻을 수 있는 **기회**를 제공한다.

opportune ⓐ 적기의, 시의적절한

0234 ★☆☆ □□□

lifelong
[láiflɔ̀(ː)ŋ]

ⓐ 평생의, 일생의

Enjoy a fun evening with your family and make special **lifelong** memories! 19 모평

가족과 함께 즐거운 저녁 시간을 즐기시고 특별한 **평생의** 추억을 만드십시오!

Vocab+ = **long-lived** ⓐ 오래 가는 **permanent** ⓐ 영구적인

0235 ★☆☆ □□□
infer
[infə́ːr]

ⓥ 추론하다, 암시하다
Contemporary archaeologists **infer** the nature of past cultures based on the patterns of the artifacts left behind. 20 EBS
현대 고고학자들은 남겨진 인공 유물의 형태에 기초하여 과거 문화의 성격을 **추론한다**.

inference ⓝ 추론
Vocab+ = **deduce** ⓥ 추론하다 **conclude** ⓥ 결론을 맺다

0236 ★☆☆ □□□
fellow
[félou]

ⓝ 친구, 동료 ⓐ 동료의
De Seversky was visiting a **fellow** aviator in the hospital. 17 EBS
De Seversky는 병원에 있는 **동료** 비행사를 방문하고 있었다.

fellowship ⓝ 동료애, 유대감
Vocab+ = **colleague** ⓝ 동료 **friend** ⓝ 친구

0237 ★☆☆ □□□
endeavor
[endévər]

ⓝ 노력 ⓥ 노력하다, 애쓰다
The extended copyright protection frustrates new creative **endeavors**. 17 수능
연장된 판권 보호는 새로운 창의적인 **노력**을 좌절시킨다.

endeavorer ⓝ 노력하는 사람
Vocab+ = **effort** ⓝ 노력 **struggle** ⓥ 애쓰다 ⓝ 노력, 고투

고난도

0238 ★★★ □□□
postulate
[pástʃulèit]

ⓥ 가정하다, 추정하다, 상정하다
It is **postulated** that direct discharge of mercury may result from airborne transport. 17 수능
직접적인 수은 방출은 공기를 통해 전파된 결과로 발생할 수 있다는 것이 **가정된다**.

postulation ⓝ 가정, 상정
Vocab+ = **posit** ⓥ 사실로 상정하다

0239 ★★★ □□□
confidentiality
[kɑ̀nfidenʃiǽləti]

ⓝ 기밀 유지, 비밀 유지
Only if this duty of **confidentiality** is respected will people feel free to consult lawyers. 17 학평
이러한 **기밀 유지** 의무가 존중되는 경우에만 사람들은 자유롭게 변호사와 상담할 것이다.

confidential ⓐ 비밀[기밀]의, 은밀한

0240 ★★★ □□□
premise
[prémis]

ⓝ (주장의) 전제; 토지, 부동산 ⓥ 서두[전제]로서 말하다
Many authors stifle their ability to gain more readers by writing with the same tone and the same overall **premise** over and over again. 21 모평
많은 저자들은 반복하여 동일한 어조와 전반적으로 동일한 **전제**로 글을 씀으로써 더 많은 독자들을 확보할 수 있는 자신들의 능력을 해친다.

premised ⓐ ~을 전제로 한
Vocab+ = **prerequisite** ⓝ 전제 **proposition** ⓝ 명제, 제의

Review Test

A 우리말은 영어로, 영어는 우리말로 적으시오.

1 (전형적인) 특징 h________
2 노래가사 l________
3 노력(하다) e________
4 대안(의) a________
5 premise ________
6 confidentiality ________
7 collide ________
8 excavation ________

B 각 단어의 유의어 혹은 반의어를 적으시오.

1 capacity ⊜ a________
2 approximation ⊜ e________
3 aspirational ⊜ a________
4 random ⊜ a________
5 fade ⊜ w________
6 assemble ↔ d________
7 positive ↔ n________
8 disprove ↔ p________

C 다음 우리말에 적합한 어휘를 고르시오.

1 We know Mr. Turner to be alert and [industrial / industrious], as well as faithful in his duties.
우리는 Turner 씨가 자신의 직무에 충실할 뿐만 아니라 기민하고 부지런하다는 것을 알고 있습니다.

2 [Industrial / Industrious] robots excel in carrying out regular tasks to perform assembly work.
산업용 로봇은 조립 작업을 수행하기 위한 규칙적인 과업을 수행하는 데 탁월하다.

D 다음 빈칸에 공통으로 들어갈 어휘를 고르시오.

1 All participants in the Kinetic Derby Racing must ________ a helmet.
2 Many grazers have teeth that are very long or grow continuously to compensate for the ________ associated with grinding hard cell walls.

① wear ② endure ③ garment ④ bear ⑤ care

A 1 hallmark 2 lyric 3 endeavor 4 alternative 5 (주장의) 전제 6 기밀[비밀] 유지 7 충돌하다 8 발굴(지) B 1 ability 2 estimate 3 ambitious 4 arbitrary 5 wither 6 disassemble 7 negative 8 prove C 1 industrious 2 Industrial D ① wear

act

ⓝ 행동 ⓥ 행동하다	His first official **act** as President was to sign the bill. 대통령으로서 그의 첫 번째 공식 **행동**은 그 법안에 서명하는 것이었다.
ⓝ 법안	A series of legislative **acts** were passed by Congress. 일련의 입법 **법안**이 의회에서 통과되었다.

practice

ⓥ 연습하다; 실행하다 ⓝ 연습; 실행	To be a good artist, you have to **practice** a lot. 좋은 예술가가 되기 위해서는 **연습을** 많이 **해야** 합니다.
ⓝ 습관, 관습, 관행	She makes a **practice** of volunteering at a homeless shelter. 그녀는 노숙자 보호소에서 자원봉사를 하는 **습관**을 들이고 있다.
ⓥ 개업하다 ⓝ 업무	Bill is supposed to **practice** medicine next month. Bill은 다음 달에 의사 **개업을 하기로** 되어 있다.

measure

ⓥ 측정하다 ⓝ 측정, 치수; 척도; 정도	There are several ways to **measure** airplane speed. 항공기 속도를 **측정하는** 몇 가지 방법이 있다.
ⓝ 조치, 방책	The chairperson has proposed a number of cost-cutting **measures**. 의장은 여러 가지 비용 절감 **조치**를 제안했다.

suspect

ⓥ 의심하다	The police have **suspected** him of murder since last month. 경찰은 지난달부터 그를 살인 혐의로 **의심해** 왔다.
ⓝ 용의자	Such a mysterious **suspect** has been arrested. 그런 괴이한 **용의자**가 체포되었다.
ⓐ 의심스러운	The testimony of a witness was **suspect**. 목격자의 증언이 **의심스러웠다**.

Crossword Puzzle

DAY 06

ACROSS

3 ⓝ 수용력, 용량, 능력, 지위
5 ⓐ 긍정적인, 낙관적인, 확신하는
7 ⓥ 모으다, 조립하다
8 ⓐ 보상이 되는, 보람 있는, 수익이 많이 나는
10 ⓝ 발굴, 발굴지
14 ⓝ 대안 ⓐ 대안의
15 ⓥ 공헌하다, 기여하다

DOWN

1 ⓝ 함의, 암시, 영향
2 ⓥ 반증하다, 틀렸음을 증명하다, 논박하다
4 ⓥ 사라지다, (색깔이) 바래다
6 ⓥ 추론하다, 암시하다
9 ⓥ 방출하다, 놓아주다 ⓝ 분비, 석방, 발표
11 ⓝ 추정, 근사치
12 ⓐ 습관적인, 상습적으로 하는
13 ⓥ 충돌하다, 일치하지 않다

Answer p.515

0241 ★★☆ □□□
habitat
[hǽbitæ̀t]

ⓝ 서식지, 주거지
The populations of many species are declining rapidly because **habitats** are being destroyed or undermined. 17 학평
서식지가 파괴되거나 훼손되고 있기 때문에, 많은 종의 개체 수가 빠르게 감소하고 있다.

habitation ⓝ 거주, 주거

0242 ★★☆ □□□
formula
[fɔ́ːrmjulə]

ⓝ 공식, 화학식, (일정한) 방식 (ⓟⓛ **formulas, formulae**)
Inside the lab, research involves a lot of thinking and talking and writing mathematical **formulas** on whiteboards. 20 학평
연구실 안에서, 연구는 수많은 생각하기와 대화하기, 화이트보드에 수학 **공식** 쓰기를 포함한다.

formulate ⓥ 세심히 표현하다
Vocab+ = **method** ⓝ 방법

0243 ★★☆ □□□
fabric
[fǽbrik]

ⓝ 직물, 천; 구조
The advantages of using woven **fabric** for clothing would have become obvious. 21 학평
짠 **직물**을 옷으로 사용하는 것의 장점은 분명해졌을 것이다.

fabricate ⓥ 날조하다
Vocab+ = **cloth** ⓝ 천, 헝겊

0244 ★★☆ □□□
evolutionary
[èvəlúːʃənèri]

ⓐ 진화의, 점진적인
19 학평
Coevolution is the concept that two or more species of organisms can mutually influence the **evolutionary** direction of the other.
공진화는 둘 혹은 그 이상의 생물종이 다른 종의 **진화** 방향에 상호적으로 영향을 미칠 수 있다는 개념이다.

evolution ⓝ 진화 **evolve** ⓥ 진화하다

0245 ★★★ □□□
delinquency
[dilíŋkwənsi]

ⓝ 청소년의 비행[범죄]
A third of the kids with resilience matured into "competent, confident, and caring young adults" with no record of **delinquency** or mental health problems. 19 학평
회복력을 가진 아이들의 3분의 1은 **청소년 비행** 기록이나 정신 건강의 문제 없이 '유능하고 자신감 있으며 배려하는 청년'으로 성장했다.

delinquent ⓐ 비행의
Vocab+ = **wrongdoing** ⓝ 비행 + **juvenile delinquency** 청소년 비행[범죄]

0246 ★★☆ □□□
emergence
[imə́ːrdʒəns]

ⓝ 출현, 발생
Erikson believes that another distinguishing feature of adulthood is the **emergence** of an inborn desire to teach. 18 모평
Erikson은 성인기의 또 다른 독특한 특징은 가르치고자 하는 타고난 욕구의 **출현**이라고 믿는다.

emerge ⓥ 나타나다 **emergent** ⓐ 신생의, 신흥의 **emergency** ⓝ 비상

0247 ★★☆ □□□

heir
[εər]

ⓝ 상속인

He had more money than he or his **heirs** would know what to do with. 21 EBS

그는 자신이나 자신의 **상속인**이 어떻게 처리해야 할지를 알 수 있을 정도보다 더 많은 돈을 가지고 있었다.

Vocab+ = **successor** ⓝ 계승자 **inheritor** ⓝ 후계자

0248 ★★☆ □□□

definitive
[difínitiv]

ⓐ 확정적인, 최종적인

The evidence may not always be **definitive**, but it cannot be ignored. 21 EBS

증거가 항상 **확정적인** 것은 아닐 수도 있지만, 무시될 수는 없다.

definitively ⓐⓓ 최종적으로, 확정적으로

Vocab+ = **definite** ⓐ 확정적인 **final** ⓐ 최종적인

0249 ★★☆ □□□

contrast
ⓥ[kəntrǽst]
ⓝ[kántræst]

ⓥ 대조를 이루다, 대조시키다 ⓝ 대조, 차이, 대비

The notion of the cultural insider can be **contrasted** with that of the cultural outsider. 22 EBS

문화 내부자의 개념은 문화 외부자의 개념과 **대비될** 수 있다.

contrastive ⓐ 대조적인 **contrastively** ⓐⓓ 대조적으로

Vocab+ = **compare** ⓥ 비교하다 + **in contrast to** ~에 대한; ~와 대조되는

0250 ★★☆ □□□

collapse
[kəlǽps]

ⓝ 붕괴 ⓥ 무너지다, (가격이) 폭락하다

An architect who omits a beam will see his structure **collapse**. 19 EBS

대들보 하나를 빠뜨리는 건축가는 자신의 구조물이 **무너지는** 것을 보게 될 것이다.

Vocab+ = **give way** 부러지다 **fall down** 무너지다

혼동어

0251 ★★☆ □□□

succession
[səkséʃən]

ⓝ 연속, 잇따름, 연쇄

Instead of stopping and slowing the music down to correct the problem, I continued to play it in **succession**. 17 학평

문제를 바로잡기 위해 음악을 멈추고 속도를 늦추는 대신, 나는 그것을 **연속**해서 계속 연주했다.

successive ⓐ 연속적인

Vocab+ + **succeed to** ~을 계승하다 **in succession** 잇달아, 계속하여

0252 ★★☆ □□□

success
[səksés]

ⓝ 성공

We measure our **success** relative to others. 22 EBS

우리는 다른 사람들과 비교해서 우리의 **성공**을 측정한다.

successful ⓐ 성공적인

Vocab+ + **succeed in** ~에 성공하다

0253 ★★☆ □□□
candidate
[kǽndidèit]

ⓝ 후보자

Persons who call themselves Democrats are automatically predisposed toward any Democratic **candidate**. 21 EBS

자신을 민주당 지지자라고 부르는 사람들은 어느 민주당 **후보**로든 무의식적으로 기울어져 있다.

Vocab+ = **contender** ⓝ (어떤 것을 두고 겨루는) 도전자

0254 ★★☆ □□□
artificial
[ɑ̀ːrtəfíʃəl]

ⓐ 인공적인, 인조의

Humans have been replacing diverse natural habitats with **artificial** monoculture for millennia. 20 모평

인간은 수천 년 동안 다양한 자연 서식지를 **인위적인** 단일 경작으로 대체해 오고 있다.

artificially ⓐⓓ 인공적으로 **artificiality** ⓝ 인조, 인위 **artifact** ⓝ 인공물

Vocab+ = **man-made** ⓐ 사람이 만든 ↔ **natural** ⓐ 자연의

0255 ★☆☆ □□□
waste
[weist]

ⓥ 낭비하다, 버리다 ⓝ 낭비, 폐기물

Some cities have required households to dispose of all **waste** in special trash bags. 21 수능

일부 도시는 가정이 모든 **폐기물**을 특별 쓰레기봉투에 담아 처리하도록 요구해 왔다.

waster ⓝ 낭비하는 사람

Vocab+ = **squander** ⓥ 낭비하다

0256 ★★☆ □□□
toxic
[tάksik]

ⓐ 유독한, 유독성의

For every **toxic** substance, process, or product in use today, there is a safer alternative. 18 모평

오늘날 사용 중인 모든 **독성** 물질, 공정, 혹은 제품에는 더 안전한 대안이 있다.

toxin ⓝ 독소 **toxication** ⓝ 중독 **toxically** ⓐⓓ 유독하게
intoxicate ⓥ ~에 취하게 하다

Vocab+ = **poisonous** ⓐ 독성의

0257 ★☆☆ □□□
sphere
[sfiər]

ⓝ 분야, 범위; 구, 구체

22 EBS The print revolution provided the means to develop public **spheres**.

인쇄 혁명은 공공 **분야**를 발달시키는 수단을 제공했다.

spheric ⓐ 구의, 구모양의 **spherical** ⓐ 구모양의, 구체의

0258 ★☆☆ □□□
responsibility
[rispὰnsəbíləti]

ⓝ 책임

Money for services is not a replacement for citizen **responsibility** and public participation. 21 모평

서비스를 위해 내는 돈은 시민의 **책임**과 공적인 참여를 대체하는 게 아니다.

responsible ⓐ 책임이 있는, 원인이 되는

0259 ★★☆ □□□

refer
[rifə́ːr]
◆ 내신빈출

ⓥ 언급하다; 참고[참조]하다; 위탁하다

Relatively undeveloped languages just lack an all-including term with which to **refer** to plants. 21 학평

상대적으로 덜 발달한 언어들은 단지 식물을 **지칭하는** 모든 것을 포괄하는 용어가 없을 뿐이다.

reference ⓝ 참조; 언급

Vocab+ + **refer to A as B** A를 B로 간주하다
refer to ~을 참고하다; ~을 나타내다[가리키다]; ~을 언급하다

0260 ★☆☆ □□□

poisoning
[pɔ́izəniŋ]

ⓝ 중독, 음독, 독살

Mercury was being bioaccumulated in the fish tissue and severe mercury **poisoning** occurred in many people who consumed the fish. 17 수능

물고기의 몸 조직 속에 수은이 생체 내에 축적되고 있었으며, 그 물고기를 먹은 많은 사람들에게 심한 수은 **중독**이 발생했다.

poison ⓝ 독약 ⓥ 독을 넣다 **poisonous** ⓐ 유독한

Vocab+ = **addiction** ⓝ 중독

다의어

0261 ★☆☆ □□□

cast
[kæst]

1. ⓥ 던지다, 드리우다
2. ⓝ 깁스
3. ⓝ 출연자 ⓥ 배역을 정하다

1. Consumers show their readiness to **cast** votes for more of the commodity by offering high prices for it. 22 EBS

소비자들은 그 상품에 대해 높은 가격을 제시함으로써 기꺼이 그 상품의 더 많은 양에 찬성표를 **던지려는** 마음을 보여준다.

2. Plaster dust sprayed up as the saw sank into his **cast**. 12 모평

톱이 그의 **깁스**를 파고 들어올 때 석고 가루가 뿜어져 올랐다.

3. The notion of shopping as theater or "retail drama" can make the shoppers and others "part of the **cast**."

연극으로서의 쇼핑 혹은 '소매 드라마'라는 개념은 쇼핑객들과 여타의 사람들을 '**출연진**의 일원'으로 만들 수 있다.

Vocab+ = **pitch** ⓥ 던지다 **throw** ⓥ 내던지다 **mold** ⓝ 거푸집, 주형

0262 ★★★ □□□

eminent
[émənənt]

ⓐ 저명한, 탁월한, 걸출한

Béla Bartók followed the lead of another **eminent** Hungarian composer, Ernö Dohnányi. 20 학평

Béla Bartók은 또 다른 **저명한** 헝가리 작곡가인 Ernö Dohnányi의 본을 따랐다.

Vocab+ = **prominent** ⓐ 걸출한, 현저한 **noted** ⓐ 유명한

0263 ★☆☆ □□□
lie
[lai]

ⓥ 놓여 있다; 눕다 ⓥ 거짓말하다 ⓝ 거짓말

The success and happiness they had been promised did not **lie** at the end of that rainbow. 19 학평

그들에게 약속되었던 성공과 행복이 저 무지개의 끝에 **놓여 있지** 않았다.

참고 lie-lay-lain 놓여 있다 *vs.* lie-lied-lied 거짓말하다 *vs.* lay-laid-laid 놓다

0264 ★★☆ □□□
infection
[infékʃən]

ⓝ 감염, 전염병 15 모평

Transmission of culture is rather like transmission of an **infection**.

문화의 전파는 **전염병**의 전염과 다소 비슷하다.

infect ⓥ 감염시키다 **infected** ⓐ 감염된

0265 ★☆☆ □□□
geometry
[dʒiάmitri]

ⓝ 기하학

As a consequence of **geometry**, the images will differ slightly from one another in most circumstances. 21 학평

기하학의 결과로, 그 이미지들은 대부분의 상황에서 서로 약간 다를 것이다.

geometric ⓐ 기하학의

참고 triangle ⓝ 삼각형 square ⓝ 정사각형 pentagon ⓝ 오각형

0266 ★☆☆ □□□
feed
[fiːd]

ⓥ (먹을 것을) 먹다, ~에 먹이를 주다

Wolves typically **feed** on animals such as elk and moose. 17 EBS

늑대는 보통 엘크와 무스와 같은 동물을 **먹고** 산다.

food ⓝ 음식

Vocab+ + **feed on** ~을 먹고 살다

0267 ★☆☆ □□□
encounter
[inkáuntər]

ⓥ (우연히) 만나다, 마주치다 ⓝ 마주침

When you **encounter** a problem, you can come up with several potential solution ideas. 18 학평

여러분이 문제에 **마주치면**, 여러분은 몇 가지 잠재적인 해결책에 대한 아이디어를 떠올릴 수 있다.

Vocab+ = **run into** ~을 맞닥뜨리다 **come across** ~을 마주치다

0268 ★★☆ □□□
dimension
[diménʃən]

ⓝ 크기, 치수; 측면, 차원

Preschoolers and young school-age children confuse temporal and spatial **dimensions**. 19 수능

미취학 아동과 어린 학령기 아동은 시간 차원과 공간 **차원**을 혼동한다.

dimensional ⓐ 차원의

0269 ★☆☆ □□□
deal
[diːl]

ⓥ 다루다 ⓝ 거래; 많음
When **dealing** with investments, different people have different risk profiles. 20 학평
투자를 **다룰** 때, 다양한 사람들은 다양한 리스크 프로파일(투자자가 감당할 수 있는 위험의 정도)을 가진다.

Vocab+ + **deal with** ~을 다루다 **a great[good] deal of** 다량의

0270 ★★☆ □□□
conscience
[kάnʃəns]

ⓝ 양심, 양심의 가책
My **conscience** feels best when I buy from companies that follow fair trade principles. 17 EBS
내 **양심**은 공정 무역 원칙을 따르는 회사에서 물건을 살 때 가장 좋게 느낀다.

conscientious ⓐ 양심적인, 성실한
Vocab+ + **the pang of conscience** 양심의 가책

0271 ★☆☆ □□□
chore
[tʃɔːr]

ⓝ 허드렛일, 잡일, 집안일
Surfers can be irritated by the daily **chore** of removing spam from email. 22 EBS
인터넷 서핑을 하는 사람들은 이메일에서 스팸을 제거하는 일상의 **잡일**에 짜증이 날 수도 있다.

0272 ★★☆ □□□
barely
[bέərli]
◆ 내신빈출

ⓐⓓ 간신히, 가까스로; 거의 ~않다
My heart was racing so fast I could **barely** hear myself talking. 19 학평
심장이 너무 빨리 뛰어서 나는 스스로가 말하는 것을 **거의** 들을 수가 **없었다**.
Vocab+ = **hardly** ⓐⓓ 거의 ~않다

0273 ★☆☆ □□□
adorn
[ədɔ́ːrn]

ⓥ 꾸미다, 장식하다
The chapel of St. John's College has a massive neo-Gothic tower **adorned** with statues of saints. 21 학평
St. John's College 예배당에는 성인들의 동상으로 **장식된** 거대한 신고딕 양식의 탑이 있다.

adornment ⓝ 꾸밈, 장식, 치장
Vocab+ = **decorate** ⓥ 장식하다 + **be adorned with** ~로 꾸며지다

0274 ★★☆ □□□
wholesaler
[hóulsèilər]

ⓝ 도매상
The price that the farmer gets from the **wholesaler** is much more flexible than the price that the retailer charges consumers. 18 EBS
도매상으로부터 농부가 받은 가격은 소매상이 소비자에게 부과하는 가격보다 훨씬 유동적이다.

wholesale ⓐ 도매의, 대량의 ⓝ 도매

참고 distributor ⓝ 유통업자 retailer ⓝ 소매상

0275 ★★☆ □□□
unfold
[ʌnfóuld]

ⓥ 펴지다, 펼쳐지다, 펼치다

The particular ways in which globalization and innovation **unfold** can be shaped by policies. 20 EBS

세계화와 기술 혁신이 **펼쳐지는** 특정한 방식들은 정책에 의해 형성될 수 있다.

Vocab+ ↔ **fold** ⓥ 접다

0276 ★★☆ □□□
textile
[tékstil]

ⓐ 직물의, 방직의 ⓝ 직물

Discovery of the laws of zero waste in nature could be mimicked in the production of fast-decomposing **textile** fibres. 19 EBS

자연에서 쓰레기 제로의 법칙을 발견하는 것은 빠르게 사라질 수 있는 **직물** 섬유의 생산에 모방될 수 있을 것이다.

Vocab+ = **fabric** ⓝ 직물

0277 ★★☆ □□□
precede
[prisíːd]

ⓥ ~에 앞서다, 선행하다

Preconceptions derived from the words and images **precedes** our lived experience. 20 학평

말과 이미지들로부터 생겨난 선입견이 우리의 직접적인 경험을 **앞선다**.

precedence ⓝ 우선권 **precedent** ⓝ 전례, 판례

Vocab+ ↔ **follow** ⓥ 뒤를 따라가다

고난도

0278 ★★★ □□□
self-containment
[sèlfkəntéinmənt]

ⓝ 자기충족

The weakness of local networks lies in their **self-containment**, for they lack input as well as outreach. 17 모평

지역 네트워크의 취약성은 **자기충족**에 있는데, 그 이유는 그것이 확장뿐만이 아니라 투입이 부족하기 때문이다.

Vocab+ = **self-fulfillment** ⓝ 자기충족

0279 ★★★ □□□
conjure
[kándʒər]

ⓥ ~을 상기하다, 떠올리다; 마술을 하다

If you are lying, it is not easy to **conjure** up lots of details. 20 학평

만약 당신이 거짓말을 하고 있다면, 많은 세부 내용을 **상기하기** 쉽지 않다.

conjuration ⓝ 주문, 마법

Vocab+ = **evoke** ⓥ (기억·감정 등을) 불러일으키다

0280 ★★★ □□□
predecessor
[prédisèsər]

ⓝ 이전 형태, 전임자

Regardless of how much the imaginary **predecessors** had previously eaten, the real participant ate very little. 19 학평

가상의 **전임자**가 전에 얼마나 많이 먹었든 간에, 진짜 실험 참가자는 아주 적게 먹었다.

Vocab+ ↔ **successor** ⓝ 후임자

Review Test

A 우리말은 영어로, 영어는 우리말로 적으시오.

1 공식, 화학식 f__________
2 분야, 구(체) s__________
3 붕괴; 무너지다 c__________
4 서식지, 주거지 h__________
5 heir __________
6 infection __________
7 geometry __________
8 wholesaler __________

B 각 단어의 유의어 혹은 반의어를 적으시오.

1 textile ⊜ f__________
2 poisoning ⊜ a__________
3 toxic ⊜ p__________
4 eminent ⊜ n__________
5 adorn ⊜ d__________
6 unfold ↔ f__________
7 precede ↔ f__________
8 artificial ↔ n__________

C 다음 우리말에 적합한 어휘를 고르시오.

1 We measure our [success / succession] relative to others.
우리는 다른 사람들과 비교해서 우리의 성공을 측정한다.

2 Instead of stopping and slowing the music down to correct the problem, I continued to play it in [success / succession].
문제를 바로잡기 위해 음악을 멈추고 속도를 늦추는 대신, 나는 그것을 연속해서 계속 연주했다.

D 다음 빈칸에 공통으로 들어갈 어휘를 고르시오.

1 Consumers show their readiness to __________ votes for more of the commodity by offering high prices for it.
2 Plaster dust sprayed up as the saw sank into his __________.
3 The notion of shopping as theater or "retail drama" can make the shoppers and others "part of the __________."

① nest ② dust ③ bust ④ mast ⑤ cast

A 1 formula 2 sphere 3 collapse 4 habitat 5 상속인 6 감염, 전염병 7 기하학 8 도매상 B 1 fabric 2 addiction 3 poisonous 4 noted 5 decorate 6 fold 7 follow 8 natural C 1 success 2 succession D ⑤ cast

correspond

ⓥ 일치하다	In some countries, the role of prime minister corresponds to that of president. 일부 국가에서는 총리의 역할이 대통령의 역할에 **일치한다**.
ⓥ 서신을 주고받다	These days, people haven't corresponded each other. 요즘 사람들은 서로 **편지를 주고받지** 않는다.

apprehend

ⓥ 체포하다	Within hours, the police apprehended the thief. 몇 시간 안에 경찰은 도둑을 **체포했다**.
ⓥ 파악하다	I apprehended that the situation was not easy. 나는 그 상황이 쉽지 않다는 것을 **파악했다**.

spring

ⓥ 튀어오르다 ⓝ 용수철	The cat was waiting to spring. 고양이는 **튀어오르기** 위해서 기다리고 있었다.
ⓝ 샘, 수원지	Beppu is Japan's iconic, renowned hot spring region. 벳푸는 일본의 상징적인, 유명한 온**천** 지역입니다.
ⓝ 봄	We'll plant the seeds next spring. 우리는 다음 **봄**에 씨앗을 심을 것이다.

sentence

ⓝ 문장	In written English, the first letter of a sentence is capitalized. 문어체 영어에서는, **문장**의 첫 글자는 대문자로 쓴다.
ⓥ 선고하다 ⓝ 선고, 처형	The defendant was expected to be sentenced and fined. 피고는 **선고를 받고** 벌금을 물을 것으로 예상되었다.

Crossword Puzzle

DAY 07

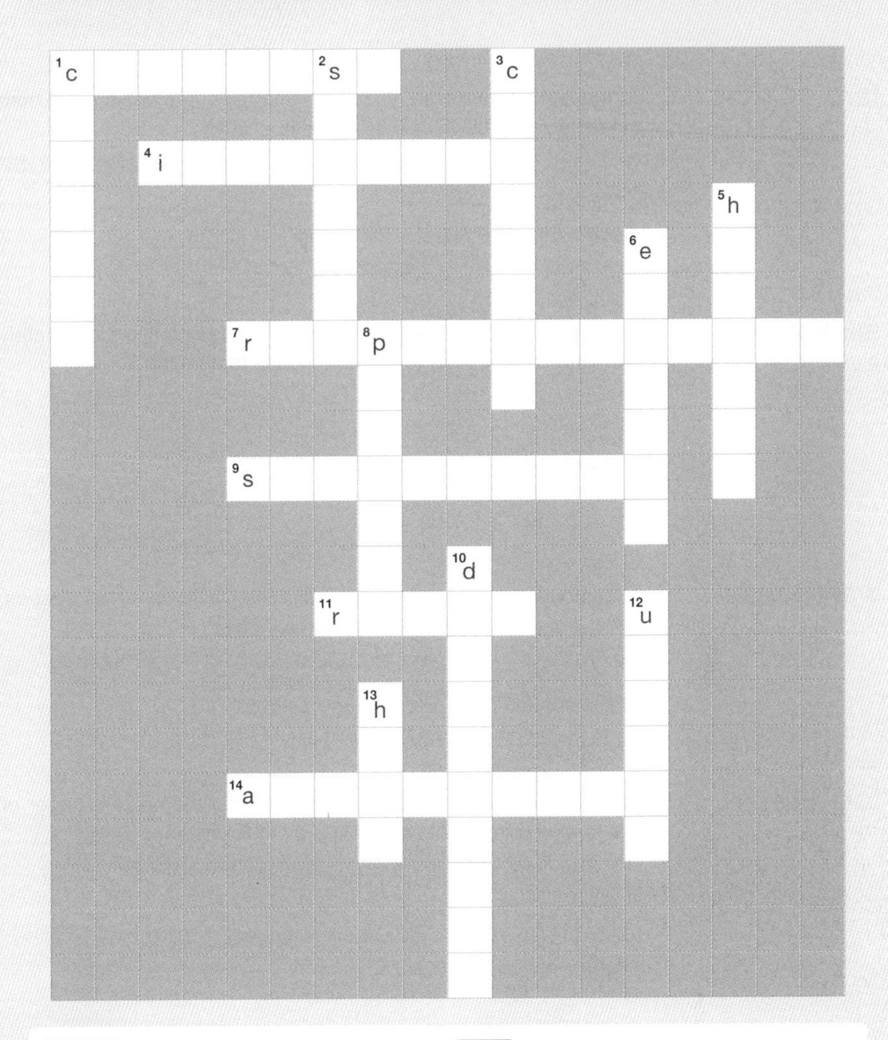

ACROSS

1 ⓝ 붕괴 ⓥ 무너지다, (가격이) 폭락하다

4 ⓝ 감염

7 ⓝ 책임

9 ⓝ 연속, 잇따름, 연쇄

11 ⓥ 언급하다, 참고[참조]하다, 위탁하다

14 ⓐ 인공적인, 인조의

DOWN

1 ⓥ ~을 상기하다, 떠올리다, 마술을 하다

2 ⓝ 성공

3 ⓥ 대조를 이루다 ⓝ 대조, 차이, 대비

5 ⓝ 서식지, 주거지

6 ⓐ 저명한, 탁월한, 걸출한

8 ⓥ ~에 앞서다, 선행하다

10 ⓐ 확정적인, 최종적인

12 ⓥ 펴지다, 펼쳐지다, 펼치다

13 ⓝ 상속인

Answer p.515

0281 ★★☆ □□□

fare
[fɛər]

ⓝ (교통) 요금, 운임, 승객

To make matters worse, they were charged three times more than the usual **fare** due to the heavy traffic. 19 모평

설상가상으로, 그들은 심한 교통 체증 때문에 평상시 **요금**보다 세 배나 많은 금액을 청구 받았다.

Vocab+ + **airfare** ⓝ 항공 요금 **return fare** 왕복 요금

0282 ★★☆ □□□

allocate
[ǽləkèit]

ⓥ 할당하다, 배분하다

In Peru, the government grants water to communities separately from land, and it is up to the community to **allocate** it. 20 모평

페루에서는, 정부가 토지와는 별도로 지역 사회에 물을 제공하고, 그것을 **할당하는** 것은 공동체의 몫이다.

allocation ⓝ 할당

Vocab+ = **assign** ⓥ 부여하다, 할당하다

0283 ★☆☆ □□□

warehouse
[wɛ́ərhàuz]

ⓝ 창고

A distribution **warehouse** has an almost infinite variety of shapes, sizes, weights, and firmness of items. 22 EBS

물류 **창고**에는 거의 무한한 종류의 형태, 크기, 무게 및 경도를 가진 물건들을 가지고 있다.

Vocab+ = **depot** ⓝ (대규모) 창고 **barn** ⓝ 곡물 창고, 헛간

0284 ★★☆ □□□

tolerate
[tάlərèit]

ⓥ 견디다, 참다, 용인하다

Every parent needs to learn to **tolerate** the momentary anger or even hatred directed toward them by their children. 21 학평

모든 부모가 자신을 향하는 자녀의 순간적인 분노나 증오까지도 **견뎌내는** 것을 배울 필요가 있다.

tolerant ⓐ 참는, 용인하는 **tolerable** ⓐ (썩좋지는 않지만) 웬만한, 견딜 만한

Vocab+ = **put up with** ~을 참다

0285 ★★★ □□□

realm
[relm]

ⓝ 영역; 왕국

Tourism takes place simultaneously in the **realm** of the imagination and that of the physical world. 18 모평

관광은 상상의 **영역** 그리고 물리적인 세계의 영역에서 동시에 일어난다.

Vocab+ = **kingdom** ⓝ 왕국 **area** ⓝ 영역

0286 ★☆☆ □□□

resource
[ríːsɔːrs]

ⓝ 자원, 재료 ⓥ 자원을 제공하다

Economists have seen capital, labor, and natural **resources** as the essential ingredients for economic enterprise. 22 EBS

경제학자들은 자본, 노동력, 그리고 천연**자원**을 경제 사업의 필수 요소로 여겨 왔다.

resourceful ⓐ 재치 있는

Vocab+ + **natural resource** 천연 자원 **human resource** 인적 자원

0287 ★☆☆ □□□

recommend
[rèkəménd]
◆ 내신빈출

ⓥ 추천하다, 권고하다

22 학평
Please let me know full details of the gloves you would **recommend**.
귀하께서 **추천하고** 싶은 장갑에 대한 모든 세부 사항을 알려 주시기 바랍니다.

recommendation ⓝ 추천, 추천서
Vocab+ = **advise** ⓥ 조언하다

0288 ★☆☆ □□□

pioneer
[pàiəníər]

ⓝ 개척자, 선구자 ⓥ 개척하다

Great scientists, the **pioneers** that we admire, are not concerned with results but with the next questions. 18 수능
위대한 과학자들, 우리가 존경하는 **선구자들**은 결과가 아니라 다음 질문에 관심이 있다.

pioneering ⓐ 개척적인
Vocab+ = **trailblazer** ⓝ 개척자

0289 ★☆☆ □□□

occupy
[ákjupài]

ⓥ (시간·장소를) 차지하다, 전념하다

Cuisine and table narrative **occupy** a significant place in the training grounds of a community and its civilization. 18 모평
음식과 요리 이야기가 한 공동체와 그 공동체의 문명의 훈련장에서 중대한 위치를 **차지한다**.

occupation ⓝ 직업; 점령 **occupant** ⓝ 점유자, 거주자
Vocab+ = **take up** ~을 차지하다

0290 ★☆☆ □□□

launch
[lɑːntʃ]

ⓥ 출시하다, 시작하다; 발사하다 ⓝ 출시; 발사

19 EBS
Launching successful new products has always been difficult.
성공적인 신제품을 **출시하는 것**은 항상 어려운 일이었다.

launching ⓝ 발사, 진수
Vocab+ = **embark on** ~을 개시하다 **set afloat** ~을 진수시키다

혼동어

0291 ★★☆ □□□

ethnic
[éθnik]

ⓐ 민족의 ⓝ 소수민족 출신자

22 EBS
Environmental degradation caused by economic activities may intersect with issues of **ethnic** identity and social inequality.
경제 활동으로 인한 환경의 질적 저하는 **민족** 정체성과 사회적 불평등 문제와 교차할 수 있다.

ethnicity ⓝ 민족성
Vocab+ = **racial** ⓐ 인종의, 민족의

0292 ★★☆ □□□

ethical
[éθikəl]

ⓐ 윤리적인, 도덕에 관계된, 옳은

21 수능
Scientists have no special purchase on moral or **ethical** decisions.
과학자들은 도덕적 혹은 **윤리적** 결정에 대한 특별한 강점이 없다.

ethics ⓝ 윤리, 윤리학
Vocab+ + **morality** ⓝ 도덕

0293 ★☆☆ □□□
infant
[ínfənt]

ⓝ 유아, 유치원생 18 EBS

Research shows that **infants** are fascinated by faces from birth.

연구는 **유아**가 태어날 때부터 얼굴에 매혹된다는 것을 보여준다.

infancy ⓝ 유아기

Vocab+ + **from infancy to old age** 유년기에서 노년기까지

0294 ★★☆ □□□
genius
[dʒíːnjəs]

ⓝ 천재, 천재성, 비범한 재능

Salespeople have a **genius** for doing what's compensated rather than what's effective. 19 수능

판매원들은 효과적인 일보다는 보상받은 일을 하는 데 **비범한 재능**이 있다.

Vocab+ = **brilliance** ⓝ 탁월성

0295 ★★☆ □□□
fee
[fiː]

ⓝ 수수료, 요금, 회비

The **fee** includes cheese tasting and making. 21 모평

참가 **요금**에는 치즈 시식과 만들기가 포함됩니다.

참고 charge ⓝ (상품, 서비스) 요금 fare ⓝ (택시, 버스) 요금

0296 ★☆☆ □□□
damp
[dæmp]

ⓐ 축축한

Damp clothes are bad at keeping the wearer warm and become very heavy. 21 학평

축축한 옷은 착용한 사람을 따뜻하게 유지해 주지 못하고 매우 무거워진다.

dampen ⓥ 축이다

Vocab+ = **moist** ⓐ 습기찬 **wet** ⓐ 젖은 **humid** ⓐ 습한

0297 ★☆☆ □□□
conquer
[káŋkər]

ⓥ 정복하다, 이기다, 극복하다 22 EBS

If the poor could learn to eat better for less, one of modern society's most difficult social problems might be **conquered**.

빈곤한 사람들이 더 적은 비용으로 더 잘 먹는 것을 배울 수 있다면 현대 사회의 가장 어려운 사회 문제 중 하나가 **정복될지도** 모른다.

conquest ⓝ 정복 **conqueror** ⓝ 정복자

Vocab+ = **defeat** ⓥ 물리치다

0298 ★☆☆ □□□
chase
[tʃeis]

ⓥ 추격하다, 쫓다 ⓝ 추적, 추격

Galloping is of no advantage to a horse unless it is being **chased** by a predator. 19 모평

질주는 포식자에 의해 **쫓기지** 않는 한 말에게 득이 되지 않는다.

chaser ⓝ 추격자

Vocab+ = **follow** ⓥ 뒤좇다 **pursue** ⓥ 추적하다, 추구하다

0299 ★☆☆ □□□
spill
[spil]

ⓥ 쏟아져 나오다, 흘리다 ⓝ 유출
They found the falls **spilling** out in various layers of rock. 19 수능
그들은 겹겹의 다양한 바위에서 폭포가 **쏟아져 나오는** 것을 발견했다.

spilt ⓐ 엎질러진
Vocab+ = **pour** ⓥ 쏟아버리다 **leak** ⓥ 새어나오다
+ **spill the beans** 비밀을 누설하다

0300 ★★☆ □□□
restoration
[rèstəréiʃən]

ⓝ 복구, 복원, 회복
Simply looking at everyday nature is significantly more effective in promoting **restoration** from stress. 20 EBS
단순히 일상적인 자연을 보는 것이 스트레스로부터의 **회복**을 촉진하는 데 현저히 더 효과적이다.

restore ⓥ (이전 상태로) 회복시키다

다의어
0301 ★☆☆ □□□
hide
[haid]
◆ 내신빈출

1. ⓥ 숨다, 숨기다 ⓝ 은신처
2. ⓝ 가죽

1. Sociologists are not overly concerned that subjects will **hide** secrets from them. 20 EBS
사회학자들은 연구 대상자들이 자신들에게 비밀을 **감출** 것이라고 과도하게 걱정하지 않는다.
2. Sewing **hides** together, possibly in double layers, allowed the wearer to hunt in colder conditions. 20 학평
가죽을 함께, 아마도 두 겹으로 바느질한 것은 그것을 입은 사람들이 추운 조건에서 사냥하는 것을 가능하게 했을 것이다.

hidden ⓐ 숨겨진
Vocab+ = **conceal** ⓥ 숨기다 **hideout** ⓝ 은신처 ↔ **reveal** ⓥ 드러내다

0302 ★★☆ □□□
advocate
ⓝ[ǽdvəkit]
ⓥ[ǽdvəkèit]

ⓝ 옹호자, 지지자, 변호사 ⓥ 옹호하다, 지지하다
A philosophical discussion develops, with all the parties to it **advocating** their own point of view. 21 EBS
철학적 토론은 그 토론의 모든 당사자들이 자신의 관점을 **옹호하면서** 전개된다.

advocacy ⓝ 지지, 변호
Vocab+ = **support** ⓥ 지지하다 **attorney, lawyer** ⓝ 변호사

0303 ★☆☆ □□□
portray
[pɔːrtréi]

ⓥ 나타내다, 묘사하다, 그리다
People tend to **portray** their life as better than it actually on social media. 20 EBS
사람들은 소셜 미디어에서 자신의 삶을 실제보다 더 낫게 **묘사하는** 경향이 있다.

portrait ⓝ 초상화 **portrayal** ⓝ 묘사
Vocab+ = **depict** ⓥ 묘사하다 **represent** ⓥ 나타내다

0304 ★☆☆ □□□

barbaric
[bɑːrbǽrik]

ⓐ 야만적인, 야만의

Europeans misperceived that the way of life of most native populations they encountered was **barbaric**. 18 학평

유럽인들은 그들이 접한 원주민 대부분의 삶의 방식이 **미개하다고** 잘못 생각하였다.

barbarian ⓝ 미개인, 야만인 **barbarous** ⓐ 야만적인

Vocab+ ↔ **civilized** ⓐ 문명화된

0305 ★★☆ □□□

wholeheartedly
[hóulhɑ́ːrtidli]

ⓐⓓ 전폭적으로, 전적으로, 진심으로

He congratulated her **wholeheartedly** and she was thrilled. 20 모평

그는 그녀를 **진심으로** 축하해 주었고, 그녀는 몹시 기뻐했다.

wholehearted ⓐ 진심인, 전적인

Vocab+ = **sincerely** ⓐⓓ 진심으로

0306 ★★☆ □□□

unaware
[ʌ̀nəwɛ́ər]

◆ 내신빈출

ⓐ 알지 못하는, 모르는, 눈치 못 챈

Teachers who are **unaware** of the actions of science hold an incomplete view about the science learning their students should experience. 21 EBS

과학의 활동을 **알지 못하는** 교사는 자기 학생들이 경험해야 할 과학 학습에 대해 불완전한 견해를 지니고 있다.

unawares ⓐⓓ 느닷없이, 불시에

Vocab+ ↔ **aware** ⓐ ~을 알고 있는 + **be unaware of** ~을 알지 못하다

0307 ★★☆ □□□

territory
[téritɔ̀ːri]

ⓝ 영토, 영역

You have to venture beyond the boundaries of your current experience and explore new **territory**. 17 수능

여러분은 위험을 무릅쓰고 현재 경험의 한계를 넘어가서 새로운 **영역**을 탐사해야 한다.

territorial ⓐ 영토의

Vocab+ = **domain** ⓝ 영역 **land** ⓝ 땅 + **uncharted territory** 미지의 영역

0308 ★★☆ □□□

subtle
[sʌ́tl]

ⓐ 미묘한, 교묘한, 예민한

Making **subtle** changes to the seating arrangements in meetings can have an effect on what people choose to focus their attention on. 17 학평

회의에서 좌석 배치에 **미묘한** 변화를 주면 사람들이 주의를 집중하기로 선택하는 것에 영향을 끼칠 수 있다.

subtlety ⓝ 미묘함

Vocab+ = **faint** ⓐ 희미한 **vague** ⓐ 모호한

0309 ★★☆ □□□

stain
[stein]

ⓝ 얼룩 ⓥ 얼룩지게 하다

There on the carpet you notice a **stain** where someone has spilt some coffee. 22 EBS

저기 카펫에 누군가가 커피를 조금 쏟아 놓은 **얼룩**이 당신 눈에 보인다.

stainless ⓐ 때 끼지 않은

Vocab+ = **smudge** ⓝ 자국, 얼룩 ⓥ 자국을 남기다

0310 ★★☆ □□□

skepticism
[sképtisìzəm]

ⓝ 회의, 회의론

Doubt causes you to focus on physical evidence that reinforces your **skepticism**. 22 EBS

의심은 여러분으로 하여금 **회의감**을 강화하는 물리적인 증거에 집중하게 한다.

skeptical ⓐ 회의적인

Vocab+ + **be skeptical of** ~에 회의적이다

0311 ★★☆ □□□

seize
[siːz]

ⓥ 붙잡다, 사로잡다, 파악하다

Companies that manage to **seize** our attention are showered with profits. 22 EBS

용케도 우리의 주의를 **붙잡는** 회사들이 이윤을 잔뜩 얻는다.

seizure ⓝ 압수; 발작

Vocab+ + **seize the day** 오늘을 즐기다; 기회를 잡다

0312 ★★☆ □□□

engrave
[ingréiv]

ⓥ 새기다

It was a black and red hardcover book with the word 'Record' neatly **engraved** in gold on the cover. 11 수능

그것은 검고 붉은 딱딱한 표지로 된 책이었는데, 그 표지에는 'Record'라는 단어가 금빛으로 멋있게 **새겨져** 있었다.

Vocab+ + **be engraved on one's mind** ~의 마음에 새겨지다

0313 ★★☆ □□□

rage
[reidʒ]

ⓝ 분노; 격렬, 대유행 ⓥ 몹시 화내다

The person who's under attack is usually in a state of quiet, barely controlled **rage**. 22 학평

공격당하는 사람은 대체로 조용한, 간신히 통제되고 있는 **분노** 상태에 있게 된다.

enrage ⓥ 격분하게 하다

Vocab+ = **fury** ⓝ 격노 + **lose one's temper** 화를 내다, 흥분하다

0314 ★★☆ □□□

primate
[práimèit]

ⓝ 영장류 21 EBS

Barriers, fire and noise may have been sufficient to deter **primates**.

장벽, 불, 소음은 **영장류 동물들**을 저지하기에 충분했을지도 모른다.

참고 **human beings** 인간 **ape** ⓝ 유인원(오랑우탄, 침팬지 등) **monkey** ⓝ 원숭이

0315 ★★☆ □□□

document
ⓥ[dákjumènt]
ⓝ[dákjumənt]

ⓥ 상세히 기록하다, 서류로 입증하다 ⓝ 문서

Most studies of ion balance in freshwater physiology **document** the complex regulatory mechanisms. 17 모평

담수 생리의 이온 균형에 관한 대부분의 연구는 복잡한 조절 기제를 **상세히 기록하고** 있다.

documentary ⓐ 문서로 이뤄진 ⓝ 다큐멘터리

Vocab+ = **record** ⓥ 기록하다

0316 ★★☆ □□□

inexperienced
[ìnikspí(:)əriənst]

ⓐ 경험이 없는

Confronted by a strange object, an **inexperienced** animal may freeze or attempt to hide. 21 모평

낯선 대상에 직면하면, **경험이 없는** 동물은 얼어붙거나 숨으려고 할 수도 있다.

inexperience ⓝ 경험미숙

Vocab+ ↔ **experienced** ⓐ 경험이 풍부한

고난도

0317 ★★★ □□□

bewitched
[biwítʃt]

ⓐ 마법에 걸린

I couldn't stop playing, as though my hands were **bewitched**. 17 학평

나는 마치 내 손이 **마법에 걸린** 것처럼 연주를 멈출 수 없었다.

bewitch ⓥ 넋을 빼놓다, 마법을 걸다

0318 ★★★ □□□

indiscriminate
[ìndiskrímənit]

ⓐ 무분별한[무차별적인], 지각없는, 신중하지 못한

The title of Carson's book, *Silent Spring*, was a reference to a world without birds that could be the ultimate outcome of **indiscriminate** pesticide use. 21 EBS

Carson이 쓴 책의 제목인 〈Silent Spring〉은 **무분별한** 살충제 사용의 최종적인 결과가 될 수 있는, 새가 살지 않는 세상에 대한 언급이었다.

indiscriminately ⓐⓓ 무비판적으로

Vocab+ + **discriminate** ⓥ 구별하다, 식별하다

0319 ★★★ □□□

coveted
[kʌ́vitid]

ⓐ 부러움을 사는

A **coveted** union card was handed down from father to son. 16 학평

부러움을 사는 노조 회원 카드는 아버지에게서 아들에게로 물려졌다.

covet ⓥ 탐내다, 갈망하다 **covetous** ⓐ 탐내는, 갈망하는

0320 ★★★ □□□

prerequisite
[prì(:)rékwizit]

ⓝ 전제 조건

The neural machinery for creating and holding 'images of the future' was a necessary **prerequisite** for tool-making. 17 모평

'미래의 이미지'를 만들어내고 간직하는 신경 기제는 도구 제작을 위한 필수적인 **전제 조건**이었다.

requisite ⓐ 필요한

Vocab+ = **precondition** ⓝ 전제 조건

DAY 08

Review Test

A 우리말은 영어로, 영어는 우리말로 적으시오.

1 (교통) 요금, 운임 f__________
2 수수료, 회비 f__________
3 복구, 복원 r__________
4 분노, 격렬 r__________
5 pioneer __________
6 stain __________
7 realm __________
8 primate __________

B 각 단어의 유의어 혹은 반의어를 적으시오.

1 allocate ⊜ a__________
2 conquer ⊜ d__________
3 portray ⊜ d__________
4 subtle ⊜ f__________
5 chase ⊜ p__________
6 document ⊜ r__________
7 barbaric ↔ c__________
8 inexperienced ↔ e__________

C 다음 우리말에 적합한 어휘를 고르시오.

1 Scientists have no special purchase on moral or [ethnic / ethical] decisions.
과학자들은 도덕적 혹은 윤리적 결정에 대한 특별한 강점이 없다.

2 Environmental degradation caused by economic activities may intersect with issues of [ethnic / ethical] identity and social inequality.
경제 활동으로 인한 환경의 질적 저하는 민족 정체성과 사회적 불평등 문제와 교차할 수 있다.

D 다음 빈칸에 공통으로 들어갈 어휘를 고르시오. [예문에 실린 어휘의 원형을 고를 것]

1 Sociologists are not overly concerned that subjects will __________ secrets from them.

2 Sewing __________ together, possibly in double layers, allowed the wearer to hunt in colder conditions.

① aid ② bide ③ hide ④ side ⑤ tide

A 1 fare 2 fee 3 restoration 4 rage 5 개척자, 선구자; 개척하다 6 얼룩; 얼룩지게 하다 7 영역, 왕국 8 영장류 B 1 assign 2 defeat 3 depict 4 faint 5 pursue 6 record 7 civilized 8 experienced C 1 ethical 2 ethnic D ③ hide

due

ⓐ 기한이 된, 만기의	The bill is **due** at the end of the month. 그 법안은 이달 말까지가 **기한이다.**
ⓐ (~할) 예정인	I was **due** to present the theory at the conference. 나는 학회에서 그 이론을 발표할 **예정이었다.**

apply

ⓥ 신청하다	Anyone can **apply** for our membership. 누구나 저희 멤버십을 **신청할** 수 있습니다.
ⓥ 적용하다	Students tried to solve the math problems by **applying** the formulas. 학생들은 공식을 **적용하여** 수학 문제를 해결하려고 했다.
ⓥ (피부에) ~을 바르다	You had better **apply** the ointment to the cut as soon as possible. 가능한 빨리 상처 부위에 연고를 **바르는** 것이 좋습니다.

complex

ⓐ 복잡한	The situation was more **complex** than I expected. 상황은 내가 예상했던 것보다 더 **복잡했다.**
ⓝ (복합) 단지	There are several industrial **complexes** in Incheon. 인천에는 여러 곳의 산업 **단지**가 있다.
ⓝ 콤플렉스, 열등감	His shyness results from a **complex.** 그의 수줍음은 **열등감**에서 비롯한다.

reserve

ⓥ 예약하다	We **reserved** a hotel room for our summer vacation. 우리는 여름 휴가를 위한 호텔 방을 **예약했다.**
ⓝ 보호구역	The new biosphere **reserve** encompasses Great Bear Lake. 새로운 생물권 **보호구역**은 Great Bear Lake를 포함한다.

yield

ⓥ 생산하다	This year, the peach trees **yielded** an abundant harvest. 올해는 복숭아 나무가 풍성한 수확을 **생산했습니다.**
ⓝ 생산량	Our **yield** of wheat increased this year. 올해 우리의 밀 **생산량**이 증가했다.
ⓥ 양보하다	The violent driver failed to **yield** and was almost hit by another car. 그 난폭한 운전자는 **양보하지** 않아 다른 차에 부딪힐뻔했다.

Crossword Puzzle

DAY 08

ACROSS

1 ⓐ 윤리적인, 도덕에 관계된, 옳은

5 ⓝ 복구, 복원, 회복

7 ⓐ 민족의 ⓝ 소수민족 출신자

8 ⓥ 추격하다, 쫓다 ⓝ 추적, 추격

11 ⓝ 영역, 왕국

12 ⓥ 추천하다, 권고하다

14 ⓝ 회의, 회의론

DOWN

2 ⓝ 영토, 영역

3 ⓥ 견디나, 참다, 용인하다

4 ⓐ 알지 못하는, 모르는, 눈치 못 챈

6 ⓥ (시간·장소를) 차지하다, 전념하다

8 ⓐ 부러움을 사는

9 ⓥ 할당하다, 배분하다

10 ⓝ 분노, 격렬, 대유행 ⓥ 몹시 화내다

13 ⓥ 붙잡다, 파악하다, 사로잡다

Answer p.515

0321 ★★☆ □□□
eliminate
[ilímənèit]

ⓥ 없애다, 제거하다

The rise of AI might **eliminate** the economic value and political power of most humans. 18 학평

인공 지능의 부상은 대다수 인간의 경제적 가치와 정치적 힘을 **소멸시킬** 수도 있다.

elimination ⓝ 제거

Vocab+ + **eliminate A from B** A를 B로부터 제거하다

0322 ★☆☆ □□□
congratulate
[kəngrǽtʃulèit]

ⓥ 축하하다, 축하의 말을 하다

Upon hearing the result, Dave went over to Steve and **congratulated** him, shaking his hand. 17 수능

결과를 듣자마자 Dave는 Steve에게 가서 악수를 하면서 그에게 **축하의 말을 전했다.**

congratulation ⓝ 축하

Vocab+ + **Congratulations on** ~에 대해 축하하다

0323 ★☆☆ □□□
charity
[tʃǽrəti]

ⓝ 자선 단체, 자선

You may feel pride when your team does something good—when it wins a tough game or raises money for **charity**. 21 EBS

여러분은 여러분의 팀이 좋은 일을 할 때, 이를테면 힘든 경기에서 승리하거나 **자선**을 위해 돈을 모을 때 자부심을 느낄 수 있다.

charitable ⓐ 자선(단체)의, 자선을 베푸는

0324 ★★☆ □□□
quote
[kwout]

ⓥ 인용하다; 값을 매기다 ⓝ 인용구

When discussing medicinal herbs, the news media often **quote** skeptical doctors. 21 EBS

약초를 논할 때, 뉴스 매체에서는 흔히 회의적인 의사들을 **인용한다.**

quotation ⓝ 인용

Vocab+ + **misquote** ⓥ 잘못 인용하다

0325 ★☆☆ □□□
admission
[ədmíʃən]

ⓝ 입장, 입학, 입회, 시인, 인정

I was pleased to receive your request for a letter of recommendation for **admission** and a scholarship to the University of Andew. 17 학평

저는 Andew 대학 **입학**과 장학금을 위한 당신의 추천서 요청을 받아서 기뻤습니다.

admit ⓥ 인정하다, 들어가게 하다 **admittance** ⓝ 입장, 입장 허가

Vocab+ = **entrance** ⓝ 들어감, 입장

0326 ★★☆ □□□
waver
[wéivər]

ⓥ 흔들리다, 약하다, 약해지다, 망설이다

After several fierce battles, Andrew's concentration **wavered** for a moment. 17 모평

몇 차례의 격전 후에 Andrew의 집중력이 잠시 동안 **흔들렸다.**

wavering ⓐ 흔들리는, 펄럭이는

Vocab+ = **wave** ⓥ 흔들리다 **sway** ⓥ 일렁이다

0327 ★★☆ □□□

unauthorized
[ʌnɔ́ːθəràizd]

ⓐ 무단의, 승인되지 않은

In computer and information security, any "single **unauthorized** access attempt regardless of success" carries the label of "attack." 20 EBS

컴퓨터와 정보 보안에 있어서, '성공과 상관없이 어떤 단 한 번의 **무단** 접속 시도'도 '공격'으로 규정된다.

Vocab+ ↔ **authorized** ⓐ 공인된 + **unauthorized absence** 무단 결석

0328 ★★☆ □□□

contrary
[kɑ́ntreri]

ⓐ 반대의; 불리한 ⓝ 정반대, 반대의 것

Secrecy is **contrary** to the best interests and spirit of science. 18 학평

비밀주의는 과학의 최선의 이익과 정신에 **반한다**.

contrariwise ⓐⓓ 대조적으로, 반대로

Vocab+ = **opposite** ⓐ 반대의 + **on the contrary** 정반대로

0329 ★★☆ □□□

patriotic
[pèitriɑ́tik]

ⓐ 애국적인

Planting trees had the additional advantage of being regarded as a **patriotic** act. 21 모평

나무를 심는 것은 **애국적인** 행동으로 여겨지는 추가적인 이점을 가졌다.

patriot ⓝ 애국자 **patriotism** ⓝ 애국심

Vocab+ + **nationalistic** ⓐ 국수주의적인

0330 ★★☆ □□□

stack
[stæk]

ⓝ 더미, 산더미; (도서관의) 서가 ⓥ 쌓아 올리다

Kristin was looking through a **stack** of files, when Barbara entered the room. 17 EBS

Kristin이 한 **무더기**의 서류철을 훑어보고 있었는데, 그때 Barbara가 사무실에 들어왔다.

stacked ⓐ 잔뜩 쌓인

Vocab+ + **a stack of** 한 무더기의
haystack ⓝ 건초 더미 **smokestack** ⓝ (공장의 높은) 굴뚝

혼동어

0331 ★★☆ □□□

considerate
[kənsídərit]

ⓐ 사려 깊은, 남을 배려하는

Most **considerate** communicators would keep quiet rather than give unwanted opinions. 20 EBS

대부분의 **사려 깊은** 의사 전달자들은 원치 않는 의견을 주기보다는 침묵을 지킬 것이다.

consider ⓥ 고려하다 **consideration** ⓝ 고려, 배려

Vocab+ = **thoughtful** ⓐ 사려 깊은 ↔ **inconsiderate** ⓐ 사려 깊지 못한

0332 ★★☆ □□□

considerable
[kənsídərəbl]

ⓐ 상당한, 많은

Given her **considerable** treatment needs, I think we need to find a solution. 22 EBS

그녀의 **상당한** 치료 필요성을 고려하면, 우리는 해결책을 찾아야 한다고 생각합니다.

considerably ⓐⓓ 상당히

Vocab+ = **significant** ⓐ 상당한

0333 ★★☆ □□□

tease
[tiːz]

ⓥ 놀리다[장난하다], 괴롭히다 ⓝ 놀리기

Travis could easily have **teased** Andrew for being fat for his size, as he often did. 17 학평

Travis는 그가 종종 그랬던 것처럼, Andrew를 키에 비해 뚱뚱한 것에 대해 쉽게 **놀렸을** 수도 있었다.

teaser ⓝ 예고 광고

Vocab+ = **provoke** ⓥ 약을 올리다 + **brain-teaser** ⓝ 어려운 문제

0334 ★★☆ □□□

skeleton
[skélitən]

ⓝ 뼈대, 골격, 구조

The **skeletons** found in early farming villages in the Fertile Crescent are usually shorter than those of neighboring foragers. 19 학평

비옥한 초승달 지대의 초기 농경 마을들에서 발견된 **유골**은 이웃하고 있는 수렵채집인의 것들보다 대체로 더 짧았다.

Vocab+ + **skull** ⓝ 두개골 **a walking skeleton** 해골처럼 마른 사람

0335 ★★☆ □□□

seemingly
[síːmiŋli]

ⓐⓓ 외견상으로, 겉보기에는

The discovery of new elements brought forth **seemingly** unending numbers of new inventions. 19 수능

새로운 원소의 발견은 **겉보기에는** 끝이 없을 것 같은 무수한 새로운 발명품을 낳았다.

seem ⓥ ~처럼 보이다 **seeming** ⓐ 겉보기의

Vocab+ = **apparently** ⓐⓓ 보아하니

0336 ★★☆ □□□

revision
[rivíʒən]

ⓝ 수정, 개정

Innovative ideas need a series of **revision** and refinement. 21 학평

혁신적인 아이디어는 일련의 **수정**과 개선이 필요하다.

revise ⓥ 수정하다, 개정하다

Vocab+ = **amendment** ⓝ 개정 **correction** ⓝ 수정

0337 ★★☆ □□□

regulate
[régjulèit]

◆ 내신빈출

ⓥ 조절하다, 규제하다

We have not yet learned to effectively **regulate** our intake of technology. 21 EBS

우리는 아직 기술의 수용을 효과적으로 **조절하는** 법을 배우지 못했다.

regulatory ⓐ 규제력을 지닌 **regulation** ⓝ 규제

Vocab+ = **control** ⓥ 통제하다 **moderate** ⓥ 조절하다

0338 ★★☆ □□□

radioactive
[rèidiouǽktiv]

ⓐ 방사능의

Radioactive waste disposal has become one of the key environmental battlegrounds. 18 모평

방사능 폐기물 처리는 핵심적인 환경 문제의 전쟁터(논쟁거리) 중의 하나가 되었다.

Vocab+ + **radioactive contamination** 방사능 오염

0339 ★★☆ □□□

previous
[príːviəs]

ⓐ 이전의, 앞의

Conservation conscious design was in sharp contrast to **previous** modernist tendencies. 18 학평

보존을 의식한 설계는 **이전의** 근대적 경향과 뚜렷한 대조를 이루었다.

previously ⓐⓓ 이전에

Vocab+ = **former** ⓐ 전의, 이전의 ↔ **following** ⓐ 후행하는, 다음의

0340 ★★☆ □□□

portion
[pɔ́ːrʃən]

ⓝ 부분, 일부, 1인분

Portions of rock can be incorporated into the magma, becoming molten or remaining as solid fragments within it. 18 학평

암석 **일부**가 마그마로 통합되어 녹거나 그 안의 고체 파편으로 남을 수 있다.

proportional ⓐ 비례하는

Vocab+ = **share** ⓝ 몫, 부분

다의어

0341 ★☆☆ □□□

content
ⓝ[kɑ́ntent]
ⓥⓐ[kəntént]

1. ⓝ 내용(물)
2. ⓥ 만족시키다 ⓐ 만족하는

1. Before sending any e-mail message, take the time to edit for **content** and structure. 18 EBS

   이메일 메시지를 보내기 전에 **내용**과 구조에 대해 편집할 시간을 가져라.

2. Commercial television companies have to **content** themselves with commercials before and after the soccer match and at half-time. 22 EBS

   상업 텔레비전 회사들은 축구 경기 전후에, 그리고 하프 타임에 하는 광고에 **만족해야** 한다.

contentment ⓝ 만족

Vocab+ + **table of contents** 목차

0342 ★★☆ □□□

originate
[ərídʒənèit]

ⓥ 처음으로 발명하다, 유래하다

Inventions, ideas, and discoveries have been credited to the persons who **originated** them. 17 모평

발명품, 아이디어, 그리고 발견은 그것을 **처음 만들어낸** 사람에게 공로가 있다고 여겨져 왔다.

original ⓐ 원래의 **originally** ⓐⓓ 원래, 본래 **originality** ⓝ 독창성

0343 ★★☆ □□□

nevertheless
[nèvərðəlés]

ⓐⓓ 그럼에도 불구하고

Ethics deals with the justification of moral principles; **nevertheless**, ethics must take note of the variations in moral systems. 20 EBS

윤리학은 도덕적 원칙의 정당성을 다룬다. **그럼에도 불구하고**, 윤리학은 도덕 체계에서의 차이를 주목해야 한다.

Vocab+ = **nonetheless** ⓐⓓ 그럼에도 불구하고

0344 ★★☆ □□□

misconception
[mìskənsépʃən]

ⓝ 오해

It is a common **misconception** that picture books are the best books to give a child who is just learning to read. 18 EBS

그림책이 이제 막 읽기를 배우고 있는 아이에게 주기에 가장 좋은 책이라는 것은 흔한 **오해**이다.

misconceive ⓥ 오해하다 **misconceived** ⓐ 계획이 잘못된

Vocab+ + **preconception** ⓝ 예상; 선입견

0345 ★★☆ □□□

litter
[lítər]

ⓥ 어지럽히다 ⓝ 쓰레기

The broken scraps of debris that had **littered** the base of the hole are gone as well. 21 학평

구멍의 밑바닥에 **흩어져 있던** 부서진 잔해의 조각들도 사라졌다.

littering ⓝ 쓰레기 투기

Vocab+ = **rubbish, waste** ⓝ 쓰레기

0346 ★★☆ □□□

invasive
[invéisiv]

ⓐ 급속히 퍼지는, 침습성의

Exotic pets can be illegally released into non-native environments, where they may become **invasive**. 20 EBS

외래 애완동물은 그것들이 태어나지 않은 환경으로 불법적으로 풀려나갈 수도 있으며, 그곳에서 그것들은 **급속히 퍼지게** 될 수 있다.

invade ⓥ 침입하다 **invasion** ⓝ 침입

0347 ★★☆ □□□

impatient
[impéiʃənt]
◆ 내신빈출

ⓐ 참을성 없는

With the advent of social media, our children become **impatient** for an immediate answer. 19 학평

소셜 미디어의 도래와 더불어, 우리 아이들은 즉각적인 응답을 받기 위해 **참을성이 없게** 된다.

impatience ⓝ 성급함, 초조

Vocab+ ↔ **patient** ⓐ 인내하는 ⓝ 환자 + **impatient for** ~을 초조하게 기다리는

0348 ★★☆ □□□

diversity
[divə́ːrsəti]

ⓝ 다양성, 포괄성

Genetic engineering followed by cloning is sometimes seen as a threat to the **diversity** of nature. 20 모평

복제로 이어지는 유전 공학은 때때로 자연의 **다양성**에 대한 위협으로 여겨진다.

diverse ⓐ 다양한

Vocab+ + **a diversity of** 다양한 (= **diverse**)

0349 ★☆☆ □□□

ground
[graund]

ⓥ 근거[기초]를 두다 ⓝ 지면; 근거

The best career choices tend to be **grounded** in things you're good at. 17 모평

최선의 직업 선택은 여러분이 잘하는 것에 **기초를 두는** 경향이 있다.

Vocab+ + **grounded in** ~에 기반을 둔

0350 ★★☆ □□□

forefather

[fɔ́ːrfɑ̀ːðər]

ⓝ 조상, 선조

Someone of our **forefathers** early on noticed that a round log was easier to roll than to carry. 17 학평

우리 **조상** 중 어느 누군가가 초기에, 둥근 통나무는 들고 가는 것보다 굴리는 것이 더 쉽다는 것을 알아차렸다.

Vocab+ = **ancestor** ⓝ 조상

0351 ★★☆ □□□

extrinsic

[ikstrínsik]

◆ 내신빈출

ⓐ 외적인, 외부의

The **extrinsic** reward that matters most to scientists is the recognition of their peers. 12 모평

과학자들에게 가장 중요시되는 **외적** 보상은 동료들의 인정이다.

extrinsically ⓐⓓ 비본질적으로, 외부로

Vocab+ ↔ **intrinsic** ⓐ 내적인

0352 ★★☆ □□□

evident

[évidənt]

ⓐ 분명한, 명백한

The importance of the retail sector to the global economy is particularly **evident** during times of crisis. 21 학평

소매업 부문이 세계 경제에 갖는 중요성은 특히 위기의 시기에 **분명하다**.

evidently ⓐⓓ 명백하게 **evidence** ⓝ 증거

Vocab+ = **obvious** ⓐ 명백한

0353 ★★☆ □□□

embarrassment

[imbǽrəsmənt]

ⓝ 난처, 당황

Remembering pratfall effect can help you to feel better in times of **embarrassment** or shame. 18 학평

실수효과(pratfall effect)를 기억하는 것은 여러분이 **당혹**스럽거나 창피한 순간에 기분이 나아지도록 도와줄 수 있다. [pratfall effect: 허점이나 실수가 오히려 그 사람의 매력을 증대시키는 현상]

embarrass ⓥ 당황하게 하다 **embarrassing** ⓐ 당황하게 하는

0354 ★★☆ □□□

disbelief

[dìsbilíːf]

ⓝ 불신

We suspend **disbelief** and enter the rules of imaginative play when watching theatre. 18 EBS

우리는 연극을 볼 때 **불신**을 유예하고 상상 놀이의 규칙 속에 들어간다.

Vocab+ ↔ **belief** ⓝ 믿음, 신뢰 + **in disbelief** 불신하여

0355 ★★☆ □□□

definite

[défənit]

ⓐ 명확한, 확고한, 분명한; 한정된

Digital experiences and the spaces in which they take place are quite real and have real, **definite** consequences. 17 학평

디지털 경험과 그 경험이 일어나는 공간은 지극히 진짜이며, 진짜인 **명확한** 결과를 갖는다.

definitely ⓐⓓ 분명히

Vocab+ = **clear** ⓐ 분명한 **decisive** ⓐ 확고한 ↔ **indefinite** ⓐ 정해지지 않은

0356 ★★☆ □□□
substantial
[səbstǽnʃəl]
◆ 내신빈출

ⓐ 상당한; 실재하는, 물질의; 튼튼한

In several advanced economies, participation in voluntary organizations has witnessed **substantial** decline over the past few generations. 21 EBS

몇몇 선진국에서는, 자원봉사 단체에 대한 참여가 지난 몇 세대에 걸쳐 **상당한** 감소를 보였다.

substantially ⓐⓓ 상당히, 주로

Vocab+ = **considerable** ⓐ 상당한

고난도

0357 ★★★ □□□
inhalation
[ìnhəléiʃən]

ⓝ 흡입, 흡입제

The most effective way to use essential oils is not orally but by external application or **inhalation**. 18 학평

정유(에센셜 오일)를 사용하는 가장 효과적인 방법은 복용하는 것이 아니라 외부에 바르거나 **흡입**하는 것이다.

inhale ⓥ 흡입하다

Vocab+ ↔ **exhalation** ⓝ 발산, 숨을 내쉼, 날숨

0358 ★★★ □□□
intoxicate
[intáksəkèit]

ⓥ 취하게 하다, 흥분시키다, 열중시키다

Since plants need to attract pollinators to accomplish reproduction, they've evolved **intoxicating** scents. 21 학평

번식을 완수하기 위해서는 꽃가루 매개자를 끌어들여야 하기 때문에, 식물은 **취하게 하는** 향기를 진화시켜 왔다.

intoxicated ⓐ 취한, 도취된 **intoxication** ⓝ 취함, 도취

Vocab+ + **intoxicated with success** 성공에 도취되어

0359 ★★★ □□□
turmoil
[tə́:rmɔil]

ⓝ 혼란

Night eaters are often eating in response to anxiety or to the emotional **turmoil** they've experienced throughout the day. 11 수능

야식을 하는 사람들은 종종 그들이 낮 동안에 경험했던 불안이나 감정적인 **혼란**에 반응하여 먹는다.

Vocab+ = **confusion** ⓝ 혼란 + **in a turmoil** 혼란 상태의

0360 ★★★ □□□
invoke
[invóuk]

ⓥ 들먹이다[적용하다], (예·이론 등을) 들다[언급하다]

Both the negative and the positive versions **invoke** the ego as the fundamental measure against which behaviors are to be evaluated. 19 수능

부정적인 버전과 긍정적인 버전은 둘 다 어떤 행동이 평가되어야 하는지에 대한 본질적인 척도로서 자아를 **언급한다**.

Vocab+ + **invoke A as B** A를 B라고 들먹이다[언급하다]

Review Test

A 우리말은 영어로, 영어는 우리말로 적으시오.

1 난처, 당황 e______
2 다양성, 포괄성 d______
3 부분, 일부 p______
4 뼈대, 골격 s______
5 misconception ______
6 disbelief ______
7 forefather ______
8 turmoil ______

B 각 단어의 유의어 혹은 반의어를 적으시오.

1 seemingly ⊜ a______
2 evident ⊜ o______
3 previous ⊜ f______
4 waver ⊜ w______
5 unauthorized ↔ a______
6 inhalation ↔ e______
7 extrinsic ↔ i______
8 impatient ↔ p______

C 다음 우리말에 적합한 어휘를 고르시오.

1 Most [considerable / considerate] communicators would keep quiet rather than give unwanted opinions.
대부분의 사려 깊은 의사 전달자들은 원치 않는 의견을 주기보다는 침묵을 지킬 것이다.

2 Given her [considerable / considerate] treatment needs, I think we need to find a solution.
그녀의 상당한 치료 필요성을 고려하면, 우리는 해결책을 찾아야 한다고 생각합니다.

D 다음 빈칸에 공통으로 들어갈 어휘를 고르시오.

1 Before sending any e-mail message, take the time to edit for ______ and structure.

2 Commercial television companies have to ______ themselves with commercials before and after the soccer match and at half-time.

① grant ② content ③ request ④ extent ⑤ intent

A 1 embarrassment 2 diversity 3 portion 4 skeleton 5 오해 6 불신 7 조상, 선조 8 혼란 B 1 apparently 2 obvious 3 former 4 wave 5 authorized 6 exhalation 7 intrinsic 8 patient C 1 considerate 2 considerable D ② content

balance

ⓝ 균형 ⓥ 균형을 유지하다	The player suddenly lost his **balance** and fell. 그 선수는 갑자기 **균형**을 잃고 넘어졌다.
ⓝ 예금 잔액	He has a healthy bank **balance**. 그는 충분한 은행 **잔고**를 가지고 있다.

spot

ⓝ 점, 얼룩	Not a tiger but a leopard has **spots**. 호랑이가 아니라 표범에게 **반점**이 있다.
ⓝ 지점, 장소, 현장	He could answer the question on the **spot**. 그는 그 질문에 **즉각** 답할 수 있었다.
ⓥ 발견하다	She **spotted** a deer in the woods. 그녀는 숲속에서 사슴을 **발견했다**.

even

ⓐ 짝수의	2, 4, 6, and 8 are **even** numbers. 2, 4, 6, 8은 **짝수**이다.
ⓐ 평평한	The ground became more **even**. 그 운동장은 더 **평평해졌다**.
ad 훨씬	An **even** bigger change came the following week. **훨씬** 더 큰 변화가 다음 주에 찾아왔다.
ad ~조차도	The girl never **even** opened the letter from him. 그 소녀는 그에게서 온 편지를 뜯어보는 것**조차도** 하지 않았다.

cover

ⓥ 덮다 ⓝ 덮개; (책의) 표지	The gardener **covered** the soil with roses. 정원사는 흙을 장미로 **뒤덮었다**.
ⓥ 취재하다	The news reporter was **covering** the annual conference. 그 뉴스 기자는 연례 총회를 **취재하는** 중이었다.
ⓥ 답파하다	The runners **covered** long distances every day. 그 육상선수들은 매일 장거리를 **답파했다**.

Crossword Puzzle

DAY 09

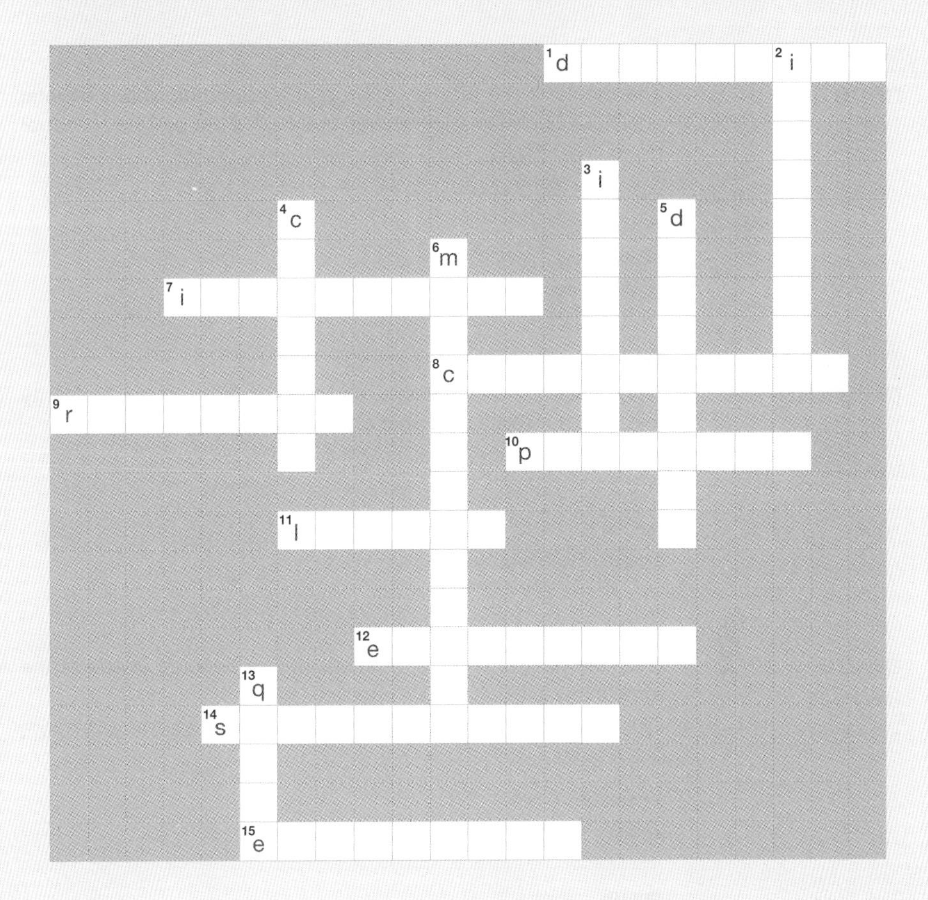

ACROSS

1 ⓝ 다양성, 포괄성

7 ⓝ 흡입, 흡입제

8 ⓐ 사려 깊은, 남을 배려하는

9 ⓥ 조절하다, 규제하다

10 ⓐ 이전의, 앞의

11 ⓥ 어지럽히다 ⓝ 쓰레기

12 ⓥ 없애다, 제거하다

14 ⓐ 상당한, 실재하는, 물질의, 튼튼한

15 ⓐ 외적인, 외부의

DOWN

2 ⓐ 참을성 없는

3 ⓐ 급속히 퍼지는, 침습성의

4 ⓝ 자선 단체, 자선

5 ⓝ 불신

6 ⓝ 오해

13 ⓥ 인용하다, 값을 매기다 ⓝ 인용구

Answer p.516

0361 ★★☆ □□□
neutral
[njúːtrəl]

ⓐ 중립의

The media is the primary source of information about genetic advances and their applications, but it does not provide a **neutral** discourse. 19 모평

대중 매체는 유전학의 진보와 그 응용에 관한 정보의 주요 원천이지만, 그것이 **중립적** 담론을 제공하지는 않는다.

neutralize ⓥ 중화시키다, 무효화하다
Vocab+ = **impartial** ⓐ 중립적인

0362 ★★☆ □□□
regularity
[règjulǽrəti]

ⓝ 규칙성, 균형, 조화

Since rules are deterministic, their presence promotes **regularity** and thus the ability to predict outcomes. 18 EBS

규칙은 결정론적이기 때문에, 그것이 있으면 **규칙성**이, 그리고 그에 따라 결과를 예측할 수 있는 능력이 증진된다.

regular ⓐ 규칙적인
Vocab+ + **with regularity** 규칙대로, 어김없이

0363 ★★☆ □□□
aware
[əwέər]
◆ 내신빈출

ⓐ 알고 있는, 인지하는, 인식하고 있는

Over the past fifty years, humankind has become **aware** of the threats to vanishing wildlife species. 21 학평

지난 50년에 걸쳐 인류는 사라져 가는 야생 동물 종들에게 해를 초래할 우려가 있는 것들을 **알게** 되었다.

awareness ⓝ 인식
Vocab+ ↔ **unaware** ⓐ ~을 모르는 + **be aware of** ~을 인지하다

0364 ★★☆ □□□
pollution
[pəljúːʃən]

ⓝ 오염

The motor vehicle industry initially denied that cars caused air **pollution**. 18 모평

자동차 업계에서는 처음에 자동차가 대기 **오염**을 유발한다는 것을 부인하였다.

pollute ⓥ 오염시키다
Vocab+ = **contamination** ⓝ 오염
+ **air pollution** 대기 오염 **noise pollution** 소음 공해

0365 ★★☆ □□□
preventable
[privéntəbl]
◆ 내신빈출

ⓐ 막을 수 있는, 방해[예방]할 수 있는

Requirements that children be vaccinated before they attend school played a central role in reducing occurrence of vaccine-**preventable** diseases. 19 학평

어린이들이 학교에 입학하기 전 예방 접종을 받아야 한다는 (법적인) 요구 사항은 예방 접종으로 **막을 수 있는** 질병의 발생을 줄이는 데 중심적인 역할을 했다.

prevent ⓥ 예방하다 **prevention** ⓝ 예방책
Vocab+ + **prevent A from -ing** A가 ~하는 것을 막다

0366 ★★☆ □□□

patience
[péiʃəns]

ⓝ 참을성, 인내심

Maturity, wisdom, **patience**, and many other strengths can result from the gradual accumulation of life experiences. 17 학평

성숙, 지혜, **인내**, 그리고 다른 많은 장점은 삶의 경험이 조금씩 축적되는 것에서 나올 수 있다.

patient ⓐ 참을성 있는 ⓝ 환자

Vocab+ ↔ **impatience** ⓝ 참을성 없음

0367 ★★☆ □□□

organic
[ɔːrgǽnik]

ⓐ 유기농의, 유기물의; (인체) 장기의

Thousands of **organic** farmers are proving the pesticide industry wrong. 18 모평

수많은 **유기농** 농부들이 살충제 업계가 틀렸음을 입증하고 있다.

organize ⓥ 조직하다 **organ** ⓝ 조직, 장기

Vocab+ ↔ **inorganic** ⓐ 무기물의

0368 ★★☆ □□□

review
[rivjúː]

ⓥ 재검토하다, 복습하다 ⓝ 복습, 검토, 비평 20 EBS

Finish a day ahead of time, and **review** your work the next day.

하루 먼저 미리 끝내고, 그다음 날 여러분의 글을 **검토하라**.

reviewer ⓝ 비평가, 검토자

Vocab+ + **peer review** 동료 평가

0369 ★★☆ □□□

mischief
[místʃif]

ⓝ 해악, 나쁜 짓

Failure to appreciate the true nature of memory can create great **mischief**. 20 EBS

기억의 진정한 본질을 인식하지 못하는 것은 큰 **해악**을 낳을 수 있다.

mischievous ⓐ 해를 끼치는

Vocab+ = **evil** ⓝ 해악 **misdeed** ⓝ 악행

0370 ★★☆ □□□

grind
[graind]

ⓥ 빻다, 갈다, 비비다 ⓝ 단조로운 고된 일 19 EBS

The freeze-dried potato was **ground** into flour and baked into bread.

냉동 건조된 감자는 가루로 **빻아져** 빵으로 구워졌다.

Vocab+ + **stoneground** ⓐ 맷돌로 간

0371 ★★☆ □□□

awful
[ɔ́ːfəl]

ⓐ 끔찍한, 지독한

In a vicious circle, the **awful** roads interrupted intercolonial communications. 19 학평

악순환으로, **끔찍한** 길은 식민지 간의 통신을 가로막았다.

awfully ⓐⓓ 끔찍하게

혼동어

0372 ★★☆ □□□
literate
[lítərit]

ⓐ 읽고 쓸 수 있는, 교육받은

Homo sapiens has been around about 100,000 years but **literate** culture has existed for less than a tenth of that time. 21 EBS

'호모 사피엔스'가 대략 10만 년 동안 존재해 왔지만, **읽고 쓰는** 문화는 그 시간의 10분의 1도 안 되는 시간 동안 존재해 왔다.

literacy ⓝ 글을 읽고 쓸 줄 아는 능력

Vocab+ ↔ **preliterate** ⓐ 문자사용 이전의 **non-literate** ⓐ 읽고 쓸 수 없는

0373 ★★☆ □□□
literal
[lítərəl]

ⓐ 문자 그대로의

We see language as being basically "**literal**" and metaphors as being a particular development of this literality. 22 EBS

우리는 언어를 기본적으로 '**글자 그대로의**' 것으로, 은유를 이러한 글자 그대로의 해석을 특정하게 발전시킨 것으로 간주한다.

literally ⓐⓓ 문자 그대로, 말 그대로 **literality** ⓝ 문자 그대로의 해석

Vocab+ + **figurative** ⓐ 비유적인 **metaphorical** ⓐ 은유의

0374 ★★☆ □□□
literary
[lítərèri]

ⓐ 문학의, 문예의

The person who would progress by the aid of literature must have his own **literary** feelings and opinions. 18 EBS

문학의 도움으로 발전하고자 하는 사람은 자신만의 **문학적** 느낌과 의견을 가지고 있어야 한다.

literature ⓝ 문학; 문헌

0375 ★★☆ □□□
setback
[sétbæ̀k]

ⓝ 좌절, 방해, 역행

The athletes who keep at it through **setbacks** and failures ultimately "make it." 20 EBS

좌절과 실패를 겪으며 견디어내는 선수들이 궁극적으로 '성공한다'.

Vocab+ + **suffer a setback** 좌절을 겪다

0376 ★★☆ □□□
impair
[impɛ́ər]
◆ 내신빈출

ⓥ 지장을 주다, 손상시키다

In general, task performance is only **impaired** at very high noise intensities. 19 학평

일반적으로 작업 수행은 매우 높은 소음 강도에서만 **지장을 받는다**.

impairment ⓝ 장애

Vocab+ = **damage** ⓥ 해를 끼치다 **harm** ⓥ 해치다

0377 ★★☆ □□□
capable
[kéipəbl]

ⓐ ~을 할 수 있는, 유능한

MRI scans are **capable** of producing a variety of chemical and physical data. 18 학평

MRI 스캔은 다양한 화학적, 물리적 데이터를 생산**할 수 있다**.

capability ⓝ 능력

Vocab+ ↔ **incapable** ⓐ 무능한 + **be capable of -ing** ~할 수 있다

0378 ★☆☆ □□□

terrified
[térəfàid]

ⓐ 무서워하는, 겁이 난

Finally it was her turn to take her position on stage. **Terrified**, she hesitated to begin her song. 21 학평

마침내 그녀가 무대 위 자신의 위치에 설 차례가 되었다. **두려워서**, 그녀는 노래 시작하기를 망설였다.

terrify ⓥ 겁나게 하다

0379 ★★☆ □□□

aptitude
[ǽptitjù:d]

ⓝ 소질, 적성

Expert chess players have a great **aptitude** to remember chessboard patterns. 19 학평

숙련된 체스 선수들은 체스판 패턴을 기억하는 데 있어 뛰어난 **소질**을 보인다.

apt ⓐ 적절한, 잘 ~하는 경향이 있는

0380 ★★☆ □□□

extraordinary
[ikstrɔ́:rdənèri]

ⓐ 비범한, 기이한, 놀라운

They now recognized her **extraordinary** gift and passion as a bird-watcher. 18 모평

그들은 이제 조류 관찰자로서의 그녀의 **비범한** 재능과 열정을 인정했다.

extraordinarily ⓐⓓ 특히

Vocab+ = **incredible** ⓐ 믿기 힘든

0381 ★★☆ □□□

evaporate
[ivǽpərèit]

ⓥ 증발하다

During the winter in the northern hemisphere, water **evaporates** from the ocean and accumulates as ice and snow on the high mountains. 17 학평

북반구에서 겨울 동안에 물은 바다에서 **증발하여** 높은 산들에 얼음과 눈으로 쌓인다.

evaporation ⓝ 증발 **vapor** ⓝ (수)증기

Vocab+ = **vaporize** ⓥ 증발하다, 기화하다

0382 ★★☆ □□□

disturbance
[distə́:rbəns]

◆ 내신빈출

ⓝ 방해, 폐해, 소란, 소동

Some people blame tourism for traffic problems or the **disturbance** of peace and tranquility of parks. 16 수능

어떤 이들은 교통 문제나 공원의 평화로움과 고요함을 **방해하는 것**에 대해 관광산업을 탓한다.

disturb ⓥ 방해하다

Vocab+ = **disorder** ⓝ 무질서 **disruption** ⓝ 불편, 폐

0383 ★☆☆ □□□

slight
[slait]

ⓐ 약간의, 경미한

I knew any **slight** movement might make the deadly snake strike. 17 학평

나는 **조금만** 움직여도 그 치명적인 뱀의 공격을 받을 수 있다는 것을 알았다.

slightly ⓐⓓ 경미하게

다의어

0384 ★☆☆ □□□

conduct

ⓥ[kəndʌ́kt]
ⓝ[kɑ́ndʌkt]

1. ⓥ 행동하다, 처신하다 ⓝ 행위 2. ⓥ 수행하다
3. ⓝ 지휘 ⓥ 지휘하다 4. ⓥ 전도하다

1. You have to learn how to **conduct** yourself in public someday. 18 학평
   너도 남들 앞에서 **처신하는** 법을 언젠가는 배워야지.
2. Numerous biodiversity experiments have been **conducted** since Elton's time. 19 수능
   수많은 생물 다양성 실험이 Elton의 시대 이후로 **수행되어** 왔다.
3. Antonia Brico became the first American to graduate from the master class in **conducting**. 22 학평
   Antonia Brico는 **지휘** 분야에서 마스터 클래스를 졸업한 첫 미국인이 되었다.
4. Sunlight warms the ground, and the ground warms the air in contact with it by **conduction**. 20 EBS
   햇빛은 지면을 따뜻하게 하고, 지면은 **전도**에 의해 지면과 접촉하는 공기를 따뜻하게 한다.

conductor ⓝ 지휘자 **conduction** ⓝ 전도, 전도체

Vocab+ + **conduct oneself** 처신하다 **conduct an experiment** 실험을 하다

0385 ★★☆ □□□

continuous

[kəntínjuəs]

ⓐ 계속되는, 지속적인

By requiring **continuous** work during work hours and ruling out non-work activity, employers had separated out leisure from work. 18 수능

근무 시간 동안 **지속적인** 일을 요구하고 비업무 활동을 배제함으로써 고용주들은 여가를 업무와 분리했다.

continuity ⓝ 연속

0386 ★★☆ □□□

conceal

[kənsíːl]

◆ 내신빈출

ⓥ 숨기다

Denial may **conceal** from people how deeply wounded they are by certain jokes. 18 학평

부정은 사람들이 어떤 농담에 의해 얼마나 깊이 상처받는지를 스스로 **숨기게** 할지도 모른다.

concealment ⓝ 숨김

0387 ★★☆ □□□

coincidence

[kouínsidəns]

ⓝ 우연의 일치, 동시에 일어난 사건

If we want to think clearly, we have to accept the fact that **coincidences** happen all the time. 18 EBS

명료하게 생각하고 싶다면 우리는 **우연의 일치**는 항상 일어난다는 사실을 받아들여야 한다.

coincide ⓥ 동시에 일어나다

0388 ★★☆ □□□

bullying

[búliiŋ]

ⓝ (약자) 괴롭히기

In the context of SNS, with regard to **bullying**, it is important to respect other people's rights and freedoms. 17 EBS

SNS 상황에서, **약자 괴롭히기**와 관련하여, 타인의 권리와 자유를 존중하는 것은 중요하다.

bully ⓥ 협박하다, 괴롭히다

Vocab+ = **harassment** ⓝ 해코지

0389 ★★☆ □□□

arrangement
[əréindʒmənt]
◆ 내신빈출

ⓝ 배열; 합의

This tight arrangement of neurons makes for efficient high-speed sensory and nervous systems. 21 EBS

이러한 빽빽한 신경 세포의 **배열**은 효율적인 고속의 감각 및 신경 체계에 도움이 된다.

arrange ⓥ 배열하다; 합의하다

0390 ★☆☆ □□□

wander
[wándər]

ⓥ (정처없이) 돌아다니다, 헤매다

It is common for cats to wander into their neighbours' gardens and houses. 19 EBS

고양이가 이웃의 정원과 집으로 **돌아다니는** 일은 흔하다.

wanderer ⓝ 방랑자

Vocab+ = **roam** ⓥ 배회하다

0391 ★★☆ □□□

bypass
[báipæ̀s]

ⓥ 무시하다, 우회하다 ⓝ 우회로

A single highway to a shared destination of the consumer society bypasses the many different roads societies have taken. 22 EBS

소비자 사회의 공유된 목적지로 가는 단 하나의 고속도로는 사회가 택해 온 많은 다른 길을 **무시한다**.

bypasser ⓝ 우회하는 사람, 회피하는 사람

0392 ★★☆ □□□

ban
[bæn]

ⓥ 금지하다 ⓝ 금지(령)

Laws banning texting while walking failed in Toronto, Arkansas, Illinois, Nevada, New Jersey and New York. 18 학평

보행 중 문자 보내기를 **금지하는** 법은 토론토, 아칸소, 일리노이, 네바다, 뉴저지 그리고 뉴욕에서 실패했다.

Vocab+ = **prohibit** ⓥ 금지하다

0393 ★★☆ □□□

misdirect
[mìsdirékt]

ⓥ 엉뚱한 방향[곳]으로 보내다, 잘못 이용하다

Our admiration of rapid work on the part of the great composers is often misdirected. 17 모평

위대한 작곡가들의 신속한 작업의 예들에 대한 우리의 감탄은 흔히 그 **방향이 잘못되어** 있다.

misdirection ⓝ 잘못된 지시

0394 ★☆☆ □□□

recognize
[rékəgnàiz]
◆ 내신빈출

ⓥ 인지하다, 알아보다, 인정하다

Urban planners recognize that a city is not outside the natural world but part of it. 21 EBS

도시계획자들은 도시가 자연계 밖에 있는 것이 아니라 그것의 일부라는 것을 **인식한다**.

recognition ⓝ 인지, 인식

Vocab+ = **identify** ⓥ 확인하다, 식별하다

0395 ★★☆ □□□
loop
[luːp]

ⓝ 고리 ⓥ 고리로 만들다
When his mind got busy, he was sucked into a mental **loop** of analyzing his problems. 17 학평
마음이 바빠졌을 때, 그는 자신의 문제를 분석하는 정신적인 **고리**에 휘말려 들어갔다.

Vocab+ + out of the loop 상황을 잘모르는

0396 ★★☆ □□□
inventory
[ínvəntɔ̀ːri]

ⓝ 물품 목록, 재고 ⓥ 목록을 만들다
The manufacturer cuts back on output, and the merchant reduces **inventory**, to balance supply and demand. 14 모평
수요와 공급의 균형을 맞추기 위해, 제조자는 생산량을 줄이고 상인은 **재고**를 줄인다.

Vocab+ = stock ⓝ 재고

0397 ★★☆ □□□
resolve
[rizɑ́lv]

ⓥ 해결하다; 결심하다 ⓝ (단호한) 결심, 의지
Ethical and philosophical issues are not easy to **resolve**. 19 EBS
윤리적, 철학적 문제는 쉽게 **해결하기** 쉽지 않다.

resolution ⓝ 해결책; 결의안
Vocab+ = settle ⓥ 해결하다

고난도

0398 ★★★ □□□
ingrained
[ingréind]

ⓐ 깊이 스며든, 뿌리 깊은, 깊이 몸에 밴
Our tendency to dismiss computational creativity inferior to our own comes from an **ingrained** dualism in human culture. 21 학평
컴퓨터의 창의력을 우리 자신의 창의력보다 열등하다고 일축하는 우리의 경향은 인간 문화에 **깊이 스며든** 이원론에서 비롯된다.

ingrain ⓥ 깊이 배게 하다 ⓐ 깊이 배인, 타고난

0399 ★★★ □□□
reverential
[rèvərénʃəl]

ⓐ 경건한, 숭배심이 넘치는
New dramatic visual language is a contrast to the **reverential** portrayal of religious figures in earlier traditions. 22 학평
새로운 극적인 시각 언어는 이전 전통에서의 종교적 인물들에 대한 **경건한** 묘사와 대조를 이룬다.

revere ⓥ 숭배하다 reverence ⓝ 숭배
Vocab+ = respectful ⓐ 존경심 넘치는

0400 ★★★ □□□
laypeople
[leipípəl]

ⓝ 비전문가, 평범한 사람
Scientists and **laypeople** will conjure up new stories using the data from raw facts. 20 EBS
과학자들과 **비전문가들**은 있는 그대로의 사실로부터 나온 그 자료를 이용해서 새로운 이야기를 생각해낼 것이다.

layperson ⓝ 비전문가
Vocab+ ↔ expert ⓝ 전문가

Review Test

A 우리말은 영어로, 영어는 우리말로 적으시오.

1 물품 목록, 재고 i________
2 소질, 적성 a________
3 우연의 일치 c________
4 좌절, 방해, 역경 s________
5 loop ________
6 bullying ________
7 regularity ________
8 pollution ________

B 각 단어의 유의어 혹은 반의어를 적으시오.

1 impair ⊜ d________
2 recognize ⊜ i________
3 neutral ⊜ i________
4 ban ⊜ p________
5 wander ⊜ r________
6 laypeople ⊖ e________
7 capable ⊖ i________
8 organic ⊖ i________

C 다음 우리말에 적합한 어휘를 고르시오.

1 We see language as being basically "[literal / literary / literate]" and metaphors as being a particular development of this literality.
우리는 언어를 기본적으로 '글자 그대로의' 것으로, 은유를 이러한 글자 그대로의 해석을 특정하게 발전시킨 것으로 간주한다.

2 The person who would progress by the aid of literature must have his own [literal / literary / literate] feelings and opinions.
문학의 도움으로 발전하고자 하는 사람은 자신만의 문학적 느낌과 의견을 가지고 있어야 한다.

3 Homo sapiens has been around about 100,000 years but [literal / literary / literate] culture has existed for less than a tenth of that time.
'호모 사피엔스'가 대략 10만 년 동안 존재해 왔지만, 읽고 쓰는 문화는 그 시간의 10분의 1도 안 되는 시간 동안 존재해 왔다.

D 다음 빈칸에 공통으로 들어갈 어휘를 고르시오. [예문에 실린 어휘의 원형을 고를 것]

1 You have to learn how to ________ yourself in public someday.
2 Numerous biodiversity experiments have been ________ since Elton's time.
3 Antonia Brico became the first American to graduate from the master class in ________.

① seduct ② conduct ③ abduct ④ deduct ⑤ induct

A 1 inventory 2 aptitude 3 coincidence 4 setback 5 고리 6 (약자) 괴롭히기 7 규칙성 8 오염 B 1 damage 2 identify 3 impartial 4 prohibit 5 roam 6 expert 7 incapable 8 inorganic C 1 literal 2 literary 3 literate D ② conduct

odd

ⓐ 이상한	An **odd** assortment of clothes made him outstanding. **이상한** 종류의 옷이 그를 돋보이게 했다.
ⓐ 홀수의	There's a picture on every **odd** page of the book. 책의 모든 **홀수** 페이지에 그림이 있다.
ⓝ 역경	Ethan was able to do it, against all **odds**. Ethan은 모든 **역경**을 무릅쓰고 그것을 할 수 있었다.
ⓝ 가능성	The **odds** are that our team will win. 우리 팀이 이길 **가능성**이 있다.

operate

ⓥ 작동하다	They will have the windmill **operating** again tomorrow. 그들은 내일 풍차를 다시 **작동시킬** 것이다.
ⓥ 운영하다	The organization **operates** a recycling program. 그 조직은 재활용 프로그램을 **운영한다**.
ⓥ 수술하다	The doctors needed to **operate** immediately. 의사들은 즉시 **수술을 해야** 했다.

engage

ⓥ 약속하다	The guest **engaged** to visit you at 5. 그 손님은 5시에 당신을 방문하기로 **약속했다**.
ⓥ 종사하다	The young man is expected to **engage** himself in politics next year. 그 젊은이는 내년에 정치에 **종사할** 것으로 전망된다.
ⓥ 교전하다	They are to **engage** the enemy tomorrow. 그들은 내일 적과 **교전할** 것이다.

article

ⓝ 기사, 논문	The **articles** about young architects are being posted on the Internet. 젊은 건축가들에 대한 **기사들이** 인터넷에 게시되고 있다.
ⓝ (법) 조항	**Article** 10 protects your right to hold your own opinions. **법 조항** 제10**조**는 자신의 의견을 가질 권리를 보호한다.
ⓝ 물품, (상품) 품목	The finished **article** takes two months to manufacture. 완**제품**은 제조에 두 달이 걸린다.

Crossword Puzzle

DAY 10

1 b
2 a
3 n
4 l
5 c
6 e
7 l
8 b
9 d
10 i
11 a
12 p
13 l
14 r

ACROSS

4 ⓐ 문학의, 문예의
5 ⓥ 숨기다
7 ⓐ 문자 그대로의
9 ⓝ 방해, 폐해, 소란, 소동
11 ⓝ 소질, 적성
12 ⓝ 오염
14 ⓥ 인지하다, 알아보다, 인정하다

DOWN

1 ⓝ (약자) 괴롭히기
2 ⓝ 배열, 합의
3 ⓐ 중립의
5 ⓝ 우연의 일치, 동시에 일어난 사건
6 ⓥ 증발하다
8 ⓥ 금지하다 ⓝ 금지(령)
10 ⓥ 지장을 주다, 손상시키다
13 ⓐ 읽고 쓸 수 있는, 교육받은

Answer p.516

0401 ★★☆ □□□

sincere
[sinsíər]

ⓐ 진정한, 진실된

The phrasing of an apology must feel **sincere** to the other person. 19 EBS

사과의 표현은 상대방에게도 **진실되게** 느껴져야 한다.

sincerity ⓝ 성실, 정직 **sincerely** ⓐⓓ 진정으로

Vocab+ ↔ **insincere** ⓐ 진실되지 못한

0402 ★★☆ □□□

subsequent
[sʌ́bsəkwənt]

ⓐ 그 이후의, 다음의

Some environments are more likely to lead to fossilization and **subsequent** discovery than others. 20 모평

어떤 환경은 다른 환경보다 화석화가 이루어지고 **그 이후의** 발견으로 이어질 가능성이 더 높다.

subsequently ⓐⓓ 그 다음에 **subsequence** ⓝ 후, 다음, 연속; 결과

Vocab+ = **following** ⓐ 다음의 ↔ **previous** ⓐ 그 이전의

0403 ★★☆ □□□

trigger
[trígər]

◆ 내신빈출

ⓥ 유발하다, 촉발시키다 ⓝ 방아쇠; 계기

Engagement in dishonest acts may **trigger** a process that leads to larger acts of dishonesty later on. 18 학평

부정직한 행위를 하는 것은 이후에 더 큰 부정직한 행위로 이어지는 과정을 **유발할** 수 있다.

triggering ⓐ 유발하는, 촉발하는

Vocab+ = **bring about** ~을 초래하다 **induce** ⓥ 유발하다

0404 ★☆☆ □□□

resist
[rizíst]

ⓥ 견디다, 저항하다

Edison simply tried every material he could to see if one would glow brightly, yet **resist** burning out. 21 EBS

에디슨은 어떤 물질이 밝게 빛을 내면서도 타버리지 않고 **견디는지를** 알아보기 위해서 그야말로 자신이 시도해 볼 수 있는 모든 물질을 시도해 보았다.

resistance ⓝ 저항

Vocab+ = **oppose** ⓥ 반대하다

0405 ★☆☆ □□□

admire
[ədmáiər]

ⓥ 감탄하다, 존경하다

A neighbor **admired** the beautiful irises growing artfully along the edge of her vegetable garden. 18 학평

한 이웃은 그녀의 채소밭 가장자리를 따라 보기 좋게 자라고 있는 아름다운 붓꽃에 **감탄하였다.**

admiration ⓝ 감탄, 존경

Vocab+ = **respect** ⓥ 존경하다 ↔ **despise** ⓥ 경멸하다

0406 ★★☆ □□□
awaken
[əwéikən]

ⓥ 깨우다, 깨다, (감정 등을) 불러일으키다

How much we pay attention to **awakening** our children's minds can make a difference in their lives. 21 학평

우리가 우리 아이들의 정신을 **일깨우는** 데 얼마만큼 관심을 쏟느냐가 그들의 인생에 차이를 가져올 수 있다.

awake ⓐ 깨어있는

Vocab+ = **alert** ⓥ 깨우다 **provoke** ⓥ 유발하다

0407 ★★☆ □□□
ward
[wɔːrd]

ⓝ 병동, 구 ⓥ 막다, 물리치다

Louise began a last sweep of the paediatric **ward** she worked on. 20 학평

Louise는 자신이 일하는 소아 **병동**을 마지막으로 훑어보기 시작했다.

warden ⓝ 관리인, 교도소장

Vocab+ + **an isolation ward** 격리실[병동]

0408 ★★☆ □□□
confess
[kənfés]

ⓥ 고백하다

He **confessed** that he was having a great deal of trouble completing his tasks. 18 모평

그는 자신의 업무를 완수하는 데 많은 어려움이 있다고 **고백했다**.

confession ⓝ 고백

Vocab+ = **admit, acknowledge** ⓥ 인정하다 ↔ **conceal** ⓥ 숨기다

0409 ★★★ □□□
involuntary
[inválәntèri]
◆ 내신빈출

ⓐ 무의지적인, 무의식적인, 반사적인

Some environmental contaminants are difficult to avoid; in these circumstances, exposure is largely **involuntary**. 21 수능

일부 환경 오염 물질은 피하기가 어렵고, 이러한 상황에서 노출은 대개 **무의식적이다**.

involuntarily ⓐⓓ 부지불식간에, 본의 아니게

Vocab+ = **unconscious** ⓐ 무의식적인 ↔ **voluntary** ⓐ 자발적인

0410 ★☆☆ □□□
custom
[kʌ́stəm]

ⓝ 관습, 풍습, 습관

We drift, driven by the winds of circumstance, tossed about by the waves of tradition and **custom**. 18 모평

우리는 주변 환경이라는 바람에 의해 몰리고 전통과 **관습**이라는 물결에 의해 이리저리 내던져지면서 표류하게 된다.

customary ⓐ 관습의 **customs** ⓝ 관세

0411 ★☆☆ □□□
devise
[diváiz]
◆ 내신빈출

ⓥ 고안하다, 창안하다

Political institutions must allow users to **devise** their own regulations and independently ensure observance. 22 EBS

정치 기관들은 이용자가 자체 규정을 **고안하고** 독립적으로 준수할 수 있게 해야 한다.

device ⓝ (특정 작업을 위해 고안된) 장치[기구]

DAY 11

본동어

0412 ★☆☆ □□□

adopt
[ədάpt]

ⓥ 채택하다, 입양하다

Hunter-gatherer cultures across the world have **adopted** and subsequently discarded agriculture. 20 학평

전 세계의 수렵채집 문화는 농업을 **채택했다가** 그 후에 폐기해 왔다.

adoption ⓝ 입양, 채택 **adoptive** ⓐ 입양으로 맺어진

Vocab+ + **opt** ⓥ 선택하다

0413 ★☆☆ □□□

adapt
[ədǽpt]

ⓥ 적응시키다

The accumulation of a few mutations drives the changes necessary to **adapt** novel environments. 21 EBS

몇몇 변이의 축적은 새로운 환경에 **적응하는** 데 필요한 변화를 초래한다.

adaptation ⓝ 적응 **adaptive** ⓐ 적응성의

Vocab+ + **apt** ⓐ 적절한

0414 ★★★ □□□

adept
[ədépt]

ⓐ 숙련된, 능숙한 ⓝ 숙련가, 정통한 사람

An **adept** explainer learns to see the intent behind the question. 14 모평

숙련된 설명자는 질문 뒤에 있는 의도를 볼 수 있게 된다.

adeptly ⓐⓓ 뛰어나게

Vocab+ = **skillful** ⓐ 능숙한

0415 ★☆☆ □□□

electric
[iléktrik]

ⓐ 전기의, 전기를 이용하는

The members of the first group were told that they would receive a small **electric** shock. 17 학평

첫 번째 집단의 구성원들은 그들이 작은 **전기** 충격을 받을 것이라고 들었다.

electricity ⓝ 전기

Vocab+ + **electronic** ⓐ 전자의

0416 ★★☆ □□□

foreseeable
[fɔːrsíːəbl]

ⓐ 예측[예견]할 수 있는

Unprecedented declines in consumer demand changed the face of aircraft travel for the **foreseeable** future. 21 EBS

소비자 수요의 전례 없는 감소가 **예측할 수 있는** 미래 항공기 여행의 면모를 바꿔 놓았다.

foresee ⓥ 예견하다

Vocab+ = **predictable** ⓐ 예측 가능한 ↔ **unforeseeable** ⓐ 예견할 수 없는

0417 ★☆☆ □□□

indicate
[índəkèit]

◆ 내신빈출

ⓥ 나타내다, 가리키다

One's hands can **indicate** whether a person is masculine or feminine by use of culturally specific gender markers. 18 학평

사람의 손은 문화적으로 특정한 성별 구분 표시를 이용하여 그 사람이 남성적인지 여성적인지를 **나타낼** 수 있다.

indication ⓝ 지시, 지적

Vocab+ = **point out** ~을 지시하다 + **indicative of** ~을 나타내는[보여주는]

0418 ★★☆ □□□
landfill
[lǽndfìl]

ⓝ 쓰레기 매립지, 매립식 쓰레기 처리

Some cities have faced **landfill** costs, labor expenses, and related costs in the provision of garbage disposal. 21 수능

일부 도시들은 **쓰레기 매립** 비용, 인건비, 쓰레기 처리를 준비하는 데 관련된 비용에 직면해 왔다.

landfilled ⓐ 매립된

0419 ★★☆ □□□
numerous
[njúːmərəs]

ⓐ 많은, 다수의

In the aftermath of a crisis, **numerous** speculations will be offered. 21 EBS

위기의 여파로 **수많은** 추측이 제시될 것이다.

Vocab+ = **countless** ⓐ 무수한

0420 ★☆☆ □□□
physical
[fízikəl]

ⓐ 신체의, 육체의, 물질의, 물질적인, 물리학의

Many behaviors alter or change the environment through **physical** actions intended to achieve a desired result. 19 학평

바라는 결과를 얻으려고 의도된 **신체적** 움직임을 통해, 많은 행동들이 환경에 변화를 주거나 환경을 바꾼다.

physics ⓝ 물리학 **physicist** ⓝ 물리학자 **physician** ⓝ 의사

Vocab+ = **bodily** ⓐ 신체의 ↔ **mental** ⓐ 정신의

0421 ★☆☆ □□□
rare
[rɛər]
◆ 내신빈출

ⓐ 희귀한, 드문

A **rare** solar eclipse is happening on Monday, August 23. 22 EBS

보기 드문 일식이 8월 23일 월요일에 일어나게 된다.

rarity ⓝ 희귀 **rarely** ⓐⓓ 거의 ~않다

Vocab+ = **scarce** ⓐ 희소한

0422 ★☆☆ □□□
skilled
[skild]

ⓐ 숙련된, 노련한, 전문적인

Discoveries are the product of inspired patience, of **skilled** hands and an inquiring but unbiased mind. 18 모평

발견은 영감을 받은 인내, **솜씨 있는** 손, 그리고 탐구적이지만 편견이 없는 정신의 산물이다.

skill ⓝ 기술 **skillful** ⓐ 숙련된

Vocab+ ↔ **unskilled** ⓐ 특별한 기술이 없는

0423 ★☆☆ □□□
tendency
[téndənsi]

ⓝ 성향, 경향

Social sharing may help to counteract some natural **tendency** people may have. 18 수능

사회적 공유는 사람들이 갖고 있을 수 있는 어떤 자연적인 **성향**을 중화시키는 데 도움이 될 수도 있다.

tend ⓥ ~하는 경향이 있다

Vocab+ + **have a tendency to *do*** ~하는 경향이 있다 (= **tend to *do***)

다의어

0424 ★★☆ □□□

matter

[mǽtər]

1. ⓝ 문제, 사안; 물질
2. ⓥ 중요하다, 문제되다

1. Very often, government officials make decisions on environmental **matters** on extremely limited data. 20 EBS

매우 자주, 정부 관리는 매우 제한된 자료에 근거하여 환경 **문제**에 관한 결정을 내린다.

2. Location **matters** to startups because they can get the resources. 21 EBS

신생 기업에게 위치 선정이 **중요한데**, 왜냐하면 그들이 자원을 얻을 수 있기 때문이다.

Vocab+ = **issue** ⓝ 문제 **count** ⓥ 중요하다

0425 ★☆☆ □□□

vital

[váitəl]

ⓐ 필수적인, 중요한

During the Civil War in the US, chocolate was a **vital** part of the soldiers' rations. 19 수능

미국 남북 전쟁 중 초콜릿은 병사들의 배급 식량에 있어 **필수적인** 부분이었다.

vitality ⓝ 활력

Vocab+ = **essential** ⓐ 필수적인

0426 ★★☆ □□□

alert

[əlǝ́ːrt]

ⓥ 경고하다 ⓐ 조심하는 ⓝ 경계

An incident in Japan in the 1950s **alerted** the world to the potential problems of organic mercury in fish. 17 수능

1950년대에 일본에서의 한 사건이 물고기에 들어 있는 유기 수은의 잠재적 문제에 대해 전 세계에 **경종을 울렸다**.

Vocab+ = **warn** ⓥ 경고하다 **awake** ⓐ 깨어있는, 방심 않는

0427 ★★☆ □□□

awesome

[ɔ́ːsəm]

ⓐ 경탄할 만한, 어마어마한

Symbolically, a walk-around inspection before takeoff prepares the cockpit crew for their **awesome** responsibility. 20 EBS

상징적으로, 이륙하기 전 순회 점검은 운항 승무원들에게 자신들의 **엄청난** 책무를 준비시킨다.

awe ⓝ 경외심

참고 -some : '~을 낳는[가져오는]', '~하기 쉬운[하는 경향이 있는]'의 뜻을 나타내는 접미사
irk ⓥ 귀찮게 하다 → **irksome** ⓐ 귀찮게 하는

0428 ★★☆ □□□

buffer

[bʌ́fər]

ⓥ 완충하다, 보호하다 ⓝ 완충제

Putting all your "self eggs" in one basket can't serve as a **buffering** function when you face a threat. 19 EBS

'자기 달걀'을 모두 하나의 바구니에 담는 것은 위협에 직면했을 때 **완충하는** 기능을 할 수 없다.

buffering ⓐ 완화하는, 완충하는

Vocab+ = **safeguard** ⓝ 보호수단, 보호

0429 ★★☆ □□□
cognition
[kagníʃən]

ⓝ 인식, 인지

There is no question that Donald Griffin radically opened up the field of animal **cognition**. 21 학평

Donald Griffin이 근본적으로 동물 **인식** 분야를 열었다는 것에는 의심의 여지가 없다.

cognitive ⓐ 인지하는 **cognitively** ⓐⓓ 인식적으로

0430 ★★☆ □□□
comprise
[kəmpráiz]
◆ 내신빈출

ⓥ 구성하다, 포함하다

Arguments are **comprised** of exchanges between two people who feel powerful enough to set forth reasons for their beliefs. 20 학평

논쟁은 자신들의 믿음에 대한 이유를 제시할 수 있을 만큼 충분히 강하다고 느끼는 두 사람 간의 언쟁으로 **구성된다**.

Vocab+ + **be comprised of** ~으로 구성되다 (= **be composed of**)

0431 ★★☆ □□□
dedication
[dèdəkéiʃən]

ⓝ 헌신, 전념

With enough practice and **dedication**, eventually he will learn the boxing skill. 21 EBS

충분한 연습과 **전념**으로, 결국 그는 복싱 기술을 배우게 될 것이다.

dedicate ⓥ 헌신하다 **dedicated** ⓐ 헌신하는

Vocab+ = **commitment** ⓝ 전념, 헌신

0432 ★★☆ □□□
eloquent
[éləkwənt]

ⓐ 말을 잘 하는, 웅변의, 달변의, 표현이 풍부한

We need more science writers, and more science writing that is clear, wise and **eloquent**. 11 모평

우리는 더 많은 과학 저술가, 그리고 명확하고 현명하며 **설명을 잘 하는** 과학 저술을 더 많이 필요로 하게 될 것이다.

eloquence ⓝ 웅변술

Vocab+ = **silver-tongued** ⓐ 유창한

0433 ★★☆ □□□
evade
[ivéid]

ⓥ 피하다, 회피하다, 모면하다

Often there are deadlines that are fixed and cannot be **evaded** for drafters. 20 학평

종종 입안자들에게는 정해져 있으며 **피할** 수 없는 최종 기한이 있다.

Vocab+ = **avoid** ⓥ 피하다 **escape** ⓥ 도망가다

0434 ★★☆ □□□
extract
ⓥ[ikstrǽkt]
ⓝ[ékstrækt]

ⓥ 추출하다 ⓝ 추출물

They tried to **extract** knowledge by building models to explain the data they observed. 17 학평

그들은 자신들이 관찰한 그 자료를 설명하기 위해 모델을 구축하여 지식을 **추출하려고** 노력했다.

extraction ⓝ 추출 **extracted** ⓐ 추출된

Vocab+ = **take out** ~을 꺼내다

0435 ★★☆ □□□

fond
[fɑnd]

ⓐ 좋아하는, 애정을 느끼는

It's not that ants are particularly **fond** of flowers—at least, they are not attracted by their aesthetic qualities. 21 학평

개미가 특별히 꽃을 **좋아하는** 것은 아닌데, 적어도 그것이 꽃의 미적 가치에 끌리지는 않는다.

Vocab+ + **be fond of** ~을 좋아하다

0436 ★★☆ □□□

grief
[gri:f]

ⓝ 큰 슬픔, 비탄

Empathy, communication, **grief**, toolmaking, and so on are the abilities said to "make us human". 20 모평

공감, 의사소통, **슬픔**, 도구 만들기 등은 '우리를 인간답게 만들어 준다고' 일컬어지는 능력들이다.

griefless ⓐ 슬픔이 없는 **grieve** ⓥ 몹시 슬퍼하다

Vocab+ = **sadness** ⓝ 슬픔, 비애 + **grief-stricken** ⓐ 비탄에 빠진

고난도

0437 ★★★ □□□

enshrine
[inʃráin]

ⓥ 소중히 간직하다[모시다], (문서상으로) 명시하다

Musicians and audiences judged new music by the standards of the classics already **enshrined** in the repertoire. 18 학평

음악가들과 관객들은 새로운 음악을 이미 레퍼토리에 **소중히 간직된** 클래식 음악의 기준으로 평가했다.

Vocab+ + **enshrined in** ~에 명시된

0438 ★★★ □□□

dubious
[djú:biəs]

ⓐ 의심하는, 미심쩍어 하는, 불확실한

First, tango was simply music played on piano in houses of **dubious** reputation. 20 EBS

처음에 탱고는 **미심쩍은** 평판을 가진 연예장에서 피아노로 연주되는 음악일 뿐이었다.

dubiety ⓝ 의심스러움

Vocab+ = **doubtful** ⓐ 미심쩍어 하는 **suspicious** ⓐ 수상쩍은

0439 ★★★ □□

refract
[rifrǽkt]

ⓥ 굴절되다, 굴절시키다

The road looks wet way up ahead because light from the sky **refracts**. 18 학평

하늘에서 오는 빛이 **굴절되기** 때문에 그 도로는 저 멀리 앞쪽이 젖어 있는 것처럼 보인다.

refraction ⓝ 굴절 **refractive** ⓐ 굴절시키는

0440 ★★★ □□□

harness
[há:rnis]

ⓥ 활용하다; 마구를 채우다[마구로 연결하다] ⓝ 마구

Understanding our attachment to narrative, we may **harness** it in the service of other human needs. 22 EBS

이야기에 대한 우리의 애착을 이해하면, 우리는 타인의 욕구에 도움이 되도록 그것(이야기)을 더 잘 **활용할** 수 있을 것이다.

Vocab+ = **exploit** ⓥ 활용하다 **utilize** ⓥ 이용하다

Review Test

A 우리말은 영어로, 영어는 우리말로 적으시오.

1 경탄할 만한 a________
2 관습, 풍습 c________
3 병동, 구 w________
4 쓰레기 매립지 l________
5 cognition ________
6 tendency ________
7 grief ________
8 dedication ________

B 각 단어의 유의어 혹은 반의어를 적으시오.

1 confess ⊜ a________
2 awaken ⊜ a________
3 evade ⊜ a________
4 dubious ⊜ d________
5 sincere ↔ i________
6 physical ↔ m________
7 subsequent ↔ p________
8 admire ↔ d________

C 다음 우리말에 적합한 어휘를 고르시오.

1 The accumulation of a few mutations drives the changes necessary to [adapt / adept / adopt] novel environments.
몇몇 변이의 축적은 새로운 환경에 적응하는 데 필요한 변화를 초래한다.

2 Hunter-gatherer cultures across the world have [adapted / adepted / adopted] and subsequently discarded agriculture.
전 세계의 수렵채집 문화는 농업을 채택했다가 그 후에 폐기해 왔다.

3 An [adapt / adept / adopt] explainer learns to see the intent behind the question.
숙련된 설명자는 질문 뒤에 있는 의도를 볼 수 있게 된다.

D 다음 빈칸에 공통으로 들어갈 어휘를 고르시오.

1 Very often, government officials make decisions on environmental ________ on extremely limited data.
2 Location ________ to startups because they can get the resources.

① materials ② counts ③ works ④ matters ⑤ masses

A 1 awesome 2 custom 3 ward 4 landfill 5 인식, 인지 6 성향, 경향 7 큰 슬픔, 비탄 8 헌신, 전념 B 1 admit[acknowledge] 2 alert 3 avoid 4 doubtful 5 insincere 6 mental 7 previous 8 despise C 1 adapt 2 adopted 3 adept D ④ matters

blow

ⓥ (바람이) 불다	The wind is not **blowing** hard now. 바람이 지금은 세게 **불고** 있지 않다.
ⓥ 입으로 바람을 불어 넣다	The clown was **blowing** up balloons for the children. 광대가 아이들에게 풍선을 **불어주고** 있었다.
ⓝ 강타	The poor boy received a severe **blow** on the head. 그 불쌍한 소년은 머리를 세게 **강타** 당했다.

fix

ⓥ 수리하다	He **fixed** a leaky faucet last weekend. 그는 지난 주말에 물이 새는 수도꼭지를 **수리했다**.
ⓥ 고정하다	The repairman was ready to **fix** a shelf to the wall. 수리공이 벽에 선반을 **고정할** 준비가 되었다.
ⓥ (약속을) 정하다	They haven't yet **fixed** the date of their appointment. 그들은 아직 약속 날짜를 **정하지** 않았다.

draw

ⓥ 그리다	He **drew** me a picture of my brand-new car. 그는 나에게 나의 새 차 그림을 **그려주었다**.
ⓥ 끌다	The tourist attraction **draws** many people from around the world. 그 관광지는 전 세계에서 많은 사람들을 **끌어모은다**.
ⓥ (돈을) 인출하다	I **drew** $100 from the bank this morning. 나는 오늘 아침에 은행에서 100달러를 **인출했다**.
ⓥ (제비를) 뽑다	This time, they are supposed to **draw** for partners. 이번에, 그들은 파트너를 **제비뽑기로 정하기로** 되어 있다.

board

ⓥ 탑승하다	You must have a ticket to **board** the train. 여러분은 기차에 **탑승하려면** 표가 있어야 합니다.
ⓥ 기숙[하숙]하다	Many students **board** at the college. 많은 학생들은 대학에서 **기숙한다**.
ⓝ 이사회	Next year, Bill will have a seat on the **board** of directors. 내년에 Bill은 **이사회**에서 한 자리를 차지할 것이다.

Crossword Puzzle

DAY 11

ACROSS

2 ⓐ 무의지적인, 무의식적인, 반사적인

4 ⓝ 큰 슬픔, 비탄

5 ⓝ 헌신, 전념

6 ⓥ 피하다, 회피하다, 모면하다

8 ⓥ 고안하다, 창안하다

11 ⓥ 채택하다, 입양하다

12 ⓥ 적응시키다

14 ⓥ 나타내다, 가리키다

15 ⓐ 의심하는, 미심쩍어 하는, 불확실한

DOWN

1 ⓐ 진정한, 진실된

3 ⓐ 경탄할 만한, 어마어마한

7 ⓐ 숙련된, 능숙한 ⓝ 숙련가, 정통한 사람

9 ⓥ 추출하다 ⓝ 추출물

10 ⓥ 구성하다, 포함하다

13 ⓥ 굴절되다, 굴절시키다

Answer p.516

0441 ★★☆ □□□
intervention
[ìntərvénʃən]

ⓝ 개입, 제재, 조정, 중재
A healthy body has the ability to restore itself from illness without medical **intervention**. 21 학평
건강한 몸은 의술의 **개입** 없이 질병으로부터 스스로 회복하는 능력이 있다.

intervene ⓥ 개입하다, 중재하다

0442 ★★☆ □□□
overload
[òuvərlóud]
◆ 내신빈출

ⓥ 과부하를 주다, 과적하다 ⓝ 과부하
Every instant of every day we are **overloaded** with information. 17 학평
매일 매 순간 우리는 정보로 **과부하를 겪는다**.

Vocab+ + **be overloaded with** ~로 과부하를 겪다

0443 ★★☆ □□□
misbehavior
[mìsbihéivjər]

ⓝ 비행, 부정행위, 버릇없음
Some parents and their children are likely to relate the child's present **misbehavior** to past violations. 17 수능
일부 부모와 자녀들은 그 아이의 현재 **비행**을 과거의 잘못과 연관시킬 가능성이 있다.

misbehave ⓥ 비행을 저지르다
Vocab+ = **misconduct** ⓝ 위법 행위, 직권 남용

0444 ★★☆ □□□
nervous
[nə́ːrvəs]

ⓐ 불안하게 하는; 신경의
Ambiguity and the unknown make many people **nervous**. 22 EBS
모호함과 미지의 것은 많은 사람들을 **불안하게** 한다.

nerve ⓝ 신경 **nervousness** ⓝ 초조함
Vocab+ ↔ **confident** ⓐ 자신감 있는

0445 ★★☆ □□□
orbit
[ɔ́ːrbit]

ⓝ 궤적, 궤도 ⓥ 궤도를 그리며 돌다
Some people will inevitably fall out of your social **orbit**. 21 EBS
어떤 사람들은 불가피하게 여러분의 사회적 **궤적**에서 벗어날 것이다.

orbital ⓐ 궤도의, 도시 외곽을 도는

0446 ★★☆ □□□
pathway
[pǽθwèi]

ⓝ 경로, 오솔길, 통로
You may see the **pathway** of inductive reasoning that allows you to arrive at the conclusion. 21 EBS
당신은 결론에 도달할 수 있게 하는 귀납적 추론의 **경로**를 알 수 있을지도 모른다.

path ⓝ 길

0447 ★★☆ □□□

poke
[pouk]

ⓥ 쿡 찌르다 ⓝ 쿡 찌르기

The chimps all **poked** at the leaf bed with sticks rather than with their hands. 17 학평

침팬지들은 모두 손이 아니라 막대기로 나뭇잎이 쌓인 곳을 **쿡쿡 찔렀다**.

Vocab+ = **prod** ⓥ 쿡 찌르다 + **take a poke at** ~을 조롱하다

0448 ★★☆ □□□

regrettable
[rigrétəbl]

ⓐ 유감스러운

That some organisms must starve in nature is deeply **regrettable** and sad. 18 모평

일부 유기체들이 자연에서 기아를 겪어야 한다는 것은 매우 **유감스럽고** 슬프다.

regret ⓥ 유감스러워하다, 후회하다 **regretful** ⓐ 유감스러워 하는, 후회하는

Vocab+ = **deplorable** ⓐ 개탄스러운

0449 ★★☆ □□□

retrieve
[ritríːv]

◆ 내신빈출

ⓥ 회수하다, 잃은 것을 되찾다, 개선하다

The ability to store and **retrieve** experience rests on a chemical called acetylcholine. 19 모평

경험을 저장하고 **회수하는** 능력은 아세틸콜린이라고 불리는 화학 물질에 의존한다.

retrieval ⓝ 회수 **retrievable** ⓐ 되찾을 수 있는

Vocab+ = **recover** ⓥ 되찾다, 회복하다

0450 ★★☆ □□□

sculpture
[skʌ́lptʃər]

ⓝ 조각상 ⓥ 조각하다

The room was full of paintings and **sculptures**. 20 학평

그 방은 그림과 **조각상**으로 가득 차 있었다.

sculpt ⓥ 조각하다 **sculptor** ⓝ 조각가

Vocab+ = **statue** ⓝ 조각상

혼동어

0451 ★★☆ □□□

quantitative
[kwɑ́ntitèitiv]

ⓐ 양적인

Carole Ames points out that it isn't "**quantitative** changes in behavior" that help children to learn better. 22 학평

Carole Ames는 아이들이 더 잘 배우도록 돕는 것은 '행동의 **양적** 변화'가 아니라고 지적한다.

quantity ⓝ 양

Vocab+ + **quantitative analysis** 양적 분석

0452 ★★☆ □□□

qualitative
[kwɑ́litèitiv]

ⓐ 질적인

Motivational theories indicate that there may be some gains or **qualitative** changes. 21 모평

동기 이론은 어떤 이득이나 **질적** 변화가 있을 수 있다는 것을 보여준다.

quality ⓝ 질

Vocab+ + **qualitative analysis** 질적 분석

0453 ★★☆ □□□

simulate
[símjulèit]

ⓥ ~의 모의실험을 하다, 흉내 내다

Continuously thinking of the problem might be seen as an attempt to simulate all kinds of alternative solutions. 22 EBS

문제에 대해 계속해서 생각하는 것은 온갖 종류의 대안적 해결책에 대해 **모의실험을 해 보려는** 시도로 여겨질 수 있을 것이다.

simulation ⓝ 모의실험

Vocab+ = feign ⓥ 가장하다

0454 ★★☆ □□□

tempt
[tem*p*t]

ⓥ 유혹하다, (관심을) 끌다 19 EBS

You're tempted to stay in bed and pull the covers over your head.

당신은 침대에 머물러 이불을 뒤집어쓰고 싶은 **유혹을 받는다.**

temptation ⓝ 유혹

Vocab+ = allure ⓥ 유인하다 seduce ⓥ 유혹하다

0455 ★★☆ □□□

pad
[pæd]

ⓥ 채워 넣다, 옷에 솜을 두다 ⓝ 패드, 메모지 묶음 19 모평

Happiness depends on our capacity both to pad our lives with material pleasures and to feel that we can control our suffering.

행복은 우리의 삶을 물질적으로 즐거움을 주는 것으로 **채워 넣기도** 하고 우리의 고통을 우리가 제어할 수 있다고 느끼기도 하는 우리의 능력에 좌우된다.

Vocab+ + be padded with ~로 패드(완충재)를 대다 notepad 메모장

0456 ★★☆ □□□

voluntary
[vάləntèri]

◆ 내신빈출

ⓐ 자발적인, 임의적인

A person's body or mind is stretched to its limits in a voluntary effort to accomplish something difficult and worthwhile. 10 수능

사람의 몸이나 마음은 어렵고 가치 있는 것을 성취하기 위한 **자발적인** 노력으로 그것의 한계까지 펼쳐진다.

voluntarily ⓐⓓ 자발적으로

Vocab+ ↔ involuntary ⓐ 자기도 모르게 하는, 본의 아닌

0457 ★☆☆ □□□

adequate
[ǽdəkwit]

ⓐ 적절한, 충분한

Released pets not captured and sheltered suffer from weather, wild predators, and a lack of adequate food. 20 학평

포획되지 않고 보호받지 않은 풀려난 애완동물들은 날씨, 야생 포식자, 그리고 **적절한** 먹이의 부족으로 고통받는다.

Vocab+ ↔ inadequate ⓐ 부적절한, 불충분한

0458 ★★☆ □□□

snare
[snεə*r*]

ⓝ (사냥용) 올가미, 덫 ⓥ 올가미[덫]로 잡다 21 EBS

Pit-traps and snares may have been used to reinforce defenses.

함정과 **올가미**가 방어 수단을 강화하기 위해 사용되었을지도 모른다.

snareless ⓐ 덫이 없는, 함정이 없는

Vocab+ = trap ⓝ 덫, 함정 ⓥ 덫으로 잡다, 가두다

0459 ★★☆ □□□

characterize

[kǽriktəràiz]

ⓥ 특징짓다, 특징이 되다

Music shapes and transmits the aspects that **characterize** groups of people. 20 모평

음악은 사람들의 집단을 **특징짓는** 측면들을 형성하고 전달한다.

characteristic ⓝ 특징 ⓐ 특유의, 특징의

0460 ★★☆ □□□

confer

[kənfə́ːr]

ⓥ 주다, 수여하다; 협의하다

The expertise and privileged position of professionals **confer** authority and power that could readily be used to advance their own interests. 21 모평

전문직의 전문지식과 특권적 지위는 그들 자신의 이익을 도모하기 위해 쉽게 이용될 수 있는 권위와 권한을 **부여한다**.

conference ⓝ 회의, 회담

Vocab+ = **grant** ⓥ 수여하다 **discuss** ⓥ 논의하다

0461 ★☆☆ □□□

election

[ilékʃən]

ⓝ 선거, 당선

Politicians promise higher spending during an **election**, and the post-**election** excess of spending over revenue is resolved by inflation. 19 EBS

정치인들은 **선거** 기간에 더 많은 지출을 약속하고, 세입보다 많은 **선거** 후의 초과 지출은 인플레이션에 의해 해결된다.

elect ⓥ 선출하다 ⓐ 당선된

참고 vote ⓝ 투표 poll ⓝ 투표, 여론조사 ballot ⓝ 투표 용지

다의어

0462 ★☆☆ □□□

state

[steit]

1. ⓥ 분명히 말하다, 진술하다
2. ⓝ 상태; 지위
3. ⓝ 국가, 주 ⓐ 국가의, 국영의

1. Albert Einstein **stated** that his theory of relativity was inspired by a dream. 19 학평

   Albert Einstein은 자신의 상대성 이론이 꿈에서 영감을 얻은 것이라고 **말했다**.

2. If the left side of the prefrontal cortex is more active, we tend to be in a positive emotional **state**. 20 모평

   전전두엽 피질의 좌측에 움직임이 더 많으면, 우리는 긍정적인 감정 **상태**인 경향이 있다.

3. Less than three quarters of the adults could read and write in Arab **states**. 18 EBS

   아랍 **국가들**에서는 성인들의 4분의 3 미만이 읽고 쓸 수 있었다.

statement ⓝ 성명, 진술서

Vocab+ = **mention, remark** ⓥ 진술하다 **predicament** ⓝ 상태
+ **state-of-the-art** 최신의

0463 ★☆☆ □□□

curse
[kəːrs]

ⓝ 저주 ⓥ 악담을 퍼붓다 17 EBS

If a witch doctor puts a **curse** on a person, the **curse** will work.

만약 한 주술사가 어떤 사람에게 **저주**를 내리면, 그 **저주**가 효력을 발휘할 것이다.

cursed ⓐ 저주받은

Vocab+ = **swear word** 욕, 악담

0464 ★★☆ □□□

faculty
[fǽkəlti]

ⓝ 대학의 학부; 교수진; (사람이 타고난) 능력, 기능

In 1964 McCarthy joined the **faculty** of Stanford University in California. 19 EBS

1964년에 McCarthy는 캘리포니아주에 있는 Stanford University의 **교수진**에 합류했다.

Vocab+ + **faculty member** 교수진

0465 ★★☆ □□□

immune
[imjúːn]

ⓐ (질병과 공격을) 면한, 면역의, 면역성이 있는

The **immune** system is the body's defense against foreign invaders such as bacteria. 20 모평

면역 체계는 박테리아와 같은 외래 침입자에 대한 신체의 방어 수단이다.

immunity ⓝ 면역력

Vocab+ ↔ **susceptible** ⓐ 민감한 + **immune to** ~에 영향을 받지 않는

0466 ★★☆ □□□

pillar
[pílər]

ⓝ 기둥, (시스템·조직·신념 등의) 기본적인 부분

Billups Academy had tree-lined avenues, brick buildings with white **pillars**, and a wood-paneled library. 11 모평

Billups Academy에는 나무가 줄지어 있는 가로수 길들, 하얀 **기둥**을 가진 벽돌 건물들, 그리고 나무 판넬로 되어 있는 도서관이 있었다.

Vocab+ = **column** ⓝ 기둥 (모양의 기념물)

0467 ★★☆ □□□

counteract
[kàuntərǽkt]

ⓥ (무엇의 악영향에) 대응하다 16 모평

Because the effects of campaigns can be **counteracted** by random acts of violence, positive outcomes cannot be guaranteed.

캠페인의 효과는 무작위적 폭력 행위로 **대응될** 수 있으므로 긍정적 결과가 보장될 수는 없다.

counteraction ⓝ 반작용, 반동

Vocab+ = **counter** ⓥ 대응하다

0468 ★☆☆ □□□

lasting
[lǽstiŋ]

ⓐ 지속적인, 영속적인

Lasting behavioral change must occur through existing habits rather than attempts to alter them. 19 학평

지속적인 행동 변화는 기존 습관을 바꾸려는 시도보다는 기존 습관을 통해 일어나야 한다.

last ⓥ 지속하다

Vocab+ = **durable** ⓐ 오래 가는

0469 ★☆☆ □□□

individual

[ìndəvídʒuəl]

◆ 내신빈출

ⓝ 개인 ⓐ 개인의, 개인적인

20 모평

Thoughts, original and conventional, are identified with **individuals**.

독창적이든 종래의 것이든, 사상은 **개인**과 동일시된다.

individuality ⓝ 개성

Vocab+ = **independent** ⓐ 독립적인 **separate** ⓐ 떨어진

0470 ★☆☆ □□□

generate

[dʒénərèit]

ⓥ 생겨나게 하다, 발생시키다

The sense of worthiness can be **generated** in children by the feeling of being wanted. 18 EBS

가치감은 원해짐이라는 느낌을 통해서 아이들에게서 **생겨날** 수 있다.

generation ⓝ 세대; (전기·열 등의) 발생

Vocab+ = **produce** ⓥ 만들어내다

0471 ★☆☆ □□□

federal

[fédərəl]

ⓐ 연방의, 연방 정부의

The U.S. **federal** government and every state have separate written constitutions. 18 EBS

미국 **연방** 정부와 모든 주는 별개의 성문 헌법을 가지고 있다.

federate ⓥ 연합하다 **federation** ⓝ 연합, 연방

0472 ★★☆ □□□

geared

[giərd]

ⓐ 설계된[구성된], 준비가 된

Our senses are not **geared** toward detecting the underlying dangers. 18 학평

우리의 감각은 잠재적인 위험을 감지하는 것에 **준비되어** 있지 않다.

gear ⓥ 맞게 조정하다 ⓝ 장비, 기어

참고 kit ⓝ (특정 목적의) 장비 a first-aid kit 비상약품 통
equipment ⓝ 장비, 기구 camping equipment 캠핑 장비

0473 ★☆☆ □□□

index

[índeks]

ⓝ 지표, (책 등의) 색인 (ⓟ indexes, indices)

19 모평

What you retrieve from memory is the **index** to the story itself.

여러분이 기억에서 되찾는 것은 그 이야기 자체에 대한 **지표**이다.

0474 ★☆☆ □□□

labor

[léibər]

ⓝ 노동; 산고 ⓥ 노동하다; 자세히 설명하다

Animals, notably cattle, provided **labor** and locomotion when they were harnessed to plows, sledges, and wagons. 18 EBS

동물들, 특히 소에 쟁기, 썰매, 그리고 마차를 맬 때, 그것들은 **노동**과 이동을 제공했다.

Vocab+ + **Labor Day** 노동자의 날 (한국의 경우는 5월 1일)

0475 ★☆☆ □□□

notion
[nóuʃən]

ⓝ 개념, 의견

The **notion** that teaching and leadership go hand in hand is not new. 18 EBS

가르침과 지도력이 밀접하게 관련되어 있다는 **개념**은 새로운 것이 아니다.

notional ⓐ 관념상의, 추상적인

Vocab+ = **concept** ⓝ 개념

0476 ★★☆ □□□

phase
[feiz]

ⓝ 단계, 국면 ⓥ 단계적으로 하다

The term "sustainability," in the initial **phase**, was popular among those who pretended to be eco-conscious. 19 수능

초기 **단계**에서 '지속 가능성'이라는 용어는 친환경 의식이 있는 체했던 사람들 사이에서 인기가 있었다.

phased ⓐ 단계에 의해서 진행되는

참고 phase in 단계적으로 시행하다 phase out 단계적으로 폐지하다

고난도

0477 ★★★ □□□

robust
[roubʌ́st]

ⓐ 튼튼한, 원기 왕성한 20 학평

Hunters could kill big game without big biceps and **robust** skeletons.

사냥꾼들은 큰 이두박근과 **튼튼한** 골격 없이도 큰 사냥감을 잡을 수 있었다.

robustly ⓐ 건강히

Vocab+ = **sturdy** ⓐ 강건한 ↔ **weak** ⓐ 약한

0478 ★★★ □□□

lethal
[líːθəl]

ⓐ 치명적인

For large mammals in forested areas, where fires tend to be infrequent, fire can be **lethal**. 19 EBS

불이 드문 경향이 있는 산림 지역의 큰 포유동물에게 불은 **치명적일** 수 있다.

Vocab+ = **fatal** ⓐ 치명적인; 운명의 **deadly** ⓐ 치명적인

0479 ★★★ □□□

sabotage
[sǽbətɑ̀ːʒ]

ⓐ 방해하다 ⓝ 고의적 방해행위, 태업, 사보타주

People unknowingly **sabotage** their own work when they withhold help or information from others. 21 학평

사람들은 다른 사람들로부터 도움이나 정보를 받지 않으려 할 때, 자신도 모르게 자신의 일을 **방해하게 된다**.

참고 strike ⓝ 파업 walkout ⓝ 작업 중단에 의한 파업 slowdown ⓝ 태업

0480 ★★★ □□□

salient
[séiliənt]

ⓐ 두드러진, 가장 중요한, 핵심적인, 현저한

Although most people have numerous identities, few of these are politically **salient** at any moment. 18 모평

비록 대부분의 사람들이 다수의 정체성을 가지기는 하지만, 이 중에서 어느 때든지 정치적으로 **두드러지는** 정체성은 거의 없다.

salience ⓝ 현저함, 특징, 돌출 **saliently** ⓐⓓ 두드러지게

DAY 12

Review Test

A 우리말은 영어로, 영어는 우리말로 적으시오.

1 올가미, 덫 s__________
2 개입, 중재 i__________
3 경로, 오솔길 p__________
4 비행, 부정행위 m__________
5 orbit __________
6 notion __________
7 phase __________
8 election __________

B 각 단어의 유의어 혹은 반의어를 적으시오.

1 tempt ⊜ a__________
2 regrettable ⊜ d__________
3 lasting ⊜ d__________
4 simulate ⊜ f__________
5 nervous ↔ c__________
6 adequate ↔ i__________
7 voluntary ↔ i__________
8 robust ↔ w__________

C 다음 우리말에 적합한 어휘를 고르시오.

1 Carole Ames points out that it isn't "[qualitative / quantitative] changes in behavior" that help children to learn better.
Carole Ames는 아이들이 더 잘 배우도록 돕는 것은 '행동의 양적 변화'가 아니라고 지적한다.

2 Motivational theories indicate that there may be some gains or [qualitative / quantitative] changes.
동기 이론은 어떤 이득이나 질적 변화가 있을 수 있다는 것을 보여준다.

D 다음 빈칸에 공통으로 들어갈 어휘를 고르시오. [예문에 실린 어휘의 원형을 고를 것]

1 Albert Einstein __________ that his theory of relativity was inspired by a dream.

2 If the left side of the prefrontal cortex is more active, we tend to be in a positive emotional __________.

3 Less than three quarters of the adults could read and write in Arab __________.

① state ② status ③ statue ④ stature ⑤ stat

A 1 snare 2 intervention 3 pathway 4 misbehavior 5 궤적, 궤도 6 개념, 의견 7 단계, 국면 8 선거, 당선 B 1 allure 2 deplorable 3 durable 4 feign 5 confident 6 inadequate 7 involuntary 8 weak C 1 quantitative 2 qualitative D ① state

strike

ⓥ 부딪치다	A car struck the big tree in front of my house. 어떤 차가 우리 집 앞에 있는 큰 나무에 **부딪쳤다.**
ⓥ (재난 · 병 등이) 갑자기 발생하다	The typhoon is expected to strike tomorrow. 태풍이 내일 **발생할** 것으로 예상된다.
ⓥ 파업하다 ⓝ 파업	The workers are threatening to strike. 노동자들이 **파업을 하겠다고** 위협하고 있다.

plain

ⓐ 명백한	It's plain to see that she doesn't like dogs. 그녀가 개를 좋아하지 않는다는 것이 **명백히** 보인다.
ⓐ 간소한	She prefers a plain dress to a fancy one. 그녀는 화려한 드레스보다 **간소한** 드레스를 선호한다.
ⓝ 평원	The Native Americans used to live in the Great Plains. 미국 원주민들은 미국의 대**평원** 지역에 살고 있었다.

bill

ⓝ (요금) 청구서, 계산서	He paid the telephone bill at the end of every month. 그는 매달 말에 전화 **요금(청구서)**을 지불했다.
ⓝ 지폐	Benjamin Franklin has been featured on the 100-dollar bill since 1914. Benjamin Franklin은 1914년부터 100달러 **지폐**에 등장해 왔다.
ⓝ 법안	They will introduce an antismoking bill in Congress. 그들은 의회에서 금연 **법안**을 발의할 것이다.

raise

ⓥ 기르다	They started raising chickens on their farm. 그들은 농장에서 닭을 **기르기** 시작했다.
ⓥ 올리다	Raise your hand if you know the answer. 만약 답을 안다면 여러분의 손을 **올려주세요.**
ⓥ 모금하다	The organization is raising money to help the hurricane victims. 그 단체는 허리케인 피해자들을 돕기 위해 **모금을 하고** 있다.
ⓝ 급여 인상	Some employees asked their boss for a raise. 일부 직원들은 그들의 상사에게 **급여 인상**을 요청했다.

Crossword Puzzle

DAY 12

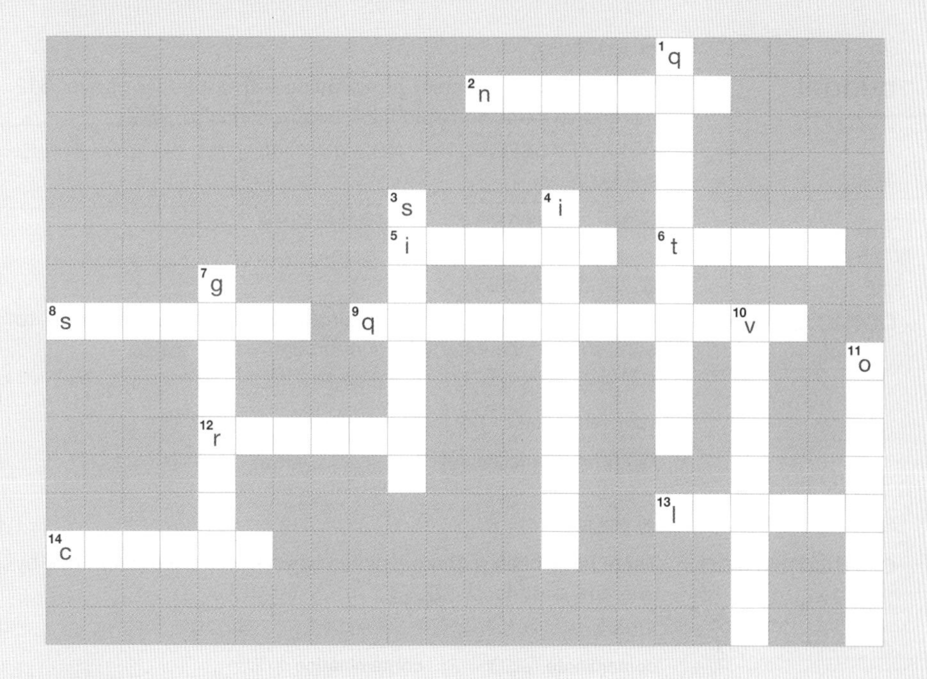

ACROSS

2 ⓐ 불안하게 하는, 신경의

5 ⓐ (질병과 공격을) 면한, 면역의, 면역성이 있는

6 ⓥ 유혹하다, (관심을) 끌다

8 ⓐ 두드러진, 가장 중요한, 핵심적인, 현저한

9 ⓐ 양적인

12 ⓐ 튼튼한, 원기 왕성한

13 ⓐ 치명적인

14 ⓥ 주다, 수여하다, 협의하다

DOWN

1 ⓐ 질적인

3 ⓥ ~의 모의실험을 하다, 흉내 내다

4 ⓝ 개인 ⓐ 개인의, 개인적인

7 ⓥ 생겨나게 하다, 발생시키다

10 ⓐ 자발적인, 임의적인

11 ⓥ 과부하를 주다, 과적하다 ⓝ 과부하

Answer p.516

0481 ★★☆ □□□

budget
[bʌ́dʒit]

ⓝ 예산, 예산안

Yad Sarah is a volunteer organization with a **budget** of over $12 million that helps some 380,000 people annually. 19 EBS

Yad Sarah는 1,200만 달러가 넘는 **예산**을 가진 자원봉사 단체로, 매년 약 38만 명의 사람들을 돕는다.

Vocab+ + **budget bill** 예산안 **budget overruns** 예산 초과

0482 ★★☆ □□□

comprehend
[kɑ̀mprihénd]

ⓥ 이해하다, 파악하다

The art of painting may originate from the human need to **comprehend** the external world through vision. 20 EBS

회화 예술은 시각을 통해 외부 세계를 **이해하려는** 인간의 필요에서 기원할 수 있다.

comprehension ⓝ 이해 **comprehensive** ⓐ 이해의; 포괄적인

Vocab+ = **appreciate, follow** ⓥ 이해하다 **grasp** ⓥ 파악하다

0483 ★★☆ □□□

contaminated
[kəntǽmənèitid]

ⓐ 오염된

There have been numerous times when flights were put at risk by **contaminated** food. 21 학평

오염된 음식에 의해서 항공편이 위험에 처하게 된 때가 많이 있었다.

contaminate ⓥ 오염시키다 **contamination** ⓝ 오염

Vocab+ ↔ **decontaminated** ⓐ 정화된

0484 ★★☆ □□□

decisive
[disáisiv]

ⓐ 결정적인, 결단력 있는

Historians have mostly approached the American Revolution as the **decisive** episode. 18 학평

역사가들은 일반적으로 미국 독립 혁명을 **결정적인** 사건으로서 접근해 왔다.

decide ⓥ 결정하다 **decision** ⓝ 의사 결정

Vocab+ = **crucial** ⓐ 중대한 ↔ **indecisive** ⓐ 우유부단한

0485 ★★☆ □□□

claim
[kleim]

ⓥ 주장하다, 요구하다 ⓝ 요구, 주장

When Pascal was tired of staying in bed, Descartes **claimed**, he would be nearly well. 18 EBS

Pascal이 계속 침대에 누워 있는 것에 싫증이 날 때가 되면, 그가 거의 완쾌될 것이라고 Descartes는 **주장했다**.

Vocab+ = **assert** ⓥ 주장하다 **demand** ⓥ 요구하다

0486 ★★☆ □□□

distribute
[distríbju(:)t]

ⓥ 분배하다, 분포시키다, 유통시키다

Some magazines are **distributed** only by subscription. 17 수능

어떤 잡지는 오로지 구독에 의해서만 **유통된다**.

distribution ⓝ 분배

Vocab+ = **ration** ⓥ 배급하다 **allocate** ⓥ 분배하다

0487 ★★☆ □□□

elevate
[éləvèit]

ⓥ 격상시키다, 들어올리다, 승진시키다

Conservationists and environmental activists have been trying to elevate the priority given to the protection of the environment. 18 EBS

자연보호론자와 환경운동가는 환경의 보호에 부여되는 우선순위를 **격상시키려고** 노력해 오고 있다.

elevation ⓝ 상승, 고도 **elevated** ⓐ 높은, 고상한

Vocab+ = **raise** ⓥ 올리다 **promote** ⓥ 승진시키다

0488 ★★☆ □□□

trivial
[tríviəl]

ⓐ 사소한, 하찮은

While it is important that analogies be informative, they should not be trivial. 21 EBS

비유가 정보를 제공해야 하는 것이 중요하지만, **사소해서는** 안 된다.

Vocab+ = **insignificant** ⓐ 대수롭지 않은 **minor** ⓐ 사소한

0489 ★★☆ □□□

fit
[fit]

ⓝ 격발; (병의) 발작 ⓥ 발작을 일으키다 ⓐ 적합한; 건강한

John was as famous for his tennis skills as he was for his fits of temper on the court. 10 모평

John은 경기장에서 분노의 **발작**을 못 참는 것으로 유명한 만큼 그의 테니스 기술로도 유명했다.

fitting ⓐ 어울리는 **fitness** ⓝ 신체 단련

Vocab+ ↔ **unfit** ⓐ 부적합한

0490 ★☆☆ □□□

range
[reindʒ]

ⓝ 범위 ⓥ (범위가 …에서 ~에) 이르다, 포함[포괄]하다

A naturalistic study in which observers watched drivers found seat belt use ranged from 52 to 90%. 17 EBS

관찰자들이 운전자들을 지켜본 자연적 연구는 안전벨트 사용이 52%에서 90%의 **범위에 이른다**는 것을 발견했다.

ranging ⓐ 범위가 ~에 이르는

다의어

0491 ★★☆ □□□

resent
[rizént]

ⓥ 분개하다, 화를 내다

People rooted in landscape may resent the invasion of outsiders who they believe are different and challenge their common identity. 17 모평

풍경에 뿌리를 둔 사람들은 그들이 생각하기에 자신들과는 다르며 자신들의 공통된 정체성에 도전한다고 여겨지는 외부인의 침범에 **분개할** 수도 있다.

resentment ⓝ 분개 **resentful** ⓐ 분개한

0492 ★☆☆ □□□

recent
[ríːsənt]

ⓐ 최근의

Even quite recent ancestors, who may have looked just like people today, would have thought and felt differently. 22 EBS

마치 오늘날 사람들처럼 보였을 수 있는 상당히 **최근의** 조상조차도 다르게 사고하고 느꼈을 것이다.

recency ⓝ 최신성 **recently** ⓐⓓ 최근에

0493 ★☆☆ □□□
roar
[rɔːr]

ⓥ 큰소리로 울리다, (큰 짐승 등이) 으르렁거리다[포효하다] ⓝ 함성, 포효

Farrelly thanked another surfer and farewelled him at the moment the swell rose to a **roaring** beauty. 20 학평

Farrelly는, 그 파도의 너울이 **큰 소리를 내며** 아름답게 솟아오르는 순간, 또 다른 서핑하는 사람에게 감사와 작별 인사를 건넸다.

roaring ⓐ 으르렁거리는

Vocab+ = **thunder** ⓥ (천둥 소리처럼) 우르릉거리다 **howl** ⓥ 울부짖다

0494 ★☆☆ □□□
swell
[swel]

ⓥ 부풀다; (바다 등이) 넘실거리다 ⓝ 팽창; (파도의) 너울

The **swelling** waves seemed to say, "Come on, Dave. One more try!" 19 수능

넘실거리는 파도가 "이리와, Dave. 한 번 더 시도해 봐!"라고 말하는 것 같았다.

Vocab+ = **expand** ⓥ 팽창시키다 ↔ **shrink** ⓥ 줄다

0495 ★☆☆ □□□
victim
[víktim]

ⓝ 희생(자), 피해자

Great ideas, great people, and great projects have fallen **victim** to resistance to change. 19 학평

위대한 생각, 위대한 인물, 위대한 프로젝트가 변화에 대한 저항에 **희생**되어 왔다.

victimize ⓥ 부당하게 괴롭히다

Vocab+ = **sacrifice** ⓝ 희생자 **prey** ⓝ 먹이

0496 ★★☆ □□□
agreeable
[əgrí(ː)əbl]

ⓐ 기분 좋은, 쾌활한, 선뜻 동의하는

I write to make a suggestion which I feel certain will be **agreeable** to you. 21 학평

저는 귀하의 **마음에 드실** 것이라 확신하는 제안을 하려고 편지를 씁니다.

agree ⓥ 동의하다 **agreement** ⓝ 의견 일치

Vocab+ ↔ **disagreeable** ⓐ 무례한, 유쾌하지 못한

0497 ★★☆ □□□
arise
[əráiz]
◆ 내신빈출

ⓥ 발생하다, 일어나다, 생겨나다

Powerful new technologies alter the social context in which they **arise**. 20 EBS

강력한 신기술은 그것이 **발생하는** 사회적 상황을 변화시킨다.

arisings ⓝ 부산물, 폐기물

Vocab+ = **occur, happen** ⓥ 발생하다

0498 ★★☆ □□□
greedy
[gríːdi]

ⓐ 탐욕스러운

Poets are wrong to show heroes and, even more so, gods who laugh and cry or are intemperate or **greedy**. 22 EBS

시인들이 웃고 울거나 무절제하거나 **탐욕스러운** 영웅들을 보여주는 것은 잘못이며, 그런 신을 보여주는 것은 더욱 그러하다.

greed ⓝ 탐욕, 식탐

Vocab+ + **greedy guts** 대식가

0499 ★★☆ □□□
immigration
[ìməgréiʃən]

ⓝ 이주, 이민, 출입국 관리소 21 모평

A variety of theoretical perspectives provide insight into **immigration**.
다양한 이론적 관점은 **이주**에 대한 통찰을 제공한다.

immigrate ⓥ 이주해 들어오다
Vocab+ ↔ **emigration** ⓝ (타국으로의) 이주

참고 **migrate** ⓥ 이주하다 **immigrate** ⓥ 이주해 들어오다 **emigrate** ⓥ 이주해 나가다

0500 ★★☆ □□□
scroll
[skroul]

ⓝ 두루마리 ⓥ 스크롤하다

The advent of literacy, hand-written **scrolls** and hand-written books strengthened the ability of large and complex ideas to spread with high fidelity. 18 수능
글을 읽고 쓸 줄 아는 능력과 손으로 쓴 **두루마리**와 손으로 쓴 책의 출현은 크고 복잡한 생각이 매우 정확하게 퍼져 나가는 능력을 강화했다.

scrolling ⓝ (컴퓨터) 스크롤링

다의어
0501 ★★☆ □□□
observe
[əbzə́ːrv]

1. ⓥ 관찰하다, ~을 보다 2. ⓥ 말하다 3. ⓥ 준수하다

1. Those being studied do not know that they are being **observed**. 18 EBS
연구 대상자들은 자신들이 **관찰을 받고** 있다는 것을 모른다.
2. When we hear a story, we look for beliefs that are being **observed**. 16 모평
어떤 이야기를 들을 때 우리는 **말해지고** 있는 신념을 찾는다.
3. Each species tends to **observe** its relative time slot, day by day. 20 EBS
각각의 종은 매일매일 자신의 상대적 시간대를 **지키는** 경향이 있다.

observation ⓝ 관찰 **observational** ⓐ 관찰의
observatory ⓝ 관측소 **observance** ⓝ 준수
Vocab+ = **watch** ⓥ 관찰하다 **make an observation** 관찰하다
state ⓥ 말하다 **follow** ⓥ 지키다

0502 ★★☆ □□□
interrupt
[ìntərʌ́pt]

ⓥ 방해하다, 중단하다

Extreme emotional reactions promote intelligence by **interrupting** ongoing processing. 21 EBS
극단적인 감정적 반응은 진행 중인 처리 과정을 **중단시킴**으로써 지능을 향상시킨다.

interruption ⓝ 중단, 말을 가로막음
Vocab+ = **cut ~ off** ~의 말을 끊다 **block** ⓥ 방해하다

0503 ★★☆ □□□
miraculous
[mirǽkjuləs]

ⓐ 기적과 같은, 놀라운

The **miraculous** scientific predictions and breakthroughs were once the subject of science fiction. 22 EBS
기적과 같은 과학적 예견과 획기적 발전은 한때 공상 과학 소설이나 영화의 소재였다.

miracle ⓝ 기적
Vocab+ = **extraordinary** ⓐ 기이한, 놀라운 **phenomenal** ⓐ 경이로운

0504 ★★☆ □□□

neglect
[niglékt]

◆ 내신빈출

ⓥ 무시하다, 소홀히 하다 ⓝ 소홀

It is a documented fact that many animals are abused and/or **neglected** by their "owners". 18 EBS

많은 동물이 '소유자'에게 학대받거나 **방치된다는** 것은 문서로 증명된 사실이다.

negligent ⓐ 태만한 **negligence** ⓝ 부주의, 태만

Vocab+ = **disregard** ⓥ 소홀히 하다 **ignore** ⓥ 무시하다

0505 ★★☆ □□□

oppression
[əpréʃən]

ⓝ 억압, 압박, 탄압

The emphasis on head size was rooted in attempts to legitimize racial **oppression** by white Europeans. 18 EBS

머리 크기에 대한 강조는 백인 유럽인들에 의한 인종적 **억압**을 합법화하려는 시도에 뿌리를 두고 있다.

oppress ⓥ 억압하다, 탄압하다 **oppressive** ⓐ 억압적인

Vocab+ = **persecution** ⓝ 박해

0506 ★★☆ □□□

plot
[plɑt]

ⓝ 줄거리, 음모 ⓥ 음모를 꾸미다

Reading an exciting, vivid action **plot** in a novel stimulates parts of the brain that coordinate movement. 20 학평

소설 속 흥미진진하고 생생한 액션 **줄거리**를 읽는 것은 동작을 조정하는 뇌 부분을 자극한다.

Vocab+ = **conspiracy** ⓝ 음모 **conspire** ⓥ 음모를 꾸미다

0507 ★★☆ □□□

pretend
[priténd]

ⓥ ~인 척하다

When we ran into each other at school, my sister, Tara sometimes **pretended** not to recognize me. 11 모평

우리가 우연히 학교에서 서로 마주치면, 나의 누나 Tara는 가끔 나를 모르는 **척했다**.

pretension ⓝ 허세, 가식

Vocab+ + **pretend to *do*** ~하는 척하다

0508 ★★☆ □□□

puzzle
[pʌ́zl]

ⓥ 어리둥절하게 하다

Unexpected materials, unusual subject matter, and unpredictable formats have **puzzled**, even alienated spectators. 20 모평

예상 밖의 재료, 색다른 주제, 그리고 예측할 수 없는 형식은 관람객을 **어리둥절하게 했으며**, 심지어 소외감까지 느끼게 했다.

puzzled ⓐ 어리둥절한, 얼떨떨한

Vocab+ = **confuse** ⓥ 혼란스럽게 하다 **perplex** ⓥ 당황하게 하다

0509 ★★☆ □□□

extreme
[ikstríːm]

ⓐ 극단의, 극도의 ⓝ 극단, 극도

The tension between peace and justice is especially apparent in the **extreme** case of tyrannical governments. 19 EBS

평화와 정의 사이의 긴장은 폭정을 하는 정부의 **극단적인** 사례에서 특히 명백하다.

extremely ad 극도로, 극히 **extremity** ⓝ 맨 끝, 극도

0510 ★★☆ □□□

retail
[ríːtèil]

ⓝ 소매 ⓐ 소매의 ⓐⓓ 소매로 ⓥ 소매하다

The graph shows the online shares of **retail** sales for each of six countries in 2012 and in 2019. 20 수능

도표는 2012년과 2019년에 여섯 나라 각각의 **소매** 판매의 온라인 점유율을 보여준다.

retailer ⓝ 소매상 **retailing** ⓝ 소매업

Vocab+ ↔ **wholesale** ⓝ 도매 ⓐ 도매의

0511 ★★☆ □□□

simplify
[símpləfài]

ⓥ 단순화하다

A well-defined audience **simplifies** decisions about explanations and word choice. 19 학평

잘 규정된 독자층은 설명과 단어 선택에 대한 결정을 **단순화한다.**

simple ⓐ 단순한 **simplification** ⓝ 간소화 **simplicity** ⓝ 단순성

0512 ★★☆ □□□

spread
[spred]
◆ 내신빈출

ⓥ 퍼지다, 펼치다 ⓝ 퍼짐, 확산

Knowledge **spread** rapidly along existing trade and migration routes. 17 EBS

지식이 기존의 교역로와 이주로를 따라 빠르게 **퍼져 나갔다.**

Vocab+ = **unfold** ⓥ 펴다 **circulate** ⓥ 번지다

0513 ★★★ □□□

subordinate
ⓐⓝ[səbɔ́ːrdənət]
ⓥ[səbɔ́ːrdənèit]

ⓐ 하위의, 부차적인 ⓝ 하급자 ⓥ 하위에 두다

Hand-kissing is inherently asymmetric, setting the kisser **subordinate** to the recipient of the kiss. 21 모평

손등에 입 맞추기는 본질적으로 비대칭적이며, 입을 맞추는 사람을 입맞춤을 받는 사람의 **하위에 놓는다.**

Vocab+ ↔ **superordinate** ⓝ 상급자 + **subordinate to** ~에 종속된

0514 ★★☆ □□□

vocational
[voukéiʃənəl]

ⓐ 직업과 관련된

If you are taking a highly specialized or **vocational** degree, you may well know what career you are aiming for even before you get to university. 17 학평

만약 여러분이 매우 전문적이거나 **직업과 관련된** 학위를 취득하고 있다면, 여러분은 대학교에 가기도 전에 어떤 진로를 목표로 하고 있는가를 당연히 알 것이다.

vocation ⓝ 직업 **avocation** ⓝ 취미

0515 ★★☆ □□□

supposedly
[səpóuzidli]

ⓐⓓ 아마도, 추정상

As we invent more species of AI, we will be forced to surrender more of what is **supposedly** unique about humans. 17 수능

더 많은 종의 AI(인공지능)를 발명하면서, 우리는 **아마도** 인간에게만 고유한 것 중 더 많은 것을 내줘야만 할 것이다.

suppose ⓥ 가정하다 **supposition** ⓝ 가정

Vocab+ + **allegedly** ⓐⓓ 들리는 바에 의하면

0516 ★★☆ □□□

autobiographical
[ɔ̀ːtəbàiəgrǽfikəl]

ⓐ 자서전적인

Marjorie Kinnan Rawlings purchased an orange grove, which became the source of inspiration for her **autobiographical** book, *Cross Creek*. 18 수능

Marjorie Kinnan Rawlings가 오렌지 과수원을 구입했는데, 이것은 그녀의 **자전적인** 책인 〈Cross Creek〉의 영감의 원천이 되었다.

autobiography ⓝ 자서전

참고 **biography** ⓝ 전기 **autobiography** ⓝ 자서전 **memoir** ⓝ 회고록

고난도

0517 ★★★ □□□

subsume
[səbsjúːm]

ⓥ 포섭하다, 포함하다

The goal of science is to construct a framework of laws or generalizations that are capable of **subsuming** all observable phenomena. 21 수능

과학의 목표는 모든 관찰할 수 있는 현상을 **포섭할** 수 있는 법칙이나 일반화의 틀을 구성하는 것이다.

Vocab+ + **subsume A under B** A를 B에 포함시키다

0518 ★★★ □□□

bewilder
[biwíldər]

ⓥ 어리둥절하게 하다, 당황케 하다

The three young men were a bit **bewildered** by the differing amounts on their individual check. 21 학평

그 세 명의 젊은이들은 모두 각자의 수표에 적힌 다른 액수에 대해 약간 **어리둥절해 했다.**

bewildered ⓐ 당황하게 된

Vocab+ = **confuse** ⓥ 혼동하다 **puzzle** ⓥ 어쩔 줄 모르게 하다

0519 ★★★ □□□

epidemic
[èpidémik]

ⓝ 유행[전염]병 ⓐ 전염성의

The 1918 influenza **epidemic** resulted in the deaths of millions globally. 17 EBS

1918년의 유행성 독감 **전염병**은 전 세계적으로 수백만 명을 사망에 이르게 하였다.

참고 **plague** ⓝ 전염병 **contagion** ⓝ 전염(병) **infection** ⓝ 감염
pandemic ⓝ 전국적인[전 세계적인] 유행병

0520 ★★★ □□□

satiety
[sətáiəti]

ⓝ 포만, 포만감

Sensory-specific **satiety** is defined as a decrease in appetite with little change in the hedonics of uneaten food. 17 수능

감각 특정적 **포만**이란 먹지 않은 음식이 주는 쾌락에는 변화가 거의 없는 가운데 식욕이 감소하는 것으로 정의된다.

sate ⓥ 채우다 **sated** ⓐ 물린

Vocab+ + **to satiety** 신물이 날 정도로

DAY 13

Review Test

A 우리말은 영어로, 영어는 우리말로 적으시오.

1 격발, 발작 f__________

2 예산, 예산안 b__________

3 이주, 이민 i__________

4 유행병, 전염병 e__________

5 trivial __________

6 range __________

7 retail __________

8 oppression __________

B 각 단어의 유의어 혹은 반의어를 적으시오.

1 claim ⊜ a__________

2 bewilder ⊜ c__________

3 comprehend ⊜ a__________

4 distribute ⊜ r__________

5 agreeable ↔ d__________

6 decisive ↔ i__________

7 swell ↔ s__________

8 subordinate ↔ s__________

C 다음 우리말에 적합한 어휘를 고르시오.

1 People rooted in landscape may [resent / recent] the invasion of outsiders who they believe are different and challenge their common identity.
풍경에 뿌리를 둔 사람들은 그들이 생각하기에 자신들과는 다르며 자신들의 공통된 정체성에 도전한다고 여겨지는 외부인의 침범에 분개할 수도 있다.

2 Even quite [resent / recent] ancestors, who may have looked just like people today, would have thought and felt differently.
마치 오늘날 사람들처럼 보였을 수 있는 상당히 최근의 조상조차도 다르게 사고하고 느꼈을 것이다.

D 다음 빈칸에 공통으로 들어갈 어휘를 고르시오. [예문에 실린 어휘의 원형을 고를 것]

1 Those being studied do not know that they are being __________.

2 When we hear a story, we look for beliefs that are being __________.

3 Each species tends to __________ its relative time slot, day by day.

① deserve ② conserve ③ observe ④ reserve ⑤ preserve

A 1 fit 2 budget 3 immigration 4 epidemic 5 사소한, 하찮은 6 범위 7 소매 8 억압 B 1 assert 2 confuse 3 appreciate 4 ration 5 disagreeable 6 indecisive 7 shrink 8 superordinate C 1 resent 2 recent D ③ observe

e.g. vs. i.e.

e.g. 라틴어 exempli gratia의 줄임말 (= for example 예를 들어)	Most people tend to keep popular pets, e.g. cats and dogs. 대부분의 사람들은 **예를 들어** 고양이와 개와 같은 인기 있는 애완동물을 기르는 경향이 있다.
i.e. 라틴어 id est의 줄임말 (= that is 즉)	You need to consider the basic necessities of life, i.e. housing, food and water. 당신은 삶의 기본적인 필수품, **즉** 주택, 음식, 물을 고려할 필요가 있다.

successive vs. successful

successive ⓐ 연속적인	It has rained for three successive days. 3일 **연속** 비가 왔다.
successful ⓐ 성공적인	Our research was successful. 우리 탐구는 **성공적**이었다.

literacy vs. literature

literacy ⓝ 읽고 쓸 줄 아는 능력	The goal of this program is to achieve basic literacy. 이 프로그램의 목표는 기본적인 **읽고 쓸 줄 아는 능력**을 달성하는 것이다.
literature ⓝ 문학, 문헌	She took courses in English literature. 그녀는 영국 **문학**을 수강했다.

confident vs. confidential

confident ⓐ 확신하는, 자신감 있는	I am confident about his ability to do the job. 나는 그 일을 할 수 있는 그의 능력에 대해 **확신한다**.
confidential ⓐ 기밀의, 비밀의	The medical records should remain confidential. 의료 기록은 **기밀로** 유지되어야 한다.

application vs. appliance

application ⓝ 신청	Our loan application has been approved. 우리의 대출 **신청**이 승인되었다.
appliance ⓝ 전기 제품[기구]	All household appliances are on sale this month. 이번 달에는 모든 가정용 **전기 제품들**이 할인 판매된다.

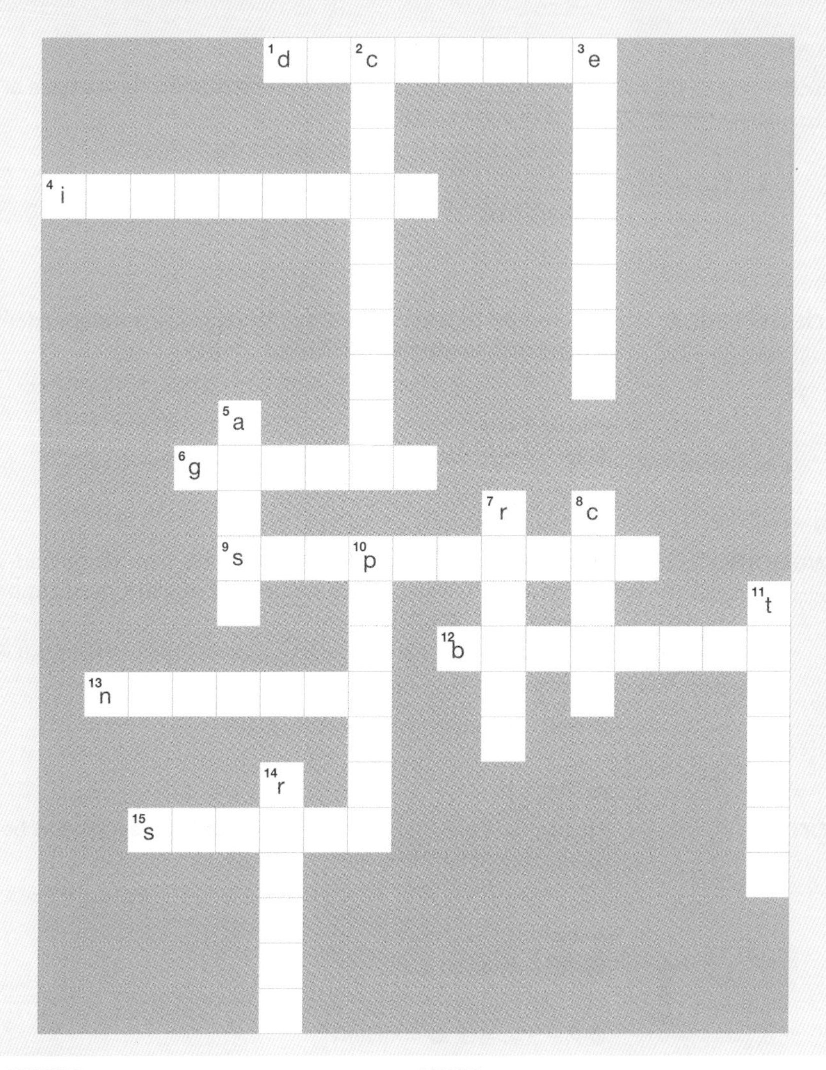

ACROSS

1 ⓐ 결정적인, 결단력 있는

4 ⓥ 방해하다, 중단하다

6 ⓐ 탐욕스러운

9 ⓐⓓ 아마도, 추정상

12 ⓥ 어리둥절하게 하다, 당황케 하다

13 ⓥ 무시하다, 소홀히 하다 ⓝ 소홀

15 ⓥ 퍼지다, 펼치다 ⓝ 퍼짐, 확산

DOWN

2 ⓥ 이해하다, 파악하다

3 ⓝ 유행[전염]병 ⓐ 전염성의

5 ⓥ 발생하다, 일어나다, 생겨나다

7 ⓥ 분개하다, 화를 내다

8 ⓥ 주장하다, 요구하다 ⓝ 요구, 주장

10 ⓥ ~인 척하다

11 ⓐ 사소한, 하찮은

14 ⓝ 소매 ⓐ 소매의

Answer p.517

0521 ★★☆ □□□

gaze
[geiz]

ⓥ 응시하다, 관찰하다 ⓝ 응시

The invention of the telescope allowed astronomers to **gaze** at the moons of Jupiter. 20 학평

망원경의 발명으로 천문학자들은 목성의 위성을 **관찰할** 수 있었다.

참고 glance ⓥ (재빨리) 휙 보다 stare ⓥ 빤히 쳐다보다 glimpse ⓥ 한번 힐끗 보다

0522 ★☆☆ □□□

independent
[ìndipéndənt]

◆ 내신빈출

ⓐ 독립적인

The free press is generated by private citizens **independent** of government censorship and control. 21 EBS

자유 언론은 정부의 검열과 통제로부터 **독립되어** 민간 시민들에 의해 만들어진다.

independence ⓝ 독립

Vocab+ ↔ **dependent** ⓐ 의존적인 + **independent of** ~와 무관하게

0523 ★★☆ □□□

sweeping
[swíːpiŋ]

ⓐ 광범위한, 전면적인

Decades of war and geopolitical turmoil were combined with **sweeping** changes to the scale and social organization of governments. 17 학평

수십 년에 걸친 전쟁과 지정학적 혼란은 정부 규모와 사회적 구성에서의 **광범위한** 변화와 결합하였다.

sweep ⓥ 쓸다, 휩쓸다 **sweeper** ⓝ 청소기, 청소부

0524 ★★☆ □□□

norm
[nɔːrm]

ⓝ 규범, 표준

Keeping some animals for company, not food, seemed to be the **norm** rather than the exception. 21 학평

식용이 아니라, 함께 있으려고 몇몇 동물을 기르는 것이 예외라기보다는 **표준**인 것 같았다.

normal ⓐ 보통의, 정상적인

Vocab+ = **standard** ⓝ 표준

0525 ★★☆ □□□

clutter
[klʌ́tər]

ⓝ 어수선함, 혼란 ⓥ 어지럽히다

People who can distinguish valuable information from background **clutter** gain power. 18 모평

배후의 **혼란**으로부터 가치 있는 정보를 식별해낼 수 있는 사람이 권력을 얻는다.

Vocab+ = **mess** ⓝ 엉망진창 ↔ **unclutter** ⓥ 어지른 것을 치우다

0526 ★★☆ □□□

quest
[kwest]

ⓝ 추구, 탐구, 탐색 ⓥ 탐색하다

The **quest** for profit and the search for knowledge cannot coexist in archaeology because of the time factor. 17 수능

이윤 **추구**와 지식 탐구는 시간이라는 요인 때문에 고고학에서 공존할 수 없다.

Vocab+ = **seek** ⓥ 추구하다

0527 ★★☆ □□□

panorama
[pæ̀nərǽmə]

ⓝ 전경(全景), 파노라마

Northern Europe had a cold, uncultivated **panorama** dotted with fewer and smaller trees than there today. 18 EBS

북유럽은 오늘날보다 수도 더 적고 더 작은 나무가 여기저기 흩어져 있는 춥고 경작되지 않은 **전경(全景)**을 가지고 있었다.

Vocab+ = **vista** ⓝ 아름다운 풍경

0528 ★☆☆ □□□

shrink
[ʃriŋk]
◆ 내신빈출

ⓥ 오그라들다, 줄어들다, 피하다

21 학평
Despite its appearance, your skin isn't **shrinking** after your bath.

그것의 겉모양에도 불구하고, 여러분의 피부는 여러분이 목욕한 후 **오그라들고** 있는 것이 아니다.

shrinkage ⓝ 줄어듦, 위축

Vocab+ ↔ **swell** ⓥ 붇다, 부풀다

0529 ★☆☆ □□□

label
[léibəl]

ⓥ 라벨[꼬리표]을 붙이다 ⓝ 꼬리표, 상표

No one likes to be **labeled** "wrong." 18 EBS

그 누구도 '틀린'이라는 **꼬리표가 붙는** 것을 좋아하지 않는다.

Vocab+ = **tag** ⓝ 꼬리표 **tab** ⓝ 색인표

0530 ★★☆ □□□

inequity
[inékwəti]

ⓝ 불공평

People justify systemic **inequity** with familiar phrases like "If you just work hard enough, you can pull yourself up by your bootstraps." 21 학평

사람들은 '만약 네가 그저 열심히 일하기만 하면, 너는 스스로의 힘으로 해낼 수 있다'라는 익숙한 문구로 체제상의 **불공평**을 정당화한다.

inequitable ⓐ 불공평한

Vocab+ = **injustice** ⓝ 불공평 ↔ **equity** ⓝ 공평

혼동어

0531 ★★☆ □□□

complement
ⓥ[kámpləmènt]
ⓝ[kámpləmənt]

ⓥ 보완하다 ⓝ 보완재

Lifelong learning is a messy complex of learning experiences that **complement** and contradict each other. 19 EBS

평생 학습은 서로 **보완하고** 상충하는 학습 경험들의 산란한 집합체이다.

complementary ⓐ 상호 보완적인

Vocab+ = **supplement** ⓝ 보완, 보충(물) ⓥ 보충하다

0532 ★★☆ □□□

compliment
[kámpləmənt]

ⓝ 칭찬 ⓥ 칭찬하다

The German addressed Haydn in his native language, with a most elegant **compliment**. 18 EBS

그 독일인은 매우 고상한 **칭찬**과 함께 Haydn에게 자신의 모국어로 말을 걸었다.

complimentary ⓐ 칭찬하는; 무료의, 우대하는

Vocab+ = **praise** ⓝ 칭찬 ⓥ 칭찬하다

0533 ★★☆ □□□

contagious
[kəntéidʒəs]

ⓐ 전염성의, 감염성의

Bringing large numbers of people together for public gatherings facilitated the spread of **contagious** illnesses. 19 EBS

공공 집회를 위해 대규모의 사람들을 집합시키는 것이 **전염성 있는** 질병의 확산을 촉진했다.

contagion ⓝ 전염병

Vocab+ = **infectious** ⓐ 감염되는

0534 ★★☆ □□□

decent
[díːsənt]

ⓐ 예의 바른, 괜찮은, 적절한

Genes, development, and learning all contribute to the process of becoming a **decent** human being. 19 수능

유전자, 발달, 그리고 학습은 모두 **예의 바른** 인간이 되는 과정에 기여한다.

decency ⓝ 체면, 예절

Vocab+ ↔ **indecent** ⓐ 부적절한, 외설적인

0535 ★★☆ □□□

differentiate
[dìfərénʃièit]

ⓥ 차별하다, 구별하다, 구분짓다

Agents seek to **differentiate** their behavior from that of others. 21 학평

행위자는 다른 행위자의 행동과 자신의 행동을 **차별화하려고** 한다.

Vocab+ = **distinguish** ⓥ 구별하다
+ **differentiate A from B** A를 B로부터 구별하다

0536 ★★☆ □□□

elaborate
ⓥ[ilǽbərèit]
ⓐ[ilǽbərət]

ⓥ 공들여 만들다 ⓐ 정교한

Known as the father of modern structural linguistics, Roman Jakobson **elaborated** sophisticated theories of language and communication. 20 학평

현대 구조 언어학의 아버지로 알려진 Roman Jakobson은 언어와 의사소통의 정교한 이론들을 **공들여 만들었다**.

elaboration ⓝ 정교화

Vocab+ = **exquisite** ⓐ 정교한

0537 ★★☆ □□□

estimate
ⓥ[éstəmèit]
ⓝ[éstəmət]

◆ 내신빈출

ⓥ 추산하다, 평가하다 ⓝ 견적, 평가, 근사치

It is necessary that we be able to **estimate** the justice of our preferences. 20 학평

우리가 선호하는 것에 대한 정당성을 **추산할** 수 있어야 한다.

estimation ⓝ 판단, 견적

Vocab+ = **evaluate** ⓥ 평가하다

0538 ★★☆ □□□

extinction
[ikstíŋkʃən]

ⓝ 멸종, 소멸, 절멸

The brown tree snake is infamous for causing the **extinction** of the majority of native bird species in Guam. 17 모평

갈색 나무 뱀은 Guam에 있는 토종 새 대부분을 **멸종**시킨 것으로 악명이 높다.

extinct ⓐ 멸종된 **extinguish** ⓥ 없애다, 불을 끄다

0539 ★★☆ □□□

argument
[ɑ́ːrgjumənt]

ⓝ 논쟁, 말다툼, 주장, 논거

Argument is "reason giving", trying to convince others of your side of the issue. 20 학평

논쟁이란 다른 사람들에게 쟁점에 관한 여러분의 입장을 납득시키려고 노력하면서 '이유를 대는 것'이다.

argue ⓥ 논쟁하다 **argumentative** ⓐ 따지기 좋아하는

0540 ★★☆ □□□

focal
[fóukəl]

ⓐ 중심의, 초점의 (명사 수식만 가능)

Sculpture in a public place is the emotional and aesthetic focal point of the elements in the surrounding environment. 18 학평

공공장소의 조형물은 주위 환경에 있는 요소들의 정서적이고 심미적 **중심**이다.

focus ⓝ 중심점 ⓥ 집중하다

Vocab+ + **focal point** 중점, 초점

다의어

0541 ★★☆ □□□

curb
[kəːrb]

1. ⓥ 억제하다 ⓝ 재갈, 고삐
2. ⓝ (인도와 차도 사이의) 연석(緣石)(kerb)

12 수능

1. We need to curb anger and our negative thoughts and emotions.
   우리가 분노와 우리의 부정적인 생각과 감정을 **억제할** 필요가 있다.
2. We feel the brush of an unexpected tree branch or nearly fall over a curb. 21 학평
   우리가 예상치 못한 나뭇가지의 스침을 느끼거나 **연석**에 거의 넘어질 뻔한다.

curbed ⓐ 억제된

Vocab+ = **restrain** ⓥ 억제하다

0542 ★★☆ □□□

gravity
[grǽvəti]

ⓝ 인력, 중력; 심각성, 중대함

17 학평

Gravity is a force pulling together any two things that have mass.

인력은 질량을 가진 어떤 두 물체든지 서로 끌어당기는 힘이다.

gravitation ⓝ 만유인력 **gravitational** ⓐ 중력의 **grave** ⓐ 중대한, 심각한

0543 ★★☆ □□□

immense
[iméns]

ⓐ 엄청난

Only after the immense period of time will the building blocks of life be available in the universe. 19 EBS

엄청난 시간이 지난 후에야만 생명체의 구성 요소는 우주에서 사용할 수 있게 될 것이다.

Vocab+ = **enormous** ⓐ 엄청난

0544 ★★☆ □□□

pastime
[pǽstàim]

ⓝ 유희, 소일거리

The classics would be a pastime reserved only for teachers and older people. 18 수능

고전은 스승과 나이 든 사람들을 위해서만 남겨진 **유희**일 것이다.

Vocab+ = **hobby** ⓝ 취미 + **for one's pastime** 소일거리로, 취미 삼아

0545 ★★☆ □□□

interpret

[intə́ːrprit]

◆ 내신빈출

ⓥ 해석하다; 통역하다

College students **interpreted** various types of adjective-noun combinations. 19 EBS

대학생들이 다양한 유형의 형용사와 명사의 결합을 해석했다.

interpretation ⓝ 해석, 이해; 통역 **interpreter** ⓝ 통역사

Vocab+ + **misinterpret** ⓥ 잘못 해석하다

0546 ★☆☆ □□□

liquid

[líkwid]

ⓝ 액체 ⓐ 액체의, 유동적인

Human newborn infants show a strong preference for sweet **liquids**. 17 EBS

인간의 갓난아기는 달콤한 **액체**에 대한 강한 선호를 보인다.

liquefy ⓥ 액화하다

참고 solid ⓝ 고체 liquid ⓝ 액체 gas ⓝ 기체

0547 ★★☆ □□□

minimize

[mínəmàiz]

ⓥ 최소화하다

Over the past 150 years, the railroads have constantly worked to **minimize** their weather problems. 20 EBS

지난 150년에 걸쳐, 철도는 계속 기상 문제를 **최소화하기** 위해 노력해 왔다.

minimum ⓝ 최소 ⓐ 최소의 **minimal** ⓐ 최소의

Vocab+ ↔ **maximize** ⓥ 극대화하다

0548 ★★☆ □□□

necessity

[nəsésəti]

ⓝ 필요, 필수품

There is historical evidence that the creative process can be set in motion without **necessity**. 20 학평

필요라는 것이 없이도 창의적인 과정이 시작될 수 있다는 역사적인 증거가 있다.

necessitate ⓥ ~을 필요로 하게 만들다 **necessary** ⓐ 필수적인

Vocab+ = **must-have** ⓝ 필수품 **requisite** ⓝ 필수품, 필요조건

0549 ★★☆ □□□

oppose

[əpóuz]

◆ 내신빈출

ⓥ 반대하다

People who are **opposed** to drilling in Alaska don't want to take the benefits of having more oil. 17 학평

알래스카 석유 시추에 **반대하는** 이들은 더 많은 석유를 보유하는 것에서 생기는 이익을 누리고 싶어 하지 않는다.

opposition ⓝ 반대

Vocab+ = **object** ⓥ 반대하다

참고 be opposed to ~에 반대하다 (= have an objection to, object to)
[to는 전치사이므로 뒤에 (동)명사가 온다.]

0550 ★★★ □□□

disvalue
[disvǽljuː]

ⓝ 반가치(反價値) ⓥ 경시하다, 무시하다

Not all organisms are able to find sufficient food to survive, so starvation is a kind of **disvalue** often found in nature. 18 모평

모든 유기체가 생존에 충분한 먹이를 구할 수는 없으므로, 기아는 자연에서 흔히 발견되는 일종의 **반가치(反價値)**이다.

disvaluable ⓐ 무가치한, 무시할 수 있는

Vocab+ ↔ **value** ⓝ 가치 ⓥ 가치를 인정하다

0551 ★★☆ □□□

presence
[prézəns]

ⓝ 존재(함), (특정한 곳에) 있음, 참석

It is the **presence** of the enemy that gives meaning and justification to war. 18 수능

전쟁에 의미와 정당화를 제공하는 것은 바로 적의 **존재**이다.

present ⓐ 현재의; 참석한

Vocab+ = **being** ⓝ 존재, 실재 **existence** ⓝ 존재

0552 ★★☆ □□□

purposeful
[pə́ːrpəsfəl]

ⓐ 목적 의식이 있는, 결단력 있는, 결의에 찬

Once babies decide that something is alive, they are inclined to see its movements as **purposeful**. 21 학평

일단 무언가가 살아 있다고 판단하면, 아기는 그것의 움직임을 **목적성이 있는** 것으로 보는 경향이 있다.

purpose ⓝ 목적

Vocab+ + **on purpose** 고의로

0553 ★★☆ □□□

regardless
[rigáːrdlis]

ⓐ 개의치 않는, 무관심한 ad 개의치 않고

Knowing that they are giving makes them feel good, **regardless** of the impact of their donation. 17 수능

그들이 내는 기부가 끼치는 영향과 **관계없이**, 자신들이 기부하고 있다는 것을 아는 것이 그들을 기분 좋게 해준다.

regard ⓝ 관심, 고려

Vocab+ + **regardless of** ~에 무관하게[상관없이]

0554 ★☆☆ □□□

concern
[kənsə́ːrn]

ⓥ 관심을 갖게 하다, ~에 관한 것이다; 염려시키다 ⓝ 관심; 걱정

The artist, architect, and designer are generally **concerned** with having color and imagery perceived simultaneously. 20 EBS

화가, 건축가, 그리고 디자이너는 일반적으로 색과 형상이 동시에 인식되는 것에 **관심이 있다**.

concerning ⓟ ~에 관한 **concerned** ⓐ 걱정하는; 관심이 있는, 관계하는

참고 be concerned with ~와 관련이 있다, ~에 관심이 있다
be concerned about ~에 대해 염려하다, ~에 관심을 갖다

0555 ★☆☆ □□□
cultivation
[kʌ̀ltəvéiʃən]

ⓝ 경작, 재배, 함양

When wheat and barley **cultivation** was expanded, rye went along for the ride, also expanding its own distribution area. 20 학평

밀과 보리 **경작**이 확장되었을 때, 호밀도 함께 그 무리에 합류하여 그것 자체의 분포 지역을 확장했다.

cultivate ⓥ 경작하다, 재배하다

0556 ★★☆ □□□
outclass
[àutklǽs]

ⓥ 압도하다, ~보다 우월하다

The brain still **outclasses** any desktop computer both in terms of the calculations it can perform and the efficiency. 18 학평

뇌는 그것이 수행할 수 있는 계산과 (이를 수행하는) 효율 두 가지 면에서 여전히 어떤 데스크톱 컴퓨터도 **압도한다**.

Vocab+ = **surpass** ⓥ 능가하다 **be superior to** ~보다 우월하다

0557 ★★☆ □□□
outgrow
[àutgróu]

ⓥ 너무 커져 맞지 않게 되다

Tall Poppy Syndrome suggests that any "poppy" that **outgrows** the others in a field will get "cut down." 18 모평

'키 큰 양귀비 증후군'은 들판에서 다른 양귀비보다 **더 많이 자라는** '양귀비'는 '잘려질' 것임을 암시한다.

Vocab+ = **grow out of** 자라서 맞지 않게 되다

고난도

0558 ★★★ □□□
regime
[rəʒíːm]

ⓝ 체제, 정권, 제도

Some philosophers of science claim that science cannot be practiced in authoritarian **regimes**. 18 학평

일부 과학 철학자들은 과학이 권위주의적인 **체제**에서는 실행될 수 없다고 주장한다.

Vocab+ = **government** ⓝ 정치, 행정권 **reign** ⓝ 지배

0559 ★★★ □□□
ration
[rǽʃən]

ⓥ 배급하다 ⓝ 배급량

17 학평

Government goods and services are, by and large, distributed to groups of individuals through the use of nonmarket **rationing**.

정부의 재화와 용역은 대체로 비시장적 **배급**을 이용하여 개인들의 집단에 분배된다.

rationing ⓝ 배급 제도, 배급

Vocab+ = **distribute** ⓥ 배급하다, 분배하다

0560 ★★★ □□□
manure
[mənjúər]

ⓝ 거름[천연 비료] ⓥ 거름을 주다

There are constraints to the extensive use of either **manure** or legumes as "green **manure**" crops. 21 수능

거름이나 '친환경적인 **거름**' 작물로서의 콩과 식물의 광범위한 사용에는 제약이 있다.

Vocab+ = **dung** ⓝ (큰 동물의) 배설물, 거름 **fertilizer** ⓝ 비료

Review Test

A 우리말은 영어로, 영어는 우리말로 적으시오.

1 유희, 소일거리 p________
2 논쟁, 말다툼, 주장 a________
3 중력, 심각성 g________
4 탐구, 탐색, 추구 q________
5 necessity ________
6 inequity ________
7 interpret ________
8 norm ________

B 각 단어의 유의어 혹은 반의어를 적으시오.

1 differentiate ⊜ d________
2 immense ⊜ e________
3 contagious ⊜ i________
4 oppose ⊜ o________
5 elaborate ⊜ e________
6 clutter ⊜ m________
7 decent ↔ i________
8 minimize ↔ m________

C 다음 우리말에 적합한 어휘를 고르시오.

1 Lifelong learning is a messy complex of learning experiences that [complement / compliment] and contradict each other.
평생 학습은 서로 보완하고 상충하는 학습 경험들의 산란한 집합체이다.

2 The German addressed Haydn in his native language, with a most elegant [complement / compliment].
그 독일인은 매우 고상한 칭찬과 함께 Haydn에게 자신의 모국어로 말을 걸었다.

D 다음 빈칸에 공통으로 들어갈 어휘를 고르시오.

1 We need to ________ anger and our negative thoughts and emotions.
2 We feel the brush of an unexpected tree branch or nearly fall over a ________.

① curb ② disturb ③ blurb ④ perturb ⑤ suburb

A 1 pastime 2 argument 3 gravity 4 quest 5 필요, 필수품 6 불공평 7 해석하다, 통역하다 8 규범, 표준 B 1 distinguish 2 enormous 3 infectious 4 object 5 exquisite 6 mess 7 indecent 8 maximize C 1 complement 2 compliment D ① curb

preposition vs. proposition

preposition ⓝ 전치사	The preposition "under" in "The keys are under the table" shows location. 'The keys are the table'에서 **전치사** 'under'는 위치를 나타낸다.
proposition ⓝ 제안; 명제	We made an attractive business proposition. 우리는 매력적인 사업 **제안**을 했다.

quiet vs. quite

quiet ⓐ 조용한	She was as quiet as a mouse. 그녀는 쥐 죽은 듯이 **조용했다**.
quite ⓐⓓ 꽤, 상당히	The room looked quite small. 그 방은 **꽤** 작아 보였다.

resume vs. résumé

resume ⓥ 재개하다	The baseball game is expected to resume as soon as it rains less. 비가 적게 오는 대로 야구 경기가 **재개될** 전망이다.
résumé ⓝ 이력서; 요약, 개요	If you are to apply for the job, you have to submit your résumé first. 만약 당신이 그 일에 지원하려면, **이력서**를 먼저 제출해야 합니다.

right vs. rite

right ⓐ 옳은; 오른쪽의 ⓐⓓ 정확히	Telling a lie is not as right as stealing something. 거짓말을 하는 것은 무엇인가를 훔치는 것만큼이나 **옳지** 않다.
rite ⓝ 의식, 의례	Someone thinks getting a driver's license is a rite of passage to become an adult. 어떤 사람은 운전면허를 따는 것이 성인이 되는 통과 **의례**라고 생각한다.

installation vs. installment

installation ⓝ 설치	Installation art involves large works involving the whole space as a unified work. **설치** 미술은 전체 공간을 아우르는 대형 작품들을 하나의 통일된 작품으로 엮어낸다.
installment ⓝ 할부, 분할 불입	I am considering paying for the computer in installments. 저는 컴퓨터를 **할부**로 지불할 것을 고려 중입니다.

Crossword Puzzle

DAY 14

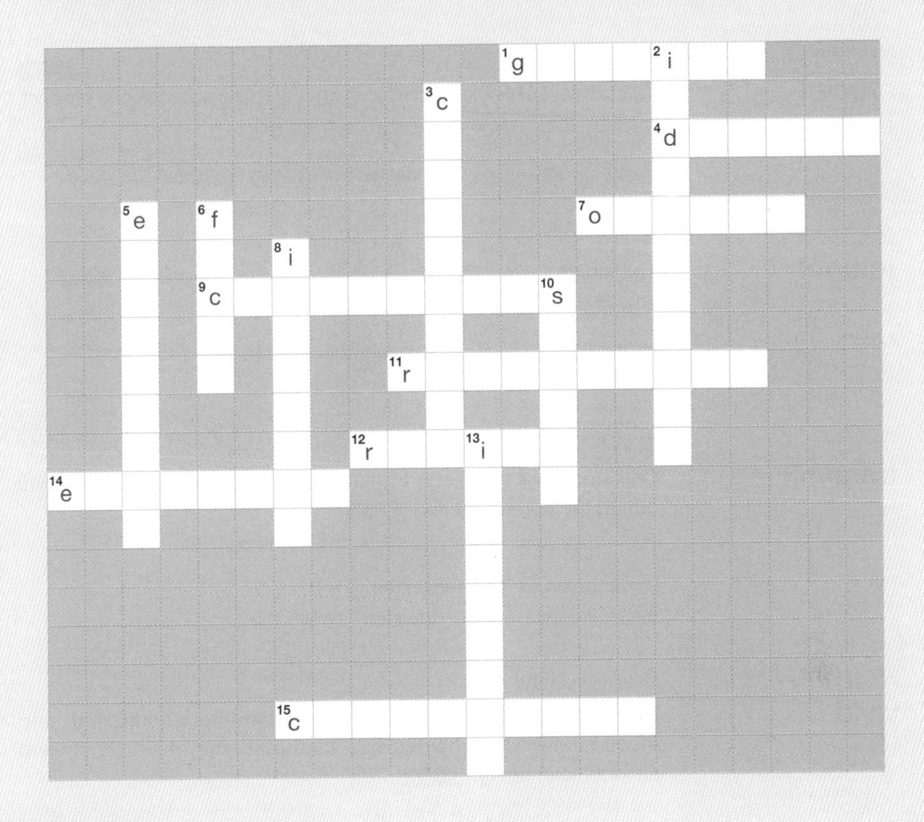

ACROSS

1 ⓝ 인력, 중력, 심각성, 중대함

4 ⓐ 예의 바른, 괜찮은, 적절한

7 ⓥ 반대하다

9 ⓐ 전염성의, 감염성의

11 ⓐ 개의치 않는, 무관심한 ⓐⓓ 개의치 않고

12 ⓥ 배급하다 ⓝ 배급량

14 ⓥ 추산하다, 평가하다 ⓝ 견적, 평가, 근사치

15 ⓥ 보완하다 ⓝ 보완재

DOWN

2 ⓐ 독립적인

3 ⓝ 칭찬 ⓥ 칭찬하다

5 ⓥ 공들여 만들다 ⓐ 정교한

6 ⓐ 중심의, 초점의

8 ⓝ 불공평

10 ⓥ 오그라들다, 줄어들다, 피하다

13 ⓥ 해석하다, 통역하다

Answer p.517

0561 ★★☆ □□□
crucial
[krúːʃəl]

ⓐ 중대한, 결정적인

The element of package design is **crucial** to the success of a product. 22 EBS

포장 디자인이라는 요소는 제품의 성공에 **매우 중요하다**.

Vocab+ = **critical** ⓐ 중대한 **decisive** ⓐ 결정적인 **essential** ⓐ 필수적인

0562 ★★☆ □□□
temper
[témpər]
◆ 내신빈출

ⓝ 성질, 기분, 화

The indirect ways of expressing **temper** are not useful. 20 모평

화를 표현하는 간접적인 방법은 유용하지 않다.

temperament ⓝ 기질 **temperamental** ⓐ 신경질적인

Vocab+ + **lose one's temper** 화를 내다, 흥분하다

0563 ★★☆ □□□
transmit
[trænsmít]

ⓥ 보내다, 전달하다, 전염시키다

One side's will has to be **transmitted** to the enemy at some point during the confrontation. 20 수능

한쪽의 의지는 대치하는 동안 어느 시점에 적에게 **전달되어야** 한다.

transmission ⓝ 전달 **transmitter** ⓝ 송신기, 발신기

Vocab+ = **send** ⓥ 보내다 **transfer** ⓥ 나르다, 전하다

0564 ★★☆ □□□
vivid
[vívid]

ⓐ 생생한, 선명한

He formed special bonds with the artists he worked with and those relationships helped him capture some of his most **vivid** and iconic imagery. 17 수능

그는 함께 작업한 예술가들과 특별한 유대 관계를 맺었고, 그런 관계로 인해 그는 자신의 가장 **생생하고** 상징적인 이미지의 일부를 포착하는 데 도움을 받았다.

vividly ⓐⓓ 선명하게 **vividness** ⓝ 생동감

Vocab+ = **clear** ⓐ 분명한 **graphic** ⓐ 생생한, 상세한

0565 ★☆☆ □□□
achieve
[ətʃíːv]
◆ 내신빈출

ⓥ 이루다, 성취하다

Objectivity can be **achieved** by photography. 17 학평

객관성은 사진 촬영으로 **획득할** 수 있다.

참고 **overachieve** ⓥ 기대 이상의 성과를 내다
underachieve ⓥ 자기 능력 이하의 성적을 내다

0566 ★★☆ □□□
authority
[əθɔ́ːrəti]

ⓝ 지휘권, 권위, 당국

His commanding voice was so full of **authority** that it made me stand up straight like a tin soldier. 19 학평

그의 위엄 있는 목소리는 너무나도 **권위**로 가득 차 있어서 그것은 나로 하여금 양철 병정처럼 똑바로 서 있게 했다.

authoritative ⓐ 권위 있는

Vocab+ + **have the authority to *do*** ~할 권한이 있다

0567 ★★☆ □□□

certificate
[sərtífəkit]

ⓝ 면허, 증명서, 자격증

Participants who attend all classes will receive a **certificate** of completion. 22 학평

모든 수업에 참석한 참가자들은 수료**증**을 받을 것입니다.

certify ⓥ 증명하다 **certification** ⓝ 증명

0568 ★☆☆ □□□

concept
[kánsept]

ⓝ 개념

Analogies help students visualize abstract **concepts** and compare similarities from the real world with the new **concepts**. 21 EBS

유추는 학생들이 추상적인 **개념**을 시각화하고 현실 세계와의 유사점과 새로운 **개념**을 비교하도록 도와준다.

conception ⓝ 개념, 구상, 이해

0569 ★★☆ □□□

subconscious
[sʌ̀bkánʃəs]

ⓐ 잠재의식적인

We allow our conscious mind (us) to dominate our **subconscious** mind (our habits and automated motor plans). 18 학평

우리는 자신의 의식적인 마음(자신)이 **잠재의식적인** 마음(자신의 습관과 자동화된 운동 계획)을 지배하도록 한다.

conscious ⓐ 의식적인

참고 conscious ⓐ 의식의 subconscious ⓐ 잠재의식의 unconscious ⓐ 무의식의

0570 ★★☆ □□□

befriend
[bifrénd]

ⓥ 친구가 되어 주다

You can use a third party to compliment a person you want to **befriend**. 17 학평

여러분은 **친구가 되고** 싶은 어떤 사람을 칭찬하기 위해 제삼자를 이용할 수 있다.

Vocab+ + **be[make] friends with** ~와 친하다

혼동어

0571 ★☆☆ □□□

effective
[iféktiv]

ⓐ 효과적인, 실질적인

Management has been bureaucratized to the point that we throw away **effective** strategies of everyday communication. 20 학평

경영진은 우리가 일상적 의사소통의 **효율적인** 전략들을 내버리는 정도까지 관료화되었다.

effect ⓝ 영향 **effectiveness** ⓝ 유효성

Vocab+ ↔ **ineffective** ⓐ 비효과적인

0572 ★★☆ □□□

affective
[əféktiv]

ⓐ 정서적인

Life is still instinctive, **affective**, and irrational. 22 EBS

삶은 여전히 본능적이고, **감정적이고**, 비이성적이다.

affect ⓥ 영향을 미치다 **affection** ⓝ 애정

Vocab+ + **affective disorder** 정서 장애

0573 ★★☆ □□□
explore
[iksplɔ́ːr]

ⓥ 탐구하다, 답사하다, 탐색하다 17 학평

During visual imagery, the eyes **explore** an imagined scene using the same scan paths made when viewing the actual visual scene.

시각적인 형상화를 하는 동안, 눈은 실제 시각적 장면을 볼 때 만들어지는 것과 동일한 스캔 경로를 사용하여 상상된 장면을 **탐색한다**.

exploration ⓝ 답사, 탐사, 탐험

Vocab+ = **investigate** ⓥ 조사하다 **probe** ⓥ 캐다, 조사하다

0574 ★☆☆ □□□
increase
ⓝ[ínkriːs]
ⓥ[inkríːs]

ⓝ 증가 ⓥ (수량이) 증가하다

Rising incomes inevitably lead to **increases** in motorization. 22 모평

소득 증가는 필연적으로 자동차 보급의 **증가**로 이어진다.

Vocab+ ↔ **decrease** ⓝ 감소 ⓥ 감소하다

0575 ★☆☆ □□□
foundational
[faundéiʃənəl]

ⓐ 기초적인, 기본이 되는, 굳건한

We say that "honesty" and "open communication" are the **foundational** values of any strong relationship. 19 학평

우리는 '정직'과 '열린 의사소통'이 어떤 굳건한 관계에서도 **기본적인** 가치라고 말한다.

found ⓥ 설립[창립]하다, ~의 기반을 두다

Vocab+ = **underlying** ⓐ 근간을 이루는

0576 ★☆☆ □□□
nod
[nɑd]

ⓥ (머리를) 끄덕이다, 끄덕여 승낙하다, 인사하다, 졸다 ⓝ 끄덕임

I have agreed in advance with a page-turner that a head **nod** would signal the turn. 22 EBS

나는 **고개를 끄덕이는 것**이 페이지를 넘기는 신호라는 점에 대하여 악보의 페이지를 넘겨주는 사람과 미리 합의했다.

Vocab+ + **nodding acquaintance** 만나면 눈인사 정도 하는 사이

0577 ★☆☆ □□□
quarrel
[kwɔ́(ː)rəl]

ⓥ 싸우다, 다투다 ⓝ 싸움, 말다툼

Edward Norton **quarrelled** with Marvel Studios over how the story of *The Incredible Hulk* should be told on screen. 22 EBS

Edward Norton은 〈The Incredible Hulk〉의 이야기가 영화 속에서 어떻게 그려져야 할지를 놓고 Marvel Studios와 **다투었다**.

quarrelsome ⓐ 말다툼하는

Vocab+ = **disagree** ⓥ 의견이 다르다 **fight** ⓥ 싸우다

0578 ★☆☆ □□□
rescue
[réskjuː]

ⓥ 구하다, 구조하다 ⓝ 구출

A timely soaking rain can **rescue** a crop from ruin. 19 EBS

시기적절하게 흠뻑 적시는 비는 농작물을 망치는 것으로부터 **구해낼** 수 있다.

rescuable ⓐ 구조할 수 있는

Vocab+ = **save** ⓥ 구조하다 + **come A to the rescue** A를 구조하다

0579 ★☆☆ □□□

applause

[əplɔ́ːz]

ⓝ 박수(갈채), 칭찬

When Cheryl finished singing, the hall was silent for a moment before exploding into **applause**. 21 학평

Cheryl이 노래를 끝마쳤을 때 홀은 잠시 정적이 흘렀다가 엄청난 **박수**가 터져나왔다.

applaud ⓥ 박수를 치다 **applausive** ⓐ 박수갈채의

0580 ★☆☆ □□□

swallow

[swɑ́lou]

ⓥ 삼키다, 집어 삼키다 ⓝ 삼킴; 제비

On eating the flesh of the fruit, animals **swallow** the seeds, which are passed out in their excreta. 17 EBS

과일의 과육을 먹을 때, 동물은 씨를 **삼키고**, 그것은 배설물의 상태로 배출된다.

swallower ⓝ 삼키는 사람, 받아들이는 사람

Vocab+ + **swallow up** ~을 먹어치우다 **gobble up** ~을 게걸스럽게 먹다

다의어

0581 ★☆☆ □□□

share

[ʃɛər]

1. ⓥ 나누다, 공유하다
2. ⓝ 일부, 몫, 비율
3. ⓝ 주식

1. Marie, her long-time friend and trainer, **shared** her pain. 19 수능

   그녀의 오랜 친구이자 트레이너인 Marie는 그녀의 고통을 **함께 나누었다**.

2. The world of the year 2000 still had its **share** of hierarchies. 19 학평

   2000년의 세계에도 여전히 계급제의 **일부**가 남아 있었다.

3. Fernando and a partner purchased their **shares**. 19 학평

   Fernando와 한 동업자는 그들의 **주식**을 매입했다.

sharing ⓝ 분할

Vocab+ = **divide** ⓥ 나누다 **split** ⓥ 분배하다
part ⓝ 부분 **portion** ⓝ 일부 **quota** ⓝ 몫
stock ⓝ 주식

0582 ★★☆ □□□

verbal

[və́ːrbəl]

ⓐ 말의, 구두의; 동사의

Stories are often complex combinations of visual and **verbal** content. 21 학평

이야기는 자주 시각적인 내용과 **언어적인** 내용의 복잡한 결합물이다.

verbalize ⓥ 말로 표현하다

Vocab+ = **oral** ⓐ 구두의, 입의

0583 ★★☆ □□□

affirm

[əfə́ːrm]

ⓥ 증명해 보이다, 확인하다, 단언하다

In much of social science, evidence is used only to **affirm** a particular theory. 11 수능

사회 과학에 있어서 많은 경우, 증거는 특정 이론을 **증명해 보이기** 위해서만 사용된다.

affirmance ⓝ 단언 **affirmative** ⓐ 긍정의

Vocab+ = **confirm** ⓥ 단언하다

0584 ★★☆ □□□

architect
[ɑ́:rkitèkt]
◆ 내신빈출

ⓝ 건축가, 설계자

As an **architect** and professor, Kate had taught about the historical significance of the Ponte Vecchio bridge to her students for years. 17 모평

건축가이자 교수로서, Kate는 수년간 자신의 학생들에게 Ponte Vecchio 다리의 역사적인 중요성에 대해 가르쳤다.

architecture ⓝ 건축(학)

Vocab+ + **landscape architect** 조경사

0585 ★★☆ □□□

complicated
[kɑ́mpləkèitid]

ⓐ 복잡한

It is no light matter to quickly and correctly pen a long and **complicated** composition. 17 모평

길고 **복잡한** 작품[곡]을 빠르고 정확하게 (종이 위에) 쓰는 것은 결코 쉬운 문제가 아니다.

complicate ⓥ 복잡하게 만들다

Vocab+ = **complex** ⓐ 복잡한, 복합의 **involved** ⓐ 뒤얽힌

0586 ★★☆ □□□

consultation
[kɑ̀nsəltéiʃən]

ⓝ 협의, 상의, 상담, 참조

The importance of public **consultation** becomes increasingly recognised. 17 학평

공공 **협의**의 중요성이 갈수록 더 인식되어 가고 있다.

consult ⓥ 상담하다 **consultant** ⓝ 상담가

Vocab+ = **advice** ⓝ 조언 **counsel** ⓝ 자문

0587 ★★☆ □□□

cloning
[klóuniŋ]

ⓝ 복제

Genetic engineering is followed by **cloning** to distribute many identical animals or plants. 20 모평

유전 공학은 많은 똑같은 동물이나 식물을 퍼뜨리기 위한 **복제**로 이어진다.

clone ⓝ 복제, 복제품 ⓥ 복제하다

0588 ★★☆ □□□

deceive
[disí:v]

ⓥ 속이다, 기만하다

Even the cynic is deliberately **deceiving** someone or hiding the truth. 22 EBS

냉소적인 사람조차도 일부러 누군가를 **속이거나** 진실을 숨긴다.

deceivable ⓐ 속일 수 있는 **deceit** ⓝ 속임수, 사기, 기만 **deception** ⓝ 속임, 사기

Vocab+ = **mislead** ⓥ 오도하다 **cheat** ⓥ 사기치다

0589 ★★☆ □□□

diabetes
[dàiəbí:ti:z]

ⓝ 당뇨병

Strength training can help combat risk factors for heart disease and **diabetes**. 11 수능

체력 훈련은 심장 질환이나 **당뇨병**을 일으킬 수 있는 위험 요인들과 맞서 싸우는 데 도움을 줄 수 있다.

diabetic ⓐ 당뇨병의

0590 ★★☆ □□□
externalize
[ikstə́ːrnəlàiz]

ⓥ (생각·감정을) 외면화하다, 표면화하다

The ancient Greeks and the Egyptians became experts at **externalizing** information. 16 모평

고대 그리스인들과 이집트인들은 정보를 **외면화하는** 일에 전문가들이 되었다.

externality ⓝ 외부성

Vocab+ ↔ **internalize** ⓥ 내면화하다

0591 ★★☆ □□□
erroneously
[iróuniəsli]

ad 잘못되게, 바르지 않게

Some coaches **erroneously** believe mental skills training can only help perfect the performance of highly skilled competitors. 17 모평

일부 코치들은 정신력 훈련이 고도로 숙련된 선수들의 기량을 완벽하게 하는 데만 도움이 될 수 있다고 **잘못** 믿고 있다.

Vocab+ = **wrongly** ad 그릇되게

0592 ★★☆ □□□
distort
[distɔ́ːrt]

ⓥ 왜곡하다, 비틀다

Mindless self-justification **distorts** reality, keeping us from getting all the information we need. 18 EBS

분별없는 자기 정당화는 현실을 **왜곡하여** 우리가 필요로 하는 모든 정보를 얻는 것을 막는다.

distortion ⓝ 왜곡 **distorted** ⓐ 비뚤어진

Vocab+ + **distort one's face** 얼굴을 찌푸리다

0593 ★★☆ □□□
incubation
[ìŋkjubéiʃən]

ⓝ 세균의 배양, (조류의) 알 품기[포란], 질병의 잠복기

Understanding the biology of planktonic organisms is based mainly on **incubation** experiments. 19 모평

플랑크톤 유기체의 생명 작용을 이해하는 것은 주로 **배양** 실험에 근거한다.

incubate ⓥ 배양하다 **incubative** ⓐ 부화의, 잠복기의

0594 ★★☆ □□□
fluid
[flúː(ː)id]

ⓝ 유체, 체액 ⓐ 유동성의

A liquid is like a gas in that its molecules 'flow' (that's why both are called '**fluids**'). 19 EBS

액체는 그것의 분자들이 '흐른다'는 점에서 기체와 같다. (그러한 이유로 두 가지가 모두 '**유체**'라고 불린다.)

fluidity ⓝ 유동성, 유체성 **fluidic** ⓐ 유체의, 유동성의

0595 ★★☆ □□□
gratitude
[grǽtitjùːd]

ⓝ 감사, 고마움

On the way out Jacob gave Mr. Green both a hug and a look of **gratitude**. 21 학평

밖으로 나가면서 Jacob은 Green 선생님을 안으며 **감사**의 표정을 지었다.

gratify ⓥ 감사히 여기다 **gratification** ⓝ 고마움 **grateful** ⓐ 고마워하는

Vocab+ ↔ **ingratitude** ⓝ 망은, 배은망덕

0596 ★★☆ □□□

imaginary

[imǽdʒənèri]

◆ 내신빈출

ⓐ 상상에만 존재하는, 가상의

Whenever an utterance is made, there is always an actual or **imaginary** audience of listeners. 22 EBS

발화가 이루어질 때마다 항상 실제적이거나 **가상의** 청중이 있다.

imagine ⓥ 상상하다 **imaginative** ⓐ 창의적인

Vocab+ = **fictional, fictitious** ⓐ 허구의 **made-up** ⓐ 만들어낸

0597 ★★☆ □□□

edible

[édəbl]

ⓐ 먹을 수 있는

Plants had long been experimenting with insect pollination, attracting dance partners with nectar or **edible** blossoms. 19 학평

식물들은 화밀(花蜜)이나 **먹을 수 있는** 꽃으로 춤 파트너들을 유인하며 오랫동안 곤충에 의한 꽃가루받이(수분)를 실험해 왔다.

edibility ⓝ 식용

Vocab+ = **safe to eat** 먹기 안전한 ↔ **inedible** ⓐ 먹을 수 없는

고난도

0598 ★★★ □□□

metaphysical

[mètəfízikəl]

ⓐ 형이상학의, 순정[순수] 철학의, 철학적인, 추상적인

Adaptation to the **metaphysical** environment suggests that people do not live by truth and accuracy alone. 20 학평

형이상학적 환경에의 적응은 사람들이 진실과 정확성으로 사는 것이 아니라는 것을 시사한다.

metaphysics ⓝ 형이상학

Vocab+ ↔ **physical** ⓐ 형이하의 (**physical science** 형이하학)

0599 ★★★ □□□

tariff

[tǽrif]

ⓝ 관세, 운임표

Unequal terms of trade, protective **tariffs**, and other barriers have long combined to prevent farmers in the global South. 

불공평한 무역 협정, 보호 **관세**, 그리고 다른 장벽들이 결합되어 오랫동안 남반구의 농부들을 방해해 왔다.

참고 **tax** ⓝ 세금, 조세 **duty** ⓝ 의무, 세금 **levy** ⓝ 과세, 징수
customs ⓝ 세관(정부 기관), 세금

0600 ★★★ □□□

amplify

[ǽmpləfài]

ⓥ 증폭시키다, 확대시키다

Information technologies may serve to **amplify** existing prejudices and misconceptions. 10 모평

정보 통신 기술이 기존의 편견과 오해를 **증폭시키는** 데 이바지할 수 있다.

ample ⓐ 넓은, 많은 **amplification** ⓝ 확장, 확대

Vocab+ = **augment** ⓥ 증가시키다 **intensify** ⓥ 강화시키다

Review Test

A 우리말은 영어로, 영어는 우리말로 적으시오.

1 면허, 증명서 c________
2 세균의 배양 i________
3 유체, 체액 f________
4 감사, 고마움 g________
5 concept ________
6 applause ________
7 cloning ________
8 diabetes ________

B 각 단어의 유의어 혹은 반의어를 적으시오.

1 vivid ⊜ c________
2 complicated ⊜ c________
3 affirm ⊜ c________
4 crucial ⊜ c________
5 increase ↔ d________
6 effective ↔ i________
7 externalize ↔ i________
8 metaphysical ↔ p________

C 다음 우리말에 적합한 어휘를 고르시오.

1 Management has been bureaucratized to the point that we throw away [affective / effective] strategies of everyday communication.
경영진은 우리가 일상적 의사소통의 효율적인 전략들을 내버리는 정도까지 관료화되었다.

2 Life is still instinctive, [affective / effective], and irrational.
삶은 여전히 본능적이고, 감정적이고, 비이성적이다.

D 다음 빈칸에 공통으로 들어갈 어휘를 고르시오. [예문에 실린 어휘의 원형을 고를 것]

1 Marie, her long-time friend and trainer, ________ her pain.
2 The world of the year 2000 still had its ________ of hierarchies.
3 Fernando and a partner purchased their ________.

① rate ② ratio ③ share ④ proportion ⑤ percentage

A 1 certificate 2 incubation 3 fluid 4 gratitude 5 개념 6 박수(갈채), 칭찬 7 복제 8 당뇨병 B 1 clear 2 complex 3 confirm 4 critical 5 decrease 6 ineffective 7 internalize 8 physical C 1 effective 2 affective D ③ share

immortal vs. immoral

immortal ⓐ 불멸의	His favorite movie is *Immortal Beloved*. 그가 가장 좋아하는 영화는 〈**불멸의** 연인〉이다.
immoral ⓐ 비도덕적인	The death penalty system is considered inhuman and immoral. 사형제도는 비인간적이고 **비도덕적인** 것으로 여겨진다.

lie vs. lay

lie ⓥ 놓여 있다; 눕다	A letter was lying on the table when she came home. 그녀가 집에 돌아왔을 때 편지가 탁자 위에 **놓여 있었다**.
lay ⓥ ~에 두다; 눕히다	A mom laid the baby in the cradle for a nap. 엄마는 아기를 낮잠을 위해 아기침대에 **눕혔다**.

lose vs. loose

lose ⓥ 잃다; 지다	She tends to lose her gloves. 그녀는 장갑을 **잃어버리는** 경향이 있다.
loose ⓐ 느슨한, 헐거운	Some of the screws on the door were loose. 문의 나사 몇 개가 **헐거웠다**.

allusion vs. illusion

allusion ⓝ 암시	The lyrics contain parting allusions. 그 노래 가사는 이별을 알리는 **암시**를 담고 있다.
illusion ⓝ 환상	The video game can give you the illusion that you are in control of an airplane. 그 비디오 게임은 여러분이 비행기를 조종하고 있다는 **환상**을 줄 수 있다.

confound vs. compound

confound ⓥ 어리둥절하게 하다	The strategy was inconceivable enough to confound the opponents. 그 전략은 적들을 **당황하게 할** 만큼 상상조차 할 수 없는 것이었다.
compound ⓥ 악화시키다	The problems were compounded by severe necessities shortages. 심각한 생필품 부족이 그 문제들을 더욱 **악화시켰다**.

Crossword Puzzle

DAY 15

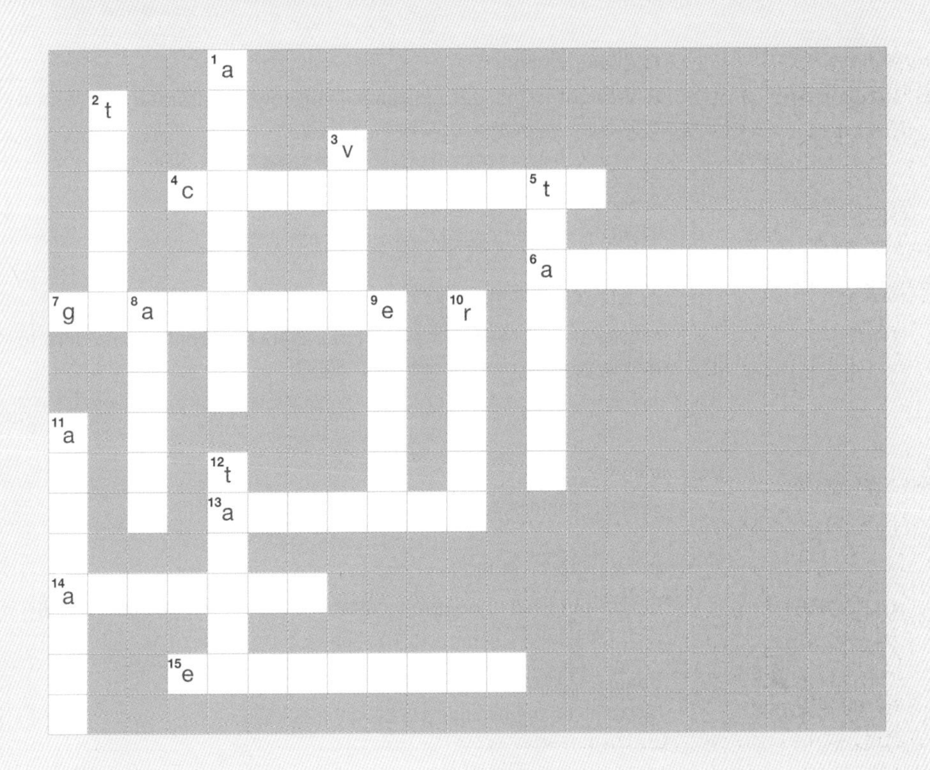

ACROSS

4 ⓝ 면허, 증명서, 자격증

6 ⓝ 건축가, 설계자

7 ⓝ 감사, 고마움

13 ⓥ 이루다, 성취하다

14 ⓥ 증폭시키다, 확대시키다

15 ⓐ 효과적인, 실질적인

DOWN

1 ⓐ 정서적인

2 ⓝ 성질, 기분, 화

3 ⓐ 생생한, 선명한

5 ⓥ 보내다, 전달하다, 전염시키다

8 ⓥ 증명해 보이다, 확인하다, 단언하다

9 ⓐ 먹을 수 있는

10 ⓥ 구하다, 구조하다 ⓝ 구출

11 ⓝ 박수(갈채), 칭찬

12 ⓝ 관세, 운임표

Answer p.517

0601 ★★☆ □□□

linguistic
[liŋgwístik]

ⓐ 언어의, 언어학의

A thought might get expressed out loud in a statement with a particular **linguistic** structure. 16 모평

생각은 특정 **언어** 구조를 지닌 진술로 소리 내어 표현될 수 있을 것이다.

linguistics ⓝ 언어학

Vocab+ + **mother tongue** 모국어

0602 ★★☆ □□□

mimic
[mímik]

ⓥ 흉내 내다, 모방하다

Highly skilled readers have encouraged nonproficient readers to **mimic** what expert readers do. 18 EBS

매우 숙달된 독자는 능숙하지 않은 독자에게 전문적인 독자가 하는 것을 **모방하도록** 권장해 왔다.

mimicry ⓝ 흉내

Vocab+ = **imitate** ⓥ 모방하다

0603 ★★☆ □□□

opponent
[əpóunənt]

◆ 내신빈출

ⓝ 상대, 반대자 ⓐ 반대하는

Opponents will undoubtedly attack, criticize, and blame. 17 모평

상대는 어쨌든 분명히 공격하고, 비판하고, 비난할 것이다.

oppose ⓥ 반대하다

Vocab+ + **be opposed to 명사/동명사** ~에 반대하다

0604 ★★☆ □□□

passionate
[pǽʃənit]

ⓐ 열정적인

Most managers dream of having customers that are **passionate** about their products. 21 모평

대부분의 관리자는 그들 제품에 **열정적인** 고객을 가지기를 꿈꾼다.

passion ⓝ 열정

Vocab+ = **enthusiastic** ⓐ 열정적인

0605 ★★★ □□□

plague
[pleig]

ⓥ 고생시키다, 괴롭히다 ⓝ 전염병

Several forms of dementia **plagued** his father before he passed away. 21 EBS

그의 부친은 돌아가시기 전에 몇 가지 형태의 치매로 **고생하셨다**.

Vocab+ = **trouble** ⓥ 괴롭히다 **epidemic** ⓝ 전염병

0606 ★★☆ □□□

preoccupy
[priːɑ́kjupài]

ⓥ (생각·걱정이) 뇌리를 사로잡다[떠나지 않다]

People may try to escape an emotional experience by **preoccupying** themselves with eating. 18 모평

사람들은 먹는 것에 **몰두함으로써** 감정적인 경험에서 벗어나려고 할 수 있다.

preoccupation ⓝ 사로잡힘, 몰두

Vocab+ = **engross** ⓥ 몰두하게 하다

0607 ★★☆ □□□

regarding
[rigɑ́:rdiŋ]
◆ 내신빈출

ⓟ ~에 관하여

A graduate student in history has a paper to write **regarding** the French Revolution. 21 EBS

역사를 전공하는 대학원생이 프랑스 혁명**에 관해** 써야 할 논문이 있다.

regard ⓥ (~을 …로) 여기다, 평가하다

Vocab+ = **concerning** ⓟ ~에 관하여 **with regard to** ~에 관하여

0608 ★★☆ □□□

respondent
[rispɑ́ndənt]

ⓝ 응답자

The majority of **respondents** report they derived benefits from their adversity. 20 모평

대다수의 **응답자**가 자신이 겪은 역경에서 이익을 얻었다고 보고한다.

respond ⓥ 응답하다

Vocab+ + **correspondent** ⓝ 특파원

DAY 16

0609 ★★☆ □□□

scheme
[ski:m]

ⓝ 계획, 체계 ⓥ 계획하다

An elaborate **scheme** proposal was developed to meet the needs of clients. 19 학평

고객의 요구를 충족시키기 위해 정교한 **계획** 제안서가 만들어졌다.

schematic ⓐ 도식적인

Vocab+ = **plan** ⓝ 계획 **strategy** ⓝ 방책

0610 ★★☆ □□□

accused
[əkjú:zd]
◆ 내신빈출

ⓝ (the ~) 피고(인) ⓐ 고발[고소]당한

A prosecuting attorney persuades the judge or a jury that the **accused** is guilty. 16 모평

기소 검사는 **피고**가 유죄라고 판사나 배심원을 설득한다.

accuse ⓥ 고발하다, 비난하다 **accusation** ⓝ 피고, 고발, 기소

Vocab+ + **accuse A of B** A를 B의 이유로 고발[고소]하다

혼동어

0611 ★★☆ □□□

punish
[pʌ́niʃ]

ⓥ 처벌하다, 벌주다, (특별한 형벌에) 처하다 22 EBS

Elected officials believe that they will be **punished** for scandal.

선출직 공직자들은 자신들이 부정행위 사건으로 **처벌받을** 것이라고 생각한다.

punishment ⓝ 벌, 심한 대접

Vocab+ + **punish A for B** A를 B의 이유로 벌주다

0612 ★★★ □□□

furnish
[fə́:rniʃ]

ⓥ 제공하다; (가구를) 비치하다, 갖추다

The hotel strives to **furnish** guests with the most relaxing and comfortable stay. 22 EBS

그 호텔은 고객들에게 가장 느긋하고 편안한 머무름을 **제공하기** 위해 노력한다.

furnishing ⓝ 가구, 비품

Vocab+ + **furnish A with B** A에게 B를 제공해 주다

0613 ★★☆ □□□

significant
[signífikənt]

ⓐ 중요한, 특별한 의미가 있는

Technological and economic advances have had **significant** cultural implications. 21 모평

기술과 경제의 발전은 **중요한** 문화적 의미를 가져왔다.

significance ⓝ 중요성, 의미

Vocab+ = **important** ⓐ 중요한 ↔ **insignificant** ⓐ 중요하지 않은, 사소한

0614 ★★☆ □□□

strive
[straiv]

ⓥ 노력하다, 애쓰다, 투쟁하다

Cultures would always **strive** for an accurate understanding of the world. 20 학평

문화는 항상 세계를 정확하게 이해하기 위해 **싸울** 것이다.

Vocab+ + **strive for** ~을 위해 싸우다 **strive against fate** 운명과 싸우다

0615 ★☆☆ □□□

tear
ⓥ[tɛər]
ⓥⓝ[tiər]

ⓥ 찢다; 눈물을 흘리다 ⓝ 눈물

Double-bagging your garbage makes the bags less likely to **tear** or burst. 20 학평

당신의 쓰레기를 두 겹으로 봉투에 담는 것은 봉투가 **찢어지거나** 터질 가능성이 줄어들게 만듭니다.

tearing ⓐ 찢는, 쥐어뜯는

Vocab+ = **rip** ⓥ 째다, 찢다

0616 ★★☆ □□□

translation
[trænsléiʃən]

ⓝ 번역

In an increasingly globalized world, literature in **translation** has an especially important role. 20 모평

점점 더 세계화되는 세상에서, **번역** 문학은 특히 중요한 역할을 한다.

translate ⓥ 번역하다

Vocab+ = **rendering** ⓝ 번역 + **interpretation** ⓝ 통역

0617 ★★☆ □□□

virtue
[və́ːrtʃuː]

ⓝ 미덕

Evil is always a weakness, and **virtue** is always strength, even if things appear to be quite the opposite. 18 EBS

비록 상황이 정반대인 것처럼 보이더라도, 악은 항상 약한 것이고 **덕**은 항상 강한 것이다.

virtuous ⓐ 도덕적인

Vocab+ ↔ **vice** ⓝ 악덕 + **by virtue of** ~ 덕분에

0618 ★☆☆ □□□

attitude
[ǽtitjùːd]

ⓝ 태도, 입장

Attitudes toward technological progress are shaped by how people's incomes are affected by it. 20 학평

기술 발전에 대한 **태도**는 사람들의 수입이 그것에 의해 어떤 영향을 받느냐에 의해 형성된다.

Vocab+ = **manner** ⓝ 태도

0619 ★★☆ □□□

cease

[siːs]

ⓥ 중단하다 ⓝ 중단

Judgments of both taste and politics **ceased** to be the criterion for good art. 21 학평

취향과 정치 두 가지 모두에 대한 판단이 좋은 미술에 대한 기준이 되기를 **중단했다**.

ceaseless ⓐ 끊임없는

Vocab+ = **halt** ⓥ 중단하다

0620 ★☆☆ □□□

concentration

[kɑ̀nsəntréiʃən]

ⓝ 정신집중; 농축

In classic experiments on stress, people performed tasks that required **concentration**. 18 학평

스트레스에 관한 고전적인 실험에서, 사람들은 **집중력**을 요구하는 과업을 수행했다.

concentrate ⓥ 집중하다, 모으다, 전념하다; 농축하다

Vocab+ = **attention** ⓝ 주의(력) **focus** ⓝ 초점, 주목

다의어

0621 ★★☆ □□□

mean

[miːn]

1. ⓝ 평균 ⓥ 평균이 ~이다
2. ⓥ 의미하다, 의도하다
3. ⓐ 심술궂은, 인색한, 못된

1. We obtain from the arithmetic **mean** a value which approaches more and more closely to the true value. 20 학평

   우리는 참값에 더욱더 가까운 값을 산술 **평균**으로부터 얻는다.

2. I asked them all what play **meant** to them. 19 EBS

   나는 그들 모두에게 놀이가 그들에게 무엇을 **의미하는지를** 물어보았다.

3. Those around you may be too aggressive. Too direct. Maybe even a little **mean**. 19 모평

   여러분 주변의 사람들은 너무 공격적일 수 있다. 너무 직설적일 수도 있다. 아마 약간 **심술궂을** 수도 있다.

means ⓝ 수단, 방법 **meanly** ⓐⓓ 빈약하게, 불충분하게

Vocab+ = **average** ⓝ 평균

참고 GPA(grade point average) (미국 교육 제도에서 일정 기간 동안의) 평균 평점

0622 ★★☆ □□□

criticize

[krítisàiz]

◆ 내신빈출

ⓥ 비난하다

Our addiction to **criticizing** others is a huge block to effectively giving feedback. 18 EBS

다른 사람들의 **비판**에 대한 우리의 중독은 효과적으로 피드백을 제공하는 데 커다란 장애물이다.

critical ⓐ 중대한; 비판적인 **critic** ⓝ 비평가

Vocab+ + **criticize A for B** A를 B의 이유로 비난하다

0623 ★★☆ □□□
destiny
[déstəni]

ⓝ 운명, 숙명

According to research by psychologist Richard Wiseman, luck isn't a matter of fate or **destiny**. 11 모평

심리학자 Richard Wiseman의 연구에 의하면, 행운이란 숙명이나 **운명**의 문제는 아니다.

destine ⓥ (운명으로) 정하다, 예정해 두다

Vocab+ = **fate** ⓝ 운명 **doom** ⓝ 불운한 운명, 죽음
+ **be destined to *do*** ~할 운명이다

0624 ★☆☆ □□□
ecosystem
[ékousìstəm]

ⓝ 생태계

The loss of biodiversity has generated concern over the consequences for **ecosystem** functioning. 19 수능

생물 다양성 상실은 **생태계** 기능에 대한 영향에 관한 염려를 불러일으켰다.

Vocab+ + **marine ecosystem** 해양 생태계

0625 ★☆☆ □□□
explode
[iksplóud]

ⓥ 폭발하다, 폭발적으로 증가하다

The number of sources of information from which we are to make the decisions has **exploded**. 18 학평

우리가 결정을 내리게 되는 근거가 되는 정보 원천의 수가 **폭발적으로 증가해** 왔다.

explosion ⓝ 폭발 **explosive** ⓐ 폭발성의 ⓝ 폭발물

0626 ★★☆ □□□
fuse
[fju:z]

ⓥ 융합하다, 결합하다 ⓝ 퓨즈, 도화선

The ear is the only sense that **fuses** an ability to measure with an ability to judge. 14 수능

귀는 측정 능력을 판단 능력과 **결합하는** 유일한 감각 기관이다.

fusion ⓝ 융합, 용해

참고 confusion ⓝ 혼란 profusion ⓝ 풍성함 diffusion ⓝ 발산

0627 ★☆☆ □□□
include
[inklú:d]

ⓥ 포함하다

The fee **includes** cheese tasting and making. 22 EBS

참가비에는 치즈 시식과 만들기가 **포함됩니다**.

inclusive ⓐ (가격에) 일체의 경비가 포함된 **inclusion** ⓝ 포함

Vocab+ = **contain** ⓥ 포함하다 **incorporate** ⓥ 포함하다, 합병하다
↔ **exclude** ⓥ 배제하다

0628 ★☆☆ □□□
negotiate
[nigóuʃièit]

ⓥ 협상하다

Flexible pricing allows the marketer to adjust prices in accordance with the consumer's **negotiating** ability or buying power. 18 EBS

융통성 있는 가격 책정은 판매자가 소비자의 **협상** 능력이나 구매 능력에 따라 가격을 조정할 수 있게 해준다.

negotiation ⓝ 협상 **negotiable** ⓐ 협상 가능한

Vocab+ = **bargain** ⓥ 흥정하다 **arrange** ⓥ (분쟁을) 조정하다

0629 ★★☆ □□□

pest

[pest]

ⓝ 해충, 유해동물

Plant relies on its own chemical defenses to deter **pests**. 21 학평

식물은 자체의 화학적 방어 수단에 의존해 **해충**을 저지한다.

Vocab+ + **bug** ⓝ (작은) 벌레, 곤충 **insect** ⓝ 곤충

0630 ★★☆ □□□

request

[rikwést]

◆ 내신빈출

ⓝ 요청 ⓥ 요청하다

I would **request** a reply from you within 5 days from receiving this letter. 21 EBS

이 편지를 받은 후 5일 이내로 답변을 해주실 것을 **요청합니다**.

require ⓥ 요구하다 **requirement** ⓝ 요건, 필요

Vocab+ = **ask for** ~을 요청하다 + **make a request for** ~에 대해 요청하다

0631 ★☆☆ □□□

severe

[sivíər]

ⓐ 심한, 엄격한

Landslides can be a more **severe** component of the soil erosion problem. 21 EBS

산사태는 토양 침식 문제의 더 **심각한** 구성 요소가 될 수 있다.

severely ⓐⓓ 심하게 **severity** ⓝ 심각성

Vocab+ + **with severity** 심각하게

0632 ★★☆ □□□

sustain

[səstéin]

ⓥ 지탱하다, 유지하다

Selling advertisements may be necessary to **sustain** the giants in the short term. 20 학평

광고를 판매하는 것은 단기적으로 거대 기업들을 **지탱하기** 위해 필요할 수 있다.

sustainable ⓐ 지속 가능한

Vocab+ = **maintain** ⓥ 유지하다

0633 ★☆☆ □□□

vehicle

[víːikl]

ⓝ 수단; 탈것, 운송수단

Supplement reviews have been used as **vehicles** to promote the sale of nutrition products. 17 모평

보충제 논평 기사는 영양 제품의 판매를 촉진하기 위한 **수단**으로 이용되어 왔다.

Vocab+ = **medium** ⓝ 수단 **means** ⓝ 수단, 방법 **automobile** ⓝ 자동차

0634 ★★☆ □□□

archaeological

[ὰːrkiəlάdʒikəl]

ⓐ 고고학의, 고고학적인

We lack any direct **archaeological** evidence for water carrying. 19 학평

우리는 물 운반에 대한 직접적인 **고고학적** 증거가 부족하다.

archaeology ⓝ 고고학 **archaeologist** ⓝ 고고학자

참고 paleontology ⓝ 고생물학 geology ⓝ 지질학

0635 ★★☆ □□□
dump
[dʌmp]

ⓥ 버리다, 쏟아버리다 ⓝ 쓰레기 폐기장

I reached for something without looking and **dumped** a cup of coffee into Dad's plate. 18 학평

나는 보지 않고 무언가를 잡으려고 손을 내뻗었다가 아빠의 접시에 커피 한 잔을 **쏟았다**.

dumping ⓝ 폐기

Vocab+ = **discharge** ⓥ 버리다

0636 ★★☆ □□□
current
[kə́:rənt]

ⓐ 현재의; 통용되는 ⓝ 흐름, 전류, 해류, 경향

I am simply not in a financial situation where it would be possible to meet the **current** terms. 18 모평

제가 단지 **현재의** 납부 조건을 충족시킬 수 있는 재정적인 상황에 놓여 있지 않은 것뿐입니다.

currency ⓝ 통화 **currently** ⓐⓓ 현재는

참고 recurrent ⓐ 되풀이되는 concurrent ⓐ 동시에 발생하는

0637 ★★★ □□□
undertake
[ʌ̀ndərtéik]
◆ 내신빈출

ⓥ 착수하다; 약속하다, 떠맡다

War should be a last resort, obviously, **undertaken** when all other options have failed. 13 수능

전쟁은 분명 다른 모든 선택권이 실패했을 때 **착수되는** 최후의 수단이어야 한다.

Vocab+ = **commence** ⓥ 개시하다 **promise** ⓥ 약속하다

고난도

0638 ★★★ □□□
queue
[kju:]

ⓝ 줄, 대기행렬 ⓥ 줄을 서서 기다리다

The *New York Times* ran an article titled "Why Waiting Is Torture," and the piece gave a clear explanation for **queue** rage. 20 학평

〈뉴욕 타임즈〉는 '기다림은 왜 고문인가'라는 제목의 기사를 실었고, 그 기사는 **줄 서기** 분노에 대해 확실하게 설명해 주었다.

Vocab+ = **line** ⓝ 줄 **row** ⓝ 열 + **queue-jumping** ⓝ 새치기

0639 ★★★ □□□
repository
[ripázətɔ̀:ri]

ⓝ 저장소

Consumer communities feed on global and widely shared **repositories** of ideas, images, and practices. 21 모평

소비자 집단은 개념, 이미지, 관습의 전 세계적이며 널리 공유된 **저장소**로 인해 더 강화된다.

reposit ⓥ 저장하다

Vocab+ = **archive** ⓝ 저장소, 기록 보관소 **depository** ⓝ 보관소

0640 ★★★ □□□
hitherto
[híðərtù:]

ⓐⓓ 지금까지

The well-being of societies has **hitherto** been judged according to economic measures. 17 EBS

사회의 안녕과 행복이 **지금까지** 경제적 척도에 따라 판단되어 왔다.

Vocab+ = **heretofore** ⓐⓓ 이제까지는 **until now** 지금까지

Review Test

A 우리말은 영어로, 영어는 우리말로 적으시오.

1 계획, 체계 s________
2 상대, 반대자 o________
3 탈것, (운송) 수단 v________
4 저장소 r________
5 destiny ________
6 sustain ________
7 translation ________
8 ecosystem ________

B 각 단어의 유의어 혹은 반의어를 적으시오.

1 undertake ⊜ c________
2 regarding ⊜ c________
3 dump ⊜ d________
4 preoccupy ⊜ e________
5 passionate ⊜ e________
6 include ↔ e________
7 virtue ↔ v________
8 significant ↔ i________

C 다음 우리말에 적합한 어휘를 고르시오.

1 The hotel strives to [furnish / punish] guests with the most relaxing and comfortable stay.
그 호텔은 고객들에게 가장 느긋하고 편안한 머무름을 제공하기 위해 노력한다.

2 Elected officials believe that they will be [furnished / punished] for scandal.
선출직 공직자들은 자신들이 부정행위 사건으로 처벌받을 것이라고 생각한다.

D 다음 빈칸에 공통으로 들어갈 어휘를 고르시오. [예문에 실린 어휘의 원형을 고를 것]

1 We obtain from the arithmetic ________ a value which approaches more and more closely to the true value.
2 I asked them all what play ________ to them.
3 Those around you may be too aggressive. Too direct. Maybe even a little ________.

① median ② average ③ mean ④ signify ⑤ connote

A 1 scheme 2 opponent 3 vehicle 4 repository 5 운명, 숙명 6 지탱하다, 유지하다 7 번역 8 생태계 B 1 commence 2 concerning 3 discharge 4 engross 5 enthusiastic 6 exclude 7 vice 8 insignificant C 1 furnish 2 punished D ③ mean

elicit vs. illicit

elicit ⓥ (정보 · 반응 등을 어렵게) 끌어내다	The new CEO is poor at **eliciting** sympathy from the public. 새로운 CEO는 대중들로부터 공감을 **이끌어내는** 데 미숙하다.
illicit ⓐ 불법의 (illegal)	His being arrested was ascribed to selling **illicit** copies of the software. 그가 체포된 것은 그 소프트웨어의 **불법** 복제품을 판매한 탓이었다.

appraise vs. apprise

appraise ⓥ 평가하다, 살피다	The certified public appraiser **appraised** the painting at $1 million. 그 공인 감정평가사는 그 그림을 100만 달러로 **평가했다**.
apprise ⓥ 알리다	If there are any changes in the situation, you should **apprise** me of the change. 만약 상황에 변화가 있다면, 당신은 나에게 그 변화를 **알려줘야** 합니다.

ensure vs. insure

ensure ⓥ 보장하다, 반드시 ~하게[이게] 하다	Flight attendants took measures to **ensure** the safety of the passengers. 기내 승무원들은 승객들의 안전을 **보장하기** 위한 조치를 취했다.
insure ⓥ 보험에 들다[가입하다]	People **insure** their house against fire and flood damage. 사람들은 자신들의 집에 화재와 홍수 피해에 대비해 **보험을 든다**.

climactic vs. climatic

climactic ⓐ 절정의, 가장 신나는[중요한]	At the **climactic** moment, the main characters find themselves face to face with their rivals. **절정의** 순간에, 소설의 주인공은 자신들의 적과 얼굴을 마주하게 된다.
climatic ⓐ 기후의	Some trees only grow in humid **climatic** conditions. 어떤 나무들은 습한 **기후** 조건에서만 자란다.

capital vs. capitol

capital ⓝ 자본금; 수도	Does the entrepreneur have the **capital** to start a new business? 그 사업가는 새로운 사업을 시작할 **자본금**이 있습니까?
capitol ⓝ 미국 국회의사당	The legislators are to be called to the **capitol** for an emergency session. 국회의원들은 긴급 회의를 위해 **국회의사당**으로 소집될 예정이다.

Crossword Puzzle

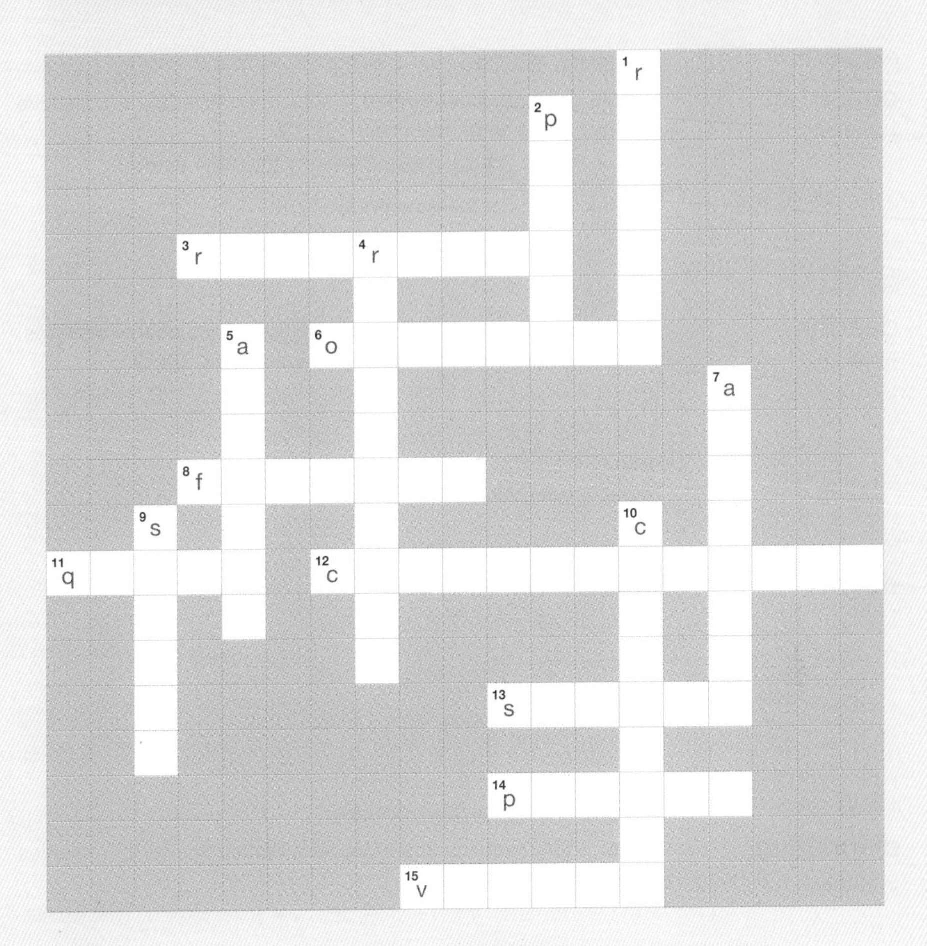

ACROSS

3 ⓟ ~에 관하여

6 ⓝ 상대, 반대자 ⓐ 반대하는

8 ⓥ 제공하다, (가구를) 비치하다, 갖추다

11 ⓝ 줄, 대기행렬 ⓥ 줄을 서서 기다리다

12 ⓝ 정신집중, 농축

13 ⓥ 노력하다, 애쓰다 , 투쟁하다

14 ⓥ 처벌하다, 벌주다, (특별한 형벌에) 처하다

15 ⓝ 미덕

DOWN

1 ⓝ 요청 ⓥ 요청하다

2 ⓥ 고생시키다, 괴롭히다 ⓝ 전염병

4 ⓝ 저장소

5 ⓝ 피고(인) ⓐ 고발[고소]당한

7 ⓝ 태도, 입장

9 ⓐ 심한, 엄격한

10 ⓥ 비난하다

Answer p.517

0641 ★★☆ □□□
construct
[kənstrʌ́kt]

ⓥ 구축하다, 건설하다

People gradually **constructed** a social narrative and a collective memory of the emotional event. 18 수능

사람들은 서서히 그 감정적 사건의 사회적 이야기와 집단 기억을 **구축했다**.

construction ⓝ 건설 **constructive** ⓐ 건설적인

Vocab+ ↔ **destroy** ⓥ 파괴하다

0642 ★★☆ □□□
deadly
[dédli]
◆ 내신빈출

ⓐ 치명적인

Smallpox and polio, which were once feared and **deadly** diseases, were eliminated from the Western Hemisphere. 19 학평

천연두와 소아마비는, 한때 두려움의 대상이자 **치명적인** 질병이었지만, 서반구에서 퇴치되었다.

dead ⓐ 죽은 ⓝ (the ~) 죽은 사람들

Vocab+ = **lethal, fatal** ⓐ 치명적인 **mortal** ⓐ 죽는, 영원히 살 수 없는

0643 ★★☆ □□□
devote
[divóut]

ⓥ 전념하다, (시간·노력 등을) 쏟다

About one-third of the human brain is **devoted** to vision. 20 학평

인간 뇌의 약 삼분의 일이 시각에 **전념하고 있다**.

devotion ⓝ 헌신, 전념

참고 devote A to B A를 B에 바치다 (= dedicate A to B)
[to는 전치사이므로, B에는 (대)명사 혹은 동명사 형태가 와야 한다.]

0644 ★★☆ □□□
distinctive
[distíŋktiv]

ⓐ 뚜렷이 구별되는, 변별력 있는, 독특한

Today, equity remains important as a **distinctive** set of remedies and procedures. 21 모평

오늘날, 형평법은 일련의 **뚜렷이 구별되는** 일련의 구제 방법과 절차로서 여전히 중요하다.

distinction ⓝ 차이; 뛰어남 **distinct** ⓐ 뚜렷한

Vocab+ = **characteristic** ⓐ 특징적인

0645 ★★☆ □□□
edge
[edʒ]

ⓝ 가장자리; 우위; 날카로움

The inner critic is like a guard at the **edge** of your comfort zone. 20 EBS

내면의 비판가는 여러분의 안락지대 **가장자리**에 있는 문지기와 같다.

Vocab+ + **cutting-edge** ⓐ 최첨단의

0646 ★★☆ □□□
sufficient
[səfíʃənt]

ⓐ 충분한

Treat the good-doer with good and don't treat the evil-doer with evil for his evil will be **sufficient** for him. 22 EBS

선을 행하는 자는 선으로 대하고 악을 행하는 자는 그의 악행으로도 그에게 **충분할** 것이므로 악으로 대하지 말라.

suffice ⓥ 충분하다

Vocab+ = **enough** ⓐ 충분한 ↔ **insufficient** ⓐ 불충분한

0647 ★★☆ □□□
exterior
[ikstí(:)əriər]

ⓝ 겉, 겉면, 외부 ⓐ 외부의
Like naive car buyers, most people see only animals' varied exteriors. 20 모평
순진한 자동차 구매자들처럼, 대부분의 사람들은 오직 동물들의 다양한 **겉모습**만을 본다.
exteriorize ⓥ 외면화하다, 구체화하다 **exteriority** ⓝ 외면성
Vocab+ ↔ **interior** ⓝ 내부 ⓐ 내부의

0648 ★★☆ □□□
fluency
[flú(:)ənsi]

ⓝ 유창성
Marketers can take advantage of conceptual fluency and enhance the effectiveness of their advertisements. 19 학평
마케터들은 개념적 **유창성**을 이용하여 자신들의 광고의 효과를 강화할 수 있다.
fluent ⓐ 유창한 **fluently** ⓐⓓ 유창하게
Vocab+ = **eloquence** ⓝ 유창성

0649 ★★☆ □□□
illuminate
[iljú:mənèit]
◆ 내신빈출

ⓥ 조명하다; 분명히 하다, 설명하다; 계몽하다
Einstein wanted to illuminate the workings of the universe with a clarity never before achieved. 11 모평
Einstein은 이전에 성취되지 않았던 분명함을 갖고 우주의 역할을 **설명하고** 싶었다.
illumination ⓝ 빛
Vocab+ = **enlighten** ⓥ 계몽하다

0650 ★★☆ □□□
incredible
[inkrédəbl]

ⓐ (믿기 어려울 만큼) 엄청난, 믿을 수 없는
The opening da-da-da-DUM appears that everyone has heard somewhere or another in an incredible variety of ways. 22 모평
시작 부분의 다-다-다-덤은 모든 사람들이 **엄청나게** 다양한 방식으로 어디선가 들어본 듯 보인다.
incredibly ⓐⓓ 믿을 수 없을 정도로
Vocab+ = **unbelievable** ⓐ 믿을 수 없는

혼동어

0651 ★★☆ □□□
jealous
[dʒéləs]

ⓐ 시샘하는, 질투하는
Nobel was extremely jealous of Mittag-Leffler and the lifestyle that he led. 18 학평
Nobel은 Mittag-Leffler와 그가 영위하던 생활방식을 극도로 **시샘했다**.
jealousy ⓝ 질투
Vocab+ + **be jealous of** ~을 질투하다

0652 ★★☆ □□□
zealous
[zéləs]

ⓐ 열성적인
Anxiety is, in one sense, an overly zealous mental preparation for an anticipated threat. 12 수능
어떤 의미에서의 두려움은 예상된 위협에 대한 지나치게 **열성적인** 정신적 준비이다.
zeal ⓝ 열의
Vocab+ = **passionate** ⓐ 열정적인 **ardent** ⓐ 열렬한

0653 ★★☆ □□□

interfere
[ìntərfíər]

ⓥ 간섭하다, 방해하다

Putting the details of the face into words **interfered** with the natural facial recognition. 19 학평

얼굴의 세부 사항을 말로 표현하는 것은 자연스러운 얼굴 인식을 **방해했다**.

interference ⓝ 간섭, 방해

Vocab+ = **intervene** ⓥ 간섭하다, 개입하다
+ **interfere in** ~에 간섭[개입]하다 **interfere with** ~을 방해하다

0654 ★★☆ □□□

limitation
[lìmətéiʃən]

ⓝ 한계, 제한

Being authentic is a process of becoming more true to oneself and accepting **limitations** and possibilities. 22 EBS

진정성이 있다는 것은 자신에게 더 충실해지고 **한계**와 가능성을 받아들이는 과정이다.

limit ⓥ 제한하다 ⓝ 제한, 한계 **limited** ⓐ 제한된

Vocab+ = **restraint** ⓝ 제한

0655 ★★☆ □□□

migrate
[máigreit]

ⓥ 이동하다, 이주하다

Some of the dollars previously spent on newspaper advertising have **migrated** to the Internet. 12 수능

이전에 신문 광고에 쓰였던 돈의 일부가 인터넷으로 **이동해** 왔다.

migration ⓝ 이주 **migrant** ⓝ 이주자 ⓐ 이주의, 이동의

참고 **immigrate** ⓥ 이주해 들어오다 **emigrate** ⓥ 이주해 나가다

0656 ★★☆ □□□

narrow
[nǽrou]

ⓐ 좁은, 아슬아슬하게 된 ⓥ 좁히다; 눈쌀을 찌푸리다

A belief system characterized by radical individualism promotes a **narrow** and limited understanding of freedom. 17 학평

극단적 개인주의로 특징지어지는 신념 체계는 자유에 대한 **편협하고** 제한적인 이해를 조장한다.

narrowly ⓐⓓ 좁게, 가까스로

Vocab+ ↔ **wide** ⓐ 넓은 **widen** ⓥ 넓히다

0657 ★★☆ □□□

particle
[pá:rtikl]

ⓝ 입자, 작은 조각

Gravity-induced stress exceeds the force that holds the **particles** of water or ice together. 18 학평

중력에 의해 야기된 압력은 물이나 얼음의 **입자**를 뭉치는 힘을 초과한다.

참고 **bit** ⓝ 작은 조각 **piece** ⓝ 조각 **scrap** ⓝ 가늘고 얇은 조각
shred ⓝ (파쇄된 문서의) 아주 작은 조각

0658 ★★☆ □□□

eccentric
[ikséntrik]
◆ 내신빈출

ⓐ 기이한, 이상한, 괴팍한

Creative thought appear to have been the products of isolated and **eccentric** individuals. 19 학평

창의적 사고는 고립되고 **기이한** 개인들의 산물이었던 것으로 보인다.

eccentricity ⓝ 기이한 행동

Vocab+ = **weird** ⓐ 기이한 **odd** ⓐ 기묘한

0659 ★★☆ □□□

premium
[prí:miəm]

ⓐ 고급의; 할증의, 프리미엄의 ⓝ 보험료; 할증료

Many consumers are willing to pay **premium** prices for organic foods. 12 모평

많은 소비자들이 유기농 식품에 대해 **프리미엄** 가격을 기꺼이 지불한다.

Vocab+ + **put a premium on** ~을 중시하다

0660 ★★☆ □□□

refuge
[réfju:dʒ]
◆ 내신빈출

ⓝ 피난처, 도피처, 보호구역

Volcanic activity caused the island **refuge** to sink completely beneath the waves. 16 모평

화산 활동은 그 섬의 **피난처**가 완전히 바닷속에 가라앉게 했다.

refugee ⓝ 난민

다의어

0661 ★★☆ □□□

address
[ədrés]

1. ⓝ 주소
2. ⓥ (문제 등을) 처리하다, 다루다
3. ⓥ 연설하다

1. User names, email **addresses**, and passwords were acquired by an unauthorized third party. 18 학평
   사용자 이름, 이메일 **주소**, 비밀번호를 승인받지 않은 제삼자가 취득했다.
2. I would like to see if there is some way we can **address** your concerns. 17 학평
   저는 귀하의 문제를 **처리할** 수 있는 어떤 방법이 있는지 알아보고 싶습니다. 21 EBS
3. Bill Boomer **addressed** a coaches' clinic I happened to attend.
   Bill Boomer는 내가 마침 참석한 코치들을 위한 단기 강좌에서 **강연했다.**

addressee ⓝ 수신인 **addresser** ⓝ 발신인

0662 ★★☆ □□□

scarcely
[skɛ́ərsli]
◆ 내신빈출

ⓐⓓ 거의 ~않다; 겨우, 간신히, 가까스로

Less polluting cars will be produced; cars which **scarcely** pollute at all could even be made. 14 수능

오염을 덜 시키는 차들이 생산될 것이며, 심지어 오염을 **거의** 시키지 **않는** 차들이 만들어질 수도 있다.

scarce ⓐ 부족한 **scarcity** ⓝ 부족

Vocab+ = **hardly** ⓐⓓ 거의 ~않다

0663 ★★☆ □□□
sibling
[síbliŋ]

ⓝ 형제, 자매
Louise shared how her mother dealt with **sibling** fighting. 17 모평
Louise는 자신의 어머니가 어떻게 **형제자매** 간의 싸움을 다루었는지를 사람들에게 들려주었다.

0664 ★★☆ □□□
split
[split]

ⓥ 분리하다, 분열하다 ⓝ 몫; 틈, 분열
Look at the old grammar rule forbidding the **splitting** of infinitives. 20 EBS
부정사를 **분리하는** 것을 금지하는 옛 문법 규칙을 보라.

Vocab+ + **split into** ~로 분열되다

0665 ★☆☆ □□□
explain
[ikspléin]

ⓥ 설명하다
Students used theories to **explain** observations and to resolve problems. 17 EBS
학생들은 관찰 사항을 **설명하고** 문제를 해결하기 위해 이론을 사용했다.

explanation ⓝ 설명
Vocab+ = **describe** ⓥ 설명하다 **depict** ⓥ 묘사하다

0666 ★★☆ □□□
taxation
[tækséiʃən]

ⓝ 조세, 과세제도
Obligations are to rights what **taxation** is to public spending. 20 학평
권리에 대한 의무의 관계는 공공 지출에 대한 **과세**의 관계와 같습니다.

tax ⓝ 세금
Vocab+ + **impose a tax** 세금을 부과하다

0667 ★★☆ □□□
transition
[trænzíʃən]

ⓝ 전환, 변화, 과도기
Some people argue that a **transition** to paperless, electronic writing is now inevitable. 18 학평
어떤 사람들은 종이 없는 전자적 필기로의 **전환**이 이제 불가피하다고 주장한다.

transitional ⓐ 과도기의
Vocab+ + **make a transition** 전환을 이루다

0668 ★★☆ □□□
virtual
[və́ːrtʃuəl]
◆ 내신빈출

ⓐ 가상의; 사실상의
One can read together with others remotely, commenting between the **virtual** lines and in the margins. 17 EBS
우리는 **가상의** 행과 여백 사이에 의견을 말하면서 멀리 떨어져서도 다른 사람들과 함께 읽을 수 있다.

virtually ⓐⓓ 사실상
Vocab+ + **virtual reality** 가상 현실

0669 ★★☆ □□□

accurate
[ǽkjurit]

ⓐ 정확한

Hypnosis leads people to come up with more information, but not necessarily more **accurate** information. 19 학평

최면은 사람들이 더 많은 정보를 생각해내게 하지만, 반드시 더 **정확한** 정보를 생각해내게 하는 것은 아니다.

accuracy ⓝ 정확성 **accurately** ⓐⓓ 정확하게

Vocab+ = **precise** ⓐ 정밀한, 정확한

0670 ★☆☆ □□□

athletic
[æθlétik]

ⓐ 운동의, 운동경기의, 탄탄한

Psychological factors will largely affect the **athletic** results. 17 모평

심리적인 요소들이 대개 **운동** 결과에 영향을 미칠 것이다.

athlete ⓝ 운동선수

0671 ★☆☆ □□□

carriage
[kǽridʒ]

ⓝ 객차, 마차, 운반

I needed to check for my bag in their glass bag **carriage**. 20 학평

나는 유리창이 있는 수화물용 **객차**에 내 가방이 있는지 확인할 필요가 있었다.

carry ⓥ 나르다

Vocab+ = **transportation** ⓝ 운송(수단), 대중교통

0672 ★☆☆ □□□

compose
[kəmpóuz]

◆ 내신빈출

ⓥ 구성하다, 작곡하다, 작문하다

The community chorus is **composed** of over 30 members ranging in age from 18 to 90. 21 학평

지역 사회 합창단은 18세에서 90세까지의 나이에 걸친 30명 이상의 단원들로 **구성되어** 있습니다.

composition ⓝ 작곡, 구성

참고 be composed of = be comprised of = be made up of = consist of ~로 구성되다
(consist of는 수동으로 표현할 수 없다.)

0673 ★☆☆ □□□

crisis
[kráisəs]

ⓝ 위기 (ⓟⓛ crises)

An organization breaks the news about its own **crisis** before the **crisis** is discovered by the media. 17 모평

조직은 자신의 **위기**가 매체에 의해 발견되기 전에 그 **위기**에 대한 소식을 알린다.

Vocab+ = **deadlock** ⓝ 막다른 골목 **dilemma** ⓝ 곤경

0674 ★★☆ □□□

destination
[dèstənéiʃən]

ⓝ 목적지

A slight change in your daily habits can guide your life to a very different **destination**. 19 학평

여러분의 일상 습관에서의 작은 변화는 여러분의 삶을 매우 다른 **목적지**로 이끌 수 있다.

destine ⓥ (차 등이) ~행이다, 예정해 두다, (~할) 운명에 있다

Vocab+ + **destined for** ~행인, ~로 향하는

0675 ★★☆ □□□
dynamic
[dainǽmik]

ⓐ 역동적인, 활발한

Both growth and development require a complex and **dynamic** set of interactions involving all cell parts. 21 수능

성장과 발달 둘 다 모든 세포 부분을 포함하는 일련의 복잡하고 **역동적인** 상호 작용을 필요로 한다.

dynamics ⓝ 역학

Vocab+ = **active** ⓐ 능동적인, 활동적인

0676 ★★☆ □□□
strip
[strip]

ⓥ 벗기다, 없애다

People often think of abstraction as **stripping** away meaning. 22 EBS

사람들은 흔히 추상 작용을 의미를 **벗겨내는** 것으로 생각한다.

Vocab+ + **strip away** ~을 벗겨내다 **strip A of B** A로부터 B를 제거하다

0677 ★☆☆ □□□
fundamental
[fʌ̀ndəméntəl]

ⓐ 기본적인, 근본적인, 필수의

The **fundamental** narrative and themes of *Apocalypse Now* are the same as those of *Heart of Darkness*. 17 수능

〈Apocalypse Now〉의 **기본적인** 줄거리와 주제는 〈Heart of Darkness〉의 그것들과 같다.

fundamentally ⓐⓓ 근본적으로

고난도

0678 ★★★ □□□
exacerbate
[igzǽsərbèit]

ⓥ (특히 질병·문제를) 악화시키다

Reprocessing can **exacerbate** the problem of disposal rather than assisting it. 18 모평

재처리는 처리 문제를 도와주기보다는 **악화시킬** 수 있다.

exacerbation ⓝ 격화, 악화

Vocab+ = **worsen** ⓥ 악화시키다

0679 ★★★ □□□
steadfast
[stédfæ̀st]

ⓐ 변함없는, 확고부동한

The employees of the military remain among the highest functioning, **steadfast**, and loyal of virtually any organization on the planet. 20 학평

군대에 고용된 사람들은 지구상에 있는 거의 모든 조직 중에서 가장 제대로 기능하고, **확고부동하고**, 충성스러운 자들에 속한다.

steadfastness ⓝ 견고함

0680 ★★★ □□□
loophole
[lúːphòul]

ⓝ 허점, 도망갈 길

Privately owning great apes should not be possible, but **loopholes** in existing laws allow it to occur. 17 EBS

개인적으로 유인원을 소유하는 것은 가능해서는 안 되지만, 현재 법의 **허점**이 그런 일이 일어나게 한다.

Vocab+ = **a way out** 탈출구 + **escape** ⓥ 빠져나가다

Review Test

A 우리말은 영어로, 영어는 우리말로 적으시오.

1 피난처 r________
2 가상의 v________
3 입자, 작은 조각 p________
4 조세, 과세제도 t________
5 limitation ________
6 destination ________
7 crisis ________
8 fluency ________

B 각 단어의 유의어 혹은 반의어를 적으시오.

1 distinctive ⊜ c________
2 interfere ⊜ i________
3 zealous ⊜ p________
4 accurate ⊜ p________
5 construct ↔ d________
6 sufficient ↔ i________
7 exterior ↔ i________
8 narrow ↔ w________

C 다음 우리말에 적합한 어휘를 고르시오.

1 Anxiety is, in one sense, an overly [jealous / zealous] mental preparation for an anticipated threat.
어떤 의미에서의 두려움은 예상된 위협에 대한 지나치게 열성적인 정신적 준비이다.

2 Nobel was extremely [jealous / zealous] of Mittag-Leffler and the lifestyle that he led.
Nobel은 Mittag-Leffler와 그가 영위하던 생활방식을 극도로 시샘했다.

D 다음 빈칸에 공통으로 들어갈 어휘를 고르시오. [예문에 실린 어휘의 원형을 고를 것]

1 User names, email ________, and passwords were acquired by an unauthorized third party.
2 I would like to see if there is some way we can ________ your concerns.
3 Bill Boomer ________ a coaches' clinic I happened to attend.

① handle ② cope ③ observe ④ deserve ⑤ address

A. 1 refuge 2 virtual 3 particle 4 taxation 5 한계, 제한 6 목적지 7 위기 8 유창성 B 1 characteristic 2 intervene 3 passionate 4 precise 5 destroy 6 insufficient 7 interior 8 wide C 1 zealous 2 jealous D ⑤ address

imply vs. infer

imply ⓥ 암시[시사]하다	The reports **implied** that his death was not an accident. 보고서들은 그의 죽음이 사고가 아니었음을 **암시했다**.
infer ⓥ 추론하다	It's not easy to **infer** how these changes will affect ordinary citizens. 이러한 변화가 일반 시민들에게 어떤 영향을 미칠지 **추론하기는** 쉽지 않다.

principal vs. principle

principal ⓐ 주요한, 주된 ⓝ 교장	Fresh vegetables are the **principal** ingredients in our soup. 신선한 야채가 우리 수프의 **주요한** 재료입니다.
principle ⓝ (개인의 도덕 · 신념과 관련된) 원칙	Cheating is against my **principles**. 부정행위는 나의 **원칙**에 위배된다.

stationary vs. stationery

stationary ⓐ 움직이지 않는, 정지된	The North Pacific air mass has remained **stationary** over the Korean Peninsula. 북태평양 기단이 한반도 상공에서 **정지된** 상태를 유지하고 있다.
stationery ⓝ 문구류, 문방구	The girl preferred new clothes over a new backpack and **stationery**. 그 소녀는 새 배낭과 **문구류**보다 새 옷을 더 좋아했다.

expend vs. expand vs. extend

expend ⓥ (많은 돈 · 시간 · 에너지 등을) 들이다[쏟다]	Are we willing to **expend** the time and resources required to solve the problem? 문제를 해결하는 데 필요한 시간과 자원을 **들일** 의향이 있습니까?
expand ⓥ 확장[확대]되다[시키다]	His business has **expanded** to serve all the communities. 그의 사업은 모든 공동체에 봉사할 수 있도록 **확장되었다**.
extend ⓥ 더 길게[크게/넓게] 만들다	**Extend** your arms out in front of you. 두 팔을 앞으로 **뻗으세요**.

simultaneous vs. spontaneous

simultaneous ⓐ 동시의	The two accidents were **simultaneous**. 두 사건은 **동시에** 일어났다.
spontaneous ⓐ 자발적인, 마음에서 우러난	Her **spontaneous** participation made the other members collaborate each other. 그녀의 **자발적인** 참여는 다른 구성원들이 서로 협력하게 만들었다.

Crossword Puzzle

DAY 17

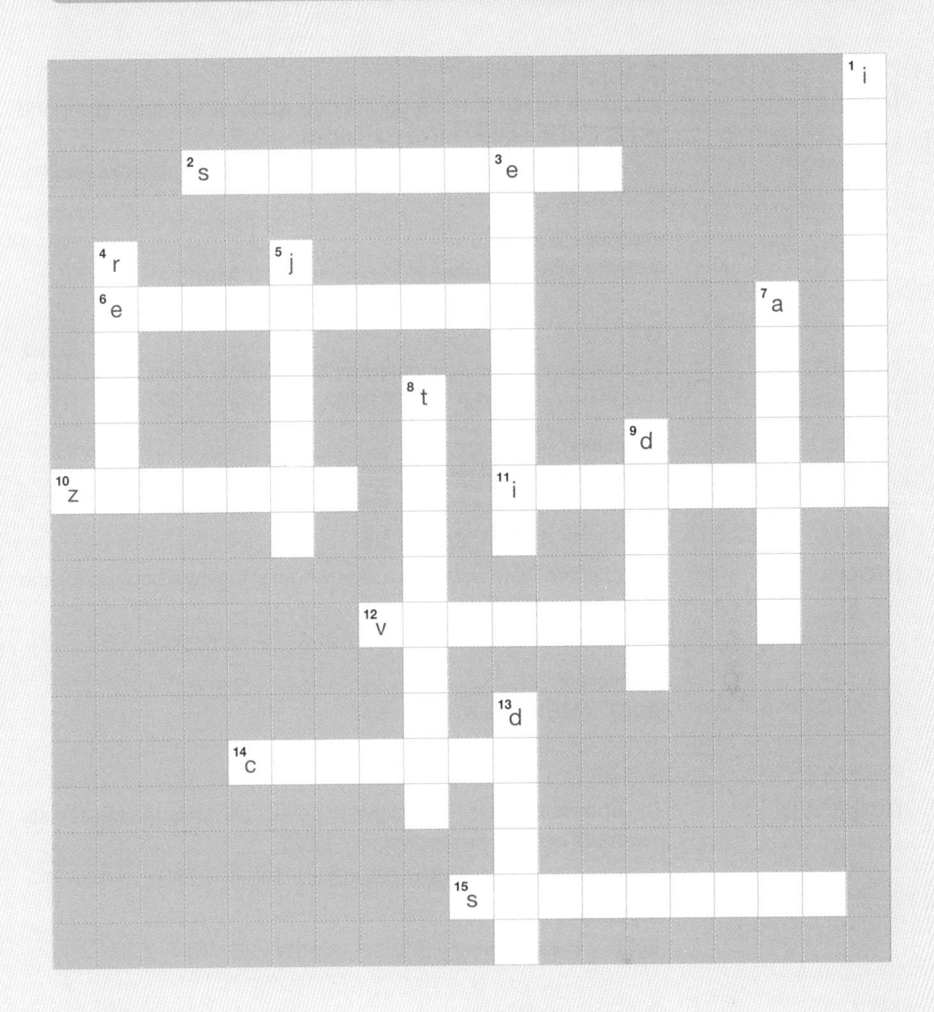

ACROSS

2 ⓐ 충분한
6 ⓥ (특히 질병·문제를) 악화시키다
10 ⓐ 열성적인
11 ⓥ 간섭하다, 방해하다
12 ⓐ 가상의, 사실상의
14 ⓥ 구성하다, 작곡하다, 작문하다
15 ⓐ 변함없는, 확고부동한

DOWN

1 ⓥ 조명하다, 설명하다, 계몽하다
3 ⓐ 기이한, 이상한, 괴팍한
4 ⓝ 피난처, 도피처, 보호구역
5 ⓐ 시샘하는, 질투하는
7 ⓐ 운동의, 운동경기의, 탄탄한
8 ⓝ 전환, 변화, 과도기
9 ⓐ 치명적인
13 ⓥ 전념하다, (시간·노력 등을) 쏟다

Answer p.518

0681 ★☆☆ □□□

impact

ⓝ[ímpækt]
ⓥ[impǽkt]

ⓝ 영향, 충격 ⓥ 충격을 주다

When we finally find life on another world, it will have profound **impact** on the question of our origins. 21 EBS

우리가 마침내 다른 세계에서 생명체를 발견하게 되면, 그것은 우리의 기원에 대한 질문에 지대한 **영향**을 끼칠 것이다.

impactive ⓐ 충격적인

Vocab+ = **effect, influence** ⓝ 영향(력) + **have an impact on** ~에 영향을 주다

0682 ★★☆ □□□

nominate

[námənèit]

ⓥ 지명하다

Richard Burton was **nominated** for an Academy Award seven times. 18 모평

Richard Burton은 일곱 차례 아카데미상 후보자로 **지명되었다**.

nomination ⓝ 지명, 추천

Vocab+ = **appoint** ⓥ 임명하다

0683 ★☆☆ □□□

judge

[dʒʌdʒ]

ⓥ 판단하다, 추정하다 ⓝ 판사, 심판

The children were asked to **judge** whether the cars had run for the same time. 19 EBS

아이들은 그 자동차들이 똑같은 시간 동안 달렸는지의 여부를 **판단하라는** 요청을 받았다.

judgment ⓝ 판단

Vocab+ = **adjudicate** ⓥ 판결을 내리다

0684 ★☆☆ □□□

negative

[négətiv]

ⓐ 부정적인

The optimists had more positive experiences, while the pessimists had more **negative** experiences. 21 EBS

낙관론자는 더 많은 긍정적인 경험을 했고, 반면 비관론자는 더 많은 **부정적인** 경험을 했다.

negativity ⓝ 부정적 성향

Vocab+ = **pessimistic** ⓐ 비관적인 ↔ **positive** ⓐ 긍정적인

0685 ★☆☆ □□□

pursue

[pərsjúː]

ⓥ 추구하다, 추적하다

Giving like-minded people a cause to **pursue** would ensure a greater sense of teamwork. 21 EBS

같은 생각을 가진 사람들에게 **추구할** 명분을 제공하면 더 큰 협동심을 보장할 것이다.

pursuit ⓝ 추구

Vocab+ = **seek** ⓥ 추구하다 **follow** ⓥ 좇다, 뒤쫓아가다

0686 ★★☆ □□□

reproduce

[rìːprədjúːs]

◆ 내신빈출

ⓥ 복제하다, 재생하다, 번식하다

The poet either has to **reproduce** and circulate his work himself or not have it circulated. 19 학평

시인은 자신의 작품을 스스로 **복제하고** 유통하거나, 작품을 유통되게 하지 말아야 한다.

reproduction ⓝ 재생, 복제, 번식

Vocab+ = **replicate** ⓥ 복제하다

0687 ★★☆ □□□

spiral

[spáiərəl]

ⓝ 소용돌이, 나선 ⓐ 나선형의 ⓥ 나선형으로 움직이다, 급증하다

There is only one way out of the **spiral** that makes you keep worrying. 12 모평

당신을 계속 걱정하게 하는 **소용돌이**에서 벗어날 수 있는 유일한 한 가지 방법이 있다.

Vocab+ = **coil, helix** ⓝ 나선형 **winding** ⓐ 꾸불꾸불한

0688 ★★☆ □□□

suspicious

[səspíʃəs]

◆ 내신빈출

ⓐ 의심스러운, 의혹을 갖는

Consumers were **suspicious** of food that had been kept in cold storage. 18 학평

소비자들은 냉장실에 보관되어 있던 식품에 대해 **의심스러워했다**.

suspicion ⓝ 의심, 혐의 **suspect** ⓥ 의심하다

Vocab+ = **distrustful** ⓐ 믿지 않는 **dubious** ⓐ 의심스러운
↔ **confident** ⓐ 확신하는

0689 ★★☆ □□□

metabolic

[mètəbɑ́lik]

ⓐ 신진대사의, 물질대사의

Although brains only account for 2 percent of typical body weight, they use up 20 percent of **metabolic** energy. 19 학평

뇌는 일반적인 체중의 2퍼센트만 차지함에도 불구하고 **신진대사** 에너지의 20퍼센트를 소모한다.

metabolism ⓝ 신진대사 **metabolically** ⓐⓓ 신진대사적으로

0690 ★★★ □□□

outmoded

[autmóudid]

ⓐ 유행에 뒤떨어진, 더 이상 쓸모없는

Some cities have relied for too long on **outmoded** methods of industrial production. 18 학평

몇몇 도시들은 너무나 오랫동안 **구식의** 산업 생산 방식에 의존해 왔다.

outmode ⓥ 시대에 뒤떨어지다

혼동어

0691 ★★★ □□□

forbear

[fɔːrbɛ̀ər]

ⓥ 참다[삼가다], 억제하다

The best labs don't **forbear** poor performance for long. 18 EBS

최고의 연구소는 나쁜 성과를 오래 **참지** 않는다.

forbearance ⓝ 관용

Vocab+ + **forbear from** ~을 삼가다

0692 ★★★ □□□

forebear

[fɔ́ːrbɛ̀ər]

ⓝ 조상

For a long period in human evolution, our **forebears** lived as hunter-gatherers. 19 EBS

인류 진화의 긴 시간 동안, 우리 **조상들**은 수렵·채집인으로 살았다.

Vocab+ = **ancestor** ⓝ 조상

0693 ★★☆ □□□

affection

[əfékʃən]

ⓝ 애정, 애착

In the physical world, friends are people to whom we are attached by feelings, **affection**, or personal regard. 21 EBS

물리적인 세계에서, 친구는 우리가 감정, **애정**, 또는 개인적인 관심으로 애착을 갖는 사람이다.

affectionate ⓐ 다정한

Vocab+ = **fondness** ⓝ 좋아함 **attachment** ⓝ 애착

0694 ★★☆ □□□

assign

[əsáin]

◆ 내신빈출

ⓥ 할당하다, 부여하다, 지정하다

12 수능

We automatically **assign** to good-looking individuals such favorable traits as talent, kindness, honesty, and intelligence.

우리는 재능, 상냥함, 정직 그리고 지성과 같은 좋은 특성들을 잘생긴 사람들에게 무의식적으로 **부여한다**.

assignment ⓝ 과제

Vocab+ = **allocate** ⓥ 할당하다 **grant** ⓥ 주다

0695 ★★☆ □□□

aural

[ɔ́:rəl]

ⓐ 청각의, 귀의

Before notation arrived, in all history music was largely carried on as an **aural** tradition. 19 수능

악보 표기법이 등장하기 전에, 역사를 통틀어 음악은 대체로 **청각** 전승 방식으로 계속되었다.

Vocab+ = **auditory** ⓐ 청각의

0696 ★★☆ □□□

complete

[kəmplí:t]

ⓥ 완료하다 ⓐ 완벽한, 완성된

She graduated from medical school and **completed** an internship in surgery. 20 학평

그녀는 의과 대학을 졸업하고 외과에서 인턴 과정을 **마쳤다**.

completion ⓝ 완료 **completely** ⓐⓓ 완전히

Vocab+ = **finish** ⓥ 끝내다 **finalize** ⓥ 완성하다

0697 ★★☆ □□□

constitute

[kɑ́nstitjù:t]

ⓥ 구성하다, 설립하다, 제정하다

19 학평

Each individual person **constitutes** the center of one's universe.

각 개인은 자기 우주의 중심을 **구성한다**.

constitution ⓝ 헌법; 구조

Vocab+ = **make up** ~을 이루다 **compose** ⓥ 구성하다

0698 ★★★ □□□

crude

[kru:d]

ⓐ 투박한, 조잡한, 있는 그대로의

The beginners and intermediate students may have **crude** representations of the music. 20 학평

초급 및 중급 학생들은 그 곡에 대한 **투박한** 표상을 가질 수도 있다.

crudely ⓐⓓ 투박하게

Vocab+ = **rough** ⓐ 거친

0699 ★★☆ □□□

reframe
[ri:fréim]

ⓥ 다시 구성하다

Humor **reframes** potentially divisive events into merely "laughable" ones. 20 수능

유머는 잠재적으로 불화를 일으킬 수 있는 사건을 그저 '재미있는' 사건으로 **재구성한다.**

Vocab+ = **reconstruct** ⓥ 재구성하다

0700 ★☆☆ □□□

distance
[dístəns]

ⓥ 거리를 두다, 관여하지 않다 ⓝ 거리, 거리감

As soon as you name the character in the play, you **distance** yourself from him or her. 17 학평

극 중에서 등장인물에게 이름을 붙이는 순간, 여러분은 그 등장인물에게서 자신을 **떼어놓게 된다.**

distant ⓐ 거리가 먼

Vocab+ = **dissociate oneself** 관계를 끊다 **separate oneself** 거리를 두다

다의어

0701 ★★☆ □□□

discharge
[distʃɑ́ːrdʒ]

1. ⓝ 방출, 배출 ⓥ 방출하다
2. ⓥ 해고하다
3. ⓥ 퇴원시키다, 석방하다 ⓝ 제대, 퇴원

1. Control over direct **discharge** of mercury from industrial operations is clearly needed. 11 수능

   산업 활동으로부터 나오는 수은의 직접적인 **방출**에 대한 통제가 절실하게 필요하다.

2. The writers expected the people being **discharged** to be beaten down and discouraged. 19 모평

   필자들은 **해고를 당하는** 사람들이 기운을 잃고 실망한 상태일 것이라고 예상했다.

3. After his **discharge** from the Navy in 1946, he began to film himself in an effort to improve skiing technique. 21 EBS

   1946년 해군에서 **제대**한 이후, 그는 자신의 스키 기술을 향상하기 위한 노력으로 자기 자신을 촬영하기 시작했다.

discharged ⓐ 제대한, 퇴원한

0702 ★★☆ □□□

equivalent
[ikwívələnt]

◆ 내신빈출

ⓐ 동등한, ~에 상당하는 ⓝ 동등한 것

The spread of ideas by word of mouth was **equivalent** to a game of telephone on a global scale. 18 수능

구전에 의한 생각의 전파는 전 세계적인 규모의 말 전하기 놀이에 **상당하였다.**

equivalence ⓝ 동등, 등가

Vocab+ = **equal** ⓐ 같은, 동등한 + **be equivalent to** ~에 맞먹다, 상당하다

0703 ★★☆ □□□

extent
[ikstént]

ⓝ 범위, 정도, 규모

Ecosystems differ in composition and **extent**. 22 모평

생태계는 구성과 **범위**에 있어 차이가 있다.

Vocab+ = **degree** ⓝ 정도 + **to the extent that ~** ~할 정도로

0704 ★★☆ □□□

fluctuation

[flʌ̀ktʃuéiʃən]

ⓝ 변동, 동요

A super-accurate thermometer was used to measure **fluctuations** in ocean temperature. 14 모평

초정밀 온도계는 해수 온도의 **변동**을 측정하는 데 사용되었다.

fluctuate ⓥ 변동을 거듭하다

0705 ★☆☆ □□□

gossip

[gάsəp]

ⓥ 험담을 하다, 뒷공론하다 ⓝ 소문, 험담

19 모평

People love to **gossip** about well-known figures and superiors.

사람들은 잘 알려진 인물과 윗사람에 대해 **험담하기**를 좋아한다.

참고 idle talk 쓸데없는 이야기 small talk 잡담, 한담 scandal 추문 hearsay 풍문

0706 ★☆☆ □□□

ignorance

[ígnərəns]

◆ 내신빈출

ⓝ 무지, 무시

22 학평

Power and knowledge, as well as **ignorance**, are interconnected.

권력은 지식, 나아가 **무지**와도 서로 연결되어 있다.

ignorant ⓐ 무지한 **ignore** ⓥ 무시하다

0707 ★★☆ □□□

intercept

[ìntərsépt]

ⓥ (중간에) 가로채다, 가로막다

22 학평

We would see messages waiting to be **intercepted** and interpreted.

우리는 메시지가 **가로채여** 해석되기를 기다리는 것을 보게 될 것이다.

interceptive ⓐ 가로채는

참고 interfere ⓥ 방해하다 intervene ⓥ 사이에 일어나다 interrupt ⓥ 중단하다

0708 ★★☆ □□□

migrant

[máigrənt]

ⓝ 이주자, 이주 노동자, 철새 ⓐ 이주성의, 이주하는

Some governments limit access to land and services for low-income **migrants**. 21 EBS

일부 정부는 저소득 **이주 노동자들**에 대해 토지와 공공시설에 대한 접근을 제한한다.

migrate ⓥ 이주하다

0709 ★☆☆ □□□

narrative

[nǽrətiv]

ⓝ 서술, 이야기 ⓐ 서술의, 이야기로 이루어진

Personal stories connect with larger **narratives** to generate new identities. 22 EBS

개인의 이야기는 더 큰 **이야기**와 연결되어 새로운 정체성을 생성한다.

narrate ⓥ 이야기를 하다

Vocab+ = **tale** ⓝ 이야기

0710 ★☆☆ □□□

familiarity
[fəmìliǽrəti]

ⓝ 친숙함, 낯익음

Personal computers have reached a similar level of **familiarity** for a great many users. 20 수능

개인용 컴퓨터는 아주 많은 사용자들에게 비슷한 수준의 **친숙함**에 도달했다.

familiar ⓐ 익숙한

Vocab+ = **friendliness** ⓝ 친숙함

0711 ★★☆ □□□

partial
[pɑ́ːrʃəl]

◆ 내신빈출

ⓐ 부분적인, 편파적인

Observation only gives clues and **partial** answers as to why things happen. 22 EBS

관찰은 사건들이 일어나는 이유에 대한 단서와 **부분적인** 대답만을 제공한다.

part ⓝ 부분 **partially** ⓐⓓ 부분적으로

Vocab+ = **fragmentary** ⓐ 단편적인, 부분적인 ↔ **impartial** ⓐ 중립적인, 공정한

0712 ★★☆ □□□

physiology
[fìziɑ́lədʒi]

ⓝ 생리, 생리학

Human anatomy and **physiology** vary according to gender, age, lifestyle, and other factors. 20 수능

인체의 해부학적 구조와 **생리**는 성별, 나이, 생활방식, 그리고 기타 요인에 따라 각기 다르다.

physiologic, physiological ⓐ 생리적인 **physiologist** ⓝ 생리학자

0713 ★★☆ □□□

preliminary
[prilímənèri]

ⓐ 예비의, 준비의 ⓝ 예비 단계, 예선

The **preliminary** structural analysis for the sculpture is compulsory before working on its design. 18 학평

조형물을 위한 **예비적인** 구조적 분석은 그것의 설계 작업에 들어가기 전에 필수적이다.

preliminarily ⓐⓓ 미리, 사전에

Vocab+ = **preparatory** ⓐ 예비의

0714 ★★★ □□□

glow
[glou]

ⓥ 빛나다, 타다, 발개지다 ⓝ 홍조

Fireflies don't just light up their behinds to attract mates, they also **glow** to tell bats not to eat them. 20 모평

반딧불이는 짝의 주의를 끌기 위해서 꽁무니에 불을 밝히는 것만이 아니라, 박쥐에게 자기들을 먹지 말라고 말하기 위해 **빛을 내기도** 한다.

glowing ⓐ 작열하는, 열렬한, 극찬하는

Vocab+ = **shine** ⓥ 빛나다 **gleam** ⓥ 깜박깜박 빛나다 **brighten** ⓥ 빛나게 하다

0715 ★★★ □□□
indistinct
[ìndistíŋkt]

ⓐ 또렷하지 않은, 흐릿한, 희미한

Unlike the movie, people's expression is more or less **indistinct** in real life. 17 모평

영화와 달리, 실제 현실에서 사람들의 표현은 다소 **불분명하다**.

indistinction ⓝ 구별되지 않음

Vocab+ ↔ **distinct** ⓐ 뚜렷이 구별되는

0716 ★★☆ □□□
detect
[ditékt]

ⓥ 찾아내다, 탐지하다

Some people are specifically trained to **detect** lies from facial expressions. 18 모평

어떤 사람들은 얼굴 표정으로부터 거짓말을 **탐지하도록** 특별히 훈련되어 있다.

detective ⓝ 형사, 탐정 **detection** ⓝ 탐지, 발견 **detector** ⓝ 탐지기

Vocab+ = **pick up** ~을 간파하다 **discover** ⓥ 발견하다

0717 ★★☆ □□□
scarce
[skεərs]
◆ 내신빈출

ⓐ 부족한, 드문

Land is always a **scarce** resource in urban development. 18 학평

토지는 도시 개발에 있어 항상 **부족한** 자원이다.

scarcely ⓐⓓ 거의 ~않다 **scarcity** ⓝ 부족

Vocab+ = **rare** ⓐ 드문

고난도

0718 ★★★ □□□
unilateral
[jùːnəlǽtərəl]

ⓐ 일방적인

You made a **unilateral** decision, and she was expected to carry it out. 18 모평

여러분은 **일방적인** 결정을 내렸고, 그녀는 그 일을 수행할 것을 요구받았다.

unilaterally ⓐⓓ 일방적으로

참고 collateral ⓐ 평행한 bilateral ⓐ 쌍방의

0719 ★★★ □□□
subdue
[səbdjúː]

ⓥ 가라앉히다, 억누르다, 약화시키다

Exceptional sports performances are likely to be followed by more **subdued** conditions. 21 학평

스포츠에서의 특출한 활약은 더 **약화된** 상태가 뒤따를 가능성이 있다.

subduer ⓝ 정복자

Vocab+ = **defeat** ⓥ 패배시키다 **overcome** ⓥ 압도하다

0720 ★★★ □□□
devolve
[diválv]

ⓥ 퇴화하다, 양도하다, 넘기다

Our children's inherent capacity to recognize, classify, and order information about the environment is slowly **devolving**. 17 모평

환경에 대한 정보를 인식하고, 분류하며, 체계화할 우리 아이들의 내재적 능력이 서서히 **퇴화하고** 있다.

devolvement ⓝ 양도

Review Test

A 우리말은 영어로, 영어는 우리말로 적으시오.

1 소용돌이, 나선형 s________
2 영향, 충격 i________
3 이주자, 철새 m________
4 서술, 이야기 n________
5 fluctuation ________
6 physiology ________
7 affection ________
8 extent ________

B 각 단어의 유의어 혹은 반의어를 적으시오.

1 assign ⊜ a________
2 aural ⊜ a________
3 equivalent ⊜ e________
4 subdue ⊜ d________
5 nominate ⊜ a________
6 crude ⊜ r________
7 suspicious ↔ c________
8 partial ↔ i________

C 다음 우리말에 적합한 어휘를 고르시오.

1 For a long period in human evolution, our [forbears / forebears] lived as hunter-gatherers.
인류 진화의 긴 시간 동안, 우리 조상들은 수렵 · 채집인으로 살았다.

2 The best labs don't [forbear / forebear] poor performance for long.
최고의 연구소는 나쁜 성과를 오래 참지 않는다.

D 다음 빈칸에 공통으로 들어갈 어휘를 고르시오. [예문에 실린 어휘의 원형을 고를 것]

1 Control over direct ________ of mercury from industrial operations is clearly needed.

2 The writers expected the people being ________ to be beaten down and discouraged.

3 After his ________ from the Navy in 1946, he began to film himself in an effort to improve skiing technique.

① charge ② discharge ③ load ④ upload ⑤ download

A 1 spiral 2 impact 3 migrant 4 narrative 5 변동, 동요 6 생리(학) 7 애정, 애착 8 범위, 정도, 규모 B 1 allocate 2 auditory 3 equal 4 defeat 5 appoint 6 rough 7 confident 8 impartial C 1 forebears 2 forbear D ② discharge

economic vs. economical

economic ⓐ 경제의	Fed officials lowered their median expectations for **economic** growth this year. 미국 연방준비제도(Fed·연준) 관리들은 올해 **경제** 성장률에 대한 중간 기대치를 낮췄다.
economical ⓐ 경제적인, 실속 있는	We promise to offer quality products at **economical** prices. 우리는 질 좋은 제품을 **경제적인** 가격에 제공할 것을 약속합니다.

apt vs. opt

apt ⓐ ~하는 경향이 있는	Adolescents are more **apt** to take risks than adults are. 청소년들은 성인들보다 더 위험을 감수하는 **경향이 있다**.
opt ⓥ (~을 하기로) 택하다	He **opted** for chocolate ice cream instead of strawberry one this time. 그는 이번에는 딸기 아이스크림 대신 초콜릿 아이스크림을 **선택했다**.

adapt vs. adopt

adapt ⓥ (새로운 용도 · 상황에) 적응하다, 맞추다	When going to a different school, children usually need a while to **adapt**. 다른 학교에 갈 때, 아이들은 보통 **적응하는** 데 시간이 필요하다.
adopt ⓥ 입양하다, 채택하다	They couldn't have children of their own, so they decided to **adopt**. 그들은 자신의 아이를 가질 수 없어서 **입양하기로** 결정했다.

access vs. excess

access ⓝ (장소로의) 접근, 입장	All public buildings should provide wheelchair **access**. 모든 공공건물은 휠체어 **접근**을 제공해야 한다.
excess ⓝ 과다, 지나침, 과도	According to the test result, an **excess** of sodium was found in his blood. 검사 결과에 따르면, 그의 혈액에서 나트륨 **과다**가 발견되었다.

addition vs. edition

addition ⓝ 추가, 부가	The librarians welcomed the **addition** of three new computers to the library. 그 도서관 사서들은 도서관에 세 대의 새 컴퓨터 **추가**를 환영했다.
edition ⓝ (출간된 책의 형태로 본) 판	Some errors were scheduled to be corrected in the book's second **edition**. 그 오류들은 그 책의 제2**판**에서 수정될 예정이었다.

Crossword Puzzle

DAY 18

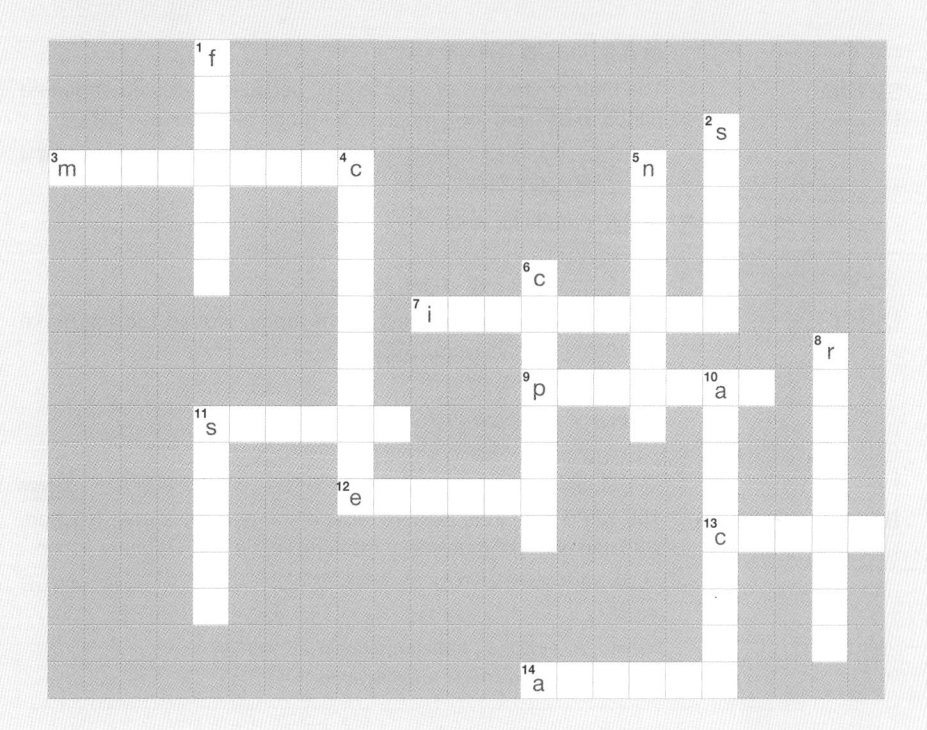

ACROSS

3 ⓐ 신진대사의, 물질대사의

7 ⓝ 무지, 무시

9 ⓐ 부분적인, 편파적인

11 ⓥ 가라앉히다, 억누르다, 약화시키다

12 ⓝ 범위, 정도, 규모

13 ⓐ 투박한, 조잡한, 있는 그대로의

14 ⓥ 할당하다, 부여하다, 지정하다

DOWN

1 ⓥ 참다[삼가다], 억제하다

2 ⓐ 부족한, 드문

4 ⓥ 구성하다, 설립하다, 제정하다

5 ⓥ 지명하다

6 ⓥ 완료하다 ⓐ 완벽한, 완성된

8 ⓥ 복제하다, 재생하다, 번식하다

10 ⓝ 애정, 애착

11 ⓝ 소용돌이, 나선 ⓐ 나선형의
ⓥ 나선형으로 움직이다, 급증하다

Answer p.518

0721 ★★☆ □□□
stride
[straid]

ⓝ 보행, 보폭 ⓥ 성큼성큼 걷다

The upright **stride** was very helpful, because it allowed arms and hands to be used for a much wider range of purposes. 14 수능

직립 **보행**은 매우 도움이 되었는데, 왜냐하면 그것이 훨씬 더 광범위한 목적을 위해 팔과 손을 사용할 수 있게 했기 때문이었다.

Vocab+ + **stride for stride** 계속 뒤지지 않고[제 페이스를 잃지 않고]

0722 ★★☆ □□□
tailor
[téilər]

ⓥ 맞추다, 조정하다 ⓝ 재단사, 양복장이

When specifically **tailored** to the body, woven fabrics make excellent internal layers. 21 학평

특히나 몸에 **맞게 만들어질** 때, 직물은 우수한 내부 층을 만들어낸다.

tailored ⓐ 잘[딱] 맞도록 만든

0723 ★★☆ □□□
transformation
[trӕnsfərméiʃən]

ⓝ 변형, 변화

21 EBS

The world demands leaders, educators, and classroom teachers who can engage in personal **transformation** and visionary action.

세상은 개인적 **변화**와 선견지명 있는 행동을 할 수 있는 지도자와 교육자, 일선 교사들을 요구한다.

transform ⓥ 변형하다 **transformational** ⓐ 변화를 일으키는

Vocab+ = **change** ⓝ 변화 **modification** ⓝ 변경

0724 ★★☆ □□□
violent
[váiələnt]

ⓐ 난폭한, 폭력적인

The king was a man of rude manners and **violent** temper. 17 EBS

왕은 언행이 무례하고 몹시 **폭력적인** 성질을 가진 사람이었다.

violence ⓝ 폭력

Vocab+ ↔ **peaceful** ⓐ 평화로운

0725 ★★☆ □□□
astronomy
[əstránəmi]

ⓝ 천문학

Before the night sky observations with telescopes, there will be a special lecture on **astronomy**. 19 모평

망원경으로 밤하늘을 관찰하기 전에, **천문학**에 관한 특별 강연이 있을 것입니다.

astronomer ⓝ 천문학자

참고 astrology ⓝ 점성술 horoscope ⓝ 별점

0726 ★☆☆ □□□
capture
[kǽptʃər]

ⓥ 붙잡다, 차지하다, 점유하다

A photo **captures** but a moment in time linked to a particular environment and communication context. 21 EBS

한 장의 사진은 단지 특정한 환경 및 의사소통 상황과 관련이 있는 시간상의 한순간만을 **포착한다**.

capturing ⓝ 포착, 포획 **captive** ⓐ 포획한, 붙잡혀 있는

Vocab+ = **catch** ⓥ 붙잡다

0727 ★☆☆ □□□

component
[kəmpóunənt]

ⓝ 구성 요소 ⓐ 구성하는

During egg laying, the animal **component** of the female's diet will increase to 50-60%. 20 EBS

알을 낳는 동안, 암컷 먹이의 동물성 **성분**은 50~60퍼센트까지 증가할 것이다.

Vocab+ = **constituent** ⓝ 구성성분

0728 ★☆☆ □□□

criminal
[krímənəl]

ⓐ 형사상의, 범죄의 ⓝ 범인, 범죄자

The rules of **criminal** evidence and procedure treat the accused as the subjects of official concern and respect. 20 학평

형사상의 증거와 소송 절차에 관한 규정들은 피고인을 공적인 배려와 존중의 대상으로 취급한다.

crime ⓝ 죄

Vocab+ ↔ **civil** ⓐ 민사상의

0729 ★☆☆ □□□

desire
[dizáiər]

ⓝ 욕구, 욕망 ⓥ 바라다

Humans have evolved the **desire** to associate with similar individuals. 20 수능

인간은 유사한 개인들과 교제하고자 하는 **욕구**를 진화시켜 왔다.

desirable ⓐ 바람직한

Vocab+ = **wish** ⓝ 소원 **longing** ⓝ 동경 **craving** ⓝ 갈망

0730 ★★☆ □□□

extensive
[iksténsiv]

ⓐ 아주 넓은[많은], 광범위한, 대규모의

Psychodynamic therapies are based on **extensive** and sophisticated theories about human development. 21 EBS

정신 역학 치료법은 인간 발달에 관한 **광범위하고** 정교한 이론에 기초하고 있다.

extend ⓥ 확장하다 **extension** ⓝ 확대, 확장 **extensively** ⓐⓓ 광범위하게

혼동어

0731 ★★☆ □□□

respectable
[rispéktəbl]

ⓐ 존경할 만한, 품위 있는, 부끄럽지 않은

The dominant culture tends to maintain '**respectable** aesthetic distance and control'. 21 학평

지배적인 문화는 '**품위 있는** 미적 거리와 통제'를 유지하는 경향이 있다.

respect ⓥ 존경하다 **respectful** ⓐ 존경심을 보이는

Vocab+ = **honourable** ⓐ 훌륭한

0732 ★★☆ □□□

respective
[rispéktiv]

ⓐ 각자의, 각각의

Neither prosecutor nor defender is obliged to consider anything that weakens their **respective** cases. 16 모평

검사도 피고 측 변호사도 자신들 **각자의** 입장을 약화시키는 것을 고려해야 할 의무는 없다.

respectively ⓐⓓ 각자

Vocab+ + **irrespective of** ~와 무관하게

DAY 19

0733 ★☆☆ □□□

experience [ikspí(ː)əriəns]

ⓥ 경험하다 ⓝ 경험

Whatever the hardship a person may **experience**, the indicators of satisfaction quickly return to their initial levels. 18 학평

사람이 어떠한 어려움을 **겪든지** 간에, 만족의 지표는 재빠르게 그것의 초기 수준으로 되돌아온다.

experiential ⓐ 경험상의

Vocab+ = **undergo** ⓥ 겪다 **go through** ~을 경험하다[겪다]

0734 ★★☆ □□□

functional [fʌ́ŋkʃənəl]

ⓐ 기능(상)의, 실용적인; 함수의

While we usually think negatively of deviance, it actually can prove **functional** in a society. 19 EBS

우리는 대개 일탈에 대해 부정적으로 생각하지만, 사실은 그것이 사회에서 **기능을 하는** 것으로 판명될 수 있다.

function ⓝ 기능 ⓥ 기능하다

Vocab+ = **working** ⓐ 작동하는 **utilitarian, practical** ⓐ 실용적인

0735 ★★☆ □□□

isolation [àisəléiʃən]

◆ 내신빈출

ⓝ 분리, 고립, 외로운 상태

Our increasing reliance on electronic communications might increase social **isolation**. 21 EBS

우리가 전자 통신에 점점 더 많이 의존함으로써 사회적 **고립**이 증가할지도 모른다.

isolate ⓥ 고립시키다

Vocab+ + **isolate[seclude] oneself from** ~로부터 자신을 고립시키다

0736 ★☆☆ □□□

native [néitiv]

ⓝ 출신자, 원주민 ⓐ 토종의

Most of us alive today think of ourselves as **natives** of the regions where we were born rather than of Africa. 17 수능

현존하는 우리 대부분은 자신을 아프리카보다는 우리가 태어난 지역 **출신자**로 생각한다.

natively ⓐⓓ 선천적으로

Vocab+ = **indigenous** ⓐ 토착의

0737 ★★☆ □□□

persist [pərsíst]

◆ 내신빈출

ⓥ 지속하다, 고집하다

Behaviors which are successful have **persisted** in the form of customs. 18 학평

성공적인 행동들은 관습의 형태로 **존속해** 왔다.

persistence ⓝ 고집, 지속됨 **persistent** ⓐ 끈질긴

0738 ★☆☆ □□□

psychology [saikɑ́lədʒi]

ⓝ 심리학, 심리

There is a long-standing debate within **psychology** as to whether emotions per se are stored in memory. 20 EBS

감정이 그 자체로 기억 속에 저장되는가에 대한 오래 지속된 논쟁이 **심리학** 내에 있다.

psychological ⓐ 정신의, 심리학적인 **psychologist** ⓝ 심리학자

0739 ★★☆ □□□

shy
[ʃai]

ⓐ 수줍어하는, 피하는, 꺼리는 ⓥ 피하다

What I have learned is to be shy of extreme statements and of hard and fast rules. 21 학평

내가 배운 것은 극단적인 진술과 어떠한 경우에도 변하지 않는 규칙을 **피하는** 것이다.

shyness ⓝ 수줍음 shyly ⓐⓓ 수줍게

Vocab+ + shy away from ~을 피하다

0740 ★☆☆ □□□

servant
[sə́ːrvənt]

ⓝ 하인, 종복, 종업원, 공무원 10 모평

The servant of the king is said to have actually controlled the king.

실제로 그 왕을 조종했던 것은 왕의 **시종**이라고 언급된다.

serve ⓥ 시중을 들다

Vocab+ + civil servant 공무원

다의어

0741 ★★☆ □□□

grant
[grænt]

1. ⓥ 주다
2. ⓝ 보조금; 양도
3. ⓥ 승인하다, 인정하다 20 EBS

1. Among the privileges granted to the elite was access to salt.
   상류층들에게 **주어진** 특권 중에는 소금에 대한 접근권이 있었다.
2. Big discoveries are covered in the press, show up on the university's home page, and help get grants. 18 수능
   큰 발견들은 언론에 보도되고, 대학의 홈페이지에 등장하고, **보조금**을 얻는 데 도움을 준다.
3. We understand if you do not wish to grant this permission. 19 학평
   귀하가 이런 허가를 **승인하기**를 원하지 않더라도 이해합니다.

Vocab+ = subsidy ⓝ 보조금
concede ⓥ (마지못해) 인정하다 allow ⓥ 인정하다

0742 ★☆☆ □□□

suspect
ⓥ[səspékt]
ⓝⓐ[sʌ́spekt]

ⓥ 의심하다; 여기다 ⓝ 용의자 ⓐ 수상쩍은

The polygrapher suspected that the bank vice-president was lying or holding back information. 17 EBS

거짓말 탐지 검사관은 그 은행 부사장이 거짓말하고 있거나 정보를 숨기고 있다고 **의심했다**.

suspicion ⓝ 의심, 혐의

Vocab+ = distrust ⓥ 불신하다, 의심하다 doubt ⓥ 의심하다

0743 ★★☆ □□□

auction
[ɔ́ːkʃən]

ⓝ 경매 ⓥ 경매로 팔다

Water rights have become separated from land, and may be sold at auction. 20 모평

물 권리가 토지와 분리되어, **경매**에 부쳐질 수도 있다.

auctioneer ⓝ 경매인

0744 ★★☆ □□□
breathtaking
[bréθtèikiŋ]

ⓐ 숨막히는
The scenery around them was **breathtaking**. 21 모평
그들 주변의 경치는 **숨이 멎을 정도로 멋졌다.**

breathtakingly ⓐⓓ 숨막히게, 기막히게

0745 ★★☆ □□□
cling
[kliŋ]

ⓥ ~에 집착하다, 달라붙다
More various groups around the world **cling** to place, nation, and religion as markers of their identity. 20 학평
세계 각지의 더 다양한 집단들이 그들의 정체성의 표시로 장소, 국가, 종교에 **집착한다.**

Vocab+ + **cling to** ~에 달라붙다, ~을 고수하다

0746 ★★☆ □□□
constant
[kánstənt]

ⓐ 일정한, 불변의 ⓝ (수학에서의) 상수
Animals under normal circumstances maintain a very **constant** body weight. 22 모평
정상적인 환경에서 동물들은 매우 **일정한** 몸무게를 유지한다.

constantly ⓐⓓ 끊임없이
Vocab+ = **continuous** ⓐ 지속적인 ↔ **inconstant** ⓐ 변덕스러운

0747 ★★☆ □□□
critic
[krítik]

ⓝ 비평가, 평론가
Some **critics**, who admire his work, are little concerned about his extensive use of computers in the art-making process. 19 수능
그의 작품을 높이 평가하는 몇몇 **비평가들**은 예술 창작 과정에서의 그의 광범위한 컴퓨터 사용에 관해 거의 신경 쓰지 않는다.

criticism ⓝ 비평 **criticize** ⓥ 비판하다 **critical** ⓐ 비판적인; 중대한

0748 ★★☆ □□□
deviance
[díːviəns]
◆ 내신빈출

ⓝ 일탈
Deviance will be downgraded more in groups that prescribe collectivism than in groups that prescribe individualism. 20 학평
일탈은 개인주의를 규정하는 집단에서보다 집단주의를 규정하는 집단에서 더 평가절하될 것이다.

deviant ⓐ (표준에서) 벗어난, 일탈적인
Vocab+ = **departure** ⓝ 일탈, 출발

0749 ★★☆ □□□
dissolve
[dizálv]

ⓥ 용해하다, 해산하다, 해소하다
Life in the earth's oceans simply would not exist without the presence of **dissolved** oxygen. 20 학평
지구의 바다 생물은 **용해되어 있는** 산소의 존재 없이는 전혀 존재할 수 없을 것이다.

dissolvable ⓐ 용해[분해]할 수 있는
Vocab+ = **melt** ⓥ 녹다

0750 ★★☆ □□□

ease
[iːz]

ⓝ 쉬움, 편안함 ⓥ 편하게 하다, 완화하다

The ease and ready availability of searching make it much simpler to jump between digital documents. 21 학평

검색의 **용이함**과 즉각적인 이용 가능성이 디지털 문서 사이를 오가는 것을 훨씬 더 쉽게 해준다.

easy ⓐ 쉬운 **easily** ⓐⓓ 쉽게

Vocab+ = **simplicity** ⓝ 단순성, 용이성

0751 ★★★ □□□

equilibrium
[iːkwəlíbriəm]

◆ 내신빈출

ⓝ 평형[균형] (상태)

In equilibrium, flows stabilize so that each person makes the best trade-off. 21 학평

평형 상태에서는, 흐름이 안정되어 각자 자신들의 최상의 균형을 이룬다.

equilibrate ⓥ 평형시키다

Vocab+ = **balance** ⓝ 균형

0752 ★★☆ □□□

dwell
[dwel]

◆ 내신빈출

ⓥ 거주하다, 살다 18 학평

Since the 1970s, more and more Maasai have given up the traditional life of mobile herding and now **dwell** in permanent huts.

1970년대 이래로 점점 더 많은 마사이족은 유목이라는 전통적인 생활을 버리고 지금은 상설 오두막에서 **거주한다**.

dweller ⓝ 거주자

참고 dwell on ~을 곱씹다

0753 ★★☆ □□□

float
[flout]

ⓥ 뜨다, 떠다니다

There is plenty of **floating** plant life producing oxygen through photosynthesis. 20 학평

광합성을 통해 산소를 생산하는 많은 **부유** 식물들이 존재한다.

afloat ⓐ 떠다니는

Vocab+ = **drift** ⓥ 떠가다

0754 ★☆☆ □□□

idle
[áidl]

ⓐ 게으른, 나태한, 한가한, 헛된 ⓥ 빈둥거리다

Words lead men away into numberless empty controversies and idle fancies. 19 학평

말은 무수한 공허한 논쟁과 **헛된** 공상 속으로 사람들을 끌고 간다.

idly ⓐⓓ 게으르게 **idler** ⓝ 게으름뱅이

Vocab+ = **vain** ⓐ 헛된 **lazy** ⓐ 게으른

0755 ★★☆ □□□

gloomy

[glúːmi]

ⓐ 침울한, 음울한, 어둑어둑한

Andrew arrived at the nursing home in a **gloomy** mood, but he was blessed with good news. 17 모평

Andrew는 **우울한** 기분으로 요양원에 도착했지만, 축복 어린 희소식이 전해졌다.

gloom ⓝ 우울, 어둠

Vocab+ = **melancholy** ⓐ 우울한

0756 ★★☆ □□□

inconvenience

[ìnkənvíːnjəns]

ⓝ 불편, 불편한 것[사람]

I hope this kind of **inconvenience** will not happen again. 19 학평

저는 이러한 종류의 **불편함**이 다시는 발생하지 않기를 바랍니다.

inconvenient ⓐ 불편한

Vocab+ = **trouble** ⓝ 불편, 폐, 곤란 **bother** ⓝ 귀찮음
↔ **convenience** ⓝ 편리, 편의

0757 ★★☆ □□□

intent

[intént]

ⓝ 의도, 의지, 의향 ⓐ 집중된, 여념없는

The **intent** of instruction in the classroom was for students to learn the “truth.” 16 모평

교실에서의 수업 **의도**는 학생들이 ‘진실’을 배우는 것이었다.

intention ⓝ 의사, 의도 **intentional** ⓐ 의도적인

Vocab+ = **meaning** ⓝ 의미, 취지 **absorbed** ⓐ 열중한

고난도

0758 ★★★ □□□

ensue

[insjúː]

ⓥ 잇달아 나타나다

Sincere apologies are readily accepted by the victims and reconciliations **ensue**. 12 수능

진심 어린 사과는 쉽게 피해자(상처 입은 사람)에 의해 받아들여지고 화해가 **이어진다**.

ensuing ⓐ 뒤이은

Vocab+ = **follow** ⓥ 뒤따르다 **result** ⓥ 결과로서 생기다

0759 ★★★ □□□

vigilance

[vídʒələns]

ⓝ 경계, 조심, 불침번

Prey animals form foraging groups for the purpose of **vigilance**. 17 학평

먹잇감 동물들은 **경계**를 목적으로 먹이를 찾는 무리를 형성한다.

vigilant ⓐ 바짝 경계하는

Vocab+ = **watchfulness** ⓝ 조심함, 경계함

0760 ★★★ □□□

dispassionately

[dispǽʃənətli]

ad 냉정하게, 공정하게

If you accept human nature as radical as possible, it will help you observe people more **dispassionately**. 19 학평

만약 여러분이 인간 본성을 가능한 한 급진적인 것으로 받아들인다면, 그것은 여러분이 더욱 **감정에 치우치지 않고** 사람들을 바라보도록 도와줄 것이다.

dispassion ⓝ 냉정, 공평 **dispassionate** ⓐ 감정에 좌우되지 않는

Vocab+ ↔ **passionately** ad 열정적으로

Review Test

A 우리말은 영어로, 영어는 우리말로 적으시오.

1 비평가, 평론가 c__________
2 경매 a__________
3 경계, 조심, 불침번 v__________
4 하인, 공무원 s__________
5 persist __________
6 component __________
7 transformation __________
8 stride __________

B 각 단어의 유의어 혹은 반의어를 적으시오.

1 gloomy ⊜ m__________
2 native ⊜ i__________
3 ensue ⊜ f__________
4 idle ⊜ l__________
5 criminal ↔ c__________
6 constant ↔ i__________
7 dispassionately ↔ p__________
8 violent ↔ p__________

C 다음 우리말에 적합한 어휘를 고르시오.

1 Neither prosecutor nor defender is obliged to consider anything that weakens their [respectable / respective] cases.
검사도 피고 측 변호사도 자신들 각자의 입장을 약화시키는 것을 고려해야 할 의무는 없다.

2 The dominant culture tends to maintain '[respectable / respective] aesthetic distance and control'.
지배적인 문화는 '품위 있는 미적 거리와 통제'를 유지하는 경향이 있다.

D 다음 빈칸에 공통으로 들어갈 어휘를 고르시오. [예문에 실린 어휘의 원형을 고를 것]

1 Among the privileges __________ to the elite was access to salt.
2 Big discoveries are covered in the press, show up on the university's home page, and help get __________.
3 We understand if you do not wish to __________ this permission.

① subsidy ② scholarship ③ grant ④ give ⑤ endow

A 1 critic 2 auction 3 vigilance 4 servant 5 지속하다, 고집하다 6 구성 요소 7 변형, 변화 8 보행, 보폭 B 1 melancholy 2 indigenous 3 follow 4 lazy 5 civil 6 inconstant 7 passionately 8 peaceful C 1 respective 2 respectable D ③ grant

bridal vs. bridle

bridal ⓐ 신부의, 결혼식의	Princess Diana's 1981 wedding gown is one of the most iconic **bridal** looks of all time. Diana 왕세자비의 1981년 웨딩드레스는 역대 가장 상징적인 **신부** 의상 중 하나이다.
bridle ⓝ (말에게 씌우는) 고삐, 굴레	Peter was holding his horse by the **bridle**. Peter는 **고삐**로 말을 붙잡고 있었다.

collaborate vs. corroborate

collaborate ⓥ 협력하다, 공동으로 작업하다	The two companies made an agreement that they would **collaborate** next year. 두 회사는 내년에 **협력하기로** 합의했다.
corroborate ⓥ (진술 · 이론 등을 뒷받침하는 증거를 통해) 입증[확증]하다	Several theories **corroborated** his theory. 몇 가지 이론이 그의 이론을 **입증해** 주었다.

desert vs. dessert

desert ⓝ 사막 ⓥ 버리다	Many nomads died while trying to cross the **desert**. 많은 유목민들이 그 **사막**을 건너려다 죽었다.
dessert ⓝ 디저트, 후식	I would like ice cream and apple pie for **dessert**. 저는 **디저트**로 아이스크림과 애플파이를 원합니다.

detract vs. distract

detract ⓥ (가치를) 손상시키다	The scandal was reported to seriously **detract** from her chances for reelection. 그 스캔들은 그녀의 재선 기회를 심각하게 **손상시킬** 것으로 보도되었다.
distract ⓥ (정신이) 산만하게 하다	When tired, students are easily **distracted**. 피곤할 때, 학생들은 쉽게 **산만해진다**.

formally vs. formerly

formally ⓐⓓ 정중하게	People behave **formally** with people they aren't acquainted with. 사람들은 잘 모르는 사람들에게 **정중하게** 행동한다.
formerly ⓐⓓ 예전에, 이전에	Istanbul was **formerly** known as Constantinople. 이스탄불은 **예전에** 콘스탄티노플로 알려져 있었다.

Crossword Puzzle

DAY 19

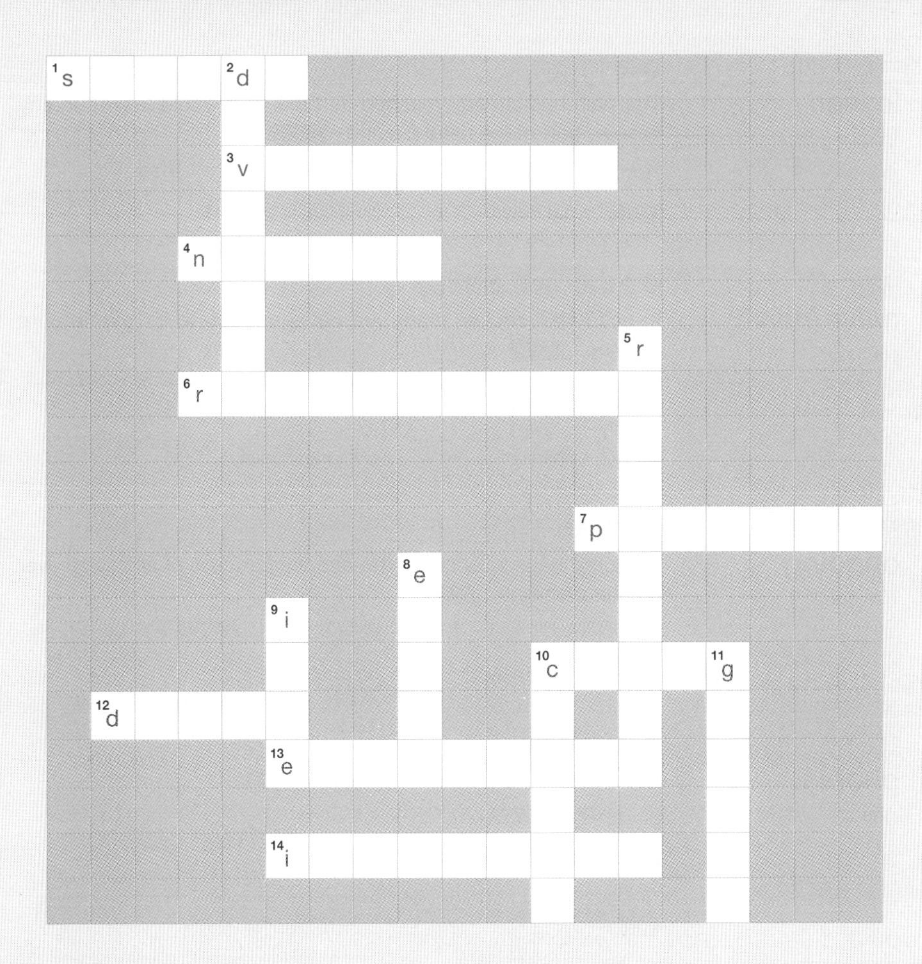

ACROSS

1 ⓝ 보행, 보폭 ⓥ 성큼성큼 걷다

3 ⓝ 경계, 조심, 불침번

4 ⓝ 출신자, 원주민 ⓐ 토종의

6 ⓐ 존경할 만한, 품위 있는, 부끄럽지 않은

7 ⓥ 지속하다, 고집하다

10 ⓥ ~에 집착하다, 달라붙다

12 ⓥ 거주하다, 살다

13 ⓐ 아주 넓은[많은], 광범위한, 대규모의

14 ⓝ 분리, 고립, 외로운 상태

DOWN

2 ⓝ 일탈

5 ⓐ 각자의, 각각의

8 ⓥ 잇달아 나타나다

9 ⓐ 게으른, 헛된 ⓥ 빈둥거리다

10 ⓝ 비평가, 평론가

11 ⓐ 침울한, 어두어둑한, 음울한

Answer p.518

0761 ★★☆ □□□

lessen
[lésən]

◆ 내신빈출

ⓥ 줄이다, 줄다

The pain has already reached its peak and would **lessen** in any case as part of the natural cycle. 21 학평

통증이 이미 절정에 도달했으며 어쨌든 자연스러운 주기의 일부로 **줄어들** 것이다.

Vocab+ = **cut down** ~을 줄이다 **diminish** ⓥ 줄다, 줄이다

0762 ★★☆ □□□

naïve (naive)
[nɑːíːv]

ⓐ 순진한, 소박한, 천진난만한

In academic circles, many are **naive** enough to believe in pure science. 17 학평

학계에서 많은 사람들은 순수 과학을 신봉할 만큼 **순진하다**.

naively ⓐⓓ 순진하게

Vocab+ = **childlike** ⓐ 아이 같은, 순진한 **ingenuous** ⓐ 순진한

0763 ★★☆ □□□

ongoing
[ángòuiŋ]

ⓐ 진행 중인

Progress in the sciences is the **ongoing** process of achieving ever greater precision. 21 수능

과학에서의 발전은 훨씬 더 높은 정확성을 달성하는 계속 **진행 중인** 과정이다.

Vocab+ = **underway** ⓐ 진행 중인 **in progress** 진행 중인

0764 ★★☆ □□□

phobia
[fóubiə]

ⓝ 공포증, 혐오증

Paula suffers from a severe **phobia**. 19 수능

Paula는 극심한 **공포증**을 겪는다.

phobiac ⓝ 공포증을 가진 사람

참고 **xenophobia** ⓝ 외국인 혐오증 **acrophobia** ⓝ 고소 공포증
agoraphobia ⓝ 광장 공포증

0765 ★★☆ □□□

prejudice
[prédʒudis]

◆ 내신빈출

ⓝ 편견, 선입관 ⓥ 편견을 갖게 하다

Journalist should provide people with a wider truth than their existing **prejudices**. 18 학평

기자는 사람들에게 그들이 가진 기존의 **편견**보다 더 넓은 진실을 제공해야 한다.

prejudiced ⓐ 편견을 가진

Vocab+ = **bias** ⓝ 편견, 편향 **preconception** ⓝ 선입견

0766 ★★☆ □□□

provision
[prəvíʒən]

ⓝ 조항; 공급, 제공

Provisions of the Code of Ethics adopted by the International Council of Museums should provide the example for all museums. 21 EBS

국제 박물관 협회가 채택한 윤리 강령 **조항**은 모든 박물관에 그 전형을 제공해야 한다.

provide ⓥ 공급하다 **provisional** ⓐ 잠정적인

0767 ★★☆ □□□

resolution
[rèzəljúːʃən]

ⓝ 해결, 결의안, 결단력

Audiences enjoyed anticipating answers, even though the writers were just stockpiling riddles without **resolutions**. 18 학평

작가들이 **해답** 없이 수수께끼를 쌓아 두기만 하고 있었음에도 불구하고, 시청자들은 해답을 기대하는 것을 즐겼다.

resolve ⓥ 해결하다

Vocab+ + **high-resolution** ⓐ 고해상도의

0768 ★★★ □□□

savagely
[sǽvidʒli]

ad 잔인하게, 야만적으로

The Island populations were **savagely** destroyed by humans until almost all were gone. 16 모평

그 섬의 개체군은 거의 모두가 사라질 때까지 인간에 의해 **잔혹하게** 파괴되었다.

savage ⓐ 야만적인, 잔인한 ⓥ 무참히 공격하다 ⓝ 야만인

0769 ★★☆ □□□

shred
[ʃred]

ⓥ 조각조각으로 찢다

Mice were attracted by the food, and they **shredded** all the curtains, screens, and cushions. 11 모평

음식 때문에 쥐가 꾀었고, 그것들은 모든 커튼, 스크린 및 쿠션을 **조각조각으로 잘라놓았다**.

shredder ⓝ 문서 파쇄기

Vocab+ = **scrap** ⓥ (채를 썰듯) 찢다

DAY 20

0770 ★★☆ □□□

specify
[spésəfài]

ⓥ (구체적으로) 명시하다

The picture is accompanied by a comment that **specifies** its meaning or context. 21 EBS

그 그림은 그 의미나 맥락을 **명시하는** 주석[해설]이 동반한다.

specific ⓐ 구체적인 **specification** ⓝ 설명서, 사양

Vocab+ = **state** ⓥ (분명히) 말하다 **stipulate** ⓥ 규정하다

혼동어

0771 ★★☆ □□□

complaint
[kəmpléint]

ⓝ 불평, 항의

20 학평

You can have a **complaint** about somebody in your personal life.

여러분은 사적인 생활에서 누군가에 대해 **불만**을 가질 수 있다.

complain ⓥ 불평하다

Vocab+ = **protest** ⓝ 항의

0772 ★★☆ □□□

compliant
[kəmpláiənt]

ⓐ 순응하는, 준수하는

Observing others being ridiculed can encourage him/her to display more **compliant** behaviors. 20 EBS

다른 사람이 조롱당하는 것을 목격하는 것은 목격자가 더 **순응하는** 행동을 보이도록 부추길 수 있다.

compliantly ad 고분고분하게 **comply** ⓥ 따르다, 순응하다

Vocab+ ↔ **incompliant** ⓐ 고분고분하지 않는

0773 ★★☆ □□□
stretch
[stretʃ]

ⓥ 뻗다, 뻗치다, 늘어나다 ⓝ 넓은 지역, 구간, (얼마간) 지속된 기간 11 수능

Boredom and loneliness are more likely to come to the surface when the rush of the day is done and the night **stretches** ahead.

따분함과 외로움은 낮 동안의 분주함이 끝나고 앞으로 밤이 **펼쳐질** 때 표면으로 나타날 가능성이 더 높다.

stretching ⓐ 신축성 있는

Vocab+ = **extend** ⓥ (어떤 지역에 걸쳐) 뻗어 있다

0774 ★★☆ □□□
symptom
[símptəm]

ⓝ 증상, 증후

One of the **symptoms** of lead poisoning is altered taste, often with a metallic taste in the mouth. 21 EBS

납 중독 **증상** 중 하나는 맛의 변화로, 입안에 금속성의 맛이 나는 경우가 많다.

symptomatic ⓐ 증상을 보이는

Vocab+ = **manifestation** ⓝ 발현

0775 ★★☆ □□□
violate
[váiəlèit]

ⓥ 침해하다, 위반하다 20 EBS

Some students were cheating, which **violated** the honor code.

몇몇 학생들은 부정행위를 하고 있었는데, 그것은 명예 규율을 **위반하는** 것이었다.

violation ⓝ 위반

Vocab+ = **infringe** ⓥ 침해하다

0776 ★☆☆ □□□
permission
[pərmíʃən]

ⓝ 허가, 승인

We are asking for your **permission** to contact your child. 19 학평

귀하의 자녀에게 연락할 수 있도록 귀하의 **허락**을 구합니다.

permit ⓥ 허락하다 ⓝ 허가증

0777 ★★☆ □□□
assume
[əsjúːm]
◆ 내신빈출

ⓥ 추정하다; (태도 등을) 취하다

Since people are different, it's reasonable to **assume** their current situations or starting points will be different. 21 학평

사람들은 서로 다르기 때문에, 그들의 현재 상황이나 출발점 또한 다를 것이라고 가정하는 것이 합당하다.

assumption ⓝ 추정

Vocab+ = **presume** ⓥ 가정하다

0778 ★☆☆ □□□
cancel
[kǽnsəl]

ⓥ 취소하다

The contest will be **canceled** if the weather is unfavorable. 17 모평

날씨가 좋지 않을 경우, 대회는 **취소될** 것입니다.

cancellation ⓝ 취소

Vocab+ = **call off** ~을 취소하다

0779 ★☆☆ □□□

complex

ⓐ[kəmpléks]
ⓝ[kámpleks]

ⓐ 복잡한 ⓝ 복잡체, 복합 건물

Similar ideas, such as a color and tone, attract each other and combine to form a more **complex** idea. 17 학평

색과 색조와 같은 비슷한 생각은 서로를 끌어당기고 결합하여 더 **복잡한** 생각을 이룬다.

complexity ⓝ 복잡성

Vocab+ = **complicated** ⓐ 복잡한

0780 ★☆☆ □□□

creative

[kriéitiv]

ⓐ 창의적인, 창조적인

The common idea of a **creative** individual coming up with great insights, discoveries, works, or inventions in isolation is wrong. 18 모평

창의적인 개인이 혼자서 위대한 통찰력, 발견물, 작품 또는 발명품을 생각해낸다는 일반적인 생각은 잘못된 것이다.

create ⓥ 창조하다 **creature** ⓝ 생명체

다의어

0781 ★★☆ □□□

charge

[tʃɑːrdʒ]

1. ⓥ (요금을) 청구하다
2. ⓝ 책임
3. ⓥ 충전하다

1. I didn't **charge** you for the lunch since your wife prepared and served lunch. 21 학평

   당신 부인께서 점심을 준비하고 대접해 주셨으므로 저는 당신에게 점심 식사에 대해서는 **청구하지** 않았습니다.

2. I'd never run away from the adult who was in **charge** of taking care of me at the time. 19 EBS

   나는 그 당시 나를 돌봐주는 것을 **책임**지던 어른으로부터 절대 도망치지 않았다.

3. If an abnormal rhythm is detected, the AED will **charge** and instruct you to push the shock button. 20 EBS

   비정상적인 리듬이 감지되면 자동심장충격기가 **충전되어** 충격 버튼을 누르도록 당신에게 지시할 것입니다.

   [AED (automated external defibrillator) 자동심장충격기, 자동세제동기]

Vocab+ + **be in charge of** ~을 책임지다

0782 ★☆☆ □□□

describe

[diskráib]

ⓥ 기술하다, 묘사하다, 표현하다

Freud **describes** humor as "the highest of the defense mechanism". 17 EBS

Freud는 유머를 '최상위의 방어기제'라고 **기술한다**.

descriptive ⓐ 서술[묘사]하는 **description** ⓝ 설명, 묘사

Vocab+ + **describe A as B** A를 B로 묘사하다

0783 ★☆☆ □□□

dull

[dʌl]

ⓐ 둔한, 따분한 ⓥ 둔해지다, 약해지다

Nobel was an unattractive, **dull**, solitary *bachelor*. 18 학평

Nobel은 매력이 없고 **둔하고** 외로운 '총각'이었다.

dullness ⓝ 둔함

0784 ★☆☆ □□□

expectation
[èkspektéiʃən]

ⓝ 기대, 예상

The concert was far beyond her **expectations**. 20 모평

그 콘서트는 그녀의 **기대**를 훨씬 뛰어넘었다.

expect ⓥ 예상하다

Vocab+ = **anticipation** ⓝ 기대

0785 ★★☆ □□□

fulfill
[fulfíl]

ⓥ 성취하다, 이행하다

People are entitled to **fulfill** themselves through their occupational careers. 21 EBS

사람은 자신의 직장 생활을 통해 자아를 **성취할** 권리가 있다.

fulfillment ⓝ 달성

Vocab+ = **accomplish** ⓥ 성취하다

0786 ★★☆ □□□

thermal
[θə́ːrməl]

ⓐ 열의

A fur pelt offers inadequate **thermal** protection if someone is sitting still. 21 학평

털가죽은 가만히 앉아 있으면 불충분한 **열** 보호를 제공한다.

thermometer ⓝ 온도계

참고 Fahrenheit 화씨 Celsius 섭씨
(32 degrees Fahrenheit equals 0 degrees Celsius. 화씨 32도는 섭씨 0도이다.)

0787 ★★☆ □□□

irregular
[irégjulər]

ⓐ 불규칙적인

As aesthetic values are refined and deepened, man returns to the **irregular** and asymmetrical. 22 EBS

미적 가치가 세련되고 깊어짐에 따라, 인간은 **불규칙한** 것과 비대칭적인 것으로 되돌아간다.

irregularity ⓝ 변칙, 불규칙한 것

Vocab+ ↔ **regular** ⓐ 규칙적인

0788 ★☆☆ □□□

accept
[əksépt]

ⓥ 받아들이다, 수락하다

Individuals **accept** satisfactory or "good enough" choices, rather than insist on optimal choices. 22 EBS

개인들은 최적의 선택을 고집하기보다는 만족스러운 또는 '적당히 만족스러운' 선택을 **받아들인다**.

acceptance ⓝ 수용 **acceptable** ⓐ 받아들일 수 있는

Vocab+ = **embrace** ⓥ 받아들이다

0789 ★★☆ □□□

psychic
[sáikik]

ⓐ 마음의, 초자연적인

Psychic costs associated with separation from family, friends, and the fear of the unknown should be considered. 21 모평

가족, 친구와의 이별, 미지의 것에 대한 두려움과 관련된 **심리적** 비용도 고려되어야 한다.

psychically ⓐⓓ 정신적으로

Vocab+ = mental ⓐ 정신의

0790 ★☆☆ □□□

remind
[rimáind]

◆ 내신빈출

ⓥ 상기시키다, 생각나게 하다

Myths remind us that our existence, and its meaning, are with, in, and through others. 18 EBS

신화는 우리에게 우리의 존재와 그것의 의미가 다른 사람들과 함께, 그들 속에, 그리고 그들을 통해서 있다는 것을 **상기시킨다**.

reminder ⓝ 상기시키는 것 remindful ⓐ 생각나게 하는

Vocab+ + remind A of B A에게 B를 상기시키다

0791 ★★☆ □□□

selective
[siléktiv]

ⓐ 선택적인, 선별적인, 까다로운

Until recently, selective seed saving was the basis for all of our food production. 19 EBS

최근까지, **선택적** 종자 저장이 우리의 모든 식품 생산을 위한 토대였다.

select ⓥ 선발하다 selection ⓝ 선발, 선택

0792 ★☆☆ □□□

survey
[səːrvéi]

ⓝ 설문 조사 ⓥ 둘러보다, 조사하다

Complete the survey now, and you will be entered into a FREE monthly prize draw. 17 학평

지금 **설문 조사**를 완료해 주시면, 매달 있는 '무료' 경품 추첨에 응모됩니다.

surveyor ⓝ 조사관, 측량사

0793 ★★☆ □□□

valid
[vǽlid]

◆ 내신빈출

ⓐ 타당한, 유효한

Challenges to new ideas are the legitimate business of science in building valid knowledge. 18 학평

새로운 생각에 대한 도전은 **타당한** 지식을 구축하는 데 있어 과학의 합법적인 본분이다.

validate ⓥ 입증하다 validity ⓝ 유효함

Vocab+ ↔ invalid ⓐ 효력 없는

0794 ★★☆ □□□

appropriate
[əpróupriət]

ⓐ 적절한

We often fail to take appropriate measures to reduce potential losses from natural disasters. 18 수능

우리는 종종 자연재해로부터 잠재적인 손실을 줄이기 위한 **적절한** 조치를 취하지 못할 때가 있다.

appropriately ⓐⓓ 적당하게

Vocab+ ↔ inappropriate ⓐ 부적절한

0795 ★★☆ □□□
abide
[əbáid]

ⓥ 준수하다, 지키다, 견디다; 체류하다

Belief systems are centered on a creed that followers **abide** by in varying degrees. 20 EBS

신념 체계는 추종자들이 다양한 정도로 **따르는** 신조에 집중되어 있다.

Vocab+ + **abide by** ~을 지키다[따르다] **abide in** ~에 체류하다

0796 ★★☆ □□□
breakthrough
[bréikθrù:]

ⓝ 비약적 발전, 돌파구

Many of the technological and biomedical **breakthroughs** were strongly opposed at their inception. 19 수능

기술 및 생물 의학의 **획기적 발전** 중 다수가 그 초기에는 반대가 심했다.

Vocab+ = **development** ⓝ 발전 **step forward** 진일보

0797 ★★★ □□□
contour
[kɑ́ntuər]

ⓝ 등고선, 윤곽 ⓐ 윤곽[등고]을 나타내는 18 수능

A **contour** line connects all points that lie at the same elevation.

등고선은 동일한 고도에 있는 모든 점을 연결한다.

고난도

0798 ★★★ □□□
convergence
[kənvə́:rdʒəns]

ⓝ 합류점, 수렴

Ideally, you want to find a **convergence** of your strengths and your values with a career path that is in demand. 17 모평

이상적으로는, 여러분은 수요가 있는 진로에서 여러분의 강점과 가치관의 **합류점**을 발견하기를 원한다.

convergent ⓐ 한 점에 모이는, 수렴적인

Vocab+ ↔ **divergence** ⓝ 이산, 발산

0799 ★★★ □□□
frivolity
[frivɑ́ləti]

ⓝ 경박함

Nonsense and silliness come naturally to kids, but they get pounded out by norms that look down on "**frivolity**." 19 수능

당찮음과 어리석음이 아이들에게는 자연스럽게 다가오지만, 그들은 '**경박함**'을 경시하는 규범에 의해 계속 얻어 맞는다.

frivolous ⓐ 경솔한

Vocab+ ↔ **seriousness** ⓝ 신중함

0800 ★★★ □□□
agonize
[ǽgənàiz]

ⓥ 고민하다, 고뇌하다

Our ancestors **agonized** over losses and instead didn't take too many chances in going after the big gains. 17 모평

우리의 조상들은 손실에 대해 **고심하였고**, 대신에 큰 이득을 얻으려고 너무 많은 모험을 하지 않았다.

agony ⓝ 괴로움

Vocab+ = **be concerned about** ~에 대해 고민하다 **fret** ⓥ 조바심치다

Review Test

A 우리말은 영어로, 영어는 우리말로 적으시오.

1 공포증, 혐오증 p__________
2 등고선, 윤곽 c__________
3 비약적 발전, 돌파구 b__________
4 편견, 선입관 p__________
5 provision __________
6 symptom __________
7 resolution __________
8 survey __________

B 각 단어의 유의어 혹은 반의어를 적으시오.

1 fulfill ⊜ a__________
2 complex ⊜ c__________
3 violate ⊜ i__________
4 accept ⊜ e__________
5 appropriate ↔ i__________
6 convergence ↔ d__________
7 irregular ↔ r__________
8 frivolity ↔ s__________

C 다음 우리말에 적합한 어휘를 고르시오.

1 Observing others being ridiculed can encourage him/her to display more [compliant / complaint] behaviors.
다른 사람이 조롱당하는 것을 목격하는 것은 목격자가 더 순응하는 행동을 보이도록 부추길 수 있다.

2 You can have a [compliant / complaint] about somebody in your personal life.
여러분은 사적인 생활에서 누군가에 대해 불만을 가질 수 있다.

D 다음 빈칸에 공통으로 들어갈 어휘를 고르시오.

1 I didn't __________ you for the lunch since your wife prepared and served lunch.
2 I'd never run away from the adult who was in __________ of taking care of me at the time.
3 If an abnormal rhythm is detected, the AED will __________ and instruct you to push the shock button.

① burden ② unburden ③ discharge ④ recharge ⑤ charge

A 1 phobia 2 contour 3 breakthrough 4 prejudice 5 조항, 공급, 제공 6 증상, 징후 7 해결, 결의안, 결단력 8 설문 조사; 조사하다
B 1 accomplish 2 complicated 3 infringe 4 embrace 5 inappropriate 6 divergence 7 regular 8 seriousness C 1 compliant 2 complaint D ⑤ charge

forth vs. force

forth ad 앞(쪽)으로; 밖으로	A little girl stretched **forth** her hands in prayer. 한 어린 소녀가 두 손을 **앞으로** 뻗어 기도했다.
force n (물리적인) 힘, 폭력 v 강요하다	The police were criticized for using excessive **force** when they made the arrest. 경찰은 체포할 때 과도한 **폭력**을 행사했다는 비난을 받았다.

hoard vs. horde

hoard n 비축[저장]물	A **hoard** of gold coins had been found in the old mansion 10 years before. 한 금화 **비축물**이 10년 전에 그 오랜 저택에서 발견되었다.
horde n (사람들의 큰) 무리	A **horde** of tourists entered the Orsay Museum. 한 **무리**의 관광객들이 오르세 박물관으로 들어갔다.

incredible vs. incredulous

incredible a 믿기 힘든, 믿을 수 없는	The novel tells an **incredible** story of survival. 그 소설은 생존에 대한 **믿기 힘든** 이야기를 들려준다.
incredulous a 믿지 않는, 못 믿겠다는 듯한	Many people were **incredulous** that a small fire could have caused so much damage. 많은 사람들은 작은 화재가 그렇게 큰 피해를 줄 수 있었다는 것에 대해 **믿지 않았다**.

liable vs. likely

liable a 법적 책임이 있는; ~하기 쉬운	The amusement park was held **liable** in the victims. 그 놀이공원은 그 희생자들에 **책임이 있었다**. People are **liable** to make mistakes when tired. 사람들은 피곤할 때 실수**하기 쉽다**.
likely a ~할 것 같은	The team is **likely** to win this game tonight. 그 팀은 오늘밤 이 경기에서 이길 **것 같다**.

median vs. medium

median a 중간(값)의	What was the **median** price for a new house in Los Angeles? 로스엔젤레스에 있는 새 집의 **중간**값(평균 가격)은 얼마였습니까?
medium a (치수 · 양 · 길이 · 온도 등이) 중간의	The word of '**medium**' means neither large nor small. '**중간의**'라는 단어는 크지도 작지도 않음을 의미한다.

Crossword Puzzle

DAY 20

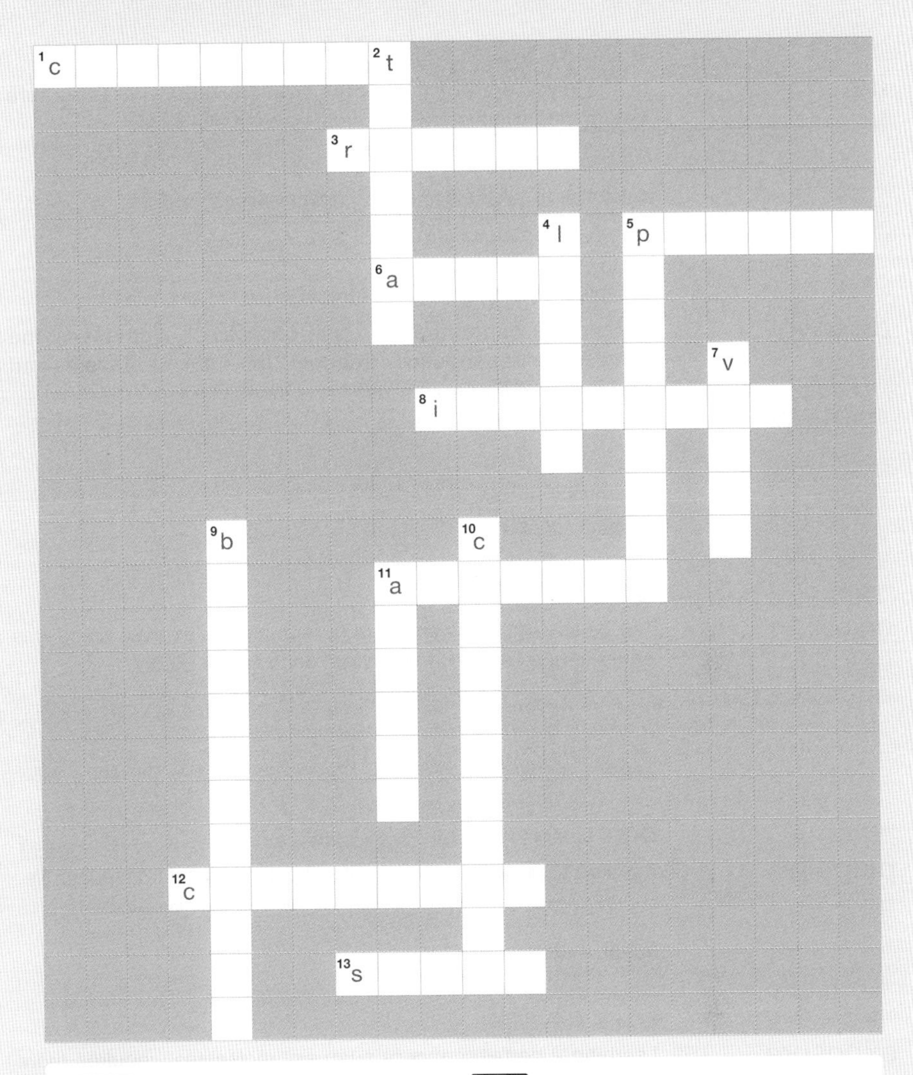

ACROSS

1 ⓝ 불평, 항의
3 ⓥ 상기시키다, 생각나게 하다
5 ⓝ 공포증, 혐오증
6 ⓥ 지키다, 견디다, 체류하다
8 ⓐ 불규칙적인
11 ⓥ 고민하다, 고뇌하다
12 ⓐ 순응하는, 준수하는
13 ⓥ 조각조각으로 찢다

DOWN

2 ⓐ 열의
4 ⓥ 줄이다, 줄다
5 ⓝ 편견, 선입관 ⓥ 편견을 갖게 하다
7 ⓐ 타당한, 유효한
9 ⓝ 비약적 발전, 돌파구
10 ⓝ 합류점, 수렴
11 ⓥ 추정하다, (태도 등을) 취하다

Answer p.518

0801 ★☆☆ □□□
determine
[ditə́ːrmin]

ⓥ 결정하다, 결심하다; 밝히다

In the early eras of travel, the transportation infrastructure **determined** whether people could travel at all. 18 모평

여행의 초기 시대에는, 교통 기반 시설이 사람들의 여행 가능 여부를 **결정했다**.

determined ⓐ 단단히 결심한, 단호한 **determination** ⓝ 투지, 결정

Vocab+ = **resolve** ⓥ 결심하다 **establish** ⓥ 확증하다 **discover** ⓥ 밝혀내다

0802 ★★☆ □□□
dissent
[disént]

ⓥ 반대하다, 이의를 주장하다 ⓝ 반대, 이견

Science is examined as an enterprise that involves the values of independence, freedom, the right to **dissent**, and tolerance. 18 학평

과학은 독립, 자유, **이의를 주장할** 권리, 그리고 관용의 가치를 수반하는 활동으로서 검토된다.

dissentious ⓐ 논쟁을 좋아하는

Vocab+ ↔ **consent** ⓝ 동의 ⓥ 동의하다

0803 ★☆☆ □□□
eager
[íːgər]

ⓐ 갈망하는, 간절한

The beach and surf were as pure and magical as ever, so he was **eager** to ride on the Hawaiian surf once again. 20 학평

해변과 파도는 여전히 순수하고 매혹적이었고, 그래서 그는 다시 한 번 하와이의 파도를 타고 싶은 마음이 **간절해졌다**.

Vocab+ = **enthusiastic** ⓐ 갈망하는 **passionate** ⓐ 열정적인 **fervent** ⓐ 열렬한

0804 ★★☆ □□□
pinpoint
[pínpɔ̀int]

ⓥ 정확히 보여주다, 이유를 정확히 집어내다

It is hard to **pinpoint** the origin of a shocking retreat from public life. 19 학평

대중적 삶으로부터 놀라울 정도로 멀어지는 것의 원인을 **정확히 집어내는** 것은 어렵다.

Vocab+ = **identify** ⓥ 확인하다

0805 ★★☆ □□□
exposure
[ikspóuʒər]
◆ 내신빈출

ⓝ 노출; 폭로, 알려짐

Learning a certain concept such as "molecules" requires more than just a single **exposure** to the idea. 19 수능

'분자'와 같은 어떤 하나의 개념을 배우는 것은 그 개념에 대한 단 한 번의 **노출** 그 이상을 필요로 한다.

expose ⓥ 노출시키다

Vocab+ + **expose A to B** A를 B에 노출시키다

0806 ★★☆ □□□
flip
[flip]

ⓥ 손가락으로 튀기다, 홱 뒤집다 ⓝ 공중제비, 손가락으로 튀김

The workers **flipped** a coin to see who would have to serve the miser. 18 EBS

그 직원들은 누가 그 구두쇠의 시중을 들어야 하는지 동전을 **손가락으로 튀겨** 결정했다.

0807 ★★☆ □□□

glimpse
[glimps]

ⓝ 흘끗 봄 ⓥ 흘끗 보다

The objection to including ethics among the sciences, at the first **glimpse**, appears to be a valid and useful distinction. 19 학평

처음 **언뜻 보기**에는, 윤리학을 과학에 포함하기를 거부하는 것이 타당하고 유용한 구분인 것처럼 보인다.

Vocab+ + **catch a glimpse of** ~을 언뜻 보다

0808 ★★☆ □□□

identity
[aidéntəti]

ⓝ 정체성, 신원

Group **identity** is strengthened by separating the nonconforming from the well-behaved members. 21 학평

집단 **정체성**은 복종하지 않는 구성원과 행실이 좋은 구성원을 분리함으로써 강화된다.

identify ⓥ (신원 등을) 확인하다 **identification** ⓝ 신원 확인

0809 ★★☆ □□□

inconsistent
[ìnkənsístənt]

◆ 내신빈출

ⓐ 일치하지 않는, 모순된; 일관성 없는

We must be ready to abandon or modify our hypothesis as soon as it is shown to be **inconsistent** with the facts. 18 학평

우리는 우리의 가설이 사실과 **일치하지 않는**다는 것이고 드러나자마자 그것을 폐기하거나 수정할 준비가 되어 있어야 한다.

Vocab+ = **incompatible** ⓐ 양립 가능하지 않은 ↔ **consistent** ⓐ 일관된; 일치하는

0810 ★★☆ □□□

intensify
[inténsəfài]

ⓥ 강화하다, 강해지다

Farmers **intensified** production on the amount of land they were able to use. 22 EBS

농부들은 자신들이 사용할 수 있었던 토지의 총면적에서 생산을 **강화했다**.

intense ⓐ 강렬한, 열렬한 **intensity** ⓝ 강렬함

Vocab+ = **strengthen** ⓥ 강화시키다 **enhance** ⓥ 높이다

혼동어

0811 ★★☆ □□□

omission
[oumíʃən]

ⓝ 생략, 빠짐, 부작위

Sherlock Holmes once solved a mystery, the case of Silver Blaze, a racehorse, by using a vital clue of **omission**. 17 EBS

Sherlock Holmes는 언젠가 하나의 미스터리, 즉 경주마 Silver Blaze의 사건을 **부작위**(마땅히 해야 할 것으로 기대되는 행위를 하지 않는 것)라는 결정적인 단서를 이용하여 풀었다.

omissible ⓐ 생략할 수 있는 **omit** ⓥ 생략하다, 빠뜨리다

0812 ★★☆ □□□

commission
[kəmíʃən]

ⓝ 위원회, 위임; 작위; 수수료 ⓥ 위임장을 주다, 위임하다

The Securities and Exchange **Commission** monitors American stock markets. 17 모평

증권거래**위원회**는 미국 증시를 감시한다.

commissioner ⓝ (위원회의) 위원

DAY 21

0813 ★★☆ □□□
mutual
[mjúːtʃuəl]

ⓐ 상호간의, 공동의

The self-interest of each person will act against the mutual interest. 17 EBS
각자의 이익은 **상호간의** 이익에 반하는 행동을 하게 된다.

mutually ⓐⓓ 서로

Vocab+ = **reciprocal** ⓐ 상호간의, 호혜적인 **bilateral** ⓐ 쌍방의

0814 ★★☆ □□□
paradoxical
[pærədɑ́ksikəl]

ⓐ 모순적인, 역설의

The mystery of why we are attracted to sad music is **paradoxical.** 20 EBS
우리가 슬픈 음악에 끌리는 이유에 관한 미스터리는 **역설적이다.**

paradox ⓝ 역설

0815 ★★☆ □□□
phenomenon
[finɑ́mənɑ̀n]
◆ 내신빈출

ⓝ 현상 (ⓟⓛ phenomena)

The admission of consciousness into animal research is quite a recent **phenomenon.** 20 EBS
동물 연구에서 의식을 인정하는 것은 꽤 최근의 **현상**이다.

phenomenal ⓐ 경이로운

0816 ★★☆ □□□
prehistory
[prìːhístəri]

ⓝ 선사 시대

Sufficiently detailed environmental reconstructions are difficult for the earliest periods of **prehistory.** 17 모평
충분히 상세한 환경 복원이 **선사 시대** 초기에 대해서는 어렵다.

prehistoric ⓐ 선사 시대의

0817 ★★☆ □□□
province
[prɑ́vins]

ⓝ 영역, 지역, 지방

Making things became the **province** of machine tenders with limited knowledge. 21 수능
물건을 만드는 것은 제한된 지식을 지닌 기계 관리자의 **영역**이 되었다.

provincial ⓐ 지방의

참고 province ⓝ (행정 단위의) 주, 도 region ⓝ 지방 capital ⓝ 수도

0818 ★★☆ □□□
reform
[rifɔ́ːrm]

ⓝ 개혁 ⓥ 개혁하다

Renewal and **reform** always depend on a capacity for going backwards to go forward. 17 학평
쇄신과 **개혁**은 나아가기 위해 되돌아가는 능력에 항상 의지한다.

reformation ⓝ 개혁

Vocab+ = **improvement** ⓝ 향상 **amendment** ⓝ 개정

0819 ★★☆ □□□

resign
[rizáin]

ⓥ 사임하다, 사직하다

Faraday had to **resign** his job before going on the tour. 17 학평

Faraday는 그 여행을 가기 전에 자기의 일을 **사임해야만** 했었다.

resignation ⓝ 사직, 사임, 사직서

Vocab+ = **step down** 사직[퇴진]하다 **retire** ⓥ 은퇴하다

0820 ★★☆ □□□

sacrifice
[sǽkrəfàis]

ⓥ 희생시키다, 제물을 바치다 ⓝ 희생, 희생물

I want to recruit a person who appreciates the help and **sacrifice** of others. 18 학평

저는 다른 사람의 도움과 **희생**에 감사하는 사람을 채용하고 싶습니다.

Vocab+ = **self-sacrifice** ⓝ 자기희생 **altruism** ⓝ 이타심

다의어

0821 ★★☆ □□□

settle
[sétl]

1. ⓥ 정착하다, 정착시키다
2. ⓥ 가라앉다, 가라앉히다
3. ⓥ 해결하다

1. The young bird must locate, identify, and **settle** in a habitat. 19 수능
   그 어린 새는 서식지를 찾고, 확인하고, 거기에 **정착해야** 한다.
2. I had to run out of the concert hall to **settle** down. 20 수능
   나는 마음을 **가라앉히기** 위해 콘서트홀에서 뛰쳐나와야 했다.
3. Young bulls learn that all dominance disputes are **settled** by physical conflict. 22 EBS
   새끼 수소들은 모든 지배권 싸움이 신체적 충돌에 의해 **해결된다**고 알게 된다.

settlement ⓝ 합의, 해결; 정착

0822 ★★☆ □□□

specific
[spisífik]

ⓐ 구체적인, 특정한

The exposure to **specific** knowledge about disease provides the student with a new framework. 17 학평

질병에 대한 **구체적인** 지식에 대한 노출은 그 학생에게 새로운 틀을 제공해 준다.

specify ⓥ 명시하다 **specification** ⓝ 설명서, 사양

0823 ★★☆ □□□

strengthen
[stréŋkθən]

◆ 내신빈출

ⓥ 강화하다, 강화되다

Scientists must include all information even if some of it is unlikely to **strengthen** their arguments. 16 모평

과학자들은 정보 중 일부가 자신들의 논거를 **강화시키지** 않을 것 같다 하더라도 모든 정보를 포함시켜야 한다.

strength ⓝ 힘, 강도

Vocab+ = **intensify, reinforce** ⓥ 강화하다 **enhance** ⓥ 높이다, 강화하다

DAY 21

0824 ★☆☆ □□□
compare
[kəmpέər]
◆ 내신빈출

ⓥ 비교하다, 비유하다
Analogies help students **compare** similarities from the real world with the new concepts. 21 EBS
유추는 학생들이 현실 세계와의 유사점과 새로운 개념을 **비교하도록** 도와준다.

comparison ⓝ 비교 **comparative** ⓐ 상대적인
Vocab+ + **compare A with B** A를 B와 비교하다

0825 ★★☆ □□□
tragic
[trǽdʒik]

ⓐ 비극적인
Research has long noted the essential trait of adapting to life's events, whether happy or **tragic**. 18 학평
연구는 행복하든 **비극적**이든, 인생의 사건들에 적응하는 본질적인 특성을 오랫동안 주목해 왔다.

tragedy ⓝ 비극
Vocab+ ↔ **comic** ⓐ 희극적인

0826 ★★☆ □□□
vicious
[víʃəs]

ⓐ 악성의, 악랄한, 타락한
In a **vicious** circle, the awful roads interrupted intercolonial communications. 19 학평
악순환으로, 끔찍한 길은 식민지 간의 통신을 가로막았다.

vice ⓝ 악

0827 ★☆☆ □□□
festive
[féstiv]

ⓐ 축제의, 명절 기분의
The bathing costume lacks the additional value of the opera such as elegance, **festive** quality or glamour. 22 EBS
수영복은 우아함, **축제의** 속성, 또는 화려함과 같은 오페라의 부가적인 가치를 결여한다.

festival ⓝ 축제

0828 ★☆☆ □□□
appear
[əpíər]

ⓥ ~인 것 같다; 나타나다
Lenses could be placed in front of other lenses to make distant objects **appear** near. 18 EBS
렌즈가 다른 렌즈 앞에 놓이면 멀리 있는 물체를 가까이 **보이게** 할 수 있다.

appearance ⓝ 모습, 나타남
Vocab+ = **seem** ⓥ ~인 것 같다, ~처럼 보이다

0829 ★★☆ □□□
calculate
[kǽlkjulèit]

ⓥ 추정하다, 계산하다
One may not be able to **calculate** which day the customer would ask for a certain combination of foods or ingredients. 21 EBS
우리는 고객이 음식이나 재료의 특정 조합을 어느 날에 요청할지는 **추정할** 수 없을지도 모른다.

calculation ⓝ 계산

0830 ★★☆ □□□

sympathize

[símpəθàiz]

◆ 내신빈출

ⓥ 공감하다, 동정하다, 측은히 여기다 19 모평

In so far as we **sympathize** with the victims, we may criticize the UN and its member governments for failing to keep their promises.

우리가 피해자들과 **공감하는** 한, 우리는 유엔과 그 회원국 정부들이 자신들의 약속을 지키지 못한 것에 대해 비난할 수도 있을 것이다.

sympathy ⓝ 공감, 동정 **sympathetic** ⓐ 동정적인

Vocab+ + **sympathize with** ~와 공감하다

0831 ★★☆ □□□

craft

[kræft]

ⓝ 공예(품), 기술 ⓥ 공들여 만들다

Fijians have developed their palm mat and shell jewelry **crafts** into profitable tourist businesses. 15 모평

피지 제도에 사는 사람들은 그들의 야자수 깔개와 조개껍질로 만든 **장신구**를 돈벌이가 되는 관광 사업으로 발전시켰다.

참고 -craft : '~의 기술[기예, 직업]; ~의 탈것'의 의미를 가짐
(예) statecraft ⓝ 국정 운영 기술 aircraft ⓝ 항공기

0832 ★★☆ □□□

depict

[dipíkt]

ⓥ 묘사하다, 그리다

Artistic representation is always explaining, refining, and making clear the object **depicted**. 17 모평

예술적 표현은 항상 **묘사되는** 사물을 설명하고, 다듬고, 명확하게 만들고 있다.

depiction ⓝ 묘사 **depictive** ⓐ 묘사적인

Vocab+ = **describe** ⓥ 묘사하다, 설명하다

0833 ★★☆ □□□

drown

[draun]

ⓥ 익사하다, 액체에 잠기게 하다

Princess' fears stemmed from her puppyhood when she almost **drowned** twice. 18 모평

Princess의 (물에 대한) 두려움은 거의 두 번이나 **익사할** 뻔했던 강아지 시절에서 비롯되었다.

drowning ⓐ 익사하는

0834 ★☆☆ □□□

expand

[ikspǽnd]

◆ 내신빈출

ⓥ 확장되다, 확장시키다

Notation was more than a practical method for preserving an **expanding** repertoire of music. 19 수능

악보 표기법은 음악의 **확장되는** 레퍼토리를 보존하기 위한 실용적인 방법 그 이상이었다.

expansion ⓝ 확장, 확대

참고 expand는 '(폭, 부피, 양, 범위 등을) 넓히다, 확장시키다'의 의미로 2, 3차원적 확장을 의미한다. 반면, extend는 '(길이, 시간, 기간 등을) 늘이다, 연장하다'의 의미로 1차원적 연장을 의미한다.

0835 ★☆☆ □□□
frustrating
[frʌ́streìtiŋ]

ⓐ 좌절감을 주는
It can be **frustrating** for athletes to work extremely hard but not make the progress they wanted. 22 모평
운동선수가 정말로 열심히 하지만 자신이 원하는 진전을 이루지 못하는 것은 **좌절감을 줄** 수 있다.

frustrate ⓥ 좌절시키다 **frustration** ⓝ 좌절, 불만

0836 ★★☆ □□□
prune
[pruːn]

ⓥ 잘라내다, 다듬다 ⓝ 말린 자두
Synaptic connections with relatively low use are weakened and eventually **pruned**. 20 수능
상대적으로 적게 사용되는 시냅스 연결은 약해져서 결국에는 **잘린다**.

pruning ⓝ 전지 작업

고난도

0837 ★★★ □□□
peril
[pérəl]

ⓝ 위험 ⓥ 위험에 빠뜨리다
Forewarned but undaunted, Odysseus sailed into **peril** anyway. 20 EBS
사전에 주의를 받았지만 의연히 Odysseus는 어쨌든 **위험** 속으로 항해해갔다.

perilous ⓐ 위험한 **imperil** ⓥ 위험에 빠뜨리다
Vocab+ = **danger, jeopardy, hazard** ⓝ 위험

0838 ★★★ □□□
plummet
[plʌ́mit]

ⓥ 급락하다, 곤두박질치다
Hourly wages for 30 percent of the workforce actually **plummeted**. 22 EBS
노동 인구 30퍼센트의 시급은 실제로 **급감했다**.

Vocab+ ↔ **skyrocket** ⓥ 급상승하다

0839 ★★★ □□□
presuppose
[prìːsəpóuz]

ⓥ 예상하다, 추정[상정]하다
It is **presupposed** that the political decision has already been made as to who the enemy is. 18 수능
적이 누구냐에 대해 정치적인 결정이 이미 내려졌다는 것이 **상정되었다**.

presupposition ⓝ 예상, 추정
Vocab+ = **presume, assume** ⓥ 추정[가정]하다

0840 ★★★ □□□
abatement
[əbéitmənt]

ⓝ 완화, 감소
Develop now, and if there is a problem — seek **abatement** and clean up. 21 EBS
지금 당장 개발하라, 그리고 문제가 있으면 **완화**를 모색하고 깨끗이 처리하라.

abate ⓥ 약해지다, 약화시키다
Vocab+ = **mitigation** ⓝ 완화, 경감

Review Test

A 우리말은 영어로, 영어는 우리말로 적으시오.

1 공예(품), 기술 c__________
2 영역, 지역, 지방 p__________
3 상호간의 m__________
4 사임[사직]하다 r__________
5 paradoxical __________
6 peril __________
7 prehistory __________
8 phenomenon __________

B 각 단어의 유의어 혹은 반의어를 적으시오.

1 depict ⊜ d__________
2 eager ⊜ e__________
3 intensify ⊜ s__________
4 presuppose ⊜ p__________
5 tragic ↔ c__________
6 dissent ↔ c__________
7 inconsistent ↔ c__________
8 plummet ↔ s__________

C 다음 우리말에 적합한 어휘를 고르시오.

1 Sherlock Holmes once solved a mystery, the case of Silver Blaze, a racehorse, by using a vital clue of [commission / omission].
Sherlock Holmes는 언젠가 하나의 미스터리, 즉 경주마 Silver Blaze의 사건을 부작위(마땅히 해야 할 것으로 기대되는 행위를 하지 않는 것)라는 결정적인 단서를 이용하여 풀었다.

2 The Securities and Exchange [Commission / Omission] monitors American stock markets.
증권거래위원회는 미국 증시를 감시한다.

D 다음 빈칸에 공통으로 들어갈 어휘를 고르시오. [예문에 실린 어휘의 원형을 고를 것]

1 The young must locate, identify, and __________ in a habitat.
2 I had to run out of the concert hall to __________ down.
3 Young bulls learn that all dominance disputes are __________ by physical conflict.

① establish ② settle ③ reconcile ④ discover ⑤ conceive

A 1 craft 2 province 3 mutual 4 resign 5 모순적인, 역설의 6 위험; 위험에 빠뜨리다 7 선사 시대 8 현상 B 1 describe 2 enthusiastic 3 strengthen 4 presume 5 comic 6 consent 7 consistent 8 skyrocket C 1 omission 2 Commission D ② settle

mediate vs. meditate

mediate ⓥ (해결책을 찾기 위해) 중재[조정]하다	Steve is said to have been appointed to **mediate** the dispute. Steve가 그 분쟁을 **중재하도록** 임명되었다고 한다.
meditate ⓥ 명상[묵상]하다	The Sister **meditates** for an hour every morning. 그 수녀님은 매일 아침 한 시간 동안 **명상을 한다**.

moral vs. morale

moral ⓐ 도덕과 관련된, 도덕상의	History teaches us important **moral** lessons. 역사는 우리에게 중요한 **도덕적** 교훈을 가르친다.
morale ⓝ 사기, 의욕	The company has been struggling, which makes employees' **morale** low. 회사는 어려움을 겪고 있어 직원들의 **사기**가 낮아지게 한다.

peace vs. piece

peace ⓝ 평화	After years of war, both sides were longing for **peace**. 수년간의 전쟁 후에, 양측은 **평화**를 갈망했다.
piece ⓝ (자르거나 나눠 놓은 것의) 조각, 한 부분	Divide this pie into eight equal **pieces**. 이 파이를 여덟 **조각**으로 똑같이 나누세요.

pedal vs. peddle

pedal ⓝ (자전거·자동차 등의) 페달	The **pedal** is the part of a bicycle that the bike rider pushes with their foot. **페달**은 자전거를 타는 사람이 발로 미는 자전거의 부분이다.
peddle ⓥ (여러 곳으로 물건을) 팔러 다니다, 행상을 다니다	They **peddled** fruits and vegetables out of their truck. 그들은 트럭에서 과일과 야채를 팔며 이곳저곳 **행상을 다녔다**.

personal vs. personnel

personal ⓐ 개인적인, 개인의	This is the thing that I know from **personal** experience. 이것은 내가 **개인적인** 경험으로 알고 있는 것이다.
personnel ⓝ (조직·군대의) 인원[직원들] (복수 취급)	Over 10,000 military **personnel** were stationed in the country. 10,000명 이상의 군 **인원**이 그 나라에 주둔했다.

Crossword Puzzle

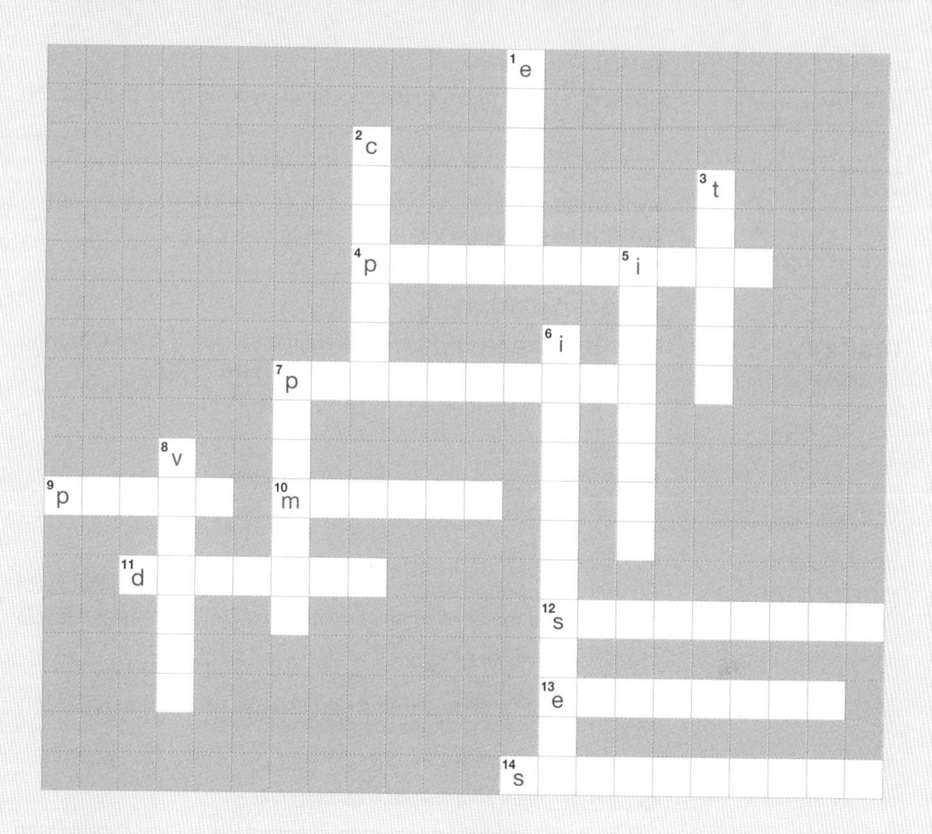

ACROSS

4 ⓐ 모순적인, 역설의

7 ⓝ 현상

9 ⓝ 위험 ⓥ 위험에 빠뜨리다

10 ⓐ 상호간의, 공동의

11 ⓥ 반대하다 ⓝ 반대

12 ⓥ 희생시키다, 제물을 바치다
ⓝ 희생, 희생물

13 ⓝ 노출, 폭로, 알려짐

14 ⓥ 강화하다, 강화되다

DOWN

1 ⓥ 확장되다, 확장시키다

2 ⓥ 비교하다, 비유하다

3 ⓐ 비극적인

5 ⓝ 정체성, 신원

6 ⓐ 일치하지 않는, 일관성 없는

7 ⓥ 급락하다, 곤두박질치다

8 ⓐ 악성의, 악랄한, 타락한

Answer p.519

0841 ★☆☆ □□□

involve

[inválv]

◆ 내신빈출

ⓥ 포함하다; 관련시키다

Cooking teaches that a successful meal **involves** more than reading a recipe. 21 EBS

요리는 성공적인 식사가 레시피를 읽는 것 이상을 **포함한다**는 것을 가르쳐 준다.

involvement ⓝ 관련, 개입

Vocab+ + **be involved in** ~에 참여하다, ~에 관련되다

0842 ★★☆ □□□

multiply

[mʌ́ltəplài]

ⓥ 곱하다, 크게 증대하다

Cost estimates follow from time estimates simply by **multiplying** the hours required by the required labor rates. 12 모평

비용 견적은 필요한 노동률에 필요한 시간을 단순히 **곱한** 시간 견적을 따른다.

multiple ⓐ 많은

Vocab+ + **multi-ply** ⓐ 여러 겹의 **multiply A by B** A에 B를 곱하다

0843 ★☆☆ □□□

performance

[pərfɔ́ːrməns]

ⓝ 수행, 공연, 연주, 성과

An authentic **performance** of a song depends on the difficulty of the piece and the abilities and limitations of the performers. 18 EBS

한 노래의 진정한 **공연**은 곡의 난이도와 공연자의 능력과 한계에 의존한다.

perform ⓥ 수행하다, 공연하다

Vocab+ = **fulfillment** ⓝ 이행 **accomplishment** ⓝ 성취

0844 ★★☆ □□□

remark

[rimáːrk]

ⓥ (의견을) 말하다; ~에 주목하다 ⓝ 의견, 주목

John Updike **remarked** that most biographies are just 'novels with indexes.' 17 EBS

John Updike는 대부분의 전기가 단지 '색인이 붙은 소설'일 뿐이라고 **말했다**.

remarkable ⓐ 놀랄 만한

Vocab+ = **comment** ⓥ 논평하다, 의견을 말하다

0845 ★☆☆ □□□

scream

[skriːm]

ⓝ 비명 ⓥ 비명을 지르다

The high-pitched **scream** filled the small room and bounced off the cement block walls. 18 학평

아주 높은 **비명 소리**가 그 작은 방을 가득 채우고 시멘트 블록 벽에 튕겨 나왔다.

screaming ⓐ 날카롭게 외치는 **screamingly** ⓐⓓ 극도로

0846 ★☆☆ □□□

support

[səpɔ́ːrt]

ⓥ 뒷받침하다, 지지하다 ⓝ 뒷받침, 지지

The fossil record **supports** the prediction that single-celled organisms evolved before multicelled organisms. 22 모평

그 화석 기록은 단세포 유기체가 다세포 유기체 이전에 진화했다는 예측을 **뒷받침한다**.

supportive ⓐ 지원하는 **supporter** ⓝ 후원자

0847 ★★☆ □□□

vaccinate

[vǽksənèit]

ⓥ 예방 주사를 접종하다

Discovering how the body uses the immune system to fight cancer, it might then be possible to **vaccinate** against the disease. 21 EBS

신체가 암과 싸우기 위해 면역 체계를 사용하는 방법을 발견하면, 그 질병에 대한 **예방 접종을 하는** 것이 가능할 수 있다.

vaccination ⓝ 예방 접종

Vocab+ + **immunize** ⓥ (백신 주사로) 면역력을 갖게 하다
inoculate ⓥ (백신 등을) 접종하다

0848 ★★☆ □□□

adolescence

[ӕdəlésəns]

ⓝ 청소년기

It might be thought that, as they grow towards **adolescence**, people give up childhood play, but this is not so. 21 모평

사람들이 **청소년기**로 성장하면서 아동기의 놀이를 그만둔다고 여겨질 수도 있겠지만, 이는 그렇지 않다.

adolescent ⓐ 청소년기의 ⓝ 청소년

Vocab+ = **puberty** ⓝ 사춘기

0849 ★★☆ □□□

appreciate

[əpríːʃièit]

◆ 내신빈출

ⓥ 진가를 인정하다, 감상하다; 고맙게 여기다

Coaches assume that athletes know their work is noticed and **appreciated**. 17 EBS

코치들은 선수들이 자신의 노력이 주목받고 **인정받는** 것을 알고 있다고 가정한다.

appreciation ⓝ 이해, 감상; 감사

Vocab+ ↔ **depreciate** ⓥ 가치가 떨어지다

DAY 22

0850 ★★☆ □□□

attraction

[ətrǽkʃən]

ⓝ 인력, 끌림, 매력, (사람을 끄는) 명소, 명물

Any amount of mass will cause the **attraction**, but the more mass the stronger the force. 17 학평

어느 정도 양의 질량이든 **인력**을 유발하겠지만, 질량이 더 클수록 그 힘은 더 크다.

attract ⓥ 마음을 끌다, 끌어당기다 **attractive** ⓐ 매력적인

오답률 주

0851 ★★☆ □□□

herbivore

[hə́ːrbəvɔ̀ːr]

ⓝ 초식 동물

Herbivores are vulnerable to the impacts of human hunting. 22 EBS

초식 동물은 인간 사냥의 영향에 취약하다.

herbivorous ⓐ 초식의

Vocab+ + **vegetarian** ⓝ 채식주의자 **vegan** ⓝ 엄격한 채식주의자

0852 ★★★ □□□

carnivore

[kɑ́ːrnəvɔ̀ːr]

ⓝ 육식 동물

Animals do not evolve **carnivore** teeth and then decide it might be a good idea to eat meat. 20 모평

동물들이 **육식 동물**의 이빨을 진화시키고 나서 고기를 먹는 것이 좋은 생각일 거라고 결정하는 것은 아니다.

carnivorous ⓐ 육식의

Vocab+ + **omnivore** ⓝ 잡식 동물

0853 ★★☆ □□□
exploit
[iksplɔ́it]

ⓥ 이용하다, 착취하다
It's wrong to ever abuse or **exploit** animals or to cause animals any pain and suffering. 18 학평
여하튼 동물들을 학대하거나 **착취하는** 일 또는 동물에게 어떠한 아픔이나 고통을 일으키는 일은 잘못됐다.

exploitation ⓝ 착취, (부당한) 이용
Vocab+ = **make use of, take advantage of** ~을 이용하다

0854 ★☆☆ □□□
circumstance
[sə́ːrkəmstæ̀ns]

ⓝ 상황, 환경
We forget the fact that there is no use blaming external **circumstances**. 18 EBS
우리는 외적인 **상황**을 비난하는 것은 소용없다는 것을 잊는다.

circumstantial ⓐ 정황적인
Vocab+ + **in[under] no circumstances** 어떤 경우라도 ~아니다

0855 ★★☆ □□□
competitive
[kəmpétitiv]
◆ 내신빈출

ⓐ 경쟁의, 경쟁력 있는, 경쟁심이 강한
In recent years, several theorists have considered knowledge as the main source of **competitive** advantage. 19 EBS
최근 몇 년 동안에 여러 이론가들은 지식을 **경쟁**우위의 주요 원천으로 여겨 왔다.

compete ⓥ 경쟁하다 **competition** ⓝ 경쟁

0856 ★★☆ □□□
cram
[kræm]

ⓥ (좁은 공간 속으로 억지로) 밀어[쑤셔] 넣다, 벼락치기를 하다
These massive structures, **crammed** into small sites, can result in very little open space. 18 학평
작은 부지로 **밀어 넣은** 이런 거대한 구조물은 열린 공간이 거의 없게 하는 결과를 초래할 수 있다.

crammed ⓐ 잔뜩 들어 있는

0857 ★★☆ □□□
detach
[ditǽtʃ]

ⓥ 분리시키다, 거리를 두다
Many Americans feel **detached** from most others. 20 모평
많은 미국인은 대다수의 다른 사람들로부터 **분리된** 듯하게 느낀다.

detachment ⓝ 분리, 거리를 둠, 무심함
Vocab+ ↔ **attach** ⓥ 붙이다 + **detach A from B** A를 B로부터 떼어내다

0858 ★★☆ □□□
enthusiastically
[inθùːziǽstikəli]

ad 열광적으로
Popular songs become synonymous with the club and are **enthusiastically** adopted by the fans. 21 학평
인기 있는 노래들이 구단과 밀접한 연관을 갖게 되고 팬들에 의해 **열광적으로** 받아들여진다.

enthusiasm ⓝ 열광 **enthusiastic** ⓐ 열렬한

0859 ★★☆ □□□

botany
[bátəni]

ⓝ 식물학

Maria Carson enjoyed natural history, **botany**, and bird-watching and possessed a great respect for nature. 19 EBS

Maria Carson은 자연사, **식물학**, 그리고 새 관찰을 즐겼고, 자연에 대한 커다란 경의를 가지고 있었다.

botanical ⓐ 식물의

참고 zoology ⓝ 동물학 biology ⓝ 생물학 microbiology ⓝ 미생물학

0860 ★★☆ □□□

flexible
[fléksəbl]

ⓐ 잘 구부러지는, 유연한, 융통성 있는

Thanks to evolution, our bodies are remarkably **flexible**, and are good at putting the brain's ideas into practice. 21 EBS

진화 덕분에, 우리의 몸은 놀랄 만큼 **유연하고**, 뇌의 생각을 실행에 옮기는 데 능숙하다.

flexibility ⓝ 신축성

Vocab+ ↔ **inflexible** ⓐ 융통성 없는, 경직된

다의어

0861 ★☆☆ □□□

level
[lévəl]

1. ⓝ 수준, 정도
2. ⓝ 수평 ⓐ 수평의, 평평한 ⓥ 평평하게 하다

1. High **levels** of adversity predicted poor mental health. 21 학평

   높은 **수준**의 역경에는 나쁜 정신 건강이 예측되었다.

2. The cyclist could coast along at constant speed at least on a **level** surface, without having to pedal at all. 18 EBS

   자전거 타는 사람은 적어도 **평평한** 표면에서는 페달을 전혀 밟지 않고 일정 속도로 관성으로 움직일 수 있을 것이다.

levelling ⓝ 수준 측량

Vocab+ + **level off** 안정되다, ~을 안정시키다

0862 ★☆☆ □□□

incentive
[inséntiv]

ⓝ 자극, 동기, 장려책

Sometimes the awareness that one is distrusted can provide the necessary **incentive** for self-reflection. 19 수능

때로는 신임을 얻지 못한다는 인식이 자기 성찰에 필요한 **동기**를 제공할 수 있다.

Vocab+ ↔ **disincentive** ⓝ 저해 요소

0863 ★★☆ □□□

intake
[íntèik]

◆ 내신빈출

ⓝ 수용, 섭취(량)

Without the **intake** of calories, the body cannot develop energy for physical, psychological and social activities. 20 EBS

칼로리 **섭취**가 없으면, 신체는 육체적, 정신적, 사회적 활동을 위한 에너지를 만들 수 없다.

Vocab+ = **consumption** ⓝ 섭취, 소비 **ingestion** ⓝ 섭취
+ **take in** ~을 수용하다, 섭취하다

0864 ★★☆ □□□

legislation
[lèdʒisléiʃən]

ⓝ 입법, 법률의 제정

Some city planning experts called for **legislation** against texting while walking. 17 수능

몇몇 도시 계획 전문가들은 보행 중 문자 보내기를 금지하는 **입법**을 요구했다.

legislative ⓐ 입법의, 입법부의 **legislate** ⓥ 법률을 제정하다

참고 legislation ⓝ 입법 jurisdiction ⓝ 사법 administration ⓝ 행정

0865 ★★☆ □□□

mercilessly
[mə́ːrsilisli]

ad 무자비하게, 인정사정없이

The reindeer had a weakness that mankind would **mercilessly** exploit: it swam poorly. 18 모평

순록에게는 인류가 **인정사정없이** 이용할 약점이 있었는데, 그것은 순록이 수영을 잘 못한다는 것이었다.

mercy ⓝ 자비

Vocab+ = **ruthlessly** ad 가차없이, 무자비하게

0866 ★★☆ □□□

preferable
[préfərəbl]

◆ 내신빈출

ⓐ 선호되는, 더 좋은

When a person's beliefs are threatened by an "inconvenient fact," sometimes it is **preferable** to challenge the fact. 19 모평

어떤 사람의 믿음이 '불편한 사실'에 의해 위협받을 때, 때로는 그 사실에 이의를 제기하는 것이 **선호된다**.

prefer ⓥ 선호하다 **preference** ⓝ 선호

Vocab+ + **preferable to** ~보다 선호하는

0867 ★★☆ □□□

offensive
[əfénsiv]

ⓐ 공격의; 모욕적인, 불쾌한

It is a strategic and tactical mistake to give an **offensive** position away to those who will use it to attack, criticize, and blame. 17 모평

공격하고, 비판하고, 비난하기 위해 **공격의** 위치를 이용할 사람들에게 그것을 넘겨주는 것은 전략과 전술상의 실수이다.

offend ⓥ 기분 상하게 하다

Vocab+ ↔ **defensive** ⓐ 방어적인

0868 ★★☆ □□□

shortcoming
[ʃɔ́ːrtkʌ̀miŋ]

◆ 내신빈출

ⓝ 단점, 결점

The major **shortcoming** of the traditional dictionary is that there is limited space available to give only a sampling of how words are used. 16 수능

전통적인 사전의 주요한 **단점**은 이용 가능한 공간이 제한되어 있어서 단어가 어떻게 사용되는지에 관한 견본만 제시한다는 것이다.

Vocab+ = **defect** ⓝ 단점, 흠

0869 ★★☆ □□□
pervasive
[pərvéisiv]

ⓐ 만연하는, 스며드는

Metaphors are **pervasive** in every language and throughout human thought. 18 EBS

은유는 모든 언어와 인간의 사고 전반에 **만연해** 있다.

pervade ⓥ 만연하다

Vocab+ = **prevalent** ⓐ 널리 퍼진

0870 ★★☆ □□□
mutation
[mju(:)téiʃən]

ⓝ 돌연변이, 변형, 변화

The genome passed down from grandparents to parents to children changes only in rare cases of a **mutation**. 18 EBS

조부모로부터 부모에게 나아가 자녀에게 전해지는 게놈은 오직 드문 **돌연변이**의 경우에만 변한다.

mutate ⓥ 변화시키다, 돌연변이가 되다, 돌연변이를 만들다

0871 ★★☆ □□□
reflective
[rifléktiv]

ⓐ 반영하는, 빛을 반사하는; 사색적인

Knowledge is **reflective** of the values and interests of those who produce it. 19 학평

지식은 그것을 만들어내는 사람들의 가치와 이해를 **반영한다**.

reflect ⓥ 반영하다, 반사하다; 사색하다(on) **reflection** ⓝ 반영, 반사

Vocab+ + **be reflective of** ~을 반영하다

0872 ★★☆ □□□
residential
[rèzidénʃəl]

ⓐ 거주하는, 거주하기 좋은, 주택지의

Residential mothers and fathers now spend 50 percent more time with their children than they did in 1975. 20 모평

(가정에) **상주하는** 부모가 1975년에 그랬었던 것에 비해 지금은 50퍼센트나 더 많은 시간을 자녀들과 보낸다.

resident ⓝ 거주자 **residence** ⓝ 주택, 거주

0873 ★★☆ □□□
rust
[rʌst]

ⓥ 녹이 슬다, 부식하다 ⓝ 녹

The flat roofs leaked in wet climates and the metal railings and window frames **rusted**. 19 학평

평평한 지붕은 습한 기후에서 물이 새었고, 금속 난간과 창틀은 **녹슬었다**.

rusty ⓐ 녹슨

Vocab+ = **corrode** ⓥ 부식하다

0874 ★★☆ □□□
overwhelm
[òuvərhwélm]
◆ 내신빈출

ⓥ 압도하다, 당황하게 하다

People are **overwhelmed** with the volume of information confronting them. 17 모평

사람들은 자신들이 직면하는 정보의 양에 **압도당한다**.

Vocab+ + **overwhelmed with** ~에 압도당하는

0875 ★★☆ □□□

species
[spíːʃiːz]

ⓝ (생물 분류상의) 종

The populations of many **species** are declining rapidly because habitats are being destroyed or undermined. 17 학평

서식지가 파괴되거나 훼손되고 있어서 많은 **종**의 개체 수가 빠르게 감소하고 있다.

0876 ★★☆ □□□

streak
[striːk]

ⓝ 연속 ⓥ 기다란 자국을 내다

Researchers found out whether basketball players shoot in **streaks**. 19 학평

연구원들은 농구 선수들이 **연속**으로 슛을 넣는지 여부를 알아내었다.

Vocab+ + **have a streak of** ~의 기미가 있다

0877 ★☆☆ □□□

provide
[prəváid]

ⓥ 제공하다, 공급하다, 준비하다

Last year, you signed up for our museum membership that **provides** special discounts. 21 모평

작년에 귀하께서는 특별 할인을 **제공하는** 저희 박물관 멤버십을 신청하셨습니다.

provision ⓝ 제공

Vocab+ + **provide A with B** = **provide B for A** A에게 B를 제공하다

고난도

0878 ★★★ □□□

perplexed
[pərplékst]

ⓐ 당황하게 된, 당혹한

Students of ethics have been **perplexed** whether to classify their subject as a science, an art, or otherwise. 19 학평

윤리학 연구자들은 자신들의 과목을 과학으로, 예술로, 혹은 다른 것으로 분류할지 **당황스러워해** 왔다.

perplex ⓥ 당혹하게 하다 **perplexity** ⓝ 당혹감

Vocab+ = **puzzled** ⓐ 어리둥절해 하는 **confused** ⓐ 혼란스러운

0879 ★★★ □□□

deploy
[diplɔ́i]

ⓥ (군대·무기 등을) 배치하다; 효율적으로 사용하다

Music needs to **deploy** musical formulas in its sounds' time and space. 20 학평

음악은 소리의 시공간 안에 음악적 공식을 **배치할** 필요가 있다.

deployment ⓝ 전개, 배치

0880 ★★★ □□□

microorganism
[màikrouɔ́ːrgənìzəm]

ⓝ 미생물

Some grazing animals have complicated digestive tracts that allow **microorganisms** to do most of the work of digestion. 19 학평

일부 풀을 먹는 동물은 **미생물**이 대부분의 소화 작용을 하게 하는 복잡한 소화관을 가지고 있다.

Vocab+ + **microbiology** ⓝ 미생물학
microbiome ⓝ 마이크로바이옴(인체 내 미생물 생태계)

Review Test

A 우리말은 영어로, 영어는 우리말로 적으시오.

1 입법, 법률의 제정 l__________
2 청소년기 a__________
3 수행, 공연 p__________
4 (생물 분류상의) 종 s__________
5 microorganism __________
6 mutation __________
7 exploit __________
8 botany __________

B 각 단어의 유의어 혹은 반의어를 적으시오.

1 remark ⊜ c__________
2 rust ⊜ c__________
3 vaccinate ⊜ i__________
4 pervasive ⊜ p__________
5 detach ↔ a__________
6 offensive ↔ d__________
7 appreciate ↔ d__________
8 incentive ↔ d__________

C 다음 우리말에 적합한 어휘를 고르시오.

1 [Carnivores / Herbivores] are vulnerable to the impacts of human hunting.
초식 동물은 인간 사냥의 영향에 취약하다.

2 Animals do not evolve [carnivore / herbivore] teeth and then decide it might be a good idea to eat meat.
동물들이 육식 동물의 이빨을 진화시키고 나서 고기를 먹는 것이 좋은 생각일 거라고 결정하는 것은 아니다.

D 다음 빈칸에 공통으로 들어갈 어휘를 고르시오. [예문에 실린 어휘의 원형을 고를 것]

1 High __________ of adversity predicted poor mental health.
2 The cyclist could coast along at constant speed at least on a __________ surface, without having to pedal at all.

① flat ② even ③ level ④ range ⑤ stratum

A 1 legislation 2 adolescence 3 performance 4 species 5 미생물 6 돌연변이, 변화 7 이용하다, 착취하다 8 식물학 B 1 comment 2 corrode 3 immunize 4 prevalent 5 attach 6 defensive 7 depreciate 8 disincentive C 1 Herbivores 2 carnivore D ③ level

plain vs. plane

plain ⓐ (보거나 이해하기에) 평범한; 분명한	The room was a **plain** one with no curtains. 그 방은 커튼이 없는 **평범한** 것이었다.
plane ⓝ 비행기	We will be traveling to New York by **plane**. 우리는 **비행기**로 로마로 여행을 갈 것이다.

pole vs. poll

pole ⓝ 기둥, 막대기	A national flag fluttered from a 40-foot **pole**. 국기가 40피트 높이의 **기둥**에서 펄럭였다.
poll ⓝ 여론 조사, 투표, 개표	A **poll** was conducted to find out the favorite 100 movies of all time. 가장 좋아하는 역대 영화 100편을 알아내기 위해 **여론 조사**가 실시되었습니다.

tall vs. toll

tall ⓐ 키가 큰, 높은	The Thompsons grew up to be very **tall**. Thompson 가족은 자라서 매우 **키가 커졌다**.
toll ⓝ 통행료	People have to stop to pay the **toll**. 사람들은 **통행료**를 내기 위해 멈춰야 한다.

pore vs. pour vs. poor

pore ⓝ (피부의 땀구멍 같은) 구멍	Occasionally, the **pores** can become clogged, leading to various skin conditions. 가끔 **모공**이 막히면서 다양한 피부 질환으로 이어질 수 있다.
pour ⓥ (그릇을 비스듬히 기울이고) 따르다[붓다]	The waiter carefully **poured** the water into her glass. 그 웨이터는 조심스럽게 그녀의 잔에 물을 **따랐다**.
poor ⓐ 가난한, 빈곤한	The peasants were too **poor** to buy new clothes. 그 농부들은 너무 **가난해서** 새 옷을 살 수 없었다.

pray vs. prey

pray ⓥ 기도하다[빌다], 기원하다	The Father suggested to us, "Let us **pray**." 그 신부님은 "**기도합시다**."라고 우리에게 제안했다.
prey ⓝ (사냥 동물의) 먹이[사냥감]	The eagle circled above looking for **prey**. 그 독수리는 **먹이**를 찾아 상공에서 빙빙 돌았다.

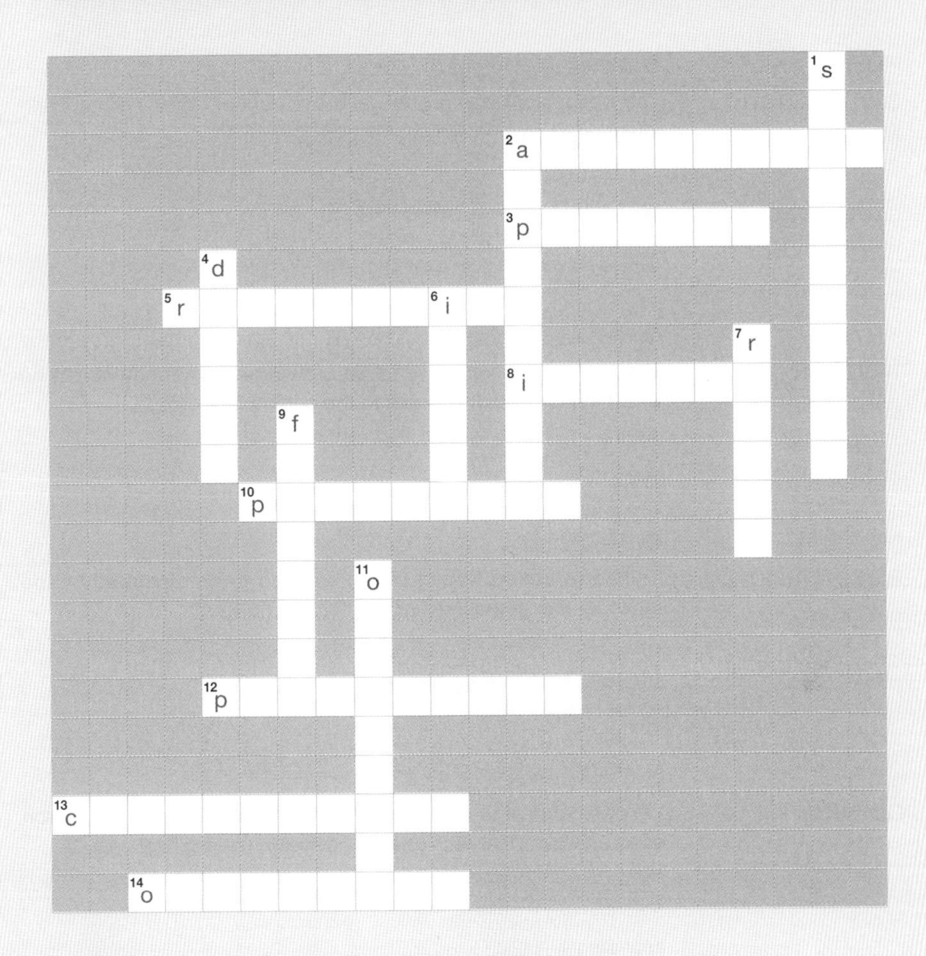

ACROSS

2 ⓝ 인력, 끌림, 매력 (사람을 끄는) 명소, 명물
3 ⓥ 제공하다, 공급하다, 준비하다
5 ⓐ 반영하는, 빛을 반사하는, 사색적인
8 ⓥ 포함하다, 관련시키다
10 ⓐ 당황하게 된, 당혹한
12 ⓐ 선호되는, 더 좋은
13 ⓐ 경쟁의, 경쟁력 있는, 경쟁심이 강한
14 ⓥ 압도하다, 당황하게 하다

DOWN

1 ⓝ 단점, 결점
2 ⓥ 진가를 인정하다, 감상하다, 고맙게 여기다
4 ⓥ 분리시키다, 거리를 두다
6 ⓝ 수용, 섭취(량)
7 ⓥ (의견을) 말하다, ~에 주목하다
ⓝ 의견, 주목
9 ⓐ 잘 구부러지는, 유연한, 융통성 있는
11 ⓐ 공격의, 모욕적인, 불쾌한

Answer p.519

0881 ★★☆ □□□
sympathetic
[sìmpəθétik]

ⓐ 공감하는, 동정적인, 호감이 가는

The benevolent caregivers gave the patients their normal well-intentioned, **sympathetic** care. 21 EBS

인정많은 돌보미들이 환자들에게 일반적인 선의의 **동정적인** 돌봄을 제공했다.

sympathy ⓝ 공감, 동정 **sympathize** ⓥ 공감하다, 동정하다

참고 apathetic ⓐ 무관심한 pathetic ⓐ 애처로운 empathic ⓐ 공감적인

0882 ★★☆ □□□
tradeoff
[tréidɔ̀(:)f]

ⓝ 거래, 교환, 상호절충

The **tradeoff** between economic growth and environment can be worth the benefits it will give to the community. 17 학평

경제발전과 환경 사이의 **거래**는 지역사회에 가져다줄 이익만큼의 가치가 있을 수 있다.

Vocab+ = **exchange** ⓝ 교환

0883 ★★☆ □□□
absorption
[əbsɔ́ːrpʃən]

ⓝ 흡수, 통합, 몰두

Children's **absorption** in a task seemed to be disrupted by the reminder that someone was watching. 20 EBS

어린이가 과제에 **몰두하는 것**은 누가 보고 있다는 것이 상기됨으로써 방해를 받는 것 같았다.

absorb ⓥ 흡수하다 **absorptive** ⓐ 흡수성의

Vocab+ = **engrossment** ⓝ 몰두

0884 ★☆☆ □□□
appeal
[əpíːl]

ⓥ 호소하다, 관심을 끌다 ⓝ 호소, 항의

We often **appeal** to each other, "Be reasonable," promoting reason as an approach that puts us at our decision-making best. 21 EBS

우리는 "이성적으로 생각하라"고 서로에게 자주 **호소하며**, 우리가 의사 결정을 가장 잘하게 하는 접근법으로 이성을 장려한다.

appealing ⓐ 매력적인

Vocab+ + **appeal to** ~에 호소하다

0885 ★★☆ □□□
burst
[bəːrst]

ⓥ 터지다, 갑자기 나타나다 ⓝ 파열, 폭발

The firecrackers **burst** with a loud noise, scaring away the elephant. 22 학평

폭죽이 큰 소음과 함께 **터져** 코끼리를 겁주어 쫓아 버렸다.

outburst ⓝ 폭발, 분출

Vocab+ = **explode** ⓥ 폭발하다 **go off** 터지다

0886 ★☆☆ □□□
compact
ⓥⓐ[kəmpǽkt]
ⓝ[kámpækt]

ⓥ 압축시키다 ⓐ 밀집한; 아담한 ⓝ 계약, 협정

Action on television flows with rapid ease, **compacting** hours or even days into minutes, and minutes into seconds. 20 학평

텔레비전에서의 행동은 빠르고 수월하게 흘러가며, 수 시간 또는 심지어 수 일(日)을 수 분(分)으로, 그리고 수 분(分)을 수 초(秒)로 **압축시킨다**.

compacted ⓐ 꽉 채워진

0887 ★☆☆ □□□

countless
[káuntlis]

ⓐ 셀 수 없이 많은, 무수한

In Buenos Aires, you can breathe tango at every corner, and there are **countless** tango shows. 20 EBS

부에노스아이레스에서는 골목마다 탱고를 호흡할 수 있고, **수많은** 탱고 쇼가 있다.

Vocab+ = **innumerable, numerous** ⓐ 무수히 많은

참고 numerable ⓐ 셀 수 있는, 계산할 수 있는

0888 ★☆☆ □□□

dependent
[dipéndənt]
◆ 내신빈출

ⓐ 의존적인, 의존하는 (on)

Traditional family-run farms were typically **dependent** on manual labour to work the land and tend the animals. 18 학평

전통적으로 가족이 운영하는 농장들은 일반적으로 땅을 경작하고 동물을 돌보기 위해 육체노동에 **의존했다**.

depend ⓥ 의존하다 **dependence** ⓝ 의존

Vocab+ ↔ **independent** ⓐ 독립적인 (**of**)

0889 ★☆☆ □□□

drought
[draut]

ⓝ 가뭄

Our ancestors faced frequent periods of **drought** and freezing. 17 모평

우리의 조상들은 빈번한 **가뭄**과 혹한의 시기에 직면했다.

droughty ⓐ 가뭄의

Vocab+ ↔ **flood** ⓝ 홍수 + **soil parched by drought** 가뭄으로 바싹 말라버린 흙

0890 ★☆☆ □□□

existing
[igzístiŋ]

ⓐ 현존하는, 현재의

Successful engineering requires an understanding of the **existing** artifactual and social world. 22 EBS

성공적인 공학기술은 **현존하는** 인공적이고 사회적인 세계에 대한 이해를 필요로 한다.

exist ⓥ 존재하다 **existence** ⓝ 존재

Vocab+ = **extant** ⓐ 현존하는 **current** ⓐ 현재의

어원통

0891 ★★☆ □□□

horizon
[həráizən]

ⓝ 지평선, 수평선

It is relatively easy to calculate latitude by measuring the height of the Sun above the **horizon** at noon. 18 학평

정오에 **수평선** 위 태양의 높이를 측정함으로써, 위도를 계산하는 것은 상대적으로 쉽다.

horizontal ⓐ 지[수]평선의, 수평의, 가로의

0892 ★★☆ □□□

vertical
[və́ːrtikəl]

ⓐ 수직의, 세로의 ⓝ 수직선

A series of horizontal lines were bisected by a **vertical** line. 22 EBS

일련의 수평선이 **수직**선에 의해 이등분되었다.

verticality ⓝ 수직

Vocab+ = **perpendicular** ⓐ 수직의 ⓝ 수직선

DAY 23

0893 ★★☆ □□□

scope
[skoup]

ⓝ (관찰·활동 등의) 범위, 시야 ⓥ 조사하다

The **scope** of the right to privacy is restricted by the general interest in preventing crime or in promoting public health. 21 모평

사생활에 대한 권리의 **범위**는 범죄 예방이나 공중 보건 증진에서의 공공이익에 의해 제한된다.

Vocab+ + **scope out** ~을 자세히 살피다

참고 microscope ⓝ 현미경 telescope ⓝ 망원경

0894 ★★☆ □□□

motivate
[móutəvèit]
◆ 내신빈출

ⓥ 동기를 부여하다

Observers or coactors may **motivate** individuals to work hard at whatever task is being carried out. 20 EBS

관찰자나 협력자는 수행되고 있는 과업이 무엇이든 개인이 열심히 일하도록 **동기를 부여할** 수 있을 것이다.

motivation ⓝ 동기 부여, 자극 **motivational** ⓐ 동기를 주는

Vocab+ = **inspire** ⓥ 고무하다

0895 ★★☆ □□□

perceive
[pərsíːv]
◆ 내신빈출

ⓥ 인식하다, 인지하다

Our eyes are attracted to color to such an extent that the color of an object is **perceived** first. 20 EBS

우리 눈은 가장 먼저 사물의 색이 **인식될** 정도로 색에 끌린다.

perception ⓝ 지각, 인식

Vocab+ = **notice** ⓥ 알아차리다 **recognize** ⓥ 인지하다

0896 ★☆☆ □□□

proverb
[právəːrb]

ⓝ 속담

There is an African **proverb** saying, 'Till the lions have their historians, tales of hunting will always glorify the hunter'. 20 수능

"사자들이 자신들의 역사가를 갖게 될 때까지, 사냥 이야기는 언제나 사냥꾼을 미화할 것이다."라는 아프리카 **속담**이 있다.

proverbial ⓐ 속담에도 나오는, 유명한

참고 adage ⓝ 속담, 금언, 격언 saying ⓝ 속담, 격언 maxim ⓝ 격언

0897 ★☆☆ □□□

remain
[riméin]

ⓥ 여전히 ~이다, 남아 있다

The book I had planned to read **remained** in my bag under the seat. 20 학평

내가 읽으려고 계획했던 책은 좌석 밑의 내 가방에 **그대로 있었다**.

remainder ⓝ 남은 것

0898 ★☆☆ □□□

invest
[invést]

ⓥ (수익을 위해) 투자하다, (시간·노력 등을) 투자하다

For the vast majority of people, the reason they **invest** is so they can enjoy retirement. 20 학평

절대 다수의 사람에 있어, 그들이 **투자하는** 이유는 은퇴를 즐길 수 있기 위해서이다.

investment ⓝ 투자 **investor** ⓝ 투자자

0899 ★☆☆ □□□

supply
[səplái]

ⓝ 공급, 공급품 ⓥ 공급하다, 채우다

Army men in the American Civil War had little choice when it came to their food **supply**. 19 EBS

미국 남북 전쟁에 참전한 병사들은 자신들의 식량 **공급**에 관한 한 선택권이 거의 없었다.

Vocab+ + **supply A with B** = **supply B to A** A에게 B를 공급하다
school supplies 학용품 **office supplies** 사무용품

참고 oversupply ⓥ 과잉공급하다 undersupply ⓥ 충분히 공급하지 않다

0900 ★☆☆ □□□

upset
ⓐⓥ [ʌpsét]
ⓝ [ʌ́pset]
◆ 내신빈출

ⓐ 속상한 ⓥ 속상하게 하다, 계획이 뒤틀어지다 ⓝ 혼란 상황

If a person is already sensitive and **upset** about something, delaying feedback can be wise. 15 모평

어떤 사람이 어떤 일에 관해 이미 예민하고 **속상해** 있다면, 피드백을 미루는 것이 현명할 수 있다.

upsetting ⓐ 속상하게 하는

Vocab+ = **distress** ⓥ 괴롭히다

다의어

0901 ★★☆ □□□

compromise
[kámprəmàiz]

1. ⓥ 손상을 가하다
2. ⓝ 타협, 절충안 ⓥ 타협하다, 절충하다

1. When wood is treated with chemicals, its healthful properties are **compromised**. 13 모평

목재가 화학 물질로 약품 처리되는 경우, 그것의 건강에 유익한 성질은 **손상된다**.

2. He agreed to study chemical engineering as a **compromise** with his father. 14 모평

그는 아버지와의 **절충안**으로 화학 공학을 공부하는 것에 동의했다.

compromising ⓐ 남부끄러운

Vocab+ = **jeopardize** ⓥ 위협을 가하다 **negotiation** ⓝ 협상, 타협

0902 ★★☆ □□□

blush
[blʌʃ]

ⓥ 얼굴을 붉히다, 부끄러워하다

I must have left one of my expensive shoes in the cabin and the metro has left. I feel myself **blushing**. 20 학평

내 값비싼 신발 한짝을 객실 안에 두었음이 틀림없는데 열차가 떠나버렸다. 나는 **얼굴이 빨갛게 달아오르는** 것을 느낀다.

0903 ★★☆ □□□
circulate
[sə́ːrkjulèit]

ⓥ 순환하다, 순환시키다, 유포하다, 유통시키다

Samuel Orchard Beeton published a widely **circulated** periodical called the *Englishwoman's Domestic Magazine*. 21 EBS

Samuel Orchard Beeton은 〈Englishwoman's Domestic Magazine〉이라고 불리는 널리 **유통되는** 정기 간행물을 발간했다.

circulation ⓝ 순환, 유통

Vocab+ = **distribute** ⓥ 배포하다

0904 ★★☆ □□□
crack
[kræk]

ⓥ 난국을 해결하다; 금이 가다 ⓝ 갈라진 틈

The problem of accurate timekeeping at sea was finally **cracked** in the middle of the eighteenth century by John Harrison. 18 학평

바다에서 정확한 시간 측정의 문제는 18세기 중반에 John Harrison에 의해서 드디어 **해결되었다**.

cracked ⓐ 금이 간

0905 ★☆☆ □□□
compete
[kəmpíːt]

ⓥ 경쟁하다

Alien plants **compete** with indigenous species for space, light, nutrients and water. 18 학평

외래 식물은 공간, 빛, 양분, 그리고 물을 놓고 토착종과 **경쟁한다**.

competition ⓝ 경쟁 **competitive** ⓐ 경쟁의, 경쟁력 있는

0906 ★★☆ □□□
desperate
[désp*ə*rit]

ⓐ 절망적인, 필사적인

Villagers tried unsuccessfully to capture a cobra, which made them frustrated and **desperate**. 18 EBS

마을 사람들이 코브라를 잡으려고 했으나 성공하지 못했고, 이는 그들을 좌절하고 **절망하게** 만들었다.

desperation ⓝ 자포자기 **desperately** ⓐⓓ 필사적으로; 극심하게

0907 ★★☆ □□□
conserve
[kənsə́ːrv]
◆ 내신빈출

ⓥ 보존하다, 보호하다

A big sea-dwelling creature finds it easier to **conserve** warmth inside its body. 20 학평

대형 해양 서식 동물은 자신의 체내에 온기를 **보존하는** 것이 더 쉽다.

conservative ⓐ 보수적인 **conservation** ⓝ 보존, 절약

Vocab+ = **preserve** ⓥ 보존하다

0908 ★★☆ □□□
undisputed
[ʌ̀ndispjúːtid]

ⓐ 논란의 여지가 없는

Describing memory in terms of 'stores' or 'levels' or 'loops' conveys an **undisputed** interpretation to a reader. 17 학평

'저장소' 또는 '단계' 또는 '회로'라는 용어로 기억을 설명하는 것은 **논란의 여지가 없는** 이해를 독자에게 전달한다.

Vocab+ = **irrefutable** ⓐ 반박할 수 없는 ↔ **disputed** ⓐ 시비의 여지가 있는

0909 ★★☆ □□□
duration
[djuəréiʃən]

ⓝ 지속 기간, 지속
Where we err is in estimating the **duration** of the positive or negative feelings. 18 EBS
우리가 실수를 범하는 곳은 긍정적인 또는 부정적인 감정의 **지속 기간**을 추정하는 것에서이다.

durational ⓐ 계속적인
Vocab+ = **period** ⓝ 기간, 시대 **span** ⓝ 기간

0910 ★☆☆ □□□
enrich
[inrítʃ]

ⓥ 질을 높이다, 부유하게 하다
Better control over emotions means **enriching** daily experiences more. 21 EBS
감정을 더 잘 제어하는 것은 일상 생활의 경험을 더 **풍요롭게 한다**는 것을 의미한다.

enrichment ⓝ 풍부하게 함
Vocab+ = **enhance** ⓥ 강화시키다 **augment** ⓥ 증대시키다

0911 ★★☆ □□□
experimental
[ikspèrəméntəl]

ⓐ 실험의, 실험적인
Experimental observations are restricted to the organisms that we can collect live and keep and cultivate in the laboratory. 19 모평
실험 관찰은 우리가 산 채로 수집하여 실험실에서 기르고 배양할 수 있는 생물로 제한된다.

experiment ⓝ 실험 ⓥ 실험을 하다 **experimentation** ⓝ 실험

0912 ★★☆ □□□
fierce
[fiərs]

ⓐ 격렬한, 사나운
After several **fierce** battles, Andrew's concentration wavered for a moment. 17 모평
몇 차례의 **격렬한** 싸움 후에 Andrew의 집중력이 잠시 동안 흔들렸다.

Vocab+ = **violent** ⓐ 난폭한

0913 ★★☆ □□□
incapable
[inkéipəbl]
◆ 내신빈출

ⓐ ~을 하지 못하는
A very few commercial agriculturalists are technologically advanced while the vast majority are **incapable** of competing. 17 수능
극소수의 상업적 농업 경영인들이 기술적으로 발전해 있는 반면에 대다수는 경쟁**할 수 없다**.

incapability ⓝ 불능, 무능력
Vocab+ ↔ **capable** ⓐ ~할 수 있는 + **be incapable of -ing** ~할 수 없다

0914 ★★☆ □□□
insurance
[inʃú(:)ərəns]

ⓝ 보험, 보험금
Erroll's medical **insurance** and pay were not enough to pay the medical bills. 18 EBS
Erroll의 의료 **보험**과 급료는 치료비를 지불할 만큼 충분하지 않았다.

insure ⓥ 보험에 들게 하다, 보증하다

참고 ensure ⓥ 보장하다 assure ⓥ 장담하다

0915 ★★☆ □□□

layer
[léiər]

ⓝ 막, 층, 겹

Both eye and camera have a light-sensitive **layer** onto which the image is cast (the retina and film, respectively). 12 수능

눈과 카메라 둘 다 상이 맺어지는 빛에 민감한 **막**(각각 망막과 필름)을 가지고 있다.

Vocab+ = **tier** ⓝ 단, 층 **level** ⓝ 층, 단계

0916 ★★★ □□□

incremental
[ìnkrəméntəl]

ⓐ 점진적인, 증가의

The companies reward the speed at which low-risk products are created, resulting in an overdose of **incremental** ideas. 19 EBS

기업은 위험이 적은 제품이 만들어지는 속도에 보상을 주는데, 그 결과로 **점진적인** 아이디어의 양은 과다해진다.

increment ⓝ 임금 인상, 증가

Vocab+ = **gradual** ⓐ 점진적인

0917 ★★★ □□□

integral
[íntəgrəl]

ⓐ 통합적인; 필수적인 ⓝ 적분

The very open workstation plans and **integral** collaborative spaces make concentration difficult. 20 학평

매우 개방적인 작업 공간 배치와 **통합적인** 협력 공간이 집중을 어렵게 한다.

참고 integral ⓝ 적분 differential ⓝ 미분

고난도

0918 ★★★ □□□

devour
[diváuər]

ⓥ 집어삼키다, 게걸스럽게 먹다

This plant, called Nepenthes attenboroughii, is so large that it can swallow and **devour** rats whole. 10 학평

Nepenthes attenboroughii라고 불리는 이 식물은 아주 커서 쥐를 통째로 삼켜서 **먹어치울** 수 있을 정도이다.

Vocab+ = **swallow** ⓥ 삼키다 **gobble up** ~을 게걸스레 먹다

0919 ★★★ □□□

proactive
[prouǽktiv]

ⓐ 상황을 앞서서 주도하는

Proactive people have more positive energy than inactive types. 18 EBS

상황을 앞서서 주도하는 사람들이 소극적인 유형의 사람들보다 더 긍정적인 에너지를 가지고 있다.

Vocab+ + **reactive** ⓐ (어떤 일에 대한) 반응을 보이는

0920 ★★★ □□□

exhaustively
[igzɔ́:stivli]

ad 남김없이, 철저하게, 속속들이

Examples of these rules abound, too many to list **exhaustively**. 19 수능

이러한 규칙의 예는 풍부해서, 너무 많아서 **남김없이** 열거할 수 없을 정도이다.

exhaust ⓥ 기진맥진하게 만들다, 고갈시키다 ⓝ 배기가스 **exhaustion** ⓝ 탈진, 고갈
exhaustive ⓐ (하나도 빠뜨리는 것 없이) 철저한[완전한]

Review Test

A 우리말은 영어로, 영어는 우리말로 적으시오.

1 보존[보호]하다 c________

2 공급(품); 공급하다 s________

3 막, 층, 겹 l________

4 거래, 교환 t________

5 absorption ________

6 proverb ________

7 desperate ________

8 duration ________

B 각 단어의 유의어 혹은 반의어를 적으시오.

1 upset ⊜ d________

2 circulate ⊜ d________

3 incremental ⊜ g________

4 motivate ⊜ i________

5 undisputed ↔ d________

6 incapable ↔ c________

7 drought ↔ f________

8 dependent ↔ i________

C 다음 우리말에 적합한 어휘를 고르시오.

1 It is relatively easy to calculate latitude by measuring the height of the Sun above the [horizontal / vertical] line at noon.
정오에 수평선 위 태양의 높이를 측정함으로써, 위도를 계산하는 것은 상대적으로 쉽다.

2 A series of [horizontal / vertical] lines were bisected by a [horizontal / vertical] line.
일련의 수평선이 수직선에 의해 이등분되었다.

D 다음 빈칸에 공통으로 들어갈 어휘를 고르시오. [예문에 실린 어휘의 원형을 고를 것]

1 When wood is treated with chemicals, its healthful properties are ________.

2 He agreed to study chemical engineering as a ________ with his father.

① remain ② crack ③ conserve ④ compete ⑤ compromise

A 1 conserve 2 supply 3 layer 4 tradeoff 5 흡수, 몰두 6 속담 7 절망적인, 필사적인 8 지속 (기간) B 1 distress 2 distribute 3 gradual 4 inspire 5 disputed 6 capable 7 flood 8 independent C 1 horizontal 2 horizontal, vertical D ⑤ compromise

roll vs. role

roll ⓝ (종이·옷감·필름 등을 둥글게 말아 놓은) 통, 롤, 두루마리	There is only one photo left on this **roll**. 이 롤에는 오직 한 장의 사진만이 남아 있다.
role ⓝ (어떤 상황·활동에 영향을 미치는) 역할[기능]	The government plays an active **role** in improving public schools. 정부는 공립학교의 개선을 위해 적극적인 **역할**을 한다.

statue vs. stature vs. status vs. state vs. statute

statue ⓝ 조각상	The **Statue** of Liberty is a colossal neoclassical sculpture on Liberty Island in New York City. 자유의 여신상은 뉴욕시의 리버티 섬에 있는 거대한 신고전주의 **조각상**이다.
stature ⓝ 위상, 지명도	I am honored to be working with a playwright of his **stature**. 저는 그와 같은 **위상**의 극작가와 함께 일하게 되어 영광입니다.
status ⓝ 지위, 자격	The professor likes his job and the high **status** that comes with it. 그 교수는 자신의 직업과 그에 따른 높은 **지위**를 좋아한다.
state ⓝ 상태; 국가, 나라	She finally achieved a higher **state** of being. 그녀는 마침내 더 높은 **상태**의 존재를 이루었다.
statute ⓝ 법규, 법령	The New York State legislature passed the **statute** by an overwhelming margin. 뉴욕 주 의회는 압도적인 표차로 그 **법안**을 통과시켰다.

track vs. tract

track ⓝ (사람·짐승의) 발자국, (자동차 바퀴) 자국	Dinosaur **tracks** were found in the canyon. 공룡의 **발자국**이 협곡에서 발견되었다.
tract ⓝ (넓은) 지대[지역]	The community is considering making use of vast **tracts** of forest. 그 공동체는 광활한 삼림 **지대**를 이용하는 것을 고려하고 있다.

waist vs. waste

waist ⓝ 허리	She has a narrow **waist** and broad shoulders. 그녀는 **허리**가 가늘고 어깨가 넓다.
waste ⓝ 낭비 ⓥ 낭비하다	What a complete **waste** of time! 정말 시간 **낭비**가 심하구나!

Crossword Puzzle

DAY 23

ACROSS

3 ⓥ 경쟁하다
4 ⓐ ~을 하지 못하는
6 ⓥ 보존하다, 보호하다
10 ⓥ 집어삼키다, 게걸스럽게 먹다
11 ⓐ 절망적인, 필사적인
13 ⓥ 인식하다, 인지하다
14 ⓐ 격렬한, 사나운
15 ⓐ 점진적인, 증가의

DOWN

1 ⓥ 압축시키다 ⓐ 밀집한, 아담한 ⓝ 계약, 협정
2 ⓥ 동기를 부여하다
5 ⓥ 순환하다, 순환시키다, 유포하다
7 ad 남김없이, 철저하게, 속속들이
8 ⓐ 논란의 여지가 없는
9 ⓐ 의존적인, 의존하는
12 ⓐ 통합적인, 필수적인 ⓝ 적분

Answer p.519

0921 ★★☆ □□□

mend

[mend]

ⓥ 고치다, 수선하다, 바로잡다

To **mend** the problem of the hectic thinking, you should slow down your life from the inside out. 18 학평

바쁜 사고를 하는 문제를 **바로잡으려면**, 여러분은 내면으로부터 외부로 삶의 속도를 줄여야 한다.

Vocab+ = **fix** ⓥ 고치다 **repair** ⓥ 수리하다

0922 ★★☆ □□□

torrent

[tɔ́(ː)rənt]

ⓝ 급류

When inspiration strikes, it carries an author forward like the rushing **torrents** of a flooded river. 20 학평

영감이 갑자기 떠오르면, 영감은 범람한 강의 내달리는 **급류**처럼 작가를 전진시킨다.

torrential ⓐ (비가) 양동이로 들이붓듯이[앞이 안 보이게] 내리는

0923 ★★☆ □□□

obvious

[ɑ́bviəs]

ⓐ 분명한, 명백한

In filmmaking, the benefits of using professionals are **obvious**. 19 EBS

영화 제작에서 전문가를 활용하는 것의 이점은 **명백하다**.

Vocab+ = **apparent** ⓐ 명백한 **evident** ⓐ 분명한

0924 ★★☆ □□□

overview

[óuvərvjùː]

ⓝ 개요

This scuba class includes the **overview** of the basic principles of scuba diving and scuba gear. 20 학평

이 스쿠버 강습은 스쿠버 다이빙과 스쿠버 장비의 기본 원리에 대한 **개요**를 포함합니다.

Vocab+ = **outline** ⓝ 개요

0925 ★★☆ □□□

perspective

[pərspéktiv]

◆ 내신빈출

ⓝ 관점, 견해; 원근법

From a cross-cultural **perspective** the equation between public leadership and dominance is questionable. 20 수능

비교 문화적 **관점**에서 대중적인 지도력과 지배력 사이의 방정식은 의심스럽다.

Vocab+ = **viewpoint** ⓝ 관점

0926 ★★☆ □□□

vibrate

[váibreit]

ⓥ 진동하다, 흔들다

As she was listening to the dull tick-tock of the clock, her phone **vibrated**. 19 모평

그녀가 시계의 둔탁한 똑딱거리는 소리를 듣고 있을 때 그녀의 전화기가 **진동했다**.

vibration ⓝ 진동 **vibrational** ⓐ 진동의

Vocab+ = **tremble** ⓥ 떨다, 떨리다

0927 ★☆☆ □□□

absolute
[ǽbsəlùːt]

ⓐ 완전한, 절대적인, (명사 앞에서) 순; 무제한의

Her words were filled with noble sentiments, born of her **absolute** sincerity. 19 EBS

그녀의 말은 **절대적인** 진심에서 나온 고귀한 정서로 가득했다.

absolutely ⓐⓓ 절대적으로

Vocab+ ↔ **relative** ⓐ 상대적인

0928 ★★☆ □□□

reside
[rizáid]

ⓥ (속성 등이) ~에 있다, 거주하다

If a desired thing **resides** in paradise, getting to it will only be possible via dreams and wishes. 17 학평

바라는 사물이 낙원에 **있다면**, 그것에 도달하는 것은 꿈과 소망을 통해서만 가능할 것이다.

resident ⓝ 거주자 **residence** ⓝ 주택, 거주

Vocab+ = **dwell** ⓥ 거주하다

0929 ★★☆ □□□

swarm
[swɔːrm]

ⓥ 떼를 짓다, 무리를 짓다 ⓝ 떼, 무리

As locusts **swarm** and become more tuned in to other locusts around them, their brain size enlarges by some degrees. 19 학평

메뚜기들이 **무리 짓고** 그것들 주변의 다른 메뚜기들과 더 잘 맞춰가게 되면서 그들의 뇌 크기가 어느 정도 커진다.

Vocab+ + **a swarm of** (벌레·곤충) ~떼

오답률

0930 ★☆☆ □□□

variation
[vὲəriéiʃən]

ⓝ 변형, 변화, 차이

The searchability of online works represents a **variation** on older navigational aids. 21 학평

온라인 저작물의 검색 가능성은 더 오래된 탐색 보조 도구의 **변형**을 보여준다.

vary ⓥ 다르다 **variant** ⓝ 변종

0931 ★☆☆ □□□

variety
[vəráiəti]

ⓝ 다양, 다양성; 품종

One way in which a **variety** of representations can be found is through analogical thinking. 18 EBS

다양한 표현을 발견할 수 있는 한 가지 방법은 유추적 사고를 통해서이다.

various ⓐ 다양한

Vocab+ + **a variety of** 다양한 (= **a diversity of**)

0932 ★★☆ □□□

variable
[vέ(ː)əriəbl]

ⓝ 변수 ⓐ 가변적인, 변화하는

When designing advanced training programs, there are many **variables** to enhance the difficulty. 21 EBS

고급 훈련 프로그램을 설계할 때, 난도를 높일 수 있는 많은 **변수들**이 있다.

Vocab+ ↔ **invariable** ⓐ 불변의

0933 ★☆☆ □□□

strategy
[strǽtidʒi]

ⓝ 전략, 계획

In the political arena, one tried-and-true **strategy** is to damage the reputation of your opponent. 19 EBS

정치 활동 무대에서, 유효성이 증명된 하나의 **전략**은 여러분 상대의 평판에 손상을 주는 것이다.

strategic ⓐ 전략적인

Vocab+ = **tactic** ⓝ 전술

0934 ★★☆ □□□

swiftly
[swíftli]

ad 신속히, 빨리, 즉시, 즉석에서

Our brain interprets these days filled with boring events as shorter, so summers **swiftly** speed by. 21 학평

우리의 두뇌는 지루한 일로 채워진 이러한 날들을 더 짧다고 이해하며 따라서 여름날이 **빠르게** 지나간다.

swift ⓐ 신속한

Vocab+ = **quickly** ad 빨리, 신속히 **rapidly** ad 빠르게, 급속히

0935 ★★☆ □□□

torture
[tɔ́ːrtʃər]

ⓝ 고문 ⓥ 고문하다

The fisherman subjects himself to physical **torture**, and resists for hours having his arms torn off. 21 EBS

낚시꾼은 자신 스스로에게 신체적 **고문**을 가하며, 몇 시간 동안이나 팔이 떨어져 나가도록 버틴다.

Vocab+ = **torment** ⓥ 괴롭히다

0936 ★★☆ □□□

prospect
[prάspèkt]

ⓝ 가망, 가능성, 전망 ⓥ 조사[답사]하다; (광산 등이) 가망이 있다

The Israelis saw little **prospect** for reaching agreement. 20 EBS

이스라엘 측은 협정에 도달할 **가망**이 거의 없다고 보았다.

prospective ⓐ 장래의

Vocab+ = **likelihood** ⓝ 가능성 **odds** ⓝ 가능성, 확률

0937 ★★☆ □□□

recruit
[rikrúːt]

ⓥ 모집하다 ⓝ 신병

She **recruited** qualified women pilots in the United States and took them to England where they joined the air force. 18 학평

그녀는 자격을 갖춘 여성 조종사들을 미국에서 **모집하여** 영국으로 데려갔고, 그곳에서 그들은 공군에 입대했다.

0938 ★★☆ □□□

annual
[ǽnjuəl]

ⓐ 연간의, 연례의, 해마다의

Getting a blood test for cancer could become part of everybody's **annual** medical checkup. 18 학평

암에 대한 혈액검사를 받는 것이 모든 사람의 **연례** 건강검진의 일부가 될 수 있다.

annually ad 일년에 한 번

참고 **biannual** ⓐ 연 2회의 **biennial** ⓐ 2년에 한 번씩의, 격년의

0939 ★☆☆ □□□
communicate
[kəmjúːnəkèit]

ⓥ 의사소통하다, 전달하다, 알리다

The need to **communicate** clearly and bond with others, lies behind most of mankind's subsequent achievements. 21 EBS

타인과 분명하게 **의사소통을 하고** 유대감을 형성하려는 욕구가 이후에 인류가 이룬 대부분의 업적들 이면에 존재한다.

communication ⓝ 의사소통, 통신, 보도기관

Vocab+ = **contact** ⓥ 연락[접촉, 교제]하다

0940 ★☆☆ □□□
council
[káunsəl]

ⓝ 의회, 회의기구

Some of the largest and strongest institutions are founded by committees or **councils**. 20 모평

가장 크고 영향력이 가장 강한 단체들 중 일부는 위원회나 **의회**에 의해 설립된다.

Vocab+ + **student council** 학생회

다의어
0941 ★★★ □□□
property
[prápərti]

1. ⓝ 재산, 소유권, 소유물, 부동산
2. ⓝ 속성, 특성, 성향

1. Individual authors and photographers have rights to their intellectual **property** during their lifetimes. 17 수능

개인 작가와 사진작가는 평생 동안 자신들의 지적 **재산**에 대한 권리를 갖는다.

2. The nature of life, the **property** of being living, has always been a puzzle for philosophers. 22 EBS

생명의 본질, 즉 살아 있다는 것의 **속성**은 항상 철학자들에게 풀기 어려운 문제였다.

Vocab+ = **asset** ⓝ 자산 **holdings** ⓝ (주식·채권 등의) 재산
attribute ⓝ 자질, 속성 **trait** ⓝ 특성

0942 ★☆☆ □□□
depart
[dipáːrt]

ⓥ 출발하다, 떠나다

A new metaphor initially makes people not **depart** from its meaning but reflect on it. 10 모평

새로운 은유는 처음에 사람들이 그 의미로부터 **출발하게** 만드는 것이 아니라 그것을 숙고하게 만든다.

departure ⓝ 출발

참고 depart from ~에서 출발하다 depart for ~로 떠나다

0943 ★★☆ □□□
drift
[drift]

ⓥ 떠돌다, 이동하다 ⓝ 표류; 일반적인 경향

A memory **drifted** into my mind. 18 모평

어떤 기억 하나가 내 마음으로 **밀려들어 왔다**.

DAY 24

0944 ★☆☆ □□□
exhibit
[igzíbit]

ⓥ 보이다, 전시하다 ⓝ 전시품, 전시(회)

We could expect that people would usually **exhibit** a preference for listening to happy music. 19 EBS

우리는 사람들이 보통 행복한 음악을 듣는 것에 대한 선호를 **보일** 것으로 예상할 수 있다.

exhibition ⓝ 전시, 전시회

Vocab+ = **demonstrate** ⓥ 보여주다 **display** ⓥ 전시하다 ⓝ 전시(회)

0945 ★☆☆ □□□
formal
[fɔ́ːrməl]

ⓐ 격식을 차린, 공식적인

I stood at the front of the classroom wearing my funny dress instead of my **formal** work clothes. 21 학평

나는 **격식을 차린** 근무복 대신 재미있는 옷을 입고 교실 앞에 섰다.

formality ⓝ 격식성, 형식상의 절차

Vocab+ ↔ **informal** ⓐ 격식에 얽매이지 않는, 비공식적인

0946 ★★☆ □□□
hesitation
[hèzitéiʃən]
◆ 내신빈출

ⓝ 망설임, 주저, 우유부단

It turned out both dogs might be available, but Mary had a **hesitation**. 22 EBS

두 마리 개가 모두 입양 가능할 수 있다는 것이 밝혀졌지만, Mary는 **망설였다.**

hesitate ⓥ 주저하다, 망설이다 **hesitant** ⓐ 주저하는, 망설이는

Vocab+ + **have a hesitation** 망설이다 (= **be hesitant**)

0947 ★☆☆ □□□
interval
[íntərvəl]

ⓝ 간격, 사이, 중간 휴식 시간

The time **intervals** between planting the trees, thinning and eventually clear-felling are long. 19 EBS

식목, 간벌, 그리고 결국 전부 베어냄 사이의 시간 **간격**이 길다.

참고 prelude ⓝ 서곡, 전주곡 interlude ⓝ 사이, 막간

0948 ★☆☆ □□□
mineral
[mínərəl]

ⓝ 광물, 무기물, 광천수, 탄산음료

At 36 cents a liter, tap water is 141 times cheaper than the best-selling **mineral** water in Europe. 20 EBS

수돗물은 리터당 36센트인데 유럽에서 가장 잘 팔리는 **광천수**보다 141배 더 싸다.

Vocab+ + **mineral water** 탄산수, 광천수

0949 ★★☆ □□□
pave
[peiv]

ⓥ (널돌·벽돌 등으로 길을) 포장하다, 가득 채우다

In some circumstances, starvation may **pave** the way for genetic variants to take hold in the population of a species. 18 모평

몇몇 상황에서, 기아는 유전적 변종들이 종의 개체군을 장악할 수 있는 길을 **열어[닦아]줄** 수 있다.

pavement ⓝ 포장 도로

0950 ★☆☆ □□□

protect
[prətékt]

ⓥ 보호하다, 지키다

Resistance to change means people are working hard to **protect** the status quo. 19 학평

변화에 대한 저항은 사람들이 현재 상태를 **지키려고** 열심히 노력하고 있음을 뜻한다.

protection ⓝ 보호 **protective** ⓐ 보호하는

Vocab+ = **preserve** ⓥ 보호[보존]하다 ↔ **endanger** ⓥ 위험에 빠뜨리다

0951 ★☆☆ □□□

rely
[rilái]

ⓥ 의지하다, 믿다

In the absence of spoken language, other animals have to **rely** on their senses to detect the emotional states of others. 18 EBS

말이 없어서, 다른 동물들은 자신의 감각에 **의존하여** 남의 감정 상태를 감지해야 한다.

reliance ⓝ 의존 **reliable** ⓐ 신뢰할 수 있는 **reliant** ⓐ 의존적인

Vocab+ + **rely on** ~에 의존하다, ~을 믿다 **be reliant on** ~에 의존하다

0952 ★☆☆ □□□

scholarship
[skálərʃip]

ⓝ 장학금, 학문

After high school, she won a **scholarship** to Bennett College. 21 학평

고등학교를 졸업한 후, 그녀는 **장학금**을 받고 Bennett College에 들어갔다.

Vocab+ = **grant** ⓝ 연구비, 장학금

DAY 24

0953 ★☆☆ □□□

suggest
[səgdʒést]
◆ 내신빈출

ⓥ 제안하다; 시사하다

In recent times, biologists have begun to **suggest** that animals are brainy for social reasons. 18 EBS

최근 생물학자들은 동물이 사회적인 이유로 영리하다는 점을 **시사하기** 시작했다.

suggestion ⓝ 제안; 암시, 시사 **suggestive** ⓐ 연상시키는, 암시하는

0954 ★★☆ □□□

undergo
[ʌ̀ndərgóu]

ⓥ 겪다

The health & social work sector is estimated to **undergo** job creation of more than 30%, with a positive net effect of 22%. 20 학평

건강·사회 복지 분야는 22퍼센트의 양의 순효과를 보이며 30퍼센트가 넘는 일자리 창출을 **겪을** 것으로 추정된다.

Vocab+ = **go through** ~을 겪다 **experience** ⓥ 경험하다

0955 ★★☆ □□□

adjust
[ədʒʌ́st]
◆ 내신빈출

ⓥ 조절하다, 적응하다

Every aspect of an industrial operation should be monitored and **adjusted** for optimal performance. 21 EBS

산업 운영의 모든 측면은 최대 성과를 위해 추적 관찰되고 **조정되어야** 한다.

adjustment ⓝ 수정, 조정, 적응

Vocab+ = **adapt** ⓥ 적응시키다 + **adjust to** ~에 적응하다

0956 ★★☆ □□□

applicable
[ǽplәkәbl]

ⓐ 적용할 수 있는, 해당되는, 적절한

The relevance of generalized knowledge is **applicable** to particular individual phenomena. 20 EBS

일반화된 지식의 타당성은 특정 개별 현상에 **적용할 수 있다**.

apply ⓥ 적용하다; 신청하다, 지원하다 **application** ⓝ 적용; 신청, 지원

Vocab+ = **relevant** ⓐ 관련있는, 적절한

0957 ★★☆ □□□

attentive
[әténtiv]

◆ 내신빈출

ⓐ 주의를 기울이는, 배려하는, 신경 쓰는

Physicians are responsible for **attentive** assessment of patients' decisional capacity. 22 EBS

의사는 환자의 결정 능력에 대해 **주의 깊은** 판단을 할 책임이 있다.

attention ⓝ 주의, 주목

Vocab+ = **careful, close** ⓐ 주의 깊은, 세심한

고난도

0958 ★★★ □□□

subside
[sәbsáid]

ⓥ 가라앉다, 진정되다, 침전되다

11 모평

When the applause **subsided**, Zukerman complimented the artist.

박수 소리가 **가라앉자**, Zukerman은 그 음악가를 칭찬했다.

0959 ★★★ □□□

scrutiny
[skrú:tәni]

ⓝ 정밀 조사

Subjecting your entire hard-fought draft to cold, objective **scrutiny** is one of the toughest activities to master, but it is absolutely necessary. 20 학평

여러분이 힘들게 마련한 초고 전체를 차갑고 객관적인 **정밀 조사**를 받게 하는 것은 숙달하기 가장 힘든 활동 중의 하나이지만, 그것은 절대적으로 필요하다.

scrutinize ⓥ 면밀히 조사하다, 세심히 살피다

0960 ★★★ □□□

feasible
[fí:zәbl]

ⓐ 실현 가능한

Economic and social development are about figuring out how to use technology and capital, to find out not only what is possible but also **feasible**. 18 학평

경제적 발전과 사회적 발전은, 기술과 자본을 어떻게 사용할지 파악해 내는 것, 무엇이 가능한지 뿐만 아니라 **실현성도 있는**지 알아내는 것에 관한 것이 된다.

feasibility ⓝ 타당성, 실현 가능성

Vocab+ = **practicable** ⓐ 실행 가능한 ↔ **unfeasible** ⓐ 실행[달성]할 수 없는

Review Test

A 우리말은 영어로, 영어는 우리말로 적으시오.

1 장학금, 학문 s________
2 광물, 무기물 m________
3 망설임, 주저함 h________
4 가망, 전망 p________
5 torture ________
6 perspective ________
7 torrent ________
8 scrutiny ________

B 각 단어의 유의어 혹은 반의어를 적으시오.

1 overview ⊜ o________
2 mend ⊜ f________
3 reside ⊜ d________
4 vibrate ⊜ t________
5 formal ↔ i________
6 absolute ↔ r________
7 feasible ↔ u________
8 protect ↔ e________

C 다음 우리말에 적합한 어휘를 고르시오.

1 The searchability of online works represents a [variable / variation / variety] on older navigational aids.
온라인 저작물의 검색 가능성은 더 오래된 탐색 보조 도구의 변형을 보여준다.

2 One way in which a [variable / variation / variety] of representations can be found is through analogical thinking.
다양한 표현을 발견할 수 있는 한 가지 방법은 유추적 사고를 통해서이다.

3 When designing advanced training programs, there are many [variables / variations / varieties] to enhance the difficulty.
고급 훈련 프로그램을 설계할 때, 난도를 높일 수 있는 많은 변수들이 있다.

D 다음 빈칸에 공통으로 들어갈 어휘를 고르시오.

1 Individual authors and photographers have rights to their intellectual ________ during their lifetimes.

2 The nature of life, the ________ of being living, has always been a puzzle for philosophers.

① characteristics ② property ③ trait ④ wealth ⑤ nature

A 1 scholarship 2 mineral 3 hesitation 4 prospect 5 고문(하다) 6 관점, 견해, 원근법 7 급류 8 정밀 조사 B 1 outline 2 fix 3 dwell 4 tremble 5 informal 6 relative 7 unfeasible 8 endanger C 1 variation 2 variety 3 variables D ② property

accept vs. except

accept ⓥ (기꺼이) 받아들이다	Almost all the stores **accept** credit cards. 거의 모든 상점들이 신용카드를 **받는다.**
except ⓟ ~을 제외하고는	The stores will be open daily **except** Sundays. 그 상점들은 일요일을 **제외하고** 매일 문을 열 것이다.

borrow vs. lend

borrow ⓥ (돈을) 빌리다[꾸다]	Freeman **borrowed** 20 dollars from his friend. Freeman은 그의 친구로부터 20달러를 **빌렸다.**
lend ⓥ (돈을) 빌려주다, 대출하다	Can you **lend** me 50 dollars? 50달러를 **빌려줄** 수 있어요?

historic vs. historical

historic ⓐ 역사적으로 중요한	It's wonderful to see so many people on such a **historic** occasion. 그런 **역사적으로 중요한** 행사에 그렇게 많은 사람들을 만나다니 정말 멋지다.
historical ⓐ 역사적인, 역사상의	The director strove for **historical** accuracy in the movie. 그 감독은 그 영화에서 **역사적인** 정확성을 위해 노력했다.

ingenious vs. ingenuous

ingenious ⓐ 독창적인, 재간이 많은	The book is known for its **ingenious** plot. 그 책은 **독창적인** 줄거리 때문에 유명하다.
ingenuous ⓐ 순진한, 천진한	It was **ingenuous** of him to ask such a rude question. 그런 무례한 질문을 하다니 그는 너무 **순진해.**

rise vs. raise

rise ⓥ (높은 위치·수준 등으로) 오르다, 올라가다[오다]	Innumerable bubbles **rose** to the surface of the water. 수없이 많은 거품이 수면 위로 **떠올랐다.**
raise ⓥ (위로) 들어올리다	**Raise** your hand if you know the answer. 정답을 아시는 분은 손을 **들어주세요.**

Crossword Puzzle

DAY 24

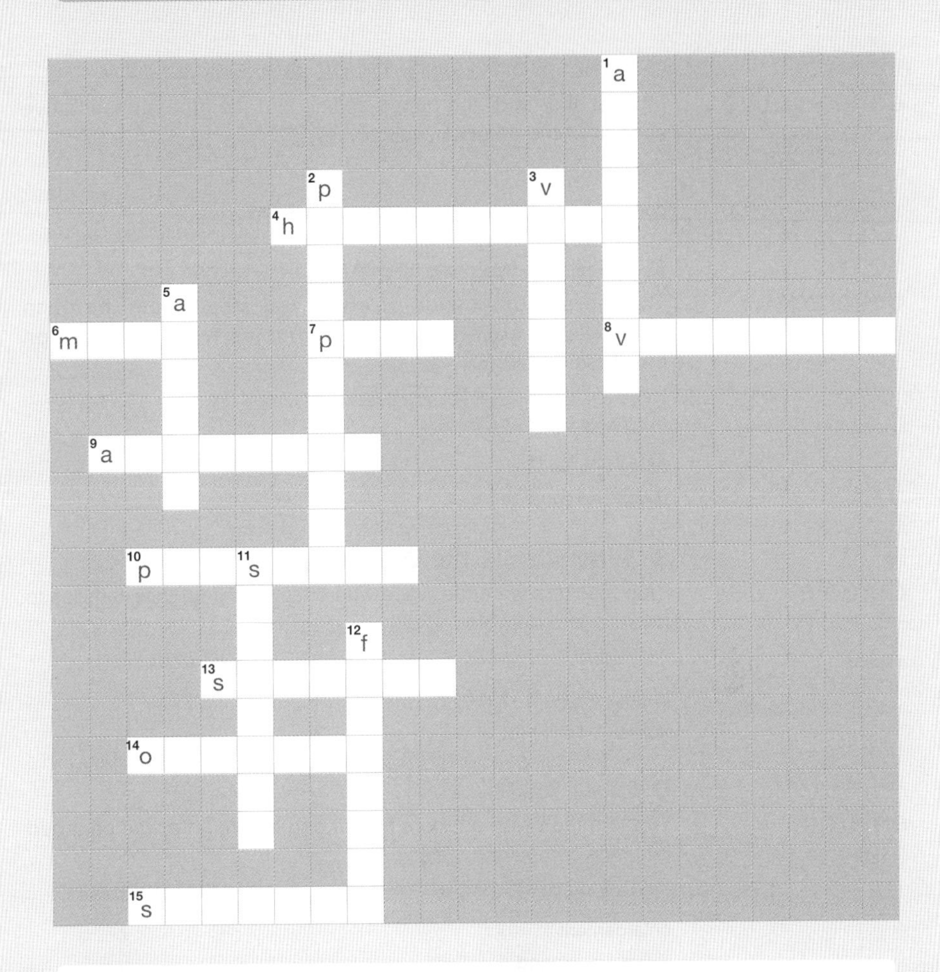

ACROSS

4 ⓝ 망설임, 주저, 우유부단

6 ⓥ 고치다, 수선하다, 바로잡다

7 ⓥ (널돌·벽돌 등으로 길을) 포장하다, 가득 채우다

8 ⓝ 변수 ⓐ 가변적인, 변화하는

9 ⓐ 완전한, 절대적인 (명사 앞에서) 순, 무제한의

10 ⓝ 가망, 가능성, 전망

13 ⓥ 제안하다, 시사하다

14 ⓐ 분명한, 명백한

15 ⓥ 가라앉다, 진정되다, 침전되다

DOWN

1 ⓐ 주의를 기울이는, 배려하는, 신경 쓰는

2 ⓝ 관점, 견해, 원근법

3 ⓥ 진동하다, 흔들다

5 ⓥ 조절하다, 적응하다

11 ⓝ 정밀 조사

12 ⓐ 실현 가능한

Answer p.519

0961 ★★☆ □□□

conservative
[kənsə́ːrvətiv]

ⓐ 보수적인; (실제 수나 양보다) 적게 잡은 ⓝ 보수당원, 보수주의자

Movies offer both the happy ending and the more **conservative** support of the dominant culture. 19 EBS

영화는 행복한 결말과 지배적인 문화에 대한 더 **보수적인** 지지 둘 다를 제공한다.

conserve ⓥ 아끼다, 보존하다 **conservation** ⓝ 보존

0962 ★★☆ □□□

coverage
[kʌ́vəridʒ]

ⓝ (신문·방송의) 보도, 방송; (연구의) 범위

The moral significance of effort and striving can be seen in television **coverage** of the Olympics which focuses on heartbreaking stories. 21 학평

노력과 분투의 도덕적 중요성은 가슴을 뭉클하게 하는 이야기에 초점을 두는 올림픽 경기의 텔레비전 **보도**에서 볼 수 있다.

cover ⓥ ~을 다루다

Vocab+ = **report** ⓝ 보도

0963 ★★☆ □□□

durable
[djú(ː)ərəbl]

◆ 내신빈출

ⓐ 내구성이 있는, 오래 가는 ⓝ 내구재

Woodpeckers want the place where they bring up their families to be solid and **durable**. 21 학평

딱따구리들은 자신의 가족을 양육하는 장소가 견고하고 **내구성이 있기를** 원한다.

endure ⓥ 견디다 **durability** ⓝ 내구성

Vocab+ = **enduring** ⓐ 오래가는

0964 ★★☆ □□□

enlarge
[inláːrdʒ]

ⓥ 확대하다, 확장하다

Workers then wanted more leisure and leisure time was **enlarged** by union campaigns. 18 수능

노동자들은 더 많은 여가를 원했고, 여가 시간은 노동조합 운동에 의해 **확대되었다**.

enlargement ⓝ 확대

Vocab+ = **expand** ⓥ 확장하다

0965 ★★☆ □□□

expenditure
[ikspénditʃər]

ⓝ 지출

The accommodation sector often comprises the largest element of tourist **expenditure** during a trip. 19 EBS

숙박 부문은 흔히 여행하는 동안의 관광 **지출**에서 가장 큰 요소를 구성한다.

expend ⓥ (시간·노력·많은 돈 등을) 쓰다, 소비하다 **expense** ⓝ 비용, 지출

0966 ★★☆ □□□

commence
[kəméns]

◆ 내신빈출

ⓥ 개시하다, 착수하다, 시작하다

We **commence** teaching and valuing the logical and linear thinking that supports coming up with one right answer. 21 EBS

우리는 하나의 정답을 생각해 내는 것을 지지하는 논리적이고 선형적인 사고를 가르치고 중시하기 **시작한다**.

commencement ⓝ 시작

Vocab+ = **launch** ⓥ 개시하다 **embark on** ~에 착수하다

0967 ★☆☆ □□□

gifted
[gíftid]

ⓐ 재능 있는

A few of us even seem to excel in limited areas with very little apparent learning—thus, the "**gifted**" artists. 19 EBS

우리 중 몇몇은 심지어 명백한 학습이 거의 없이 제한된 분야에서 뛰어난 것으로 보이는, 따라서 '**재능 있는**' 예술가들이다.

gift ⓝ 재능; 선물

Vocab+ = talented ⓐ 재능 있는

0968 ★★☆ □□□

inaudible
[inɔ́:dəbl]

ⓐ 들리지 않는

The sound waves are **inaudible** when they arrive at the ear of a listener forty feet away. 19 수능

그 음파는 40피트 떨어져 있는 듣는 사람의 귀에 도달할 때는 **들리지 않는다**.

Vocab+ ↔ audible ⓐ 들을 수 있는 + inaudible to ~에 들을 수 없는

0969 ★★☆ □□□

insult
ⓝ[ínsʌlt]
ⓥ[insʌ́lt]

ⓝ 모욕, 모욕적인 말 ⓥ 모욕하다

A hearty handshake in some societies may be interpreted as an **insult**. 21 EBS

어떤 사회에서는 다정한 악수가 **모욕**으로 해석될 수도 있다.

insulting ⓐ 모욕적인

Vocab+ = swearword ⓝ 욕설 curse ⓝ 욕설, 저주

0970 ★★☆ □□□

memorial
[məmɔ́:riəl]

ⓝ 기념물, 기념비[관] ⓐ 기념의, 추도의

A small Egyptian sculpture is more monumental than that gigantic pile of stones of the war **memorial** in Leipzig. 18 수능

작은 이집트 조각 하나가 Leipzig의 전쟁 **기념비**의 그 거대한 돌무더기보다 더 기념비적이다.

memory ⓝ 기억 immemorial ⓐ 태고의

Vocab+ + Memorial Day 현충일

혼동어

0971 ★★☆ □□□

morality
[mərǽləti]

ⓝ 도덕성, 도덕, 도덕률

The ability to place oneself in the role of another person is essential to the development of **morality**. 18 EBS

자기 자신을 다른 사람의 역할에 놓을 수 있는 능력은 **도덕성** 발달에 필수적이다.

moral ⓐ 도덕적인

0972 ★★★ □□□

mortality
[mɔ:rtǽləti]

ⓝ 사망(률), 죽음

For many years the British-French rivalry has extended from rugby matches, politics and trading insults to trading **mortality** statistics. 19 EBS

오랫동안 영국과 프랑스의 경쟁은 럭비 경기, 정치, 그리고 모욕적 언행을 주고받는 것에서부터 **사망률** 통계를 주고받는 것에 이르기까지 확대되었다.

mortal ⓐ 언젠가는 반드시 죽는, 치명적인 ⓝ (죽을 수밖에 없는 힘없는) 인간

Vocab+ ↔ immortality ⓝ 불멸

0973 ★★☆ □□□

obtain
[əbtéin]

ⓥ 획득하다; 통용되다, (널리) 행해지다

GE **obtained** a dominant long-term position in the market. 18 EBS

GE는 그 시장의 장기적인 지배적 지위를 **획득했다**.

obtainable ⓐ 얻을 수 있는

Vocab+ = **acquire** ⓥ 취득하다 **secure** ⓥ 획득하다

0974 ★★☆ □□□

overvalue
[òuvərvǽljuː]

◆ 내신빈출

ⓥ 과대평가하다

We are **overvaluing** ourselves and underestimating computers. 21 학평

우리는 우리 자신을 **과대평가하고** 있고 컴퓨터를 과소평가하고 있다.

overvaluation ⓝ 과대평가

Vocab+ = **overrate** ⓥ 과대평가하다 **exaggerate** ⓥ 과장하다
↔ **undervalue** ⓥ 평가절하하다 **underrate** ⓥ 과소평가하다
underestimate ⓥ 과소평가하다

0975 ★☆☆ □□□

personality
[pə̀rsənǽləti]

ⓝ 성격, 개성, 특색

He was forced to reveal aspects of his **personality** that he had spent time shielding. 21 EBS

그가 시간을 들여 숨겨왔던 자신의 **성격** 측면을 하는 수 없이 드러내야만 했다.

personal ⓐ 개인의

0976 ★★☆ □□□

predictable
[pridíktəbl]

ⓐ 예측 가능한

Norms make our interactions with others reasonably **predictable**. 21 EBS

규범은 다른 사람들과의 상호 작용을 상당히 **예측 가능하게** 해준다.

predict ⓥ 예측하다

Vocab+ = **foreseeable** ⓐ 예견할 수 있는 ↔ **unpredictable** ⓐ 예측 불가능한

0977 ★★☆ □□□

propel
[prəpél]

ⓥ 나아가게 하다, 추진하다

The foot needs to slide forward and the toes need to spread out as your body weight **propels** you forward. 21 EBS

여러분의 몸무게가 여러분을 앞으로 **나아가게 할** 때, 발은 앞으로 미끄러지듯 움직여야 하고 발가락은 펼쳐져야 한다.

propeller ⓝ 프로펠러, 추진기

참고 접미사 '-pel[뜻: push]'이 쓰인 주요 어휘 : **compel** ⓥ 강요하다
impel ⓥ 강요하다 **repel** ⓥ 격퇴하다 **dispel** ⓥ 떨쳐버리다

0978 ★★☆ □□□

recollection
[rèkəlékʃən]

ⓝ 회상, 기억(력), 기억하는 내용

People under hypnosis generate more "memories" than they do in a normal state, but these **recollections** are as likely to be false as true. 19 학평

최면에 걸린 사람들이 보통의 상태에서 기억해 내는 것보다 더 많이 '기억'해 내지만, 이 **회상들**은 사실일 만큼이나 거짓일 가능성이 있다.

recollect ⓥ 회상하다, 기억해 내다

Vocab+ = **memory** ⓝ 기억 **recall** ⓝ 회상

0979 ★★☆ □□□

reserve
[rizə́ːrv]

ⓥ 마련해두다, 예약해두다, 보유하다 ⓝ 비축, 매장량; 특별 보호 지역

Before the Industrial Revolution, formal education used to be a luxury **reserved** for specific classes of people. 21 EBS

산업 혁명 전에 정규[학교] 교육은 특정한 계급의 사람들을 위해 **마련된** 사치품이었다.

reservation ⓝ 예약; (인디언) 보호 구역

Vocab+ + **game reserve** 사냥 금지구역 **nature reserve** 자연 보호구역

0980 ★★☆ □□□

shiver
[ʃívər]

ⓥ 몸을 떨다 ⓝ 떨림

It became so dark while we were sitting on the bus that we began to **shiver** at the sense of dread. 18 학평

우리가 버스에 앉아 있는 동안 날이 너무나 어두워져서 우리는 두려움에 **떨기** 시작했다.

다의어

0981 ★☆☆ □□□

suit
[sjuːt]

1. ⓥ 어울리다, 적합하게 하다
2. ⓝ 정장 한 벌
3. ⓝ 소송

1. Create affirmations that **suit** you. 21 학평

   여러분에게 **어울리는** 긍정문을 만들어라.

2. I am well dressed in a charcoal colour **suit** with a matching tie and black shoes. 20 학평

   나는 짙은 회색의 **정장**을 잘 차려입고 그에 어울리는 넥타이를 매고 검정 구두를 신고 있다.

3. The Kenneys were deeply moved and ended up not pursuing a malpractice **suit**. 20 EBS

   Kenneys 부부는 깊이 감동을 받았고, 결국 과실 **소송**을 하지 않기로 했다.

suitable ⓐ 적합한

Vocab+ + **dinner suit** 야회복 **swimming suit** 수영복
lawsuit ⓝ 소송 **civil suit** 민사 소송 **criminal suit** 형사 소송

0982 ★★☆ □□□

span
[spæn]

ⓥ (얼마의 기간에) 걸치다 ⓝ (지속) 기간[시간], 너비

Jerking children's attention around can lead to a shortening of children's attention **spans**. 22 EBS

아이들의 주의를 뒤흔들면 아이들의 주의 **지속 시간** 단축이 초래될 수 있다.

Vocab+ = **duration** ⓝ 지속 기간 + **lifespan** ⓝ 수명

DAY 25

0983 ★★☆ □□□

strain
[strein]

ⓝ 중압감, 긴장 ⓥ 혹사하다, 긴장시키다

When the suffering of beloved ones is extended, so will be the emotional **strain** on family and friends. 21 EBS

사랑하는 사람들의 고통이 연장될 때, 가족과 친구들에게 가해지는 감정적 **중압감** 역시 그럴 것이다.

strained ⓐ 불편한, 껄끄러운

0984 ★★☆ □□□

surrender
[səréndər]
◆ 내신빈출

ⓥ 항복하다, 양도하다 ⓝ 항복, 양도

Children **surrender** to the demanding for attention and become passive. 22 EBS

아이들은 주의를 기울이라고 요구하는 것에 **굴복하고** 수동적이게 된다.

Vocab+ = **yield** ⓥ 굴복하다, 양도하다 **succumb** ⓥ 무릎을 꿇다, 굴복하다

0985 ★★☆ □□□

abruptly
[əbrʌ́ptli]

ⓐⓓ 갑작스럽게; 퉁명스럽게

17 학평

He stopped **abruptly** and backed quickly away from the sound.

그는 **갑자기** 멈춰서 소리가 나는 곳에서 빠르게 뒷걸음쳤다.

abrupt ⓐ 갑작스러운; 퉁명스러운 **abruption** ⓝ 갑작스러운 종결

Vocab+ = **suddenly** ⓐⓓ 갑자기 **all of a sudden** 갑자기

0986 ★★☆ □□□

announce
[ənáuns]

ⓥ 발표하다, 알리다

20 학평

The art school **announced** the list of newly-admitted students.

그 예술 학교가 신입생 명단을 **발표했습니다**.

announcement ⓝ 발표

Vocab+ = **make ~ known** ~을 알리다 **inform** ⓥ 알리다
proclaim ⓥ 선언하다, 공포하다

0987 ★☆☆ □□□

bulk
[bʌlk]

ⓐ 대량의 ⓝ 대부분; 크기, 부피 ⓥ 부피가 커지다, 덩어리가 되다

19 모평

We use instruments to measure **bulk** properties of the environment.

우리는 **대량의** 환경 특성을 측정하기 위해 도구를 사용한다.

bulky ⓐ 부피가 큰

0988 ★☆☆ □□□

commercial
[kəmə́ːrʃəl]

ⓐ 상업적인, 상업의 ⓝ (TV·라디오의) 광고방송

A gene patent can be broad enough to cover any **commercial** use of the gene and the gene product. 20 EBS

유전자 특허는 유전자와 유전자 제품의 어떠한 **상업적** 사용에도 적용될 만큼 충분히 광범위할 수 있다.

commerce ⓝ 상업

Vocab+ + **TV commercials** 텔레비전 상업광고

0989 ★★☆ □□□

costly

[kɔ́(ː)stli]

◆ 내신빈출

ⓐ 돈이 많이 드는, 대가가 큰

The necessary actions that are taken to control or manage potential safety hazards could be economically **costly**. 17 EBS

잠재적인 안전의 위험 요소를 통제하거나 관리하기 위해 취해지는 필수적인 조치들에는 경제적으로 **많은 비용이 들** 수 있다.

cost ⓝ 비용, 대가, 희생 ⓥ 비용이 들다, 희생시키다

Vocab+ = **expensive** ⓐ 값비싼

0990 ★☆☆ □□□

deny

[dinái]

ⓥ 부인하다, 거절하다

Someone who just heard some bad news often inclines initially **deny** what happened. 18 EBS

방금 어떤 나쁜 소식을 들은 어떤 사람은 발생한 일을 처음에는 흔히 **부인하고** 싶어 한다.

denial ⓝ 부인, 거부

Vocab+ ↔ **admit** ⓥ 인정하다

0991 ★★☆ □□□

administer

[ədmínistər]

ⓥ 관리[운영]하다; 집행하다; 주다

Charles Richard Drew set up and **administered** the British blood bank from 1940 to 1941. 17 학평

Charles Richard Drew는 1940년부터 1941년까지 영국 혈액은행을 설립하여 **운영했다**.

administration ⓝ 관리; 행정, 행정 기관[당국]

0992 ★★☆ □□□

embody

[imbádi]

◆ 내신빈출

ⓥ 구체화하다; 포함하다

According to sociologists, one of the most widespread and basic norms of human culture is **embodied** in the rule for reciprocation. 12 모평

사회학자들에 따르면, 인간 문화에 있어 가장 널리 행해지고 기본적인 규범 중의 하나는 보답에 대한 규칙에서 **구현된다**.

embodiment ⓝ 구현, 화신

Vocab+ = **represent** ⓥ 나타내다

0993 ★★☆ □□□

drain

[drein]

ⓥ 물을 빼내다, (자원·활력 등을) 소모시키다 ⓝ 배수관

Her instant rejection **drained** my energy and enthusiasm. 17 학평

그녀의 즉각적인 거절은 나의 에너지와 열정을 **소모시켜** 버렸다.

drainage ⓝ 배수

0994 ★★☆ □□□

exclaim

[ikskléim]

ⓥ (감탄하며) 외치다

He **exclaimed**, "That news should come on the first page." 18 EBS

그는 "그 뉴스는 1면에 나와야 해요."라고 **외쳤다**.

exclamation ⓝ 외침, 감탄

DAY 25

0995 ★☆☆ □□□

flow
[flou]

ⓝ 흐름, 계속적인 공급 ⓥ 흐르다

Cosmopolitan members benefit from a constant **flow** of new information. 17 모평

범세계주의 구성원들은 새로운 정보의 끊임없는 **흐름**으로부터 이익을 얻는다.

Vocab+ = current ⓝ 흐름

0996 ★★☆ □□□

hemisphere
[hémisfìər]

ⓝ (지구 · 뇌의) 반구

Mrs. Smith has suffered a massive stroke, affecting the back portions of her right cerebral **hemisphere**. 17 학평

Smith 여사는 심한 뇌졸중을 겪었는데, 그것이 그녀의 오른쪽 대뇌 **반구**의 뒷부분에 영향을 끼쳤다.

sphere ⓝ 구

0997 ★☆☆ □□□

intermediate
[ìntərmí:diit]

ⓐ 중간의, 중급의 ⓝ 중급자

People who had faced **intermediate** levels of adversity were healthier than those who experienced little adversity. 20 모평

중간 수준의 역경에 직면했던 사람들은 역경을 거의 경험하지 않았던 사람들보다 더 건강했다.

intermediacy ⓝ 중개

고난도

0998 ★★★ □□□

forthright
[fɔ̀:rθráit]

ⓐ 솔직 담백한

She has been **forthright** about her plans and is not breaking any agreed-upon rules. 19 수능

그녀는 자신의 계획에 대해 **솔직해** 왔고 합의된 규칙은 어떤 것도 어기고 있지 않다.

forthrightly ⓐⓓ 솔직하게

Vocab+ = frank ⓐ 솔직한 candid ⓐ 꾸밈없는

0999 ★★★ □□□

temperamentally
[tèmpərəméntli]

ⓐⓓ 기질적으로

People who are **temperamentally** used to a fast-paced life quickly discover that a slower-paced life in the country all but drives them crazy. 18 학평

속도가 빠른 생활에 **기질적으로** 익숙해져 있는 사람들은 속도가 더 느린 시골에서의 생활은 그들을 미치게 할 뿐이라는 것을 금방 알게 된다.

temperament ⓝ 기질

1000 ★★★ □□□

stranded
[strǽndid]

ⓐ 좌초된, 유기된

Rescuing the **stranded** sailors wasn't easy. 19 EBS

좌초된 선원들을 구조하는 것은 쉽지 않았다.

strand ⓥ 좌초시키다, 좌초하다, 유기하다

Vocab+ + run aground 좌초하다

DAY 25

Review Test

A 우리말은 영어로, 영어는 우리말로 적으시오.

1 (신문 · 방송의) 보도 c__________
2 (지구 · 뇌의) 반구 h__________
3 내구성이 있는 d__________
4 항복, 양도 s__________
5 memorial __________
6 expenditure __________
7 insult __________
8 commence __________

B 각 단어의 유의어 혹은 반의어를 적으시오.

1 obtain ⊜ a__________
2 flow ⊜ c__________
3 span ⊜ d__________
4 forthright ⊜ f__________
5 recollection ⊜ m__________
6 deny ↔ a__________
7 inaudible ↔ a__________
8 predictable ↔ u__________

C 다음 우리말에 적합한 어휘를 고르시오.

1 The ability to place oneself in the role of another person is essential to the development of [morality / mortality].
자기 자신을 다른 사람의 역할에 놓을 수 있는 능력은 도덕성 발달에 필수적이다.

2 For many years the British-French rivalry has extended from rugby matches, politics and trading insults to trading [morality / mortality] statistics.
오랫동안, 영국과 프랑스의 경쟁은 럭비 경기, 정치, 그리고 모욕적 언행을 주고받는 것에서 사망률 통계를 주고받는 것에 이르기까지 확대되었다.

D 다음 빈칸에 공통으로 들어갈 어휘를 고르시오.

1 Create affirmations that __________ you.
2 I am well dressed in a charcoal colour __________ with a matching tie and black shoes.
3 The Kenneys were deeply moved and ended up not pursuing a malpractice __________.

① suit ② strain ③ span ④ stranded ⑤ surrender

A 1 coverage 2 hemisphere 3 durable 4 surrender 5 기념물, 기념비 6 지출 7 모욕(하다) 8 개시하다, 시작하다 B 1 acquire 2 current 3 duration 4 frank 5 memory 6 admit 7 audible 8 unpredictable C 1 morality 2 mortality D ① suit

course vs. coarse

course ⓝ 강의, 강좌, (학)과목	She is taking a physics **course** this semester. 그녀는 이번 학기에 물리학 **강의**를 듣고 있다.
coarse ⓐ 거친	Cotton is quite light, breathable but slightly **coarser** than silk. 면화는 꽤 가볍고 통기성이 있지만 비단보다 약간 **거칠다**.

conscious vs. conscientious

conscious ⓐ 의식하는, 자각하는	She was fully **conscious** when we found her. 우리가 그녀를 발견했을 때 그녀는 완전히 **의식이 있었다**.
conscientious ⓐ 양심적인, 성실한	He was **conscientious** about following the direction. 그는 그 지시사항에 따르는 것에 대해 **양심적이었다**.

feel vs. fill

feel ⓥ (특정한 감정·기분을[이]) 느끼다[들다]	He **felt** a sudden pain in his right leg. 그는 갑자기 오른쪽 다리에 통증을 **느꼈다**.
fill ⓥ (가득) 채우다[메우다], 채워지다[메워지다]	Her eyes were **filled** with tears. 그녀의 두 눈에 눈물이 **가득했다**.

disinterested vs. uninterested

disinterested ⓐ 사심 없는, 객관적인	A counselor should give clients **disinterested** advice. 상담가는 내담자에게 **사심 없는** 조언을 해야 한다.
uninterested ⓐ 무관심한	They are obviously **uninterested** in politics. 그들은 분명히 정치에 **무관심하다**.

censor vs. sensor vs. censure

censor ⓥ 검열하다, (검열하여) 삭제하다	The communist government **censored** her speech before broadcasting it. 공산주의 정부는 방송하기 전에 그녀의 연설을 **검열했다**.
sensor ⓝ 센서, 감지기	Image **sensors** are being used in digital cameras. 이미지 **센서**가 디지털 카메라에 사용되고 있다.
censure ⓥ 질책[견책]하다	He was **censured** for his failure to report the problem. 그는 그 문제를 보고하지 않아서 **질책을 받았다**.

Crossword Puzzle

DAY 25

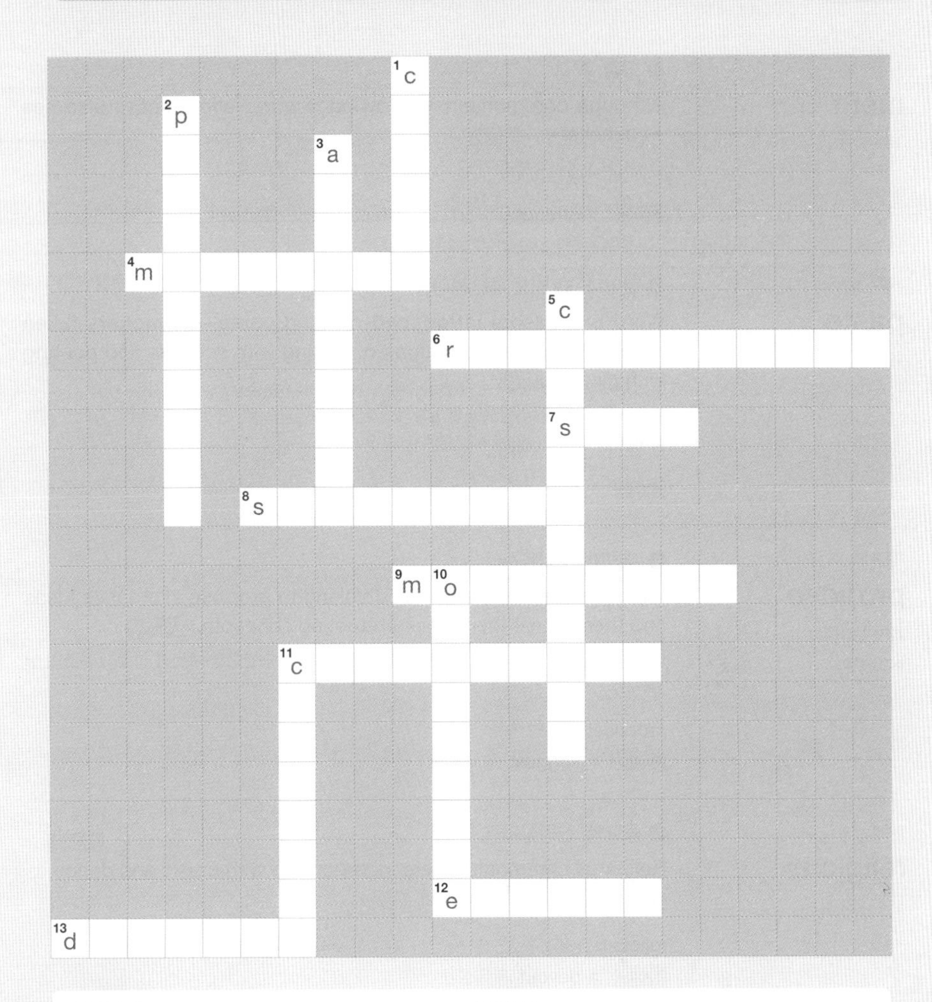

ACROSS

4 ⓝ 도덕성, 도덕, 도덕률

6 ⓝ 회상, 기억(력), 기억하는 내용

7 ⓥ (얼마의 기간에) 걸치다
ⓝ (지속) 기간[시간], 너비

8 ⓥ 항복하다, 양도하다 ⓝ 항복, 양도

9 ⓝ 사망(률), 죽음

11 ⓐ 상업적인, 상업의
ⓝ (TV·라디오의) 광고방송

12 ⓥ 구체화하다, 포함하다

13 ⓐ 내구성이 있는, 오래 가는 ⓝ 내구재

DOWN

1 ⓐ 돈이 많이 드는, 대가가 큰

2 ⓝ 성격, 개성, 특색

3 ⓥ 관리[운영]하다, 집행하다, 주다

5 ⓐ 보수적인, (실제 수나 양보다) 적게 잡은
ⓝ 보수당원, 보수주의자

10 ⓥ 과대평가하다

11 ⓥ 개시하다, 착수하다, 시작하다

Answer p.520

1001 ★☆☆ □□□
merit
[mérit]

ⓝ 장점, 가치

Although commonsense knowledge may have **merit**, it also has weaknesses. 19 수능

상식적인 지식에 **장점**이 있을 수 있지만, 그것에는 약점도 있다.

Vocab+ = **strength** ⓝ 장점 **worth** ⓝ 가치 ↔ **demerit** ⓝ 단점, 약점

1002 ★☆☆ □□□
paste
[peist]

ⓥ 붙이다 ⓝ 반죽, 풀, 붙여넣기

Word processors introduced cut and **paste**—metaphors taken from the physical operations of cutting with scissors and **pasting** with glue. 17 학평

워드프로세서는 잘라내기와 **붙여넣기**의 기능을 도입했는데, 그것들은 가위로 자르고 풀로 **붙이는** 물리적인 작업에서 가져온 은유이다.

Vocab+ + **cut-and-paste** 풀과 가위로 만든, [컴퓨터] 잘라 붙이는

1003 ★☆☆ □□□
propose
[prəpóuz]
◆ 내신빈출

ⓥ 제안하다; 청혼하다

It is the essence of scientific thinking to **propose** alternative ideas and then to test them against existing concepts. 18 학평

대안을 **제안하고** 그런 다음 그것을 기존 개념에 맞대어 검증하는 것이 과학적 사고의 본질이다.

proposal ⓝ 제안; 청혼

Vocab+ = **suggest** ⓥ 제안하다

1004 ★☆☆ □□□
religious
[rilídʒəs]

ⓐ 종교의, 신앙심이 깊은

Religious ceremonies were incorporated with music and dance. 19 EBS

종교적인 의식이 음악 및 무용과 결합되었다.

religion ⓝ 종교

Vocab+ = **devout** ⓐ 독실한

1005 ★★☆ □□□
scare
[skɛər]

ⓥ 겁주다, 겁먹다 ⓝ 불안감, 공포

The tone of my voice really **scared** the passenger. 18 EBS

내 목소리의 어조가 정말로 그 승객에게 **겁을 주었다**.

scared ⓐ 무서워하는 **scary** ⓐ 무서운, 겁나는

Vocab+ = **frighten** ⓥ 겁먹게 하다

1006 ★☆☆ □□□
substance
[sʌ́bstəns]

ⓝ 물질, 재료; 본질, 실체

Objects and **substances** have very different properties. 20 EBS

물체와 **물질**은 매우 다른 속성을 갖고 있다.

substantial ⓐ 상당한; 실제의, 실질적인

Vocab+ = **material** ⓝ 재료 **matter** ⓝ 물질

1007 ★★☆ □□□

ultimate
[ʌ́ltəmit]

ⓐ 궁극적인, 최후의

Having a book published was once seen as the **ultimate** way of getting your message out to a wide audience. 20 EBS

책을 출판하는 것이 한때는 폭넓은 독자들에게 여러분의 메시지를 말하는 **궁극적인** 방법으로 여겨졌다.

ultimately ⓐⓓ 궁극적으로

Vocab+ = **final** ⓐ 최종의

1008 ★★☆ □□□

adhere
[ædhíər]

◆ 내신빈출

ⓥ 고수하다

It is not at all rare for investigators to **adhere** to their broken hypotheses. 18 학평

연구자들이 자신들의 무너진 가설에 **집착하는** 것은 전혀 드문 일이 아니다.

adherent ⓝ 지지자

Vocab+ + **adhere to** ~을 고수하다

1009 ★★☆ □□□

apparent
[əpǽrənt]

ⓐ 명백한; 외견상의

You make it more **apparent** for the citizen that there is a cost connected to throwing away waste. 22 EBS

여러분은 쓰레기를 버리는 데는 비용이 관련된다는 것을 시민에게 더 **분명하게** 해준다.

apparentness ⓝ 명백함

Vocab+ = **obvious** ⓐ 명백한 **seeming** ⓐ 겉보기의

1010 ★★☆ □□□

biological
[bàiəládʒikəl]

ⓐ 생물학의, 생물체의

To modern man disease is a **biological** phenomenon that concerns him only as an individual and has no moral implications. 17 수능

현대인에게 질병은 개인으로서만 관련 있는 **생물학적** 현상이고 어떤 도덕적 함의를 지니지 않는다.

biology ⓝ 생물학

혼동어휘

1011 ★☆☆ □□□

royal
[rɔ́iəl]

ⓐ 왕족의, 왕의

Major **royal** events for the king were announced through the drums, such as funerals and weddings. 10 학평

장례식, 결혼식과 같은 왕을 위한 주요 **왕족** 행사들이 드럼을 통해 공표되었다.

royalty ⓝ 왕족; 사용료

1012 ★★☆ □□□

loyal
[lɔ́iəl]

ⓐ 충실한, 충성의

Maps do reflect the world views of either their makers or the **loyal** supporters of their makers. 16 수능

지도는 진정 지도 제작자나 제작자의 **충실한** 후원자의 세계관을 반영한다.

loyalty ⓝ 충실, 충성심

DAY 26

1013 ★☆☆ □□□

cheating [tʃíːtiŋ]

ⓝ 부정행위

Perhaps the most widely used AI technique in games is cheating. 21 EBS

아마도 게임에서 가장 널리 사용되는 AI 기법은 **부정행위**일 것이다.

cheat ⓥ 속이다, 부정행위를 하다 ⓝ 사기꾼, 속임수 **cheater** ⓝ 부정행위자

1014 ★★☆ □□□

compel [kəmpél]

◆ 내신빈출

ⓥ 강요하다, ~하게 만들다

Migration policies focused on compelling people to leave urban areas are useless. 21 EBS

사람들이 도시 지역을 떠나도록 **강요하는** 데 초점이 맞추어진 이주 정책은 헛된 일이다.

compulsion ⓝ 강요 **compulsory** ⓐ 강제적인
compelling ⓐ 눈을 뗄 수 없는, 강렬한

Vocab+ + **compel A to *do*** A가 ~하도록 강요하다

1015 ★★☆ □□□

consequential [kὰnsəkwénʃəl]

ⓐ 중대한; ~의 결과로 일어나는

Social play builds ties between people that are lasting and consequential. 14 모평

사회적인 놀이는 사람들 사이에 지속적이고 **중대한** 유대를 형성한다.

consequence ⓝ 결과; 중요성

1016 ★★☆ □□□

corruption [kərʌ́pʃən]

ⓝ 부패, 오염

The consequence of being caught in an act of corruption outweighs the benefit of that corrupt act. 22 EBS

부패 행위를 하다가 적발되는 결과는 그 부패 행위가 주는 이익을 능가한다.

corrupt ⓐ 부패한 ⓥ 부패하게 하다

1017 ★★☆ □□□

designate [dézignèit]

◆ 내신빈출

ⓥ 지명하다, 지정하다

Eudora Alice Welty's house in Jackson has been designated as a National Historic Landmark. 18 학평

Jackson에 있는 Eudora Alice Welty의 자택은 (미국) 국가 사적으로 **지정되었다**.

designation ⓝ 지명, 지정

1018 ★★☆ □□□

dispose [dispóuz]

◆ 내신빈출

ⓥ 처리[처분]하다; 배치하다; ~할 마음이 내키다

The participants were simply told to dispose of any scraps in the containers provided. 17 학평

참가자들은 그저 어떤 종잇조각이든 제공된 용기에 **처리하라는** 말을 들었다.

disposal ⓝ 처리

Vocab+ + **dispose of** ~을 처리[처분]하다

1019 ★★☆ □□□

lag

[læg]

ⓝ 지연, 시간적 격차 ⓥ 뒤쳐지다, 뒤떨어지다

Children educated in cyberschools **lag** far behind children educated in traditional brick-and-mortar public schools. 18 EBS

사이버 스쿨에서 교육받은 어린이들은 전통적인 출석 수업 중심의 공립학교에서 교육받은 학생들에게 훨씬 **뒤처진다**.

Vocab+ + **jet lag** 시차증(비행기를 이용한 장거리 여행 시 시차로 인한 피로감)

1020 ★★☆ □□□

sculpt

[skʌlpt]

ⓥ 조각하다, 형상을 만들다

Our brains are **sculpted** by our own history of experiences. 20 수능

우리의 뇌는 우리 자신의 경험 이력에 의해 **만들어진다**.

sculpture ⓝ 조각 ⓥ 조각하다 **sculptor** ⓝ 조각가

다의어

1021 ★☆☆ □□□

still

[stil]

1. ⓐ 조용한, 고요한, 정지한
2. ⓐⓓ 여전히, 아직도
3. ⓐⓓ 그럼에도 불구하고

1. I stood **still**, almost holding my breath. 18 EBS

   나는 거의 숨을 참으면서 **가만히** 서 있었다.

2. There is **still** an incompatibility between the purposes and processes of news and science. 22 학평

   뉴스와 과학의 목적과 과정 사이에는 **여전히** 상반된 점이 있다.

3. **Still**, the thief hurriedly filled his pockets with cash from the donation box. 20 EBS

   그럼에도 불구하고, 그 도둑은 서둘러 헌금함에서 꺼낸 현금으로 자신의 주머니를 채웠다.

Vocab+ = **motionless** ⓐ 움직임이 없는 **nevertheless** ⓐⓓ 그럼에도 불구하고

1022 ★★☆ □□□

hierarchical

[hàiərɑ́ːrkikəl]

ⓐ 계층적인, 계급에 따른

With volunteers, supervisors cannot rely on **hierarchical** (legitimate) power to gain compliance and cooperation. 18 모평

자원봉사자에 대하여 관리자는 순종과 협력을 얻기 위해서 **위계상의** (적법한) 권력에 의존할 수 없다.

hierarchy ⓝ 계급, 지배층

Vocab+ = **stratified** ⓐ 계층화된

1023 ★★☆ □□□

inactive

[inǽktiv]

ⓐ 활동하지 않는, 무기력한, 소극적인

Some of the recovered radioactive waste must be stored safely until it has become **inactive**. 18 모평

복구된 방사능 폐기물의 일부는 그것이 **비활성화될** 때까지 안전하게 저장되어야 한다.

Vocab+ ↔ **active** ⓐ 활동적인, 적극적인

1024 ★★☆ □□□

insulation
[ìnsjəléiʃən]

ⓝ 절연[단열, 방음] 처리

The constancy of the microclimates depends on the location and insulation of the habitat. 18 모평

미기후의 지속성은 서식지의 위치와 **단열**에 달려 있다.

insulate ⓥ 절연[단열] 처리를 하다

1025 ★★☆ □□□

kinship
[kínʃip]

ⓝ 친족 관계, 혈족 관계, 유사

Kinship ties continue to be important today. 22 EBS

친족 유대 관계는 오늘날에도 여전히 중요하다.

kin ⓝ 친족, 친척

1026 ★★☆ □□□

meditation
[mèditéiʃən]

◆ 내신빈출

ⓝ 명상, 묵상

High-stress careers call for adaptive techniques of their own, such as meditation or effective time-management. 17 학평

스트레스 수준이 높은 직업은 **명상**이나 효과적인 시간 관리와 같은 자신만의 적응 기법을 요구한다.

meditate ⓥ 명상하다

Vocab+ = **contemplation** ⓝ 사색, 명상 **introspection** ⓝ 자기성찰

1027 ★★★ □□□

deforestation
[di:fɔ̀:ristéiʃən]

ⓝ 삼림 벌채

Unfortunately, deforestation left the soil exposed to harsh weather. 11 수능

유감스럽게도, **삼림 벌채**는 토양이 거친 날씨에 노출되게 했다.

deforest ⓥ 삼림을 없애다

Vocab+ = **logging** ⓝ 벌목

1028 ★★☆ □□□

observance
[əbzə́:rvəns]

ⓝ 준수, 따름; (축제·기념일의) 축하, 기념

Political institutions at central, regional, and local levels must allow users to devise their own regulations and independently ensure observance. 21 수능

중앙, 지방 및 지역 차원의 정치 기관들은 이용자가 자체 규정을 고안하고 독자적으로 **준수**할 수 있도록 해야 한다.

observe ⓥ 준수하다; 관찰하다; 말하다 **observation** ⓝ 관찰
observatory ⓝ 관측소

1029 ★★☆ □□□

overstock
[òuvərsták]

ⓥ 필요[판매량] 이상을 사다[만들다], 재고[생산] 과잉이다

In the 1960s, the Maasai's roaming herds were overstocked, degrading the range and Amboseli's fever-tree woodlands. 18 학평

1960년대에는 마사이족의 이동하는 가축이 **너무 많아서** 방목 구역과 Amboseli의 fever-tree 산림 지대를 황폐화했다.

stock ⓥ 재고를 갖추고 있다 ⓝ 재고품

1030 ★★☆ □□□

persistent

[pərsístənt]

◆ 내신빈출

ⓐ 끈질긴, 집요한, 끊임없이 반복되는, 지속하는

Education cannot resolve the **persistent** economic problem of extreme poverty. 18 EBS

교육이 극빈이라는 **지속적인** 경제 문제를 해결할 수는 없다.

persist ⓥ 집요하게 계속하다

Vocab+ = **unrelenting** ⓐ 끊이지 않는

1031 ★★☆ □□□

pronounce

[prənáuns]

ⓥ 선언하다, 표명하다; 발음하다

In the fifth century B.C.E., the Greek philosopher Protagoras **pronounced**, "Man is the measure of all things." 20 모평

기원전 5세기에, 그리스의 철학자 Protagoras는 "인간이 만물의 척도이다."라고 **선언했다**.

pronouncement ⓝ 공표, 선언 **pronunciation** ⓝ 발음

참고 **announce** ⓥ 발표하다 **renounce** ⓥ 포기하다 **denounce** ⓥ 비난하다

1032 ★☆☆ □□□

recital

[risáitəl]

ⓝ 연주회, 발표회

The repertoire of musical classics ranges from piano, song, or chamber music **recitals** to operas and orchestral concerts. 18 모평

클래식 음악의 레퍼토리는 피아노, 노래, 실내악 **연주회**부터 오페라, 관현악 음악회까지 다양하다.

recite ⓥ 암송하다

1033 ★★☆ □□□

reputable

[répjutəbl]

ⓐ 평판이 좋은, 명망이 있는

You should continue searching for a more **reputable** source to clarify information or certify points. 17 EBS

여러분은 정보를 명백히 밝혀 주거나 논점을 증명해 줄 더 **평판이 좋은** 출처를 계속 찾아야 한다.

reputation ⓝ 평판, 명성

Vocab+ ↔ **disreputable** ⓐ 평판이 좋지 않은

1034 ★☆☆ □□□

routine

[ruːtíːn]

ⓐ 일상적인, 지루한 ⓝ 틀에 박힌 일

Adults who live alone or with one other person are more likely to rely on takeout as a **routine** pattern. 17 EBS

혼자 살거나 한 명의 다른 사람과 함께 사는 성인은 **일상적인** 방식으로 사서 가지고 가는 음식에 의존할 가능성이 더 크다.

routinely ⓐⓓ 일상적으로

1035 ★☆☆ □□□

shelter

[ʃéltər]

◆ 내신빈출

ⓝ 주거지; 보호소, 피난처 ⓥ 막아주다, 보호하다

We need food, clothing, **shelter**, security, and other good things. 22 EBS

우리는 먹을 것, 입을 것, **주거지**, 안전, 그리고 다른 쓸모 있는 물건들을 필요로 한다.

Vocab+ = **habitat** ⓝ 서식지, 거주지 **refuge** ⓝ 피난처

1036 ★★☆ □□□

sovereign

[sávərin]

ⓝ 군주, 국왕 ⓐ 자주적인; 최고권력을 지닌

A **sovereign** state is usually defined as one whose citizens are free to determine their own affairs. 19 모평

주권 국가는 보통 자신들의 일을 스스로 결정할 자유가 있는 국가라고 정의된다.

sovereignty ⓝ 통치권, 자주권

Vocab+ = **monarch** ⓝ 군주 **autonomous** ⓐ 자주적인, 독립적인

1037 ★★☆ □□□

stir

[stəːr]

◆ 내신빈출

ⓥ 젓다, 섞다; 불러일으키다

Interest in less appealing species is often difficult to **stir**. 20 학평

덜 매력적인 종들에 대한 관심을 **불러일으키는** 것은 흔히 어렵다.

Vocab+ = **incite** ⓥ 선동하다 **mix** ⓥ 혼합하다

고난도

1038 ★★★ □□□

vertebrate

[vəːrtəbrèit]

ⓝ 척추동물

The hormones involved in stress responses are very similar across all **vertebrates**. 22 EBS

스트레스 반응과 관련된 호르몬은 모든 **척추동물**에 걸쳐 매우 비슷하다.

vertebral ⓐ 척추의

Vocab+ ↔ **invertebrate** ⓝ 무척추동물

1039 ★★★ □□□

rudimentary

[rùːdəméntəri]

ⓐ 가장 기본적인

There may be a few **rudimentary** pieces of furniture such as a bed, a desk, a set of drawers and a closet in the room. 22 EBS

그 방에는 침대, 책상, 일련의 서랍장과 옷장 같은 몇 가지 **가장 기본적인** 가구들이 있을지도 모른다.

Vocab+ = **basic** ⓐ 기초적인

1040 ★★★ □□□

disambiguate

[dìsæmbígjuèit]

ⓥ (비슷한 뜻을 갖는 어구들의) 차이를 분명히 보여주다

Your brain goes through a good deal of trouble to **disambiguate** the information hitting your eyes. 20 학평

여러분의 뇌는 눈에 들어오는 정보를 **명확하게 하는** 데 상당한 어려움을 겪는다.

disambiguation ⓝ 명확화

Vocab+ ↔ **ambiguate** ⓥ 애매모호하게 하다

DAY 26

Review Test

A 우리말은 영어로, 영어는 우리말로 적으시오.

1 군주; 자주적인 s______

2 물질, 본질 s______

3 절연[단열] 처리 i______

4 지연, 시간적 격차 l______

5 cheating ______

6 deforestation ______

7 kinship ______

8 observance ______

B 각 단어의 유의어 혹은 반의어를 적으시오.

1 rudimentary ⊜ b______

2 religious ⊜ d______

3 ultimate ⊜ f______

4 scare ⊜ f______

5 inactive ↔ a______

6 disambiguate ↔ a______

7 merit ↔ d______

8 reputable ↔ d______

C 다음 우리말에 적합한 어휘를 고르시오.

1 Major [loyal / royal] events for the king were announced through the drums, such as funerals and weddings.
장례식, 결혼식과 같은 왕을 위한 주요 왕족 행사들이 드럼을 통해 공표되었다.

2 Maps do reflect the world views of either their makers or the [loyal / royal] supporters of their makers.
지도는 진정 지도 제작자나 제작자의 충실한 후원자의 세계관을 반영한다.

D 다음 빈칸에 공통으로 들어갈 어휘를 고르시오.

1 I stood ______, almost holding my breath.

2 There is ______ an incompatibility between the purposes and processes of news and science.

3 ______, the thief hurriedly filled his pockets with cash from the donation box.

① already ② yet ③ nevertheless ④ still ⑤ though

A 1 sovereign 2 substance 3 insulation 4 lag 5 부정행위 6 삼림 벌채 7 친족[혈족] 관계 8 준수, 따름 B 1 basic 2 devout 3 final 4 frighten 5 active 6 ambiguate 7 demerit 8 disreputable C 1 royal 2 loyal D ④ still

migrate vs. **emigrate** vs. **immigrate**

migrate ⓥ 이동[이주]하다	Henry **migrates** from New York to Florida each winter. Henry는 매년 겨울 뉴욕에서 플로리다로 **이동한다**.
emigrate ⓥ 이민을 가다, (다른 나라로) 이주하다	My grandparents **emigrated** to England. 나의 조부모님은 잉글랜드로 **이민 가셨다**.
immigrate ⓥ (다른 나라로부터) 이주해 오다	My grandparents **immigrated** from England. 나의 조부모님은 잉글랜드에서 **이민 오셨다**.

empathy vs. **sympathy**

empathy ⓝ 공감, 감정이입	Vicky felt great **empathy** for the poor. Vicky는 가난한 사람들에게 깊은 **공감**을 느꼈다.
sympathy ⓝ 동정, 연민	Linda went to her best friend for **sympathy**. Linda는 가장 친한 친구에게 **동정**을 구하러 갔다.

temperance vs. **temperament**

temperance ⓝ 절제, 자제	His lifestyle was characterized by **temperance**. 그의 생활방식은 **절제**로 특징지어졌다.
temperament ⓝ 기질	She has a nervous **temperament**. 그녀는 신경질적인 **기질**을 가지고 있다.

excite vs. **incite**

excite ⓥ (특히 기대감으로) 흥분시키다, (감정·관심 등을) 불러일으키다	The webzine **excited** much interest in the show. 그 웹진은 그 쇼에 대한 많은 관심을 **불러일으켰다**.
incite ⓥ 선동[조장]하다	The terrorist were trying to **incite** the crowd to violence. 그 테러리스트는 군중을 **선동하여** 폭력을 조장하려 하고 있었다.

collusion vs. **collision**

collusion ⓝ 결탁, 공모	The official was acting in **collusion** with a company. 그 공무원은 한 회사와 **결탁**하여 행동하고 있었다.
collision ⓝ 충돌 (사고), 부딪침	There was nothing he could do to avoid ahead-on **collision**. 정면**충돌**을 피하기 위해 그가 할 수 있는 일은 아무것도 없었다.

Crossword Puzzle

DAY 26

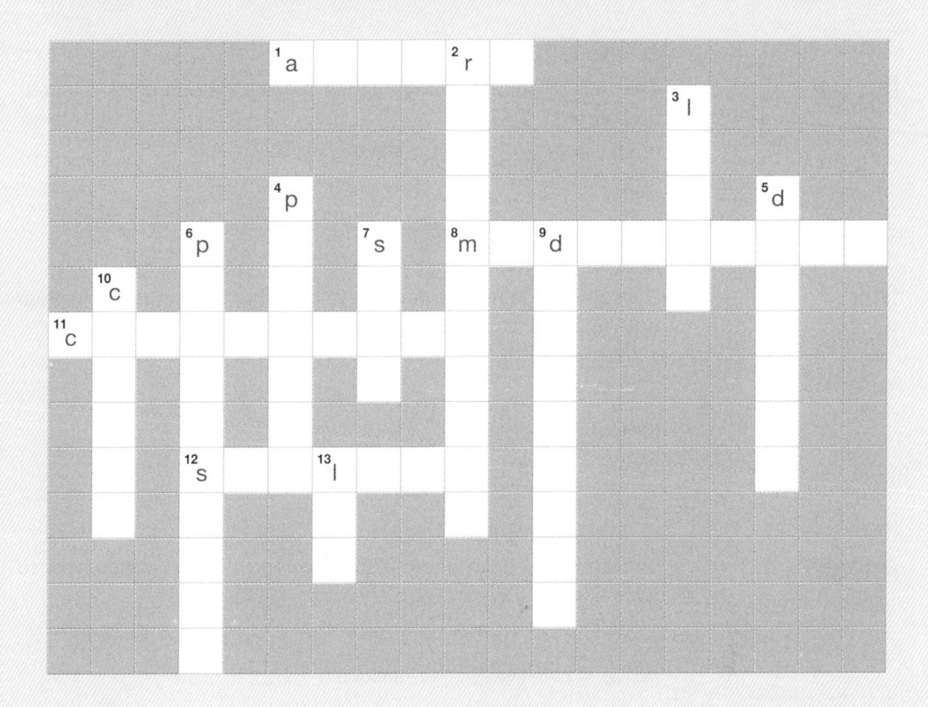

ACROSS

1 ⓥ 고수하다

8 ⓝ 명상, 묵상

11 ⓝ 부패, 오염

12 ⓝ 주거지, 보호소, 피난처
ⓥ 막아주다, 보호하다

DOWN

2 ⓐ 가장 기본적인

3 ⓐ 충실한, 충성의

4 ⓥ 제안하다, 청혼하다

5 ⓥ 처리[처분]하다, 배치하다, ~할 마음이 내키다

6 ⓐ 끈질긴, 집요한, 끊임없이 반복되는

7 ⓥ 젓다, 섞다, 불러일으키다

9 ⓥ 지명하다, 지정하다

10 ⓥ 강요하다, ~하게 만들다

13 ⓝ 지연, 시간적 격차
ⓥ 뒤쳐지다, 뒤떨어지다

Answer p.520

1041 ★★☆ □□□

tissue
[tíʃuː]

ⓝ (생물) 조직

The rate of annual change varies among various cells, **tissues**, and organs. 15 수능

매년의 변화 속도는 다양한 세포, **조직** 그리고 기관마다 다르다.

tissual ⓐ 조직의

1042 ★☆☆ □□□

folk
[fouk]

ⓐ 민속의 ⓝ 사람들

Béla Bartók gained a practical knowledge of string writing from both **folk** and classical musicians. 20 학평

Béla Bartók은 **민요** 음악가들과 클래식 음악가들로부터 현악 작곡에 대한 실질적인 지식을 얻었다.

folklore ⓝ 민속, 전통문화

Vocab+ = **people** ⓝ 민족, 사람들

1043 ★☆☆ □□□

ancient
[éinʃənt]

ⓐ 고대의, 아주 오래된

There should exist **ancient** cultures for modern consumers to gaze at while travelling or on holiday. 17 학평

요즘의 소비자들이 여행하면서 혹은 휴일에 응시할 수 있는 **고대** 문화가 존재해야 한다.

Vocab+ = **primitive** ⓐ 원시의 **antique** ⓐ 골동품인 ⓝ 골동품

1044 ★★☆ □□□

broaden
[brɔ́ːdən]

ⓥ 넓히다, 퍼지다

If you want to **broaden** your impact, tighten your focus on the reader. 19 학평

만약에 여러분의 영향력을 **넓히고** 싶다면, 독자층에 대한 여러분의 초점을 좁혀라.

broad ⓐ 넓은

Vocab+ = **widen, extend, enlarge** ⓥ 확장시키다

1045 ★☆☆ □□□

comment
[kάment]

◆ 내신빈출

ⓝ 논평, 주석 ⓥ 논평하다, 의견을 말하다

I'd be happy to **comment** about the fine relationship I have with your parents. 17 학평

저는 저와 당신 부모님과의 좋은 관계에 관해 기꺼이 **말씀드리겠습니다**.

commentator ⓝ 해설자

Vocab+ = **remark** ⓝ 논평 ⓥ 말하다

1046 ★★☆ □□□

cosmopolitan
[kὰzməpάlitən]

ⓐ 세계적인, 세계주의의 ⓝ 세계인, 국제인

Cosmopolitan networks offer little solidarity and have little capacity to comfort and sustain members. 17 모평

범세계적인 네트워크는 결속력을 거의 주지 못하고, 구성원들을 위로하고 지탱할 능력이 거의 없다.

cosmopolis ⓝ 국제 도시 **cosmopolitanism** ⓝ 세계주의

1047 ★★☆ □□□

demonstrate

[démənstrèit]

◆ 내신빈출

ⓥ 입증하다, 설명하다; 시위하다

Erasto **demonstrated** to his fellow students and teachers that hot water could indeed freeze faster than cold. 22 EBS

Erasto는 자신의 동료 학생들과 선생님에게 뜨거운 물이 실제로 차가운 물보다 더 빨리 얼 수 있다는 것을 **입증했다**.

demonstration ⓝ 입증, 설명; 시위

Vocab+ = **display** ⓥ 보여주다 **protest** ⓥ 항의하다

1048 ★☆☆ □□□

draft

[dræft]

ⓝ 초고, 초안 ⓥ 초안을 그리다 17 학평

I wrote a **draft**, which was of course open to making revisions.

나는 **초안**을 썼는데, 그것은 물론 수정의 여지가 있는 것이었다.

draftsman ⓝ 입안자, 작성자

Vocab+ + **rough draft** 초고

1049 ★★☆ □□□

exaggerate

[igzǽdʒərèit]

◆ 내신빈출

ⓥ 과장하다

This feeling of familiarity can lead students to have an **exaggerated** sense of what they know. 19 학평

이러한 친숙함의 느낌은 학생들이 자기가 알고 있는 것에 대하여 **과장된** 인식을 갖게 할 수 있다.

exaggeration ⓝ 과장

Vocab+ = **overrate, overvalue** ⓥ 과대평가하다
↔ **undervalue, underrate** ⓥ 과소평가하다

1050 ★★☆ □□□

flourish

[flə́:riʃ]

ⓥ 번성하다, 건강하다 20 학평

Rap music **flourished** without access to the music establishment.

랩 음악은 음악 시설을 접하지 않고서 **번성했다**.

Vocab+ = **thrive** ⓥ 번창하다

모의평가

1051 ★★☆ □□□

feminine

[fémənin]

ⓐ 여성의, 여성스러운

Charlotte Brontë worried that her work would be dismissed as typically **feminine** writing. 18 학평

Charlotte Brontë는 자신의 작품이 전형적으로 **여성적인** 글이라고 무시당할까 봐 걱정했다.

Vocab+ = **female** ⓐ 여성의 **womanlike** ⓐ 여자 같은
↔ **masculine** ⓐ 남자 같은, 남성의

1052 ★★☆ □□□

famine

[fǽmin]

ⓝ 기근

Famine and civil war threaten people in sub-Saharan Africa. 18 모평

기근과 내전이 사하라 사막 이남의 아프리카 사람들을 위태롭게 한다.

Vocab+ = **starvation** ⓝ 기아 **hunger** ⓝ 굶주림
+ **famine-stricken** ⓐ 기아에 시달리는

DAY 27

1053 ★☆☆ □□□
harvest
[hάːrvist]

ⓥ 수확하다 ⓝ 수확, 수확기, 수확물

When fruit is **harvested** green, unripened, many of the vitamins are simply not present. 17 EBS

과일이 파랗게 익지 않은 상태에서 **수확되는** 경우, 비타민 중 많은 것이 아예 존재하지 않는다.

Vocab+ = **reap** ⓥ 수확하다 **yield** ⓥ 산출하다

1054 ★☆☆ □□□
intentional
[inténʃənəl]

ⓐ 고의적인, 의도적인

Most mapmakers build in occasional **intentional** errors. 22 EBS

대부분의 지도 제작자들은 때때로 **의도적인** 오류를 만들어 넣는다.

intention ⓝ 의도

Vocab+ = **deliberate, purposeful** ⓐ 의도적인

1055 ★☆☆ □□□
mere
[miər]

ⓐ 단순한, 단지 ~에 불과한

People are often attracted to things they find familiar, through what psychologists call the **mere** exposure effect. 22 EBS

사람들은 심리학자들이 **단순** 노출 효과라고 부르는 것을 통해 자신들이 익숙하다고 여기는 것들에 자주 끌린다.

merely ⓐⓓ 한낱, 그저

Vocab+ = **simple** ⓐ 단순한 **plain** ⓐ 있는 그대로의

1056 ★☆☆ □□□
proper
[prάpər]

ⓐ 적절한, 알맞은

Proper planning forces detailed thinking about the project. 21 모평

적절한 계획은 그 사업에 대해 면밀한 사고를 하게 한다.

propriety ⓝ 적절성

Vocab+ ↔ **improper** ⓐ 부적절한

1057 ★★☆ □□□
relieve
[rilíːv]
◆ 내신빈출

ⓥ 완화하다, 안도시키다

Distraction through television viewing can sometimes **relieve** the discomfort associated with painful failures. 21 모평

텔레비전 시청을 통해 주의를 딴 데로 돌리는 것은 때때로 고통스러운 실패와 관련된 불편함을 **완화할** 수 있다.

relief ⓝ 안도

Vocab+ = **alleviate** ⓥ 완화시키다 **lessen** ⓥ 줄이다

1058 ★☆☆ □□□
satisfactory
[sæ̀tisfǽktəri]

ⓐ 만족스러운, 만족감을 주는

It's a matter of opinion how far scientific models alone provide a full and **satisfactory** explanation. 21 EBS

과학적 모형만으로 완전하고 **만족스러운** 설명을 어디까지 제공하는가 하는 것은 견해상의 문제이다.

satisfy ⓥ 만족시키다 **satisfaction** ⓝ 만족

1059 ★☆☆ □□□

passive
[pǽsiv]

ⓐ 소극적인, 수동적인

I had made up my mind to be very **passive** on the roads. 19 학평

나는 도로에서 매우 **소극적**이 되기로 결심했다.

Vocab+ ↔ **active** ⓐ 적극적인, 활동적인 + **passive voice** [문법] 수동태

1060 ★★☆ □□□

subjective
[səbdʒéktiv]

◆ 내신빈출

ⓐ 주관적인

In novel, there are only **subjective** goals of seeking the law that is necessarily created by the individual. 18 모평

소설에는 반드시 그 개인에 의해 만들어지는 법칙을 추구하는 **주관적** 목표만 있다.

subject ⓝ 주제, 과목 ⓥ 종속시키다 **subjection** ⓝ 복종

Vocab+ ↔ **objective** ⓐ 객관적인

다의어

1061 ★☆☆ □□□

term
[təːrm]

1. ⓝ 기간, 학기
2. ⓝ 용어 ⓥ (특정한 용어로) 부르다
3. ⓝ (복수형으로) (지급 · 계약 등의) 조건, 관점

1. In the long **term**, he must continue to behave in the consistent manner. 20 학평

   장**기간**, 그는 계속해서 일관된 방식으로 행동해야만 한다.

2. The definition and application of the **term** 'friend' is much more vague. 20 학평

   '친구'라는 **용어**의 정의 및 적용은 훨씬 더 모호하다.

3. A potential coach could agree to **terms** with the owner. 18 EBS

   감독이 될 가능성이 있는 사람은 소유주와의 **계약 조건**에 동의할 수 있다.

terminology ⓝ 용어

Vocab+ + **in terms of** ~의 측면에서

1062 ★★☆ □□□

trustworthy
[trʌ́stwə̀ːrði]

ⓐ 신뢰할 만한

The halo effect causes friendly people to seem more **trustworthy**. 20 EBS

후광 효과는 친절한 사람들을 더 **신뢰할 수 있는** 사람처럼 보이게 한다.

trustworthiness ⓝ 신뢰성

Vocab+ ↔ **untrustworthy** ⓐ 신뢰할 수 없는

1063 ★★☆ □□□

represent
[rèprizént]

ⓥ 나타내다; 대표하다; 해당하다

Humor **represents** a defense mechanism that allows people to better handle stressful life situations. 17 EBS

유머는 사람들이 스트레스를 주는 생활환경을 더 잘 다루게 해주는 방어기제를 **나타낸다**.

representative ⓝ 대표(자) ⓐ 대표하는

Vocab+ = **stand for** ~을 상징하다[나타내다]; ~을 대표하다; ~을 옹호하다
symbolize ⓥ 상징하다, 나타내다

1064 ★★☆ □□□
atmosphere
[ǽtməsfìər]

ⓝ 대기; 분위기

As I entered the classroom, the tense **atmosphere** turned into wild laughter. 21 학평

내가 교실에 들어서자 긴장된 **분위기**가 요란한 웃음소리로 바뀌었다.

atmospheric ⓐ 대기의; 분위기 있는

Vocab+ = **mood** ⓝ 기분, 분위기 **ambience** ⓝ 분위기

1065 ★★☆ □□□
biodiversity
[bàioudaivə́ːrsəti]

ⓝ (균형 잡힌 환경을 위한) 생물 다양성

Land sparing has been much better for **biodiversity** than land sharing would have been. 21 학평

토지 비축은 토지 공유가 그랬을 것보다 **생물 다양성**에 훨씬 더 나았다.

biodiverse ⓐ 생물이 다양한

1066 ★★☆ □□□
characteristic
[kæ̀riktərístik]

ⓝ 특징

One **characteristic** of people who have achieved peace of mind is their independence. 17 학평

마음의 평화를 이룬 사람들의 한 가지 **특성**은 그들의 독립심이다.

character ⓝ 성격, 특징; 등장 인물 **characterize** ⓥ ~의 특징이 되다

1067 ★★☆ □□□
confusion
[kənfjúːʒən]

ⓝ 혼란, 혼돈

21 학평

We have "**confusion** at the frontier" when we search the Internet.

우리는 인터넷을 검색할 때 '경계에 있어서의 **혼란**'을 느낀다.

confuse ⓥ 혼란시키다

Vocab+ = **chaos** ⓝ 대혼란

1068 ★★☆ □□□
deserve
[dizə́ːrv]

ⓥ ~을 받을 만하다[가치가 있다]

Those who work hard and play by the rules will earn the rewards they **deserve**. 21 학평

열심히 노력하고 규칙을 따르는 사람들은 자신이 **마땅히 받아야 할** 보상을 받게 될 것이다.

Vocab+ = **be worth, be worthy of** ~할 만하다

1069 ★★☆ □□□
disposable
[dispóuzəbl]
◆ 내신빈출

ⓐ 마음대로 처분할 수 있는, 일회용의 ⓝ 일회용품

Typically mature age customers have more time at hand with greater **disposable** incomes. 20 수능

대개 원숙한 나이의 소비자들은 사용할 수 있는 시간이 더 많고 더 많은 **처분 가능한** 소득이 있다.

dispose ⓥ 배치하다; 처분하다 **disposal** ⓝ 처리, 처분

1070 ★★☆ □□□

dread

[dred]

ⓥ 두려워하다, 무서워하다 ⓝ 두려움, 공포

People will look forward to future interactions rather than **dread** them. 13 모평

사람들은 미래의 교제를 **두려워하기**보다는 고대할 것이다.

dreadful ⓐ 무서운; 끔찍한

Vocab+ = **fear** ⓥ 두려워하다 ⓝ 공포 **frighten** ⓥ 겁먹게 하다

1071 ★★☆ □□□

enforce

[infɔ́ːrs]

ⓥ (법 등을) 실시[시행]하다, 집행하다, 억지로 시키다 21 EBS

In the past, penalties for pollution were often hard to **enforce**.

과거에는, 오염에 대한 처벌이 흔히 **집행하기** 어려웠다.

enforcement ⓝ 집행

Vocab+ = **carry out** ~을 수행하다 **implement** ⓥ 시행하다

1072 ★★☆ □□□

expedition

[èkspidíʃən]

ⓝ 탐험 (여행), 원정

Kings and bankers channelled enormous resources to finance geographical **expeditions** around the world. 17 학평

왕들과 은행가들은 세계 곳곳의 지리학적 **탐험**에 자금을 대기 위해 막대한 양의 재원을 보냈다.

expedite ⓥ 신속히 처리하다

1073 ★★☆ □□□

faulty

[fɔ́ːlti]

ⓐ 흠이 있는, 불완전한, 잘못된

I've come to see that the key to almost all of our problems is **faulty** storytelling. 20 학평

나는 우리의 문제 중 거의 모든 것에 대한 실마리가 '**잘못된** 스토리텔링'이라는 것을 알게 되었다.

fault ⓝ 잘못, 단점

Vocab+ = **incorrect** ⓐ 부정확한 **wrong** ⓐ 잘못된

1074 ★★☆ □□□

genetic

[dʒənétik]

ⓐ 유전의, 유전학의

Individual differences in children's intelligence could not be explained by **genetic** factors alone. 18 학평

아동 지능의 개인차가 **유전적** 요인들만으로는 설명될 수 없다.

gene ⓝ 유전자 **genetics** ⓝ 유전학 **genetically** ⓐⓓ 유전적으로

1075 ★★☆ □□□

heroic

[hiróuik]

ⓐ 영웅적인, 용감무쌍한

Leadership takes the form of **heroic** men metaphorically charging in on white horses to save the day. 21 학평

리더십은 은유적으로 백마를 타고 돌진하여 궁지에서 벗어나게 하는 **영웅적인** 사람의 모습을 취한다.

hero ⓝ 영웅 **heroine** ⓝ 여자 영웅

1076 ★★☆ □□□
inaccurate
[inǽkjurit]

ⓐ 부정확한, 오류가 있는

Scientific and clinical implications of genetic discoveries are often **inaccurate** or overstated. 19 모평

유전적 발견의 과학적, 임상적 함의는 자주 **부정확하거나** 과장된다.

inaccuracy ⓝ 부정확

Vocab+ ↔ **accurate** ⓐ 정확한

1077 ★★☆ □□□
insufficient
[ìnsəfíʃənt]
◆ 내신빈출

ⓐ 불충분한

The length of the gut can be increased only until there is **insufficient** room in the body to contain it. 19 EBS

소화관의 길이는 그것을 담고 있는 신체에 공간이 **불충분해질** 때까지만 늘어날 수 있다.

insufficiency ⓝ 불충분, 부족

Vocab+ ↔ **sufficient** ⓐ 충분한

고난도

1078 ★★★ □□□
sentient
[sénʃənt]

ⓐ 지각이 있는

Fish are highly intelligent animals and their behaviour suggests they are **sentient**. 22 EBS

물고기는 대단히 지능이 높은 동물이며, 그것들의 행동은 그것들이 **지각이 있다**는 것을 암시한다.

sentience ⓝ 감각성

1079 ★★★ □□□
subservient
[səbsə́ːrviənt]

ⓐ (~에) 종속되는, (~보다) 덜 중요한

China and India became ever more **subservient** to the Europe-centered empire of cotton. 20 수능

중국과 인도는 유럽이 중심이 되는 면화의 제국에 더욱 **종속하게** 되었다.

subservience ⓝ 복종

Vocab+ = **submissive** ⓐ 고분고분한 **secondary** ⓐ 부차적인

1080 ★★★ □□□
prosecute
[prɑ́səkjùːt]

ⓥ 기소[고발, 소추]하다, 공소를 제기하다

People who infringe on that copyright can be taken to court and **prosecuted**. 20 수능

저작권을 침해하는 사람들은 법정에 불려가 **기소될** 수 있다.

prosecution ⓝ 기소 **prosecutor** ⓝ 기소검사

Vocab+ = **litigate** ⓥ 소송[고소]하다

Review Test

A 우리말은 영어로, 영어는 우리말로 적으시오.

1 (생물) 조직 t______
2 논평, 주석 c______
3 대기, 분위기 a______
4 초고, 초안 d______
5 expedition ______
6 characteristic ______
7 confusion ______
8 exaggerate ______

B 각 단어의 유의어 혹은 반의어를 적으시오.

1 broaden ⊜ w______
2 enforce ⊜ i______
3 intentional ⊜ d______
4 prosecute ⊜ l______
5 passive ↔ a______
6 proper ↔ i______
7 trustworthy ↔ u______
8 subjective ↔ o______

C 다음 우리말에 적합한 어휘를 고르시오.

1 Charlotte Brontë worried that her work would be dismissed as typically [famine / feminine] writing.
Charlotte Brontë는 자신의 작품이 전형적으로 여성적인 글이라고 무시당할까 봐 걱정했다.

2 [Famine / Feminine] and civil war threaten people in sub-Saharan Africa.
기근과 내전이 사하라 사막 이남의 아프리카 사람들을 위태롭게 한다.

D 다음 빈칸에 공통으로 들어갈 어휘를 고르시오. [예문에 실린 어휘의 원형을 고를 것]

1 In the long ______, he must continue to behave in the consistent manner.
2 The definition and application of the ______ 'friend' is much more vague.
3 A potential coach could agree to ______ with the owner.

① gene ② folk ③ term ④ draft ⑤ tissue

A 1 tissue 2 comment 3 atmosphere 4 draft 5 탐험 (여행), 원정 6 특징 7 혼란, 혼돈 8 과장하다 B 1 widen 2 implement 3 deliberate 4 litigate 5 active 6 improper 7 untrustworthy 8 objective C 1 feminine 2 Famine D ③ term

wander vs. wonder

wander ⓥ (이리저리 천천히) 거닐다, 돌아다니다, 헤매다	My father was **wandering** around the house. 아빠는 집 주변을 **거닐고** 계셨다.
wonder ⓥ 궁금하다	When young, I **wondered** why the sky is blue. 어릴 때, 나는 하늘이 왜 파란지 **궁금했었다**.

persecute vs. prosecute

persecute ⓥ (특히 인종·종교·정치적 이유로) 박해하다	The country's leaders ruthlessly **persecuted** those who fought against the regime. 그 나라의 지도자들은 정권에 맞서 싸운 사람들을 가차없이 **박해했다**.
prosecute ⓥ 기소[고발/소추]하다	The store's owner agreed not to **prosecute** as soon as the boy returned the stolen goods. 소년이 훔친 물건을 돌려주자마자, 가게 주인은 **기소하지** 않기로 동의했다.

imaginary vs. imaginative

imaginary ⓐ 가상적인, 상상에만 존재하는	The two groups were separated by an **imaginary** boundary. 그 두 집단은 **가상의** 경계선으로 나뉘어져 있었다.
imaginative ⓐ 상상력이 풍부한, 창의적인	She usually wrote an **imaginative** story about life on Mars. 그녀는 주로 화성에서의 삶에 대한 **상상력이 풍부한** 이야기를 썼다.

observance vs. observation

observance ⓝ (축제·생일 등의) 축하[기념]; (법률·규칙 등의) 준수	All the stores will be closed in **observance** of the holiday. 모든 가게들은 휴일을 **기념**하여 문을 닫을 것입니다.
observation ⓝ 관찰, 관측, 감시, 주시	These facts are based on close **observation** of the predators in the wild. 이 사실들은 야생의 포식자들에 대한 면밀한 **관찰**에 기초하고 있다.

averse vs. adverse

averse ⓐ ~을 싫어하는[반대하는]	She seems to be **averse** to exercise. 그녀는 운동을 **싫어하는** 것 같다.
adverse ⓐ 부정적인, 불리한	The patient had an **adverse** reaction to the medicine. 그 환자는 그 약에 대한 **부정적인** 반응을 보였다.

Crossword Puzzle

DAY 27

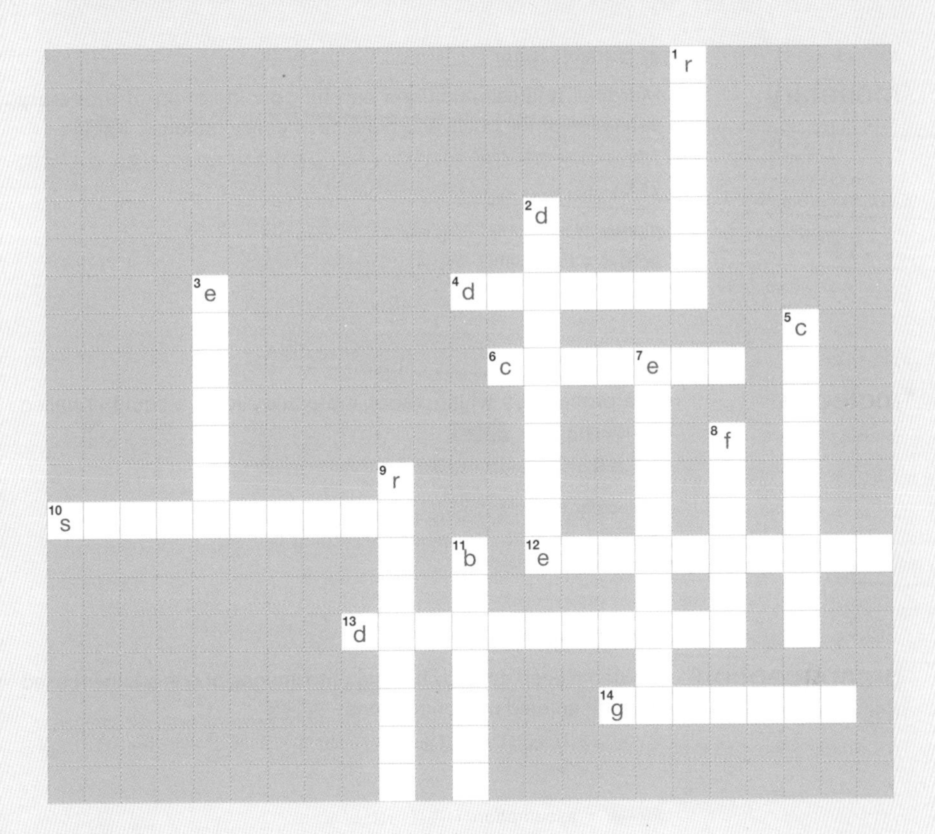

ACROSS

4 ⓥ ~을 받을 만하다[가치가 있다]

6 ⓝ 논평, 주석 ⓥ 논평하다, 의견을 말하다

10 ⓐ 주관적인

12 ⓝ 탐험 (여행), 원정

13 ⓥ 입증하다, 설명하다, 시위하다

14 ⓐ 유전의, 유전학의

DOWN

1 ⓥ 완화하다, 안도시키다

2 ⓐ 마음대로 처분할 수 있는, 일회용의 ⓝ 일회용품

3 ⓥ (법 등을) 실시[시행]하다, 집행하다, 억지로 시키다

5 ⓝ 혼란, 혼돈

7 ⓥ 과장하다

8 ⓝ 기근

9 ⓥ 나타내다, 대표하다, 해당하다

11 ⓥ 넓히다, 퍼지다

Answer p.520

1081 ★★☆ □□□

monetary
[mánitèri]

ⓐ 금전적인, 화폐의

Marginal analysis includes careful consideration of **monetary** estimates of the costs and benefits of policy options. 21 EBS

한계 분석에는 정책 선택안의 비용 및 편익의 **금전적** 추정치에 대한 신중한 고려가 포함된다.

money ⓝ 돈

Vocab+ = **financial** ⓐ 재정상의

1082 ★★☆ □□□

molecule
[máləkjù:l]

ⓝ 분자

The process by which vapor **molecules** form a liquid is called condensation. 21 학평

증기 **분자**가 액체를 형성하는 과정은 응결이라고 불리운다.

molecular ⓐ 분자의

Vocab+ + **atom** ⓝ 원자 **molecular binding** 분자 결합

1083 ★★☆ □□□

preconception
[prì:kənsépʃən]

ⓝ 예상; 선입견, 편견

We doom each other by holding onto images of one another based on self-centered **preconceptions**. 18 학평

우리는 결국 자기중심적인 **예상**을 바탕으로 서로의 이미지를 고수함으로써 서로가 불행한 결말을 맞게 한다.

Vocab+ = **assumption** ⓝ 추정, 상정

1084 ★★☆ □□□

promotional
[prəmóuʃənl]

ⓐ 홍보의, 판촉의

Those charged with increasing tourism must still develop a **promotional** strategy. 18 학평

관광을 증대시키는 데 책임을 맡은 사람들은 여전히 **홍보** 전략을 개발해야 한다.

promotion ⓝ 홍보; 승진

Vocab+ = **promoting** ⓐ 홍보의 **advertising** ⓐ 광고의

1085 ★★☆ □□□

recipient
[risípiənt]

ⓝ (어떤 것을) 받는 사람, 수령인

If the **recipient** reciprocates favor for favor, both intrinsic and extrinsic satisfaction derive from the profitable interaction. 18 학평

(도움을) **받는 사람**이 호의를 호의로 보답한다면, 그 유익한 상호 작용으로부터 내적 만족과 외적 만족이 둘 다 나온다.

receive ⓥ 받다 **receiver** ⓝ 수령인

1086 ★★☆ □□□

steer

[stiər]

ⓥ 몰고 가다, 조종하다

People often **steer** their work toward what they imagine they can do perfectly. 12 모평

사람들은 종종 자신들이 완벽하게 해낼 수 있다고 상상하는 쪽으로 자신들의 일을 **몰고 간다.**

steering ⓝ (차량의) 조종 장치

1087 ★★☆ □□□

stimulate

[stímjulèit]

◆ 내신빈출

ⓥ 자극하다, 활성화시키다

'Classical' language regions in the brain are **stimulated** when the brain interprets new words. 20 학평

뇌가 새로운 단어를 해석할 때, 뇌의 '고전적' 언어 부분이 **자극을 받는다.**

stimulation ⓝ 자극 **stimulus** ⓝ 자극제

Vocab+ = **provoke** ⓥ 도발하다

1088 ★★☆ □□□

surpass

[sərpǽs]

◆ 내신빈출

ⓥ 능가하다

Persons who are taking a wholehearted stand for truth often achieve results that **surpass** their expectations. 10 수능

진리를 위한 진심어린 입장을 취하는 사람들은 종종 자신들의 기대를 **능가하는** 결과를 성취한다.

surpassable ⓐ 능가할 수 있는

Vocab+ = **excel, outperform** ⓥ 능가하다

혼동어

1089 ★★☆ □□□

corporate

[kɔ́ːrpərit]

ⓐ 회사의, 법인의; 공동의

Corporations can be born overnight, by growing up around a product or through a **corporate** restructuring. 18 EBS

기업이 하나의 제품을 중심으로 성장함으로써, 혹은 **기업** 구조 조정을 통해 하룻밤 사이에 생겨날 수 있다.

corporation ⓝ 기업, 법인

1090 ★★☆ □□□

cooperate

[kouápərèit]

ⓥ 협력하다

Archaeologists are asked to **cooperate** with not treasure hunters but tomb robbers. 21 학평

고고학자는 보물 사냥꾼이 아니라 도굴꾼과 **협력하도록** 요구받는다.

cooperation ⓝ 협력 **cooperative** ⓐ 협력하는

Vocab+ = **collaborate, cowork** ⓥ 협력하다

1091 ★★☆ □□□

subscribe
[səbskráib]

ⓥ 정기 구독하다, 유료회원으로 가입하다

All the insert cards with subscription offers are included in magazines to encourage you to **subscribe**. 17 수능

구독 안내가 있는 모든 삽입 광고 카드는 여러분이 **구독하도록** 독려하기 위해 잡지에 들어가 있다.

subscription ⓝ 구독, 구독료

1092 ★★☆ □□□

verse
[vəːrs]

ⓝ 운문 ⓥ 시로 표현하다, 시를 짓다

Greek music was predominantly a vocal form, consisting of sung **verse** accompanied by instruments. 22 학평

그리스 음악은 대개 성악 형식이었고, 악기 반주로 노래되는 **운문**으로 구성되었다.

참고 **poetry** ⓝ (집합적) 시, 시류 **poem** ⓝ (한 편의) 시 **lyrics** ⓝ 노랫말

1093 ★☆☆ □□□

abandon
[əbǽndən]

ⓥ 버리다, 포기하다

Ideas are constantly being generated, **abandoned**, and rediscovered. 20 학평

아이디어들은 끊임없이 생성되고, **버려지며**, 재발견되고 있다.

abandonment ⓝ 버림, 포기

Vocab+ = **desert, discard** ⓥ 버리다

1094 ★☆☆ □□□

ancestor
[ǽnsestər]

ⓝ 조상, 선조

Human **ancestors** and relatives may have had a relatively large lexicon of words. 18 학평

인간의 **조상들**과 친척들은 비교적 큰 어휘 목록을 가지고 있었을 것이다.

ancestry ⓝ 가계, 혈통

1095 ★★☆ □□□

bounce
[bauns]

ⓥ 튀(기)다, 벌떡 일어나다, (소리·빛 등이) 반사하다

The sound waves travel in all directions and **bounce** off the walls at different times and places. 19 수능

음파는 모든 방향으로 이동하고 각기 다른 시간과 장소에서 벽에 **반사된다**.

Vocab+ = **bound** ⓥ 되튀다

1096 ★☆☆ □□□

degree
[digríː]

ⓝ 학위; 정도; 도(온도)

Albert C. Barnes earned a medical **degree** from the University of Pennsylvania and qualified as a doctor in 1892. 21 모평

Albert C. Barnes는 펜실베이니아 대학교에서 의학 **학위**를 받고, 1892년에 의사 자격을 얻었다.

1097 ★★☆ □□□
domestic
[dəméstik]

ⓐ 국내의, 가정의

The Brontë sisters wanted to distance themselves from the large group of women who were then writing **domestic** fiction. 18 학평

Brontë 자매는 자신들을 그 당시에 **가정**소설을 쓰고 있던 대규모 여성 집단으로부터 거리를 두고 싶어 했다.

domesticate ⓥ 길들이다 **domestication** ⓥ 가축화

Vocab+ = **household** ⓐ 가족의 ↔ **foreign** ⓐ 외국의

1098 ★☆☆ □□□
evolve
[iválv]
◆ 내신빈출

ⓥ 진화하다, 발전하다

Our brains did not have enough time to **evolve** for new cultural tools.

우리의 뇌가 새로운 문화적 도구들을 위해 **진화할** 충분한 시간이 없었다.

evolution ⓝ 진화 **evolutionary** ⓐ 진화(론)의

Vocab+ = **develop, progress** ⓥ 발전하다

1099 ★☆☆ □□□
flood
[flʌd]

ⓝ 홍수, 범람 ⓥ 범람시키다

The **flooding** of the Nile from the end of June till late October brought down rich silt. 20 모평

6월 말부터 10월 하순까지의 나일강의 **범람**은 비옥한 토사를 유입시켰다.

Vocab+ = **inundate** ⓥ 침수시키다
+ **flood plain** 범람원(강이 범람하면 물에 잠기는 강가 평지)

1100 ★☆☆ □□□
harmonious
[hɑːrmóuniəs]

ⓐ 사이가 좋은, 조화로운

A society that succeeds in generating many obligations can be more **harmonious** than one relying only on rights. 20 학평

많은 의무를 창출하는 데 성공한 사회는 권리에만 의존하는 사회보다 더 **조화로울** 수 있다.

harmony ⓝ 조화 **harmonize** ⓥ 조화를 이루다

Vocab+ = **balanced** ⓐ 균형잡힌 ↔ **inharmonious** ⓐ 조화롭지 못한

다의어

1101 ★☆☆ □□□
count
[kaunt]

1. ⓥ 수를 세다, 계산하다 ⓝ 계산, 총계
2. ⓥ 중요하다

1. Something as mundane as the desire to **count** sheep was the driving force for an advance. 19 수능

   양의 수를 **세고자** 하는 욕구만큼 세속적인 것이 진보의 원동력이었다.

2. Even though much money is spent on promoting new movies, people talking to people is what really **counts**. 17 학평

   많은 돈이 새 영화를 홍보하는 데 쓰이지만, 사람들이 사람들에게 말하는 것이 정말로 **중요한** 것이다.

countable ⓐ 셀 수 있는

Vocab+ + **count on** ~에 의존하다

1102 ★☆☆ □□□

intend

[inténd]

ⓥ ~할 작정이다, 의도하다

Certain TV programs are designed specifically for children and **intended** to be educational. 17 EBS

어떤 텔레비전 프로그램들은 특별히 어린이들을 위해 고안되고 교육적이도록 **의도된다.**

intention ⓝ 의도 **intentional** ⓐ 의도적인

1103 ★★☆ □□□

mechanic

[məkǽnik]

ⓝ 기계공

A student wanted to acquire the knowledge of what it truly meant to be a **mechanic.** 17 학평

한 학생은 **정비사**가 된다는 것이 진정으로 무엇을 의미하는가에 대해 알기를 원했다.

mechanical ⓐ 기계로 작동되는 **mechanism** ⓝ 기계; 방법 **mechanics** ⓝ 역학

1104 ★☆☆ □□□

trick

[trik]

ⓝ 속임수, 마술 (기법) ⓥ 속이다, 속임수를 쓰다

Some of the most skilled and inventive magicians gained fame by refining the execution of **tricks.** 21 학평

가장 숙련되고 창의적인 마술사 중의 일부는 **마술 기법**의 실행을 정교하게 함으로써 명성을 얻었다.

trickery ⓝ 사기, 협잡

Vocab+ = **deceit** ⓝ 속임수 **fraud** ⓝ 사기

1105 ★☆☆ □□□

profit

[práfit]

◆ 내신빈출

ⓝ 이익, 이윤 ⓥ 이익을 얻다

While short-term **profits** may be constrained, the long-term profitability picture may look more favorable. 18 EBS

단기적인 **수익**은 제한될 수 있지만, 장기적인 수익성 상황은 더 유리하게 보일 수 있다.

profitable ⓐ 수익성이 있는 **profitability** ⓝ 수익성

1106 ★☆☆ □□□

relax

[rilǽks]

ⓥ 휴식하다, 긴장을 풀다

You can't really **relax** until dirty pots and pans are sitting clean and tidy in the cabinets. 18 EBS

더러운 취사도구들이 수납장에 깨끗하고 깔끔하게 정돈될 때까지 너는 정말로 **휴식할** 수 없다.

relaxation ⓝ 휴식, 완화

Vocab+ = **take a rest** 휴식을 취하다 **feel at home** 편한 마음을 갖다

1107 ★☆☆ □□□

rough

[rʌf]

ⓐ 거친, 난폭한; 대충의

Geodes are **rough** on the outside, but if you break them in two, inside there is a beautiful cave filled with shining crystals. 17 EBS

정동은 표면은 **거칠지만**, 그것을 둘로 쪼개면 속에는 반짝거리는 수정으로 가득 찬 아름다운 굴이 있다.

roughly ⓐⓓ 대략; 거칠게

1108 ★☆☆ □□□

struggle
[strʌ́gl]

ⓥ 발버둥치다, 싸우다, 분투하다 ⓝ 노력, 분투, 투쟁 22 EBS

She **struggled** with learning and felt like the *dumb* kid in class.

그녀는 학습을 **몹시 힘겨워했고** 수업 시간에 '멍청한' 아이처럼 느껴졌다.

struggling ⓐ 발버둥치는, 분투하는

Vocab+ = **strive** ⓥ 분투하다

1109 ★☆☆ □□□

passion
[pǽʃən]

ⓝ 열정

We've all heard the advice: "Follow your **passion**." 17 모평

우리 모두는 "당신의 **열정**을 따르라."라는 조언을 들어왔다.

passionate ⓐ 열정적인

Vocab+ = **eagerness, enthusiasm** ⓝ 열정

1110 ★★☆ □□□

additional
[ədíʃənəl]

ⓐ 추가적인

The marginal utility of **additional** information about a product is nearly always positive. 22 EBS

어떤 상품에 대한 **추가** 정보의 한계효용은 거의 항상 긍정적이다.

addition ⓝ 추가, 덧셈 **additionally** ⓐⓓ 게다가

Vocab+ = **further** ⓐ 추가적인 **supplementary** ⓐ 보충의, 추가의

1111 ★☆☆ □□□

anxious
[ǽŋkʃəs]

ⓐ 불안해하는, 염려하는; 열망하는

She had 'show and tell' in class today, and she was **anxious**. 17 모평

오늘 수업 시간에 '보여주며 말하기'가 있어서 그녀는 **걱정이 되었다**.

1112 ★★☆ □□□

astonish
[əstániʃ]

◆ 내신빈출

ⓥ 깜짝 놀라게 하다

The economy of life produces **astonishing** outcomes. 21 EBS

생명의 경제는 **놀라운** 결과를 낳는다.

astonishment ⓝ 깜짝 놀람

Vocab+ + **to one's astonishment** ~가 놀랍게도

1113 ★★☆ □□□

dispute
[dispjúːt]

ⓝ 분쟁, 논쟁 ⓥ 반박하다, 분쟁을 벌이다

I had a **dispute** with a person and I was really angry. 22 EBS

나는 어떤 사람과 **논쟁**을 했고 정말로 화가 났었다.

disputation ⓝ 논쟁

Vocab+ = **argument** ⓝ 논쟁 ↔ **agreement** ⓝ 합의

1114 ★★☆ □□□

chaotic
[keiátik]

ⓐ 혼돈 상태의 17 EBS

The pre-World War II market is often characterized as **chaotic**.

제2차 세계대전 이전의 시장은 흔히 **혼돈 상태**로 그 특징이 묘사된다.

chaos ⓝ 혼돈

Vocab+ ↔ **ordered** ⓐ 정돈된

1115 ★★☆ □□□
comparable
[kámpərəbl]

ⓐ 비슷한, 비교할 만한
The safer alternative is available at a comparable cost. 18 모평
더 안전한 대안이 **비슷한** 비용으로 이용될 수 있다.
compare ⓥ 비교하다 **comparison** ⓝ 비교

1116 ★★☆ □□□
impede
[impíːd]
◆ 내신빈출

ⓥ 방해하다, 지연시키다
Too fantastic a reading speed is of no use because it impedes comprehension. 21 모평
너무 터무니없는 읽기 속도는 쓸모없는데, 그것이 이해를 **방해하기** 때문이다.
impediment ⓝ 방해, 장애
Vocab+ = **hinder, deter** ⓥ 방해하다

고난도

1117 ★★★ □□□
persevere
[pə̀ːrsəvíər]

ⓥ 인내하며 계속하다, 견디다
People won't persevere so much as the three-minute stroll between retailers. 22 EBS
사람들은 소매상점들 사이에서 3분 정도 걷는 것조차 **견디지** 않으려 한다.
Vocab+ = **withstand, endure, tolerate** ⓥ 견디다

1118 ★★★ □□□
germinate
[dʒə́ːrmənèit]

ⓥ 싹트다, 시작하다
While a large population may have been necessary, in itself it was not sufficient for science to germinate. 14 수능
많은 인구가 필요했을 수도 있었지만, 그것 자체만으로 과학이 **싹트는** 데는 충분하지 않았다.
germinative ⓐ 싹트는
Vocab+ = **sprout** ⓥ 싹이 나다

1119 ★★★ □□□
harry
[hǽri]

ⓥ 괴롭히다, 못살게 굴다
Organic farmers grow crops that are no less harried by pests than those of conventional farmers. 13 모평
유기농법 농부들은 재래농법 농부들의 작물들만큼이나 해충에 **시달리는** 작물들을 재배한다.
Vocab+ = **badger, pester** ⓥ 못살게 하다

1120 ★★★ □□□
sanction
[sǽŋkʃən]

ⓥ 인가하다, 찬성하다 ⓝ 인가; 제재
Genocide is universally considered wrong even if it is sanctioned by a government or an entire society. 17 수능
집단 학살은, 비록 그것이 정부나 전체 사회에 의해서 **인가된** 것이라고 하더라도, 보편적으로 잘못된 것으로 여겨진다.
Vocab+ = **approve** ⓥ 승인하다 **authorization** ⓝ 승인

Review Test

A 우리말은 영어로, 영어는 우리말로 적으시오.

1 수령인 r__________
2 예상, 선입견, 편견 p__________
3 학위, 정도, 도(온도) d__________
4 능가하다 s__________
5 mechanic __________
6 molecule __________
7 passion __________
8 verse __________

B 각 단어의 유의어 혹은 반의어를 적으시오.

1 sanction ⊜ a__________
2 harry ⊜ b__________
3 abandon ⊜ d__________
4 monetary ⊜ f__________
5 domestic ↔ f__________
6 chaotic ↔ o__________
7 dispute ↔ a__________
8 harmonious ↔ i__________

C 다음 우리말에 적합한 어휘를 고르시오.

1 Corporations can be born overnight, by growing up around a product or through a [cooperate / corporate] restructuring.
기업이 하나의 제품을 중심으로 성장함으로써, 혹은 기업 구조 조정을 통해 하룻밤 사이에 생겨날 수 있다.

2 Archaeologists are asked to [cooperate / corporate] with not treasure hunters but tomb robbers.
고고학자는 보물 사냥꾼이 아니라 도굴꾼과 협력하도록 요구받는다.

D 다음 빈칸에 공통으로 들어갈 어휘를 고르시오. [예문에 실린 어휘의 원형을 고를 것]

1 Something as mundane as the desire to __________ sheep was the driving force for an advance.

2 Even though much money is spent on promoting new movies, people talking to people is what really __________.

① bounce ② intend ③ struggle ④ count ⑤ surpass

A 1 recipient 2 preconception 3 degree 4 surpass 5 기계공 6 분자 7 열정 8 운문 B 1 approve 2 badger 3 desert[discard] 4 financial 5 foreign 6 ordered 7 agreement 8 inharmonious C 1 corporate 2 cooperate D ④ count

momentary vs. **momentous**

momentary ⓐ 순간적인, 잠깐[찰나]의	There was a **momentary** pause between speeches. 연설 사이에 **순간적인** 멈춤이 있었다.
momentous ⓐ 중대한	College commencement was a **momentous** day in my life. 대학 졸업은 내 인생에서 **중요한** 날이었다.

resource vs. **recourse**

resource ⓝ 자원	Natural gas is essentially their only **resource**. 천연가스는 본질적으로 그들의 유일한 **자원**이다.
recourse ⓝ (힘든 상황에서 도움을 얻기 위한) 의지, 의지할 것	His only **recourse** is to file a suit. 그가 유일하게 **의지할 수 있는 것**은 소송을 제기하는 것이다.

accede vs. **concede**

accede ⓥ (요청·제의 등에) 응하다	The government was obligated to **accede** to their demands. 정부는 그들의 요구에 **응할** 수밖에 없었다.
concede ⓥ (무엇이 옳거나 논리적임을) 인정하다[수긍하다]	I **concede** that the work has been slow, but it should speed up soon. 작업이 더뎠던 것은 **인정하지만**, 곧 속도가 빨라질 것입니다.

popular vs. **populous**

popular ⓐ 인기 있는	He is a **popular** guy in his school. 그는 학교에서 **인기 있는** 남자입니다.
populous ⓐ 인구가 많은	California is one of America's most **populous** states. 캘리포니아는 미국에서 가장 **인구가 많은** 주 중 하나이다.

allude vs. **elude**

allude ⓥ 암시하다	I look forward to hearing more about the technology you **alluded** to a minute ago. 1분 전에 당신이 **암시하신** 기술에 대해 더 듣기를 고대합니다.
elude ⓥ (교묘히) 피하다[빠져나가다]	The criminal was unable to **elude** the police. 그 범죄자는 경찰을 **피할** 수 없었다.

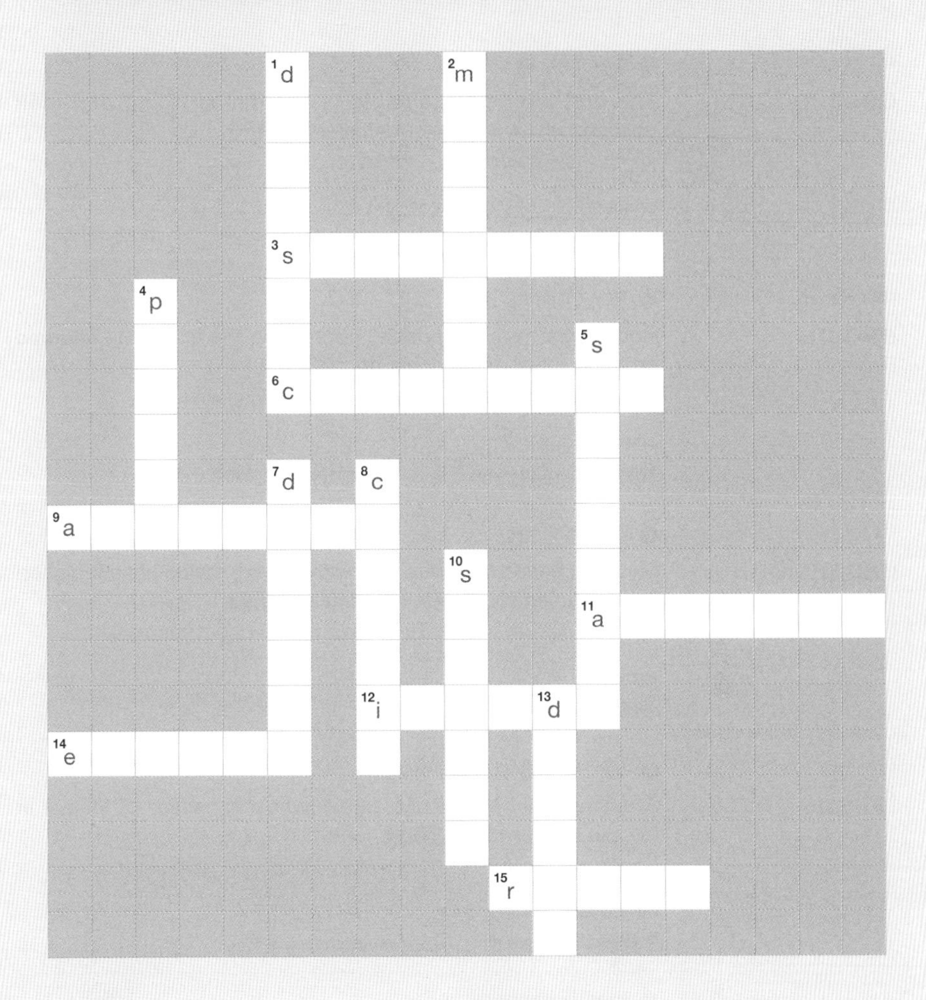

ACROSS

3 ⓥ 정기 구독하다, 유료회원으로 가입하다
6 ⓥ 협력하다
9 ⓥ 깜짝 놀라게 하다
11 ⓥ 버리다, 포기하다
12 ⓥ 방해하다, 지연시키다
14 ⓥ 진화하다, 발전하다
15 ⓥ 휴식하다, 긴장을 풀다

DOWN

1 ⓐ 국내의, 가정의
2 ⓝ 분자
4 ⓝ 이익, 이윤 ⓥ 이익을 얻다
5 ⓥ 자극하다, 활성화시키다
7 ⓝ 분쟁, 논쟁 ⓥ 반박하다, 분쟁을 벌이다
8 ⓐ 혼돈 상태의
10 ⓥ 능가하다
13 ⓝ 학위, 정도, 도(온도)

Answer p.520

1121 ★★☆ □□□
descendant
[diséndənt]

ⓝ 자손, 후손 ⓐ 내려오는
The first bands classifiable to the genus Homo and their **descendants** were hunter-gatherers. 20 학평
인간 속[인류]으로 분류할 수 있는 첫 번째 무리와 그들의 **후손**은 수렵 채집인이었다.

descend ⓥ 내려오다 **descendent** ⓐ 내려오는
Vocab+ = **offspring** ⓝ 자손 **heir** ⓝ 상속인, 계승자

1122 ★★☆ □□□
endure
[indjúər]
◆ 내신빈출

ⓥ 참다, 인내하다, 견디다
Counselors have to consider oppression the client has **endured** probably for all of her or his life. 20 EBS
상담가들은 그 고객이 아마도 평생 동안 **견뎌온** 억압을 고려해야 한다.

endurance ⓝ 인내
Vocab+ = **put up with** ~을 참다 **tolerate, withstand** ⓥ 참다

1123 ★★☆ □□□
expansion
[ikspǽnʃən]

ⓝ 확대, 팽창, 확장
Medicine became big business with the **expansion** of new, higher-cost treatments in the United States. 17 모평
의료는 미국에서 새로운 고비용 치료의 **확대**와 더불어 커다란 사업이 되었다.

expand ⓥ 확대되다
Vocab+ = **enlargement** ⓝ 확장

1124 ★★☆ □□□
fatigue
[fətí:g]

ⓝ 피로, 피곤 ⓥ 피로하게 하다
A runner might experience an overwhelming sense of **fatigue** in the last leg of a race. 18 EBS
달리기 선수는 경주의 마지막 구간에서 어마어마한 **피로**감을 경험할 수도 있다.

fatigueless ⓐ 지칠 줄 모르는
Vocab+ = **weariness** ⓝ 피로 **exhaustion** ⓝ 탈진

1125 ★★☆ □□□
generous
[dʒénərəs]

ⓐ 관대한, 넉넉한
Hobbes, his heart touched, immediately gave the man a **generous** offering. 12 모평
Hobbes는 마음이 움직여서 즉시 그 남자에게 **후하게** 적선을 해주었다.

generosity ⓝ 관대함, 마음이 후함
Vocab+ = **tolerant** ⓐ 관대한 **benevolent** ⓐ 자애로운

1126 ★★☆ □□□
heritage
[héritidʒ]
◆ 내신빈출

ⓝ 유산, 세습 재산
The individual is endowed with the inner qualities through **heritage** and environment. 21 수능
개인은 **유산**과 환경을 통해 내적 특성을 부여받는다.

heritable ⓐ 상속 가능한
Vocab+ = **legacy** ⓝ 유산 **inheritance** ⓝ 상속 재산

1127 ★★☆ □□□

inaccessible
[ìnəksésəbl]

ⓐ 접근하기 어려운, 접근할 수 없는

The ocean is **inaccessible** to us and most planktonic organisms are microscopic. 19 모평

해양은 우리가 **접근하기 어렵고** 대부분의 플랑크톤 유기체는 (현미경으로 봐야 볼 수 있을 정도로) 미세하다.

access ⓥ 접근하다 ⓝ 접근

Vocab+ ↔ **accessible** ⓐ 접근 가능한

1128 ★★☆ □□□

instruct
[instrʌ́kt]
◆ 내신빈출

ⓥ 지시하다, 가르치다

Susan **instructed** him to bring a magnifying glass and a bag of marbles with him. 19 학평

Susan은 확대경과 구슬 한 봉지를 가져가라고 그에게 **지시했다**.

instruction ⓝ 설명, 지시

Vocab+ = **direct, order** ⓥ 지시하다 + **instruct A to *do*** A가 ~하도록 지시하다

1129 ★★☆ □□□

justification
[dʒʌ̀stəfəkéiʃən]

ⓝ 정당한 이유, 정당화

Water is the unifying context and **justification** for many large-scale civilizations. 21 EBS

물은 많은 대규모 문명에 대한 통합 배경과 **정당한 이유**가 된다.

justify ⓥ 정당화하다 **justifiable** ⓐ 정당한

본동어

1130 ★★☆ □□□

objectivity
[ɑ̀bdʒektívəti]

ⓝ 객관성

A few magazines, like *Consumer Reports*, work toward **objectivity** and therefore contain no advertising. 17 수능

〈Consumer Reports〉와 같은 몇몇 잡지는 **객관성**을 지향하고 따라서 광고를 싣지 않는다.

objective ⓝ 목적 ⓐ 객관적인

Vocab+ ↔ **subjectivity** ⓝ 주관성

1131 ★★★ □□□

objection
[əbdʒékʃən]

ⓝ 이의, 반대 (이유)

You will need persuasive reasoning and arguments against any potential **objections**. 11 모평

그 어떤 가능성 있는 **반대 의견**에 대해서도 설득력 있는 추론과 논거가 필요할 것이다.

object ⓝ 물건 ⓥ 반대하다

Vocab+ + **object to** ~에 반대하다

1132 ★★☆ □□□

objective
[əbdʒéktiv]

ⓝ 목표 ⓐ 객관적인

Our primary **objective** is to find and establish that causal relationship. 18 모평

우리의 주된 **목표**는 그 인과 관계를 찾아내서 정립하는 것이다.

objectivity ⓝ 객관성

Vocab+ ↔ **subjective** ⓐ 주관적인

1133 ★★☆ □□□

mediate
[míːdièit]

ⓥ 중재하다

There are numerous studies on the influence of **mediated** agendas on politics. 21 학평

중재된 의제가 정치에 미치는 영향에 대한 수많은 연구들이 있다.

mediator ⓝ 중재자 **mediation** ⓝ 조정, 중재

Vocab+ = **negotiation** ⓥ 타협하다 **intervene** ⓥ 중재하다

1134 ★★☆ □□□

deem
[diːm]

ⓥ (~로) 여기다

A trait that is often **deemed** as a necessary ingredient of creativity is fluency. 21 EBS

흔히 창의성의 필수 요소로 **여겨지는** 특성은 유창성이다.

Vocab+ = **consider** ⓥ (~로) 여기다

1135 ★★☆ □□□

permanent
[pə́ːrmənənt]

◆ 내신빈출

ⓐ 영원한, 영구적인

Set-aside land is more **permanent** than fallow land. 17 모평

비경작지는 보통 1년 동안 놓아두는 휴경지보다 더 **영속적**이다.

permanence ⓝ 영구성

Vocab+ = **everlasting** ⓐ 영원한
↔ **temporary, impermanent** ⓐ 일시적인

1136 ★★☆ □□□

prominence
[prámənəns]

ⓝ 두드러짐, 현저함, 중요성, 명성

The novel as a biographical form came to **prominence** in the late eighteenth and nineteenth centuries. 18 모평

전기 형식의 소설은 18세기 말과 19세기에 **두드러졌다**.

prominent ⓐ 현저한, 중요한, 유명한

1137 ★★☆ □□□

renewable
[rinjúːəble]

ⓐ 재생 가능한, 갱신 가능한

Fossil fuels are more competitive than **renewable** energy alternatives in regards to the distance between inputs and outputs. 18 수능

화석 연료는 투입과 생산 간 거리 면에서 **재생 가능한** 대체 에너지보다 더 경쟁력이 있다.

renew ⓥ 재개하다 **renewal** ⓝ 재개

1138 ★★☆ □□□

roam
[roum]

ⓥ 배회하다, 돌아다니다

There was an untapped domain in which our minds could **roam**. 21 EBS

우리의 정신이 **돌아다닐** 수 있는, 아직 손이 닿지 않은 영역이 있었다.

Vocab+ = **wander** ⓥ 배회하다

1139 ★★☆ □□□

monotonous

[mənɑ́tənəs]

ⓐ 단조로운

Dump us in a vast parking lot which is surrounded by **monotonous** big-box outles. 22 EBS

우리를 **단조로운** 대형 할인점들로 둘러싸인 광활한 주차장에 내려 놓으라.

monotony ⓝ 단조로움

Vocab+ = **dull, repetitious, tedious** ⓐ 지루한

1140 ★★☆ □□□

sophisticated

[səfístəkèitid]

◆ 내신빈출

ⓐ 세련된, 정교한

People born after 1980 seem to continue their gaming with more **sophisticated** and emotionally involved products. 18 학평

1980년 이후에 태어난 사람들은 더 **정교하고** 정서적으로 연관된 제품으로 계속 게임을 하는 것처럼 보인다.

sophisticate ⓝ 세련된 사람 ⓥ 세련되게 하다

Vocab+ ↔ **unsophistricated** ⓐ 세련되지 못한

다의어

1141 ★★☆ □□□

abstract

ⓥⓐ[æbstrǽkt]
ⓝ[ǽbstrækt]

1. ⓥ 떼어내다, 추출하다
2. ⓐ 추상적인 ⓝ 추상(화); 개요

1. Sentences are **abstracted** from their conditions of real use.
   문장은 그것이 실제 사용되는 상황에서 **떼어낸** 것이다.
2. What one often gets is no more than **abstract** summaries of lengthy articles.
   우리가 흔히 얻게 되는 것은 긴 글을 **추상적**으로 요약해 놓은 것에 지나지 않는다.

abstraction ⓝ 관념, 추상적 개념; 추출 **abstractive** ⓐ 추출력이 있는, 요약하는

Vocab+ ↔ **concrete** ⓐ 구체적인

1142 ★★☆ □□□

stiffen

[stífən]

ⓥ 뻣뻣해지다, 굳어지다

Her legs started to shake and she felt her body **stiffen**. 10 수능

그녀의 다리는 후들거리기 시작했으며, 그녀는 몸이 **굳어지는** 것을 느꼈다.

stiff ⓐ 뻣뻣한

Vocab+ = **harden** ⓥ 굳어지다 ↔ **soften** ⓥ 유연해지다

1143 ★★☆ □□□

surgeon

[sə́ːrdʒən]

ⓝ 외과 의사, 외과 전문의

Dorothy Lavinia Brown was the first black female in the American South to become a **surgeon**. 21 학평

Dorothy Lavinia Brown은 미국 남부에서 **외과 의사**가 된 최초의 흑인 여성이었다.

surgery ⓝ 수술 **surgical** ⓐ 외과의, 수술의

Vocab+ + **physician** ⓝ 내과 의사

1144 ★★☆ □□□

thrive
[θraiv]

ⓥ 번영하다, 발전하다

Adolescent athletes **thrive** on challenges when their preseason schedules are more demanding. 18 학평

청소년기의 운동선수들은 자신들의 프리시즌 일정이 더 힘들 때 어려운 일들을 **잘 해낸다**.

thriving ⓐ 번창하는

Vocab+ + **thrive on** ~을 잘 해내다

1145 ★★☆ □□□

vendor
[véndər]

ⓝ 노점상

Most of the **vendors** are immigrants bringing street versions of the world's diverse food traditions. 12 모평

노점상의 대부분은 전 세계의 다양한 음식 전통의 길거리 버전을 가져오는 이민자들이다.

vend ⓥ 팔다

Vocab+ + **vending machine** 자동판매기

1146 ★★☆ □□□

yield
[jiːld]

◆ 내신빈출

ⓥ 낳다, 산출하다; 굴복하다, 양보하다 ⓝ 수확(물), 수확량

Adaptive management aims to **yield** understanding as much as to produce answers or solutions. 18 학평

적응 관리는 해답 혹은 해결책을 만드는 것만큼이나 이해를 **산출하는** 것을 목표로 한다.

Vocab+ = **produce** ⓥ 생산하다 **surrender** ⓥ 굴복하다 **output** ⓝ 생산량

1147 ★☆☆ □□□

amaze
[əméiz]

ⓥ 놀라게 하다

A family from Israel who moved to Northern California was **amazed** by the isolation they experienced. 18 학평

북부 캘리포니아로 이주한 한 이스라엘 출신 가족은 그들이 겪은 고립감에 **깜짝 놀랐다**.

amazing ⓐ 놀라운

Vocab+ = **astonish, astound** ⓥ 깜짝 놀라게 하다

1148 ★☆☆ □□□

flaw
[flɔː]

ⓝ 결함, 결점

A closer look reveals the **flaw** in this analogy. 19 수능

더 자세히 살펴보면 이 비유의 **결점**이 드러난다.

flawed ⓐ 결함이 있는 **flawless** ⓐ 결함이 없는

Vocab+ = **defect** ⓝ 단점, 흠

1149 ★☆☆ □□□

combine
[kəmbáin]

ⓥ 결합하다, 겸비하다

An activity **combines** labour with raw materials to produce goods and services with enhanced economic value. 21 학평

하나의 활동은 노동과 원자재를 **결합하여** 향상된 경제적 가치를 지닌 재화와 서비스를 생산한다.

combination ⓝ 조합, 결합

Vocab+ + **combine A with B** A와 B를 결합시키다

1150 ★★☆ □□□

degrade
[digréid]

ⓥ 저하시키다, 비하하다; 분해하다

It's not companies that primarily **degrade** the world. It is our appetites, which they merely serve. 19 학평

주로 이 세상을 **격하시키는** 것은 기업이 아니다. 바로 우리의 기호이고, 기업은 그것을 충족시킬 뿐이다.

degradation ⓝ 비하

Vocab+ = **humiliate** ⓥ 멸시하다 **downgrade** ⓥ 격하시키다

1151 ★★☆ □□□

distinguish
[distíŋgwiʃ]
◆ 내신빈출

ⓥ 구별하다

There was a social pressure for art to come up with some vocation that **distinguished** it from science. 19 모평

예술이 그것(예술)을 과학과 **구별하는** 어떤 소명을 제시해야 한다는 사회적 압력이 있었다.

distinguishable ⓐ 구별 가능한

Vocab+ + **distinguish A from B** A를 B로부터 구별하다

1152 ★★☆ □□□

evoke
[ivóuk]

ⓥ 이끌어내다, 불러일으키다

The more cognitive effort is demanded from shoppers, the more of a negative and suspicious reaction will be **evoked**. 21 학평

구매자에게 더 많은 인지적 부담이 요구될수록, 더 많은 부정적이고 의심하는 반응이 **불러일으켜질** 것이다.

evocative ⓐ (좋은 생각을) 떠올리게 하는, 환기시키는

Vocab+ = **arouse** ⓥ 불러일으키다

1153 ★★☆ □□□

boredom
[bɔ́ːrdəm]

ⓝ 지루함, 따분함, 권태

An introvert would be far less likely to suffer from **boredom** without outside stimulation. 18 모평

내성적인 사람은 외부 자극이 없어도 **지루함**에 시달릴 가능성이 훨씬 더 작을 것이다.

bored ⓐ 지루해하는 **boring** ⓐ 따분하게 하는

Vocab+ = **tediousness, weariness** ⓝ 따분함

1154 ★☆☆ □□□

harden
[hɑ́ːrdən]

ⓥ 굳다, 경화시키다, 확고해지다

Interconnectivity doesn't mean inclusivity; on the contrary, it may support or **harden** extremist views. 19 학평

상호 연결성은 포괄성을 의미하지는 않으며, 반대로 그것은 극단주의 관점을 지지하거나 **확고하게 할지도** 모른다.

hard ⓐ 단단한; 어려운 ⓐⓓ 열심히; 힘들게

Vocab+ = **solidify** ⓥ 굳어지다, 굳히다

1155 ★☆☆ □□□
instrument
[ínstrəmənt]

ⓝ 기구, 도구, 악기

Perhaps Aristotle observed similar reactions of dogs to musical **instruments** and rhythms. 18 학평

아마도 아리스토텔레스는 **악기**와 리듬에 대한 개들의 유사한 반응을 보았을 것이다.

instrumental ⓐ 악기에 의한

1156 ★☆☆ □□□
measure
[méʒər]

ⓥ 측정하다 ⓝ 측정; 수단

It turns out we were failing to **measure** something with far greater impact. 18 학평

우리가 훨씬 큰 영향력을 가진 무언가를 **측정하지** 못하고 있었다는 것이 판명된다.

measurement ⓝ 측정

Vocab+ = **gauge** ⓥ 측정하다 **take a measurement** 치수를 재다

고난도

1157 ★★★ □□□
intermittent
[ìntərmítənt]

ⓐ 간헐적인, 간간이 일어나는

It becomes the leader's job to create conditions that are good for the whole by enforcing **intermittent** interaction. 21 모평

간간이 일어나는 상호작용을 시행함으로써 전체에게 유익한 여건을 조성하는 것이 지도자의 임무가 된다.

intermittently ⓐⓓ 간헐적으로

Vocab+ = **irregular** ⓐ 불규칙적인 **sporadic** ⓐ 산발적인

1158 ★★★ □□□
indigenous
[indídʒənəs]

ⓐ 토종의, (어떤 지역) 원산의[토착의]

The way of life of most **indigenous** populations Europeans encountered was barbaric. 18 학평

유럽인들이 접한 **원주민** 대부분의 삶의 방식이 미개했다.

Vocab+ = **native** ⓐ 토종의, 토착의

1159 ★★★ □□□
intrigue
[intríːg]

ⓝ 흥미; 음모 ⓥ 호기심를 불러일으키다; 음모를 꾸미다

There began my **intrigue** with cultures and language and people. 17 학평

그곳에서 문화와 언어와 사람들에 대한 나의 **흥미**가 시작되었다.

intriguing ⓐ 흥미로운

Vocab+ = **conspire** ⓥ 음모를 꾸미다

1160 ★★★ □□□
antiseptic
[æ̀ntiséptik]

ⓝ 소독제[약] ⓐ 소독이 되는

In 1901, Albert C. Barnes invented the **antiseptic** Argyrol with a German chemist. 17 모평

1901년, Albert C. Barnes는 한 독일 화학자와 함께 **소독제** Argyrol을 발명하였다.

antisepsis ⓝ 방부, 소독

Vocab+ = **disinfectant** ⓝ 소독약, 살균제

DAY 29

Review Test

A 우리말은 영어로, 영어는 우리말로 적으시오.

1 결함, 결점 f__________
2 기구, 도구, 악기 i__________
3 유산, 세습 재산 h__________
4 지루함, 권태 b__________
5 vendor __________
6 surgeon __________
7 antiseptic __________
8 mediate __________

B 각 단어의 유의어 혹은 반의어를 적으시오.

1 evoke ⊜ a__________
2 amaze ⊜ a__________
3 deem ⊜ c__________
4 intrigue ⊜ c__________
5 inaccessible ↔ a__________
6 permanent ↔ t__________
7 stiffen ↔ s__________
8 sophisticated ↔ u__________

C 다음 우리말에 적합한 어휘를 고르시오.

1 You will need persuasive reasoning and arguments against any potential [objective / objection / objectivity].
그 어떤 가능성 있는 반대 의견에 대해서도 설득력 있는 추론과 논거가 필요할 것이다.

2 Our primary [objective / objection / objectivity] is to find and establish that causal relationship.
우리의 주된 목표는 그 인과 관계를 찾아내서 정립하는 것이다.

3 A few magazines, like *Consumer Reports*, work toward [objective / objection / objectivity] and therefore contain no advertising.
〈Consumer Reports〉와 같은 몇몇 잡지는 객관성을 지향하고 따라서 광고를 싣지 않는다.

D 다음 빈칸에 공통으로 들어갈 어휘를 고르시오. [예문에 실린 어휘의 원형을 고를 것]

1 Sentences are __________ from their conditions of real use.
2 What one often gets is no more than __________ summaries of lengthy articles.

① concrete ② abstract ③ thrive ④ yield ⑤ evoke

A 1 flaw 2 instrument 3 heritage 4 boredom 5 노점상 6 외과 의사, 외과 전문의 7 소독제, 소독약 8 중재하다 B 1 arouse 2 astonish[astound] 3 consider 4 conspire 5 accessible 6 temporary 7 soften 8 unsophisticated C 1 objection 2 objective 3 objectivity D ② abstract

apprehensive vs. comprehensive

apprehensive ⓐ 걱정되는, 불안한	We were quite apprehensive about the surgery. 우리는 그 수술에 대해 상당히 **걱정하고** 있었습니다.
comprehensive ⓐ 포괄적인, 종합적인	The curriculum vitae is a comprehensive statement of your educational background. 이력서는 당신의 학력에 대한 **포괄적인** 진술이다.

respectful vs. respective

respectful ⓐ 존경심을 보이는, 경의를 표하는	We were raised to be respectful of authority. 우리는 권위를 **존중하도록** 양육받았다.
respective ⓐ 각자의, 각각의	The siblings returned to their respective bedrooms. 그 형제자매는 **각자의** 침실로 돌아갔다.

compose vs. comprise

compose ⓥ 구성하다, 작곡하다	Our group is composed of travelers from Asian countries. 우리 일행은 아시아 국가들로부터 온 여행자로 **구성되어** 있습니다.
comprise ⓥ ~으로 구성되다[이뤄지다]	Each army division comprised 4,500 troops. 각 육군 사단은 4,500명의 병력으로 **구성되어** 있었다.

complement vs. compliment

complement ⓝ 보완물	The scarf is a perfect complement to her outfit. 그 스카프는 그녀의 의상에 대한 완벽한 **보완물**이다.
compliment ⓝ 칭찬(의 말), 찬사	A compliment is a polite remark that you say to someone. **칭찬**은 당신이 누군가에게 하는 공손한 말이다.

dissert vs. dessert

dissert ⓥ 논하다, 논문을 쓰다	Economic dominance is being disserted frequently. 경제 지배는 빈번히 **논해져** 왔다.
dessert ⓝ 디저트, 후식	We had ice cream and apple pie for dessert. 우리는 **디저트**로 아이스크림과 애플파이를 먹었다.

Crossword Puzzle

DAY 29

ACROSS

3 ⓝ 자손, 후손 ⓐ 내려오는
4 ⓥ 낳다, 산출하다, 굴복하다, 양보하다
ⓝ 수확(물), 수확량
7 ⓥ 참다, 인내하다, 견디다
10 ⓝ 결함, 결점
11 ⓥ 중재하다
13 ⓝ 유산, 세습 재산
14 ⓐ 단조로운

DOWN

1 ⓝ 이의, 반대 (이유)
2 ⓝ 피로, 피곤 ⓥ 피로하게 하다
5 ⓝ 흥미, 음모
ⓥ 호기심을 불러일으키다, 음모를 꾸미다
6 ⓐ 영원한, 영구적인
7 ⓥ 이끌어내다, 불러일으키다
8 ⓥ 구별하다
9 ⓥ (~로) 여기다
12 ⓥ 지시하다, 가르치다

Answer p.521

1161 ★☆☆ □□□

participate
[pɑːrtísəpèit]
◆ 내신빈출

ⓥ 참가하다

Cochran loved flying and **participated** in many air races. 18 학평

Cochran은 비행을 좋아했고 많은 비행 경주에 **참가했다**.

participation ⓝ 참여, 참가 **participant** ⓝ 참가자

Vocab+ + **participate in** ~에 참가하다

1162 ★☆☆ □□□

private
[práivit]

ⓐ 사유의, 민간의, 사적인, 은밀한 ⓝ 사병, 병사

Complex architectural decorations continued to be used in many **private** and public buildings. 19 학평

복잡한 건축 장식은 많은 **민간** 그리고 공공 건물에서 계속해서 사용되었다.

privacy ⓝ 사생활

Vocab+ ↔ **public** ⓐ 공공의

1163 ★☆☆ □□□

relationship
[riléiʃənʃip]

ⓝ 관계

Building resilience depends on the **relationships** children form with parents, caregivers, teachers, and friends. 19 학평

회복력을 기르는 것은 아이들이 부모, 양육자, 교사, 그리고 친구들과 형성하는 **관계**에 달려 있다.

relation ⓝ 관계 **relational** ⓐ 상관관계에 있는

Vocab+ + **have something to do with** ~와 관련이 있다

1164 ★☆☆ □□□

reward
[riwɔ́ːrd]

ⓥ 보상을 주다, 보답하다 ⓝ 보상

Dopamine **rewards** the brain, thus signaling people to continue the behaviors that release it. 20 EBS

도파민은 뇌에 **보상을 주고**, 결과적으로 신호를 보내 사람들이 그것을 분비하는 행동을 계속하게 한다.

rewarding ⓐ 보상이 되는, 수익이 나는

1165 ★★☆ □□□

straighten
[stréitən]

ⓥ 똑바르게 하다, 정리하다

She slowly released her knees and **straightened** her head, the better to hear. 12 모평

그녀는 조금 더 자세히 소리를 듣기 위해 천천히 무릎을 풀어주고 머리를 **똑바로 세웠다**.

straight ⓐⓓ 똑바로 ⓐ 곧은

Vocab+ + **straighten up** ~을 정리하다

1166 ★★☆ □□□

tremendous
[triméndəs]

ⓐ 굉장한, 무시무시한

Waldemar Haffkine revisited Odessa in 1927, but could not adapt to the **tremendous** changes. 21 학평

Waldemar Haffkine는 1927년에 Odessa를 다시 방문했지만, **엄청난** 변화에 적응할 수 없었다.

Vocab+ = **huge** ⓐ 엄청난 **remarkable** ⓐ 놀랄 만한, 대단한

1167 ★★☆ □□□

addictive
[ədíktiv]

ⓐ 중독성의, 중독성이 있는

One characteristic of addiction is that it is experienced as wanting the **addictive** substance. 19 학평

중독의 한 가지 특징은 그것이 그 **중독성** 물질을 원하는 것으로 경험된다는 것이다.

addiction ⓝ 중독 **addict** ⓝ 중독자 ⓥ 중독되게 하다

1168 ★★☆ □□□

antique
[æntí:k]

ⓐ 고대의, 옛날의, 고풍의, 골동품의 ⓝ 골동품

Phillip told her that he was an **antique** marble collector. 19 학평

Phillip은 자신이 **오래된** 구슬을 수집한다고 그녀에게 말했다.

Vocab+ = **ancient** ⓐ 고대의, 오래된 **primitive** ⓐ 원시의

1169 ★☆☆ □□□

dramatic
[drəmǽtik]

ⓐ 극적인, 급격한, 감격적인

Technological advances have led to a **dramatic** reduction in the cost of processing and transmitting information. 18 모평

기술적 진보는 정보 처리와 전달 비용의 **극적인** 감소를 가져왔다.

drama ⓝ 드라마, 극적인 사건 **dramatically** ⓐⓓ 극적으로

1170 ★★☆ □□□

bias
[báiəs]

◆ 내신빈출

ⓝ 편견, 선입견, 편향

Of particular importance in considering emotional changes in old age is the presence of a positivity **bias**. 21 모평

노년의 정서적 변화를 고려할 때 특히 중요한 것은 긍정 **편향**의 존재이다.

biased ⓐ 편향된, 선입견이 있는

Vocab+ = **prejudice** ⓝ 선입견

혼동어휘

1171 ★★★ □□□

milestone
[máilstòun]

ⓝ 이정표, 중대한 사건

Parental enthusiasm for the motor accomplishments is not at all misplaced, for they are **milestones** of development. 17 모평

운동기능의 성취에 대한 부모의 열성은 전혀 잘못된 것이 아닌데, 왜냐하면 그것은 발달의 **중요한 단계들**이기 때문이다.

1172 ★★☆ □□□

cornerstone
[kɔ́:rnərstòun]

ⓝ 초석, 토대

Capitalism has competition and financial reward as its **cornerstones**. 21 학평

자본주의는 경쟁과 금전적 보상을 그것의 **초석**으로 삼고 있다.

Vocab+ = **foundation stone** 초석

참고 stepping stone 디딤돌 touchstone ⓝ 기준, 시금석
keystone ⓝ (아치 꼭대기의) 쐐기돌

DAY 30

1173 ★★☆ □□□

challenging

[tʃǽlindʒiŋ]

◆ 내신빈출

ⓐ 어려운, 도전적인

Media image made it **challenging** for developing countries to compete with countries with strong and familiar brands. 18 학평

미디어의 이미지는 개발도상국들이 강력하고 친숙한 브랜드를 가진 나라들과 경쟁하는 것을 **어렵게** 만들었다.

challenge ⓥ 도전하다 ⓝ 도전, 난제

Vocab+ = **demanding** ⓐ 부담이 큰 ↔ **undemanding** ⓐ 힘들지 않은

1174 ★★☆ □□□

conflicting

[kənflíktiŋ]

ⓐ 상충[상반]되는, 모순되는

Our own opinions are reinforced by others without introducing new or **conflicting** content into the mix. 21 학평

우리 자신의 의견은 새롭거나 **상반된** 내용을 받아들여 섞이게 하지 않고 타인에 의해 강화된다.

conflict ⓝ 갈등, 충돌 ⓥ 상충하다, 갈등하다

Vocab+ = **clash** ⓝ 충돌 ⓥ 맞붙다

1175 ★★☆ □□□

assure

[əʃúər]

ⓥ 확실하게 하다, 보증하다

The mother **assured** she could manage quite well on her own. 20 학평

그 어머니는 그녀 혼자서 꽤 잘 해낼 수 있다고 **장담했다**.

참고 **sure** ⓐ 확신하는 **unsure** ⓐ 확신 못하는 **ensure** ⓥ 보장하다
reassure ⓥ 안심시키다 **insure** ⓥ 보험에 들다

1176 ★★☆ □□□

endangered

[indéindʒərd]

◆ 내신빈출

ⓐ 멸종 위기의

We wish that peregrine falcons would not feed on an **endangered** species. 19 수능

우리는 송골매들이 **멸종 위기에 처한** 종들을 먹고 살지 않기를 바란다.

endanger ⓥ 위험에 빠뜨리다

1177 ★★☆ □□□

exotic

[igzátik]

ⓐ 이국적인

Cats and **exotic** or unusual animals, unless confined to a small area, are not usually discovered or reported. 20 학평

고양이와 **이국적이거나** 특이한 동물은, 좁은 지역으로 국한되지 않는 한, 대개 발견되지 않거나 신고되지 않는다.

Vocab+ = **foreign** ⓐ 외래의 ↔ **native** ⓐ 토종의, 재래종의

1178 ★★☆ □□□

mural

[mjú(ː)ərəl]

ⓝ 벽화

Design a **mural** on all sides of the school canteen! 21 EBS

학교 매점의 모든 벽면에 **벽화를** 디자인하세요!

1179 ★★☆ □□□

gender

[dʒéndər]

ⓝ 성, 성별

When issues arise that touch on women's rights, women start to think of **gender** as their principal identity. 18 모평

여성의 권리에 관련된 문제가 생기는 경우, 여성들은 **성**을 자신들의 주된 정체성으로 생각하기 시작한다.

참고 masculine ⓐ 남성의 feminine ⓐ 여성의 neuter ⓐ 중성의

1180 ★★☆ □□□

inability

[ìnəbíləti]

ⓝ 무능, 불능

Many individuals struggle with reaching goals due to an **inability** to prioritize their own needs. 18 모평

많은 사람은 자신만의 필요 사항에 우선순위를 매기**지 못해** 목표에 도달하는 일로 고심하고 있다.

Vocab+ ↔ ability ⓝ 능력

참고 unable ⓐ ~할 수 없는 disable ⓥ 장애를 입히다 enable ⓥ 가능하게 하다

다의어

1181 ★☆☆ □□□

leave

[liːv]

1. ⓥ (장소에서) 떠나다, (직장 등을) 그만두다; 남기다
2. ⓝ 휴가

1. We usually want to rush and **leave** the difficulties that we have experienced in life behind us quickly. 22 수능

   우리는 대개 서둘러 인생에서 겪은 어려움을 빨리 뒤에 **남겨 두고** 싶어한다.

2. She took a one-week **leave** of absence to be with her mother. 17 학평

   그녀는 어머니와 함께 있으려고 1주 **휴가**를 냈다.

Vocab+ + leave for ~을 향해 떠나다 leave out ~을 빼다, ~을 제외하다
leave ~ behind ~을 남겨두다

1182 ★★☆ □□□

inspiration

[ìnspəréiʃən]

ⓝ 영감 20 학평

Inspiration is a funny thing. It's powerful enough to move mountains.

영감이란 재미있는 것이다. 그것은 산을 옮길 만큼 강력하다.

inspire ⓥ 영감을 불어 넣다

참고 perspiration ⓝ 땀, 노력 respiration ⓝ 호흡 aspiration ⓝ 열정

1183 ★★☆ □□□

wage

[weidʒ]

ⓥ (전쟁·투쟁 등을) 벌이다 ⓝ 급료

If they are more enterprising, they can **wage** an unequal war of the well fed against the hungry. 17 학평

그들이 더 진취적이라면 굶주린 사람들에 맞서 잘 먹은 사람들의 불공평한 전쟁을 **벌일** 수 있다.

Vocab+ + living wage 최저 생활 임금

1184 ★★☆ □□□

modify
[mάdəfài]

ⓥ 수정하다, 변형하다

Many have tried to deny the results rather than **modify** the scientific model. 21 학평

많은 사람이 과학적인 모델을 **수정하기**보다는 그 결과를 부정하려 애써 왔다.

modification ⓝ 수정　modifier ⓝ 수식어

Vocab+ = adjust ⓥ 조정하다, 바로잡다　adapt ⓥ 개조하다, 개작하다

1185 ★★☆ □□□

modest
[mάdist]
◆ 내신빈출

ⓐ 겸손한; 알맞은, 별로 크지 않은

Genetic advancements are often reported as environmentally dependent or **modest** in effect size in academic publications. 19 모평

유전학의 발전은 흔히 환경 의존적이거나 학술 간행물에서 영향을 미치는 규모에 있어 **별로 크지 않은** 것으로 보고된다.

modesty ⓝ 겸손

Vocab+ = humble ⓐ 겸손한　moderate ⓐ 적당한, 알맞은

1186 ★★★ □□□

treaty
[tríːti]

ⓝ 조약

More than 140 countries unanimously agreed to create an international mercury **treaty**. 21 학평

140개가 넘는 국가들이 만장일치로 국제 수은 **조약**을 만드는 데 동의했다.

Vocab+ = pact ⓝ 조약, 협정, 약속　+ forge a treaty 조약을 맺다

1187 ★★☆ □□□

praiseworthy
[préizwə̀ːrði]

ⓐ 칭찬받을 만한

It's appropriate and **praiseworthy** to associate with people whose lives would be improved if they saw your life improve. 20 학평

여러분의 삶이 개선되는 것을 보면 자신의 삶도 개선될 사람들과 사귀는 것은 적절하고 **칭찬할 만한** 일이다.

참고 trustworthy 신뢰할 수 있는　blameworthy ⓐ 탓할 만한

1188 ★★☆ □□□

prohibit
[prouhíbit]
◆ 내신빈출

ⓥ 금지하다

In normal everyday life the behaviors that society considers immoral are frequently **prohibited** by law. 22 EBS

보통의 일상생활에서 사회가 비도덕적이라고 여기는 행동은 빈번하게 법에 의해 **금지된다**.

prohibition ⓝ 금지

Vocab+ = inhibit ⓥ 못하게 하다　ban ⓥ 금지하다

1189 ★★☆ □□□

recall
[rikɔ́ːl]

ⓥ 상기하다; 철회하다　ⓝ 상기; 철회

Sitting on the stairs alone, I **recalled** what my teacher had said. 20 수능

홀로 계단에 앉아, 나는 선생님께서 하신 말씀을 **상기했다**.

recalling ⓝ 회상하기

Vocab+ = recollect ⓥ 기억해내다

1190 ★★☆ □□□

render

[réndər]

ⓥ (~이 되게) 하다; 주다, 제공하다

In Middle English to color is to adorn, to disguise, to **render** plausible, to misrepresent. 18 학평

중세 영어에서 색을 칠한다는 것은 장식하다, 가장하다, 그럴듯하게 **만들어 내다**, 잘못 표현하다의 의미이다.

Vocab+ = make ⓥ 만들다 furnish ⓥ 제공하다

1191 ★★☆ □□□

fatal

[féitəl]

ⓐ 치명적인; 운명의

A gene that made young children develop **fatal** cancer would not be passed on to any offspring at all. 17 학평

어린이의 몸에 **치명적인** 암을 발달시켰던 유전자는 어떤 자손에게도 전혀 전달되지 않을 것이다.

fate ⓝ 운명

Vocab+ = mortal ⓐ 죽을 운명의 deadly ⓐ 치명적인

1192 ★★☆ □□□

ritual

[rítʃuəl]

ⓝ 의식, 의례

Tourism allows the **ritual** enactment of mythological ideas. 18 모평

관광은 신화적인 개념을 **의식**으로 시행할 수 있게 한다.

ritualize ⓥ 의례적으로 하다

Vocab+ = ceremony ⓝ 의식 custom ⓝ 관습

1193 ★★☆ □□□

sequence

[sí:kwəns]

ⓝ 연속적 사건, (사건·행동의) 순서, 차례 ⓥ 차례로 배열하다

In the arts no limitless **sequence** of works is ever implied or looked for. 16 모평

예술에서 작품의 무한한 **연속**은 결코 암시되거나 추구된 바가 없다.

sequent ⓐ 다음에 오는, 필연의 sequential ⓐ 순차적인

1194 ★★★ □□□

hibernate

[háibərnèit]

ⓥ 동면하다

A bear's desire to **hibernate** is the example of instincts and behaviors that are hardwired. 19 학평

동면하고자 하는 곰의 욕구는 타고난 본능과 행동의 사례이다.

hibernation ⓝ 동면

1195 ★★★ □□□

lucrative

[lú:krətiv]

◆ 내신빈출

ⓐ 수익성이 좋은

The organic food market in the United States has been recognized as a **lucrative** market. 19 학평

미국의 유기농 식품 시장은 **수익성이 좋은** 시장으로 인식되어 왔다.

lucratively ⓐⓓ 유리하게

Vocab+ = profitable ⓐ 수익성 좋은

1196 ★★☆ □□□

suppress
[səprés]

ⓥ 억압하다, 억누르다, 참다

Thought suppression can actually increase the thoughts one wishes to **suppress** instead of calming them. 20 모평

사고의 억제는 **억누르고** 싶은 생각을 가라앉히는 대신, 실제로 그것을 증가시킬 수 있다.

suppression ⓝ 진압, 억제

고난도

1197 ★★★ □□□

congestion
[kəndʒéstʃən]

ⓝ 혼잡, 밀집; 충혈

Tourists overcrowd the local fishing, hunting, and other recreation areas or may cause traffic and pedestrian **congestion**. 16 수능

관광객들이 현지의 낚시터, 사냥터 및 기타 휴양지에 지나치게 몰리거나 교통과 보행자 **혼잡**을 초래할지도 모른다.

congest ⓥ 혼잡하게 하다

1198 ★★★ □□□

willed
[wild]

ⓐ 의지에 의해 결정된, 자발적인

The only changes in their demeanor you will see are actually **willed** expressions. 18 모평

여러분이 보게 될 그들의 유일한 표정 변화는 실제로 **자발적인** 표정일 것이다.

Vocab+ = **voluntary** ⓐ 자발적인

1199 ★★★ □□□

averse
[əvə́ːrs]

ⓐ (~을) 싫어하는, 반대하는

Humans are so **averse** to feeling that they're being cheated that they often respond in ways that seemingly make little sense. 18 모평

인간은 자신이 속고 있다고 느끼는 것을 매우 **싫어해서** 흔히 겉보기에는 거의 말이 되지 않는 방식으로 반응한다.

aversion ⓝ 아주 싫어함

Vocab+ = **opposing** ⓐ 반대하는 **reluctant** ⓐ 꺼리는

1200 ★★★ □□□

excerpt
[iksə́ːrpt]

ⓥ 발췌하다 ⓝ (글·음악·영화 등의) 발췌[인용]본

This **excerpt** was not difficult for me, nor did I feel threatened by any of the players in the room. 22 EBS

이 **발췌 부분**은 나에게 어렵지 않았고, 나는 방안에 있는 어떤 연주자에게서도 위협을 느끼지 않았다.

Vocab+ = **extract** ⓥ 추출하다 **citation** ⓝ 인용문

Review Test

A 우리말은 영어로, 영어는 우리말로 적으시오.

1 혼합, 밀집, 충혈 c__________
2 편견, 선입견, 편향 b__________
3 성, 성별 g__________
4 연속적 사건, 순서 s__________
5 inspiration __________
6 ritual __________
7 treaty __________
8 relationship __________

B 각 단어의 유의어 혹은 반의어를 적으시오.

1 averse ⊜ r__________
2 tremendous ⊜ h__________
3 willed ⊜ v__________
4 fatal ⊜ m__________
5 inability ↔ a__________
6 private ↔ p__________
7 challenging ↔ u__________
8 exotic ↔ n__________

C 다음 우리말에 적합한 어휘를 고르시오.

1 Parental enthusiasm for the motor accomplishments is not at all misplaced, for they are [cornerstones / milestones] of development.
운동기능의 성취에 대한 부모의 열성은 전혀 잘못된 것이 아닌데, 왜냐하면 그것은 발달의 중요한 단계들이기 때문이다.

2 Capitalism has competition and financial reward as its [cornerstones / milestones].
자본주의는 경쟁과 금전적 보상을 그것의 초석으로 삼고 있다.

D 다음 빈칸에 공통으로 들어갈 어휘를 고르시오.

1 We usually want to rush and __________ the difficulties that we have experienced in life behind us quickly.
2 She took a one-week __________ of absence to be with her mother.

① leave ② drive ③ make ④ take ⑤ find

A 1 congestion 2 bias 3 gender 4 sequence 5 영감 6 의식, 의례 7 조약 8 관계 B 1 reluctant 2 huge 3 voluntary 4 mortal 5 ability 6 public 7 undemanding 8 native C 1 milestones 2 cornerstones D ① leave

advice vs. advise

advice ⓝ 조언, 충고	My **advice** is to stop smoking as soon as possible. 내 **조언**은 가급적 빨리 담배를 끊으라는 것이다.
advise ⓥ 충고하다, 조언하다	My doctor **advised** me to lose some weight. 의사는 나에게 살을 좀 빼라고 **충고했다**.

device vs. devise

device ⓝ (특정 작업을 위해 고안된) 장치[기구]	The appliance store sells various electronic **devices** such as TVs and computers. 그 가전제품 가게는 TV와 컴퓨터 같은 다양한 전자 **기기**를 판다.
devise ⓥ 고안[창안]하다	The engineers have **devised** a method for converting sunlight into electricity. 그 공학자들은 햇빛을 전기로 바꾸는 방법을 **고안했다**.

affect vs. effect

affect ⓥ 영향을 미치다	This new technology could **affect** the lives of millions of people. 이 새로운 기술은 수백만 명의 삶에 **영향을 미칠** 수 있다.
effect ⓝ 영향; 결과, 효과	The victory had an significant **effect** on the team's spirits. 그 패배는 팀의 사기에 중요한 **영향**을 미쳤다.

among vs. between

among ⓟ (셋 이상의) 사이에	The leader was standing **among** his team members. 그 지도자는 팀원들 **사이에** 서 있었다.
between ⓟ (둘의) 사이에	A little boy was standing **between** his mother and his father. 어린 소년은 어머니와 아버지 **사이에** 서 있었다.

breath vs. breathe

breath ⓝ 숨, 호흡, 입김	It's so cold outside that I can see my **breath**. 밖이 너무 추워서 **입김**이 보여요.
breathe ⓥ 호흡하다	I can hardly **breathe** with all this smoke. 이렇게 연기가 많아서 **숨을 쉴** 수가 없어요.

Crossword Puzzle

DAY 30

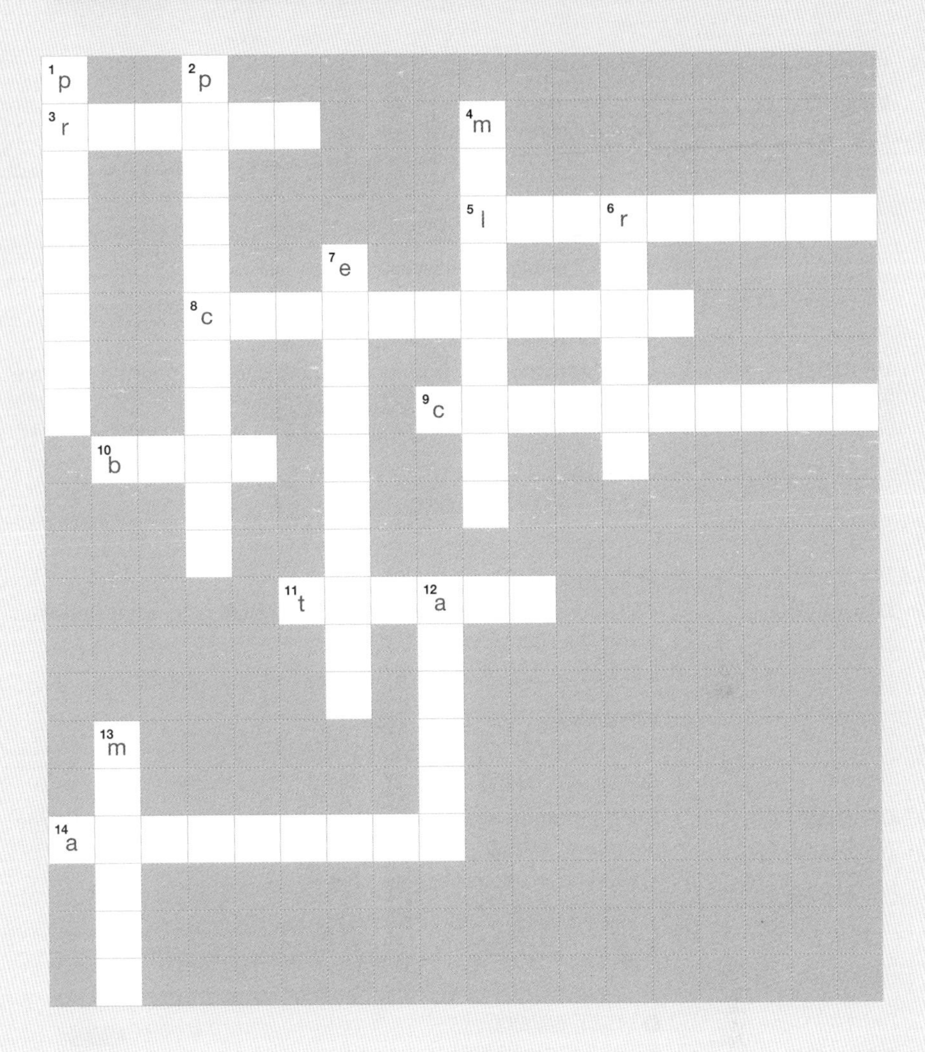

ACROSS

3 ⓥ 상기하다, 철회하다 ⓝ 상기, 철회

5 ⓐ 수익성이 좋은

8 ⓝ 초석, 토대

9 ⓝ 혼잡, 밀집, 충혈

10 ⓝ 편견, 선입견, 편향

11 ⓝ 조약

14 ⓐ 중독성의, .중독성이 있는

DOWN

1 ⓥ 금지하다

2 ⓥ 참가하다

4 ⓝ 이정표, 중대한 사건

6 ⓥ (~이 되게) 하다, 주다, 제공하다

7 ⓐ 멸종 위기의

12 ⓥ 확실하게 하다, 보증하다

13 ⓐ 겸손한, 알맞은, 별로 크지 않은

Answer p.521

1201 ★★☆ □□□
vague
[veig]
◆ 내신빈출

ⓐ 희미한, 막연한, 모호한

If I feel pain, or even a vague form of malaise, I need to communicate what that feels like. 22 EBS

내가 통증이나 심지어 **막연한** 형태의 으스스함을 느낀다면, 나는 그것이 어떤 느낌인지 전달할 필요가 있다.

vagueness ⓝ 막연함

Vocab+ = **ambiguous, obscure** ⓐ 애매한 **dubious** ⓐ 모호한, 의심스러운

1202 ★★☆ □□□
wound
[wu:nd]

ⓥ 상처를 입히다, 부상하게 하다 ⓝ 부상, 상처

Denial may conceal from people how deeply wounded they are by certain jokes. 18 학평

부정은 어떤 농담에 의해 자신이 얼마나 깊이 **상처받는지를** 사람들로부터 숨길 수 있다.

wounded ⓐ 부상을 입은

Vocab+ = **injure** ⓥ 상처를 입히다 **injury** ⓝ 상처

1203 ★☆☆ □□□
blindfold
[bláin*d*fòuld]

ⓝ 눈가리개 ⓥ 눈가리개를 하다

With my eyes blindfolded, I was wondering to what fantastic place she was taking me. 18 학평

눈이 **가려진** 채, 나는 그녀가 나를 어떤 멋진 장소로 데려가고 있는지 궁금해하고 있었다.

blindfolded ⓐ 눈가리개를 한

1204 ★★☆ □□□
colony
[káləni]

ⓝ 군체, 군집; 식민지

Sting autotomy aids in the defense of the colony against large predators. 21 EBS

침 자절은 거대한 포식자로부터 **군체**의 방어를 돕는다.

colonial ⓐ 식민의

Vocab+ = **community** ⓝ 공동체, (생물) 군집 **settlement** ⓝ 정착지

1205 ★☆☆ □□□
convey
[kənvéi]

ⓥ 나르다, 전달하다

The leader chimp had conveyed the information to the others. 17 학평

리더 침팬지는 나머지 침팬지들에게 정보를 **전달했다**.

conveyance ⓝ 수송, 운송

Vocab+ = **transport** ⓥ 나르다 **communicate** ⓥ 의사소통하다, 전달하다

1206 ★☆☆ □□□
defend
[difénd]

ⓥ 방어하다

The members would make some effort to defend the integrity of their group. 21 EBS

구성원들은 자기 집단의 온전함을 **방어하고자** 어느 정도의 노력을 할 것이다.

defence ⓝ 방어 **defensive** ⓐ 방어의, 방어적인

Vocab+ ↔ **attack** ⓥ 공격하다

1207 ★☆☆ □□□

display
[displéi]

ⓥ 전시하다, 나타내다 ⓝ 전시

As long as an ant **displays** the correct emblem, her colony-mates admit her as one of their own. 20 학평

한 개미가 정확한 상징을 **드러내는** 한, 그것의 군집 동료들이 그것을 자기 자신의 동료 중 하나로 인정한다.

Vocab+ = **exhibit, demonstrate** ⓥ 보여주다 **exhibition** ⓝ 전시회

1208 ★★☆ □□□

evaluate
[ivǽljuèit]

◆ 내신빈출

ⓥ 평가하다

Many businesses **evaluate** their customer service strategy by the number of complaints they get. 21 학평

많은 기업은 고객 서비스 전략을 그들이 받는 불만 사항의 수로 **평가한다.**

evaluation ⓝ 평가

Vocab+ = **assess, rate** ⓥ 평가하다

1209 ★☆☆ □□□

flavor
[fléivər]

ⓝ 맛, 풍미 ⓥ 맛을 내다

There is a wide range in conditions that lead to the great variations of harvest times and in the **flavors** of the teas. 17 학평

수확 시기와 차의 **맛**에 엄청난 다양성을 가져오는 폭넓은 범위의 조건들이 있다.

flavoring ⓝ 맛내기, 조미료

Vocab+ + **seasoning** ⓝ 양념

혼동어

1210 ★★☆ □□□

commend
[kəménd]

ⓥ 칭찬하다, 추천하다

When he asked the student a question, he always **commended** him when the answer he provided was correct. 17 학평

그가 그 학생에게 질문을 했을 때 제시한 답이 올바르면 그는 언제나 그 학생을 **칭찬했다.**

commendation ⓝ 칭찬, 인정

Vocab+ = **praise, compliment** ⓥ 칭찬하다

1211 ★★☆ □□□

command
[kəmǽnd]

ⓥ 명령하다, 지휘하다 ⓝ 명령, 지휘

The validity of moral standards depends not on authoritative **command** but rather on the quality of the arguments. 17 EBS

도덕적 기준의 타당성은 권위 있는 **명령**이 아니라 오히려 논거의 질에 달려 있다.

commander ⓝ 지휘관

1212 ★☆☆ □□□

hail
[heil]

ⓥ 환호하다; 우박이 내리다 ⓝ 우박, 싸락눈

T. S. Eliot's landmark work, *The Waste Land*, has been **hailed** as one of the twentieth century's most significant poems. 18 학평

T. S. Eliot의 획기적인 작품인 〈The Waste Land〉는 20세기의 가장 중요한 시(詩)들 중 하나라는 **찬사를 받아왔다.**

Vocab+ + **a hail of** 빗발치는

1213 ★★☆ □□□
instinct
[instíŋkt]
◆ 내신빈출

ⓝ 본능
All puppies have the **instinct** to bite and the need to chew during the teeth-cutting months. 20 EBS
모든 강아지는 이빨이 나는 시기에 깨무는 **본능**과 씹으려는 욕구가 있다.

instinctive ⓐ 본능에 따른

1214 ★☆☆ □□□
meaningful
[míːniŋfəl]

ⓐ 의미 있는, 의미심장한
Writers may keep private texts they consider most **meaningful**. 22 EBS
작가는 자신이 가장 **의미 있다**고 생각하는 글은 비밀로 해둘 수도 있다.

meaning ⓝ 의미
Vocab+ ↔ **meaningless** ⓐ 무의미한

1215 ★★☆ □□□
pale
[peil]

ⓐ 창백한, 옅은 ⓥ 창백해지다
It's bad enough that you are **pale** and exhausted, but you could also lose muscle tone. 19 학평
여러분이 **창백하고** 무기력한 것만으로도 충분히 심각한데, 여러분은 또한 근육의 탄력을 잃을 수 있다.

Vocab+ ↔ **dark** ⓐ 짙은

1216 ★☆☆ □□□
principle
[prínsəpl]

ⓝ 원칙, 원리
The **principles** of nerve cell activity are the same in men and women. 19 EBS
신경 세포 활동의 **원칙**은 남성과 여성에게 있어 똑같다.

1217 ★★☆ □□□
relate
[riléit]
◆ 내신빈출

ⓥ 관련시키다
Our notions of what ought to be are somehow **related** to present realities. 19 학평
당위에 관한 우리의 개념은 존재하는 현실과 어떻게든 **관련되어** 있다.

relation ⓝ 관계 **relative** ⓐ 상대적인 ⓝ 친척
Vocab+ + **relate to** ~와 관계가 있다 (= **have to do with** ~와 관련되다)

1218 ★★☆ □□□
reverse
[rivə́ːrs]

ⓥ 뒤집다, 후진하다 ⓐ 반대의 ⓝ 반대, 후진
There may be situations where you will want to **reverse** your use of tight time tactics. 17 EBS
여러분이 빠듯한 시간 전술의 사용을 **거꾸로 하고** 싶어 할 상황이 있을 수 있다.

reversal ⓝ 뒤바꿈, 전환

1219 ★☆☆ □□□

stick
[stik]

ⓥ 달라붙다; 찌르다 ⓝ 막대기, 나뭇가지

Current affairs programmes are often 'serious' in tone **sticking** to the 'rules' of balance. 21 수능

시사 프로그램들이 흔히 균형이라는 '규칙'을 **고수하면서** 어조가 '진지하다'.

Vocab+ + **stick to** ~에 달라붙다, ~을 고수하다

1220 ★★☆ □□□

anticipate
[æntísəpèit]

ⓥ 예상하다, 기대하다

We can **anticipate** that personal growth and performance will progress faster in young athletes. 17 모평

우리는 개인적 성장과 경기력이 어린 선수에게서 더 빠르게 진보할 것이라고 **예상할** 수 있다.

anticipation ⓝ 예상, 기대 **anticipant** ⓐ 앞을 내다보는

다의어

1221 ★★☆ □□□

decline
[dikláin]

1. ⓝ 감소 ⓥ 감소하다
2. ⓥ 거절하다

1. Unprecedented **declines** in consumer demand impacted the profitability of the airline industry. 21 학평

소비자 수요의 전례 없는 **감소**는 항공 산업의 수익성에 영향을 미쳤다.

2. When only one dog received treats in return for a paw-shake, the other dog **declined** the handshake sooner. 17 EBS

개 한 마리만 발 악수의 대가로 맛있는 먹이를 받았을 때, 나머지 개는 더 빨리 악수를 **거절했다**.

Vocab+ = **decrease** ⓝ 감소 ⓥ 감소하다 **refuse** ⓥ 거절하다
turn down ~을 거절하다

DAY 31

1222 ★★☆ □□□

associate
[əsóuʃièit]

◆ 내신빈출

ⓥ 연상시키다, 연상하다; 어울리다 ⓝ 동료

Science was **associated** with 'certainty, coldness, aloofness, objectivity, distance, and necessity.' 18 수능

과학은 '확실성, 냉정함, 냉담함, 객관성, 거리감, 필연성'과 **연관되었다**.

association ⓝ 연관; 협회

Vocab+ = **relate** ⓥ 관련하다 **befriend** ⓥ 친구가 되다 **colleague** ⓝ 동료

1223 ★★☆ □□□

betrayal
[bitréiəl]

ⓝ 배신, 배반

A respectable moral subject can be undermined by a pervasive attitude that expects deceit and **betrayal**. 19 수능

존경할 만한 도덕적 주체는 속임수와 **배신**을 예상하는 널리 스며 있는 태도에 의해 손상될 수 있다.

betray ⓥ 배신하다

Vocab+ = **treachery** ⓝ 배반 **disloyalty** ⓝ 불성실, 불충 행위

1224 ★★☆ □□□
ceremonial
[sèrəmóuniəl]

ⓐ 의식의, 예식의 ⓝ 의식절차

Totems include spiritual rituals, oral histories, and the organization of **ceremonial** lodges. 16 모평

토템은 영적 제사, 구전 역사, 그리고 **의식용** 오두막집의 조직을 포함한다.

ceremony ⓝ 의식

1225 ★★☆ □□□
communal
[kəmjúːnəl]

ⓐ 공용의, 공동의

Music began by serving **communal** purposes, of which religious ritual and warfare are two examples. 20 EBS

음악은 **공동의** 목적에 이바지함으로써 시작되었고, 종교 의식과 전쟁이 그것의 두 가지 사례이다.

community ⓝ 공동체

Vocab+ = shared ⓐ 공유의, 공동의

1226 ★★☆ □□□
core
[kɔːr]

ⓝ 핵심 ⓐ 핵심의

A generalized system of reciprocity stands at the **core** of the social order in every human society. 18 학평

호혜성이라는 일반화된 체계는 모든 인간 사회에서 사회 질서의 **핵심**에 존재한다.

Vocab+ = key point 핵심 essential ⓐ 필수적인 ↔ periphery ⓝ 주변부

1227 ★★☆ □□□
drag
[dræg]

ⓥ 힘들여 끌다, 질질 끌다 ⓝ 항력

Once in the water, Princess quickly found Rita and slowly **dragged** her to the shore to her grateful mother. 18 모평

일단 물속에 들어가자, Princess는 재빨리 Rita를 찾아 그녀를 호숫가로 천천히 **끌어내** 고마워하는 그녀의 어머니에게로 데려갔다.

참고 항공기에 작용하는 힘: drag ⓝ 항력 thrust ⓝ 추력 lift ⓝ 양력 gravity ⓝ 중력

1228 ★★☆ □□□
encyclopedia
[ensàikləpíːdiə]

ⓝ 백과사전

Today Wikipedia is so much more comprehensive than anything that came before it that it's widely considered the only **encyclopedia**. 20 학평

오늘날 Wikipedia는 그 이전에 출현했던 그 어떤 것보다도 너무나 훨씬 더 종합적이어서 유일한 **백과사전**이라고 널리 여겨진다.

1229 ★★☆ □□□
fascinate
[fǽsənèit]
◆ 내신빈출

ⓥ 매료시키다, 마음을 빼앗다

I was **fascinated** by the beautiful leaves and flowers of the mangroves. 17 수능

나는 맹그로브의 아름다운 잎과 꽃에 **마음이 사로잡혔다**.

fascination ⓝ 매력

Vocab+ = bewitch, enchant ⓥ 홀리다, 매혹하다

1230 ★★☆ □□□

sermon
[sə́ːrmən]

ⓝ 설교

Tightly written mini-stories are as much at home in sermons as they are in feature stories. 22 EBS

간결하게 쓰인 짧은 이야기들은 특집 기사에 못지않게 **설교**에도 잘 맞아 떨어진다.

sermonize ⓥ 설교를 늘어놓다

Vocab+ = lecture ⓝ 강의

1231 ★★☆ □□□

impulse
[ímpʌls]

ⓝ 충동, 욕구, 추진력

A person is driving and has an impulse to take an alternate route. 20 수능

사람은 운전을 하면서 다른 길로 가고 싶은 **충동**을 느낀다.

impulsive ⓐ 충동적인

Vocab+ = desire ⓝ 욕구 motivation ⓝ 동기 부여

1232 ★★☆ □□□

insignificant
[ìnsignífikənt]

◆ 내신빈출

ⓐ 중요치 않은, 대수롭지 않은

Making a choice that is 1 percent better or 1 percent worse seems insignificant in the moment. 19 학평

1퍼센트 더 나은 혹은 1퍼센트 더 나쁜 선택을 하는 것은 그 순간에는 **대수롭지 않아** 보인다.

insignificance ⓝ 무의미

Vocab+ = minor ⓐ 사소한 ↔ significant ⓐ 중요한

1233 ★★☆ □□□

irritate
[íritèit]

ⓥ 짜증나게 하다, 자극하다

A man came home from work late again, tired and irritated. 18 학평

한 남자가 지치고 **짜증난** 채로 또다시 늦게 퇴근하였다.

irritation ⓝ 짜증

Vocab+ = annoy ⓥ 짜증나게 하다

1234 ★★☆ □□□

scribble
[skríbl]

ⓥ 갈겨 쓰다, 휘갈기다 ⓝ 낙서

What she found in her paper was scribbled words, half sentences, and a pile of disjointed ideas. 19 수능

그녀가 자신의 논문에서 발견한 것은 **휘갈겨 쓴** 단어, 불완전한 문장, 일관성이 없는 생각의 무더기였다.

Vocab+ = scrawl ⓥ 낙서하다

1235 ★★☆ □□□

mastery
[mǽstəri]

ⓝ 숙달, 통달

Job mastery will mean keeping up with the rapidly evolving tools available on the Internet. 18 모평

일에 대한 **숙달**은 인터넷에서 이용 가능한 빠르게 발전하는 도구들을 계속 따라 잡는 것을 의미할 것이다.

master ⓝ 주인 ⓥ ~에 숙달하다

Vocab+ = proficiency ⓝ 숙달 expertise ⓝ 전문 지식[기술]

1236 ★★☆ □□□

protein
[próutiːn]

ⓝ 단백질

Developing countries could encourage increased **protein** consumption by offering new high-protein beverages rather than new types of high-protein foods. 19 학평

개발 도상국은 새로운 형태의 고단백 식품보다는 새로운 고단백 음료를 제공함으로써 **단백질** 섭취 증가를 촉진할 수 있었다.

참고 영양소 표현 : protein ⓝ 단백질 carbohydrate ⓝ 탄수화물 fat ⓝ 지방 fiber ⓝ 섬유질 mineral ⓝ 무기질

고난도

1237 ★★★ □□□

solemn
[sάləm]

ⓐ 장엄한, 근엄한, 엄숙한; 침통한

Those **solemn** but sweet organ notes had set up a revolution in him. 10 모평

그러한 **장엄하면서도** 감미로운 오르간 곡조는 그의 마음속에 혁명을 일으켰다.

solemnity ⓝ 장엄함, 근엄함; 침통함

Vocab+ = **serious** ⓐ 신중한 **grave** ⓐ 중대한

1238 ★★★ □□□

entrust
[intrʌ́st]

ⓥ 위임하다

We become **entrusted** to teach culturally appropriate behaviors, values, attitudes, skills, and information about the world. 18 모평

우리는 문화적으로 적절한 행동, 가치, 태도, 기술, 그리고 세상에 대한 정보를 가르치는 일을 **위임받게** 된다.

Vocab+ + **entrust A with B** = **entrust B to A** A에게 B를 위임하다

1239 ★★★ □□□

defiantly
[difáiəntli]

ad 반항적으로, 도전적으로

Feeling rather proud of herself, Grace tossed her head **defiantly**. 18 학평

다소 자신에 대해 자랑스러움을 느끼면서, Grace는 **반항적으로** 머리를 치켜들었다.

defiant ⓐ 반항하는, 도전적인 **defiance** ⓐ 반항, 도전

1240 ★★★ □□□

impoverishment
[impάvəriʃmənt]

ⓝ 빈곤화, 궁핍화

The introduction of alien plants can result in the disruption and **impoverishment** of natural plant communities. 18 학평

외래 식물의 도입은 자연 식물 군락을 교란하고 **피폐**하게 하는 결과를 가져올 수 있다.

impoverish ⓥ 빈곤하게 하다

Vocab+ = **depletion** ⓝ 결핍 **famine** ⓝ 기근

DAY 31

Review Test

A 우리말은 영어로, 영어는 우리말로 적으시오.

1 군체, 군집, 식민지 c__________
2 본능 i__________
3 뒤집다; 반대의 r__________
4 배신, 배반 b__________
5 encyclopedia __________
6 sermon __________
7 evaluate __________
8 mastery __________

B 각 단어의 유의어 혹은 반의어를 적으시오.

1 display ⊜ e__________
2 wound ⊜ i__________
3 convey ⊜ t__________
4 irritate ⊜ a__________
5 defend ↔ a__________
6 pale ↔ d__________
7 meaningful ↔ m__________
8 insignificant ↔ s__________

C 다음 우리말에 적합한 어휘를 고르시오.

1 When they asked the student a question, they always [commanded / commended] him when the answer he provided was correct.
그들은 그 학생에게 질문을 했을 때 제시한 답이 올바르면 그들은 언제나 그 학생을 칭찬했다.

2 The validity of moral standards depends not on authoritative [command / commend] but rather on the quality of the arguments.
도덕적 기준의 타당성은 권위 있는 명령이 아니라 오히려 논거의 질에 달려 있다.

D 다음 빈칸에 공통으로 들어갈 어휘를 고르시오. [예문에 실린 어휘의 원형을 고를 것]

1 Unprecedented __________ in consumer demand impacted the profitability of the airline industry.

2 When only one dog received treats in return for a paw-shake, the other dog __________ the handshake sooner.

① incline ② recline ③ decline ④ refuse ⑤ confuse

A 1 colony 2 instinct 3 reverse 4 betrayal 5 백과사전 6 설교 7 평가하다 8 숙달, 통달 B 1 exhibit 2 injure 3 transport 4 annoy 5 attack 6 dark 7 meaningless 8 significant C 1 commended 2 command D ③ decline

farther vs. further

farther ⓐ (공간·시간상으로) 더 먼 ⓐⓓ 더 멀리	It was farther away than we had thought. 그곳은 우리가 생각했던 것보다 **더 멀었다**.
further ⓐ (정도가) 더 이상의, 추가의 ⓐⓓ 더 이상으로	The police are reluctant to take their investigation any further. 경찰은 수사를 **더 이상** 진행하기를 꺼린다.

then vs. than

then ⓐⓓ 그후에; 그때(과거·미래의 특정한 때를 가리킴)	She lived in the Soviet Union, and then moved to Canada. 그녀는 당시 소련에서 살았고, **그후에** 캐나다로 이주했다.
than ⓟⓒ ~보다	He can run faster than his father. 그는 그의 아버지**보다** 더 빨리 달릴 수 있다.

beside vs. besides

beside ⓟ ~ 옆에	She sat beside her friend during dinner. 그녀는 저녁 식사 중에 그녀의 친구 **옆에** 앉았다.
besides ⓟ ~ 이외에도, ~에 더하여 ⓐⓓ 뿐만 아니라, 게다가	These salads are delicious besides being healthy. 이 샐러드들은 건강에 좋을 **뿐만 아니라** 맛있다.

must have p.p. vs. should have p.p.

must have p.p. ~했음에 틀림없다	I can't find my wallet. I must have dropped it in my car. 나는 지갑을 찾을 수가 없어. 그것을 차에 **두고 왔음에 틀림없어**.
should have p.p. ~했어야 했다 (못해서 아쉬워함)	Brandon should have watched *Top Gun*. Brandon은 〈탑건〉 영화를 **봤었어야 했다**.

because of vs. because vs. for

because of ⓟ ~ 때문에 (뒤에 명사구)	The picnic has been canceled because of bad weather. 나쁜 날씨 **때문에** 소풍이 취소되었다.
because ⓒ ~ 때문에 (뒤에 주어+동사)	I ran as fast as possible because I was afraid. 나는 무서웠기 **때문에**, 가능한 한 빨리 뛰었다.
for ⓒ 왜냐하면 ~이기 때문이다	I ran as fast as possible, for I was afraid. 나는 가능한 한 빨리 뛰었는데, **왜냐하면** 나는 무서웠기 **때문이다**.

Crossword Puzzle

DAY 31

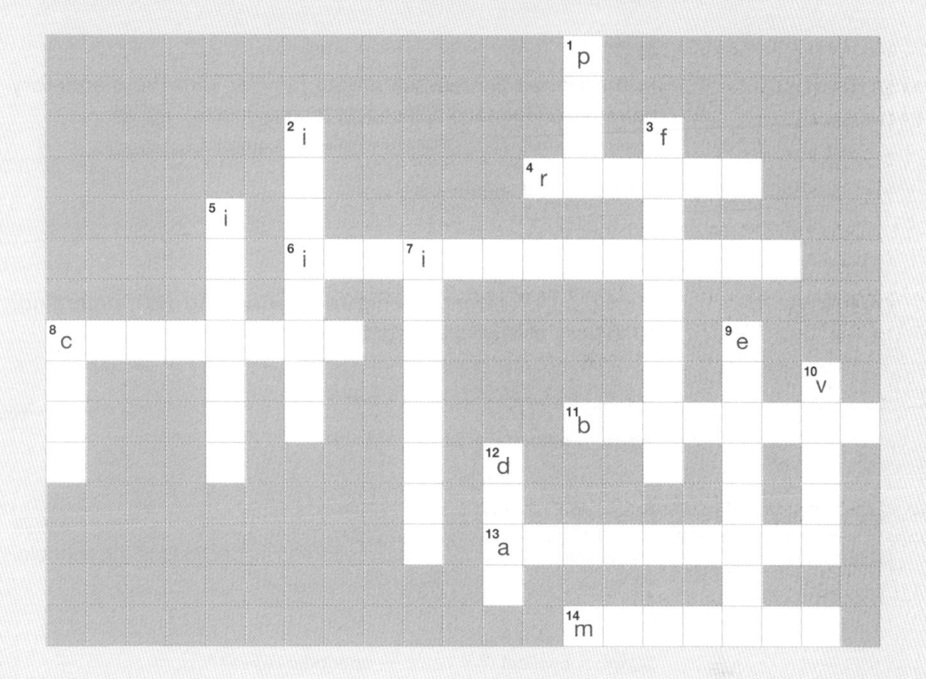

ACROSS

4 ⓥ 관련시키다

6 ⓐ 중요치 않은, 대수롭지 않은

8 ⓐ 공용의, 공동의

11 ⓝ 배신, 배반

13 ⓥ 연상시키다, 연상하다, 어울리다 ⓝ 동료

14 ⓝ 숙달, 통달

DOWN

1 ⓐ 창백한, 옅은 ⓥ 창백해지다

2 ⓥ 짜증나게 하다, 자극하다

3 ⓥ 매료시키다, 마음을 빼앗다

5 ⓝ 충동, 욕구, 추진력

7 ⓝ 본능

8 ⓝ 핵심 ⓐ 핵심의

9 ⓥ 평가하다

10 ⓐ 희미한, 막연한, 모호한

12 ⓥ 힘들여 끌다, 질질 끌다 ⓝ 항력

Answer p.521

1241 ★★☆ □□□
nutritional
[njuːtríʃənl]
◆ 내신빈출

ⓐ 영양의
In the United States, we are all familiar with the mandatory **nutritional** information placed on food products. 17 모평
미국에서 우리 모두는 식료품에 표기되어 있는 의무적인 **영양** 정보에 익숙하다.

nutrition ⓝ 영양 **nutritious** ⓐ 영양분이 많은

1242 ★★☆ □□□
overlap
[òuvərlǽp]

ⓥ 겹치다, 중복되다
Individual preferences end up **overlapping** with emerging, temporary, always changing, almost tribal formations. 22 모평
개인적인 선호는 결국 최근에 생겨나고, 일시적이며, 언제나 변하는, 거의 부족적인 구조와 **겹쳐지게** 된다.

Vocab+ = **reiterate** ⓥ 반복하다, 되풀이하다

1243 ★★☆ □□□
periodic
[pìəriádik]

ⓐ 주기적인, 정기[정시]의 13 모평
It was part of his duty to make **periodic** inspections of the schools.
정기적으로 학교를 감사하는 것은 그의 직무의 일부였다.

period ⓝ 기간, 시기
Vocab+ = **cyclical** ⓐ 주기적인 ↔ **aperiodic** ⓐ 비주기적인

1244 ★★☆ □□□
practical
[prǽktikəl]

ⓐ 실용적인, 실제적인 17 EBS
Many educated people are not good at making **practical** decisions.
교육받은 많은 사람들은 **실용적인** 결정을 내리는 데 능숙하지 않다.

practice ⓝ 실행; 관례
Vocab+ = **pragmatic** ⓐ 실용적인 ↔ **impractical** ⓐ 비실용적인

1245 ★★☆ □□□
profitable
[práfitəbl]
◆ 내신빈출

ⓐ 이득이 되는, 수익성이 좋은
Many major companies are fundamentally changing their business models by focusing on **profitable** units. 21 수능
많은 주요 기업들은 **수익성이 좋은** 부문에 집중함으로써 자신들의 사업 모델을 근본적으로 변화시키고 있다.

profit ⓝ 이익, 수익
Vocab+ = **lucrative** ⓐ 수익성이 좋은

1246 ★★☆ □□□
meteorite
[míːtiəràit]

ⓝ 운석
Museums discarded priceless collections of what we now know to be **meteorites**. 21 EBS
박물관은 우리가 지금 **운석**이라고 알고 있는 대단히 귀중한 수집품들을 폐기했다.

meteor ⓝ 유성, 별똥별

1247 ★★☆ □□□

separate

ⓥ[sépərèit]
ⓐ[sépərət]

ⓥ 분리하다 ⓐ 분리된

Salmon are **separated** from the ecological functions of a habitat. 20 EBS

연어들은 서식지의 생태적인 기능으로부터 **분리된다.**

separation ⓝ 분리

Vocab+ = **isolate** ⓥ 격리시키다 **disconnected** ⓐ 단절된

1248 ★★☆ □□□

suppose

[səpóuz]

ⓥ 추측하다, 가정하다

Recent research has shown that trees are not as passive as we long **supposed.** 20 EBS

최근의 연구는 나무들이 우리가 오랫동안 **가정했던** 것만큼 수동적인 것은 아님을 보여주었다.

supposition ⓝ 추정

Vocab+ = **assume** ⓥ 추정하다 **presume** ⓥ 가정하다
+ **be supposed to *do*** ~하기로 되어 있다, ~해야 한다

1249 ★★☆ □□□

threaten

[θrétən]

◆ 내신빈출

ⓥ 위협하다

Invasive alien species **threaten** biodiversity. 22 학평

침입 외래 종들은 생물학적 다양성을 위협한다.

threat ⓝ 협박, 위험

Vocab+ = **intimidate** ⓥ 위협하다

1250 ★★☆ □□□

restraint

[ristréint]

ⓝ 규제, 제한, 통제

The negative version instructs **restraint**; the positive encourages intervention. 19 수능

부정적인 버전은 **자제**를 지시하고, 긍정적인 버전은 개입을 장려한다.

restrain ⓥ 저지하다

Vocab+ = **constraint** ⓝ 제약 **moderation** ⓝ 절제

혼동어

1251 ★★☆ □□□

brood

[bru:d]

ⓥ 되씹다; (새가 알을) 품다

In the practice of totemism, an unlettered humanity "**broods upon** itself and its place in nature." 19 수능

토템 신앙의 풍습에서 문맹의 인류는 '자연 속에서의 자신과 자신의 위치에 대해 **곰곰이 생각한다**'.

Vocab+ + **brood on[upon]** ~에 대해 곰곰이 생각하다
sit on brood 알을 품다; 생각에 잠기다

1252 ★★☆ □□□

breed

[bri:d]

ⓥ 낳다, 양육하다

Some pets die a difficult death; other released pets survive and **breed** successfully. 20 학평

어떤 애완동물들은 힘든 죽음을 맞이하지만, 다른 풀려난 애완동물들은 살아남아 성공적으로 **번식한다.**

breeding ⓝ 사육

Vocab+ + **crossbred** ⓝ 잡종, 교배종

1253 ★★☆ □□□

utmost
[ʌ́tmòust]

ⓝ 전력, 최선 ⓐ 최대한의

Anxious shoppers do their **utmost** to bring pleasure to another person, and thereby, to themselves. 21 EBS

열성적인 쇼핑객은 다른 사람에게 기쁨을 주려고, 그리고 그럼으로써 자신에게도 기쁨을 주려고 **최선**을 다한다.

Vocab+ + **do one's utmost** 최선을 다하다

1254 ★★☆ □□□

worthwhile
[wə̀ːrθhwáil]

ⓐ 가치 있는

It is always **worthwhile** to deal with different branches of science in a unified manner for the benefit of students. 19 EBS

학생들을 위해 과학의 여러 다른 분야들을 통일된 방식으로 다루는 것은 항상 **가치가 있다**.

worth ⓐ ~할 가치가 있는 ⓝ 가치, 값어치 **worthy** ⓐ ~할 만한 (of)

1255 ★★☆ □□□

alienate
[éiljənèit]

ⓥ 멀리하다, 소원하게 하다

Alienated young people who reject commonly accepted rules and expectations enact the 'antisocial deviance'. 10 모평

일반적으로 받아들여지는 규칙과 기대를 거부하는 **소외된** 젊은 사람들은 '반사회적 일탈'을 실행한다.

alien ⓐ 생경한, 외국의 ⓝ 외국인 체류자, 외계인

Vocab+ = **separate** ⓥ 갈라지게 하다

1256 ★★☆ □□□

blank
[blæŋk]

ⓐ 텅빈 ⓝ 빈칸 ⓥ 무시하다, 아무 생각이 안 나다

We do not easily suffer **blank** spaces on our mental maps. 22 EBS

우리는 우리의 머릿속 지도에 있는 **빈** 공간을 쉽게 참지 못한다.

Vocab+ = **empty** ⓐ 텅빈 **void** ⓝ 텅빈 공간

1257 ★☆☆ □□□

colleague
[káliːg]

ⓝ 동료

For decades my **colleagues** and I have studied happiness and the good life. 18 학평

수십 년간 나의 **동료**와 나는 행복과 좋은 삶에 대해 연구해 왔다.

Vocab+ = **co-worker, associate** ⓝ 동료

1258 ★☆☆ □□□

convention
[kənvénʃən]

ⓝ 관습, 관례; 총회

Much of the ancient Greek music was probably improvised anyway, within certain rules and **conventions**. 22 학평

고대 그리스 음악 대부분은 아마도 특정 규칙과 **관례** 내에서 어떤 식으로든 즉흥적으로 연주되었을 것이다.

conventional ⓐ 관습적인

Vocab+ = **tradition** ⓝ 전통 **conference** ⓝ 회의

1259 ★☆☆ □□□

decrease
[dikríːs]

ⓥ 줄다[감소하다], 줄이다 ⓝ 감소

The population of the new arrivals increased tenfold as the population of the existing Neanderthals **decreased**. 20 학평

기존 네안데르탈인의 인구가 **줄면서** 새로 도착한 사람들의 인구는 10배 증가했다.

Vocab+ = **decline** ⓥ 감소하다, 하락하다 **dwindle** ⓥ 점점 줄어들다
↔ **increase** ⓥ 증가하다 ⓝ 증가

1260 ★★☆ □□□

dismiss
[dismís]
◆ 내신빈출

ⓥ 묵살하다; 해고하다, 해산시키다

Too often beauty is **dismissed** as trivial fluff. 22 EBS

너무 자주 아름다움은 보잘것없는 시소한 것으로 **일축된다**.

dismissal ⓝ 해고; 묵살

Vocab+ = **decline** ⓥ 거절하다 **fire** ⓥ 해고하다

1261 ★☆☆ □□□

establish
[istǽbliʃ]

ⓥ 설립하다, 제정하다, 확립하다

Artists are perceived to **establish** a strong bond with their art to the point of combining into one "entity." 17 모평

예술가는 하나의 '실체'로 합쳐질 정도로까지 자신들의 작품과 강한 유대를 **확립한다고** 인식된다.

establishment ⓝ 기관, 시설, 설립

Vocab+ = **found** ⓥ 설립하다 **enact** ⓥ 제정하다

1262 ★★☆ □□□

predation
[pridéiʃən]

ⓝ (동물의) 포식

Great apes are larger and stronger than monkeys, and hence are less vulnerable to **predation**. 19 수능

유인원은 원숭이보다 더 크고 더 강하며, 그래서 **포식**에 덜 취약하다.

predator ⓝ 포식자 **predatory** ⓐ 포식성의

참고 parasite ⓝ 기생 symbiosis ⓝ 공생 prey ⓝ 먹이

다의어

1263 ★★☆ □□□

submit
[səbmít]

1. ⓥ 제출하다
2. ⓥ 굴복하다

1. I believe people will love this more than the one I have already **submitted**. 18 수능

   사람들이 제가 이미 **제출한** 것보다 이것을 더 좋아할 것이라고 믿고 있습니다.

2. Eventually children **submit** to the demanding for attention and go with the flow. 22 EBS

   결국 아이들은 주의를 기울이라고 요구하는 것에 **굴복하고** 그 흐름을 따른다.

submission ⓝ 제출; 항복 **submissive** ⓐ 순종적인

Vocab+ = **comply** ⓥ 따르다 **hand in** ~을 제출하다

1264 ★☆☆ □□□

guardian
[gɑ́ːrdiən]

ⓝ 수호인, 후견인

Women are typically the **guardians** not only of their own health, but that of their husbands and children. 18 학평

여성들은 일반적으로 자기 자신의 건강뿐만 아니라 남편과 자녀들의 건강의 **수호자**이다.

Vocab+ = **keeper, protector** ⓝ 보호자

1265 ★★☆ □□□

inspire
[inspáiər]
◆ 내신빈출

ⓥ 영감을 주다, 고무시키다, 격려하다

A glance at the shelves can **inspire** a whole range of questions. 12 수능

선반을 슬쩍 보기만 해도 온갖 질문이 **떠오를** 수 있다.

inspiration ⓝ 영감 **inspirational** ⓐ 영감을 주는

참고 '-spire'로 끝나는 동사:
respire ⓥ 호흡하다 conspire ⓥ 공모하다 aspire ⓥ 열망하다

1266 ★★☆ □□□

mature
[mətjúər]

ⓐ 성숙한 ⓥ 성숙하다

As children become physically more **mature**, they begin to make greater freedom demands. 21 EBS

아이들은 신체적으로 더 **성숙해짐에** 따라 더 많은 자유를 요구하기 시작한다.

maturity ⓝ 성숙함

Vocab+ + **premature** ⓐ 시기상조의, 조산의 **precocious** ⓐ 조숙한

1267 ★☆☆ □□□

originality
[ərìdʒənǽləti]

ⓝ 독창성

Conventional wisdom in the West credits individuals and especially geniuses with creativity and **originality**. 20 모평

서양의 일반 통념은 개인, 특히 천재들에게 창의력과 **독창성**이 있다고 믿는다.

original ⓐ 원래의, 독창적인 **originally** ⓐⓓ 본래 **originate** ⓥ 비롯되다

1268 ★☆☆ □□□

primary
[práimeri]

ⓐ 주된, 기본의, 초기의

The development of various **primary** abilities, which make up the intelligence, is largely uneven. 21 수능

지능을 구성하는 다양한 **기본적인** 능력의 발달은 대체로 고르지 못하다.

primarily ⓐⓓ 주로

Vocab+ + **secondary** ⓐ 부차적인, 이차적인

1269 ★★☆ □□□

reject
[ridʒékt]
◆ 내신빈출

ⓥ 거부하다, 거절하다

If multicelled organisms were found to have evolved before single-celled organisms, the theory of evolution would be **rejected**. 22 모평

다세포 생물이 단세포 생물보다 먼저 진화한 것으로 밝혀진다면, 진화론은 **거부될** 것이다.

rejection ⓝ 거부

Vocab+ = **decline, refuse** ⓥ 거절하다 **turn down** ~을 거절하다

1270 ★★☆ □□□

reveal
[rivíːl]
◆ 내신빈출

ⓥ 폭로하다, 드러내다

Treasure hunters have accumulated valuable historical artifacts that can **reveal** much about the past. 17 수능

보물 사냥꾼들은 과거에 대해 많은 것을 **드러낼** 수 있는 가치 있는 역사적 유물을 축적해 왔다.

revelation ⓝ 폭로

Vocab+ = **disclose** ⓥ 밝히다, 드러내다 ↔ **conceal** ⓥ 숨기다

1271 ★☆☆ □□□

steep
[stiːp]

ⓐ 가파른, 비탈진

When the contour lines are positioned closely together, the hill's slope is **steep**. 18 수능

등고선이 서로 가깝게 배치될 때 산의 경사는 **가파르다**.

Vocab+ = **sharp** ⓐ 급격한 **precipitous** ⓐ 가파른

1272 ★★☆ □□□

acute
[əkjúːt]

ⓐ 격심한, 극심한, 급성의, 예민한

Through evolution, our brains have developed to deal with **acute** dangers, whether saber-toothed cats or thunderstorms. 18 학평

진화를 통해, 우리의 뇌는 검치호이건 뇌우이건 **격심한** 위험에 대처하도록 발달해 왔다.

Vocab+ = **intense** ⓐ 극심한 ↔ **chronic** ⓐ 만성의

1273 ★★☆ □□□

glance
[glæns]

ⓝ 힐끗 봄, 얼핏 봄 ⓥ 힐끗 보다

What might not seem fair at first **glance** can be illuminated by a bit of context. 22 EBS

언뜻 보기에 공정해 보이지 않을 수도 있는 것이 약간의 맥락에 의해 설명될 수 있다.

Vocab+ + **steal a glance at** ~을 훔쳐보다

1274 ★★☆ □□□

beneficial
[bènəfíʃəl]
◆ 내신빈출

ⓐ 유익한, 이로운 12 모평

It is possible to devleop various kinds of continuing relationships, transactions, and exchanges that are **beneficial** to the society.

사회에 **유익한** 다양한 종류의 지속적인 관계, 거래, 그리고 교환을 발전시키는 것이 가능하다.

benefit ⓝ 혜택, 이득 ⓥ 유익하다

Vocab+ = **advantageous** ⓐ 유리한, 이로운 **favorable** ⓐ 우호적인, 유리한

1275 ★☆☆ □□□

celebrate
[séləbrèit]

ⓥ 기념하다, 축하하다

The more you appreciate life, the more reasons you have to **celebrate** it. 18 학평

여러분이 삶의 좋은 점을 더 많이 깨달을수록, 삶을 **찬미해야** 할 이유도 더 많다.

celebration ⓝ 축하, 기념 행사

Vocab+ = **commemorate** ⓥ 기념하다 **congratulate** ⓥ 축하하다

1276 ★★☆ □□□

cope
[koup]

ⓥ 대처하다

The independent self may be more driven to **cope** by appealing to a sense of agency or control. 20 모평

독립적 자아는 주체 의식이나 통제 의식에 호소함으로써 **대처하도록** 더 많이 유도될 수도 있다.

Vocab+ = **handle** ⓥ 대처하다 + **cope with** ~에 대처하다 (= **deal with**)

고난도

1277 ★★★ □□□

linger
[líŋgər]

ⓥ (예상보다 오래) 남다, 더 오래 머물다

The faint scent of pine that **lingers** on the worn-thin dress is all that remains of someone's sixteenth summer. 11 수능

닳아서 얇아진 드레스에 **남아 있는** 옅은 소나무 향이 바로 어떤 사람의 열여섯 살 여름의 모든 잔존물이다.

Vocab+ = **persist** ⓥ 유지되다

1278 ★★★ □□□

unobtrusive
[ʌ̀nəbtrúːsiv]

ⓐ 불필요하게 관심을 끌지 않는, 지나치게 야단스럽지 않은

In an educational technology, users are regarded as an **unobtrusive** facilitator of learning, instruction, or performance. 20 수능

교육 기술에서, 사용자는 학습이나 교육, 또는 수행의 **눈에 띄지 않는** 촉진자로 여겨진다.

inobtrusive ⓐ 겸손한

Vocab+ ↔ **obtrusive** ⓐ 눈에 띄는

1279 ★★★ □□□

connotation
[kɑ̀nətéiʃən]

ⓝ 함축, 내포

There is more detail, perhaps a stronger **connotation** of who the person is. 20 수능

더 많은 세부 사항, 아마도 그 사람이 어떤 사람인지에 대한 더 두드러진 **함축**이 있다.

connote ⓥ 함축하다

Vocab+ = **implication** ⓝ 함축, 함의

1280 ★★★ □□□

lexical
[léksikəl]

ⓐ 어휘의

Writing requires the reduction of dance's dynamism into singular **lexical** units called 'words'. 22 EBS

글은 춤의 역동성이 '단어'라고 불리는 단일 **어휘** 단위로 축소될 것을 요구한다.

lexicon ⓝ (특정 분야의) 어휘, 어휘 목록

Review Test

A 우리말은 영어로, 영어는 우리말로 적으시오.

1 관습, 관례, 총회 c________
2 규제, 제한, 통제 r________
3 전력, 최선 u________
4 함축, 내포 c________
5 originality ________
6 colleague ________
7 predation ________
8 meteorite ________

B 각 단어의 유의어 혹은 반의어를 적으시오.

1 reveal ⊜ d________
2 blank ⊜ e________
3 establish ⊜ f________
4 separate ⊜ i________
5 periodic ↔ a________
6 acute ↔ c________
7 practical ↔ i________
8 decrease ↔ i________

C 다음 우리말에 적합한 어휘를 고르시오.

1 In the practice of totemism, an unlettered humanity "[breeds / broods] upon itself and its place in nature."
토템 신앙의 풍습에서 문맹의 인류는 '자연 속에서의 자신과 자신의 위치에 대해 곰곰이 생각한다'.

2 Some pets die a difficult death; other released pets survive and [breed / brood] successfully.
어떤 애완동물들은 힘든 죽음을 맞이하지만, 다른 풀려난 애완동물들은 살아남아 성공적으로 번식한다.

D 다음 빈칸에 공통으로 들어갈 어휘를 고르시오. [예문에 실린 어휘의 원형을 고를 것]

1 I believe people will love this more than the one I have already ________.
2 Eventually children ________ to the demanding for attention and go with the flow.

① remit ② submit ③ threaten ④ overlap ⑤ inspire

A 1 convention 2 restraint 3 utmost 4 connotation 5 독창성 6 동료 7 포식 8 운석 B 1 disclose 2 empty 3 found 4 isolate 5 aperiodic 6 chronic 7 impractical 8 increase C 1 broods 2 breed D ② submit

it's vs. its

it's it is의 줄임 표현	It's my brand-new car. 그것은 나의 새 차**이다**.
its it의 소유격	Its price is so high that I cannot buy it. **그것의** 가격이 너무 비싸서 나는 그것을 살 수 없다.

fewer vs. less

fewer few의 비교급 '보다 소수의'	I take **fewer** vacations every summer. 나는 매년 여름 **더 적은** 휴가를 간다.
less little의 비교급 '더 적은[적게]'	The whole procedure takes **less** than 15 minutes. 이 모든 과정은 15분도 **더 적게** 걸린다.

quiet vs. quite

quiet ⓐ 조용한	He tends to speak in a very **quiet** voice. 그는 아주 **조용한** 목소리로 말하는 경향이 있다.
quite ⓐⓓ 꽤, 상당히	He lives **quite** near the school. 그는 학교 근처에 **꽤** 가깝게 산다.

last vs. latest

last ⓐ 마지막의	He succeeded on his **last** attempt. 그는 **마지막** 시도에서 성공했다.
latest ⓐ 최근[최신식]의	Have you heard the **latest** news about it? 그것에 관한 **최신** 소식 들었어요?

the former vs. the latter

the former 전자	I have been to New York and San Francisco. I prefer **the former** to the latter. 나는 뉴욕과 샌프란시스코에 가본 적이 있다. 나는 후자보다 **전자**가 더 좋다.
the latter 후자	I have been to New York and San Francisco. I prefer the former to **the latter**. 나는 뉴욕과 샌프란시스코를 가본 적이 있다. 나는 **후자**보다 전자가 더 좋다.

Crossword Puzzle

DAY 32

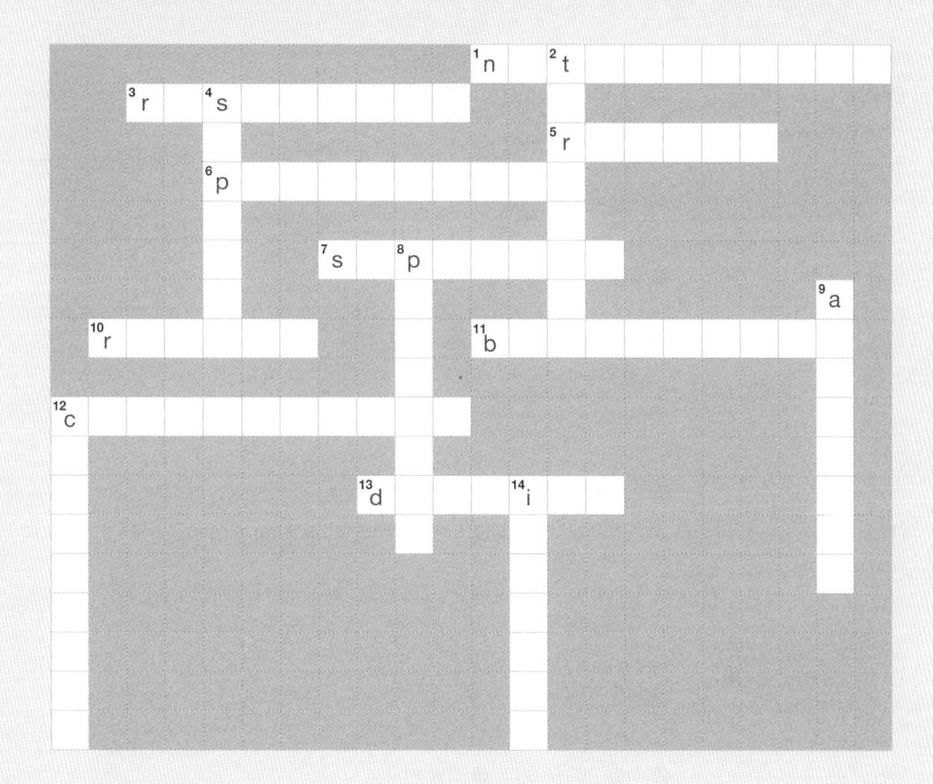

ACROSS

1 ⓐ 영양의

3 ⓝ 규제, 제한, 통제

5 ⓥ 거부하다, 거절하다

6 ⓐ 이득이 되는, 수익성이 좋은

7 ⓥ 분리하다 ⓐ 분리된

10 ⓥ 폭로하다, 드러내다

11 ⓐ 유익한, 이로운

12 ⓝ 함축, 내포

13 ⓥ 묵살하다, 해고하다, 해산시키다

DOWN

2 ⓥ 위협하다

4 ⓥ 추측하다, 가정하다

8 ⓐ 주기적인, 정기[정시]의

9 ⓥ 멀리하다, 소원하게 하다

12 ⓝ 동료

14 ⓥ 영감을 주다, 고무시키다, 격려하다

Answer p.521

1281 ★★☆ □□□
encouraging
[inkə́:ridʒiŋ]
◆ 내신빈출

ⓐ 힘을 북돋아 주는, 격려하는

From this moment, the ticking of the clock sounded **encouraging** to her. 19 수능

이때부터 시계의 똑딱거리는 소리는 그녀에게 **힘을 북돋아 주는** 것처럼 들렸다.

encourage ⓥ 격려하다, 부추기다 **encouragement** ⓝ 격려

1282 ★★☆ □□□
depression
[dipréʃən]

ⓝ 우울증, (경제) 공황

People can live with a serious illness or tackling a psychological issue such as **depression**. 22 EBS

사람들은 중병을 앓거나 **우울증**과 같은 심리적 문제와 씨름하면서 살 수 있다.

depress ⓥ 우울하게 만들다

1283 ★★☆ □□□
marvel
[mɑ́:rvəl]

ⓝ 경이로운 결과[업적] ⓥ 경이로워하다

Our ability to evaluate why we are thinking as we are thinking is a **marvel**. 20 학평

왜 우리가 (지금) 생각하고 있는 것처럼 생각하고 있는지 평가할 수 있는 우리의 능력은 **경이로운 일**이다.

marvelous ⓐ 놀라운

Vocab+ = **wonder** ⓝ 경이, 경탄

1284 ★☆☆ □□□
farewell
[fɛ̀ərwél]

ⓥ 작별 인사를 하다 ⓝ 작별 인사

Farrelly thanked him and **farewelled** him at the moment the swell rose to a roaring beauty. 20 학평

Farrelly가 그에게 감사와 **작별 인사를 건네는** 순간 그 파도의 너울이 큰 소리를 내며 아름답게 솟아올랐다.

Vocab+ = **good-bye, adieu** ⓝ 작별 인사, 안녕

1285 ★☆☆ □□□
frequent
[frí(:)kwént]

ⓐ 빈번한 ⓥ (장소·모임에) 자주 가다

We will go on an easy one-hour walk with **frequent** stops. 21 학평

우리는 **자주** 멈추면서 힘들지 않은 한 시간의 산책을 할 것입니다.

frequency ⓝ 빈도; 주파수 **frequently** ⓐⓓ 자주, 흔히

Vocab+ = **infrequent** ⓐ 잦지 않은, 드문

1286 ★★☆ □□□
parasite
[pǽrəsàit]

ⓝ 기생, 기생충

Such organisations as thirdparty ink-producers act rather like **parasites** on the printer manufacturers. 22 EBS

제3자 잉크 생산자와 같은 그런 조직들은 프린터 제조업체에 다소 **기생충**처럼 행동한다.

parasitic ⓐ 기생하는

1287 ★★☆ □□□

imprison
[imprízən]

ⓥ 투옥하다

20 모평

Brunel was **imprisoned** for several months because of his debt.

Brunel은 빚 때문에 몇 달 동안 감옥에 **수감되었다**.

prison ⓝ 감옥

Vocab+ = **jail** ⓥ 감금하다

1288 ★★☆ □□□

insensitive
[insénsitiv]
◆ 내신빈출

ⓐ 둔감한

Most people keep away from people they consider too blunt and some will be even brave enough to leave your company if you are **insensitive**. 17 학평

대부분의 사람들은 자신들이 생각하기에 너무 퉁명스러운 사람들을 멀리하고, 몇몇 사람들은 여러분이 **둔감하면** 심지어 용감하게 여러분의 회사를 떠날 것이다.

insensitivity ⓝ 무감각, 둔감

Vocab+ ↔ **sensitive** ⓐ 민감한

1289 ★★☆ □□□

executive
[igzékjutiv]

ⓝ 경영자, 임원 ⓐ 행정의, 관리의

There are debates over the fairness of excessive **executive** compensation. 16 수능

과도한 **경영자** 보수의 공정성에 관한 논쟁이 있다.

execute ⓥ 실행하다; 처형하다 **execution** ⓝ 실행; 처형

1290 ★★☆ □□□

provisional
[prəvíʒənəl]

ⓐ 잠정적인

It may be that scientific explanations are no more than **provisional** hypotheses. 22 EBS

과학적 설명은 아마도 **잠정적인** 가설에 지나지 않는 것일 수도 있다.

provision ⓝ 제공; 준비

Vocab+ = **temporay** ⓐ 일시적인 **tentative** ⓐ 잠정적인

혼동어

1291 ★☆☆ □□□

require
[rikwáiər]

ⓥ 요구하다

Studying science **requires** more than just learning about the products of science. 21 EBS

과학을 공부하는 것은 단지 과학의 결과물에 관해 배우는 것 이상의 것을 **요구한다**.

requirement ⓝ 필요조건

Vocab+ = **ask** ⓥ 요구하다

1292 ★★☆ □□□

inquire
[inkwáiər]

ⓥ 묻다; 조사하다

We met a fellow bone-hunter and **inquired** about his luck. 21 EBS

우리는 한 동료 뼈 탐사자를 만나 그의 행운에 관해 **물었다**.

inquiry ⓝ 탐구, 조사; 문의

Vocab+ = **ask** ⓥ 묻다

1293 ★★☆ □□□

perceptual

[pərséptʃuəl]

◆ 내신빈출

ⓐ 지각(력)의

Our first impressions of others may be **perceptual** errors. 16 모평

다른 사람들에 대한 우리의 첫인상은 **지각적** 오류일지도 모른다.

perception ⓝ 지각, 인식 **perceive** ⓥ 인식하다, 인지하다

1294 ★★☆ □□□

pound

[paund]

ⓥ (요란한 소리를 내며) 두드리다, 치다, (심장이) 뛰다 ⓝ 파운드

Fear gripped my heart and it **pounded** furiously. 17 학평

두려움이 내 심장을 사로잡았고, 심장이 격렬하게 **뛰었다**.

참고 pound ⓝ 파운드(영국의 화폐단위, £) ⓝ 파운드(무게 단위, 0.454킬로그램)

1295 ★★☆ □□□

staple

[stéipl]

ⓐ 주된, 주요한 ⓝ 주성분; 'ㄷ'자 모양 철사 침

The result is that a **staple** crop, such as maize, is not being produced in a sufficient amount. 17 수능

결과적으로 옥수수와 같은 **주요** 작물이 충분한 양으로 생산되지 못하고 있다.

stapler ⓝ 스테플러 (혹은 호치키스)

Vocab+ ↔ **insignificant** ⓐ 중요하지 않은

1296 ★★☆ □□□

realization

[rì(:)əlizéiʃən]

◆ 내신빈출

ⓝ 실현, 깨달음, 자각

The **realization** of education for sustainable development requires the positive engagement of young people. 17 학평

지속 가능한 발전을 위한 교육의 **실현**은 젊은이들의 적극적인 참여가 필요하다.

realize ⓥ 깨닫다, 실현하다

Vocab+ = **awareness** ⓝ 인지 **achievement** ⓝ 실현, 성취

1297 ★★☆ □□□

ripen

[ráipən]

ⓥ 익다, 숙성하다

The fruit **ripening** process brings about the softening of cell walls, sweetening and the production of chemicals that give colour and flavour. 20 모평

과일 **숙성** 과정은 세포벽의 연화, 감미, 색과 맛을 주는 화학 물질의 생산을 가져온다.

ripe ⓐ 익은

Vocab+ + **grow ripe** 익다

1298 ★★☆ □□□

sensory

[sénsəri]

ⓐ 감각의

Donald Griffin was known for his research in animal navigation, acoustic orientation, and **sensory** biophysics. 21 학평

Donald Griffin은 동물의 비행, 청각적 방향감, **감각** 생물 물리학에서의 연구로 유명했다.

sense ⓝ 감각 ⓥ 감지하다 **sensor** ⓝ 센서, 감지기

1299 ★☆☆ □□□

solid

[sálid]

ⓐ 단단한, 고체의 ⓝ 고체, 입체

Many governments utilize a **solid** waste hierarchy to provide guidance on how to prioritize the use of various waste management alternatives. 22 EBS

많은 정부가 다양한 폐기물 관리 대안의 이용에 우선순위를 결정하는 방법에 대한 일반적인 지침을 제공하기 위해 **고형** 폐기물 관리 우선순위를 활용한다.

참고 물질의 상태 : air ⓝ 기체 liquid ⓝ 액체 solid ⓝ 고체 plasma ⓝ 플라즈마

1300 ★★☆ □□□

static

[stǽtik]

◆ 내신빈출

ⓐ 정적인, 고정된 ⓝ 정전기

Mobile flowers are visited more often by pollinating insects than their more **static** counterparts. 10 모평

움직이는 꽃이 더 **정적인** 꽃들보다 꽃가루 매개 곤충들에 의해 더 자주 방문된다.

Vocab+ ↔ **dynamic** ⓐ 역동적인 **kinetic** ⓐ 동적인

다의어

1301 ★★★ □□□

bear

[bɛər]

1. ⓥ (비용을) 부담하다, (책임·의무 등을) 지다
2. ⓥ 참다, 견디다
3. ⓥ (마음에) 지니다

1. Germany and the United Kingdom would **bear** a large share. 11 수능
   독일과 영국이 큰 몫을 **부담하게** 될 것이다.
2. The ambitious child can **bear** a state of tension for a while. 22 EBS
   야심찬 아이는 잠시 동안은 긴장 상태를 **견딜** 수 있다.
3. **Bear** in mind that schemata summarize the broad pattern of your experience. 18 수능
   도식이 여러분의 경험의 광범위한 유형을 요약하는 것임을 **명심하라**.

born ⓐ 타고난, 천부적인 **birth** ⓝ 탄생, 출생

Vocab+ = **take** ⓥ 떠맡다 **endure** ⓥ 견디다 + **bear in mind** 명심하다

1302 ★★☆ □□□

supplement

ⓥ[sʌ́pləmènt]

ⓝ[sʌ́pləmənt]

◆ 내신빈출

ⓥ 보완하다 ⓝ 보충

U.S. environmental policy has **supplemented** command-and-control regulation with market-based approaches. 22 EBS

미국 환경 정책은 지휘 및 통제의 규정을 시장 기반 접근법으로 **보충해** 왔다.

supplementary ⓐ 보충의

Vocab+ = **complement** ⓥ 보완하다

1303 ★★☆ □□□

thread

[θred]

ⓝ 실, 가닥 ⓥ 실을 꿰다

Ghost spiders have tremendously long legs, yet they weave webs out of very short **threads**. 16 모평

유령거미는 엄청나게 긴 다리를 가지고 있지만 매우 짧은 **가닥**으로 거미집을 짓는다.

1304 ★★☆ □□□

utilize
[jú:təlàiz]
◆ 내신빈출

ⓥ 활용하다

Developers **utilize** algorithms to serve up ideal content. 21 학평

개발자가 알고리즘을 **사용하여** 이상적인 콘텐츠를 제공한다.

utility ⓝ 유용성

Vocab+ = **make use of** ~을 이용하다

1305 ★★☆ □□□

worsen
[wə́:rsən]

ⓥ 악화되다, 악화시키다

The **worsening** situation has forced me to submit a formal complaint. 12 모평

악화되고 있는 상황은 저로 하여금 공식 항의서를 제출할 수밖에 없게 합니다.

worse ⓐ 더 나쁜

Vocab+ = **aggravate, deteriorate** ⓥ 악화시키다

1306 ★☆☆ □□□

agriculture
[ǽgrəkʌ̀ltʃər]

ⓝ 농업

Both the acquisition and subsequent rejection of **agriculture** are becoming increasingly recognized as adaptive strategies to local conditions. 20 학평

농업을 습득하는 것과 그 후의 폐기는 모두 지역 상황에 대한 적응 전략으로 점차 인식되고 있다.

agricultural ⓐ 농업의

1307 ★☆☆ □□□

blame
[bleim]

ⓥ 비난하다, ~을 탓하다 ⓝ 비난

A panel of scientists **blamed** 'pseudoscientists' for confusing the public. 22 EBS

어느 과학자 토론단은 대중을 혼란스럽게 한다고 '가짜 과학자들'을 **비난했다**.

Vocab+ = **criticize** ⓥ 비난하다 **scold** ⓥ 꾸짖다
+ **blame A for B** A를 B의 이유로 비난하다

1308 ★★☆ □□□

cluster
[klʌ́stər]

ⓥ 무리를 이루다 ⓝ 무리

Proteins tend to **cluster** together, so that unbreakable proteins eventually fill up the cell. 19 학평

단백질은 **무리를 이루는** 경향이 있어서, 분해되지 않는 단백질들이 결국 그 세포를 가득 채운다.

Vocab+ = **flock** ⓥ 떼짓다 ⓝ 떼, 무리 **bundle** ⓥ 무리 지어 가다 ⓝ 무리, 일단

1309 ★☆☆ □□□

control
[kəntróul]

ⓥ 통제하다, 지배하다 ⓝ 통제, 지배

We work to be in the majority of our groups because the majority **controls** material and psychological resources. 18 학평

우리는 우리 집단의 다수에 속하기 위해 애쓰는데, 이는 다수가 물질적 자원과 심리적 자원을 **통제하기** 때문이다.

Vocab+ = **regulate** ⓥ 조절하다, 규제하다

1310 ★☆☆ □□□

produce
ⓥ[prədjúːs]
ⓝ[prádjuːs]
◆ 내신빈출

ⓥ 생산하다, 제조하다 ⓝ 농산물, 생산품

Many others produce the integrated literary work, *King Lear*. 22 EBS

많은 다른 것들이 통합된 문학 작품 〈King Lear〉를 **만들어낸다**.

production ⓝ 생산 **product** ⓝ 제품, 상품

Vocab+ = **generate** ⓥ 발생시키다, 만들어내다

1311 ★★☆ □□□

disgrace
[disgréis]

ⓝ 불명예, 수치 ⓥ 먹칠하다

The minister's mother assured us that no permanent harm had been done. But I was in disgrace. 18 학평

목사님의 어머니는 영구적 피해를 끼친 건 아니라고 우리를 안심시켰다. 그러나 나는 **불명예**스러웠다.

disgraceful ⓐ 수치스러운

Vocab+ = **contempt** ⓝ 치욕, 불명예; 경멸, 무시

1312 ★☆☆ □□□

errand
[érənd]

ⓝ 심부름, (남의 부탁으로 인한) 볼일

Karen had to run an errand near Linda's workstation. 11 모평

Karen은 Linda의 근무 장소 근처에서 **볼일**이 있었다.

Vocab+ + **on an errand** (남의 부탁으로) 볼일이 있어 **run an errand** 심부름 가다

1313 ★★☆ □□□

financial
[finǽnʃəl]

ⓐ 금융[재정]의 15 수능

Financial security can liberate us from work we do not find meaningful and from having to worry about the next paycheck.

재정적 안정은 우리가 의미 있다고 생각하지 않는 일로부터 그리고 다음 번 월급에 대해서 걱정해야 하는 것으로부터 우리를 해방시켜 줄 수 있다.

finance ⓝ 재원, 재정

1314 ★☆☆ □□□

grocery
[gróusəri]

ⓝ 식료품 잡화점, 식료품 및 잡화

Whenever you stand on a scale in your bathroom or place a melon on a scale at the grocery store, you are measuring weight. 11 모평

당신이 욕실에서 체중계에 올라설 때나 **식료품** 가게에서 멜론을 저울에 올려놓을 때마다, 당신은 무게를 측정하고 있는 것이다.

Vocab+ = **supermarket** ⓝ 슈퍼마켓

1315 ★☆☆ □□□

manage
[mǽnidʒ]
◆ 내신빈출

ⓥ 경영하다, 관리하다; (간신히) 해내다 19 수능

He had tried more than ten times to stand up but never managed it.

그는 일어서려고 열 번 넘게 시도해 보았지만 결코 **해낼** 수 없었다.

management ⓝ 경영, 관리

Vocab+ = **cope** ⓥ 대처하다

1316 ★★☆ □□□

orientation
[ɔ̀ːrientéiʃən]

ⓝ (~을 지향하는) 성향; 오리엔테이션

Let me spend a moment on the idea of adjusting to another person's mental **orientation**. 17 모평

다른 사람의 정신적 **성향**에 맞춘다는 생각에 대해 잠시 생각해 보겠다.

orient ⓝ 동양 ⓥ (일정 방향으로) 향하게 하다 **oriental** ⓐ 동쪽의

고난도

1317 ★★★ □□□

detest
[ditést]

ⓥ 혐오하다, 미워하다

Exceedingly detail-oriented investigators **detest** overly structured environments that necessitate a set response to challenges. 15 모평

대단히 꼼꼼한 조사자들은 도전에 대한 고정된 반응을 필요로 하는 너무 구조화된 환경을 **싫어한다**.

detestation ⓝ 싫어함, 혐오

1318 ★★★ □□□

malign
[məláin]

ⓐ 해로운, (병이) 악성의 ⓥ 비방하다

Robert Trivers gives an example of a case where an animal having conscious access to its own actions may be **malign** to its evolutionary fitness. 20 학평

Robert Trivers는 자기 자신의 행동에 의식적인 접근을 하는 동물이 그 진화적 적합성에 **해를** 줄 수 있는 경우의 사례를 제시한다.

malignant ⓐ 악성의

Vocab+ ↔ **benign** ⓐ 양성의; 상냥한

1319 ★★★ □□□

pathogen
[pǽθədʒən]

ⓝ 병원균, 병원체

Scientists may consider introducing a natural enemy (a predator, parasite, or **pathogen**) of the pest from its native range. 22 EBS

과학자들은 그 해충의 천적(포식자, 기생충, 또는 **병원균**)을 그것의 원산지에서 도입하는 것을 고려할 수도 있다.

pathogenic ⓐ 발병시키는

1320 ★★★ □□□

catastrophe
[kətǽstrəfi]

ⓝ 큰 재해, 재앙, 대참사

A defining element of **catastrophes** is the magnitude of their harmful consequences. 18 수능

큰 재해를 정의하는 요소 하나는 그 해로운 결과의 거대한 규모이다.

catastrophic ⓐ 재앙의, 처참한

Vocab+ = **calamity** ⓝ 재앙, 재난 **disaster** ⓝ 재난

Review Test

A 우리말은 영어로, 영어는 우리말로 적으시오.

1 큰 재해, 대참사 c________
2 병원균, 병원체 p________
3 실, 가닥 t________
4 실현, 깨달음, 자각 r________
5 parasite ________
6 agriculture ________
7 depression ________
8 errand ________

B 각 단어의 유의어 혹은 반의어를 적으시오.

1 worsen ⊜ a________
2 disgrace ⊜ c________
3 blame ⊜ c________
4 cluster ⊜ f________
5 malign ↔ b________
6 static ↔ d________
7 insensitive ↔ s________
8 frequent ↔ i________

C 다음 우리말에 적합한 어휘를 고르시오.

1 Studying science [inquires / requires] more than just learning about the products of science.
과학을 공부하는 것은 단지 과학의 결과물에 관해 배우는 것 이상의 것을 요구한다.

2 We met a fellow bone-hunter and [inquired / required] about his luck.
우리는 한 동료 뼈 탐사자를 만나 그의 행운에 관해 물었다.

D 다음 빈칸에 공통으로 들어갈 어휘를 고르시오.

1 Germany and the United Kingdom would ________ a large share.
2 The ambitious child can ________ a state of tension for a while.
3 ________ in mind that schemata summarize the broad pattern of your experience.

① marvel ② bear ③ imprison ④ detest ⑤ control

A 1 catastrophe 2 pathogen 3 thread 4 realization 5 기생(충) 6 농업 7 우울증, (경제) 공황 8 심부름, 볼일 B 1 aggravate 2 contempt 3 criticize 4 flock 5 benign 6 dynamic 7 sensitive 8 infrequent C 1 requires 2 inquired D ② bear

whether vs. weather

whether ⓒ ~인지[이든] (아닌지[아니든]), ~인지[이든] (아니면) …인지[이든]	Whether to go or stay is important now. 갈지 아니면 머무를지가 지금은 중요하다.
weather ⓝ 날씨	Today's weather will be hot and dry. 오늘의 날씨는 덥고 건조할 것이다.

in addition to vs. in addition

in addition to ⓟ ~뿐 아니라, ~에 더하여	This course is offered online in addition to on-site. 이 강좌는 온라인뿐만 아니라 오프라인으로도 들을 수 있다.
in addition ⓐⓓ 게다가	There is, in addition, one further point to make. 게다가, 한 가지 더 짚고 넘어가야 할 부분이 있다.

despite vs. although

despite ⓟ ~에도 불구하고 (뒤에 명사구)	Despite our best efforts to save him, a wounded solider died during the night. 우리가 그를 구하기 위해 최선을 다했음에도 불구하고, 부상당한 병사는 밤에 죽었다.
although ⓒ (비록) ~이긴 하지만 (뒤에 주어+동사)	Although we did our best to save him, a wounded solider died during the night. 비록 우리가 그를 구하기 위해 최선을 다했지만, 부상당한 병사는 밤에 죽었다.

in case of vs. in case

in case of ⓟ ~에 대비하여 (뒤에 명사구)	That door should always be opened in case of fire 그 문은 화재에 대비해서 항상 열려있어야 합니다.
in case ⓒ ~할 경우에 대비하여 (뒤에 주어+동사)	Don't forget to bring an umbrella in case it rains. 비가 올 경우에 대비해서 우산을 가져오는 거 잊지 마세요.

no more than vs. no less than

no more than 고작[단지] ~에 지나지 않다, ~일 뿐 (= only)	There is room for no more than three cars. 고작 자동차 세 대가 들어갈 공간 밖에 없다.
no less than 무려 ~씩이나; ~와 마찬가지로	No less than 50,000 spectators were present at the baseball field. 야구장에는 관중이 무려 5만 명이나 운집했다.

Crossword Puzzle

DAY 33

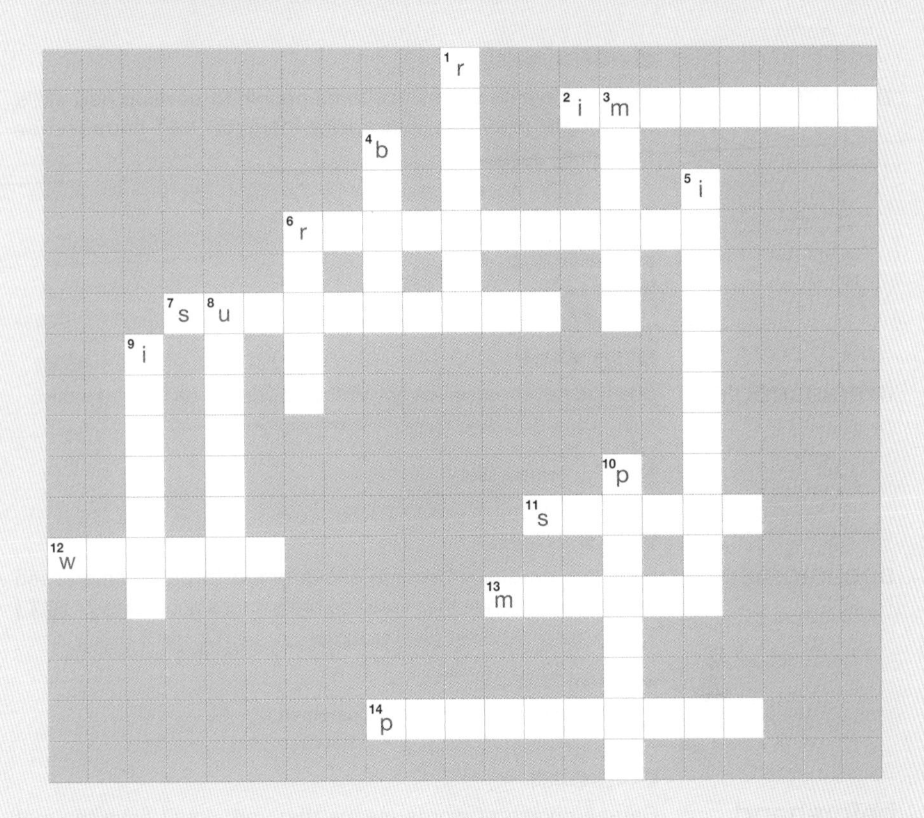

ACROSS

2 ⓥ 투옥하다

6 ⓝ 실현, 깨달음, 자각

7 ⓥ 보완하다 ⓝ 보충

11 ⓐ 정적인, 고정된 ⓝ 정전기

12 ⓥ 악화되다, 악화시키다

13 ⓥ 경영하다, 관리하다, (간신히) 해내다

14 ⓐ 지각(력)의

DOWN

1 ⓥ 요구하다

3 ⓐ 해로운 ⓥ 비방하다

4 ⓥ 비난하다, ~을 탓하다 ⓝ 비난

5 ⓐ 둔감한

6 ⓥ 익다, 숙성하다

8 ⓥ 활용하다

9 ⓥ 묻다, 조사하다

10 ⓝ 기생, 기생충

Answer p.522

1321 ★☆☆ □□□
acquire
[əkwáiər]
◆ 내신빈출

ⓥ 습득하다, 획득하다

Stressful events sometimes force people to develop new skills, reevaluate priorities, learn new insights, and **acquire** new strengths. 20 모평

스트레스를 주는 사건들은 때때로 사람들이 새로운 기술을 개발하고, 우선순위를 재평가하고, 새로운 통찰을 배우고, 새로운 강점을 **얻게** 한다.

acquisition ⓝ 습득, 획득

Vocab+ = **obtain, secure** ⓥ 획득하다

1322 ★★☆ □□□
irreplaceable
[ìripléisəbl]

ⓐ 대체 불가능한

She had never perceived any of the coworkers as **irreplaceable**. 17 학평

그녀는 동료 중 어느 누구도 **대체불가**로 인식한 적이 없었다.

Vocab+ ↔ **replaceable** ⓐ 대체 가능한

1323 ★★☆ □□□
accustomed
[əkʌ́stəmd]

ⓐ 익숙한, 길들여진

Listeners gradually become **accustomed** to data-compressed formats and change their listening preferences accordingly. 21 학평

청자들은 점차 압축된 데이터 포맷에 **익숙해지며**, 그에 맞춰 그들의 듣기 선호도를 바꾼다.

accustom ⓥ 익히다

Vocab+ = **used** ⓐ 익숙한 ↔ **unaccustomed** ⓐ (~에) 익숙치 않은

1324 ★★☆ □□□
beforehand
[bifɔ́ːrhæ̀nd]

ad 사전에, 미리

Careful choice of words means that you would have thought about what you are going to say **beforehand**. 17 학평

말을 신중하게 선택한다는 것은 여러분이 말할 것에 대해서 **미리** 생각했었을 거라는 것을 의미한다.

Vocab+ = **in advance** 사전에

1325 ★★☆ □□□
acoustic
[əkúːstik]

ⓐ 음향의, 청각의; 전자장치를 쓰지 않는

Whispering galleries are remarkable **acoustic** spaces found beneath certain domes or curved ceilings. 19 수능

속삭임의 회랑은 어떤 돔이나 곡면의 천장 아래에서 발견되는 놀라운 **음향** 공간이다.

Vocab+ = **auditory** ⓐ 청각의

1326 ★★☆ □□□
activate
[ǽktəvèit]

ⓥ 작동시키다, 활성화시키다

It is now clear that stories **activate** other areas of the brain in addition. 20 학평

이야기가 뇌의 다른 영역 또한 **활성화한다는** 것이 이제 분명하다.

active ⓐ 활동적인

Vocab+ ↔ **inactivate** ⓥ 비활성화하다

1327 ★★☆ □□□

confine
[kənfáin]

◆ 내신빈출

ⓥ 제한하다, 가두다

Animals that had previously spent large parts of the year outdoors were now **confined** to indoor facilities. 18 학평

예전에는 일 년의 대부분을 야외에서 보냈던 동물이 이제 실내 시설에 **가둬졌다**.

confinement ⓝ 갇힘, 얽매임

Vocab+ = **restrict** ⓥ 국한시키다

1328 ★★☆ □□□

encode
[inkóud]

ⓥ 암호화하다

If we had to **encode** music in our brains note by note, we'd struggle to make sense of anything complex. 20 모평

만일 우리가 음악을 한 음 한 음 우리의 뇌에서 **부호화해야** 한다면 우리는 복잡한 것을 이해하기 위해 악전고투하게 될 것이다.

code ⓝ 암호, 부호

Vocab+ = **encrypt** ⓥ 암호화하다 ↔ **decode** ⓥ 해독하다

1329 ★★★ □□□

nostalgically
[nɑstǽldʒikəli]

ad 향수를 불러일으켜

Advertisers look back **nostalgically** to the years of the television advertising of mass consumer products. 19 수능

광고주들은 TV에서 대량 소비재를 광고하던 시절을 **향수에 젖어** 회상한다.

nostalgic ⓐ 향수어린 **nostalgia** ⓝ 향수

1330 ★★☆ □□□

reluctant
[rilʌ́ktənt]

◆ 내신빈출

ⓐ 꺼리는, 주저하는, 마지못한

Unsupervised kids are not **reluctant** to tell one another how they feel. 17 학평

감독 없이 노는 아이들은 그들이 어떻게 느끼는지를 서로에게 **주저** 없이 말한다.

reluctantly ad 마지못해 **reluctance** ⓝ 꺼려함, 주저함

Vocab+ = **hesitant** ⓐ 망설이는 **unwilling** ⓐ 꺼리는, 싫어하는

혼동어

1331 ★★☆ □□□

supernaturalistic
[sù:pərnǽtʃərəlistik]

ⓐ 초자연적인 17 수능

Among primitives, because of their **supernaturalistic** theories, the prevailing moral point of view gives a deeper meaning to disease.

원시인들 사이에서는, 그들의 **초자연적인** 이론 때문에, 지배적인 도덕적 관점이 질병에 더 깊은 의미를 제공한다.

Vocab+ = **paranormal** ⓐ 과학으로는 설명할 수 없는 + **natural** ⓐ 자연적인

1332 ★★☆ □□□

superstitious
[sjù:pərstíʃəs]

ⓐ 미신적인

Research is dismissed as **superstitious** and invalid if it cannot be scientifically explained by cause and effect. 21 학평

연구는, 원인과 결과에 의해 과학적으로 설명될 수 없으면, **미신적이고** 무효한 것으로 일축된다.

superstition ⓝ 미신

1333 ★★☆ □□□
rigorous
[rígərəs]

ⓐ 철저한, 엄격한

Experimenters must submit their proposed experiments to **rigorous** scrutiny by overseeing bodies. 20 EBS

실험사는 자신들의 계획된 실험을 제출해 감독 기관에 의한 **철저한** 정밀 조사를 받아야 한다.

rigorously ⓐⓓ 엄격히

Vocab+ = **thorough** ⓐ 철저한 **severe** ⓐ 엄격한, 극심한

1334 ★★☆ □□□
acquaintance
[əkwéintəns]

ⓝ 아는 사람, 지인

Some people prefer spending time with people who are familiar to them to seeking out new friends and **acquaintances**. 18 학평

어떤 사람들은 새로운 친구와 **지인**을 찾는 것보다 자신들에게 친숙한 사람들과 시간을 보내는 것을 더 선호한다.

acquaint ⓥ 익히다

1335 ★★☆ □□□
convince
[kənvíns]
◆ 내신빈출

ⓥ 확신시키다, 납득시키다

Ms. Baker was **convinced** by Jean's improvement that her new teaching method was a success. 18 모평

Ms. Baker는 자신의 새로운 교수 방법이 성공적이었음을 Jean의 향상에 의해 **확신하게 되었다**.

convinced ⓐ 확신에 찬

Vocab+ = **assure** ⓥ 보증하다, 확신시키다 **bring home to** ~을 자각시키다

1336 ★★☆ □□□
depletion
[diplíːʃən]

ⓝ 고갈, 소모

Particulate pollution was behind acid rain, respiratory disease, and ozone **depletion**. 13 모평

분진 오염 물질은 산성비, 호흡기 질환, 오존 **파괴** 뒤에 가려져 있었다.

deplete ⓥ 고갈시키다

Vocab+ = **deficiency** ⓝ 소모 **exhaustion** ⓝ 고갈

1337 ★★☆ □□□
hardship
[háːrdʃip]

ⓝ 고난, 고통

A pet's continuing affection becomes crucially important for those enduring **hardship**. 16 수능

애완동물의 지속적인 애정은 **고난**을 견디고 있는 사람들에게 지극히 중요해진다.

Vocab+ = **adversity** ⓝ 역경 **suffering** ⓝ 고통

1338 ★★☆ □□□
irrelevant
[iréləvənt]
◆ 내신빈출

ⓐ 관련성이 없는

Beginners to any art don't know what is important and what is **irrelevant**. 10 수능

어떤 기예의 초보자들은 무엇이 중요하고 무엇이 **관련이 없는지** 알지 못한다.

irrelevance ⓝ 무관함

Vocab+ ↔ **relevant** ⓐ 관련성이 있는

1339 ★★☆ □□□

foster
[fɔ́(ː)stər]

ⓥ 육성[조성, 촉진]하다, 위탁 양육하다

Parents and coaches should help hand in hand to **foster** a positive athletic atmosphere for players. 17 학평

부모와 코치는 서로 손을 잡고 선수들이 운동하는 데 긍정적인 분위기를 **조성하도록** 도와야 한다.

Vocab+ = **encourage** ⓥ 조성하다 **adopt** ⓥ 위탁 양육하다, 입양하다

1340 ★★☆ □□□

soak
[souk]

ⓥ 흠뻑 적시다

The skin on the fingers, palms, toes, and soles wrinkles only after it is **soaked** with water. 21 학평

손가락, 손바닥, 발가락, 그리고 발바닥의 피부는 물에 **흠뻑 적셔진** 후에야 주름이 진다.

soaked ⓐ 흠뻑 젖은

Vocab+ = **drench** ⓥ 흠뻑 적시다

다의어

1341 ★★☆ □□□

account
[əkáunt]

1. ⓥ 차지하다
2. ⓝ 은행 계좌
3. ⓥ 설명하다, 원인이 되다 ⓝ 설명, 이야기

1. Doctors who were trained in Africa **accounted** for a greater percentage in the UK. 17 학평
   아프리카에서 수련한 의사들은 영국에서 더 많은 비율을 **차지했다**.
2. Wells Fargo was fined for the unauthorized creation of 2 million bank **accounts**. 17 학평
   Wells Fargo는 승인되지 않은 2백만 개의 은행 **계좌** 생성으로 벌금을 부과받았다.
3. To gain an unbiased **account** of pain perception, it is wise to turn to evolutionary theory. 22 EBS
   통증 지각에 대한 편견 없는 **설명**을 위해서는 진화 이론에 의지하는 것이 현명하다.

accountable ⓐ 설명할 수 있는; 책임이 있는

참고 account for ~을 설명하다, ~의 이유가 되다; (부분·비율을) 차지하다

1342 ★★☆ □□□

binocular
[bənɑ́kjulər]

ⓝ 쌍안경 ⓐ 두 눈으로 보는, 쌍안의

Quickly, she took out her **binoculars** and peered where Sally pointed. 18 모평

신속하게 그녀는 **쌍안경**을 꺼내어 Sally가 가리키는 곳을 자세히 들여다보았다.

Vocab+ + **a binocular telescope** 쌍안경

1343 ★★☆ □□□

assert
[əsə́ːrt]

ⓥ 주장하다

Most people **assert** that color photographs are more "real" than black-and-white photographs. 18 학평

대부분의 사람들은 컬러 사진이 흑백 사진보다 더 '진짜 같다'고 **주장한다**.

assertion ⓝ 주장 **assertive** ⓐ 적극적인, 확신에 찬

1344 ★★☆ □□□

irrational

[iræ̀ʃənəl]

◆ 내신빈출

ⓐ 비이성적인

Many of the seemingly **irrational** choices that people make do not seem so foolish after all. 17 모평

사람들이 하는 **비이성적인** 것처럼 보이는 선택 중 많은 것이 결국에는 그다지 어리석어 보이지 않는다.

Vocab+ ↔ **rational** ⓐ 이성적인

1345 ★★☆ □□□

righteous

[ráitʃəs]

ⓐ (도덕적으로) 옳은, 정당한, 의로운

The critic wanted to be divorced from pleasure-seeking crowds in order to secure the **righteous** logic of 'good' taste. 18 모평

그 비평가는 '훌륭한' 취향의 **정당한** 논리를 분명히 확보하기 위해 즐거움만 추구하는 군중과 분리되길 원했다.

righteousness ⓝ 정의, 정직

1346 ★★☆ □□□

unstable

[ʌnstéibl]

◆ 내신빈출

ⓐ 불안정한

Animal holdings represent an **unstable** form of wealth. 22 EBS

동물 자산은 **불안정한** 형태의 부를 나타낸다.

unstability ⓝ 불안정

Vocab+ ↔ **stable** ⓐ 안정적인

1347 ★★☆ □□□

retirement

[ritáiərmənt]

ⓝ 은퇴, 퇴직

After his **retirement** in 1914, Waldemar Haffkine returned to France and occasionally wrote for medical journals. 21 학평

1914년에 **은퇴** 후, Waldemar Haffkine는 프랑스로 돌아갔고 때때로 의학 저널에 글을 기고했다.

retire ⓥ 은퇴하다

Vocab+ = **resignation** ⓝ 사임 **withdrawal** ⓝ 탈퇴, 철회

1348 ★★☆ □□□

register

[rédʒistər]

ⓥ 등록하다, 기재하다 ⓝ 등록부

You'll be provided a press list of people who **register** to attend the shows. 22 EBS

여러분은 그 쇼에 참석하기 위해 **등록하는** 기자단 목록을 제공받을 것이다.

registration ⓝ 등록

1349 ★★☆ □□□

barter

[báːrtər]

ⓥ 물물 교환하다 ⓝ 물물 교환, 교역품

Some produces were produced solely for household consumption or for **bartering** with neighbors. 20 EBS

어떤 농산물은 오로지 가계 소비나 이웃과의 **물물 교환**용으로 생산되었다.

Vocab+ + **barter A for B** A를 B와 물물 교환하다

1350 ★★☆ □□□

handicap
[hǽndikæ̀p]

ⓝ 장애, 불리한 조건 ⓥ 방해하다, 불리하게 만들다

Transportation is increasingly associated with physical and psychological **handicaps**. 17 학평

교통은 신체적인 그리고 심리적인 **장애**와도 점차 관련이 깊어지고 있다.

handicapped ⓐ 장애가 있는

Vocab+ = **disability** ⓝ 장애 **disadvantage** ⓝ 불이익

1351 ★★☆ □□□

nonverbal
[nɑnvə́ːrbəl]

ⓐ 비언어적인

Film's flowing and sparkling stream of images and its pictorial style are all part of this **nonverbal** language. 20 학평

영화에서의 거침없이 흥미롭게 연속되는 이미지들과 그것의 회화적인 스타일은 모두 이러한 **비언어적** 언어의 일부분이다.

Vocab+ ↔ **verbal** ⓐ 언어의, 언어적인

1352 ★★☆ □□□

consent
[kənsént]

◆ 내신빈출

ⓝ 동의, 찬성 ⓥ 동의하다, 찬성하다

Subjects must give their informed, written **consent**. 20 수능

피험자는 충분한 설명에 입각한 서면 **동의**를 해야 한다.

consensus ⓝ 의견 일치, 합의

Vocab+ ↔ **dissent** ⓥ 반대하다 + **consent to** ~에 동의하다

1353 ★★☆ □□□

rid
[rid]

ⓥ 몰아내다, 제거하다 ⓝ 제거

Masters were often happy to **rid** their homes of disobedient and unreliable adolescents. 17 EBS

장인들은 종종 자신들의 집에서 순종하지 않고 신뢰할 수 없는 청년들을 기꺼이 **몰아냈다**.

Vocab+ + **get rid of** ~을 제거하다

1354 ★★☆ □□□

govern
[gʌ́vərn]

ⓥ 지배하다, 통치하다, 좌우하다

There is increasing evidence that we are no longer **governed** by natural selection. 22 EBS

우리가 더는 자연 선택의 **지배를 받지** 않는다는 증거가 늘어나고 있다.

government ⓝ 정부

Vocab+ = **rule** ⓥ 다스리다

1355 ★★☆ □□□

delicacy
[délәkәsi]

ⓝ 진미; 여림; 사려 깊음

Cultures of some Eastern nations consider various species of insects to be great **delicacies**. 18 학평

일부 동양 국가들의 문화는 다양한 종의 곤충을 대단한 **진미**로 여긴다.

delicate ⓐ 연약한

Vocab+ = **ambrosia** ⓝ 진미, 신들이 먹는 음식

1356 ★★☆ □□□

infamous
[ínfəməs]

ⓐ 악명 높은, 오명이 난

Her mother's **infamous** threat was always, "I'm going to knock your three heads together!" 17 EBS

그녀의 어머니의 **악명 높은** 협박은 항상 "너희 세 명의 머리를 한꺼번에 충돌시킬 거다!"였다.

Vocab+ = **notorious** ⓐ 악명 높은 ↔ **famous** ⓐ 좋은 평판이 있는

고난도

1357 ★★★ □□□

proliferation
[proulìfəréiʃən]

ⓝ 급증, 분열, 증식

Historical representation puts a premium on a **proliferation** of representations. 21 학평

역사적 진술은 진술의 **증식**을 중요시한다.

proliferate ⓥ 급증하다

1358 ★★★ □□□

admonish
[ædmániʃ]

ⓥ 훈계하다

The investor might **admonish** those who urged caution, declaring: 'He who hesitates is lost!' 22 EBS

그 투자자는 '망설이는 자는 기회를 놓친다!'라고 단언하며 주의를 촉구했던 사람들을 **훈계할** 수도 있을 것이다.

admonishment ⓝ 훈계

1359 ★★★ □□□

enumerate
[injúːmərèit]

ⓥ 일일이 세다

It was not necessary to **enumerate** every fruit individually in order to know which tree has more fruits. 18 학평

어떤 나무에 더 많은 열매가 있는지 알기 위해 모든 과일을 개별적으로 **일일이 셀** 필요가 없었다.

numerable ⓐ 셀 수 있는

1360 ★★★ □□□

polarity
[poulǽrəti]

ⓝ 양극성, 극성

Everything human is relative, because everything rests on an inner **polarity**. 10 수능

인간의 모든 것은 상대적인 것인데, 왜냐하면 모든 것은 내적인 **극성**(極性)에 놓여있기 때문이다.

polar ⓐ 극성의, 양극의 **polarize** ⓥ 양극화하다, 양극화를 초래하다

Review Test

A 우리말은 영어로, 영어는 우리말로 적으시오.

1 고갈, 소모 d________
2 급증, 분열, 증식 p________
3 동의, 찬성 c________
4 장애, 불리한 조건 h________
5 binocular ________
6 acquaintance ________
7 polarity ________
8 retirement ________

B 각 단어의 유의어 혹은 반의어를 적으시오.

1 hardship ⊜ a________
2 soak ⊜ d________
3 foster ⊜ e________
4 rigorous ⊜ t________
5 encode ↔ d________
6 activate ↔ i________
7 irreplaceable ↔ r________
8 nonverbal ↔ v________

C 다음 우리말에 적합한 어휘를 고르시오.

1 Among primitives, because of their [supernaturalistic / superstitious] theories, the prevailing moral point of view gives a deeper meaning to disease.
원시인들 사이에서는, 그들의 초자연적인 이론 때문에, 지배적인 도덕적 관점이 질병에 더 깊은 의미를 제공한다.

2 Research is dismissed as [supernaturalistic / superstitious] and invalid if it cannot be scientifically explained by cause and effect.
연구는, 원인과 결과에 의해 과학적으로 설명될 수 없으면, 미신적이고 무효한 것으로 일축된다.

D 다음 빈칸에 공통으로 들어갈 어휘를 고르시오. [예문에 실린 어휘의 원형을 고를 것]

1 Doctors who were trained in Africa ________ for a greater percentage in the UK.

2 Wells Fargo was fined for the unauthorized creation of 2 million bank ________.

3 To gain an unbiased ________ of pain perception, it is wise to turn to evolutionary theory.

① assert ② barter ③ admonish ④ activate ⑤ account

A 1 depletion 2 proliferation 3 consent 4 handicap 5 쌍안경 6 아는 사람, 지인 7 (양)극성 8 은퇴, 퇴직 B 1 adversity 2 drench 3 encourage 4 thorough 5 decode 6 inactivate 7 replaceable 8 verbal C 1 supernaturalistic 2 superstitious D ⑤ account

cloth vs. clothes vs. clothing

cloth ⓝ 천, 헝겊 [복수형 cloths]	You had better wipe the table with a damp **cloth**. 젖은 **천**으로 테이블을 닦는 것이 좋습니다.
clothes ⓝ 옷 [단수형이 별도로 없음]	The CEO usually dresses in casual **clothes**. 그 최고 경영자(CEO)는 주로 캐주얼한 **옷**을 입는다.
clothing ⓝ 의복, (특정한 종류의) 옷 [셀 수 없는 명사]	In case of emergency, let's wear protective **clothing**. 만일의 경우를 대비하여 보호**복**을 착용합시다.

manner vs. manners

manner ⓝ 방법	In this **manner**, we were able to save enough money for a new car. 이런 **방법**으로 우리는 새 차를 살 충분한 돈을 모을 수 있었다.
manners ⓝ 예의	It's bad **manners** to talk with your mouth full. 입에 음식을 가득 물고 말하는 것은 **예의**에 어긋난다.

in advance vs. in advance of

in advance ⓐⓓ 미리, 사전에	A 10% deposit should be paid **in advance**. 10%의 계약금을 **미리** 지불해야 합니다.
in advance of ⓟ ~보다 앞서	Inhabitants were evacuated from the coastal regions **in advance of** the typhoon. 태풍**에 앞서** 해안 지역의 주민들은 대피되었다.

ago vs. before

ago ⓐⓓ (현재 기준의) 이전에	Vicky met Matt in Scotland three years **ago**. Vicky는 3년 **전** 스코틀랜드에서 Matt를 만났다.
before ⓐⓓ (과거 기준의) 이전에	When we got talking, I realized I had been at school ten years **before**. 우리가 이야기를 나누었을 때, 나는 내가 10년 **전에** 학교에 있었다는 것을 깨달았다.

by vs. until

by ⓟ ~까지 ('완료'에 초점 맞춤)	I have to finish this assignment **by** 6 p.m. 나는 이것을 6시**까지** 끝내야 해.
until ⓟ ~까지 ('지속'에 초점 맞춤)	I will be able to wait for you **until** 5 p.m. 나는 5시**까지** 계속 너를 기다릴 수 있을 거야.

ACROSS

1 ⓝ 고난, 고통

4 ⓐ 꺼리는, 주저하는, 마지못한

6 ⓐ 불안정한

7 ⓥ 제한하다, 가두다

8 ⓝ 양극성, 극성

10 ⓥ 육성[조성, 촉진]하다, 위탁 양육하다

13 ⓥ 습득하다, 획득하다

14 ⓥ 암호화하다

15 ⓥ 확신시키다, 납득시키다

DOWN

2 ⓐ 철저한, 엄격한

3 ⓐ 비이성적인

5 ⓥ 주장하다

9 ⓐ 관련성이 없는

11 ⓥ 물물 교환하다 ⓝ 물물 교환, 교역품

12 ⓝ 동의, 찬성 ⓥ 동의하다, 찬성하다

Answer p.522

1361 ★☆☆ □□□

digest

ⓥ[daidʒést, didʒést]
ⓝ[dáidʒest]

ⓥ 소화하다; 요약하다 ⓝ 요약

When we eat chewier, less processed foods, it takes us more energy to digest them. 19 학평

우리가 더 질기고 덜 가공된 음식을 먹을 때, 그것을 **소화시키는** 데 더 많은 열량을 필요로 한다.

digestion ⓝ 소화 **digestive** ⓐ 소화의

1362 ★☆☆ □□□

employ

[implɔ́i]

ⓥ 고용하다, 이용하다

Common-sense sayings are usually employed after event, depending upon what seems to have taken place. 22 EBS

상식적인 속담이란 대개 일이 일어난 후에, 일어난 것 같은 것에 따라서 **쓰인다**.

employment ⓝ 고용, 직장

Vocab+ = **hire** ⓥ 고용하다 **make use of** ~을 사용하다

1363 ★★☆ □□□

align

[əláin]

◆ 내신빈출

ⓥ 가지런히 만들다, 조정하다, 조절하다

Aligning with a living Earth worldview is fundamental to our long-term survival as a species. 13 모평

살아 있는 지구 세계관에 맞추어 **조정하는** 것은 하나의 종으로서 우리의 장기적 생존에 필수적이다.

alignment ⓝ 가지런함

Vocab+ + **align with** ~에 맞추어 조정하다 **in alignment with** ~에 맞추어

1364 ★★☆ □□□

deficiency

[difíʃənsi]

ⓝ 결핍, 부족, 결함

Experiments show that rats display an immediate liking for salt the first time they experience a salt deficiency. 17 수능

실험에서는 쥐가 소금 **결핍**을 처음 경험할 때 소금에 대한 즉각적인 선호를 보이는 것으로 나타난다.

deficient ⓐ 부족한

Vocab+ = **shortage, lack** ⓝ 부족

1365 ★★☆ □□□

disagreement

[dìsəgríːmənt]

ⓝ 의견 충돌, 불일치

Proper institutions, knowledge, methods of consultation, or participatory mechanisms can make disagreement go away. 17 모평

적절한 제도, 지식, 협의 방법, 혹은 참여 장치가 **의견 차이**를 사라지게 할 수 있다.

disagree ⓥ 의견이 다르다, 동의하지 않다

Vocab+ ↔ **agreement** ⓝ 의견 일치

1366 ★★☆ □□□

discard

[diskɑ́:rd]

◆ 내신빈출

ⓥ 폐기하다, 버리다, 처분하다

We reserve the right to **discard** any donation, which may be potentially harmful. 17 EBS

우리는 잠재적으로 유해할지도 모르는 어떤 기부물이든 **폐기할** 권리를 가지고 있다.

Vocab+ = **dispose of** ~을 처리하다

1367 ★★☆ □□□

aloof

[əlú:f]

ⓐ 냉담한, 무관심한

People who do not know you may think that you are **aloof**. 18 모평

여러분을 모르는 사람들은 여러분이 **냉담하다**고 생각할 수도 있다.

aloofness ⓝ 냉담

Vocab+ = **indifferent** ⓐ 무관심한

1368 ★★☆ □□□

revitalize

[ri:váitəlàiz]

ⓥ 새로운 활력을 주다, 재활성화시키다

To **revitalize** public conversation, we have to ensure that self-criticism are accented in our individual lives. 17 학평

대중적 논의에 **새로 활력을 불어넣기** 위해 우리는 자기 비판이 우리 개인의 삶에서도 강조되는 것을 확실히 해야만 한다.

Vocab+ = **revive** ⓥ 되살리다 **enliven** ⓥ 생동감 있게 만들다

혼동어

1369 ★★☆ □□□

thorough

[θə́:rou]

ⓐ 철저한

The relative ease of making connections can lead to less **thorough** examination when making them. 17 EBS

연결을 짓는 데 있어서의 상대적인 용이함은 연결을 지을 때 덜 **철저한** 검토로 이어질 수 있다.

thoroughly ⓐⓓ 철저히

Vocab+ = **careful** ⓐ 철저한 **complete** ⓐ 완전한

1370 ★★☆ □□□

throughout

[θru(:)áut]

ⓟ ~ 도처에, 전체에

The media spreads stereotypes widely **throughout** the Western world. 22 EBS

매체는 고정관념을 서구 세계 **전체에** 널리 퍼뜨린다.

1371 ★★☆ □□□

through

[θru:]

ⓟ ~을 통해

We can experience the world only **through** the human lenses that make it intelligible to us. 22 모평

우리는 세계를 우리가 그것을 이해할 수 있게 해주는 인간의 렌즈를 **통해서만** 경험할 수 있다.

Vocab+ + **go through** ~을 겪다

1372 ★★☆ □□□

patronage
[péitrənidʒ]

ⓝ 후원; 애용

The culture of artistic **patronage** was in place to fund the great Renaissance artists' great achievements. 18 모평

르네상스 예술가들의 위대한 업적에 자금을 제공해 줄 예술 **후원**의 문화가 자리잡혀 있었다.

patron ⓝ 후원자; 고객

1373 ★★☆ □□□

conceit
[kənsíːt]

ⓝ 자만심

European settlers had the fond **conceit** of primeval nature uncontrolled by human associations. 21 모평

유럽 정착자들은 인간과의 연관에 의해 통제되지 않는 원시 자연이라는 허황된 **자만심**을 가지고 있었다.

Vocab+ = **arrogance** ⓝ 오만

1374 ★★☆ □□□

collaborate
[kəlǽbərèit]

ⓥ 협력하다, 공동으로 작업하다

Digital nomads use cloud services to share information or **collaborate** on a document with clients or peers. 20 학평

디지털 유목민은 고객 혹은 동료와 정보를 공유하거나 문서에 **공동 작업을 하기** 위해 클라우드 서비스를 사용한다.

collaboration ⓝ 협력 **collaborative** ⓐ 공동의

Vocab+ = **partner with** ~와 협력하다 **cooperate** ⓥ 협력[협동]하다

1375 ★★☆ □□□

inevitable
[inévitəbl]

◆ 내신빈출

ⓐ 피할 수 없는, 불가피한

The march toward having more autonomous decisions made on our behalf is **inevitable**. 22 EBS

우리 대신에 더 많은 자동적인 결정이 이루어지도록 하는 쪽으로 나아가는 것은 **불가피하다**.

Vocab+ = **unavoidable** ⓐ 피할 수 없는 ↔ **evitable** ⓐ 피할 수 있는

1376 ★★☆ □□□

ornament
ⓝ[ɔ́ːrnəmənt]
ⓥ[ɔ́ːrnəmènt]

ⓝ 장식 ⓥ 장식하다

Plato and Aristotle considered color to be an **ornament** that obstructed the truth. 18 학평

플라톤과 아리스토텔레스는 색깔을 진실을 방해하는 **장식**으로 여겼다.

ornamental ⓐ 장식용의

Vocab+ = **decorate** ⓥ 장식하다 **decoration** ⓝ 장식

1377 ★★☆ □□□

outcompete
[àutkəmpíːt]

ⓥ 능가하다, ~보다 우월하다

Animals with the mutation would be **outcompeted** by those fortunate enough not to have it. 22 학평

그 돌연변이를 가진 동물들은 그것을 가지지 않을 만큼 충분히 운이 좋은 동물들에 의해 **능가될** 것이다.

Vocab+ = **outdo, outperform** ⓥ 능가하다

1378 ★★☆ □□□
concerning
[kənsə́ːrniŋ]
◆ 내신빈출

ⓟ ~에 관한

Direct selling to a customer is the most useful for a producer for obtaining feedback **concerning** a product and production method. 20 학평

소비자에게 직접 판매하는 것이 제품과 생산 방식**에 관한** 피드백을 얻는 데 있어 생산자에게 가장 유용하다.

concern ⓥ 관계하다; 걱정시키다 ⓝ 관계; 우려, 배려

Vocab+ = **regarding, as to, about** ⓟ ~에 관해

1379 ★★☆ □□□
diagnose
[dáiəgnòus]

ⓥ 진단하다

People do not trust a doctor who didn't ask any questions to **diagnose** what was wrong. 21 학평

사람들은 잘못된 것이 무엇인지 **진단하기** 위한 어떤 질문도 하지 않는 의사를 신뢰하지 않는다.

diagnosis ⓝ 진단 (ⓟⓛ **diagnoses**)

1380 ★★☆ □□□
terrain
[təréin]

ⓝ 지형, 지역, 분야, 범위

Runners create stiff legs when they are moving along on yielding **terrain**. 20 모평

달리는 사람은 물렁한 **지형**에서 움직일 때는 다리가 단단해지게 된다.

Vocab+ = **region** ⓝ 지역 **field** ⓝ 분야, 영역

다의어

1381 ★★☆ □□□
prompt
[prɑmpt]

1. ⓥ 촉발하다, 자극하다
2. ⓐ 신속한, 즉각적인

1. Negative appraisals **prompt** us to view difficult situations as threats. 22 EBS

   부정적인 평가는 우리로 하여금 어려운 상황을 위협으로 보도록 **자극한다**.

2. News, especially in its televised form, is constituted by its **prompt** and full coverage of the latest issues. 21 수능

   뉴스, 특히 텔레비전으로 방송되는 형태는 최신 이슈에 대한 **신속하고** 완전한 보도로 구성된다.

promptly ⓐⓓ 지체 없이, 신속하게

Vocab+ = **immediate** ⓐ 즉각적인 **provoke** ⓥ 촉발하다

1382 ★★☆ □□□
inflate
[infléit]

ⓥ 부풀리다, 과장하다, (가격을) 올리다

Relying upon the only examples easy to recall can **inflate** the probability of certain risks occurring. 17 EBS

회상하기 쉬운 예에만 의존하는 것은 어떤 위험이 발생할 확률을 **부풀릴** 수 있다.

inflation ⓝ 인플레이션, 부풀리기

Vocab+ = **exaggerate** ⓥ 과장하다 **augment** ⓥ 증가시키다

1383 ★★☆ □□□

elusive
[ilúːsiv]

ⓐ 알기 어려운; 달아나는

Philosophers have advanced explanations of the **elusive** concept, as have social scientists of all stripes. 18 학평

모든 종류의 사회 과학자들이 해온 것과 같이, 철학자들도 **파악하기 어려운** 개념에 대한 설명을 제시해 왔다.

elude ⓥ 피하다

1384 ★★☆ □□□

secrecy
[síːkrisi]

ⓝ 비밀 유지, 비밀

The reason why British letter writers pricked tiny holes was not to achieve **secrecy**. 19 학평

영국에서 편지 쓰는 사람들이 글자 밑에 작은 구멍을 냈던 이유는 **비밀 유지**를 달성하기 위해서가 아니었다.

secret ⓝ 비밀 ⓐ 비밀의

1385 ★☆☆ □□□

rubbish
[rʌ́biʃ]

ⓝ 쓰레기

Paper products are the single largest component of municipal **rubbish**. 10 모평

종이 제품은 자치도시 **쓰레기** 중에서 단일 구성 요소로는 가장 많다.

Vocab+ = **garbage, trash** ⓝ 쓰레기

1386 ★★☆ □□□

arouse
[əráuz]
◆ 내신빈출

ⓥ 일깨우다, 자극하다, 계몽하다

The dog is trained to become emotionally **aroused** by one smell versus another. 19 수능

개는 한 냄새에 비교해 다른 냄새에 의해 감정적으로 **자극받도록** 훈련되어 있다.

arousal ⓝ 자극

Vocab+ = **enlighten** ⓥ 계몽하다

1387 ★☆☆ □□□

dilemma
[dilémə]

ⓝ 진퇴양난, 딜레마, 궁지

There are always gray areas that create **dilemmas**, no matter how ethical decisions are made. 22 모평

윤리적 의사결정이 어떻게 내려지든, **딜레마**를 만드는 회색 영역이 늘 있다.

Vocab+ = **predicament** ⓝ 곤경

1388 ★★☆ □□□

distrust
[distrʌ́st]

ⓝ 불신(감) ⓥ 불신하다

Others' **distrust** of her might motivate her to perform her share of the duties. 19 수능

그녀에 대한 다른 사람들의 **불신**은 그녀가 자기 몫의 직무를 수행하도록 동기를 부여할 수 있다.

distrustful ⓐ 불신하는

Vocab+ = **mistrust** ⓥ 불신하다 ⓝ 불신

1389 ★★☆ □□□

discern
[disə́ːrn]
◆ 내신빈출

ⓥ 알아차리다, 분간하다

We can **discern** different colors, but we can give a precise *number* to different sounds. 14 수능

서로 다른 색깔은 우리가 **분간할** 수 있지만, 여러 다른 소리에는 정확한 '숫자'를 부여할 수 있다.

discernible ⓐ 분간할 수 있는

Vocab+ + **indiscernible** ⓐ 알아볼[알아들을, 이해할] 수 없는

1390 ★★☆ □□□

prevailing
[privéiliŋ]

ⓐ 지배적인, 압도적인

We conform to **prevailing** social conventions about how to live. 22 학평

우리는 어떻게 살아야 하는지에 대한 **지배적인** 사회적 관습에 순응한다.

prevail ⓥ 만연하다, 우세하다

Vocab+ = **dominant** ⓐ 지배적인 **pervasive** ⓐ 만연한

1391 ★★☆ □□□

stability
[stəbíləti]

ⓝ 안정, 안정성

He spent the next forty years working for a publishing house to provide **stability** in his life, writing poetry on the side. 18 학평

그는 다음 40년을 부업으로 시를 쓰며 자신의 삶에 **안정성**을 제공하고자 출판사에서 일하는 데 보냈다.

stable ⓐ 안정된 **stabilize** ⓥ 안정시키다

Vocab+ ↔ **instability** ⓝ 불안정성

1392 ★★☆ □□□

availability
[əvèiləbíləti]
◆ 내신빈출

ⓝ 유용성, 효용, 이용할 수 있는 것

Nations around the globe try to band together to attack the shrinking **availability** of fresh drinking water. 22 학평

전 세계 국가가 신선한 식수의 **가용성** 문제를 공략하기 위해 협력하려 애쓰고 있다.

available ⓐ 이용 가능한

1393 ★★☆ □□□

indifferent
[indífərənt]

ⓐ 무관심한, 그저 그런

The salesperson was **indifferent** to a potential customer's needs. 15 모평

그 판매원은 잠재적 고객의 필요에 **무관심했다**.

indifference ⓝ 무관심

Vocab+ = **uninterested** ⓐ 무관심한 ↔ **caring** ⓐ 관심 있는

1394 ★★☆ □□□

temperate
[témpərit]

ⓐ (기후가) 온화한, 절제하는

The blue sea slug is a strange-looking marine creature found in the **temperate** and tropical waters. 14 학평

푸른갯민숭달팽이는 **온대** 수역과 열대 수역에서 발견되는 기이하게 생긴 해양 생물이다.

temperance ⓝ 절제

Vocab+ ↔ **intemperate** ⓐ 무절제한

1395 ★★☆ □□□
transplant
ⓥ[trænsplǽnt]
ⓝ[trǽnsplænt]

ⓥ 이식하다 ⓝ 이식
Most transformative biomedical advances have met with significant resistance, from vaccines to organ **transplants**. 21 EBS
대부분의 변화를 가져오는 의생명의 발전은 백신에서부터 장기 **이식**에 이르기까지 상당한 저항에 부딪쳐 왔다.

transplantable ⓐ 이식할 수 있는

1396 ★★☆ □□□
vie
[vai]

ⓥ 경쟁하다, 다투다
The choice of individual consumers between the goods **vying** determines what industries can carry on at a profit. 22 EBS
경쟁하는 상품들 사이에서 개별 소비자들의 선택은 어떤 업종이 수익을 유지할 수 있는지 결정한다.

vying ⓐ 경쟁하는
Vocab+ = **compete** ⓥ 경쟁하다 **contest** ⓥ 경쟁을 벌이다

고난도

1397 ★★★ □□□
interdisciplinary
[ìntərdísəplənèri]

ⓐ 학제간의, 서로 다른 과목들 사이에 연계를 두는
One of the most potentially productive trends in education today is the focus on **interdisciplinary** studies. 10 모평
오늘날 잠재적으로 가장 생산적인 교육 경향 중 하나는 **서로 다른 과목들 사이에 연계를 두는** 학습에 초점을 두는 것이다.

1398 ★★★ □□□
forge
[fɔːrdʒ]

ⓥ 구축하다; 위조하다 ⓝ 대장간, 제철소
Creativity **forges** links between concepts and neural nodes that might not otherwise be made. 22 EBS
창의성은 그렇지 않으면 만들어지지 않을지도 모르는, 개념과 신경 교점 사이의 연결을 **형성한다**.

Vocab+ = **counterfeit** ⓥ 위조하다

1399 ★★★ □□□
coherent
[kouhí(ː)ərənt]

ⓐ 일관성 있는, 조리[논리] 있는
What is required is an ability to put many pieces of a task together to form a **coherent** whole. 15 모평
요구되는 것은 어떤 과업의 많은 조각을 모아 **일관성 있는** 전체를 만들 수 있는 능력이다.

coherence ⓝ 일관성
Vocab+ ↔ **incoherent** ⓐ 앞뒤가 안 맞는, 일관성 없는

1400 ★★★ □□□
collateral
[kəlǽtərəl]

ⓐ 부수적인, 이차적인
She tried to think of a way to compensate her for the **collateral** damage. 10 수능
그녀는 **부수적인** 피해를 보상할 방법을 생각하려고 노력했다.

Vocab+ = **subsidiary** ⓐ 부수적인

Review Test

A 우리말은 영어로, 영어는 우리말로 적으시오.

1 결핍, 부족, 결함 d__________
2 비밀 유지, 비밀 s__________
3 안정, 안정성 s__________
4 후원, 애용 p__________
5 diagnose __________
6 discern __________
7 conceit __________
8 ornament __________

B 각 단어의 유의어 혹은 반의어를 적으시오.

1 vie ⊜ c__________
2 forge ⊜ c__________
3 inflate ⊜ e__________
4 employ ⊜ h__________
5 inevitable ↔ e__________
6 coherent ↔ i__________
7 temperate ↔ i__________
8 indifferent ↔ c__________

C 다음 우리말에 적합한 어휘를 고르시오.

1 The relative ease of making connections can lead to less [thorough / through / throughout] examination when making them.
연결을 짓는 데 있어서의 상대적인 용이함은 연결을 만들 때 덜 철저한 검토로 이어질 수 있다.

2 The media spreads stereotypes widely [thorough / through / throughout] the Western world.
매체는 고정관념을 서구 세계 전체에 널리 퍼뜨린다.

3 We can experience the world only [thorough / through / throughout] the human lenses that make it intelligible to us.
우리는 세계를 우리가 그것을 이해할 수 있게 해주는 인간의 렌즈를 통해서만 경험할 수 있다.

D 다음 빈칸에 공통으로 들어갈 어휘를 고르시오.

1 Negative appraisals __________ us to view difficult situations as threats.
2 News, especially in its televised form, is constituted by its __________ and full coverage of the latest issues.

① elusive ② rubbish ③ collateral ④ coherent ⑤ prompt

A 1 deficiency 2 secrecy 3 stability 4 patronage 5 진단하다 6 알아차리다, 분간하다 7 자만심 8 장식(하다) B 1 compete[contest] 2 counterfeit 3 exaggerate 4 hire 5 evitable 6 incoherent 7 intemperate 8 caring C 1 thorough 2 throughout 3 through D ⑤ prompt

each other vs. one another

each other (둘 사이에서) 서로	Two of us looked at each other in silence. 우리 두 사람은 말없이 **서로**를 바라보았다.
one another (셋 이상 사이에서) 서로	It's not easy to talk to one another when people are angry. 사람들이 화가 났을 때 **서로** 대화하는 것은 쉽지 않다.

one after another vs. one after the other

one after another 차례로	One after another, people talked about their own happiest moment. **차례로**, 사람들은 그들 자신의 가장 행복했던 순간에 대해 이야기했다.
one after the other 교대로	The three violinists played one after the other. 세 명의 바이올린 연주자가 **교대로** 연주했다.

by all means vs. by no means

by all means 아무렴[좋고말고]	"May I use this phone?" "By all means!" "이 전화기를 사용해도 될까요?" "**당연하죠!**"
by no means 결코 ~이 아닌	This is by no means the first time they have failed to reach an agreement. 그들이 합의를 못했던 것이 이번이 **결코** 처음이 **아니다**.

nothing but vs. anything but

nothing but 오직, 그저[단지] ~일 뿐인	Those naughty kids are nothing but trouble. 그 말썽꾸러기 아이들은 **단지** 골칫거리일 **뿐**이다.
anything but ~이 결코 아닌	The rich man looked anything but happy. 그는 **결코** 행복해 보이지 **않았다**.

have gone to vs. have been to

have gone to ~에 가고 없다	Their son has gone to New York 그들의 아들은 뉴욕**에 가고 없다**.
have been to ~에 가본 적이 있다	They have been to Europe at least twice. 그들은 유럽**에** 적어도 두 번 **가본 적이 있다**.

Crossword Puzzle

DAY 35

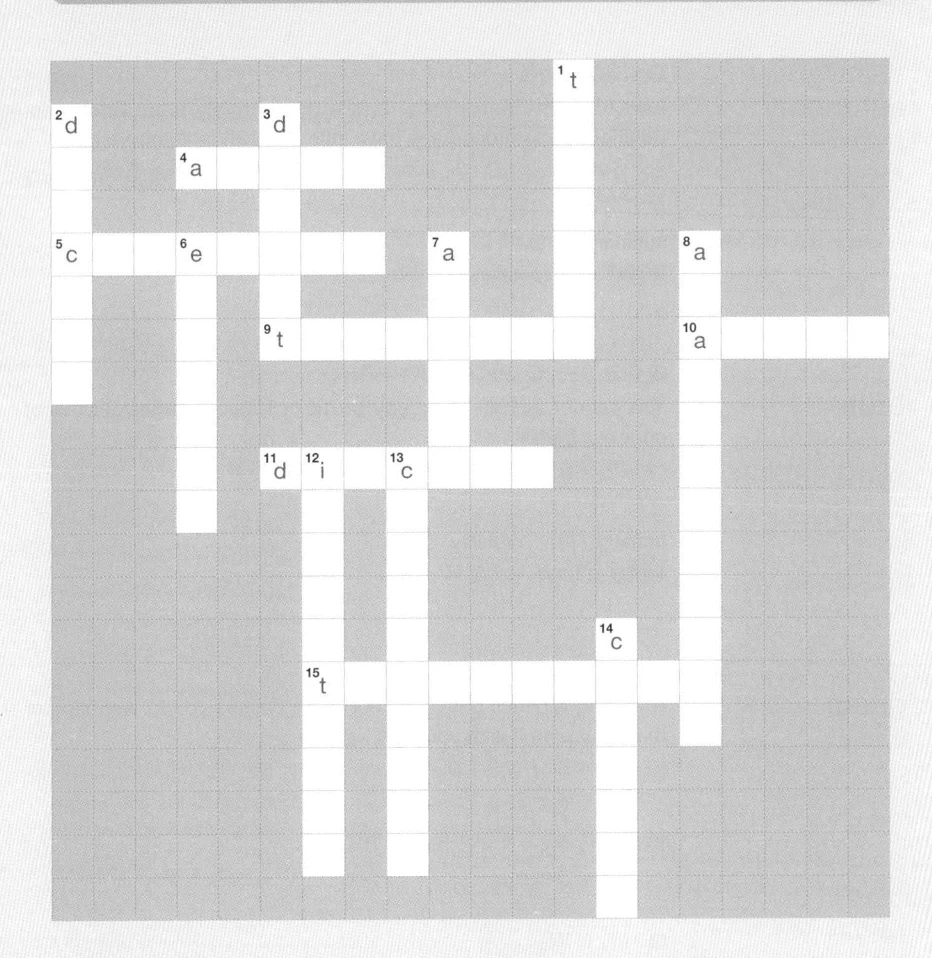

ACROSS

4 ⓥ 가지런히 만들다, 조정하다, 조절하다

5 ⓐ 일관성 있는, 조리[논리] 있는

9 ⓐ 철저한

10 ⓐ 냉담한, 무관심한

11 ⓥ 알아차리다, 분간하다

15 ⓟ ~ 도처에, 전체에

DOWN

1 ⓟ ~을 통해

2 ⓥ 폐기하다, 버리다, 처분하다

3 ⓥ 소화하다, 요약하다 ⓝ 요약

6 ⓐ 알기 어려운, 달아나는

7 ⓥ 일깨우다, 자극하다, 계몽하다

8 ⓝ 유용성, 효용, 이용할 수 있는 것

12 ⓐ 피할 수 없는, 불가피한

13 ⓟ ~에 관한

14 ⓝ 자만심

Answer p.522

1401 ★★☆ □□□

autonomy
[ɔːtɑ́nəmi]
◆ 내신빈출

ⓝ 자율성, 자치권

Law has little **autonomy**: Law's distinctively legal doctrines, principles, and procedures have little independent importance. 20 학평

법은 **자율성**이 거의 없다. 즉, 법이 가진 독특한 법적 원칙, 원리, 절차에 독자적인 중요성은 거의 없다.

autonomous ⓐ 자주적인

Vocab+ = **independence** ⓝ 독립, 자립

1402 ★★☆ □□□

brute
[bruːt]

ⓝ 짐승, 야수 ⓐ 신체적인 힘에 의존하는

You cannot act like a greedy **brute** or let your anger get out of control. 11 모평

여러분은 탐욕스러운 **짐승**처럼 행동할 수 없으며, 분노를 통제할 수 없는 상태가 되도록 놔둘 수 없다.

brutal ⓐ 잔혹한 **brutality** ⓝ 잔혹성

Vocab+ = **beast** ⓝ 짐승, 야수

1403 ★★☆ □□□

grasp
[græsp]

ⓥ 붙잡다; 이해하다

Grasping a pencil between your teeth causes you to feel happier than **grasping** it with your lips. 22 EBS

연필을 치아 사이에 끼우고 **잡는** 것은 입술로 그것을 **잡는** 것보다 여러분이 더 행복하다고 느끼게 한다.

Vocab+ = **grip** ⓥ 꽉 쥐다 **hold** ⓥ 잡다

1404 ★★☆ □□□

clumsy
[klʌ́mzi]

ⓐ 서툰, 어설픈

Penguins may be **clumsy** on land. 10 학평

펭귄들은 육지에서는 움직임이 **서투를** 수 있다.

clumsiness ⓝ 어색함, 서투름

Vocab+ = **awkward** ⓐ 어색한

1405 ★★☆ □□□

distress
[distrés]
◆ 내신빈출

ⓝ 괴로움, (정신적) 고통 ⓥ 괴롭히다

It is wrong to subject another sentient being pain, **distress**, frustration, and mental suffering. 22 EBS

감각을 느끼는 다른 존재가 아픔, **괴로움**, 좌절, 그리고 정신적 고통을 당하게 하는 것은 잘못된 것이다.

distressed ⓐ 괴로워하는

Vocab+ = **afflict** ⓥ 괴롭히다 **affliction** ⓝ 고통, 괴로움

1406 ★★☆ □□□

spontaneous

[spantéiniəs]

ⓐ 자발적인; 즉흥적인

If shoppers are not **spontaneous**, they will start questioning whether it is actually a good deal. 21 학평

구매자가 **즉흥적이지** 않으면, 실제로 그것이 좋은 거래인지 아닌지를 의심하기 시작할 것이다.

spontaneously ⓐⓓ 자발적으로

Vocab+ = **voluntary** ⓐ 자발적인 ↔ **planned** ⓐ 계획된

1407 ★★☆ □□□

gadget

[gǽdʒit]

ⓝ (작고 유용한) 장치, 도구

We tend to think of technology as shiny tools and **gadgets**. 18 학평

우리는 기술을 빛나는 도구와 **장치**로 생각하는 경향이 있다.

Vocab+ = **device** ⓝ 장치

1408 ★★☆ □□□

behalf

[bihǽf]

ⓝ 측, 편; 이익

I am writing on **behalf** of Green Youth Center. 20 학평

저는 Green Youth Center를 **대표해서** 글을 쓰고 있습니다.

Vocab+ + **on behalf of** ~을 대신[대표]하여; ~을 위하여

1409 ★★☆ □□□

briskly

[brískli]

ⓐⓓ 기분 좋게, 활발하게

Checking her watch, she walked **briskly** back to the ward. 20 학평

시계를 확인하면서, 그녀는 **기분 좋게** 다시 병동으로 걸어갔다.

brisk ⓐ 빠른, 활발한

오답노트

1410 ★★☆ □□□

obsess

[əbsés]

ⓥ (생각을) 사로잡다, 강박 관념을 갖다

Throughout the day Jeremy was **obsessed** with how he was going to save enough money. 17 학평

종일 Jeremy는 충분한 돈을 모을 방법에 관한 **생각에 사로잡혀** 있었다.

obsession ⓝ 강박 관념

Vocab+ + **be obsessed with** ~에 집착하다

1411 ★★☆ □□□

obese

[oubíːs]

ⓐ 과체중인, 비만인, 뚱뚱한

The **obese** individual has been successfully sold on going on a medically prescribed diet. 21 학평

그 **비만인** 사람은 의학적으로 처방된 다이어트를 하는 것에 성공적으로 열중했다.

obesity ⓝ 비만

Vocab+ = **plump** ⓐ 통통한 **chubby** ⓐ 토실토실한

1412 ★★☆ □□□

autocratic

[ɔ̀ːtəkrǽtik]

ⓐ 독재의, 횡포한

Propaganda was common in the Soviet Union and other **autocratic** societies. 19 수능

선전은 소련 그리고 다른 **독재** 사회에서 흔했다.

autocrat ⓝ 독재자 **autocracy** ⓝ 독재 정치

1413 ★★★ □□□

attrition

[ətríʃən]

ⓝ 소모

Birds show nature's resistance against the relentless **attrition** of environmental degradation. 17 학평

새들은 환경의 질적 저하라는 가차 없는 **소모**에 대한 자연의 저항을 보여준다.

Vocab+ = **abrasion** ⓝ 마모

1414 ★★☆ □□□

interplay

[íntərplèi]

ⓝ 상호작용

A subject can be considered magical with the **interplay** of mist, fog, cloud, and landscape. 22 EBS

피사체는 연무, 안개, 구름, 풍경의 **상호작용**으로 마법처럼 간주될 수 있다.

Vocab+ = **interaction** ⓝ 상호작용

1415 ★★☆ □□□

affectionate

[əfékʃənit]

ⓐ 다정한, 애정어린

It was **affectionate** to say, "Well done, my boy. Well done!" 19 학평

"잘했다, 얘야. 잘했어!"라고 한 것은 **애정어린** 말이었다.

affection ⓝ 애정 **affect** ⓥ 영향을 미치다; 감동시키다 ⓝ 감정, 정서

Vocab+ = **warm-hearted** ⓐ 온정이 있는 ↔ **cold-hearted** ⓐ 냉담한

1416 ★★☆ □□□

spoil

[spɔil]

◆ 내신빈출

ⓥ 상하다; 아이를 버릇없이 키우다 ⓝ 전리품, 성과

Food and vaccines would **spoil** without refrigeration. 18 모평

식품과 백신은 냉장하지 않으면 **상할** 것이다.

Vocab+ = **ruin** ⓥ 망치다

1417 ★★☆ □□□

necessitate

[nəsésitèit]

ⓥ ~을 필요로 하다

Altering behavior **necessitates** repeating behaviors for long periods. 21 학평

행동을 변화시키는 것은 오랫동안 행동을 반복하는 것을 **필요로 한다**.

necessity ⓝ 필요, 필수품 **necessary** ⓐ 필요한

1418 ★★☆ □□□

clockwise

[klɑ́kwàiz]

ⓐ 시계방향의 ⓐⓓ 시계방향으로

The king reportedly ordered a Phoenician expedition to sail **clockwise** around Africa. 22 학평

전해 오는 바에 따르면, 그 왕은 페니키아 원정대에게 아프리카 주위를 **시계방향으로** 항해하라고 명령했다고 한다.

Vocab+ ↔ **counterclockwise** ⓐⓓ 반시계방향으로

1419 ★★☆ □□□

erode

[iróud]

◆ 내신빈출

ⓥ 약화시키다, 침식[풍화]시키다

Globalization is **eroding** the rights and capacity of people to determine their own future. 20 EBS

세계화는 사람들이 자신들의 미래를 결정할 권리와 능력을 **약화시키고** 있다.

erosion ⓝ 침식, 부식

Vocab+ = **corrode** ⓥ 부식시키다, 좀먹다

1420 ★★☆ □□□

publicize

[pʌ́blisàiz]

ⓥ 알리다, 광고[홍보]하다

Social media services enabled people to **publicize** their views on new songs. 20 수능

소셜 미디어 서비스는 사람들이 신곡에 대한 자신의 견해를 **알리는** 것을 가능하게 했다.

public ⓐ 대중의, 공공의 ⓝ 대중

Vocab+ = **advertise** ⓥ 광고하다

다의어

1421 ★★★ □□□

grave

[greiv]

1. ⓐ 중대한
2. ⓝ 무덤

1. It's a **grave** error to confuse the mind with the body. 19 EBS

정신과 신체를 혼동하는 것이 **중대한** 오류다.

2. It is more likely to be Americans who visit Jim Morrison's **grave** in Paris. 20 EBS

파리에 있는 Jim Morrison의 **무덤**을 방문하는 사람은 미국인일 가능성이 더 높다.

graveyard ⓝ 무덤

Vocab+ = **significant** ⓐ 중요한

1422 ★★☆ □□□

traitor

[tréitər]

ⓝ 배신자, 반역자

Magicians is a sort of **traitors** who expose the secrets behind a trick to the public. 21 학평

마법사들은 마술 기법 뒤에 숨겨진 비밀을 대중에게 누설하는 일종의 **배신자들**이다.

traitorous ⓐ 배반하는

Vocab+ = **betrayer** ⓝ 배신자

1423 ★★☆ □□□
afloat
[əflóut]

ⓐ 물에 떠 있는, 부유하는
While the reindeer is **afloat**, it is uniquely vulnerable. 18 수능
순록은 **물에 떠 있는** 동안, 유례없이 공격받기 쉬운 상태가 된다.

float ⓥ (물에) 뜨다, 떠다니다 **floating** ⓐ 떠 있는

1424 ★★☆ □□□
clinical
[klínikəl]

ⓐ 임상의
Deductive approaches are criticized for being too rigid and too remote from **clinical** practice. 22 EBS
연역적 접근방식은 너무 경직되고 **임상** 실습과 너무 동떨어져 있다고 비판받는다.

clinic ⓝ 병원, 진료소

1425 ★★☆ □□□
incorporate
[inkɔ́:rpərèit]
◆ 내신빈출

ⓥ 통합하다, 포함하다; 법인체를 설립하다
As an architect, he was inspired to **incorporate** a more organic feel into his buildings. 17 학평
건축가로서, 그는 영감을 얻어 자신의 건축물에 더 유기적인 느낌을 **포함시켰다**.

incorporation ⓝ 포함, 합병
Vocab+ = **integrate** ⓥ 통합하다 **include** ⓥ 포함하다

1426 ★★☆ □□□
approval
[əprú:vəl]

ⓝ 승인, 인정, 찬성
The reader is the writer's "customer" and one whose business or **approval** is one we need to seek. 15 모평
독자는 필자의 '고객'이며 그 고객의 관심사나 **인정**은 우리가 추구할 필요가 있는 것이다.

approve ⓥ 찬성하다, 승인하다
Vocab+ = **authorization** ⓝ 승인 **consent** ⓝ 찬성

1427 ★★☆ □□□
provoke
[prəvóuk]
◆ 내신빈출

ⓥ 불러일으키다, 선동하다, 자극하다
Contemporary art isn't doing its job unless it **provokes** the question. 20 학평
그 질문을 **불러일으키지** 않는다면, 현대 예술이 제 역할을 하지 못하는 것처럼 보인다.

Vocab+ = **evoke** ⓥ 불러일으키다 **stimulate** ⓥ 자극시키다

1428 ★★☆ □□□
accord
[əkɔ́:rd]

ⓝ 부합, 일치 ⓥ 일치하다, 부합하다
The children have been treated honestly and in **accord** with what they truly need. 17 EBS
그 아이들은 공정하게, 그리고 자신들이 진정 필요한 것에 **부합하게** 대우를 받아 왔다.

accordance ⓝ 일치
Vocab+ + **in accord with** ~에 부합하여, ~에 따라

1429 ★★☆ □□□

sanitary [sǽnitèri]

ⓐ 위생적인, 청결한

I am asking the city to install and maintain a **sanitary**, temporary toilet. 22 EBS

저는 시에서 **위생적인** 임시 화장실을 설치하고 유지 관리해 줄 것을 요청합니다.

sanitation ⓝ 위생 (시설)

Vocab+ = **hygienic** ⓐ 위생적인

1430 ★★☆ □□□

aesthetic [esθétik]

◆ 내신빈출

ⓐ 미의, 미학의

Restorers' and museum directors' **aesthetic** preferences and historical theories drive restorations. 12 모평

복원가와 박물관장의 **미적** 선호와 역사 이론이 복원을 추진한다.

aesthetics ⓝ 미학

1431 ★★☆ □□□

ecological [èkəládʒikəl]

ⓐ 생태계[학]의

Laws based upon **ecological** relationships are obligatory for understanding evolution. 19 모평

생태적 관계에 기초한 법칙은 진화를 이해하는 데 필수적이다.

ecology ⓝ 생태(계), 생태학 **ecosystem** ⓝ 생태계

1432 ★★☆ □□□

equate [ikwéit]

ⓥ 동일시하다, 일치하다

The authoritarian parent usually **equates** respect with fear. 17 EBS

권위적인 부모는 대체로 존중을 두려움과 **동일시한다**.

equation ⓝ 방정식; 동일시 **equal** ⓐ 동등한

Vocab+ + **equate A with B** A를 B와 동일시하다

1433 ★★☆ □□□

metaphorical [mètəfɔ́(:)rikəl]

ⓐ 은유의, 비유의

A **metaphorical** chain can neutralize the fear people have. 22 학평

은유적 연상은 사람들이 가지고 있는 두려움을 무력화할 수 있다.

metaphor ⓝ 은유, 비유

참고 figure of speech 비유적 표현 simile ⓝ 직유

1434 ★★☆ □□□

refrain [rifréin]

ⓥ 그만두다, 삼가다, 억제하다 ⓝ 자주 반복되는 말

It is necessary to **refrain** from punishing players too harshly for failure. 19 EBS

실패에 대해 플레이어들을 너무 가혹하게 처벌하는 것을 **삼가는** 것이 중요하다.

Vocab+ + **refrain from** ~을 삼가다 (= **abstain from**)

1435 ★★☆ □□□
transaction
[trænsǽkʃən]

ⓝ 거래, 매매
Higher transactions costs hold down the volume of exchange in the economy. 22 EBS
더 높은 **거래** 비용이 경제에서 교환의 양을 억제한다.
transact ⓥ 거래하다

1436 ★★☆ □□□
adverse
[ædvə́ːrs]
◆ 내신빈출

ⓐ 반대의; 불운한, 불리한
There are stories where people ignored the warning signs and adverse situations seemed to present themselves overnight. 17 학평
사람들이 경고 신호를 무시해서 **불운한** 상황이 하룻밤 사이에 나타난 듯한 이야기들이 있다.
adversity ⓝ 역경
Vocab+ = **unfavorable** ⓐ 불리한

고난도

1437 ★★★ □□□
composure
[kəmpóuʒər]

ⓝ 침착, 평정
Create a procedure for different scenarios and keep your composure.
다양한 시나리오들을 위한 절차를 만들고 여러분의 **평정**을 유지하라.
composed ⓐ 침착한
Vocab+ = **self-possession** ⓝ 침착

1438 ★★★ □□□
indecipherable
[ìndisáifərəbl]

ⓐ 해독[판독]할 수 없는
Most software businesses distribute their code only in almost indecipherable machine language. 22 EBS
대부분의 소프트웨어 기업은 자신의 암호를 거의 **해독할 수 없는** 기계어로만 유통시킨다.
cipher ⓝ 암호 **decipher** ⓥ 판독[해독]하다
Vocab+ ↔ **decipherable** ⓐ 해독[판독]할 수 있는

1439 ★★★ □□□
peripheral
[pərífərəl]

ⓐ 지엽적인, 주변부의
The routine behaviours are processed via the peripheral route. 22 EBS
일상적인 행동은 **지엽적인** 경로를 통해 처리된다.
periphery ⓝ 주변, 주위

1440 ★★★ □□□
reckless
[réklis]

ⓐ 무모한, 부주의한, 신중하지 못한
Evidence suggests an association between loud, fast music and reckless driving. 13 모평
증거는 시끄럽고 빠른 음악과 **무모한** 운전 사이의 연관성을 제시한다.
reck ⓥ 개의하다, 조심하다
Vocab+ = **rash** ⓐ 경솔한 ↔ **careful** ⓐ 조심스러운

Review Test

A 우리말은 영어로, 영어는 우리말로 적으시오.

1 장치, 도구 g__________
2 거래, 매매 t__________
3 짐승, 야수 b__________
4 측, 편, 이익 b__________
5 attrition __________
6 traitor __________
7 composure __________
8 accord __________

B 각 단어의 유의어 혹은 반의어를 적으시오.

1 clumsy ⊜ a__________
2 spoil ⊜ r__________
3 sanitary ⊜ h__________
4 interplay ⊜ i__________
5 clockwise ↔ c__________
6 affectionate ↔ c__________
7 spontaneous ↔ p__________
8 reckless ↔ c__________

C 다음 우리말에 적합한 어휘를 고르시오.

1 Throughout the day Jeremy was [obese / obsessed] with how he was going to save enough money.
종일 Jeremy는 충분한 돈을 모을 방법에 관한 생각에 사로잡혀 있었다.

2 The [obese / obsessed] individual has been successfully sold on going on a medically prescribed diet.
그 비만인 사람은 의학적으로 처방된 다이어트를 하는 것에 성공적으로 열중했다.

D 다음 빈칸에 공통으로 들어갈 어휘를 고르시오.

1 It's a __________ error to confuse the mind with the body.
2 It is more likely to be Americans who visit Jim Morrison's __________ in Paris.

① grave ② clinical ③ adverse ④ peripheral ⑤ metaphorical

A 1 gadget 2 transaction 3 brute 4 behalf 5 소모 6 배신자, 반역자 7 침착, 평정 8 부합(하다), 일치(하다) B 1 awkward 2 ruin 3 hygienic 4 interaction 5 counterclockwise 6 cold-hearted 7 planned 8 careful C 1 obsessed 2 obese D ① grave

regardless of vs. when it comes to

regardless of ~에[와] 무관하게	Regardless of rather a demanding request, he proceeded his plans. 다소 까다로운 요청과 **무관하게**, 그는 자기 계획을 진행하였다.
when it comes to ~에 관한 한	When it comes to financing a vehicle, leasing has no advantage over purchasing. 자동차 구입을 위한 자금 마련**에 관한 한**, 리스가 구매보다 장점을 가지고 있지 않다.

otherwise vs. unless

otherwise ad 그렇지 않으면[않았다면]; 그 외에는	I met Chris yesterday; **otherwise**, I would not have got the information. 나는 어제 Chris를 만났는데, **그렇지 않았다면** 나는 그 정보를 얻지 못했을 것이다.
unless c 만약 ~이 아니면 (= if ~ not)	**Unless** I had met Chris yesterday, I would not have got the information. **만약** 내가 어제 Chris를 만나지 **않았다면**, 나는 그 정보를 얻지 못했을 것이다.

poet vs. poem vs. poetry

poet n 시인	Adler was a **poet** and novelist Adler는 **시인**이자 소설가이기도 했다.
poem n 시	The poet wrote a **poem** about his immortal beloved. 시인은 자신의 불멸의 여인에 대한 **시**를 썼다.
poetry n 시 (장르적 개념 – 추상명사)	I read the poem in a collection of modern **poetry**. 나는 현대 **시**집에서 그 시를 읽었다.

aside from vs. other than vs. except for

aside from ~을 제외하고; ~은 별도로 하고	The room was empty **aside from** the sofa. 그 방은 소파를 **제외하고는** 비어 있었다.
other than ~ 이외에; ~을 제외하고	The kind doctor advised about a number of things **other than** medicine. 그 친절한 의사선생님은 약 **외에도** 많은 것들에 대해 충고했다.
except for ~ 이외에는; ~이 없으면	He hadn't eaten a thing **except for** a handful of soup. 그는 한 줌의 수프 **외에는** 아무것도 먹지 않았었다.

Crossword Puzzle

DAY 36

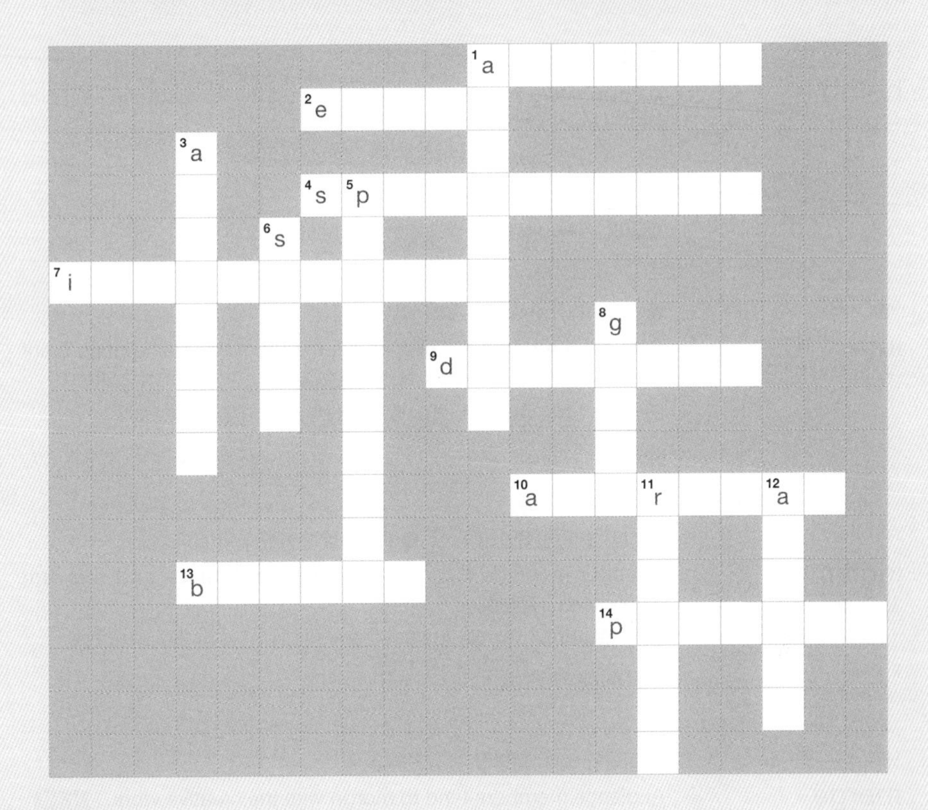

ACROSS

1 ⓐ 반대의, 불운한, 불리한

2 ⓥ 약화시키다, 침식[풍화]시키다

4 ⓐ 자발적인, 즉흥적인

7 ⓥ 통합하다, 포함하다, 법인체를 설립하다

9 ⓝ 괴로움, (정신적) 고통 ⓥ 괴롭히다

10 ⓝ 승인, 찬성

13 ⓝ 측, 편, 이익

14 ⓥ 불러일으키다, 선동하다, 자극하다

DOWN

1 ⓐ 미의, 미학의

3 ⓝ 자율성, 자치권

5 ⓐ 지엽적인, 주변부의

6 ⓥ 상하다, 아이를 버릇없이 키우다
ⓝ 전리품, 성과

8 ⓥ 붙잡다, 이해하다

11 ⓥ 그만두다, 삼가다, 억제하다
ⓝ 자주 반복되는 말

12 ⓐ 물에 떠 있는, 부유하는

Answer p.522

1441 ★★☆ □□□
humble
[hʌ́mbl]
◆ 내신빈출

ⓐ 겸손한; 보잘것없는, 비천한
Jeremy was a **humble** man who cleaned the floors of the king and was always smiling and happy. 17 학평
Jeremy는 왕의 (궁궐) 바닥을 청소하는 **보잘것없는** 사람이었지만 항상 미소를 짓고 행복했다.

Vocab+ = **modest** ⓐ 겸손한; 보통의

1442 ★★☆ □□□
lure
[ljuər]

ⓥ 유혹하다, 꾀내다 ⓝ 유혹, 미끼
Rats are **lured** into the slipper-like mouth of the flesh-eating plant to drown or die of exhaustion. 10 학평
쥐는 육식 식물의 슬리퍼 모양의 입에 **꾀내어져서** 익사하거나 지쳐서 죽는다.

Vocab+ = **allure** ⓥ 꾀다 ⓝ 미끼 **entice** ⓥ 유인하다 **decoy** ⓝ 유인용 물건

1443 ★★☆ □□□
legitimate
ⓐ[lidʒítəmət]
ⓥ[lidʒítəmèit]
◆ 내신빈출

ⓐ 타당한, 합법적인, 정당한 ⓥ 합법으로 인정하다
Equality involves full recognition of **legitimate** and relevant differences. 20 모평
평등은 **합법적**이고 관련 있는 차이들에 대한 완전한 인정을 포함한다.

legitimately ⓐⓓ 합법적으로, 정당하게

1444 ★★☆ □□□
merge
[məːrdʒ]

ⓥ 하나가 되다, 합병하다, 융합하다
Audience members tend to **merge** with the creative work. 21 학평
관객들은 창조적인 작품에 **하나가 되는** 경향이 있다.

merger ⓝ 합병
Vocab+ + **merge with** ~와 하나가 되다

1445 ★★☆ □□□
gland
[glænd]

ⓝ 분비선, 분비샘
Most insect communication is based on chemicals known as pheromones, with specialized **glands** releasing compounds. 20 학평
대부분의 곤충 의사소통은 페로몬이라고 알려진 화학 물질에 기반하며, 화합물을 방출하는 특화된 **분비샘**을 이용한다.

Vocab+ + **secrete** ⓥ 분비하다 **secretion** ⓝ 분비, 분비물

1446 ★★☆ □□□
shortsighted
[ʃɔ̀ːrtsáitid]

ⓐ 근시의, 근시안적인, 선견지명이 없는
The nurse at her school declared Tara severely **shortsighted** and she had to get glasses. 11 모평
보건 교사는 Tara가 심각한 **근시여서** 안경을 착용해야 한다고 말했다.

Vocab+ ↔ **farsighted, longsighted** ⓐ 원시의

1447 ★★☆ □□□

disrupt
[dìsrʌ́pt]

ⓥ 방해하다, 지장을 주다

Illness or an accident can **disrupt** the "normal" lifecycle progression expected in the society. 21 EBS

질병이나 사고는 사회에서 기대되는 '정상적인' 생애 주기의 진행을 **방해할** 수 있다.

disruption ⓝ 방해

Vocab+ = **disturb** ⓥ 방해하다

1448 ★★☆ □□□

dwindle
[dwíndl]

ⓥ 점점 줄어들다, 저하되다

One reason why wine consumption **dwindles** is the acceleration of the French meal. 12 모평

포도주 소비가 **줄어든** 것에 대한 한 가지 이유는 프랑스인의 식사가 빨라진 것이다.

Vocab+ = **diminish, decrease** ⓥ 줄어들다

1449 ★★☆ □□□

criterion
[kraití(ː)əriən]

ⓝ 기준 (ⓟⓛ criteria)

Judging **criteria** of Cheshire Science Invention Contest are creativity and usefulness of the invention. 20 모평

Cheshire 과학 발명 경진대회의 심사 **기준**은 발명품의 창의성과 유용성이다.

1450 ★★☆ □□□

adhesive
[ædhíːsiv]

ⓐ 잘 들러붙는, 접착용의 ⓝ 접착제

Recent years have seen the emergence of a wide variety of "green **adhesives**." 20 EBS

최근 몇 년 동안 매우 다양한 '친환경 **접착제**'가 출현했다.

adhere ⓥ 들러붙다

Vocab+ = **glue** ⓝ 접착제 **sticky** ⓐ 들러붙는 ↔ **inadhesive** ⓐ 접착성이 없는

혼동어

1451 ★★☆ □□□

overtly
[ouvə́ːrtli]

ⓐⓓ 공공연하게

When **overtly** using violence is disallowed, competition between groups changes into refining manners. 22 EBS

공공연하게 폭력을 행사하는 것이 허용되지 않을 때, 집단 간의 경쟁은 세련된 예의범절로 바뀐다.

overt ⓐ 공공연한, 겉으로 드러나는

Vocab+ = **openly, publicly** ⓐⓓ 공공연하게

1452 ★★☆ □□□

covertly
[kʌ́vərtli]

ⓐⓓ 은밀히

The years passed as quickly as **covertly** turned pages until I was a grown-up schoolteacher. 12 모평

시간은 **은밀히** 넘겨진 책장처럼 빠르게 지나갔고 어느새 나는 학교 선생님이 되어 있었다.

covert ⓐ 비밀의, 은밀한

Vocab+ = **secretly** ⓐⓓ 은밀히

1453 ★★☆ □□□
conflate
[kənfléit]

ⓥ 융합하다, 합체하다

People tend to **conflate** color photography and reality. 18 학평

사람들은 컬러 사진술을 현실과 **융합하는** 경향이 있다.

Vocab+ = **merge, amalgamate** ⓥ 연합하다, 합병하다
↔ **divide** ⓥ 나누다

1454 ★★☆ □□□
affiliation
[əfiliéiʃən]
◆ 내신빈출

ⓝ 관계, 제휴

We long for **affiliation** to overcome the social isolation. 22 EBS

사회적 고립을 극복하기 위해 우리는 **관계**를 열망한다.

affiliative ⓐ 관계 지향적인

Vocab+ = **partnership** ⓝ 제휴

1455 ★★☆ □□□
attorney
[ətə́ːrni]

ⓝ 변호사, 대리인

A defense **attorney** constructs an argument to persuade the same judge or jury toward the opposite conclusion. 16 모평

피고 측 **변호사**는 동일한 판사나 배심원을 정반대의 결론으로 설득하기 위한 논거를 구성한다.

참고 lawyer ⓝ 변호사 district attorney 지방 검사 prosecution lawyer 기소 검사

1456 ★★☆ □□□
gigantic
[dʒaigǽntik]

ⓐ 거대한

Many were probably killed or severely injured in the close encounters that were necessary to slay one of these **gigantic** animals. 16 모평

많은 사람이 이 **거대한** 동물 중 한 마리를 잡기 위해 필연적으로 (그것과) 가까이 맞닥뜨렸을 때 아마도 죽거나 심각한 상처를 입었을 것이다.

Vocab+ = **giant** ⓝ 거인 ⓐ 거대한

1457 ★★☆ □□□
hindsight
[háindsàit]

ⓝ (사후에) 사정을 다 알게 됨, 뒤늦은 깨달음

Hindsight bias causes students to have difficulty in making accurate judgments of their own knowledge. 19 학평

사후 과잉 확신 편향은 학생들이 자신의 지식을 정확하게 판단하는 데 어려움을 겪게 한다.

Vocab+ ↔ **foresight** ⓝ 예지력, 선견지명

1458 ★☆☆ □□□
shortage
[ʃɔ́ːrtidʒ]

ⓝ 부족, 결함

The Crown had declared a severe **shortage** of the hardwood on which the Royal Navy depended. 21 모평

군주는 영국 해군이 의존하는 경재(단단한 목재)가 심각하게 **부족**하다고 선포했다.

short ⓐ 짧은, 부족한 **shortly** ⓐⓓ 곧

1459 ★★☆ □□□

appoint

[əpɔ́int]

◆ 내신빈출

ⓥ 임명[지명]하다; (시간·장소를) 정하다

Haffkine was appointed as the director of the Plague Laboratory in Bombay. 21 학평

Haffkine은 Bombay에 있는 Plague Laboratory의 소장으로 **임명되었다**.

appointment ⓝ 약속; 임명 **appointed** ⓐ 정해진

Vocab+ = **assign** ⓥ 배정하다

1460 ★☆☆ □□□

burden

[bə́ːrdən]

ⓝ 부담 ⓥ ~에게 부담을 지우다

When it comes to medical treatment, patients see choice as both a blessing and a burden. 18 학평

의학 치료에 있어서 환자들은 선택을 축복이자 **부담**으로 본다.

Vocab+ ↔ **unburden** ⓥ 부담을 덜어주다

다의어

1461 ★★☆ □□□

stable

[stéibl]

1. ⓐ 안정된
2. ⓝ 마구간

1. There are several factors critical to bringing about stable institutional solutions. 22 EBS

   안정적인 제도적 해결책을 가져오는 데 중요한 몇 가지 요인이 있다.

2. What interested me the most about the new house was the stable in the backyard. 16 모평

   그 새집에 대해 나에게 가장 흥미로웠던 것은 뒤뜰에 있는 **마구간**이었다.

stability ⓝ 안정성

Vocab+ ↔ **unstable** ⓐ 불안정한

1462 ★★☆ □□□

compensate

[kámpənsèit]

◆ 내신빈출

ⓥ 보완하다, 보상하다

Birds cannot easily fly more slowly in order to compensate for lowered visibility. 20 학평

새는 낮아진 가시성을 **보완하기** 위해 쉽사리 더 저속으로 비행할 수는 없다.

compensation ⓝ 보상

Vocab+ + **compensate for** ~을 보상하다

1463 ★★☆ □□□

predominate

[pridámənèit]

ⓥ (수적·양적으로) 지배적이다[두드러지다] 20 모평

Based upon some criterion, determine which one predominates.

어떤 기준에 따라, 어떤 것이 **우위를 차지하는지** 판단하라.

predominant ⓐ 두드러진 **predominance** ⓝ 우위

Vocab+ = **dominate** ⓥ 지배하다

1464 ★★☆ □□□

despair
[dispέər]

ⓝ 절망 ⓥ 절망하다

Olivia sighed in despair. Grandma smiled at her and said, "Don't worry." 18 수능

Olivia는 **절망감**에 한숨을 지었다. 할머니는 그녀를 보고 미소를 지으며 "걱정하지 마라." 라고 말씀하셨다.

desperate ⓐ 자포자기한, 필사적인

1465 ★★☆ □□□

tolerance
[tálərəns]

ⓝ 관용; 내성, 저항력

Humans have an inborn tolerance for risk. 12 수능

인간은 위험에 대해 타고난 **내성**이 있다.

tolerate ⓥ 용인하다, 참다 **tolerant** ⓐ 관대한

Vocab+ ↔ **intolerance** ⓝ 편협, 참을 수 없음, 아량이 없음

1466 ★★☆ □□□

via
[váiə]

ⓟ ~을 통해, ~을 경유하여

When you communicate via a paper, talk, or poster, be clear about what you want to show. 18 학평

논문, 강연, 혹은 포스터**를 통해** 의사소통할 때 여러분이 보여 주고자 하는 것을 분명히 하라.

Vocab+ = **by way of, by means of** ~을 통해

1467 ★★☆ □□□

hinder
[híndər]

◆ 내신빈출

ⓥ 방해하다

A popular notion with regard to creativity is that constraints hinder our creativity. 18 학평

창의성과 관련된 일반적인 한 견해는 제한이 우리의 창의성을 **방해한다는** 것이다.

hindrance ⓝ 방해, 장애

Vocab+ = **hamper** ⓥ 방해하다

1468 ★★☆ □□□

bastion
[bǽstʃən]

ⓝ 요새

The carpenters' union was long known as a "traditional bastion" of white men. 16 모평

목수 노조는 오랫동안 백인들의 '전통적 **요새**'로 알려져 왔다.

Vocab+ = **fort, fortress** ⓝ 요새

1469 ★★☆ □□□

unattainable
[ʌ̀nətéinəbl]

ⓐ 달성할 수 없는, 얻기 어려운

The computer makes available a range of data unattainable in the age of books. 20 모평

컴퓨터는 책의 시대에는 **얻을 수 없는** 다양한 데이터를 이용할 수 있게 한다.

attain ⓥ 달성하다, 이루다

Vocab+ ↔ **attainable** ⓐ 달성 가능한

1470 ★★☆ □□□
genuine
[dʒénjuin]
◆ 내신빈출

ⓐ 진짜의, 진실된
The absence of fear in expressing a disagreement is a source of **genuine** freedom. 17 모평
이견을 표현할 때에 두려움이 없는 것이 **진정한** 자유의 원천이다.

Vocab+ = **authentic** ⓐ 진짜의 **unaffected** ⓐ 꾸밈없는

1471 ★★☆ □□□
precondition
[prìːkəndíʃən]

ⓝ 전제 조건
The availability of transportation infrastructure and services has been considered a fundamental **precondition** for tourism. 18 모평
교통 기반 시설과 서비스의 이용 가능성이 관광 산업의 기본적인 **전제 조건**으로 간주되어 왔다.

Vocab+ = **prerequisite** ⓝ 전제 조건

1472 ★★☆ □□□
surplus
[sə́ːrplʌs]
◆ 내신빈출

ⓝ 여분, 잉여, 나머지 ⓐ 나머지의
Agriculture enabled food **surpluses** to create a division of labor in settlements. 18 학평
농업은 **잉여** 식량을 통해 정착지들에서 분업이 생겨나는 것을 가능하게 했다.

Vocab+ = **extra** ⓐ 추가의 **spare** ⓐ 여분의

1473 ★★☆ □□□
apparatus
[æ̀pərǽtəs]

ⓝ 장치, 기구, 조직
Repeated measurements with the same **apparatus** neither reveal nor do they eliminate an error. 20 학평
동일한 **도구**를 가지고서는 반복적인 측정을 해도 오차를 드러내거나 제거하지도 못한다.

Vocab+ = **equipment** ⓝ 장비

1474 ★★☆ □□□
correspondence
[kɔ̀(ː)rispɑ́ndəns]

ⓝ 연락, 서신; 일치
E-mail is great for transactional **correspondence**. 21 모평
이메일이 업무 **연락**을 하기에는 훌륭하다.

correspond ⓥ 일치하다; 서신을 주고받다 **correspondent** ⓝ 통신원
correspondingly ⓐⓓ 상응하여

1475 ★★☆ □□□
keen
[kiːn]

ⓐ 강렬한, (~을) 열망하는
Apart from a **keen** sense of fun, Carl brought an intellectual mind to his work. 21 학평
강한 장난기 이외에도, Carl은 지적인 사고방식을 업무에 가져왔다.

Vocab+ = **intense** ⓐ 강렬한 **enthusiastic** ⓐ 열정적인

1476 ★★☆ □□□
medieval
[mìːdiíːvəl]

ⓐ 중세의

Medieval tempera painting can be compared to the practice of special effects during the analog period of cinema. 14 모평

중세의 템페라 화법은 영화를 아날로그 방식으로 제작하던 시기의 특수효과 실행에 비유될 수 있다.

참고 ancient ⓐ 고대의 medieval ⓐ 중세의 modern ⓐ 근대의
contemporary ⓐ 현대의

고난도

1477 ★★★ □□□
valiant
[vǽljənt]

ⓐ 용감한, 용맹스런

As valiant and adventurous members, heroes act in the interests of others. 22 EBS

용감하고 모험적인 구성원으로서, 영웅들은 다른 사람들의 이익을 위해 행동한다.

valiantly ad 용감하게

Vocab+ = **courageous** ⓐ 용감한

1478 ★★★ □□□
hedonic
[hiːdánik]

ⓐ 쾌락의, 향락적인

The hedonic character carries important implications for marketing communications for entertainment products. 22 EBS

쾌락적 특성은 연예 상품 마케팅 커뮤니케이션에 중요한 의미를 지닌다.

hedonistic ⓐ 쾌락주의자의

1479 ★★★ □□□
sated
[séitid]

ⓐ (~에) 물린, 질린

Being full and feeling sated are separate matters. 17 수능

배가 부르다는 것과 **물리는** 느낌은 별개의 문제다.

sate ⓥ 배부르게 하다, 물리게 하다

1480 ★★★ □□□
contingent
[kəntíndʒənt]

ⓐ 불확정적인, 우발적인 ⓝ 부수적 사건

Man's form-giving power is contrasted to the contingent character of nature. 22 EBS

인간이 형태를 형성하는 힘은 자연의 **우발적인** 특성과 대비된다.

contingency ⓝ 만일의 사태

Review Test

A 우리말은 영어로, 영어는 우리말로 적으시오.

1 보완[보상]하다	c________	5 hinder	________
2 관용, 내성	t________	6 shortage	________
3 변호사, 대리인	a________	7 criterion	________
4 분비선, 분비샘	g________	8 despair	________

B 각 단어의 유의어 혹은 반의어를 적으시오.

1 lure	⊜ a________	5 unattainable	↔ a________
2 surplus	⊜ e________	6 shortsighted	↔ f________
3 predominate	⊜ d________	7 conflate	↔ d________
4 apparatus	⊜ e________	8 adhesive	↔ i________

C 다음 우리말에 적합한 어휘를 고르시오.

1 When [overtly / covertly] using violence is disallowed, competition between groups changes into refining manners.
공공연하게 폭력을 행사하는 것이 허용되지 않을 때, 집단 간의 경쟁은 세련된 예의범절로 바뀐다.

2 The years passed as quickly as [overtly / covertly] turned pages until I was a grown-up schoolteacher.
시간은 은밀히 넘겨진 책장처럼 빠르게 지나갔고 어느새 나는 학교 선생님이 되어 있었다.

D 다음 빈칸에 공통으로 들어갈 어휘를 고르시오.

1 There are several factors critical to bringing about ________ institutional solutions.

2 What interested me the most about the new house was the ________ in the backyard.

① staple ② via ③ stable ④ valiant ⑤ correspondence

A 1 compensate 2 tolerance 3 attorney 4 gland 5 방해하다 6 부족, 결함 7 기준 8 절망(하다) B 1 allure 2 extra 3 dominate 4 equipment 5 attainable 6 farsighted 7 divide 8 inadhesive C 1 overtly 2 covertly D ③ stable

dependent (up)on vs. independent of

dependent (up)on ~에(게) 의존하여	The stamp's value is dependent upon how rare it is. 우표의 가치는 그것이 얼마나 희귀하냐에 달려 있다.
independent of ~와는 무관하게, ~와는 별도로	The group seems independent of any political party. 그 단체는 어떤 정당과도 무관한 것처럼 보인다.

full of vs. short of

full of ~로 가득 찬	Despite his physical problems, he was still full of hope. 그의 신체적인 문제들에도 불구하고, 그는 여전히 희망으로 가득 차 있었다.
short of 부족한	He finished in 30 seconds—only one second short of the world record. 그는 세계 기록보다 1초 부족한 30초 만에 끝냈다.

in favor of vs. in opposition to

in favor of ~에 찬성[지지]하여	No surprise most voters are in favor of the tax cuts. 대부분의 유권자들이 감세에 찬성하는 것은 놀랍지 않다.
in opposition to ~에 반대하여	His theory stands in opposition to the new law. 그의 이론은 새 법에 반대하는 입장이다.

inferior to vs. superior to

inferior to ~보다 열등한 (= worse than)	Aaron always felt inferior to his brother. Aaron은 항상 그의 형보다 열등하다는 느낌을 갖는다.
superior to ~보다 뛰어난 (= better than)	The new model is superior to the previous one. 새 모델은 이전 모델보다 우수하다.

senior to vs. junior to

senior to ~보다 나이가 많은 (= older than)	My mother five years senior to my father. 어머니는 아버지보다 나이가 다섯 살 더 많다.
junior to ~보다 나이가 어린 (= younger than)	My father is five years junior to my mother. 아버지는 어머니보다 다섯 살 더 어리다.

Crossword Puzzle

DAY 37

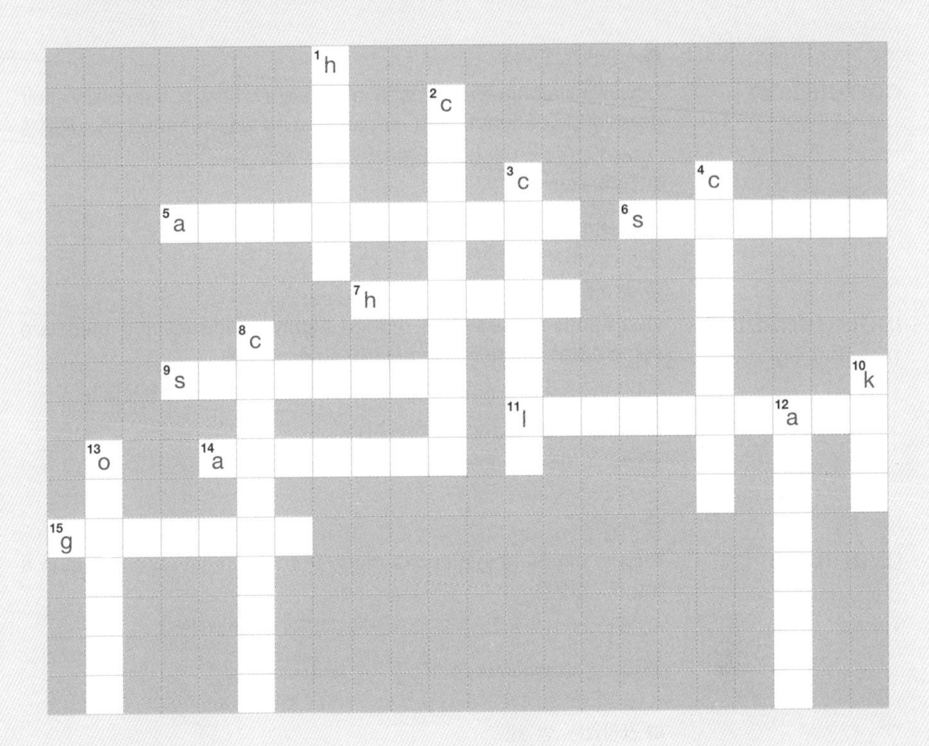

ACROSS

5 ⓝ 관계, 제휴

6 ⓝ 여분, 잉여, 나머지 ⓐ 나머지의

7 ⓥ 방해하다

9 ⓝ 부족, 결함

11 ⓐ 타당한, 합법적인, 정당한
ⓥ 합법으로 인정하다

14 ⓥ 임명[지명]하다, (시간·장소를) 정하다

15 ⓐ 진짜의, 진실된

DOWN

1 ⓐ 겸손한, 보잘것없는, 비천한

2 ⓐ 불확정적인, 우발적인 ⓝ 부수적 사건

3 ad 은밀히

4 ⓝ 기준

8 ⓥ 보완하다, 보상하다

10 ⓐ 강렬한, (~을) 열망하는

12 ⓐ 잘 들러붙는, 접착용의 ⓝ 접착제

13 ad 공공연하게

Answer p.523

1481 ★★☆ □□□
correlation
[kɔ̀(:)rəléiʃən]

ⓝ 상관관계, 연관성

Lowell's lifelong appreciation of Keats's writings, especially their **correlation** of beauty and human longing was summed up. 20 EBS

Lowell의 평생에 걸친 Keats의 작품에 대한 평가, 특히 그것의 미와 인간의 갈망 사이의 **상관관계**에 대한 평가가 집대성되었다.

correlate ⓥ 연관성이 있다 **correlational** ⓐ 연관성의

1482 ★★☆ □□□
indispensable
[ìndispénsəbl]
◆ 내신빈출

ⓐ 필수불가결한

Quantitative research is indeed highly important and there are some areas where it is **indispensable**. 22 EBS

정량적 연구는 정말 매우 중요하며, 그것이 매우 **필수불가결한** 몇몇 영역이 있다.

dispense ⓥ 분배하다, 나누어 주다
Vocab+ ↔ **dispensable** ⓐ 없어도 되는, 불필요한

1483 ★★☆ □□□
overstate
[òuvərstéit]
◆ 내신빈출

ⓥ 과장하다

People **oversate** inferences made from the most recent data in a trend. 22 EBS

사람들은 추세상 가장 최근의 데이터로부터 얻어지는 추론을 **과장한다**.

Vocab+ = **exaggerate** ⓥ 과장하다 ↔ **understate** ⓥ 축소해서 말하다

1484 ★★☆ □□□
perpetual
[pərpétʃuəl]

ⓐ 끊임없는, 영원한

Knowledge is merely a **perpetual** marathon full of potential and pitfalls. 21 EBS

지식은 잠재력과 위험으로 가득 찬, **끊임없는** 마라톤일 뿐이다.

perpetuate ⓥ 영구화하다 **perpetually** ⓐⓓ 영구적으로
Vocab+ = **continuous** ⓐ 지속적인 **ceaseless** ⓐ 끊임없는
↔ **temporary** ⓐ 일시적인

1485 ★★☆ □□□
renowned
[rináund]

ⓐ 저명한, 명성 있는

Numerous reproductions of mostly **renowned** masterpieces have spread art in informal ways. 18 EBS

주로 **유명한** 걸작의 많은 복제품들은 비공식적인 방식으로 미술을 확산시켰다.

renown ⓝ 명성
Vocab+ = **celebrated, noted** ⓐ 유명한

1486 ★★☆ □□□
insulate
[ínsjəlèit]

ⓥ 단열[절연, 방음] 처리하다, 보호하다

Fourier was the first to recognize that the atmosphere **insulates** Earth from heat loss—like a blanket. 21 EBS

Fourier는 담요처럼 대기가 지구를 열 손실로부터 **보호한다**는 것을 인식한 첫 번째 사람이었다.

insulation ⓝ 절연 처리
Vocab+ = **isolate** ⓥ 고립[격리]시키다

1487 ★★☆ □□□

shed

[ʃed]

ⓥ 떨구다, 흘리다 ⓝ 헛간

He shed tears as he cleaned his mother's hands. 18 학평

그는 자기 어머니의 손을 씻겨 드리면서 눈물을 **흘렸다**.

Vocab+ = **drop** ⓥ 떨어지다

1488 ★★☆ □□□

drawback

[drɔ́ːbæ̀k]

◆ 내신빈출

ⓝ 문제점, 결점, 장애

One obvious **drawback** is the danger involved in experimenting on oneself. 20 수능

한 가지 명백한 **문제점**은 자신에 대한 실험을 하는 것에 있어서 수반되는 위험이다.

Vocab+ = **flaw** ⓝ 결점 **defect** ⓝ 결함

1489 ★★☆ □□□

commute

[kəmjúːt]

ⓥ 통근하다 ⓝ 통근(거리)

The social convention includes getting married and having children, and having a regular job and **commuting** to work. 22 학평

사회적 관례는 일반적으로 결혼해서 아이를 갖는 것, 그리고 일정한 직업을 갖고 **통근하는** 것을 포함한다.

commuter ⓝ 통근자

1490 ★★☆ □□□

disjointed

[disdʒɔ́intid]

ⓐ 연결이 안 되는, 일관성이 없는

There were seemingly strange and **disjointed** ideas in her book. 19 수능

그녀의 책에는 겉보기에는 이상하고 **일관성이 없는** 생각들이 있었다.

disjoint ⓥ 해체하다, 탈구시키다

Vocab+ = **incoherent** ⓐ 일관성 없는 **disconnected** ⓐ 동떨어진
↔ **jointed** ⓐ 연결된

혼동어휘

1491 ★★☆ □□□

marital

[mǽritəl]

ⓐ 결혼[부부](생활)의

In many cultures, a ring indicates **marital** status. 18 학평

많은 문화에서, 반지는 **혼인** 여부를 나타낸다.

Vocab+ = **matrimonial** ⓐ 결혼생활의

1492 ★★☆ □□□

martial

[mάːrʃəl]

ⓐ 무술의

In **martial** arts, the sense of looking freshly at something is known as 'beginner's mind.' 10 수능

무술에서는, 어떤 것을 새로이 바라보는 의식 상태는 '초심'이라고 알려져 있다.

Vocab+ + **belligent** ⓐ 호전적인 **bellicose** ⓐ 싸우기 좋아하는

참고 동음이의어 : marshal ⓝ (경기장) 진행요원, 보안관, 원수 ⓥ 집결시키다

1493 ★★☆ □□□

decoy
[dikɔ́i]

ⓝ 유인용 물건[사람], 미끼

The **decoy** lured people into choosing the more expensive ones over the less expensive ones. 22 EBS

그 **미끼**는 덜 비싼 것보다는 더 비싼 것을 고르도록 사람들을 유혹했다.

1494 ★★☆ □□□

tremble
[trémbl]

ⓥ 떨다, 흔들리다

Underground was so deep that the climb down made the muscles in his legs and arms **tremble**. 21 학평

너무 깊은 지하라서 기어 내려가는 것이 그의 다리와 팔의 근육을 **떨리게** 만들었다.

trembling ⓝ 떨림 ⓐ 떨리는

1495 ★★☆ □□□

adaptive
[ədǽptiv]

◆ 내신빈출

ⓐ 적응적인, 조정의

There are situations in which competition is an **adaptive** strategy; there are other situations in which cooperation is **adaptive**. 17 EBS

경쟁이 **적응** 전략인 상황이 있고, 협동이 **적응성인** 상황이 있다.

adapt ⓥ 맞추다, 적응하다 **adaption** ⓝ 적응

Vocab+ ↔ **maladaptive** ⓐ 부적응의

1496 ★★☆ □□□

derive
[diráiv]

ⓥ 끌어내다, (~에서) 비롯되다, 유래하다

The phrase "the bluebird of happiness" **derives** from a enormously popular and enduring story. 18 학평

'행복의 파랑새'라는 말은 대단히 인기 있고 오래 지속되는 이야기에서 **유래한다**.

Vocab+ + **derive A from B** B로부터 A를 끌어내다

1497 ★★☆ □□□

disguise
[disgáiz]

◆ 내신빈출

ⓝ 위장, 가장 ⓥ 숨기다, 가리다

Irregular seaweed-like skin flaps on the body of the Sargassum fish make an excellent **disguise**. 18 EBS

노랑씬벵이의 몸통의 불규칙적인 해초 무늬 피부 판은 훌륭한 **위장술**이 된다.

Vocab+ = **camouflage** ⓝ 위장 **conceal** ⓥ 숨기다

1498 ★★☆ □□□

frown
[fraun]

ⓥ 눈살을 찌푸리다 ⓝ 찡그린 얼굴

Partners may **frown** without genuinely dealing with an issue. 20 모평

배우자들은 어떤 문제를 진정으로 다루지 않은 채로 **얼굴을 찡그릴** 수도 있다.

Vocab+ = **make a face** 눈살을 찌푸리다

1499 ★★☆ □□□

exhausted

[igzɔ́:stid]

◆ 내신빈출

ⓐ 기진맥진한, 고갈된

Pronounced disturbances or disease arise only after the adaptation reserves have become **exhausted**. 19 EBS

뚜렷한 장애나 질병은 적응 여력이 **고갈되고** 난 후에야 발생한다.

exhaust ⓝ 배기가스 ⓥ 기진맥진하게 만들다, 고갈시키다

Vocab+ = **weary, tired** ⓐ 지친 **drained, depleted** ⓐ 고갈된

1500 ★☆☆ □□□

trauma

[trɔ́:mə]

ⓝ 정신적 외상, 트라우마, 충격적 경험

Early **traumas** made water the only thing that Princess truly feared. 18 모평

어린 시절의 **정신적 외상**은 물을 Princess가 정말로 두려워하는 유일한 것으로 만들었다.

traumatic ⓐ 대단히 충격적인

다의어

1501 ★★☆ □□□

spare

[spɛər]

1. ⓥ (시간·돈 등을) 할애하다
2. ⓥ (고생을) 면하게 하다
3. ⓐ 여분의, 예비의

1. You could **spare** a few minutes to share your experience and opinions. 17 학평

   몇 분 시간을 **할애하여** 귀하의 경험과 의견을 공유해 주시기 바랍니다.

2. Our conscious minds are **spared** just about everything except the final product. 22 EBS

   우리의 의식적인 정신은 최종적인 결과물을 제외한 (다른) 모든 것에는 수고를 **면하게** 된다.

3. Consumers valued the convenience of not having to carry around **spare** tapes. 17 EBS

   고객들은 **여분의** 테이프를 가지고 다닐 필요가 없는 편리성을 높이 평가했다.

Vocab+ = **allot** ⓥ 할당하다 **extra** ⓐ 여분의

1502 ★★☆ □□□

reasonable

[rí:zənəbl]

◆ 내신빈출

ⓐ 타당한, 논리적인, 꽤 괜찮은

A scientist's first step in solving a natural mystery is to propose a **reasonable** explanation based on what is known so far. 16 EBS

자연의 신비를 푸는 데 있어서 과학자의 첫 번째 단계는 지금까지 알려진 것에 근거한 **타당한** 설명을 제안하는 것이다.

reason ⓝ 이유, 근거 ⓥ 판단하다, 추리하다

Vocab+ ↔ **unreasonable** ⓐ 불합리한, 부당한

1503 ★★☆ □□□

solitary

[sɑ́litèri]

ⓐ 혼자의, 고독한, 고립된

The days of the **solitary** inventor working on his own are gone. 12 모평

혼자서 작업하는 **고독한** 발명가의 시대는 지났다.

solitude ⓝ 고독

1504 ★★☆ □□□
steady
[stédi]
◆ 내신빈출

ⓐ 안정된, 한결같은, 꾸준한
Endurance exercises, like long-distance running, require slow, steady muscle activity. 12 수능
장거리 경주와 같은 지구력 운동은 느리고 **꾸준한** 근육 활동이 필요하다.

Vocab+ = constant ⓐ 꾸준한 ↔ unsteady ⓐ 불안정한

1505 ★★☆ □□□
commodity
[kəmɑ́dəti]

ⓝ 상품, 물품
20 모평
It is not surprising that many landscapes are seen as commodities.
많은 경관이 **상품**으로 여겨지는 것은 놀라운 일이 아니다.

Vocab+ = merchandise ⓝ 상품, 물품 goods ⓝ 상품

1506 ★★☆ □□□
confirm
[kənfə́ːrm]

ⓥ 확인하다, 입증하다, (결심을) 굳게 하다
People can easily find a source of news that consistently confirms their own personal set of beliefs. 21 학평
사람들은 자신의 개인적 신념들을 지속적으로 **확인해 주는** 뉴스의 공급처를 쉽게 찾을 수 있다.

confirmation ⓝ 확인
Vocab+ = prove ⓥ 입증하다 support ⓥ 뒷받침하다

1507 ★★☆ □□□
stereotype
[stériətàip]
◆ 내신빈출

ⓝ 인습, 고정관념
Direct contacts between tourists and residents dispel previous stereotypes. 17 EBS
관광객과 거주민 간의 직접적 접촉은 이전의 **고정관념**을 타파한다.

Vocab+ = convention, custom ⓝ 관습

1508 ★★☆ □□□
statistic
[stətístik]

ⓝ 통계, 통계 자료
Official statistics for India suggest that 87 percent of its population had adequate provision for safe water in 1991. 17 EBS
인도의 공식 **통계 자료**는 그곳 인구의 87퍼센트가 1991년에 안전한 물을 충분히 공급받았다는 것을 보여준다.

statistics ⓝ 통계학 (단수 취급), 통계자료 (복수 취급) statistical ⓐ 통계적인
statistically ⓐⓓ 통계상으로

1509 ★☆☆ □□□
transportation
[træ̀nspərtéiʃən]

ⓝ 수송, 운송, 교통 수단[기관]
Even the simplest postal network requires some sort of transportation system. 19 학평
가장 단순한 우편망조차도 일종의 **교통** 체계를 필요로 한다.

transport ⓝ 수송, 교통 수단 ⓥ 수송하다

1510 ★★☆ □□□

disembodied

[dìsembɑ́did]

◆ 내신빈출

ⓐ 형태가 없는, 알 수 없는 곳[사람]에서 나오는

We can acknowledge that technology can exist in **disembodied** form, such as software. 18 학평

기술이 소프트웨어와 같이 **형태가 없는** 상태로 존재할 수 있다는 것은 인정할 수 있다.

disembody ⓥ (사상 등을) 구체성에서 분리하다

1511 ★★☆ □□□

downturn

[dáuntə̀ːrn]

ⓝ (물가·매출 등의) 감소, 하락, (경기의) 하강, 침체

There is a general **downturn** in the economy and products or services are not being purchased. 15 수능

일반적인 경제적 경기 **침체**가 있어서 상품이나 서비스가 구매되지 않고 있다.

Vocab+ ↔ **upturn** ⓝ 호전, 상승

1512 ★★☆ □□□

irrigation

[ìrəgéiʃən]

ⓝ 관개

Future food security depends on raising water productivity like more water-efficient **irrigation** systems. 20 모평

미래의 식량 안보는 더 물을 효율적으로 사용하는 **관개** 시설과 같은 물 생산성 향상에 달려 있다.

irrigate ⓥ 관개하다

1513 ★★☆ □□□

champion

[tʃǽmpiən]

ⓥ 옹호하다, ~을 위해 싸우다 ⓝ 옹호자

Most critics **champion** Douglas Sirk's films' social critique, self-reflexivity, and distancing effects. 18 모평

대부분의 비평가들은 Douglas Sirk의 영화의 사회 비평, 자기 반영성, 그리고 거리 두기 효과를 **옹호한다**.

Vocab+ = **defend** ⓥ 방어하다 **defender** ⓝ 선수권 보호자, 방어 선수

1514 ★★★ □□□

indignation

[ìndignéiʃən]

ⓝ 분개, 분노

Many fans erupted in **indignation** that the the series' many puzzles were not resolved. 18 학평

많은 팬들은 그 시리즈물의 많은 의문들이 해소되지 않았다고 **분개**하여 폭발했다.

indignant ⓐ 분개한

Vocab+ = **resentment** ⓝ 분개

1515 ★★☆ □□□

burnout

[bə́ːrnàut]

ⓝ 극도의 피로, 에너지 소진

Throughout the world, there are different approaches to dealing with the problem of "**burnout**," or exhaustion from stress. 16 EBS

전 세계에, '**극도의 피로**', 다시 말해 스트레스로 인한 탈진의 문제를 다루는 여러 접근법이 있다.

Vocab+ = **exhaustion** ⓝ 탈진

1516 ★★☆ □□□

remains
[riméinz]

ⓝ 남은 것, 나머지, 유물, 유적, 유해

It is easy for archaeologists to identify and draw inferences about technology and diet from stone tools and food remains. 21 모평

고고학자들이 석기와 음식 **유물**로부터 기술과 식습관을 식별하고 그것들에 관한 추론을 도출하기는 쉽다.

remain ⓥ 여전히 ~이다, 남아 있다

Vocab+ = **remnant** ⓝ 나머지, 자투리 **residue** ⓝ 잔여물

고난도

1517 ★★★ □□□

mitigation
[mìtəgéiʃən]

ⓝ 완화, 경감

Increasing aid for the world's poorest peoples can be essential for effective mitigation. 18 수능

세계의 가장 가난한 국민들에 대한 원조를 증가시키는 것은 효과적인 (탄소 배출) **완화**를 위해 필수적이다.

mitigate ⓥ 완화시키다

Vocab+ = **alleviation** ⓝ 완화, 경감

1518 ★★★ □□□

secular
[sékjulər]

ⓐ 세속적인, 현세의

Modern secular persons smile cynically at any mention of truthfulness. 22 EBS

현대의 **세속적인** 사람들은 진실성에 관한 그 어떤 언급에도 냉소적인 웃음을 짓는다.

secularize ⓥ 세속화하다

Vocab+ = **lay** ⓐ 평범한 **earthly** ⓐ 세속적인

1519 ★★★ □□□

helm
[helm]

ⓥ (배의 키를) 조종하다, 지휘하다 ⓝ (배의) 키, 지도적 지위

When deciding whether to invest in a company, people take into account the person at the helm. 17 모평

한 회사에 투자해야 할지의 여부를 결정할 때, 사람들은 **키**를 잡고 있는 사람을 고려한다.

Vocab+ + **at the helm** 책임지고 있는, 배의 키를 잡고 있는

1520 ★★★ □□□

homogeneous
[hòumədʒíːniəs]

ⓐ 동질적인

Athletes become more homogeneous in terms of physical skills. 17 모평

선수들은 신체 능력의 측면에서는 더 **동질적이** 된다.

homogeneity ⓝ 동종성

Vocab+ ↔ **heterogeneous** ⓐ 이질적인

Review Test

A 우리말은 영어로, 영어는 우리말로 적으시오.

1 인습, 고정관념 s__________
2 감소, 하락, 하강 d__________
3 완화, 경감 m__________
4 극도의 피로 b__________
5 irrigation __________
6 commodity __________
7 indignation __________
8 transportation __________

B 각 단어의 유의어 혹은 반의어를 적으시오.

1 renowned ⊜ c__________
2 secular ⊜ e__________
3 insulate ⊜ i__________
4 shed ⊜ d__________
5 homogeneous ↔ h__________
6 disjointed ↔ j__________
7 steady ↔ u__________
8 perpetual ↔ t__________

C 다음 우리말에 적합한 어휘를 고르시오.

1 In many cultures, a ring indicates [martial / marital] status.
많은 문화에서, 반지는 혼인 여부를 나타낸다.

2 In [martial / marital] arts, the sense of looking freshly at something is known as 'beginner's mind.'
무술에서는, 어떤 것을 새로이 바라보는 의식 상태는 '초심'이라고 알려져 있다.

D 다음 빈칸에 공통으로 들어갈 어휘를 고르시오. [예문에 실린 어휘의 원형을 고를 것]

1 You could __________ a few minutes to share your experience and opinions.

2 Our conscious minds are __________ just about everything except the final product.

3 Consumers valued the convenience of not having to carry around __________ tapes.

① spare ② extra ③ share ④ disguise ⑤ overstate

A 1 stereotype 2 downturn 3 mitigation 4 burnout 5 관개 6 상품, 물품 7 분개, 분노 8 수송, 운송, 교통 수단 B 1 celebrated 2 earthly 3 isolate 4 drop 5 heterogeneous 6 jointed 7 unsteady 8 temporary C 1 marital 2 martial D ① spare

agree on vs. agree with

agree on ~에 동의하다	They agreed on a compromise between price and quality. 그들은 가격과 품질 사이의 절충에 동의했다.
agree with ~의 의견에 동의하다, ~에 있어서 일치[호응]하다	I agree with you. 저는 당신의 의견에 동의합니다.

praise A for B vs. criticize A for B

praise A for B A를 B의 이유로 칭찬하다	Donna praised David for his generosity. Donna는 관대하다는 이유로 David를 칭찬했다.
criticize A for B A를 B의 이유로 비판하다	His boss criticized him for his procrastinating work. 그의 상사는 그가 일을 미루는 것 때문에 그를 비난했다.

look up to vs. look down on

look up to ~을 존경하다	I've always looked up to my older brother. 나는 항상 형을 존경해 왔다.
look down on ~을 경시하다[깔보다]	The other children looked down on me because my friend was foolish. 다른 아이들은 내 친구가 멍청하다는 이유로 나를 깔보았다.

prefer A to B vs. favor A over B vs. would rather A than B

prefer A to B B보다 A를 선호하다	He prefers sports to reading. 그는 독서보다 운동을 더 선호한다.
favor A over B B보다 A를 좋아한다	People favor one brand over another. 사람들은 다른 것보다 어떤 브랜드를 좋아한다.
would rather A than B B보다는 차라리 A하는 게 낫다	He would rather play sports than play computer games. 그는 컴퓨터 게임을 하는 것보다는 차라리 스포츠를 하는 게 낫다.

result in vs. result from

result in ~을 초래하다, 그 결과 ~가 되다	The accident resulted in his death. 그 사고가 그의 죽음을 초래했다.
result from ~로 인한 것이다, ~이 원인이다	His death resulted from the accident. 그의 죽음은 그 사고로 인한 것이었다.

Crossword Puzzle

DAY 38

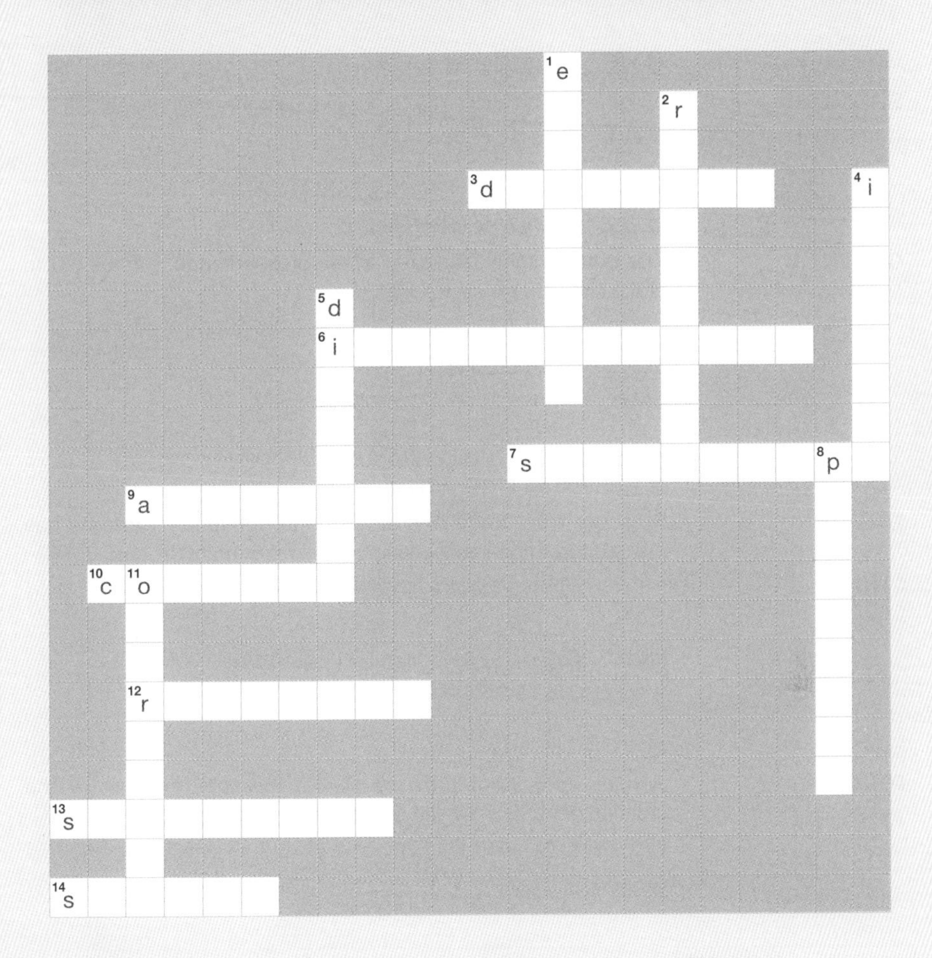

ACROSS

3 ⓝ 문제점, 결점, 장애

6 ⓐ 필수불가결한

7 ⓝ 인습, 고정관념

9 ⓐ 적응적인, 조정의

10 ⓥ 통근하다 ⓝ 통근(거리)

12 ⓐ 저명한, 명성 있는

13 ⓝ 통계, 통계 자료

14 ⓐ 안정된, 한결같은, 꾸준한

DOWN

1 ⓐ 기진맥진한, 고갈된

2 ⓐ 타당한, 논리적인, 꽤 괜찮은

4 ⓥ 단열[절연, 방음] 처리하다, 보호하다

5 ⓝ 위장, 가장 ⓥ 숨기다, 가리다

8 ⓐ 끊임없는, 영원한

11 ⓥ 과장하다

Answer p.523

1521 ★★☆ □□□
shortcut
[ʃɔ́ːrtkʌ̀t]

ⓝ 지름길, 손쉬운 방법 ⓐ 손쉬운
Insights can be **shortcuts** to positive personal change. 17 학평
통찰력은 긍정적인 개인적 변화로의 **지름길**일 수 있다.

1522 ★★☆ □□□
offend
[əfénd]

ⓥ 감정을 상하게 하다; 범죄를 저지르다
The count, highly **offended** at his disobedience, threatened to strike him with his stick. 18 EBS
그의 불복종에 매우 **기분이 상해서**, 백작은 몽둥이로 그를 때리겠다고 위협했다.

offensive ⓐ 모욕적인, 불쾌한 ⓝ 공격
Vocab+ = **distress** ⓥ 괴롭히다 **violate** ⓥ 위반하다

1523 ★★☆ □□□
protest
ⓝ[próutest]
ⓥ[prətést]

ⓝ 항의, 저항 ⓥ 이의를 제기하다, 항의하다
Pressure from trade negotiators and consumer **protests** has measurably improved working conditions in many places. 20 EBS
무역 협상가들과 소비자 **항의**로부터의 압력은 많은 곳에서 노동 조건을 눈에 띄게 개선시켜 왔다.

Vocab+ = **object** ⓥ 반대하다 **have an objection (to)** (~에) 이의가 있다

1524 ★★☆ □□□
revenue
[révənjùː]

ⓝ 수익
Just as new obligations are similar to extra **revenue**, so the creation of rights is similar to extra spending. 20 학평
새로운 의무가 추가 **수익**과 유사하듯이, 권리의 창출은 추가 지출과 유사하다.

Vocab+ = **income** ⓝ 수입

1525 ★★☆ □□□
allude
[əljúːd]
◆ 내신빈출

ⓥ 시사(示唆)하다, 암시하다, 넌지시 말하다
Estimates **allude** that nearly all Americans donate some amount of money every year. 22 EBS
추정치들은 거의 모든 미국인이 매년 어느 정도의 돈을 기부한다는 것을 **시사한다**.

allusion ⓝ 암시 **allusive** ⓐ 암시적인
Vocab+ = **hint at** ~을 넌지시 내비치다[암시하다] **imply** ⓥ 암시[시사]하다

1526 ★★☆ □□□
radical
[rǽdikəl]

ⓐ 근본적인; 급진적인
Many of the rules were overturned by **radical** concepts in more recent times. 17 학평
많은 규칙이 더 최근 들어 **급진적인** 개념에 의해 뒤집어졌다.

Vocab+ = **fundamental** ⓐ 근본적인

1527 ★★☆ □□□

nourish
[nə́:riʃ]

ⓥ 기르다, 영양분을 주다

The destiny of a community depends on how well it **nourishes** its members. 18 모평

한 공동체의 운명은 그 공동체가 얼마나 잘 그 구성원들을 **기르는지에** 달려 있다.

nourishment ⓝ 영양분

Vocab+ = **feed** ⓥ 먹이를 제공하다

1528 ★★☆ □□□

abolish
[əbáliʃ]

ⓥ 없애다, 폐지하다

Scientific progress has not cured the world's ills by **abolishing** wars and starvation. 18 모평

과학적인 발전이 전쟁과 기아를 **없앰**으로써 세상의 불행을 치유하지는 못했다.

abolition ⓝ 폐지

Vocab+ = **do away with** ~을 버리다[폐지하다] **eliminate** ⓥ 제거하다

1529 ★★☆ □□□

abundant
[əbʌ́ndənt]
◆ 내신빈출

ⓐ 풍부한

Humans are now the most **abundant** mammal on the planet. 20 학평

인간은 현재 지구에서 가장 **많은** 포유동물이다.

abound ⓥ 아주 많다 **abundance** ⓝ 풍부

Vocab+ = **plentiful** ⓐ 풍부한

1530 ★★☆ □□□

cramped
[kræmpt]

ⓐ (방 등이) 비좁은, 비좁아 답답한

Even though the house was small, it didn't feel **cramped**. 13 수능

집이 작기는 했지만, **답답하게** 느껴지지는 않았다.

cramp ⓝ 경련 ⓥ 막다, 방해하다; 경련을 일으키다

혼동어

1531 ★★☆ □□□

chronic
[kránik]

ⓐ 만성적인

She told me a long tale of developing severe **chronic** pain. 18 EBS

그녀는 심각한 **만성적** 통증이 생긴 긴 이야기를 나에게 했다.

chronically ad 만성적으로, 질질 시간을 끌어

1532 ★★☆ □□□

chronological
[krànəládʒikəl]

ⓐ 연대기적인 16 수능

Too many writers interpret the term *logical* to mean **chronological**.

너무 많은 작가들이 '논리적'이라는 용어를 **연대기적이라는** 의미라고 해석한다.

chronology ⓝ 연대기

1533 ★★☆ □□□

accelerate
[əksélərèit]
◆ 내신빈출

ⓥ 가속하다, 촉진하다

Even a small amount of money would **accelerate** the already rapid rate of technical progress in renewable energy. 18 수능

적은 금액의 돈이라도 이미 빠른 속도로 진행되고 있는 재생 가능한 에너지에 대한 기술적 진보를 **촉진할** 것이다.

acceleration ⓝ 가속

Vocab+ ↔ **decelerate** ⓥ 감속하다

1534 ★★☆ □□□

outstanding
[àutstǽndiŋ]

ⓐ 뛰어난, 눈에 띄는

Jim Nelson, a junior at Manti High School, was an **outstanding** athlete. 14 모평

Manti 고등학교 2학년생인 Jim Nelson은 **뛰어난** 운동선수였다.

Vocab+ + **stand out** 두드러지다

1535 ★★☆ □□□

accessible
[əksésəbl]

ⓐ 접근 가능한, 이용 가능한, 이해하기 쉬운

More so than any other public facility, outdoor parks should be completely **accessible** to the handicapped. 17 EBS

야외 공원은 어떤 다른 공공시설보다도 장애인들이 완전히 **접근할** 수 있도록 해야 한다.

access ⓝ 접근 ⓥ 접근하다, 이용하다

Vocab+ ↔ **inaccessible** ⓐ 접근할 수 없는

1536 ★★☆ □□□

proportion
[prəpɔ́ːrʃən]
◆ 내신빈출

ⓝ 비율, 부분

A greater **proportion** of the incident sunlight goes to warming the surface of the landscape. 21 EBS

입사 태양광의 더 많은 **비율**은 지표의 표면을 데우게 된다.

proportional ⓐ 비례하는

Vocab+ = **percentage, rate, share** ⓝ 비율

1537 ★★☆ □□□

accommodate
[əkɑ́mədèit]

ⓥ 수용하다; 적응하다

Transport companies would prefer to have some additional capacity to **accommodate** unforeseen demand. 21 모평

운송 회사들은 예측하지 못한 수요를 **수용할** 수 있는 얼마간의 추가 용량을 갖는 것을 선호할 것이다.

accommodation ⓝ 숙소, 숙박 시설

1538 ★★☆ □□□

accomplishment
[əkɑ́mpliʃmənt]
◆ 내신빈출

ⓝ 성취, 성과, 업적, 공적, 재주

Recognizing **accomplishments** in a timely manner by a sincere "Thank You" can go a long way in improving performance. 13 수능

진심어린 "고맙습니다"라는 말로 시기적절하게 **성과**를 인정하는 것은 업무 수행 향상에 많은 도움이 될 수 있다.

accomplish ⓥ 성취하다

Vocab+ = **achievement** ⓝ 업적

1539 ★★☆ □□□

accumulation
[əkjù:mjuléiʃən]

ⓝ 축적, 누적, 축적물

Maturity, wisdom, patience, and many other strengths can result from the gradual **accumulation** of life experiences. 17 학평

성숙, 지혜, 인내, 그리고 다른 많은 장점은 삶의 경험이 조금씩 **축적**되는 것에서 나올 수 있다.

accumulate ⓥ 모으다, 축적하다 **accumulative** ⓐ 누적되는

1540 ★★☆ □□□

concede
[kənsí:d]

ⓥ 인정하다

If a student protests that plagiarism is good for *him*, we should not immediately **concede** his point. 19 EBS

표절이 '자신'에게 이롭다고 항의하는 학생이 있다면, 우리는 그의 주장을 즉시 **인정해서는** 안 된다.

concession ⓝ 양보, 인정

다의어

1541 ★★☆ □□□

legend
[lédʒənd]

1. ⓝ 전설, 전설적인 인물
2. ⓝ (지도·도표 등의) 범례

1. According to Cambodian **legends**, lions once roamed the countryside attacking villagers. 11 모평

   캄보디아 **전설**에 따르면 사자들이 한때 시골 마을을 배회하며 마을 사람들을 공격했다고 한다.

2. The **legend** and scale information all give the map an aura of scientific accuracy and objectivity. 16 수능

   범례와 축척 정보 등 모든 것은 지도에 과학적인 정확성과 객관성이라는 분위기를 부여한다.

legendary ⓐ 전설의, 전설적인

1542 ★★☆ □□□

radiation
[rèidiéiʃən]

ⓝ 방사(선), 복사 (에너지)

If the solar surface were as hot as this, the **radiation** emitted into space would be so great. 14 모평

태양의 표면이 이만큼 뜨겁다면, 우주로 방사되는 **복사 에너지**는 너무나도 엄청날 것이다.

radiate ⓥ (열·빛 등을) 내뿜다, 방사하다 **radioactive** ⓐ 방사성의

1543 ★★☆ □□□

prescribe
[priskráib]

◆ 내신빈출

ⓥ 처방하다, 규정하다

Average consumers of health care do not have a license to order services or **prescribe** medications. 17 모평

일반적인 의료 소비자들은 서비스를 주문하거나 약물을 **처방하는** 면허를 가지고 있지 않다.

prescription ⓝ 처방, 처방전

참고 '-scribe'로 끝나는 동사 : transcribe ⓥ 전사하다(음성을 글로 옮겨적다)
inscribe ⓥ 새기다 subscribe ⓥ 구독신청하다 describe ⓥ 묘사하다

1544 ★★☆ □□□

primeval
[praimíːvəl]

ⓐ 태고의, 원시적인

European settlers had the fond conceit of **primeval** nature uncontrolled by human associations. 21 모평

유럽의 정착민들은 인간과의 연관에 의해 통제되지 않는 **원시** 자연이라는 허황된 생각을 가지고 있었다.

Vocab+ = **primitive** ⓐ 원시적인

1545 ★★☆ □□□

phenomenal
[finɑ́mənəl]

ⓐ 경이적인, 경탄스러운

The **phenomenal** success of Celtic music has depended on its ability to retain its folk roots. 22 EBS

켈트 음악의 **경이적인** 성공은 그 민속적 뿌리를 유지하는 그것의 능력에 의존해 왔다.

phenomenon ⓝ 현상

Vocab+ = **extraordinary** ⓐ 놀라운, 비범한

1546 ★★☆ □□□

outnumber
[àutnʌ́mbər]

ⓥ ~보다 수가 더 많다, 수적으로 우세하다

Electric car sales are predicted to **outnumber** those of internal combustion cars. 20 학평

전기 자동차의 판매량이 내연 자동차 판매량**보다 많아질** 것으로 예상된다.

Vocab+ = **exceed in number** 수적으로 우세하다

1547 ★★☆ □□□

notification
[nòutəfəkéiʃən]

ⓝ 알림, 통지, 신고

Winners will be announced on the school website, and no individual **notifications** will be made. 18 모평

당첨자는 학교 웹사이트를 통해 발표되며 개별 **통지**는 하지 않습니다.

notify ⓥ 알리다

1548 ★★☆ □□□

intact
[intǽkt]

ⓐ 온전한, 손상되지 않은

Amnesia results from a brain injury that leaves the victim unable to form new memories, but with most memories of the past **intact**. 12 모평

기억상실증은 뇌 손상으로 인한 것으로, 대부분의 옛날 기억은 **손상되지 않은** 채 있지만 환자가 새로운 기억을 형성하는 것이 불가능해진다.

intactly ⓐⓓ 손상되지 않게

Vocab+ ↔ **damaged** ⓐ 손상된 + **tactile** ⓐ 촉각의

1549 ★★☆ □□□

displace

[displéis]

ⓥ 옮겨 놓다, 대체하다

Foods of animal origin partly **displace** plant-based foods in people's diets. 19 모평

동물성 식품이 부분적으로 사람들의 식단에서 식물에 기반한 식품을 **대체한다**.

displacement ⓝ 이동

Vocab+ = **replace** ⓥ 대체하다

1550 ★★☆ □□□

induce

[indjúːs]

◆ 내신빈출

ⓥ 유도하다, 귀납하다

In Kant's view, geometrical shapes are too perfect to **induce** an aesthetic experience. 21 모평

칸트가 보기에는, 기하학적 형태는 너무 완벽해서 심미적 경험을 **유발할** 수 없다.

induction ⓝ 유도, 귀납(법)

Vocab+ ↔ **deduce** ⓥ 연역하다

1551 ★★☆ □□□

identify

[aidéntəfài]

◆ 내신빈출

ⓥ 확인하다, 식별하다; 동일시하다 19 학평

When it comes to **identifying** a target audience, *everyone* is *no one*.

대상 독자층을 **판단하는** 데 있어서 '모두'는 '아무도 아니다'.

identity ⓝ 정체, 신원 **identification** ⓝ 신원 확인, 식별

1552 ★★☆ □□□

graze

[greiz]

ⓥ 풀을 뜯다, 방목하다

All the cattle-owners are permitted to **graze** their animals free of charge. 12 수능

모든 가축 소유주들이 무료로 자신의 가축들을 **방목할** 수 있도록 허용된다.

1553 ★★☆ □□□

equip

[ikwíp]

ⓥ 장비를 갖추다, 준비를 갖춰 주다

The woodpeckers are well **equipped** to hammer away at healthy wood. 21 학평

딱따구리들은 건강한 나무를 열심히 쪼아대는 **능력을** 잘 **갖추고 있다**.

equipment ⓝ 장비

Vocab+ + **be equipped with** ~을 갖추고 있다

1554 ★★☆ □□□

embrace

[imbréis]

ⓥ 기꺼이 받아들이다, 수용하다, 포옹하다 19 학평

He has **embraced** a characteristic over which he has no control.

그는 자신이 어떻게 할 수 없는 특성을 **기꺼이 받아들였다**.

embracement ⓝ 포옹, 받아들임

Vocab+ = **accept** ⓥ 수용하다

1555 ★★☆ □□□

lengthy
[léŋkθi]

ⓐ 너무나 긴, 장황한, 지루한

13 수능

During the **lengthy** process, whenever the child feels threatened, he turns back toward the safety of his parents' love and authority.

그 **긴** 과정 동안, 위협을 느낄 때마다 아이는 부모의 사랑과 권위라는 안전한 곳으로 되돌아온다.

length ⓝ 길이

Vocab+ = **prolonged** ⓐ 장기의 **tedious** ⓐ 지루한

1556 ★★☆ □□□

disregard
[dìsrigáːrd]

◆ 내신빈출

ⓥ 무시하다 ⓝ 무시, 묵살

As remarkable as our ability to see or hear is our capacity to **disregard**. 17 학평

보거나 듣는 우리의 능력만큼 놀라운 것이 우리의 **무시하는** 능력이다.

Vocab+ = **discount, ignore, belittle** ⓥ 무시하다

고난도

1557 ★★★ □□□

insidious
[insídiəs]

ⓐ 서서히[은밀히] 퍼지는

Nothing in our past has prepared us to deal with the **insidious** chemical threats. 18 학평

우리의 과거에서 그 어떤 것도 **모르는 사이에 진행되는** 화학적인 위협에 대처하도록 우리를 준비시키지 않았다.

1558 ★★★ □□□

reciprocity
[rèsəprásəti]

ⓝ 호혜성

18 학평

The system of **reciprocity** generates benefits for everyone involved.

호혜성이라는 체계는 관련된 모든 이에게 이익을 창출한다.

reciprocal ⓐ 호혜의, 상호간의

1559 ★★★ □□□

volatile
[válətil]

ⓐ 변덕스러운, 불안한, 휘발성의

Volatile substances contained in the magma like water or carbon dioxide can be released to form gas bubbles. 18 학평

물이나 이산화탄소와 같은, 마그마에 포함된 **휘발성** 물질은 방출되어 기포를 형성할 수 있다.

Vocab+ = **unstable, unsettled** ⓐ 불안정한

1560 ★★★ □□□

stigma
[stígmə]

ⓝ 오명

If news coverage portrays subjects as socially deviant, the resulting **stigma** can be profound and enduring. 18 학평

만약 뉴스 보도가 피험자들을 사회적으로 일탈했다고 묘사하면, 그 결과로 생기는 **오명**은 심각하고 오래갈 수 있다.

stigmatize ⓥ 오명을 씌우다

Vocab+ = **stain** ⓝ 오점, 흠

DAY 39

Review Test

A 우리말은 영어로, 영어는 우리말로 적으시오.

1 방사(선), 복사 r__________
2 처방하다 p__________
3 축적, 누적, 축적물 a__________
4 항의, 저항 p__________
5 reciprocity __________
6 stigma __________
7 concede __________
8 outstanding __________

B 각 단어의 유의어 혹은 반의어를 적으시오.

1 embrace ⊜ a__________
2 phenomenal ⊜ e__________
3 nourish ⊜ f__________
4 lengthy ⊜ p__________
5 intact ↔ d__________
6 accelerate ↔ d__________
7 induce ↔ d__________
8 accessible ↔ i__________

C 다음 우리말에 적합한 어휘를 고르시오.

1 She told me a long tale of developing severe [chronic / chronological] pain.
그녀는 심각한 만성적 통증이 생긴 것과 관련된 긴 이야기를 나에게 했다.

2 Too many writers interpret the term *logical* to mean [chronic / chronological].
너무 많은 작가들이 '논리적'이라는 용어를 연대기적이라는 의미라고 해석한다.

D 다음 빈칸에 공통으로 들어갈 어휘를 고르시오. [예문에 실린 어휘의 원형을 고를 것]

1 According to Cambodian __________, lions once roamed the countryside attacking villagers.

2 The __________ and scale information all give the map an aura of scientific accuracy and objectivity.

① mythology ② legend ③ narrative ④ accumulation ⑤ proportion

A 1 radiation 2 prescribe 3 accumulation 4 protest 5 호혜성 6 오명 7 인정하다 8 뛰어난, 눈에 띄는 B 1 accept 2 extraordinary 3 feed 4 prolonged 5 damaged 6 decelerate 7 deduce 8 inaccessible C 1 chronic 2 chronological D ② legend

distinguish A from B vs. confuse A with B

distinguish A from B (distinguish between A and B) A와 B를 구별하다	Claton grew up well enough to distinguish between fact and fantasy. Claton은 사실과 환상을 **구별할** 만큼 충분히 잘 자랐다.
confuse A with B A와 B를 혼동하3다	Jack was so young that he sometimes confuse fact with fantasy. Jack은 너무 어려서 때때로 사실과 환상을 **혼동한다**.

replace A with B vs. substitute B for A

replace A with B A를 B로 바꾸다[교체하다]	I wanted to replace the old rug with a new one. 나는 낡은 양탄자를 새것으로 **교체하기를** 원했다.
substitute B for A (substitute A with B) A를 B로 바꾸다[대체하다]	I wanted to substitute the new rug for an old one. 나는 낡은 양탄자를 새것으로 **바꾸기를** 원했다.

attend on vs. attend to

attend on ~을 돌보다, 시중들다	There were several flight attendants to attend on the guests. 손님들을 **돌볼** 몇 명의 기내 승무원들이 있었다.
attend to ~에 집중하다; ~을 처리하다; ~을 돌보다	I've got some assignments I must attend to. 나는 **집중해야** 할 과제들이 좀 있다.

feel like 동명사 vs. would like to부정사

feel like 동명사(~ing) ~하고 싶다	I don't feel like talking about it. 나는 그것에 대해 말**하고 싶지** 않다.
would like to부정사 ~하고 싶다	I would like to put more meaning into my floral arrangements. 나의 꽃다발 속에 특별한 의미를 담**고 싶다**.

worth vs. worthy of vs. worthwhile

be worth ~ing ~할 가치가 있다	This idea is well worth considering. 이 생각은 충분히 고려할 **가치가 있다**.
be worthy of ~ing ~ 받을 가치가[자격이] 있다	They really are worthy of being praised. 그들은 칭찬받을 **자격이 있다**.
be worthwhile to부정사 ~할 가치가 있다	It is worthwhile to include high-quality cartoons. 수준 높은 만화를 포함시킬 **가치가 있다**.

Crossword Puzzle

DAY 39

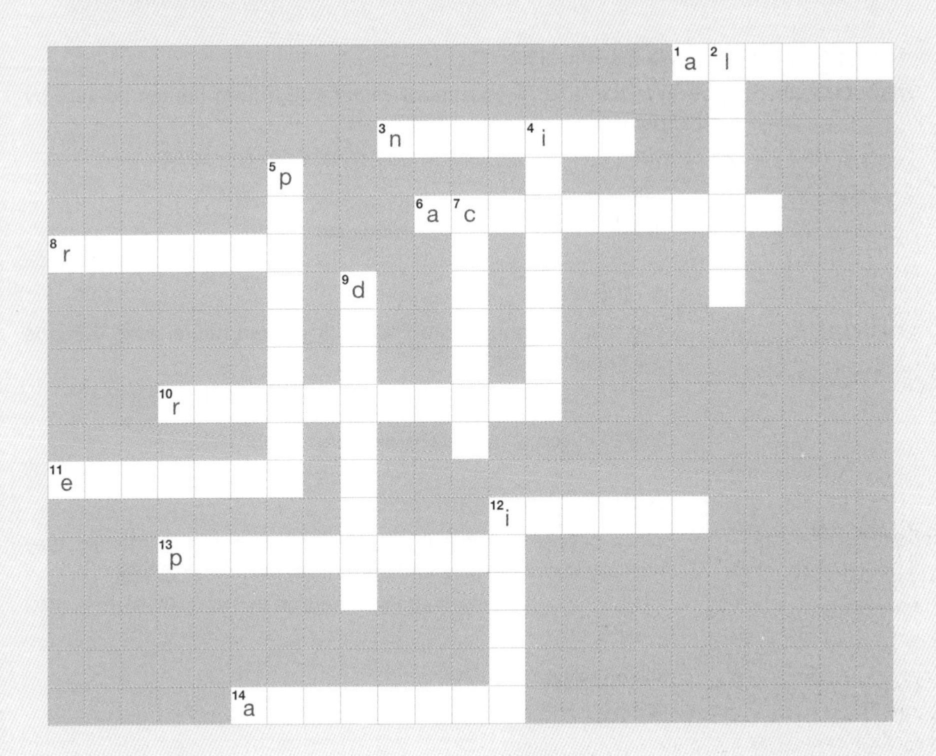

ACROSS

1 ⓥ 시사하다, 암시하다, 넌지시 말하다

3 ⓥ 기르다, 영양분을 주다

6 ⓥ 가속하다, 촉진하다

8 ⓝ 수익

10 ⓝ 호혜성

11 ⓥ 기꺼이 받아들이다, 수용하다, 포옹하다

12 ⓥ 유도하다, 귀납하다

13 ⓝ 비율, 부분

14 ⓐ 풍부한

DOWN

2 ⓐ 너무나 긴, 장황한, 지루한

4 ⓥ 확인하다, 식별하다, 동일시하다

5 ⓥ 처방하다, 규정하다

7 ⓐ 만성적인

9 ⓥ 무시하다 ⓝ 무시, 묵살

12 ⓐ 온전한, 손상되지 않은

Answer p.523

1561 ★★☆ □□□

integrate
[íntəgrèit]
◆ 내신빈출

ⓥ 통합되다, 통합시키다

We can use AI as a medium for **integrating** human society by defeating unfairness. 22 EBS

우리는 인공지능을 불공정함을 물리쳐 인간 사회를 **통합시키는** 매개체로 활용할 수 있다.

integration ⓝ 통합

Vocab+ = merge ⓥ 합병하다 coordinate ⓥ 통합하다

1562 ★★☆ □□□

unload
[ʌnlóud]

ⓥ (짐을) 내리다

The study authors figure that writing down future tasks **unloads** the thoughts. 19 학평

그 연구의 저자들은 미래의 과업을 글로 적으면 생각을 **내려놓게** 된다고 생각한다.

Vocab+ ↔ load ⓥ (짐을) 싣다 = discharge ⓥ (짐을) 내리다

1563 ★★☆ □□□

superficial
[sjùːpərfíʃəl]
◆ 내신빈출

ⓐ 피상적인, 손쉬운

When people search out health information on the Internet, they typically use short-cuts and **superficial** searches. 22 EBS

인터넷에서 건강 정보를 찾아낼 때, 사람들은 일반적으로 손쉬운 방법과 **피상적인** 검색을 이용한다.

superficiality ⓝ 피상, 천박

Vocab+ ↔ profound ⓐ 심오한

1564 ★★☆ □□□

larva
[lɑ́ːrvə]

ⓝ 애벌레, 유충, (올챙이와 같은) 유생 (ⓟⓛ larvae)

The new finding explains why firefly **larvae** glow despite being immature for mating. 20 모평

새로운 연구 결과는 짝짓기를 하기에 미숙함에도 불구하고 반딧불이 **애벌레**가 빛을 내는 이유를 설명해 준다.

1565 ★★☆ □□□

lust
[lʌst]

ⓝ 강한 욕구, 욕망

The principle of nonintervention was originally a useful and righteous protest against the **lust** of conquest and the appetite for war. 17 EBS

불간섭원칙은 원래는 정복의 욕망과 전쟁에 대한 **욕구**에 대항하는 유용하고 정당한 항의였다.

Vocab+ = longing ⓝ 열망

1566 ★★☆ □□□

prior
[práiər]
◆ 내신빈출

ⓐ 이전의, 우선하는

Runners are subconsciously able to adjust leg stiffness **prior to** foot strike. 20 모평

달리는 사람은 발이 땅에 닿기**에 앞서** 다리의 경직도를 잠재의식적으로 조정할 수 있다.

priority ⓝ 우선 사항

Vocab+ + prior to ~보다 앞서

1567 ★★☆ □□□

photosynthesis
[fòutəsínθisis]

ⓝ 광합성

Photosynthesis is considered to be the most important biological process on Earth. 12 모평

광합성은 지구상에서 가장 중요한 생물학적 과정으로 여겨진다.

photosynthesize ⓥ 광합성하다 **photosynthetic** ⓐ 광합성의

1568 ★★☆ □□□

outpace
[àutpéis]

ⓥ 앞지르다, 앞서다

Our ingenuity will soon outpace our material supplies. 19 수능

우리의 창의력은 우리의 물질 공급을 곧 **앞지를** 것이다.

Vocab+ = **outdo, outperform** ⓥ 능가하다

1569 ★★☆ □□□

enact
[inǽkt]

ⓥ 시행하다, (법을) 제정하다; 일어나다

Instances of humor serve to enact bonds among organization members. 20 수능

유머의 사례는 조직 구성원들 간의 유대감이 **일어나게 하는** 역할을 한다.

act ⓝ 행동; 법률 ⓥ 행동하다 **enactment** ⓝ 입법

1570 ★★☆ □□□

indulge
[indʌ́ldʒ]

ⓥ 맘껏 즐기다, 탐닉하다, 충족시키다

Indulge in a warm bath with these oils dissolved in the water. 11 모평

이 오일을 물에 용해시켜 따뜻한 목욕을 **맘껏 즐겨라**.

indulgence ⓝ 하고 싶은 대로 함

Vocab+ = **entertain** ⓥ 즐겁게 하다

혼동어

1571 ★★☆ □□□

opt
[ɑpt]

ⓥ 선택하다

The consumers opt for certain kinds of ease and excitement over others. 19 학평

소비자들은 다른 것들보다 특정한 종류의 안락과 자극을 **선택한다**.

option ⓝ 선택 (사항)

Vocab+ = **choose** ⓥ 선택하다 **select** ⓥ 선별하다 + **opt for** ~을 선택하다

1572 ★★☆ □□□

apt
[æpt]

ⓐ 적절한; ~하기 쉬운; 재주가 있는

The expression "Knowledge Society" is an apt description of the contemporary world. 22 EBS

'지식 사회'라는 표현은 현대 세계의 **적절한** 묘사이다.

aptitude ⓝ 소질, 적성

Vocab+ = **suitable** ⓐ 적합한

1573 ★★☆ □□□

illusion

[ilјúːʒən]

◆ 내신빈출

ⓝ 환영, 착각

We have been taught to represent distant objects as smaller, thereby giving the **illusion** of depth. 17 학평

우리는 먼 거리에 있는 물체를 더 작은 것으로 나타내고, 그렇게 해서 깊이의 **환영**(幻影)을 주라는 가르침을 받아 왔다.

illusory ⓐ 환상에 불과한

Vocab+ ↔ **disillusion** ⓐ 환상을 깨뜨리다

1574 ★★☆ □□□

feast

[fiːst]

ⓝ 진수성찬, 잔치, 축제 ⓥ 즐겁게 하다

Grandmother would reward her grandchildren with a present and by cooking a delicious **feast**. 20 모평

할머니는 선물로 그리고 맛있는 **진수성찬**을 차림으로써 손주들에게 보답하곤 했다.

Vocab+ = **banquet** ⓝ 연회, 만찬

1575 ★★☆ □□□

erection

[irékʃən]

ⓝ 건립, 세움, 구조물

Difference between people and places may be socially constructed through the **erection** of boundaries. 20 학평

사람과 장소의 차이는 경계를 **세움**으로써 사회적으로 형성될 수 있다.

erect ⓐ 똑바로 선 ⓥ 세우다

1576 ★★☆ □□□

empathetic

[èmpəθétik]

ⓐ 공감할 수 있는, 감정 이입의

Patients trust their physicians to be **empathetic** and supportive. 16 EBS

환자들은 자신들의 의사가 **공감하고** 지지해 줄 것이라고 믿는다.

empathy ⓝ 공감 **empathize** ⓥ 공감하다

Vocab+ = **compassionate** ⓐ 연민하는

1577 ★★☆ □□□

empirical

[impírikəl]

ⓐ 경험에 의거한, 실증적인

Scientific explanations organize and systematize our knowledge of the **empirical** world. 21 수능

과학적 설명은 **경험적** 세계에 대한 우리의 지식을 조직하고 체계화한다.

Vocab+ ↔ **theoretical** ⓐ 이론적인

1578 ★★☆ □□□

ascend

[əsénd]

ⓥ 올라가다, 오르다

The gas and oil, both being lighter than water, **ascend**. 19 EBS

가스와 석유는 둘 다 물보다 가벼워서 **상승한다**.

ascent ⓝ 상승, 오름

Vocab+ ↔ **descend** ⓥ 하강하다

1579 ★★☆ □□□

ally
[ǽli]

ⓝ 동맹국, 협력자 ⓥ 지지하다

A blamer knows how sad, angry, scared, or lonely a defender feels and spontaneously turns into an **ally**. 22 학평

비난자는 방어자가 얼마나 슬픈지, 얼마나 화가 나있는지, 얼마나 겁먹었는지, 또는 얼마나 외로운지를 알게 되고, 자연스럽게 **동맹자**로 바뀐다.

alliance ⓝ 동맹

1580 ★★☆ □□□

unnoticed
[ʌnnóutist]
◆ 내신빈출

ⓐ 주목받지 못한, 눈에 띄지 않는, 간과되는

Such a boring book lay **unnoticed** on bookstore shelves. 17 학평

그런 지루한 책은 **주목받지 못한** 채 서가에 꽂혀 있었다.

notice ⓝ 주목, 알아챔 ⓥ 의식하다, 주목하다

Vocab+ + go unnoticed 눈에 띄지 않고 넘어가다

다의어

1581 ★★☆ □□□

refuse
ⓥ[rifjúːz]
ⓝ[réfjuːs]

1. ⓥ 거절하다
2. ⓝ 쓰레기

1. If you **refuse** to accept the premise, you can be a contributor to the health of the community. 20 EBS

   만약 당신이 그 전제를 수락하기를 **거부하면**, 당신은 지역사회의 건강에 기여하는 사람이 될 수 있습니다.

2. Villages also produced **refuse**, which attracted vermin. 19 학평

   마을은 또한 **쓰레기**를 양산했는데, 이는 해충을 끌어들였다.

refusal ⓝ 거절, 거부

Vocab+ = turn down ~을 거절하다 ↔ admit ⓥ 인정하다

1582 ★★☆ □□□

synonymous
[sinɑ́nəməs]

ⓐ 같은[비슷한] 뜻을 갖는, 동의어[유의어]의 18 학평

Color has not always been **synonymous** with truth and reality.

색이 항상 진실과 실제와 **동의어**였던 것은 아니다.

synonym ⓝ 동의어, 유의어

Vocab+ ↔ antonymous ⓐ 반의어의

1583 ★★☆ □□□

segregation
[sègrəgéiʃən]
◆ 내신빈출

ⓝ 인종 차별, 차별정책, 분리

Once racial and ethnic **segregation** is eliminated, people can come together. 19 수능

일단 인종적, 민족적 **차별**이 제거되면, 사람들은 화합할 수 있다.

segregate ⓥ 분리하다, 구분하다

Vocab+ = racism ⓝ 인종 차별(주의) racial discrimination 인종 차별

1584 ★★☆ □□□

reconcile
[rékənsàil]

ⓥ 화해시키다, 조화시키다

The derived demand of transportation is often very difficult to **reconcile** with an equivalent supply. 21 모평

파생된 운송 수요는 흔히 (그에) 상응하는 공급과 **조화를 이루기**가 매우 어렵다.

reconciliation ⓝ 화해, 조화

1585 ★★☆ □□□

prioritize
[praiɔ́:rətàiz]

◆ 내신빈출

ⓥ 우선시하다, 우선순위를 매기다

As people get older, they tend to **prioritize** close social relationships. 21 모평

사람들은 나이가 들수록 친밀한 사회적 관계를 **우선시하는** 경향이 있다.

priority ⓝ 우선 사항

1586 ★★☆ □□□

solidarity
[sɑ̀lidǽrəti]

ⓝ 연대, 결속

We recognize life as a chain of **solidarity** with other beings. 16 EBS

우리는 삶을 다른 존재들과의 연속된 **연대**로 인식한다.

solid ⓐ 단단한, 고체의 ⓝ 고체

Vocab+ = **cohesion** ⓝ 단결

1587 ★★☆ □□□

microscopic
[màikrəskɑ́pik]

ⓐ 미세한, 현미경을 이용한, 미시적인

Inspiration is striking in hundreds of tiny, **microscopic** ways. 20 학평

영감은 수백 가지 작고 **미세한** 방식으로 떠오르게 된다.

microscope ⓝ 현미경

Vocab+ ↔ **macroscopic** ⓐ 육안으로도 보이는, 거시적인

1588 ★★☆ □□□

disrespectful
[dìsrispéktfəl]

ⓐ 무례한, 존중하지 않는, 경멸하는

When you get a letter or email message that is **disrespectful**, the best policy you can adopt is to ignore it. 20 EBS

여러분이 **무례한** 편지나 이메일 메시지를 받을 때, 여러분이 취할 수 있는 최상의 방책은 그것을 무시하는 것이다.

disrespect ⓝ 무례, 결례 ⓥ 실례되는 짓을 하다, 경시하다

1589 ★★☆ □□□

liberate
[líbərèit]

ⓥ 해방시키다

Engaging in acts that would be considered inconsequential in ordinary life **liberates** us a bit. 18 모평

평범한 삶에서 중요하지 않다고 여겨질 수 있을 행위에 참여하는 것은 우리를 약간 **해방시켜** 준다.

liberation ⓝ 해방 **liberal** ⓐ 자유민주적인, 진보적인

Vocab+ = **free** ⓥ 자유롭게 하다

1590 ★★☆ □□□

intellectual

[ìntəléktʃuəl]

ⓐ 지적인, 지능의 ⓝ 지식인, 식자

Chemists' colleagues have the **intellectual** ability to imagine a range of different explanations. 20 EBS

화학자들의 동료들은 다양한 다른 설명들을 상상할 수 있는 **지적** 능력을 갖고 있다.

intellect ⓝ 지적 능력

1591 ★★☆ □□□

inequality

[ìni(ː)kwɑ́ləti]

ⓝ 불평등, 불균등

There are signs of growing **inequality** both between and within societies. 18 학평

사회 간에 그리고 사회 내부 둘 다에서 **불평등**이 커져 가는 조짐이 있다.

inequal ⓐ 불평등한

Vocab+ ↔ **equality** ⓝ 평등

1592 ★★☆ □□□

segment

[ségmənt]

ⓝ 계층, 부분, 조각

The poorest **segments** of the preexisting communities were forced to move to more affordable destinations. 22 EBS

기존 지역 사회에서 가장 가난한 **계층**이 (물가를) 더 감당할 수 있는 장소로 어쩔 수 없이 이주할 수밖에 없었다.

segmental ⓐ 분절의

Vocab+ = **portion** ⓝ 부분

1593 ★★☆ □□□

fertile

[fə́ːrtəl]

◆ 내신빈출

ⓐ 비옥한, 기름진

The **fertile** volcanic soils were able to support larger populations in agricultural societies. 17 EBS

비옥한 화산토가 농경 사회에서 더 많은 인구를 부양할 수 있었다.

fertility ⓝ 비옥함 **fertilize** ⓥ 비료를 주다 **fertilizer** ⓝ 비료

Vocab+ ↔ **barren, infertile** ⓐ 불모의

1594 ★★☆ □□□

eruption

[irʌ́pʃən]

ⓝ 분출, 폭발

Better quality clays are found where they were initially deposited after the volcanic **eruption**. 20 EBS

더 나은 양질의 점토가 화산 **분출** 후에 처음 쌓였던 곳에서 발견된다.

erupt ⓥ 터뜨리다, (화산이) 폭발하다

참고 volcano ⓝ 화산 lava ⓝ 용암

1595 ★★☆ □□□
ascribe
[əskráib]
◆ 내신빈출

ⓥ ~의 탓으로 돌리다

For all the value we **ascribe** to our ability to speak, language could have a dulling effect on the rest of our perceptions. 19 수능

우리는 말하는 능력에 있는 것**으로 여기는** 가치에도 불구하고, 언어는 우리의 나머지 지각에 둔하게 하는 영향을 미칠 수 있다.

Vocab+ + **ascribe[attribute] A to B** A를 B의 탓으로 돌리다[여기다]

고난도

1596 ★★★ □□□
composting
[kámpoustiŋ]

ⓝ 퇴비화

Composting, waste to energy and landfilling are the examples of waste management strategies. 18 학평

퇴비화, 폐기물 에너지화 및 매립은 폐기물 관리 전략의 예이다.

compost ⓝ 퇴비, 두엄 ⓥ 퇴비를 만들다, 두엄을 끼얹다

1597 ★★★ □□□
indubitable
[indjú:bitəbl]

ⓐ 확실한, 명백한

Rejecting universally accepted and **indubitable** values is a fatal loss. 10 수능

보편적으로 받아들여지고 **명백한** 가치를 거부하는 것은 치명적인 손실이다.

indubitably ⓐⓓ 의심할 여지없이

Vocab+ ↔ **dubitable** ⓐ 의심스러운, 명확치 않은

1598 ★★★ □□□
castigate
[kǽstəgèit]

ⓥ 크게 책망하다, 혹평하다

A scientist who announces a so-called discovery at a press conference beforehand can be **castigated** as a publicity seeker. 18 모평

사전에 기자회견에서 이른바 발견을 발표하는 과학자는 명성을 좇는 사람이라는 **혹평을 받을** 수도 있다.

castigation ⓝ 견책, 혹평

1599 ★★★ □□□
emulation
[èmjuléiʃən]

ⓝ 모방, 본뜸; 경쟁, 겨룸, 대항

Living composers combined individuality and innovation with **emulation** of the past. 18 모평

살아있는 작곡가들은 개성과 혁신을 과거의 **모방**과 결합하였다.

emulate ⓥ 모방하다

1600 ★★★ □□□
delusion
[dilú:ʒən]

ⓝ 망상, 착각, 오해

The current obesity crisis is sometimes related to the "Calorie **Delusion**." 19 학평

현재의 비만은 때때로 '칼로리 **착각**'과 관련된다.

delude ⓥ 속이다, 착각하게 하다

Vocab+ = **illusion** ⓝ 환상 **hallucination** ⓝ 환각, 환영

Review Test

A 우리말은 영어로, 영어는 우리말로 적으시오.

1 강한 욕구, 욕망 l__________
2 인종 차별 s__________
3 애벌레, 유충 l__________
4 지적인; 지식인 i__________
5 photosynthesis __________
6 superficial __________
7 reconcile __________
8 ally __________

B 각 단어의 유의어 혹은 반의어를 적으시오.

1 liberate ⊜ f__________
2 segment ⊜ p__________
3 solidarity ⊜ c__________
4 empirical ↔ t__________
5 synonymous ↔ a__________
6 ascend ↔ d__________
7 fertile ↔ b__________
8 unload ↔ l__________

C 다음 우리말에 적합한 어휘를 고르시오.

1 The consumers [apt / opt] for certain kinds of ease and excitement over others.
소비자들은 다른 것들보다 특정한 종류의 안락과 자극을 선택한다.

2 The expression "Knowledge Society" is an [apt / opt] description of the contemporary world.
'지식 사회'라는 표현은 현대 세계의 적절한 묘사이다.

D 다음 빈칸에 공통으로 들어갈 어휘를 고르시오.

1 If you __________ to accept the premise, you can be a contributor to the health of the community.
2 Villages also produced __________, which attracted vermin.

① refuse ② confuse ③ infuse ④ defuse ⑤ fuse

A 1 lust 2 segregation 3 larva 4 intellectual 5 광합성 6 피상적인, 손쉬운 7 화해시키다, 조화시키다 8 동맹국, 협력자 B 1 free 2 portion 3 cohesion 4 theoretical 5 antonymous 6 descend 7 barren 8 load C 1 opt 2 apt D ① refuse

consist of vs. be composed of

consist of ~로 구성되다	The legislature of the United States consists of the House of Representatives and the Senate. 미국의 입법부는 하원과 상원**으로 구성되어** 있다.
be composed of ~로 구성되다 (= be made up of)	The legislature of the United States is composed of the House of Representatives and the Senate. 미국의 입법부는 하원과 상원**으로 구성되어** 있다.

steal A from B vs. rob B of A

steal A from B B로부터 A를 훔치다	They stole thousands of dollars' worth of accessories from the store. 그들은 그 가게**로부터** 수천 달러 상당의 액세서리**를 훔쳤다**.
rob B of A B에게서 A를 빼앗다[강탈하다]	He was robbed of all his money. 그는 자신의 모든 돈을 **강도당했다**.

inform A of B vs. remind A of B vs. warn A of B

inform A of B A에게 B를 알리다	The police have to inform the suspect of his rights. 경찰은 용의자**에게** 그의 권리**를 알려야** 한다.
remind A of B A에게 B를 상기시키다	They reminded him of his promise to help them. 그들은 그들을 돕겠다는 그의 약속**을** 그**에게 상기시켰다**.
warn A of B A에게 B를 경고하다	The book warns readers of the dangers of not getting enough exercise. 그 책은 충분한 운동을 하지 않는 것의 위험성**을** 독자들**에게 경고한다**.

be concerned about vs. be concerned with

be concerned about ~에 관심을 가지다, ~을 걱정하다	People are deeply concerned about their nation's economy. 국민들은 자국의 경제**에 대해** 깊이 **우려하고** 있다.
be concerned with ~에 관계가 있다, ~에 관심이 있다	The issue is chiefly concerned with hiring policies. 그 문제는 주로 고용 정책**에 관계가** 있다.

rule out vs. leave out

rule out A (= rule A out) A를 배제하다	Only the detective has not ruled him out as a suspect. 오직 그 형사만이 용의자로서 그를 **배제하지** 않았다.
leave out A (= leave A out) A를 빼다[제외하다/생략하다]	You can leave out unnecessary details. 불필요한 세부사항은 **빼도** 됩니다.

Crossword Puzzle

DAY 40

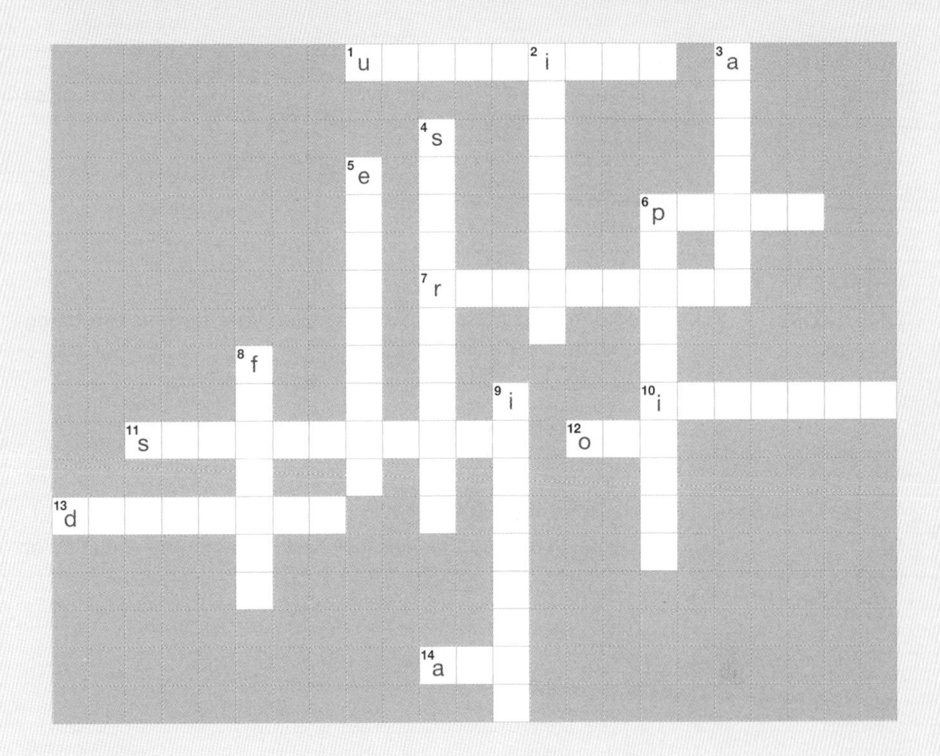

ACROSS

1 ⓐ 주목받지 못한, 눈에 띄지 않는, 간과되는
6 ⓐ 이전의, 우선하는
7 ⓥ 화해시키다, 조화시키다
10 ⓥ 맘껏 즐기다, 탐닉하다, 충족시키다
11 ⓝ 인종 차별, 차별정책, 분리
12 ⓥ 선택하다
13 ⓝ 망상, 착각, 오해
14 ⓐ 적절한, ~하기 쉬운, 재주가 있는

DOWN

2 ⓝ 환영, 착각
3 ⓥ ~의 탓으로 돌리다
4 ⓐ 피상적인, 손쉬운
5 ⓐ 경험에 의거한, 실증적인
6 ⓥ 우선시하다, 우선순위를 매기다
8 ⓐ 비옥한, 기름진
9 ⓥ 통합되다, 통합시키다

Answer p.523

1601 ★★☆ □□□
lifespan
[láifspæ̀n]
◆ 내신빈출

ⓝ 생애, 수명
A change in brain size can even occur within the **lifespan** of an individual animal such as the locust. 19 학평
뇌 크기의 변화는 메뚜기와 같은 개별 동물의 **생애** 내에서조차 일어날 수 있다.
Vocab+ = **lifetime** ⓝ 생애 **longevity** ⓝ 수명; 장수

1602 ★★☆ □□□
plausible
[plɔ́ːzəbl]

ⓐ 그럴듯한, 가능해 보이는
People should consider whether **plausible** options are being ignored or overlooked. 19 수능
사람들은 **그럴듯한** 옵션이 무시되거나 간과되고 있는지 고려해야 한다.
Vocab+ ↔ **implausible** ⓐ 타당해 보이지 않는

1603 ★★☆ □□□
rate
[reit]
◆ 내신빈출

ⓝ 비율; 등급; 요금 ⓥ 평가하다
Students were asked to **rate** their confidence in the accuracy of their memory on a scale from 1 to 5. 20 EBS
학생들은 1부터 5까지의 척도로 자기 기억의 정확성에 대한 확신의 등급을 **평가하도록** 요청받았다.
Vocab+ + **rate A as B** A를 B로 평가하다

1604 ★★☆ □□□
synthetic
[sinθétik]

ⓐ 합성의, 종합적인
The pesticide industry argues that **synthetic** pesticides are absolutely necessary to grow food. 18 모평
살충제 업계에서는 **합성** 살충제가 식량을 재배하기 위해 절대적으로 필요하다고 주장한다.
synthesis ⓝ 종합, 합성 (ⓟ **syntheses**)

1605 ★★☆ □□□
logging
[lɔ́(ː)giŋ]

ⓝ 벌목
Habitat destruction from **logging** brought about the decrease of overall population of orangutans. 20 학평
벌목으로 인한 서식지 파괴는 전체 오랑우탄 개체수의 감소를 야기했다.
Vocab+ = **deforestation** ⓝ 삼림 벌채

1606 ★★☆ □□□
immature
[imətjúər]
◆ 내신빈출

ⓐ 미숙한, 치기 어린, 다 자라지 못한
Adults think that it is irresponsible, **immature**, and childish to give themselves regularly over to play. 19 수능
어른들은 주기적으로 노는 것에 자신을 맡기는 것이 무책임하고, **미숙하며**, 유치하다고 생각한다.
Vocab+ = **premature** ⓐ 조산의, 시기상조의 ↔ **mature** ⓐ 성숙한

1607 ★★☆ □□□

outperform
[àutpərfɔ́ːrm]

ⓥ 더 나은 결과를 내다, 능가하다

Between 2016 and 2018, Norway held the highest sales volume of electric vehicles, which was **outperformed** by Germany in 2019. 21 학평

2016~2018년 사이, 노르웨이는 가장 높은 전기 차량 판매량을 보유했지만, 2019년에는 독일이 그것을 **능가했다**.

Vocab+ = **surpass** ⓥ 능가하다 **be superior to** ~보다 우월하다

1608 ★★☆ □□□

outrage
[áutreidʒ]

ⓥ 격노케 하다 ⓝ 격분, 격노

Critics of the new economy are **outraged** by precarious labor and digital surveillance. 21 EBS

새로운 경제의 비평가들은 불안정한 노동과 디지털 감시에 **격분한다**.

outrageous ⓐ 너무나 충격적인, 난폭한

Vocab+ = **offend** ⓥ 불쾌하게 하다

1609 ★★☆ □□□

moan
[moun]

ⓥ 신음하다, 불평하다 ⓝ 신음, 투덜거림

A lion entered the cave with a wounded paw, **moaning** in pain. 21 EBS

사자 한 마리가 고통에 **신음하며** 다친 발로 그 동굴에 들어왔다.

Vocab+ = **groan** ⓥ 신음하다 **grumble** ⓥ 불평하다

1610 ★★☆ □□□

imaginative
[imǽdʒənətiv]

ⓐ 상상력 넘치는[풍부한], 창의적인

Balch's **imaginative** proposal is working together through the international authorities for solving the world's problems. 22 EBS

Balch의 **상상력 넘치는** 제안은 세계 문제를 해결하기 위해 국제기관을 통해 협력하자는 것이다.

imagine ⓥ 상상하다 **imagination** ⓝ 상상 **imaginary** ⓐ 상상의

다의어

1611 ★★☆ □□□

alteration
[ɔ̀ːltəréiʃən]

ⓝ 변화, 변경, 개조, 수선

My mom began bringing her clothing in need of repair or requiring **alterations**. 18 학평

우리 엄마는 수선할 필요가 있거나 **변경**(치수 고치기)을 필요로 하는 자신의 의류를 가져가기 시작했다.

alter ⓥ 바꾸다, 변경하다

Vocab+ = **change** ⓝ 변화

1612 ★★☆ □□□

alternate
[ɔ́ːltərnèit]

ⓐ 번갈아 생기는 ⓥ 번갈아 나오다

The classes will **alternate** between cooking lessons and gardening lessons. 17 학평

수업은 요리 수업과 정원 가꾸기 수업을 **번갈아 가며** 진행됩니다.

alternative ⓝ 대안 ⓐ 대체 가능한

1613 ★★☆ □□□

cumbersome
[kʌ́mbərsəm]

ⓐ 번거로운, 귀찮은, 크고 무거운

The time and effort associated with barter make us think it **cumbersome** to conduct transactions. 22 EBS

물물 교환과 관련된 시간과 노력은 우리로 하여금 거래하는 것을 **번거롭다고** 생각하게 한다.

cumber ⓝ 방해

Vocab+ = **inconvenient** ⓐ 불편한

1614 ★★☆ □□□

grip
[grip]

ⓝ 꽉 붙잡음, 통제 ⓥ 꽉 잡다, 움켜 잡다

Breaden stretched out his arm and was about to grab a bar when he felt a tight **grip** on his hand. 16 수능

Breaden은 팔을 뻗어서 초코바 하나를 막 움켜쥐려고 했는데, 그때 자기 손이 **꼭 잡히는** 것을 느꼈다.

Vocab+ = **grasp** ⓝ 꽉 붙잡음 ⓥ 꽉 잡다

1615 ★★☆ □□□

fidelity
[fidéləti]

ⓝ 충실, 성실, 충성, 원래 것과 똑같음

A printing press allows knowledge to spread far more quickly, with full **fidelity**, than ever before. 18 수능

인쇄기는 지식이 이전 어느 때보다 훨씬 더 빠르고 완전히 **충실**하게 퍼져 나갈 수 있게 한다.

Vocab+ = **loyalty** ⓝ 충성

1616 ★★☆ □□□

regard
[rigá:rd]

◆ 내신빈출

ⓥ (~으로) 여기다, 평가하다 ⓝ 관계; 관심; 평가; 존경

The Awakening would come to be **regarded** as Kate Chopin's finest work. 18 학평

〈The Awakening〉은 Kate Chopin의 가장 훌륭한 작품으로 **여겨질** 것이다.

regardless ⓐ 개의치 않는 **regarding** ⓟ ~에 관하여

Vocab+ + **with regard to** ~에 관해 **regard A as B** A를 B로 간주하다

1617 ★★☆ □□□

conversion
[kənvə́:rʒən]

ⓝ 전환, 개조, 개종, 전향

The **conversion** of forest into cultivated terraces means a much higher productivity. 18 모평

숲을 경작된 계단식 농경지로 **바꾸는 것**은 훨씬 더 높은 생산성을 의미한다.

convert ⓥ 전환시키다, 개조하다

Vocab+ = **alteration** ⓝ 변화, 개조

1618 ★★☆ □□□

sensitivity
[sènsətívəti]

◆ 내신빈출

ⓝ 민감성, 예민함, (남의 감정을 살필 줄 아는) 세심함

Sensitivity to problems is critical in setting the creative process in motion. 20 학평

창의적인 과정이 시작되는 데 있어서 문제에 대한 **민감성**이 중요하다.

sensitive ⓐ 세심한, 예민한

1619 ★★☆ □□□

attest
[ətést]

ⓥ 증명[입증]하다

Large numbers of anecdotal statements **attest** to the power of animals to hasten the building of rapport between patient and therapist. 22 EBS

많은 일화적 진술이 환자와 치료자 사이의 친화감 형성을 앞당기는 동물의 힘을 **증명한다**.

attestation ⓝ 증명

Vocab+ + **attest to** ~을 입증하다 (= **bear witness to** ~을 증언하다)

1620 ★★☆ □□□

vein
[vein]

ⓝ 정맥, 혈관

The reason why I did not feel tired could have been the adrenaline pumping through my **veins**. 11 모평

내가 피곤함을 느끼지 않았던 이유는 내 **혈관**을 통해 아드레날린이 뿜어져 나온 것이었을 수도 있었다.

Vocab+ = **blood vessel** 혈관 + **artery** ⓝ 동맥

다의어

1621 ★★☆ □□□

moderate
ⓥ[mάdərèit]
ⓐ[mάdərit]

1. ⓥ 조정하다, 완화되다
2. ⓐ 온건한, 적당한

1. An individual characteristic that **moderates** the relationship with behavior is self-efficacy. 18 모평

   행동과의 관계를 **조정하는** 개인적인 특징은 자기 효능감이다.

2. **Moderate** amounts of stress can foster resilience. 20 모평

   적당한 양의 스트레스가 회복력을 촉진할 수 있다.

moderation ⓝ 적당함, 온건, 절제

Vocab+ = **soften** ⓥ 완화시키다

1622 ★★☆ □□□

tactful
[tǽktfəl]

ⓐ 요령[눈치] 있는

People are hurt or offended even by tasteful, **tactful** jokes. 18 학평

사람들은 심지어 품위 있고 **재치 있는** 농담에도 상처를 받거나 기분이 상한다.

tact ⓝ 요령

Vocab+ = **witty** ⓐ 재치 있는 ↔ **tactless** ⓐ 눈치 없는

1623 ★★☆ □□□

coarse
[kɔːrs]

ⓐ 거친, (알갱이 등이) 굵은, 조잡한

Plato considered the lyre and flute played alone to be 'exceedingly **coarse** and tasteless'. 22 학평

플라톤은 수금(竪琴)과 피리만으로 연주되는 음악을 '매우 **조잡하고** 무미건조하다'고 여겼다.

coarsen ⓥ 거칠어지다, 굵어지다

Vocab+ = **rough** ⓐ 거친 ↔ **smooth** ⓐ 매끄러운

1624 ★★☆ □□□
reign
[rein]

ⓝ 통치, 지배 ⓥ 다스리다, 통치하다

During Emperor Claudius' **reign**, Rome had 59 public holidays and 95 game days. 22 EBS

Claudius 황제의 **통치** 기간 동안에, 로마에는 59일의 공휴일과 95일의 경기하는 날이 있었다.

Vocab+ = **rule** ⓝ 통치 ⓥ 다스리다

1625 ★★☆ □□□
plunge
[plʌndʒ]
◆ 내신빈출

ⓥ 뛰어들다, 급락하다

The dog leapt out through the open space in the railing and **plunged** into the water. 18 모평

그 개는 난간의 열린 공간으로 뛰어넘어 물속으로 **뛰어들었다**.

Vocab+ = **plummet** ⓥ 급락하다

1626 ★★☆ □□□
pollen
[pálən]

ⓝ 꽃가루, 화분

The butterflies carry **pollen** from flower to flower. 18 수능

나비들은 이 꽃에서 저 꽃으로 **꽃가루**를 옮긴다.

pollinate ⓥ 수분하다 **pollination** ⓝ 수분

1627 ★★☆ □□□
mock
[mɑk]

ⓥ 놀리다, 조롱하다 ⓐ 가짜의, 모조의

21 EBS

If someone challenges our self-image in public by creating a website that **mocks** us, the pain we experience is compounded.

누군가 우리를 **조롱하는** 웹사이트를 만듦으로써 공개적으로 우리의 자아상에 도전한다면, 우리가 경험하는 고통은 더 심해진다.

mockery ⓝ 조롱

Vocab+ = **make fun of** ~을 놀리다 **sham** ⓐ 가짜의

1628 ★★☆ □□□
lineage
[líniidʒ]

ⓝ 혈통

There are many **lineages** of hominids that did go extinct. 20 학평

진정 멸종의 길을 간 많은 인류의 **혈통**이 있다.

Vocab+ = **ancestry** ⓝ 혈통

1629 ★★☆ □□□
infrastructure
[ínfrəstrʌ̀ktʃər]

ⓝ (사회) 기반 시설, 하부 조직

Loss of life is minimized, and lifelines and **infrastructure** continue to function during and after an earthquake disaster. 21 학평

인명 손실을 최소화하고, 지진 재해 동안과 그 이후에도 생명선과 **기반 시설**이 계속 작동한다.

참고 사회 기반 시설이란?
transportation systems(대중교통 시스템), communication networks(통신 네트워크), sewage(하수도), water(물), school systems(학교 시스템) 등

1630 ★★☆ □□□

proclaim

[proukléim]

ⓥ 선언하다, 선포하다

The prose of Hemingway or Samuel Beckett **proclaimed** that less was more. 19 학평

Hemingway나 Samuel Beckett의 산문은 더 적은 것이 더 낫다는 것을 **주장했다**.

Vocab+ = **declare** ⓥ 선언하다

1631 ★★☆ □□□

rusty

[rʌ́sti]

ⓐ 무뎌진, 녹슨

The anxiety interferes with their expression, and the ability to display them may have gone **rusty** from lack of use. 20 EBS

불안은 그것들(긍정적인 특징들)을 표현하는 것을 방해하고, 그것들을 보여주는 능력은 사용하지 않았기 때문에 **무디어졌을지도** 모른다.

rust ⓝ 녹

Vocab+ + **rust belt** 러스트 벨트(특히 미국 오대호 연안의 사양화된 공업 지대)

1632 ★★☆ □□□

hands-on

[hǽndsɑ̀n]

ⓐ (말만 하지 않고) 직접 해 보는[실천하는]

The exciting camp for budding chefs will give your child **hands-on** experience in a modern kitchen. 19 수능

새내기 요리사를 위한 신나는 캠프는 여러분의 자녀에게 현대적인 주방에서 **직접 해보는** 경험을 제공할 것입니다.

1633 ★★☆ □□□

deprive

[dipráiv]

◆ 내신빈출

ⓥ 빼앗다, 강탈하다

More buildings have fallen into ruin when left naked and **deprived** of the roof covering. 21 학평

더 많은 건물들이 지붕 덮개가 벗겨지고 **없어졌을** 때 폐허가 되었다.

deprivation ⓝ 박탈

Vocab+ + **deprive A of B** A에게서 B를 빼앗다 **deprived of** ~이 없는

1634 ★★☆ □□□

conviction

[kənvíkʃən]

ⓝ 확신; 유죄 판결

If we could jump to the **conviction** that we had better not care about global heating, we are simply stupid. 18 EBS

만일 우리가 지구 온난화에 대해 걱정하지 않는 것이 낫다고 성급하게 **확신**한다면, 우리는 그저 어리석을 뿐이다.

convince ⓥ 납득시키다 **convict** ⓥ 유죄를 선고하다

Vocab+ = **belief** ⓝ 믿음, 확신 ↔ **acquittal** ⓝ 무죄 선고

1635 ★★☆ □□□

efficient

[ifíʃənt]

◆ 내신빈출

ⓐ 효율적인, 유능한

This update will surely make our management system more **efficient** in the long run. 18 학평

이번 업데이트는 분명 우리 관리 시스템이 장기적으로 더욱 **효율적이도록** 해줄 것입니다.

efficiency ⓝ 효율성

Vocab+ = **effective** ⓐ 효과적인

1636 ★★★ □□□

idiosyncratic
[ìdiousinkrǽtik]

ⓐ 특유한, 기이한

Students think our courses are about learning the rules for and playing one more **idiosyncratic** academic game. 22 학평

학생들은 우리의 수업이 또 하나의 **특유한** 학문적 게임의 규칙을 배우고 그것(게임)을 하는 것과 관련이 있다고 생각한다.

idiosyncrasy ⓝ 특이함

Vocab+ = **eccentric** ⓐ 별난, 기이한

고난도

1637 ★★★ □□□

ephemeral
[ifémərəl]

ⓐ 수명이 짧은, 단명하는

The importation of natural enemies has met with limited success for major pests of **ephemeral** systems. 18 모평

천적의 도입은 **단명하는** 계통의 주요 해충에 대해 제한적인 성공을 거두었다.

ephemera ⓝ 수명이 아주 짧은 것

1638 ★★★ □□□

inadvertently
[inədvə́ːrtəntli]

ⓐⓓ 무심코, 우연히, 부주의로

An introvert is far less likely to **inadvertently** insult another person whose opinion is not agreeable. 18 모평

내성적인 사람은 찬성할 수 없는 의견을 가진 다른 사람을 **무심코** 모욕할 가능성이 훨씬 더 작다.

inadvertence ⓝ 부주의

Vocab+ = **unintentionally** ⓐⓓ 무심코

1639 ★★★ □□□

pseudonym
[sjúːdənim]

ⓝ 익명, 필명, 가명

Charlotte Brontë gives a detailed account of the reasons behind her decision to use a male **pseudonym**. 18 학평

Charlotte Brontë는 남성의 **필명**을 사용하기로 한 자신의 결정 이면에 있는 이유에 관해 자세히 설명한다.

1640 ★★★ □□□

implacably
[implǽkəbli]

ⓐⓓ 무자비하게; 집념이 강하게

What some organisms must starve in nature remains **implacably** true. 18 모평

일부 유기체들이 자연에서 기아를 겪어야 한다는 것은 **무자비하게도** 진실이다.

implacable ⓐ 확고한

Vocab+ = **ruthlessly** ⓐⓓ 무자비하게 ↔ **humanely** ⓐⓓ 자비롭게

Review Test

A 우리말은 영어로, 영어는 우리말로 적으시오.

1 (사회) 기반 시설 i__________
2 전환, 개조, 개종 c__________
3 충실, 충성 f__________
4 확신, 유죄 판결 c__________
5 deprive __________
6 lineage __________
7 pseudonym __________
8 logging __________

B 각 단어의 유의어 혹은 반의어를 적으시오.

1 proclaim ⊜ d__________
2 moan ⊜ g__________
3 outrage ⊜ o__________
4 reign ⊜ r__________
5 implacably ↔ h__________
6 plausible ↔ i__________
7 tactful ↔ t__________
8 coarse ↔ s__________

C 다음 우리말에 적합한 어휘를 고르시오.

1 My mom began bringing her clothing in need of repair or requiring [alternations / alterations].
우리 엄마는 수선할 필요가 있거나 변경(치수 고치기)을 필요로 하는 자신의 의류를 가져가기 시작했다.

2 The classes will [alternate / alter] between cooking lessons and gardening lessons.
수업은 요리 수업과 정원 가꾸기 수업을 번갈아 가며 진행됩니다.

D 다음 빈칸에 공통으로 들어갈 어휘를 고르시오. [예문에 실린 어휘의 원형을 고를 것]

1 An individual characteristic that __________ the relationship with behavior is self-efficacy.

2 __________ amounts of stress can foster resilience.

① mock ② moderate ③ deprive ④ outperform ⑤ grip

A 1 infrastructure 2 conversion 3 fidelity 4 conviction 5 빼앗다, 강탈하다 6 혈통 7 익명, 가명, 필명 8 벌목 B 1 declare 2 groan 3 offend 4 rule 5 humanely 6 implausible 7 tactless 8 smooth C 1 alterations 2 alternate D ② moderate

bring about vs. come about

bring about ~을 유발[초래]하다 (= cause)	The crisis was brought about by many factors. 그 위기는 많은 요인에 의해 **초래되었다**.
come about 발생하다[일어나다]	I don't know how such a confusing situation came about. 나는 어떻게 그런 혼란스러운 상황이 **발생했는지** 모르겠다.

grow up vs. bring up

grow up 자라다, 성장하다	She wants to be a firefighter when she grows up. 그녀는 **자라서** 소방관이 되고 싶어 한다.
bring up ~을 기르다, 키우다	Ted's grandparents brought him up after his parents died. Ted의 조부모는 그의 부모님이 돌아가신 후에 그를 **키웠다**.

be known to vs. be known for vs. be known as

be known to ~에게 알려져 있다	The man is known to the police because of his previous criminal record. 그 남자는 자신의 전과로 인해서 경찰**에 알려져 있다**.
be known for ~로 유명하다	The Parkview Restaurant is known for its special dessert. Parkview 음식점은 디저트**로 유명하다**.
be known as ~로 알려져 있다	She is known as an expert in the field. 그녀는 그 분야의 전문가**로 알려져 있다**.

equal to vs. similar to vs. different from

equal to ~와 같은, ~을 감당할 수 있는	Through the lotto, he earned money equal to an entire month's salary. 로또를 통해서, 그는 한 달치 봉급**과 같은** 돈을 벌었다.
similar to ~와 유사한	Cider in Japan and Korea refers to a soft drink similar to Sprite. 일본과 한국에서 사이다는 스프라이트**와 비슷한** 청량음료를 말한다.
different from ~와 다른	His house is different from the others on the street. 그의 집은 그 거리의 나머지 집들**과 다르다**.

Crossword Puzzle

DAY 41

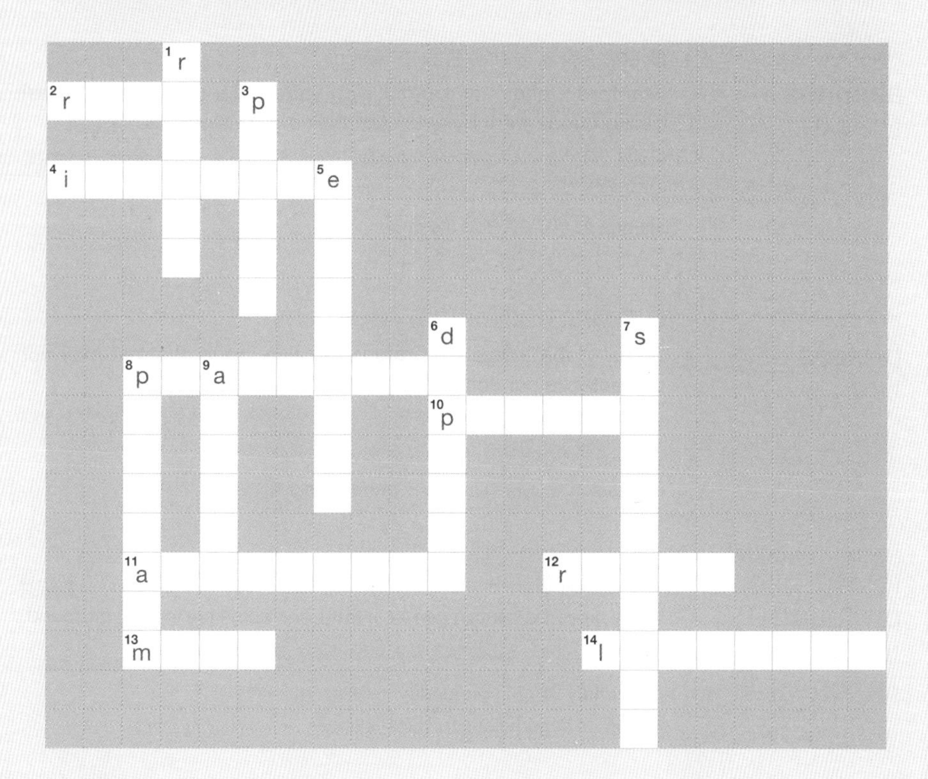

ACROSS

2 ⓝ 비율, 요금, 등급 ⓥ 평가하다

4 ⓐ 미숙한, 치기 어린, 다 자라지 못한

8 ⓐ 그럴듯한, 가능해 보이는

10 ⓝ 꽃가루, 화분

11 ⓐ 번갈아 생기는 ⓥ 번갈아 나오다

12 ⓝ 통치, 지배 ⓥ 다스리다, 통치하다

13 ⓥ 놀리다, 조롱하다 ⓐ 가짜의, 모조의

14 ⓝ 생애, 수명

DOWN

1 ⓥ (~으로) 여기다, 평가하다
ⓝ 관계, 관심, 평가, 존경

3 ⓥ 뛰어들다, 급락하다

5 ⓐ 효율적인, 유능한

6 ⓥ 빼앗다, 강탈하다

7 ⓝ 민감성, 예민함, (남의 감정을 살필 줄 아는) 세심함

8 ⓥ 선언하다, 선포하다

9 ⓥ 증명[입증]하다

Answer p.524

1641 ★★☆ □□□

alumnus
[əlʌ́mnəs]

ⓝ 남자 졸업생, 동창생, 동문 (ⓟⓛ alumni)

Stanford University **alumni** with varied work and educational backgrounds were likely to start their own businesses. 20 모평

다양한 업무 및 교육 배경을 가진 스탠퍼드대학교 **동문들**이 자기 자신의 사업을 시작할 가능성이 훨씬 더 높았다.

alumna ⓝ 여자 졸업생 (ⓟⓛ **alumnae**)

1642 ★★☆ □□□

profess
[prəfés]

ⓥ 공언하다, (사실이 아닌 것을 사실로) 주장하다

Some of the things we **profess** to value in the abstract may not characterize our actual everyday experiences. 19 학평

우리가 관념적으로 가치 있다고 **주장하는** 것 중 일부는 우리 실제 일상 경험의 특성을 나타내지 않을 수도 있다.

profession ⓝ 공언; 직업, 전문직 **professional** ⓐ 전문직의, 전문가의

1643 ★★☆ □□□

profound
[prəfáund]
◆ 내신빈출

ⓐ 깊은, 심오한

Many proverbs contain germs of truth, and some are indeed **profound**. 10 모평

많은 속담이 일말의 진실을 담고 있고, 어떤 것들은 정말로 **심오하다**.

profoundly ⓐⓓ 깊이 **profundity** ⓝ 심오함, 깊이, 심각함

Vocab+ ↔ **superficial** ⓐ 피상적인, 깊이 없는

1644 ★★☆ □□□

outright
[áutràit]
◆ 내신빈출

ⓐ 노골적인, 명백한, 완전한 ⓐⓓ 노골적으로, 명백히

Multiple and often conflicting notions of truth coexist in the Internet, ranging from **outright** lying to playful trickery. 18 학평

진실의 다양하고 자주 상충하는 개념들이 인터넷 상황에서 공존하는데, **노골적인** 거짓말하기부터 놀이로 하는 속임수에까지 이른다.

outrightness ⓝ 명백함

참고 '-right[뜻: straight, not bent, direct]'로 끝나는 단어:
forthright ⓐ 솔직담백한 downright ⓐ 순전한 upright ⓐ 자세가 똑바른

1645 ★★☆ □□□

obedient
[oubíːdiənt]

ⓐ 유순한, 순종하는

Laws of space and time invariable and inescapable in work with actuality become **obedient**. 16 수능

현실성을 가진 일에서는 변하지 않고 피할 수 없는 공간과 시간의 법칙들이 **순종적으로** 된다.

obey ⓥ 시키는 대로 하다, 순종하다

Vocab+ ↔ **disobedient** ⓐ 거역하는, 반항하는

1646 ★★☆ □□□

venue

[vénjuː]

ⓝ (콘서트 · 스포츠 · 회담을 위한) 장소

Films became too big for the traditional entertainment **venues** to compete with. 22 EBS

영화는 전통적인 오락 **장소**가 경쟁하기에는 너무 커졌다.

1647 ★★☆ □□□

tactic

[tǽktik]

ⓝ 전술, 전략[작전]

Advertisers use the **tactic** of creating a perception of honesty by mentioning a minor weakness. 17 EBS

광고주는 사소한 약점을 언급하여 정직하다는 인식을 조성하는 **전술**을 사용한다.

tactical ⓐ 작전의, 전술적인

Vocab+ = **strategy** ⓝ 전략

1648 ★★☆ □□□

astounding

[əstáundiŋ]

ⓐ 놀라운, 믿기 어려운

A "maneuver wave" spreads through the group at an **astounding** speed. 12 모평

'움직임 파장'은 **놀라운** 속도로 집단 속으로 퍼져 나간다.

astound ⓥ 놀라게 하다

Vocab+ = **astonishing** ⓐ 놀랄 만한

1649 ★★☆ □□□

combustion

[kəmbʌ́stʃən]

ⓝ 연소, 불이 탐

The graph shows the global sales expectations of internal **combustion** cars and electric cars. 20 학평

그래프는 **내연** 자동차와 전기 자동차의 전 세계 예상 판매량을 보여준다.

combust ⓥ 연소하기 시작하다

혼동어

1650 ★★☆ □□□

nuance

[njúːɑːns]

ⓝ (의미 · 소리 · 색상 · 감정상의) 미묘한 차이, 뉘앙스

The musical experiences provide opportunities to know language, behaviors, customs, and other cultural **nuances**. 20 모평

음악적 경험은 언어, 행동, 관습 및 기타 문화적인 **미묘한 차이**를 알 수 있는 기회를 제공한다.

Vocab+ = **subtlety** ⓝ 미묘함

1651 ★★★ □□□

nuisance

[njúːsəns]

ⓝ 골칫거리, 방해, 귀찮은 사람

The protests of the public are seen by planners and developers as an expensive **nuisance**. 17 학평

대중들의 항의는 계획자와 개발업자에 의해 값비싼 대가를 치르게 되는 **골칫거리**로 여겨진다.

Vocab+ = **bother** ⓝ 귀찮음 **hassle** ⓝ 귀찮은 상황

1652 ★★☆ □□□

sentiment

[séntəmənt]

◆ 내신빈출

ⓝ 감정, 정서, 감상

Negative **sentiments** provide a kind of guarantee of authenticity for such dispositional **sentiments**. 16 수능

부정적인 **감정**은 성향적인 **감정**에 대한 일종의 진실성의 보장을 제공한다.

sentimental ⓐ 정서적인

Vocab+ = **emotion** ⓝ 감정 **sensibility** ⓝ 감수성

1653 ★★☆ □□□

monopolize

[mənápəlàiz]

ⓥ 독점하다, (사람의 관심·시간을) 독차지하다

Some groups increasingly **monopolize** the fruits of globalization, while billions are left behind. 18 학평

일부 집단은 점점 더 세계화의 결실을 **독점하고** 있는 반면 수십억의 사람들은 뒤처져 있다.

monopoly ⓝ 독점[전매] (상품), 독차지, 전유물

1654 ★★☆ □□□

intersect

[ìntərsékt]

ⓥ (~와) 교차하다, 가로지르다

Some people explore the edge of where core products **intersect** with customer journeys. 20 모평

어떤 사람들은 핵심 제품이 고객의 여정과 **교차하는** 곳의 가장자리를 탐구한다.

intersection ⓝ 교차로

1655 ★★☆ □□□

infuse

[infjúːz]

ⓥ 불어넣다, 스미다

Artistic endeavors **infused** our imaginative capacities with a potent faculty for innovation. 19 수능

예술적 노력은 혁신을 위한 풍부한 능력을 우리의 상상력에 **불어넣었다**.

infusion ⓝ 투입

참고 '-fuse[뜻: pour]'로 끝나는 단어 : confuse ⓥ 혼란스럽게 하다
defuse ⓥ 완화시키다 profuse ⓐ 다량의 diffuse ⓐ 널리 퍼진

1656 ★★☆ □□□

counterpart

[káuntərpàːrt]

ⓝ 상응하는 대상, 대응물

There's a direct **counterpart** to pop music in the classical song, more commonly called an "art song". 17 모평

고전 성악에는 더 일반적으로는 '예술가곡'이라 불리는 대중음악에 직접적인 **상응하는 것**이 있다.

1657 ★★☆ □□□

impel

[impél]

ⓥ 몰아대다, 재촉하다, 억지로 ~시키다

The metaphor **impels** you to think of life in terms of the kinds of physical, social, and other attributes. 10 모평

그 은유는 여러분이 삶을 신체적, 사회적 및 기타 속성의 종류로 생각하도록 **강요한다**.

Vocab+ = **compel** ⓥ 강요하다

1658 ★★☆ □□□

tangible

[tǽndʒəbl]

◆ 내신빈출

ⓐ 분명히 실재하는, 유형의, 만질 수 있는

Unlike **tangible** documents, e-mails and other electronic materials may be, and often are, deleted. 17 EBS

유형의 문서와 달리, 이메일과 다른 전자적 형태의 자료는 삭제될 수 있고 종종 삭제된다.

Vocab+ ↔ **intangible** ⓐ 무형의, 만질 수 없는

1659 ★★★ □□□

coercion

[kouə́ːrʃən]

ⓝ (무력·협박에 의한) 강제[강압] 17 모평

Consensus rarely comes without some forms of subtle **coercion**.

의견 일치가 몇몇 형태의 교묘한 **강압** 없이 이뤄지는 일은 드물다.

coercive ⓐ 강압적인

Vocab+ = **compulsion, pressure** ⓝ 강압

1660 ★★☆ □□□

impartial

[impáːrʃəl]

◆ 내신빈출

ⓐ 공정한

Judging desirable and undesirable conditions in an **impartial** way seems to be difficult. 15 수능

공정한 방법으로 바람직한 조건과 바람직하지 않은 조건을 판단하는 것은 어려운 것 같다.

impartially ⓐⓓ 공정하게

Vocab+ ↔ **partial** ⓐ 불공정한

다의어

1661 ★★☆ □□□

secure

[sikjúər]

1. ⓐ 안전한, 안정된, 자신 있는 ⓥ 안전하게 하다, 확실하게 하다
2. ⓥ 획득[확보]하다

1. A child must be **secure** in his parents' power. 13 수능

   아이는 부모의 영향력 안에서 **안전해야만** 한다.

2. The future of our high-tech goods may lie in our ability to **secure** the ingredients to produce them. 19 수능

   첨단 기술 제품의 미래는 그것을 생산하기 위한 재료를 **확보할** 수 있는 우리의 능력에 있을 것이다.

security ⓝ 보안

Vocab+ = **obtain** ⓥ 획득하다 ↔ **insecure** ⓐ 불안정한

1662 ★★☆ □□□

authentic

[ɔːθéntik]

◆ 내신빈출

ⓐ 진정한, 진짜의

The "restored" Sistine Chapel may look "**authentic**" today. 12 모평

'복구된' 시스틴 성당이 오늘날 '**진짜**'처럼 보일 수도 있다.

authenticity ⓝ 진정성, 진짜

Vocab+ = **genuine** ⓐ 진짜의 ↔ **inauthentic** ⓐ 가짜의

1663 ★★☆ □□□
abhorrence
[əbhɔ́ːrəns]

ⓝ 혐오
The **abhorrence** he feels toward his coworker isn't actually because she's unfriendly. 22 EBS
그가 자신의 직장 동료에 대해 느끼는 **혐오감**이 사실은 그녀가 불친절하기 때문이라서가 아니다.

abhor ⓥ 혐오하다
Vocab+ = **detestation** ⓝ 혐오 **enmity** ⓝ 적대감

1664 ★★☆ □□□
reinforce
[rìːinfɔ́ːrs]
◆ 내신빈출

ⓥ 강화하다, 보강하다
Higher-ability students can **reinforce** their own knowledge by teaching those with lower ability. 14 모평
능력 수준이 더 높은 학생들은 능력 수준이 더 낮은 학생들을 가르침으로써 자신의 지식을 **강화시킬** 수 있다.

reinforcement ⓝ 강화
Vocab+ = **enhance, intensify** ⓥ 강화시키다

1665 ★★★ □□□
deranged
[diréindʒd]

ⓐ 제정신이 아닌
In the novel, *Heart of Darkness*, the **deranged** Kurtz character represents the worst aspects of civilisation. 17 수능
소설 〈Heart of Darkness〉에서, **제정신이 아닌** 커츠 캐릭터는 문명의 최악의 측면을 나타낸다.

derange ⓥ 흐트러뜨리다, 미치게 하다

1666 ★★☆ □□□
relentlessly
[riléntlisli]

ad 끈질기게, 가차없이
Albert Einstein sought **relentlessly** for a so-called unified field theory. 19 학평
Albert Einstein은 소위 통일장 이론을 **끈질기게** 추구했다. [통일장 이론: 중력, 전자기력 등의 자연계의 4가지 힘을 통합하려는 시도]

relentless ⓐ 수그러들지 않는, 끈질긴, 가차없는
Vocab+ = **unrelentingly** ad 가차없이

1667 ★★☆ □□□
pollination
[pàlənéiʃən]

ⓝ 가루받이, 수분
Without the service of **pollination** which insects provide humankind might cease to exist. 18 학평
곤충들이 제공하는 **가루받이** 서비스가 없다면 인류는 소멸할지도 모른다.

pollinate ⓥ 수분하다

1668 ★★☆ □□□
outset
[áutsèt]

ⓝ 착수, 시작, 처음, 발단
The important thing about creativity is that at the **outset**, you can't tell which ideas will succeed and which will fail. 17 모평
창의성에 관한 중요한 것은, **처음**에는 여러분이 어떤 아이디어가 성공하고 어떤 아이디어가 실패할 것인지를 알 수 없다는 것이다.

Vocab+ + **at the outset** 처음에

1669 ★★☆ □□□
literacy
[lítərəsi]
◆ 내신빈출

ⓝ 읽고 쓸 줄 아는 능력, 문해력
It is not clear how widespread **literacy** was at its beginnings. 20 수능
읽고 쓰는 능력이 초기에 얼마나 널리 퍼져 있었는지 명확하지 않다.

literate ⓐ 읽고 쓸 줄 아는
Vocab+ ↔ **illiteracy** ⓝ 문맹, 무교양

1670 ★★★ □□□
amnesia
[æmní:ʒə]

ⓝ 기억상실증
Amnesia, or sudden memory loss, results in the inability to recall one's name and identity. 12 모평
기억상실증 혹은 갑작스런 기억상실은 본인의 이름이나 정체성을 기억하지 못하는 것이다.

1671 ★★☆ □□□
ingenious
[indʒí:njəs]
◆ 내신빈출

ⓐ 독창적인, 기발한
Homo sapiens, whose body was adapted to living in the African savannah, devised **ingenious** solutions. 16 EBS
신체가 아프리카 사바나에서 살도록 적응된 '호모 사피엔스'는 **독창적인** 해결책을 고안해 냈다.

ingenuity ⓝ 기발한 재주, 독창성
Vocab+ = **inventive, creative** ⓐ 창의적인

1672 ★★★ □□□
condescend
[kὰndisénd]

ⓥ 거들먹거리다, (못마땅하게) 자신을 낮추다
Companions should talk to each other being careful not to **condescend**. 20 모평
동료들은 **거들먹거리지** 않도록 유의하면서 서로서로 대화를 나눠야 한다.

1673 ★★☆ □□□
empower
[impáuər]

ⓥ 권한을 주다, 자율권을 주다
Empower people by letting them know that you believe in them and allowing them to take action. 11 수능
사람들에게 당신이 그들을 믿는다는 것을 알게 하고 그들이 행동을 취하도록 허용함으로써 **권한을 부여하라**.

empowerment ⓝ 권한
Vocab+ = **enable** ⓥ ~할 수 있게 하다

1674 ★★☆ □□□
disperse
[dispə́:rs]

ⓥ 흩어지다, 해산하다, 분산시키다 19 학평
A material absorbs the force by **dispersing** it from atom to atom.
물질은 원자에서 원자로 **분산시켜** 힘을 흡수한다.

dispersal ⓝ 해산, 분산
Vocab+ = **scatter** ⓥ 해산하다

1675 ★★☆ □□□

disseminate

[disémənèit]

◆ 내신빈출

ⓥ 퍼뜨리다, 전파하다

We generate handsome profits from producing and **disseminating** hazardous chemicals. 18 학평

우리는 위험한 화학 물질을 생산하고 **퍼뜨려** 큰 수익을 창출한다.

dissemination ⓝ 보급

Vocab+ = **circulate** ⓥ 유포하다

1676 ★★★ □□□

counterintuitive

[kàuntərintjúːitiv]

ⓐ 반직관적인, 직관에 어긋나는

It may seem **counterintuitive** that Neaderthals lost out to the new arrivals. 20 학평

새로 도착한 사람들에게 네안데르탈인들이 밀려났다는 것은 **직관에 반하는** 것처럼 보일 수도 있다.

Vocab+ ↔ **intuitive** ⓐ 직관적인, 딱보고 아는

고난도

1677 ★★★ □□□

malevolent

[məlévələnt]

ⓐ 악의 있는, 악의적인

The exchanges of stories need not always be employed in **malevolent** ways. 18 모평

이야기들을 주고받는 것은 항상 **악의 있는** 방식으로 이용될 필요는 없다.

Vocab+ = **malicious** ⓐ 악의적인 **vicious** ⓐ 악덕의, 잔인한

1678 ★★★ □□□

onerous

[ánərəs]

ⓐ 성가신, 귀찮은, 부담스러운

Farmers have to take **onerous** responsibility for storing seeds away from moisture and predators. 13 수능

농부는 습기와 포식자로부터 씨앗을 저장하는 **힘든** 책임을 져야 한다.

Vocab+ = **difficult** ⓐ 어려운 **burdensome** ⓐ 힘든, 부담스러운

1679 ★★★ □□□

vermin

[vəːrmin]

ⓝ 해충, 해를 입히는 야생 동물[조류]

A number of **vermin** problems were permanently resolved by importation and successful establishment of natural enemies. 18 모평

많은 **해충** 문제가 천적의 도입과 성공적인 정착에 의해 영구적으로 해결이 되었다.

verminous ⓐ 해충에 뒤덮인

1680 ★★★ □□□

gregarious

[grigɛ́(ː)əriəs]

ⓐ 남과 어울리기 좋아하는, 사교적인, 군생의

Locusts are normally solitary but become '**gregarious**' when they enter the swarm phase. 19 학평

메뚜기는 보통 무리를 짓지 않지만 무리 단계로 들어갈 때 '**군생**'하게 된다.

Vocab+ = **sociable** ⓐ 남과 어울리기 좋아하는

DAY 42

Review Test

A 우리말은 영어로, 영어는 우리말로 적으시오.

1 감상, 정서 s____________
2 혐오 a____________
3 제정신이 아닌 d____________
4 전술, 작전 t____________
5 venue ____________
6 amnesia ____________
7 pollination ____________
8 authentic ____________

B 각 단어의 유의어 혹은 반의어를 적으시오.

1 astounding ⊜ a____________
2 impel ⊜ c____________
3 onerous ⊜ d____________
4 gregarious ⊜ s____________
5 obedient ↔ d____________
6 counterintuitive ↔ i____________
7 impartial ↔ p____________
8 tangible ↔ i____________

C 다음 우리말에 적합한 어휘를 고르시오.

1 The musical experiences provide opportunities to know language, behaviors, customs, and other cultural [nuances / nuisances].
음악적 경험은 언어, 행동, 관습 및 기타 문화적인 미묘한 차이를 알 수 있는 기회를 제공한다.

2 The protests of the public are seen by planners and developers as an expensive [nuance / nuisance].
대중들의 항의는 계획자와 개발업자에 의해 값비싼 대가를 치르게 되는 골칫거리로 여겨진다.

D 다음 빈칸에 공통으로 들어갈 어휘를 고르시오.

1 A child must be ____________ in his parents' power.
2 The future of our high-tech goods may lie in our ability to ____________ the ingredients to produce them.

① impel ② secure ③ empower ④ disperse ⑤ disseminate

A 1 sentiment 2 abhorrence 3 deranged 4 tactic 5 장소 6 기억상실증 7 가루받이, 수분 8 진정한, 진짜의 B 1 astonishing 2 compel 3 difficult 4 sociable 5 disobedient 6 intuitive 7 partial 8 intangible C 1 nuances 2 nuisance D ② secure

give up vs. give in vs. give out

give up 포기하다	Henry is so strong that he does not **give up** easily. Henry는 너무 강해서 쉽게 **포기하지** 않는다.
give in 굴복하다, 항복하다	The enemies were forced to **give in**. 적들은 어쩔 수 없이 **굴복했다**.
give out (사람들에게) ~을 나눠주다; (빛을) 내다	I have some handouts to **give out** to you. 나는 여러분들에게 **나눠줄** 유인물이 있어요.

care for vs. care about

care for ~을 좋아하다	We really **care for** that movie. 우리는 그 영화를 정말 **좋아한다**.
care about ~을 신경쓰다, 걱정하다	We really **care about** the environment. 우리는 환경을 정말로 **신경쓴다**.

come up with vs. keep up with vs. put up with

come up with (아이디어가) 떠오르다	If you **come up with** an idea, you had better suggest it first. 만약 아이디어가 **떠오르면**, 먼저 그것을 제안하는 게 좋을 거예요.
keep up with ~을 따라잡다	He is reading the newspaper to **keep up with** current issues. 그는 현재 이슈를 **따라잡기** 위해 신문을 읽는다.
put up with ~을 견디다	I cannot **put up with** the house being messy. 나는 집이 지저분해지는 것을 **견딜** 수 없다.

run across vs. come across

run across ~을 우연히 만나다	I **ran across** my old friends at the train station. 나는 기차역에서 나의 오랜 친구들을 **우연히 만났다**.
come across 의미가 전달되다; ~을 우연히 발견하다[만나다]	The poor boy talked for a long time, but his meaning didn't **come across**. 가엾은 소년은 한참을 말했지만, 그의 뜻이 **전달되지** 않았다. Bill **came across** his old love letters in the closet. Bill은 벽장에서 오래된 연애 편지를 **우연히 발견했다**.

Crossword Puzzle

DAY 42

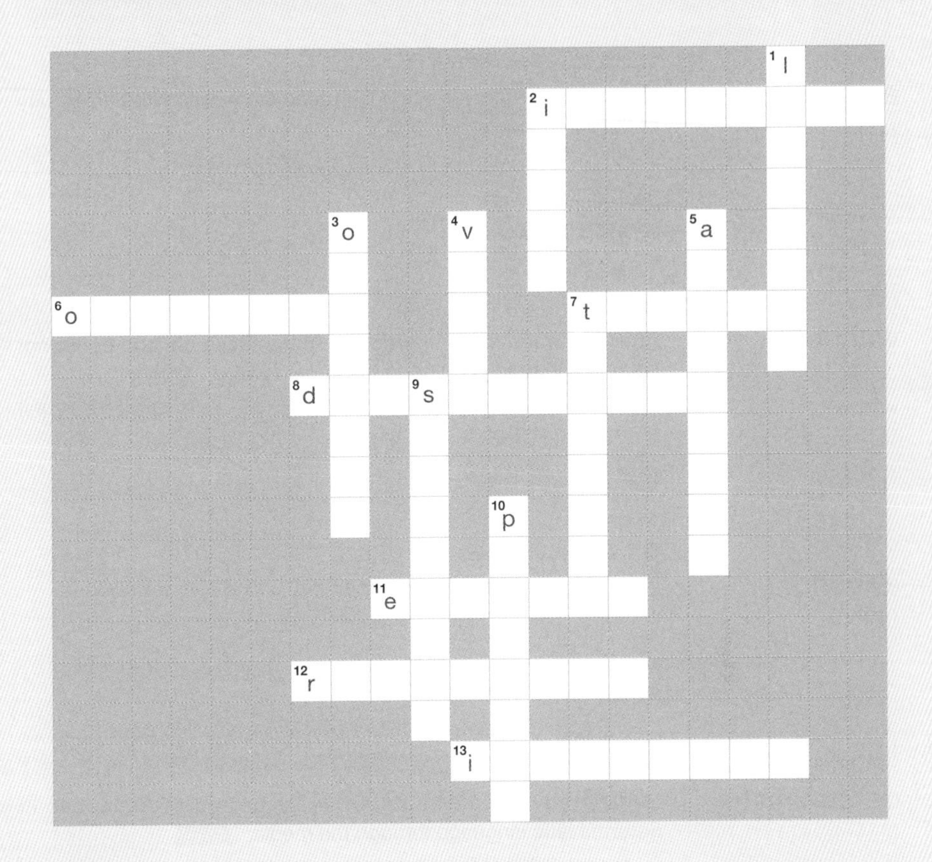

ACROSS

2 ⓐ 공정한

6 ⓐ 유순한, 순종하는

7 ⓝ 전술, 전략[작전]

8 ⓥ 퍼뜨리다, 전파하다

11 ⓥ 권한을 주다, 자율권을 주다

12 ⓥ 강화하다, 보강하다

13 ⓐ 독창적인, 기발한

DOWN

1 ⓝ 읽고 쓸 줄 아는 능력, 문해력

2 ⓥ 몰아대다, 재촉하다, 억지로 ~시키다

3 ⓐ 노골적인, 명백한, 완전한

ⓐⓓ 노골적으로, 명백히

4 ⓝ (콘서트·스포츠·회담을 위한) 장소

5 ⓐ 진정한, 진짜의

7 ⓐ 분명히 실재하는, 유형의, 만질 수 있는

9 ⓝ 감정, 정서, 감상

10 ⓐ 깊은, 심오한

Answer p.524

1681 ★★☆ □□□

ambiguity

[æ̀mbəgjúːəti]

ⓝ 모호성, 애매성, 애매모호함

The consequences of interaction tend to minimize the **ambiguity** of the verbal message. 17 수능

상호작용의 결과는 구두 메시지의 **모호성**을 최소화하는 경향이 있다.

ambiguous ⓐ 애매모호한

Vocab+ = **vagueness** ⓝ 애매함, 분명치 않음

1682 ★★☆ □□□

withhold

[wiðhóuld]

◆ 내신빈출

ⓥ 억제하다

After hundreds and hundreds of trials, these chimps could not learn to **withhold** pointing to the larger reward. 13 모평

수백 번 되풀이 하여 시도해본 후에도, 이 침팬지들은 더 큰 보상을 가리키는 것을 **억제하는** 것을 배우지 못했다.

Vocab+ = **deter, hinder, impede** ⓥ 억제하다

1683 ★★☆ □□□

abound

[əbáund]

ⓥ 아주 많다, 풍부하다

If delaying vaccines is your cup of tea, online sources **abound**. 22 EBS

만약 백신을 늦추는 것이 여러분이 선호하는 일이라면, 온라인 정보원은 **넘쳐난다**.

abundant ⓐ 풍부한

Vocab+ + **abound in** ~이 풍부하다

1684 ★★☆ □□□

deterministic

[ditə̀ːrminístik]

ⓐ 결정론(자)적인

Genetic advancements are often translated to the public in **deterministic** language through the media. 19 모평

유전학의 발전은 흔히 대중 매체를 통해 대중에게 **결정론적** 언어로 번역된다.

determinism ⓝ 결정론

Vocab+ = **decisive** ⓐ 결정적인

1685 ★★☆ □□□

commemorate

[kəmémərèit]

ⓥ 기념하다

We are happy to be **commemorating** our 50th anniversary. 21 모평

저희는 저희의 50주년을 **기념하게** 되어 기쁩니다.

commemoration ⓝ 기념

Vocab+ = **congratulate** ⓥ 기념하다

1686 ★★☆ □□□

vulnerable

[vʌ́lnərəbl]

◆ 내신빈출

ⓐ 상처받기 쉬운, 취약한

As safety features are added to vehicles and roads, drivers feel less **vulnerable**. 12 수능

안전장치들을 차량이나 도로에 추가할수록, 운전자들은 덜 **취약하다고** 느끼게 된다.

vulnerability ⓝ 취약성

Vocab+ = **susceptible** ⓐ 영향받기 쉬운 **feeble** ⓐ 연약한

1687 ★★☆ □□□

analogy
[ənǽlədʒi]

ⓝ 비유, 유사성

Robert Stalnaker suggests an analogy with the representation of *numbers*. 16 모평

Robert Stalnaker는 '숫자들'의 표현으로 한 가지 **비유**를 보여준다.

analogous ⓐ 유사한

Vocab+ = **similarity** ⓝ 유사성 **comparison** ⓝ 비유, 비교

1688 ★★☆ □□□

sullenly
[sʌ́lənli]

ad 뚱하게, 시무룩하게

Suddenly one of other guests looks at you sullenly. 18 학평

갑자기 다른 손님들 중 한 명이 당신을 **뚱하게** 바라본다.

sullen ⓐ 뚱한, 시무룩한

Vocab+ ↔ **cheerfully** ad 활기차게

1689 ★★☆ □□□

prolonged
[prəlɔ́:ŋd]

ⓐ 오래 계속되는, 장기적인

Tackling prolonged negative place images is crucial for developing tourism. 18 학평

지속적인 부정적 장소 이미지를 해결하는 것이 관광을 발전시키는 데 매우 중요하다.

prolong ⓥ 연장하다

Vocab+ ↔ **shortened** ⓐ 축약된

혼동어

1690 ★★☆ □□□

temporal
[témpərəl]

ⓐ 시간의, 시간적인, 현세적인

Inbound tourist arrival statistics should be treated with caution, if used to identify temporal trends. 18 EBS

국내로 들어오는 관광객 유입 통계는, **시간에 따른** 경향을 확인하기 위해 사용되고 있다면, 유의해서 다루어져야 한다.

1691 ★★☆ □□□

temporary
[témpərèri]

ⓐ 일시적인

Copyright is structured as a grant of exclusive rights to reproduction or use for a temporary period. 21 EBS

저작권은 **일시적** 기간 동안 복제 또는 사용에 대한 독점적 권리를 부여하는 것으로 구성된다.

1692 ★★☆ □□□

contemporary
[kəntémpərèri]

ⓐ 현대의, 동시대의

Contemporary art has increased the difficulty of looking at, understanding, and enjoying art. 18 EBS

현대 미술은 미술을 보고, 이해하고, 향유하는 것의 어려움을 증가시켰다.

Vocab+ = **modern** ⓐ 현대의

1693 ★★☆ □□□

ponder
[pándər]

ⓥ 곰곰이 생각하다, 심사숙고하다

He stood there in genuine sorrow, **pondering** the situation. 22 EBS

그는 그 저지를 **곰곰이 생각하면서** 진짜 슬픔에 잠겨 거기에 서 있었다.

ponderous ⓐ 너무 신중한, 지루한

Vocab+ = **consider** ⓥ 고려하다, 숙고하다

1694 ★★☆ □□□

identical
[aidéntikəl]

ⓐ 동일한, 일란성의

The pain receptors in humans are almost **identical** to those found in fish. 22 EBS

인간의 통증 수용기는 물고기에서 발견되는 그것과 거의 **동일하다.**

identity ⓝ 신원, 독자성, 유사성 **identification** ⓝ 신원 확인 (줄임말: **ID**)

1695 ★★☆ □□□

compassion
[kəmpǽʃən]

◆ 내신빈출

ⓝ 동정, 연민

Empathy in the sense of adopting someone's viewpoint is not the same as *empathy* in the sense of feeling **compassion** toward the person. 18 학평

다른 사람의 관점을 취한다는 의미의 '공감'은 그 사람을 향한 **연민**을 느낀다는 의미의 '공감'과는 같지 않다.

compassionate ⓐ 동정하는

Vocab+ = **sympathy** ⓝ 공감, 동감 **pity** ⓝ 동정

1696 ★★☆ □□□

monumental
[mɑ̀njuméntəl]

ⓐ 기념비적인, 엄청난, 대단한

"**Monumental**" is a word that comes very close to expressing the basic characteristic of Egyptian art. 18 수능

'**기념비적**'이라는 말은 이집트 예술의 기본적인 특징을 표현하는 데 매우 근접하는 단어이다.

monument ⓝ 기념물

1697 ★★☆ □□□

intrinsic
[intrínsik]

◆ 내신빈출

ⓐ 내적인, 본질적인, 내재하는, 고유한

Even the **intrinsic** satisfactions may turn sour if the other person somehow does the wrong thing. 18 학평

심지어 **내적** 만족감조차도 상대방이 어떤 방식으로든 잘못된 행동을 한다면 상해버릴 수 있다.

intrinsically ⓐⓓ 본질적으로

Vocab+ ↔ **extrinsic** ⓐ 외부의, 외적인

1698 ★★☆ □□□

introspective
[ìntrəspéktiv]

ⓐ 자기 성찰적인

Introspective reflections which are liable to stall are helped along by the flow of the landscape. 10 수능

미루기 쉬운 **자아 성찰적** 반성은 풍경의 흐름에 따라 촉진된다.

introspect ⓥ 자기 반성하다 **introspection** ⓝ 자기 성찰

1699 ★★★ □□□

hamper

[hǽmpər]

ⓥ 방해하다 ⓝ (음식 운반용) 바구니

Managers have to understand that too much information can **hamper** pleasure. 22 EBS

관리자들은 너무 많은 정보가 즐거움을 **방해할** 수 있음을 이해해야 한다.

1700 ★★☆ □□□

enclose

[inklóuz]

ⓥ 동봉하다, 둘러싸다

A copy of the original receipt and the repair bill is **enclosed**. 12 모평

원래의 영수증 사본과 수리비 계산서를 **동봉합니다**.

enclosure ⓝ 동봉된 것

다의어

1701 ★★☆ □□□

resort

[rizɔ́ːrt]

1. ⓥ 의지하다 ⓝ 의지
2. ⓝ 휴양지, 리조트

1. You have solved this problem without **resorting** to arithmetic. 20 모평

여러분은 산수에 **의존하지** 않으면서 이 문제를 해결한 것이다.

2. At the Barbados **resort**, extensive repairs were being carried out. 19 학평

Barbados **리조트**에서, 대대적인 수리가 진행되고 있었습니다.

Vocab+ + **resort to** ~에 의존하다

1702 ★★★ □□□

deterioration

[ditìəriəréiʃən]

◆ 내신빈출

ⓝ 악화, (가치의) 하락, 저하

The location of senile mental **deterioration** was no longer the aging brain. 19 모평

노쇠한 이들의 정신적 **악화** 지점은 더 이상 노화한 뇌가 아니었다.

deteriorate ⓥ 악화되다

Vocab+ = **worsening, degradation** ⓝ 악화

1703 ★★☆ □□□

outspoken

[àutspóukən]

ⓐ 거침없이[노골적으로] 말하는

Many of what we now regard as ‘major’ social movements were originally due to the influence of an **outspoken** minority. 18 수능

우리가 현재 ‘주요’ 사회 운동으로 여기는 많은 것이 본래는 **거침없이 말하는** 소수 집단의 영향력 때문에 생겨났다.

Vocab+ = **candid, forthright** ⓐ 솔직한

1704 ★★☆ □□□

distortion

[distɔ́ːrʃən]

◆ 내신빈출

ⓝ 왜곡, 찌그러뜨림

Many true artists use **distortion**, exaggeration, or reduction to essentials. 17 학평

많은 진정한 예술가들은 **왜곡**, 과장, 또는 본질적인 요소로의 환원을 사용한다.

distort ⓥ 비틀다, 왜곡하다

Vocab+ = **deformity** ⓝ 기형

1705 ★★☆ □□□

cuisine

[kwizíːn]

ⓝ 요리, 요리법

Eating, cooking, and talking about one's **cuisine** are vital to a community's wholeness and continuation. 18 모평

먹고, 요리하고, **요리**에 대해서 이야기하는 것이 한 공동체의 완전함과 지속에 지극히 중요하다.

1706 ★★☆ □□□

authoritative

[əθɔ́ːritèitiv]

ⓐ 권위적인

In the modernist period, an **authoritative**, public style for biography was being reacted. 18 EBS

모더니즘시대에는, 전기에 쓰이는 **권위적**이고 공적인 문체에 대한 반대가 일어나고 있었다.

authority ⓝ 지휘권, 권한 **authorize** ⓥ 권한을 부여하다
authoritarian ⓐ 권위주의적인

1707 ★★☆ □□□

amendment

[əméndmənt]

ⓝ 개정, 수정

The first Congress approved 10 **amendments** to the U.S. Constitution, commonly known as the Bill of Rights. 18 EBS

첫 번째 (미국) 의회는 흔히 권리 장전으로 알려진, 미국 헌법에 대한 10가지 **수정** 조항을 승인하였다.

amend ⓥ (법 등을) 개정[수정]하다

Vocab+ + **make amends for** ~을 보상하다

1708 ★★★ □□□

surmise

[səːrmáiz]

ⓥ 추측하다

Kings **surmised** that the discovery of new geographical knowledge would enable them to conquer new lands. 17 학평

왕들은 새로운 지리학적 지식의 발견이 그들로 하여금 새로운 땅을 정복하는 것을 가능하게 할 것으로 **추측했다**.

surmisable ⓐ 추측할 수 있는

Vocab+ = **conjecture, guess** ⓥ 추측하다

1709 ★★☆ □□□

explicitly

[iksplísitli]

◆ 내신빈출

ⓐⓓ 명시적으로, 명쾌하게

Scientists must **explicitly** account for the possibility that they might be wrong. 16 모평

과학자들은 자신들이 틀릴 수도 있다는 가능성을 **명시적으로** 설명해야 한다.

explicit ⓐ 분명한, 명시적인

Vocab+ ↔ **implicitly** ⓐⓓ 암시적으로

1710 ★★★ □□□
replenish
[ripléniʃ]

ⓥ (원래처럼) 다시 채우다, 보충하다

Calories at times of peak energy need are used to **replenish** muscle fuel stores. 17 학평

에너지 요구가 최고조인 시기에 칼로리는 근육의 연료 저장을 **다시 채우기** 위해 사용된다.

Vocab+ = **refill** ⓥ 다시 채우다

1711 ★★☆ □□□
obligation
[àbləgéiʃən]
◆ 내신빈출

ⓝ 의무, 책임

Rights imply **obligations**, but **obligations** need not imply rights. 20 학평

권리는 **의무**를 수반하지만, **의무**가 권리를 수반할 필요는 없다.

oblige ⓥ 의무적으로 ~하게 하다

Vocab+ = **responsibility** ⓝ 책임 **duty** ⓝ 의무

1712 ★★☆ □□□
immortality
[ìmɔːrtǽləti]

ⓝ 불멸, 죽지 않음

All of the poets hoped that poetic greatness would grant them a kind of earthly **immortality**. 15 수능

그 시인들 모두는 시의 위대함이 자신들에게 일종의 세속적 **불멸**을 부여해 주기를 바랐다.

immortal ⓐ 죽지 않는

Vocab+ ↔ **mortality** 죽음, 죽음을 피할 수 없음, 사망자수

1713 ★★★ □□□
locomotive
[lòukəmóutiv]

ⓝ 기관차 ⓐ 보행 운동의

Steam-powered shovels, **locomotives**, and the levers and gears of engineers turned man into superman. 19 수능

증기력으로 움직이는 동력삽, **기관차**, 그리고 엔지니어의 지렛대와 톱니바퀴는 인간을 슈퍼맨으로 바꿔주었다.

locomotion ⓝ 운동 **locomote** ⓥ 이리저리 움직이다

1714 ★★☆ □□□
perishable
[périʃəbl]

ⓐ 상하기 쉬운, 잘 썩는

Fridges were especially useful for storing **perishable** substances such as milk. 18 학평

냉장은 우유처럼 **상하기 쉬운** 물질을 저장하는 데 특히 유용했다.

perish ⓥ 죽다, 소멸되다

Vocab+ = **decaying** ⓐ 부패하는

1715 ★★★ □□□
flammable
[flǽməbl]

ⓐ 가연[인화]성의, 불에 잘 타는

The barn floor had been littered with highly **flammable** straw. 18 학평

마구간 바닥은 매우 **타기 쉬운** 지푸라기로 어질러져 있었다.

flame ⓝ 불꽃 ⓥ 타오르다

Vocab+ ↔ **non-flammable** ⓐ 불연성의, 내화성의

1716 ★★☆ □□□

execution
[èksəkjú:ʃən]

ⓝ 실행; 처형

An architect cannot improvise without any specific plan, thinking up a plan and the plan's **execution**. 20 학평

건축가는 아무런 특별한 준비 없이 계획과 그 계획의 **실행**을 생각해 내며 즉흥적으로 할 수 없다.

execute ⓥ 실행하다; 처형하다

Vocab+ = **implementation** ⓝ 실행 **death penalty** 사형

고난도

1717 ★★★ □□□

abreast
[əbrést]

ad 나란히

Sustainability can be seen as **abreast** with the latest thinking of what we must do to save our planet. 19 수능

지속 가능성은 우리가 지구를 구하기 위해 무엇을 해야 하는가에 관한 최신의 생각과 **보조를 맞추고** 있는 것으로 보일 수 있다.

참고 abreast with ~와 보조를 맞추는

1718 ★★★ □□□

olfactory
[ɑlfǽktəri]

ⓐ 후각의

Some forms of new media even engage our **olfactory** sense. 14 모평

일부 형태의 새로운 미디어는 심지어 우리의 **후각**을 관여시키기도 한다.

olfaction ⓝ 후각

1719 ★★★ □□□

fraternity
[frətə́:rnəti]

ⓝ 형제애, 동포애; 협회[조합]

Justice, equality, liberty, happiness, **fraternity**, or national self-determination belong to political values. 19 수능

정의, 평등, 자유, 행복, **동포애**, 또는 민족 자결권은 정치적 가치에 속한다.

fraternal ⓐ 형제간의

1720 ★★★ □□□

ostracize
[ɑ́strəsàiz]

ⓥ (사람을) 외면하다, 배척하다

Individuals who are **ostracized** behave in ways that will increase chances of eventually becoming accepted. 20 EBS

(다른 사람들에 의해) **배척당한** 개인들은 결국 자신들이 받아들여질 가능성을 증가시킬 방식으로 행동한다.

ostracism ⓝ 외면

Vocab+ = **banish** ⓥ 추방하다

Review Test

A 우리말은 영어로, 영어는 우리말로 적으시오.

1 동일한, 일란성의 i________
2 모호성, 애매성 a________
3 비유, 유사성 a________
4 실행, 처형 e________
5 vulnerable ________
6 cuisine ________
7 amendment ________
8 compassion ________

B 각 단어의 유의어 혹은 반의어를 적으시오.

1 outspoken ⊜ c________
2 commemorate ⊜ c________
3 ponder ⊜ c________
4 obligation ⊜ r________
5 immortality ↔ m________
6 intrinsic ↔ e________
7 prolonged ↔ s________
8 sullenly ↔ c________

C 다음 우리말에 적합한 어휘를 고르시오.

1 Inbound tourist arrival statistics should be treated with caution, if used to identify [temporal / temporary / contemporary] trends.
국내로 들어오는 관광객 유입 통계는, 시간에 따른 경향을 확인하기 위해 사용되고 있다면, 유의해서 다루어져야 한다.

2 [Temporal / Temporary / Contemporary] art has increased the difficulty of looking at, understanding, and enjoying art.
현대 미술은 미술을 보고, 이해하고, 향유하는 것의 어려움을 증가시켰다.

3 Copyright is structured as a grant of exclusive rights to reproduction or use for a [temporal / temporary / contemporary] period.
저작권은 일시적 기간 동안 복제 또는 사용에 대한 독점적 권리를 부여하는 것으로 구성된다.

D 다음 빈칸에 공통으로 들어갈 어휘를 고르시오. [예문에 실린 어휘의 원형을 고를 것]

1 You have solved this problem without ________ to arithmetic.
2 At the Barbados ________, extensive repairs were being carried out.

① enclose ② hamper ③ abound ④ replenish ⑤ resort

A 1 identical 2 ambiguity 3 analogy 4 execution 5 상처받기 쉬운, 취약한 6 요리, 요리법 7 개정, 수정 8 동정, 연민 B 1 candid 2 congratulate 3 consider 4 responsibility 5 mortality 6 extrinsic 7 shortened 8 cheerfully C 1 temporal 2 Contemporary 3 temporary D ⑤ resort

put A into action vs. put A in danger

put A into action A를 실행에 옮기다	If you put an idea into action, you begin to cause it to operate. 여러분이 하나의 아이디어를 **실행에 옮기면**, 여러분은 그것을 작동하게 하기 시작합니다.
put A in danger A를 위험에 빠뜨리다	This old bridge could put everybody in danger. 이 오래된 다리가 모두를 **위험에 빠뜨릴** 수 있다.

have something to do with vs. have nothing to do with

have something to do with ~와 관련이 있다	His job has something to do with security. 그의 직업은 보안과 **관련이 있다**.
have nothing to do with ~와 아무 관계도 없다	Although two of them have the same name, they have nothing to do with each other. 그 둘은 이름은 같지만, 서로 **아무 관계도 없다**.

get rid of vs. do away with

get rid of ~을 없애다, 제거하다	It smells horrible. Please get rid of that garbage immediately. 냄새가 지독해. 제발 저 쓰레기 좀 당장 **없애줘**.
do away with ~을 없애다	The long-range goal must be to do away with nuclear weapons altogether. 장기적인 목표는 핵무기를 완전히 **없애는** 것이어야 한다.

break down vs. cut down vs. turn down

break down 고장 나다	The car broke down on the way home. 집으로 가는 길에 차가 **고장 났다**.
cut down ~을 줄이다	He cut down on coffee and increased mineral water. 그는 커피를 **줄이고** 탄산수를 늘렸다.
turn down ~을 거절하다	I thank you for the offer but I am sorry for turning it down. 그 제의에 대해 감사하지만, 유감스럽게도 그것을 **거절하겠습니다**.

set off vs. show off

set off 출발하다	Nichols set off for his farmhouse in Connecticut. Nichols는 코네티컷에 있는 자신의 농가를 향해 **출발했다**.
show off ~을 뽐내다, 자랑하다	A media event was held to show off the company's new smart phone. 그 회사의 새 스마트폰을 **뽐내기** 위해 미디어 행사가 열렸다.

Crossword Puzzle

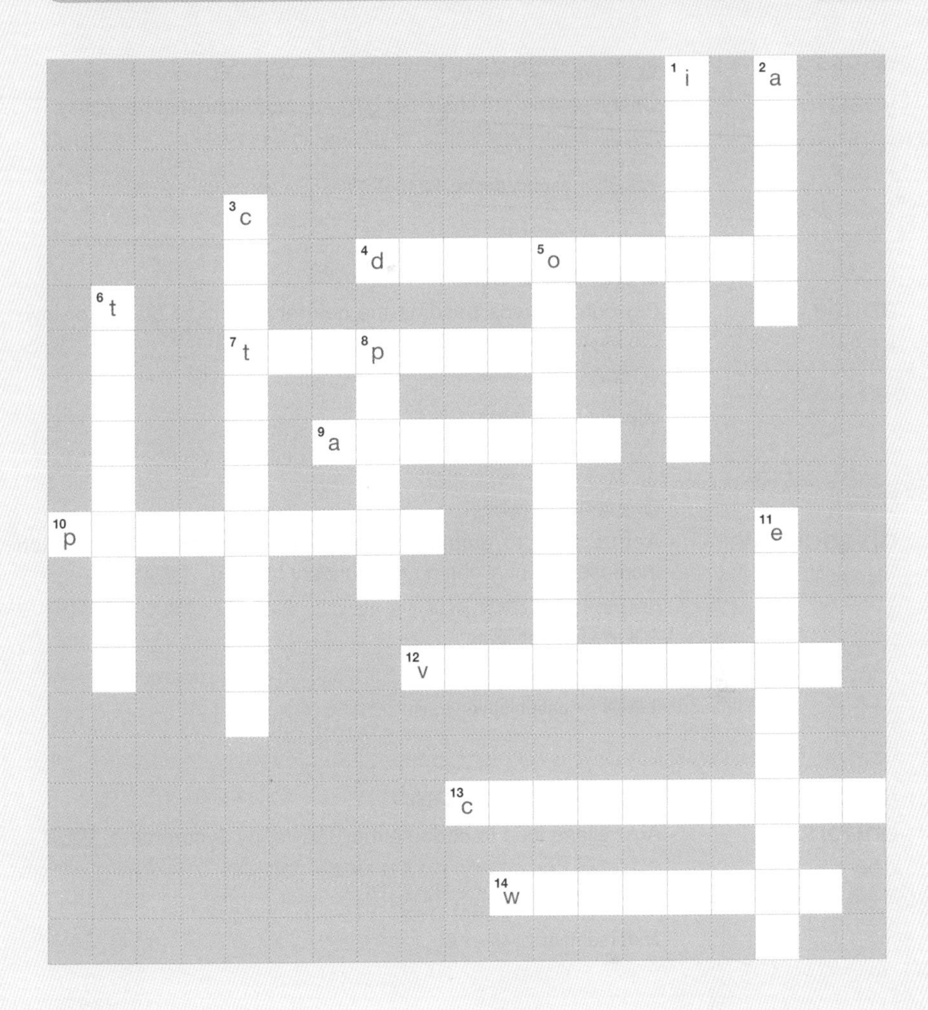

ACROSS

4 ⓝ 왜곡, 찌그러뜨림
7 ⓐ 시간의, 시간적인
9 ⓝ 비유, 유사성
10 ⓐ 오래 계속되는, 장기적인
12 ⓐ 상처받기 쉬운, 취약한
13 ⓝ 동정, 연민
14 ⓥ 억제하다

DOWN

1 ⓐ 내적인, 본질적인, 내재하는, 고유한
2 ⓥ 아주 많다, 풍부하다
3 ⓐ 현대의, 동시대의
5 ⓝ 의무, 책임
6 ⓐ 일시적인
8 ⓥ 곰곰이 생각하다, 심사숙고하다
11 ⓐⓓ 명시적으로, 명쾌하게

Answer p.524

1721 ★★☆ □□□

yearn
[jəːrn]
◆ 내신빈출

ⓥ 열망하다, 그리워하다

Cheryl **yearned** to share her gift with more than just her family. 21 학평

Cheryl은 자신의 가족뿐만 아니라 더 많은 이들과 자신의 재능을 공유하기를 **열망했다**.

Vocab+ = **aspire, desire, long** ⓥ 열망하다 + **yearn for** ~을 갈망하다

1722 ★★☆ □□□

abuse
[əbjúːs]

ⓝ 남용, 학대 ⓥ 남용하다, 학대하다

Big corporations become the natural targets of blame for low-paying jobs and environmental **abuse**. 19 학평

대기업들은 저임금 일자리과 환경 **남용**에 대한 비난의 자연스러운 표적이 된다.

abusive ⓐ 모욕적인, 학대하는

1723 ★★☆ □□□

dissociative
[disóuʃièitiv]

ⓐ 분리적인, 단절적인

Actors tend to employ more **dissociative** processes, which increase potential character boundary blurring. 21 학평

배우들은 더 많은 **분리적** 과정을 사용하는 경향이 있는데, 이는 배역 인물과의 잠재적 경계를 더욱 모호하게 한다.

dissociation ⓝ 분리, 분열

Vocab+ ↔ **associative** ⓐ 연상의, 연결의

1724 ★★★ □□□

endorse
[indɔ́ːrs]

ⓥ 지지하다, 보증하다, 배서하다

Australians tend to **endorse** the "Tall Poppy Syndrome." 18 모평

호주 사람들은 '키 큰 양귀비 증후군'을 **지지하는** 경향이 있다. [키 큰 양귀비 증후군: 여느 또래와 달리, 좋게 또는 높게 성취한 사람들을 공격하고 비난하는 사회 현상]

endorsement ⓝ 지지, 보증

1725 ★★☆ □□□

deterrent
[ditə́ːrənt]
◆ 내신빈출

ⓐ 방해하는, 전쟁 억지의 ⓝ 제지하는 것, 방해물

Grazing animals have different kinds of adaptations that overcome these **deterrents**. 19 학평

풀을 뜯는 동물은 이러한 **방해 요인**을 극복하는 여러 다른 종류의 적응기제를 가지고 있다.

deter ⓥ 억제하다 **deterrence** ⓝ 제지

1726 ★★☆ □□□

culinary
[kjúːlənèri]

ⓐ 요리[음식]의

We seek out feel-good experiences, looking for the next holiday, purchase or **culinary** experience. 19 수능

우리는 다음 휴일, 물건 사기, 또는 **음식** 체험을 찾으면서 기분을 좋게 해주는 경험을 추구한다.

1727 ★★☆ □□□

stake

[steik]

◆ 내신빈출

ⓝ 위험; 내기 ⓥ 돈을 걸다; 말뚝에 매다

What is at **stake** is not the superiority of the opinion based on the hierarchy of the author. 20 학평

문제가 되는 점은 진술자의 서열에 기초한 견해의 우월성이 아니다.

Vocab+ = **risk** ⓝ 위험 + **at stake** 위험에 처한 (= **at risk**)

1728 ★★★ □□□

avalanche

[ǽvəlæ̀ntʃ]

ⓝ (눈·산)사태

It is possible to repair a road and clear it of **avalanche** debris in the summer. 18 학평

여름에 길을 수리하고 길에서 **눈사태** 잔해를 치우는 것이 가능하다.

Vocab+ = **snowslide** ⓝ 눈사태 **landslide** ⓝ 산사태

1729 ★★★ □□□

anatomy

[ənǽtəmi]

ⓝ 해부학

A medical student must have expertise in human **anatomy** before studying surgical techniques. 18 모평

의대생은 수술 기법을 공부하기 전에 인간 **해부학**에 대한 전문 지식을 갖추어야만 한다.

anatomize ⓥ 해부하다

1730 ★★☆ □□□

simultaneously

[sàiməltéiniəsli]

ad 동시에

Rawlings worked as a journalist while **simultaneously** trying to establish herself as a fiction writer. 18 수능

Rawlings는 저널리스트로 일하면서 **동시에** 소설가로 자리매김하려고 애썼다.

simultaneous ⓐ 동시의

Vocab+ = **concurrently, at the same time, at once** 동시에

오답노트

1731 ★★★ □□□

banish

[bǽniʃ]

ⓥ 추방하다, 제거하다

The improvement in the yield of farming has **banished** famine from the planet almost entirely. 21 학평

농업 수확량의 향상은 지구상에서 기근을 거의 완전히 **추방했다**.

banishment ⓝ 추방

Vocab+ = **ostracize, exile** ⓥ 추방하다

1732 ★★★ □□□

vanish

[vǽniʃ]

ⓥ 사라지다

The information **vanishes** before we've had an opportunity to transfer it into our long-term memory. 19 EBS

그 정보는 우리가 그것을 우리의 장기 기억으로 옮길 기회를 갖기도 전에 **사라진다**.

Vocab+ = **disappear** ⓥ 사라지다

1733 ★★☆ □□□

repression [ripréʃən]

ⓝ 억압, 탄압, 진압

Positive thinking strategy leads to the **repression** of anything that would naturally displease us. 22 EBS

긍정적 사고 전략은 당연히 우리를 불쾌하게 할 어떤 것도 **억압**하게 된다.

repress ⓥ 탄압하다 **repressive** ⓐ 억압적인

1734 ★★☆ □□□

prone [proun]

◆ 내신빈출

ⓐ ~하기 쉬운, ~하는 경향이 있는 21 EBS

We're all **prone** to overestimate our abilities to control our destiny.

우리 모두는 운명을 통제하는 우리의 능력을 과대평가**하기 쉽다**.

Vocab+ + **be prone to *do*** ~하는 경향이 있다, ~하기 쉽다

1735 ★★☆ □□□

populate [pápjulèit]

ⓥ ~에 살다, ~을 차지하다, 거주시키다

The Mediterranean Sea, which is warm down to a depth of over 5,000 m, is **populated** by deep-sea fishes. 18 학평

5,000미터가 넘는 깊이까지 내려가도 따뜻한 지중해에는 심해어류가 **다수 서식한다**.

populous ⓐ 인구가 많은

Vocab+ = **inhabit** ⓥ 거주하다, 서식하다

1736 ★★★ □□□

formidable [fɔ́ːrmidəbl]

◆ 내신빈출

ⓐ 감당할 수 없는, 어마어마한

When people who resist are ignored or pushed aside, they become **formidable** opposition. 19 학평

저항하는 사람들이 무시당하거나 배제될 때, 그들은 **감당할 수 없는** 반대파가 된다.

Vocab+ = **threatening** ⓐ 위협적인 **impressive** ⓐ 인상적인

1737 ★★★ □□□

mundane [mʌ́ndein]

◆ 내신빈출

ⓐ 재미없는, 일상적인

Even as **mundane** a behavior may be a way for some people to escape painful self-awareness. 21 모평

평범한 행동일지라도 그 행동은 어떤 사람들이 고통스러운 자기 인식에서 벗어나는 방법이 될 수 있다.

Vocab+ = **banal** ⓐ 진부한 **ordinary** ⓐ 일상적인

1738 ★★★ □□□

municipal [mju(ː)nísəpəl]

ⓐ 지방 자치제의, 시[읍, 군]의

Contamination may be caused by remote power plants or **municipal** incinerators. 17 수능

오염은 원격 발전소 또는 **시립** 소각로에 의해 발생할 수도 있다.

municipality ⓝ 지방 자치제

1739 ★★★ □□□
harass
[hǽrəs]

ⓥ 괴롭히다, 억제하다

What should writers do when they're **harassed** by intriguing but elusive ideas? 12 수능

아주 흥미롭지만 정의하기 어려운 생각들로 **괴로울** 때 작가들은 무엇을 해야 하는가?

harassment ⓝ 괴롭힘

Vocab+ = **harry** ⓥ 괴롭히다

1740 ★★☆ □□□
flatter
[flǽtər]

ⓥ 아첨하다, 알랑거리다, 추켜세우다

You **flatter** me by giving me this award. 21 학평

당신은 나에게 이 상을 줌으로써 나를 **추켜세운다**.

flattery ⓝ 아첨

Vocab+ = **praise, compliment** ⓥ 칭찬하다

다의어

1741 ★★☆ □□□
compound
ⓝⓐ[kámpaund]
ⓥ[kəmpáund]

1. ⓝ 혼합물 ⓥ 혼합하다 ⓐ 합성의
2. ⓥ 가중시키다, 악화시키다

1. Plants rely on their ability to manufacture chemical **compounds** for every single aspect of their survival. 21 학평

   식물들은 생존의 모든 측면 하나하나를 화학적 **혼합물**을 제조하는 자신의 능력에 의존한다.

2. What ergonomists call information overload **compounds** the difficulty. 20 모평

   인간 공학자들이 정보 과부하라고 부르는 것이 어려움을 **가중시킨다**.

Vocab+ = **blend, mixture** ⓝ 혼합물 **aggravate** ⓥ 악화시키다

1742 ★★☆ □□□
encompass
[inkʌ́mpəs]

ⓥ 포괄하다, 포함[망라]하다, 아우르다

Some categories are too limited and context-specific to **encompass** all the different cultural products. 17 모평

어떤 범주들은 모든 다양한 문화적 산물을 **포괄하기에는** 너무 제한적이며 상황에 한정적이다.

Vocab+ = **encircle** ⓥ 에워싸다

1743 ★★☆ □□□
exert
[igzə́ːrt]

ⓥ (힘·영향력을) 가하다, 발휘하다

Children with certain serious medical problems can **exert** the developmental control over their physical activity. 18 학평

어떤 심각한 의학적 문제가 있는 아이들은 자신의 신체 활동에 대해 발달상의 제어력을 **발휘할** 수 있다.

exertion ⓝ 노력, 행사

Vocab+ = **exercise** ⓥ 행사하다

1744 ★★☆ □□□

usher

[ʌ́ʃər]

ⓥ 안내하다, 개시하다 ⓝ 안내원

Silent Spring helped **usher** in the spirit of participatory democracy that characterized the 1960s. 21 EBS

Silent Spring은 1960년대의 특징이 되었던 참여 민주주의의 정신을 **개시하는** 데 도움을 주었다.

Vocab+ = **usher in** ~을 개시하다

1745 ★★☆ □□□

deadlock

[dédlɑ̀k]

ⓝ 교착 상태

Pressed for time and stuck in a **deadlock**, she had no idea how to finish the paper. 19 수능

시간적 압박을 받고 **막다른 상태**에 처해, 그녀는 그 논문을 어떻게 끝마쳐야 할지 몰랐다.

Vocab+ = **impasse** ⓝ 교착 상태

1746 ★★★ □□□

compliance

[kəmpláiəns]

◆ 내신빈출

ⓝ 준수, 따름

Reciprocity is secured thanks to one's **compliance** with the moral law. 18 학평

호혜성은 도덕률을 사람들이 **준수**한 덕분에 확보된다.

comply ⓥ 따르다 **compliant** ⓐ 순응하는, 따르는

Vocab+ ↔ **disobedience, non-compliance** ⓝ 불복종

1747 ★★☆ □□□

pesticide

[péstisàid]

ⓝ 살충제

When a **pesticide** is applied to a population, it affects the individuals that are sensitive to its mode of action. 22 EBS

어떤 **살충제**가 한 개체군에 살포될 때, 그것은 그것의 작용 방식에 민감한 개체에 영향을 미친다.

Vocab+ = **insecticide** ⓝ 살충제

1748 ★★☆ □□□

anecdote

[ǽnikdòut]

ⓝ 일화

Although this is a mere **anecdote**, it suggests that it is wrong to claim that animals are incapable of responding to pronounced rhythms. 18 학평

이것은 단순한 **일화**에 불과하지만, 동물이 두드러지는 리듬에 반응하지 못한다고 주장하는 것은 잘못된 것임을 시사한다.

anecdotal ⓐ 일화적인, 입증되지 않은

1749 ★★☆ □□□

accompany

[əkʌ́mpəni]

◆ 내신빈출

ⓥ 동행하다; 반주하다

He asked Faraday to **accompany** him as his assistant. 17 학평

그는 Faraday에게 그의 조수로서 **동행해달라고** 부탁했다.

accompaniment ⓝ 반주; 수반되는 것

Vocab+ + **be accompanied by** ~을 동반하다

1750 ★★★ □□□
inflamed
[infléimd]

ⓐ 염증이 생긴, 충혈된, 흥분한

The whole thumb was swollen to the wrist and in the center was a little **inflamed** sore. 11 모평

엄지손가락 전체가 손목까지 부었고 한가운데에 **염증이 생긴** 작은 상처가 있었다.

inflame ⓥ 염증을 일으키다, 열이 오르게 하다, 흥분시키다

Vocab+ = **fevered** ⓐ 열이 있는 **infected** ⓐ 감염된

1751 ★★☆ □□□
slaughter
[slɔ́:tər]

ⓝ 대량 학살 ⓥ 도살하다, 학살하다

Pablo Picasso painted about the **slaughter** of Spanish civilians by German and Italian warplanes during the Spanish Civil War. 15 모평

Pablo Picasso는 스페인 내란 동안에 있었던 독일과 이탈리아 전투기들에 의한 스페인 시민 **대량 학살**에 대한 그림을 그렸다.

Vocab+ = **massacre** ⓝ 대량 학살 ⓥ 대학살하다

1752 ★★★ □□□
reprove
[riprú:v]

ⓥ 꾸짖다, 책망하다

People tend to **reprove** educational systems for the social polarization. 20 학평

사람들은 사회 양극화에 대해 교육 시스템을 **책망하는** 경향이 있다.

Vocab+ = **rebuke** ⓥ 꾸짖다

1753 ★★★ □□□
propaganda
[prɑ̀pəgǽndə]

ⓝ 선전 활동, 과장된 선전

Most of us would probably come to see didactic movies as **propaganda**. 19 수능

우리 대부분은 아마 교훈적인 영화들을 **선전 활동**으로 간주할 것이다.

propagate ⓥ 선전하다

Vocab+ = **brainwashing** ⓝ 세뇌

1754 ★★☆ □□□
obstruction
[əbstrʌ́kʃən]

ⓝ 방해, 차단

When a simple vane catches the wind, it turns so that the wind passes by without **obstruction**. 21 학평

단순한 풍향계는 바람을 받으면, 바람이 **방해**받지 않고 지나가도록 돌아간다.

obstruct ⓥ 방해하다, 가로막다

1755 ★★☆ □□□
novice
[nɑ́vis]

ⓝ 초보자

The expert players were no better than **novice** chess players at recalling such chessboard patterns. 19 학평

숙련된 선수들은 그러한 체스판 패턴을 기억해 내는 데 있어서 **초보** 체스 선수들보다 더 나을 것이 없었다.

novicelike ⓐ 초심자 같은

Vocab+ = **beginner** ⓝ 초보자 ↔ **apprentice** ⓝ 숙련공

1756 ★★★ □□□

imperceptible
[ìmpərséptəbl]

ⓐ (너무 작아서) 감지할 수 없는

The bias was almost imperceptible. 18 모평

그 편견은 거의 **감지할 수 없었다.**

imperception ⓝ 무지각

Vocab+ ↔ **perceptible** ⓐ 감지할 수 있는

고난도

1757 ★★★ □□□

hypnotize
[hípnətàiz]

ⓥ 최면을 걸다

There's no way to know whether the memories hypnotized people retrieve are true or not. 19 학평

최면에 걸린 사람들이 상기해 낸 기억이 사실인지 아닌지를 알 방법은 없다.

hypnotic ⓐ 최면을 거는 듯한

1758 ★★★ □□□

garner
[gɑ́:rnər]

ⓥ (정보·지지 등을) 얻다[모으다]

A shopkeeper begins to act as if he were a kind and honest man in order to garner more business. 20 학평

가게 주인은 더 많은 사업 실적을 **얻기** 위해 마치 친절하고 정직한 사람인 것처럼 행동하기 시작한다.

Vocab+ = **gather** ⓥ 모으다

1759 ★★★ □□□

mediocre
[mì:dióukər]

ⓐ 보통 밖에 안 되는, 썩 좋지는 않은

The important elements cannot save a film whose images are mediocre or poorly edited. 20 학평

그 중요한 요소들 마저도 이미지가 **썩 좋지 않거나** 서투르게 편집된 영화를 살릴 수는 없다.

mediocrity ⓝ 보통

Vocab+ = **average** ⓐ 평범한 ↔ **exceptional** ⓐ 예외적으로 월등한

1760 ★★★ □□□

pedagogy
[pédəgòudʒi]

ⓝ 교육, 교수, 교육학

Incorporating culturally relevant pedagogy must enhance explicit instruction in mathematics instruction. 20 학평

문화적으로 적합한 **교수법**을 포함하는 것은 수학 교수에서 명시적 교수를 틀림없이 강화한다.

pedagogic ⓐ 교수법의

Vocab+ = **education** ⓝ 교육, 교육학

Review Test

A 우리말은 영어로, 영어는 우리말로 적으시오.

1 교육, 교수, 교육학 p__________
2 억압, 탄압, 진압 r__________
3 초보자 n__________
4 교착 상태 d__________
5 anatomy __________
6 avalanche __________
7 pesticide __________
8 anecdote __________

B 각 단어의 유의어 혹은 반의어를 적으시오.

1 yearn ⊜ a__________
2 exert ⊜ e__________
3 simultaneously ⊜ c__________
4 inflamed ⊜ f__________
5 dissociative ↔ a__________
6 compliance ↔ d__________
7 mediocre ↔ e__________
8 imperceptible ↔ p__________

C 다음 우리말에 적합한 어휘를 고르시오.

1 The improvement in the yield of farming has [banished / vanished] famine from the planet almost entirely.
농업 수확량의 향상은 지구상에서 기근을 거의 완전히 추방했다.

2 The information [banishes / vanishes] before we've had an opportunity to transfer it into our long-term memory.
그 정보는 우리가 그것을 우리의 장기 기억으로 옮겨서 지식으로 엮어 넣을 기회를 갖기도 전에 사라진다.

D 다음 빈칸에 공통으로 들어갈 어휘를 고르시오. [예문에 실린 어휘의 원형을 고를 것]

1 Plants rely on their ability to manufacture chemical __________ for every single aspect of their survival.
2 What ergonomists call information overload __________ the difficulty.

① compound ② populate ③ encompass ④ inflame ⑤ abuse

A 1 pedagogy 2 repression 3 novice 4 deadlock 5 해부학 6 (눈/산)사태 7 살충제 8 일화 B 1 aspire 2 exercise 3 concurrently 4 fevered 5 associative 6 disobedience 7 exceptional 8 perceptible C 1 banished 2 vanishes D ① compound

lose one's temper vs. keep one's temper

lose one's temper 화를 내다	*To fly off the handle* is an idiom that means to 'lose one's temper.' 'to fly off the handle'은 '**화를 내다**'라는 뜻의 숙어이다.
keep one's temper 화를 참다	Employees have never seen their boss keep his temper. 직원들은 그들의 상사가 **화를 참는** 것을 본 적이 없다.

have it that ~ vs. take it that

have it that ~ …에 따르면 ~이다	Rumors have it that the electricity bill is going up by 15%. 소문**에 따르면** 15%까지 전기료가 상승할 거라고 한다.
take it that ~ ~라고 추정[상정/생각]하다	I take it that you have been quite kind to me. 나는 당신이 내게 매우 친절했다고 **생각한다**.

hold good vs. remain invalid

hold good 유효하다	Old sayings do not hold good in every case. 옛 속담이 모든 경우에 다 **유효한** 것은 아니다.
remain invalid 유효하지 않다	His additional argumentation remains invalid. 그의 추가 주장은 여전히 **유효하지 않다**.

do good vs. do harm

do good (to) (~에게) 도움이 되다	Even a small donation can do a lot of good to people in need. 작은 기부금이라도 도움이 필요한 사람들**에게 많은 도움이 될** 수 있습니다.
do harm (to) (~에게) 해를 끼치다	Missing a meal once never did any harm to anyone. 한 번 식사를 거르는 것은 누구**에게도 해를 끼치지** 않았다.

come to an end vs. bring A to an end

come to an end 끝나다, 종식되다	The incessant conflicts came to an end. 끊임없는 갈등이 **끝났다**.
bring A to an end A를 종식시키다	The agreement aims to bring the incessant conflicts to an end. 그 협정은 끊임없는 갈등을 **종식시키는** 것을 목표로 한다.

Crossword Puzzle

DAY 44

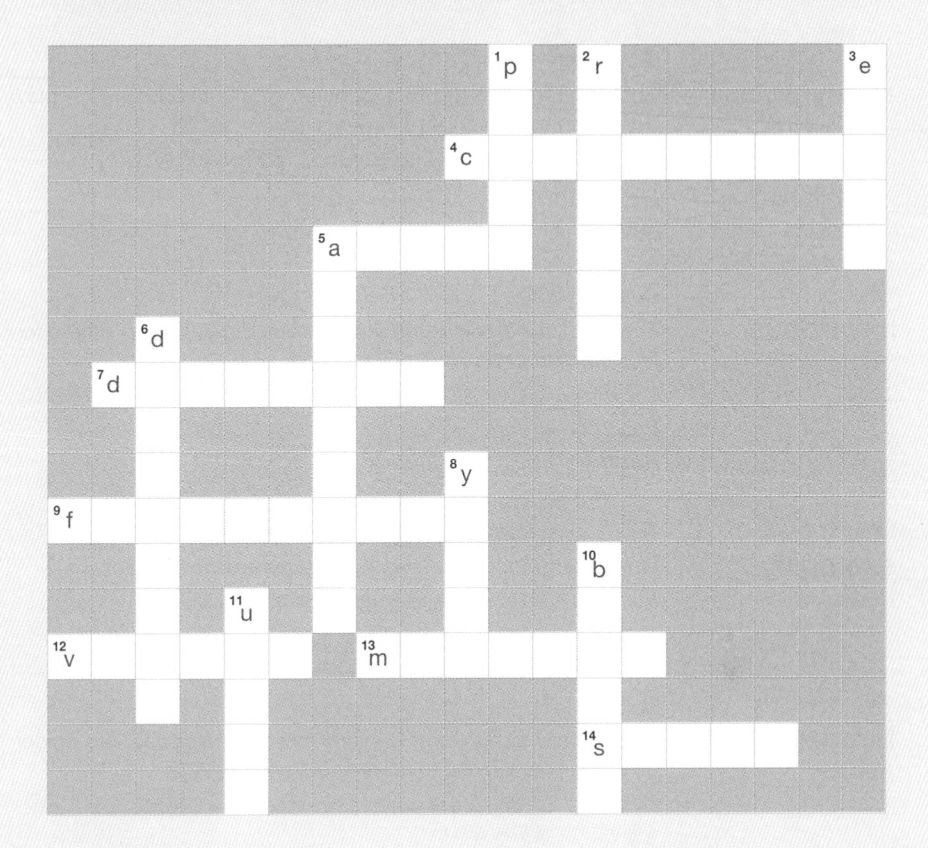

ACROSS

4 ⓝ 준수, 따름

5 ⓝ 남용, 학대 ⓥ 남용하다, 학대하다

7 ⓝ 교착 상태

9 ⓐ 감당할 수 없는, 어마어마한

12 ⓥ 사라지다

13 ⓐ 재미없는, 일상적인

14 ⓝ 위험, 내기 ⓥ 돈을 걸다, 말뚝에 매다

DOWN

1 ⓐ ~하기 쉬운, ~하는 경향이 있는

2 ⓥ 꾸짖다, 책망하다

3 ⓥ (힘·영향력을) 가하다, 발휘하다

5 ⓥ 동행하다, 반주하다

6 ⓐ 방해하는, 전쟁 억지의
ⓝ 제지하는 것, 방해물

8 ⓥ 열망하다, 그리워하다

10 ⓥ 추방하다, 제거하다

11 ⓥ 안내하다, 개시하다 ⓝ 안내원

Answer p.524

1761 ★★☆ □□□

anonymously

[ənάnəməsli]

◆ 내신빈출

ad 익명으로

Shakespeare referred to a popular **anonymously** written play which had been produced 12 years earlier. 22 EBS

셰익스피어는 12년 전에 상연된 **익명으로** 쓰여진 인기 있는 희곡을 참조했다.

anonymous ⓐ 익명인 **anonymity** ⓝ 익명

Vocab+ + **unnamed** ⓐ 무명의 **nameless** ⓐ 이름 없는

1762 ★★☆ □□□

hazardous

[hǽzərdəs]

◆ 내신빈출

a 위험한, 해로운

The policy to assume that young women can rely on others for financial support is **hazardous**. 17 EBS

젊은 여성들이 재정적 지원을 다른 이들에게 의존할 수 있다고 가정하는 정책은 **위험하다**.

hazard ⓝ 위험

Vocab+ = **perilous, dangerous, jeopardous** ⓐ 위험한

1763 ★★★ □□□

exemplify

[igzémpləfài]

v 전형적으로 보여주다, 예시하다

Violent behavior may **exemplify** an eagerness to take control. 17 학평

폭력적 행동은 통제하고자 하는 열망을 **전형적으로 보여줄** 수 있다.

exemplar ⓝ 전형, 모범 **exemplary** ⓐ 모범적인, 전형적인

1764 ★★☆ □□□

forager

[fɔ́:ridʒər]

n 수렵 채집인

When roaming bands of Sapiens **foragers** migrated into colder climates, they learned to make snowshoes. 16 EBS

돌아다니던 호모 사피엔스 **수렵 채집인** 무리가 더 추운 기후로 이주했을 때, 그들은 눈신발을 만드는 법을 알게 되었다.

forage ⓝ 꼴, 약탈 ⓥ 먹이를 찾다

Vocab+ = **hunter-gatherer** ⓝ 수렵 채집인

1765 ★★☆ □□□

endow

[endáu]

v (~에게) 부여하다, 기부하다

The individual is **endowed** with the inner qualities through heritage and environment. 22 EBS

개인은 유산과 환경을 통해 내적 특성을 **부여받는다**.

endowment ⓝ 기부; 자질

Vocab+ + **endow A with B** A에게 B를 부여하다[주다]

1766 ★★★ □□□

detrimental

[dètrəméntəl]

a 유해한, 해로운

The emphasis on superiority is what we typically see as fostering a **detrimental** effect of competition. 20 모평

우월성에 대한 강조는 우리가 일반적으로 **유해한** 경쟁 효과를 조장하는 것이라고 여기는 것이다.

detriment ⓝ 손상

Vocab+ = **damaging** ⓐ 해로운 **disadvantageous** ⓐ 불리한

1767 ★★☆ □□□

deceitful

[disíːtfəl]

◆ 내신빈출

ⓐ 기만적인, 부정직한

Individuals have facial expressions, but are incapable of producing deceitful ones. 18 모평

개인들은 얼굴 표정은 가지고 있지만, **속이는** 얼굴 표정을 지을 수는 없다.

deceit ⓝ 속임수

Vocab+ = dishonest ⓐ 부정직한

1768 ★★☆ □□□

compress

[kəmprés]

ⓥ 압축하다, 압박하다

Distinct from the timing of interaction is the way in which time is compressed on television. 20 학평

텔레비전에서 시간이 **압축되는** 방식은 상호 작용의 타이밍과는 다르다.

compression ⓝ 압축

Vocab+ = condense ⓥ 압축하다

1769 ★★☆ □□□

beholder

[bihóuldər]

ⓝ 보는 사람, 구경꾼

Beauty is in the eye of the beholder. 18 학평

아름다움은 **보는 사람**의 눈에 있다.

behold ⓥ 보다

Vocab+ = spectator ⓝ 구경꾼

1770 ★★☆ □□□

anguish

[ǽŋgwiʃ]

ⓝ (극심한) 괴로움, 비통

Many people will put themselves through quite a bit of anguish if they expect fluent resolution at the end. 18 학평

마지막에 속 시원한 해답을 기대하면 많은 사람들은 스스로 상당한 **괴로움**을 감내하기 마련이다.

Vocab+ + in anguish 괴로워서

혼동어

1771 ★★★ □□□

pratfall

[prǽtfɔːl]

ⓝ 난처한 실수, 엉덩방아

There is a widely accepted theory in social psychology known as the pratfall effect. 18 학평

사회 심리학에는 **실수** 효과(pratfall effect)라고 알려진 널리 받아들여지는 이론이 있다. [pratfall effect: 사람에게서 실수가 나타나면 인간적인 매력을 느껴 친밀감을 갖게 되는 효과]

1772 ★★☆ □□□

pitfall

[pítfɔːl]

ⓝ 함정, 위험

The discussion describes the way to avoid some of the pitfalls inherent in the experiment. 21 모평

그 논의는 실험에 내재한 **함정** 중 일부를 피하는 방법을 기술한다.

Vocab+ = danger, peril ⓝ 위험

1773 ★★★ □□□

resilience [rizíljəns]

ⓝ 회복력, 탄성

Having to deal with a moderate amount of stress may build **resilience** in the face of future stress. 20 모평

적당한 양의 스트레스를 해결하려고 하는 것은 미래에 스트레스를 직면할 때의 **회복력**을 기를 수 있다.

resilient ⓐ 회복력 있는 **resile** ⓥ 되튀다, 탄력이 있다

Vocab+ = **elasticity** ⓝ 탄성

1774 ★★☆ □□□

postpone [poustpóun]

◆ 내신빈출

ⓥ 연기하다

These great musicians simply **postponed** the unpleasant manual labor of committing their music to paper. 17 모평

이 위대한 음악가들은 자신들의 음악을 종이에 옮기는 유쾌하지 않은 육체노동을 **미루어 두었을** 뿐이었다.

postponement ⓝ 연기

Vocab+ = **put off** ~을 미루다[연기하다] **delay** ⓥ 연기하다

1775 ★★★ □□□

painstaking [péinstèikiŋ]

ⓐ 공들인, 빈틈없는

John Gardener told Raymond that great writing is a product of of **painstaking** rewrites and revisions. 19 EBS

John Gardener는 Raymond에게 위대한 글은 **공들인** 개작과 수정의 산물이라고 말했다.

painstakingly ad 힘들여, 공들여

Vocab+ = **thorough** ⓐ 빈틈없는

1776 ★★★ □□□

parable [pǽrəbl]

ⓝ 우화

Put more generally, the **parable** of the ant illustrates that there is no necessary correlation between the observed behaviors. 20 수능

더 일반적으로 말하자면, 개미 **우화**는 관찰된 행동 사이에서의 필연적인 상관관계가 없음을 보여준다.

Vocab+ = **fable** ⓝ 우화

1777 ★★☆ □□□

ingest [indʒést]

◆ 내신빈출

ⓥ (음식 등을) 섭취하다

Warnings of being poisonous only apply if one is not using the product properly or if it is accidentally **ingested**. 18 EBS

독성 경고는 제품을 제대로 사용하지 않거나 실수로 **섭취한** 경우에만 적용됩니다.

ingestion ⓝ 섭취

Vocab+ = **consume** ⓥ 먹다[마시다], 소비하다 **take in** ~을 섭취하다

1778 ★★☆ □□□

implant
[implǽnt]

ⓥ 심다, 주입하다, 이식하다

Those who have had a cardiac pacemaker **implanted** may know that they need to protect the device. 18 학평

심박 조율기를 **이식받은** 사람들은 그들이 그 기기를 보호해야 한다는 것을 알고 있을 수 있다.

1779 ★★☆ □□□

harbor
[hɑ́ːrbər]

ⓥ 품다, 숨겨주다 ⓝ 항만, 은신처

Factories were discharging mercury into the waters of Minamata Bay, which **harbored** a commercial fishing industry. 17 수능

공장들이 Minarmata 만의 수역에 수은을 방출하고 있었는데, 그곳은 상업적 어업을 **품고 있는** 곳이었다.

참고 port ⓝ 항구(항구를 포함한 종합 시설) pier ⓝ 부두, 선착장 wharf ⓝ 선창가

1780 ★★★ □□□

debris
[dəbríː]

ⓝ 잔해, 쓰레기

The paths were cracked and littered with rocks and **debris**. 17 EBS

그 길들은 갈라졌고 돌과 **잔해**가 여기저기 어지럽게 흩뜨려져 있었다.

다의어

1781 ★★☆ □□□

fair
[fɛər]

1. ⓐ 공정한
2. ⓐ 적정한, 타당한
3. ⓝ 박람회, 시장

1. Mass media has been a place to tune in and hear **fair** reporting of facts. 20 모평

   대중 매체는 사실의 **공정한** 보도에 (채널을) 맞추고 듣는 곳이었다.

2. Some crops require more than their **fair** share of water. 21 학평

   어떤 작물들은 **적정한** 양의 물 이상을 필요로 한다.

3. Joan was looking for volunteers to work in a **fair** she was organizing. 10 수능

   Joan은 자신이 조직하고 있는 **박람회**에서 일할 자원봉사자를 찾고 있었다.

fairness ⓝ 공정함

1782 ★★★ □□□

dissect
[disékt]

ⓥ 해부하다

Claudius Galenus believed the best way to learn was through **dissecting** animals and studying anatomy. 22 EBS

Claudius Galenus는 최고의 학습 방법은 동물을 **해부하여** 해부학적 구조를 공부하는 것을 통해서라고 믿었다.

Vocab+ = anatomize ⓥ 해부하다 ↔ combine ⓥ 결합하다

1783 ★★☆ □□□

divergent
[divə́ːrdʒənt]
◆ 내신빈출

ⓐ 발산하는, 확산적인, 분기하는 21 EBS

One kind of thinking linked to the imagination is **divergent** thinking.
상상력과 관련된 사고의 한 종류는 **확산적** 사고이다.

diverge ⓥ 갈라져 나오다, 발산하다 **divergence** ⓝ 분기, 발산
Vocab+ ↔ **convergent** 수렴하는

1784 ★★☆ □□□

devastating
[dévəstèitiŋ]
◆ 내신빈출

ⓐ 대단히 파괴적인, 엄청난 손상을 가하는

Some things about life are too emotionally **devastating** to face head on. 20 학평
삶에 관한 어떤 것들은 정면으로 맞서기에는 너무 정서적으로 **엄청난 손상을 가한다**.

devastate ⓥ 완전히 파괴하다
Vocab+ = **disastrous** ⓐ 재난의, 비참한

1785 ★★☆ □□□

deviate
[díːvièit]

ⓥ (일상·예상 등을) 벗어나다

The fictional world **deviates** from the real one in one important respect. 21 수능
허구의 세계는 하나의 중요한 측면에서 현실 세계로부터 **벗어난다**.

deviation ⓝ 일탈, 편차
Vocab+ = **diverge** ⓥ 갈라지다, 벗어나다

1786 ★★☆ □□□

decelerate
[diːsélərèit]

ⓥ 속도를 줄이다, 감속하다

We have to **decelerate** a bit and take the time to contemplate and meditate. 12 모평
우리는 좀 더 **속도를 늦춰** (어떤 일에 대해) 숙고하고 명상을 할 시간을 가질 필요가 있다.

deceleration ⓝ 감속
Vocab+ ↔ **accelerate** ⓥ 가속하다

1787 ★★☆ □□□

conceive
[kənsíːv]

ⓥ (생각 등을) 마음에 품다, (계획 등을) 생각해 내다; 임신하다 12 수능

I have never had a thought which I could not set down in words, with even more distinctness than that with which I **conceived** it.
나로서는, 생각을 **품었을** 때의 명확함보다 훨씬 더 명확함을 가지고, 글로 적을 수 없는 생각을 가져본 적이 없다.

Vocab+ + **misconceive** ⓥ 오해하다 **preconceive** ⓥ 미리 생각하다

1788 ★★★ □□□

bequest
[bikwést]

ⓝ 유산, 유증 (재산)

One of the clearest **bequests** of Rome was its influence over the development of law. 18 학평
로마의 가장 분명한 **유산** 중 하나는 법의 발달에 끼친 영향이었다.

Vocab+ = **inheritance, legacy** ⓝ 유산

1789 ★★☆ □□□
acquisition
[ӕkwizíʃən]

ⓝ 습득, 구입

The area where the Internet could be considered an aid to thinking is the rapid **acquisition** of new information. 17 모평

인터넷이 사고(思考)의 보조물[보조재료]로 여겨질 수 있는 하나의 영역은 새로운 정보의 신속한 **습득**이다.

acquire ⓥ 습득하다

1790 ★★☆ □□□
threshold
[θréʃhould]

ⓝ 문지방, 경계점, 한계점

The two dissociated ideas weaken over time, thus sinking below the "**threshold** of consciousness." 17 학평

분리된 두 개의 생각들이 시간이 지나면서 약해지고, 그래서 결국 '의식의 **경계점**' 아래로 가라앉는다.

Vocab+ + **on the threshold of** ~의 문턱[경계점]에 있는

1791 ★★☆ □□□
solidify
[səlídəfài]

ⓥ 굳어지다, 굳히다, 확고히 하다

The important patent **solidifies** Myriad's dominant proprietary position. 14 모평

그 중요한 특허는 Myriad 사(社)의 지배적인 독점적 위치를 **확고히 한다**.

solid ⓐ 단단한, 고체의 ⓝ 고체

Vocab+ = **harden** ⓥ 굳어지다 ↔ **soften** ⓥ 유연해지다

1792 ★★★ □□□
resonate
[rézənèit]

ⓥ 울려 퍼지다, 공명이 잘 되다

His basic idea that politics should be directed at common goals still **resonates** today. 19 수능

정치는 공통된 목적을 향해 있어야 한다는 그의 기본적인 생각은 오늘날에도 여전히 **울려 퍼지고 있다**.

resonance ⓝ 울림 **resonant** ⓐ 깊이 울리는

1793 ★★☆ □□□
precaution
[prikɔ́:ʃən]

ⓝ 예방조치, 조심

We do not plan and take **precautions** to prevent emergencies from arising. 18 모평

우리는 비상사태가 생기는 것을 막기 위해 계획을 세우고 **예방조치**를 취하는 것을 하지 않는다.

Vocab+ = **preventive measure** 예방책

1794 ★★☆ □□□
intuition
[ìntjuːíʃən]

ⓝ 직관력, 직관, 직감

We have a deep **intuition** that the future is open until it becomes present. 19 학평

우리는 미래가 현재가 될 때까지 열려 있다는 깊은 **직관력**을 가지고 있다.

intuitive ⓐ 직감하는

Vocab+ = **insight** ⓝ 통찰력 **hunch** ⓝ 예감, 직감 **gut** ⓝ 직감

1795 ★★☆ □□□

uphold
[ʌphóuld]

ⓥ 떠받치다, 지지하다, 유지하다, 확인하다

12 모평

Masks are too heavy to **uphold** indefinitely, and no matter how well you believe you are disguising yourself, others always know.

가면은 너무 무거워서 무한정 **유지할** 수는 없으며, 자신이 아주 잘 변장하고 있다고 믿는다 해도 다른 사람들은 항상 알고 있다.

1796 ★★★ □□□

demeanor
[dimíːnər]

ⓝ 태도, 처신, 품행

He had grown a bit since Mr. Green last saw him and his **demeanor** was certainly different. 21 학평

그는 Green 선생님이 마지막으로 본 이후로 조금 성장했고, 그의 **태도**는 확실히 달랐다.

Vocab+ = **attitude** ⓝ 태도

고난도

1797 ★★★ □□□

discrepancy
[diskrépənsi]

ⓝ 차이, 불일치

There is a **discrepancy** between the verbal message and the nonverbal message. 14 모평

언어적인 메시지와 비언어적인 메시지 사이에 **차이**가 있다.

discrepant ⓐ 서로 어긋나는, 모순된

Vocab+ = **disagreement** ⓝ 불일치 **disparity** ⓝ 차이

1798 ★★★ □□□

plight
[plait]

ⓝ 역경, 곤경

20 학평

We respond to a child drowning in a pond because of her **plight**.

우리는 아이가 처한 **곤경** 때문에 연못에 빠진 아이에 반응한다.

Vocab+ = **adversity, hardship** ⓝ 역경

1799 ★★★ □□□

malleable
[mǽliəbl]

ⓐ 순응성이 있는, (부러지지 않고) 잘 변하는

The brain is much more **malleable** throughout life than previously assumed. 20 수능

뇌가 이전에 가정했던 것보다 평생 동안 훨씬 더 **순응성이 있다**.

malleability ⓝ 가단성, 유연성

Vocab+ = **flexible, pliable** ⓐ 유연한

1800 ★★★ □□□

trajectory
[trədʒéktəri]

ⓝ 궤적, 궤도

Billiard balls rolling around the table may collide and affect each other's **trajectories**. 12 모평

당구대를 돌아다니는 당구공은 충돌해서 서로의 **궤도**에 영향을 줄 수도 있다.

traject ⓥ 나르다, 건너다

Review Test

A 우리말은 영어로, 영어는 우리말로 적으시오.

1 괴로움, 비통 a________
2 문지방, 한계점 t________
3 보는 사람, 구경꾼 b________
4 역경, 곤경 p________
5 debris ________
6 precaution ________
7 parable ________
8 forager ________

B 각 단어의 유의어 혹은 반의어를 적으시오.

1 compress ⊜ c________
2 detrimental ⊜ d________
3 deviate ⊜ d________
4 postpone ⊜ d________
5 painstaking ⊜ t________
6 decelerate ↔ a________
7 divergent ↔ c________
8 dissect ↔ c________

C 다음 우리말에 적합한 어휘를 고르시오.

1 There is a widely accepted theory in social psychology known as the [pitfall / pratfall] effect.
사회 심리학에는 '실수 효과'라고 알려진 널리 받아들여지는 이론이 있다.

2 The discussion describes the way to avoid some of the [pitfalls / pratfalls] inherent in the experiment.
그 논의는 실험에 내재한 함정 중 일부를 피하는 방법을 기술한다.

D 다음 빈칸에 공통으로 들어갈 어휘를 고르시오.

1 Mass media has been a place to tune in and hear ________ reporting of facts.
2 Some crops require more than their ________ share of water.
3 Joan was looking for volunteers to work in a ________ she was organizing.

① harbor ② bequest ③ fair ④ intuition ⑤ discrepancy

A 1 anguish 2 threshold 3 beholder 4 plight 5 잔해, 쓰레기 6 예방조치, 조심 7 우화 8 수렵 채집인 B 1 condense 2 damaging 3 diverge 4 delay 5 thorough 6 accelerate 7 convergent 8 combine C 1 pratfall 2 pitfalls D ③ fair

go through vs. get through

go through ~을 겪다	After going through hardship, people grow up. 고난을 **겪은** 후, 사람들은 성장한다.
get through ~을 빠져[헤쳐]나가다	We need to find a way to get through this hardship. 우리는 이 고난을 **헤쳐나갈** 방법을 찾아야 한다.

look after vs. take after

look after ~을 돌보다	Grandparents love looking after children. 조부모님들은 아이들을 **돌보는** 것을 좋아한다.
take after ~을 닮다, 모방하다	The children will take after their parents. 아이들은 자신들의 부모들을 **닮기** 마련이다.

get away vs. give away

get away 떠나다, 벗어나다	She wrestled to get away from the cottage. 그녀는 오두막에서 **벗어나기** 위해 안간힘을 썼다.
give away ~을 (거저) 나눠주다	He was giving his collection away for free. 그는 그의 수집품을 거저 **나눠주고** 있었다.

give over vs. take over

give over ~을 넘겨주다	The senior has given most of her work over to the junior. 선배는 그녀의 일의 대부분을 후배에게 **넘겨주었다**.
take over ~을 인계받다, 물려받다	If you take over a job, you should become responsible for the job. 만약 당신이 어떤 일을 **인계받는다면**, 그 일에 대한 책임을 져야 합니다.

give rise to vs. give way to

give rise to ~을 일으키다	Too much sleep can give rise to chronic diseases. 너무 많이 자면 만성질환을 **일으킬** 수 있다.
give way to ~에 굽히다, 양보하다	Drivers must give way to any pedestrians on the crossing. 운전자들은 건널목에서 보행자에게 **양보해야** 한다.

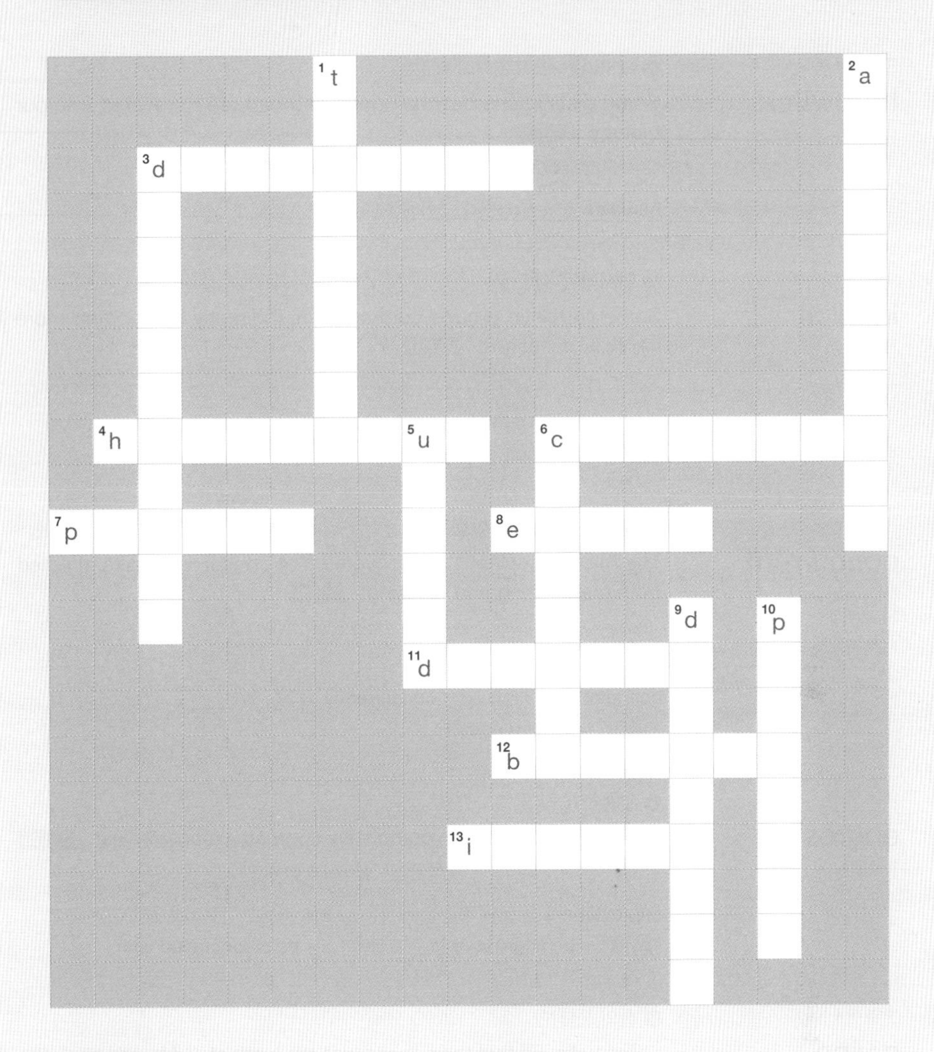

ACROSS

3 ⓐ 발산하는, 확산적인, 분기하는

4 ⓐ 위험한, 해로운

6 ⓥ 압축하다, 압박하다

7 ⓝ 역경, 곤경

8 ⓥ (~에게) 부여하다, 기부하다

11 ⓥ (일상·예상 등을) 벗어나다

12 ⓝ 유산, 유증 (재산)

13 ⓥ (음식 등을) 섭취하다

DOWN

1 ⓝ 문지방, 경계점, 한계점

2 ⓐⓓ 익명으로

3 ⓐ 대단히 파괴적인, 엄청난 손상을 가하는

5 ⓥ 떠받치다, 지지하다, 유지하다, 확인하다

6 ⓥ (생각 등을) 마음에 품다, (계획 등을) 생각해 내다, 임신하다

9 ⓐ 기만적인, 부정직한

10 ⓥ 연기하다

Answer p.525

1801 ★★☆ □□□

hardwired
[hɑ́ːrdwáiərd]

ⓐ 타고나는, 하드웨어에 내장된

Some distinctions between good and bad are **hardwired** into our biology. 15 수능

좋음과 나쁨 사이의 몇 가지 구별은 우리의 생명 활동 안에 **타고난다**.

hardwire ⓥ 고정화시키다, 굳어버리게 하다

1802 ★★☆ □□□

implicit
[implísit]
◆ 내신빈출

ⓐ 암시적인, 내포된

Some linguistic groups communicate indirectly by sending more **implicit** messages. 18 EBS

몇몇 언어군은 더 **암시적인** 메시지를 보냄으로써 간접적으로 의사소통한다.

imply ⓥ 암시하다, 의미하다 **implicitly** ⓐⓓ 암시된, 내포되는

Vocab+ ↔ **explicit** ⓐ 분명한, 노골적인

1803 ★★★ □□□

concurrent
[kənkə́ːrənt]

ⓐ 공존하는, 동시에 발생하는

The Missouri scientists discovered that **concurrent** tasks affected both memorizing and recalling. 18 학평

Missouri 대학 과학자들은 **동시에 행해지는** 과업이 암기와 기억해 내기 둘 다에 영향을 주었다는 것을 발견했다.

concurrency ⓝ 동시 실행 **concurrently** ⓐⓓ 동시에

Vocab+ = **synchronous** ⓐ 동시의

1804 ★★☆ □□□

engross
[ingróus]

ⓥ 열중하게 하다

Active visualization can completely **engross** a reader in text. 16 EBS

활발한 시각화는 독자를 글 속에 완전히 **몰두하게 할** 수 있다.

engrossment ⓝ 몰두, 전념

Vocab+ + **be engrossed in** ~에 몰두하다 (= **be preoccupied with**)

1805 ★★☆ □□□

divine
[diváin]

ⓐ 신의, 신성한

Some believed that their illness was the work of evil forces or **divine** intervention. 16 모평

어떤 사람들은 그들의 병이 사악한 힘이나 **신의** 개입에 의한 작용이라고 믿었다.

divinity ⓝ 신성

1806 ★★☆ □□□

domestication
[dəmèstikéiʃən]
◆ 내신빈출

ⓝ 길들이기, 사육, 재배

Some plants such as wheat or barley were among the first to be chosen for **domestication**. 20 학평

밀 또는 보리와 같은 몇몇 작물들이 **재배**를 위해 선택된 최초의 작물에 속했다.

domesticate ⓥ (동물을) 길들이다, (식물을) 재배하다

Vocab+ = **taming** ⓝ 길들이기 **cultivation** ⓝ 경작

1807 ★★☆ □□□

devoid
[divɔ́id]

ⓐ 결여된, ~이 없는 ⓥ 빼앗다 18 학평

The new environment is usually **devoid** of any natural controls that the 'invader' would have evolved with in its original environment.
새로운 환경에는 대개 그 '침입자'가 원래의 환경에서 함께 진화해 왔을 자연 방제가 **없다**.

Vocab+ + **devoid of** ~이 없는 (= **lacking in, wanting in**)

1808 ★★☆ □□□

decode
[di:kóud]

ⓥ 해독하다

If the text was intentionally coded, then the author's testimony is probably the best source for **decoding** it. 22 EBS
만약 텍스트가 의도적으로 암호화되었다면, 글쓴이의 증언은 아마도 그것을 **해독하기** 위한 최고의 자료일 것이다.

Vocab+ = **decipher** ⓥ 해독하다 ↔ **encode** ⓥ 암호화하다

1809 ★★☆ □□□

fossilization
[fɑ̀səlәlizéiʃәn]

ⓝ 화석화

Some environments are more likely to lead to **fossilization** and subsequent discovery than others. 20 모평
어떤 환경은 다른 환경보다 **화석화**가 이루어지고 이후에 발견으로 이어질 가능성이 더 높다.

fossil ⓝ 화석 **fossilize** ⓥ 화석화하다

1810 ★★☆ □□□

acknowledge
[əknɑ́lidʒ]

ⓥ 인식하다, 인정하다; 감사를 표하다

To break out of this neural rut, train yourself to **acknowledge** when things go *right*. 18 학평
이 신경의 고정된 틀(부정적 사고로 향하는 틀)에서 벗어나기 위해, 일이 '제대로' 되어 갈 때를 **인식하도록** 자신을 훈련하라.

acknowledgement ⓝ 승인; 감사의 글
Vocab+ = **admit, recognize** ⓥ 인정하다

오답노트

1811 ★★☆ □□□

oversee
[òuvərsí:]

ⓥ 감시하다, 감독하다

Experimenters must submit their proposed experiments to thorough examination by **overseeing** bodies. 20 수능
실험자들은 자신들의 실험 제안을 제출해 **감독** 기관에 의한 철저한 조사를 받아야 한다.

overseer ⓝ 감독관
Vocab+ = **supervise** ⓥ 감독하다

1812 ★★☆ □□□

overlook
[òuvərlúk]

ⓥ 간과하다; 내려다보다

The best is recognized and the rest are **overlooked**. 20 모평
최고는 인정받고 나머지는 **간과된다**.

overlooking ⓐ 내려다보는
Vocab+ = **neglect** ⓥ 소홀히 하다

1813 ★★☆ □□□

antisocial
[æ̀ntaisóuʃəl]

ⓐ 반사회적인, 비사교적인

You can stay true to your personality without appearing to be antisocial. 18 모평

여러분은 **반사회적으로** 보이지 않으면서 자신의 개성에 계속 충실할 수 있다.

Vocab+ ↔ **prosocial** ⓐ 친사회적인

1814 ★★☆ □□□

transcend
[trænsénd]

ⓥ 초월하다

In the real world, war's larger purpose is always a political purpose. It transcends the use of force. 20 수능

현실 세계에서 전쟁의 더 큰 목적은 항상 정치적 목적이다. 그것은 물리력의 사용을 **초월**한다.

transcendent ⓐ 초월하는

Vocab+ = **go beyond** ~을 넘어서다 **surpass** ⓥ 능가하다

1815 ★★☆ □□□

spacious
[spéiʃəs]

ⓐ (공간이) 넓은, 훤히 트인

It's tempting to stretch one's finances to build or buy a more spacious house. 13 수능

좀 더 **공간이 넓은** 집을 짓거나 구입하려고 자금조달을 늘리고 싶은 마음이 생길 것이다.

space ⓝ 공간 ⓥ 간격을 두다

Vocab+ = **ample** ⓐ 넓은 **extensive** ⓐ 광대한

1816 ★★☆ □□□

proportional
[prəpɔ́ːrʃənəl]

◆ 내신빈출

ⓐ (~에) 비례하는

The societal response to the tsunami has not been proportional to the threat. 22 EBS

쓰나미에 대한 사회적 대응은 그 위협에 **비례하지** 않았다.

proportion ⓝ 부분, 비

Vocab+ ↔ **disproportionate** ⓐ 불균형의 + **proportional to** ~에 비례하는

1817 ★★☆ □□□

proposition
[prɑ̀pəzíʃən]

ⓝ 명제, 제의

The difficulty of a new magical effect is about equivalent to that of a new proposition in Euclid. 21 학평

새로운 마술적 효과의 어려움은 유클리드 기하학에서 새로운 **명제**의 어려움과 거의 같다.

propositional ⓐ 명제의, 제의의

1818 ★★☆ □□□

investigate
[invéstəgèit]

ⓥ 조사하다, 수사하다

Emma Brindley has **investigated** the responses of European robins to the songs of neighbors and strangers. 21 모평

Emma Brindley는 유럽 울새가 이웃 새와 낯선 새의 노래에 보이는 반응을 **조사해** 왔다.

investigation ⓝ 수사, 조사 **investigative** ⓐ 조사의

Vocab+ = **examine** ⓥ 조사하다 **probe into** ~을 면밀히 조사하다

1819 ★★☆ □□□

implement
ⓥ[ímpləmènt]
ⓝ[ímpləmənt]

ⓥ 실행하다 ⓝ 도구

The governments of the world have a highly variable record of **implementing** human rights. 19 모평

세계 정부는 인권을 **실행에 옮기는** 데는 매우 가변적인 기록을 갖고 있다.

implementation ⓝ 실행

Vocab+ = **carry out** ~을 실행하다 **perform** ⓥ 수행하다

1820 ★★☆ □□□

inheritance
[inhéritəns]
◆ 내신빈출

ⓝ 상속받은 재산, 유산, 유전, 상속

He reviewed the literature on **inheritance** of intelligence. 18 학평

그는 지능의 **유전**에 관한 문헌을 검토했다.

inherit ⓥ 상속받다

Vocab+ = **legacy** ⓝ 유산

다의어

1821 ★★☆ □□□

discipline
[dísəplin]

1. ⓝ 학문 (분야), 학과
2. ⓝ 훈련, 훈육, 규율 ⓥ 훈련[단련]하다

1. Many **disciplines** are better learned by entering into the doing than by mere abstract study. 14 수능

   많은 **학문**은 단순한 추상적인 공부에 의해서보다 실제로 행함으로써 더 잘 학습된다.

2. They are asking critical questions about how the body is trained, **disciplined**, and manipulated in sports. 10 수능

   그들은 스포츠에서 신체가 어떻게 훈련되고, **단련되며**, 다루어지는지에 관한 중요한 질문을 하고 있다.

disciplinary ⓐ 학과의, 학문의; 훈련의

1822 ★★☆ □□□

hectic
[héktik]
◆ 내신빈출

ⓐ 정신없이 바쁜, 빡빡한

Our days are filled with so many of the "have tos" that our life is **hectic**. 18 모평

우리의 하루는 너무 많은 '해야 하는 것들'로 가득 차서 우리의 삶은 **정신없이 바쁘다**.

hecticness ⓝ 몹시 바쁨

Vocab+ = **frantic** ⓐ 정신없이 하는, 광란의

1823 ★★☆ □□□
existential
[ègzisténʃəl]

ⓐ (인간의) 존재에 관한, 실존주의적인

Things come together in a different way through the logic of emotion and the conflict of **existential** issues. 18 EBS

여러 가지 일은 감정의 논리와 **실존적** 문제의 갈등을 통해 다른 방식으로 합쳐진다.

exist ⓥ 존재하다 **existence** ⓝ 존재 **existent** ⓐ 존재하는

1824 ★★☆ □□□
enhance
[inhǽns]
◆ 내신빈출

ⓥ 높이다, 향상시키다

Providing better services not only gives an **enhanced** competitive edge but also raises standards in the tourism industry. 22 EBS

더 나은 서비스의 제공은 경쟁 우위를 **높여** 줄 뿐만 아니라 관광 산업의 기준을 높인다.

enhancement ⓝ 향상

1825 ★★☆ □□□
enlightenment
[inláitənmənt]

ⓝ 계몽, 깨달음

We lose the chance to walk toward our own **enlightenment**. 21 학평

우리는 우리 자신의 **깨달음**으로 향해 가는 기회를 잃게 된다.

enlighten ⓥ (설명하여) 이해시키다[깨우치다], 계몽시키다

Vocab+ = **awareness** ⓝ 인지

1826 ★★☆ □□□
diffuse
[difjúːz]
◆ 내신빈출

ⓥ 분산시키다, 퍼지다, 번지다 ⓐ 산만한, 분산된

Oxygen from the atmosphere can freely **diffuse** into the seawater. 20 학평

대기로부터의 산소가 자유롭게 해수 속으로 **퍼진다**.

diffusion ⓝ 발산, 유포, 보급

Vocab+ = **dispersed** ⓐ 분산된

1827 ★★☆ □□□
deconstruct
[dìkənstrʌ́kt]

ⓥ 해체하다

The counsellor **deconstructs** old stories and reconstructs preferred stories. 17 모평

상담사는 옛 이야기를 **해체하고** 선호되는 이야기를 재구성한다.

deconstruction ⓝ 해체

Vocab+ = **dismantle** ⓥ 해체하다 ↔ **construct** ⓥ 건설하다

1828 ★★☆ □□□
antibiotic
[æ̀ntaibaiátik]

ⓝ 항생 물질, 항생제

Repeated courses of **antibiotics** are resulting in a less diverse microbiota passed to newborns today. 22 EBS

일련의 **항생제 치료**의 반복이 오늘날 신생아에게 전달되는 미생물군을 덜 다양하게 만들고 있다.

Vocab+ + **penicillin** ⓝ 페니실린(항생 물질의 하나)

1829 ★★☆ □□□

bizarre
[bizɑ́ːr]
◆ 내신빈출

ⓐ 기이한, 특이한

The **bizarre** sounds of laughter have a direct effect on the listener. 14 모평
웃음의 **독특한** 소리는 듣는 사람에게 직접적인 영향을 끼친다.

Vocab+ = **strange, weird** ⓐ 이상한

1830 ★★☆ □□□

admittedly
[ədmítidli]

ad 인정하건대

Admittedly, the Egyptians achieved some amazing things in the quality of monumentality. 18 수능
인정하건대, 이집트인들이 기념비성이라는 특성에 있어서 몇 가지 대단한 업적을 달성했다.

admit ⓥ 인정하다 **admittance** ⓝ 입장

1831 ★★★ □□□

transient
[trǽnʃənt]
◆ 내신빈출

ⓐ 일시적인, 순간적인

As our genes have moved around the planet's surface, past places were **transient** locations. 21 EBS
우리의 유전자가 지구의 표면을 사방으로 이동해 왔기 때문에, 과거의 장소들은 **일시적인** 지역이었다.

Vocab+ = **temporary** ⓐ 일시적인 ↔ **permanent** ⓐ 영구적인

1832 ★★☆ □□□

spatial
[spéiʃəl]

ⓐ 공간의, 공간적인

Children's museums provide **spatial** frames rather than time frames. 22 EBS
어린이 박물관은 시간의 틀보다는 **공간의** 틀을 제공한다.

spatiality ⓝ 공간성, 넓이

참고 temporal ⓐ 시간의 spatiotemporal ⓐ 시공의

1833 ★★☆ □□□

retract
[ritrǽkt]

ⓥ 철회하다, 취소하다

The event will be **retracted** if the weather is unfavorable. 19 수능
그 행사는 날씨가 좋지 않으면 **취소될** 것입니다.

retraction ⓝ 철회
Vocab+ = **revoke** ⓥ 철회하다

1834 ★★☆ □□□

mythology
[miθɑ́lədʒi]

ⓝ 신화, 근거 없는 믿음

According to Greek **mythology**, the Oracle at Delphi was consulted to gauge the risk of waging a war. 20 EBS
그리스 **신화**에 따르면, 전쟁을 수행하는 것의 위험성을 판단하기 위해 델포이 신전에서 신탁을 구했다.

myth ⓝ 신화 (**mythology**의 줄임말) **mythological** ⓐ 신화의
Vocab+ = **legend** ⓝ 전설

1835 ★★☆ □□□

magnitude
[mǽgnətjùːd]

ⓝ 규모, (엄청난) 중요도

Cyberspace involves imaginary characters and events of a kind and **magnitude** not seen before. 20 학평

사이버 스페이스는 가공의 인물들과 이전에 볼 수 없었던 종류와 **규모**의 사건들을 포함한다.

Vocab+ = **significance** ⓝ 중요성

1836 ★★☆ □□□

inherent
[inhí(ː)ərənt]
◆ 내신빈출

ⓐ 내재하는

Cultural discoveries are **inherent** in and integral to the conceptual system. 21 모평

문화적 발견은 개념 체계에 **내재되고** 내장되어 있다.

inherently ⓐⓓ 선천적으로

Vocab+ = **intrinsic** ⓐ 내재하는, 본질적인

고난도

1837 ★★★ □□□

infringement
[infríndʒmənt]

ⓝ 침해, 위반

The fact that smartphones all have similar functionality does not represent an **infringement** of copyright. 20 수능

스마트폰이 모두 유사한 기능을 가지고 있다는 사실이 저작권 **침해**를 나타내지 않는다.

infringe ⓥ 위반하다, 침해하다

Vocab+ = **invasion** ⓝ 침해 **violation** ⓝ 위반

1838 ★★★ □□□

repercussion
[rìːpərkʌ́ʃən]

ⓝ (간접적) 영향, (빛의) 반사, (소리의) 반향

Improving the level of national energy efficiency has direct **repercussions** at the individual level. 20 수능

국가의 에너지 효율 수준을 높이는 것은 개인적 차원에서 직접적인 **영향**을 미친다.

Vocab+ + **repercussion effect** 파급 효과

1839 ★★★ □□□

instigation
[ìnstəgéiʃən]

ⓝ 선동, 부추김

Activity is viewed as a global concept—involving **instigation**, performance, and termination. 12 모평

활동이란 것은 **선동**, 수행, 그리고 종료를 포함한 총체적인 개념으로 간주된다.

instigate ⓥ 실시[착수]하게 하다, 선동하다

1840 ★★★ □□□

succinct
[səksíŋkt]

ⓐ 간단명료한, 간결한

In the even more **succinct** words, what has occurred is a massive *increase* in our interaction with our physical environment. 22 EBS

훨씬 더 **간결한** 말로, 일어난 일은 우리의 물리적 환경과의 상호 작용의 엄청난 '증가'이다.

succinctness ⓝ 간결

Vocab+ = **brief, concise** ⓐ 간결한

Review Test

A 우리말은 영어로, 영어는 우리말로 적으시오.

1 규모, 중요도 m________
2 초월하다 t________
3 신화 m________
4 항생 물질, 항생제 a________
5 hectic ________
6 inherent ________
7 proposition ________
8 infringement ________

B 각 단어의 유의어 혹은 반의어를 적으시오.

1 acknowledge ⊜ a________
2 spacious ⊜ a________
3 enlightenment ⊜ a________
4 succinct ⊜ b________
5 deconstruct ↔ c________
6 decode ↔ e________
7 implicit ↔ e________
8 antisocial ↔ p________

C 다음 우리말에 적합한 어휘를 고르시오.

1 Experimenters must submit their proposed experiments to thorough examination by [overlooking / overseeing] bodies.
실험자들은 자신들의 실험 제안을 제출해 감독 기관에 의한 철저한 조사를 받아야 한다.

2 The best is recognized and the rest are [overlooked / overseen].
최고는 인정받고 나머지는 간과된다.

D 다음 빈칸에 공통으로 들어갈 어휘를 고르시오. [예문에 실린 어휘의 원형을 고를 것]

1 Many ________ are better learned by entering into the doing than by mere abstract study.

2 They are asking critical questions about how the body is trained, ________, and manipulated in sports.

① hectic ② enhance ③ discipline ④ investigate ⑤ acknowledge

A 1 magnitude 2 transcend 3 mythology 4 antibiotic 5 정신없이 바쁜 6 내재하는 7 명제, 제의 8 침해, 위반 B 1 admit 2 ample 3 awareness 4 brief 5 construct 6 encode 7 explicit 8 prosocial C 1 overseeing 2 overlooked D ③ discipline

fall apart vs. fall short of

fall apart 무너지다	The ground was weakened, which caused the bridge to fall apart. 지반이 약해졌고, 이것은 다리가 **무너지는** 원인이 되었다.
fall short of ~이 부족하다, ~에 못 미치다	Control to prevent infection fell short of expectations. 감염 방지를 위한 통제는 기대**에 못 미쳤다**.

turn out vs. turn in

turn out 모습을 드러내다[나타나다], (~인 것으로) 드러나다	It turns out that she had known them when they were children. 그녀는 그들이 어렸을 때 그들을 알고 있었음이 **드러났다**.
turn in ~을 제출하다	You must turn in your pass when you leave the building. 건물을 떠날 때 통행증을 **제출해야** 합니다.

put out vs. put off

put out (불을) 끄다	Firefighters tried to rescue the injured and put out the fire. 소방관들은 부상자들을 구출하고 불을 **끄려고** 애썼다.
put off ~을 연기하다	The organization has put the event off until October. 조직은 그 행사를 10월까지 **연기했다**.

set up vs. set out

set up ~을 설립[건립]하다, 세우다	Two friends of different personalities set up a company. 서로 다른 성격의 두 친구가 하나의 회사를 **설립했다**.
set out 착수하다[시작하다], 출발하다	It's no easy job for young entrepreneurs to set out in business. 젊은 기업가들이 사업을 **시작하는** 것은 쉬운 일이 아니다.

make use of vs. make the most of

make use of ~을 이용[활용]하다	We should have made use of our undeveloped reservoirs of talent. 우리는 아직 개발되지 않은 인재들의 보고를 **활용했어야** 했다.
make the most of ~을 최대한으로 활용하다	We have to make the most of opportunities. 우리는 기회를 **최대한으로 이용해야** 한다.

Crossword Puzzle

DAY 46

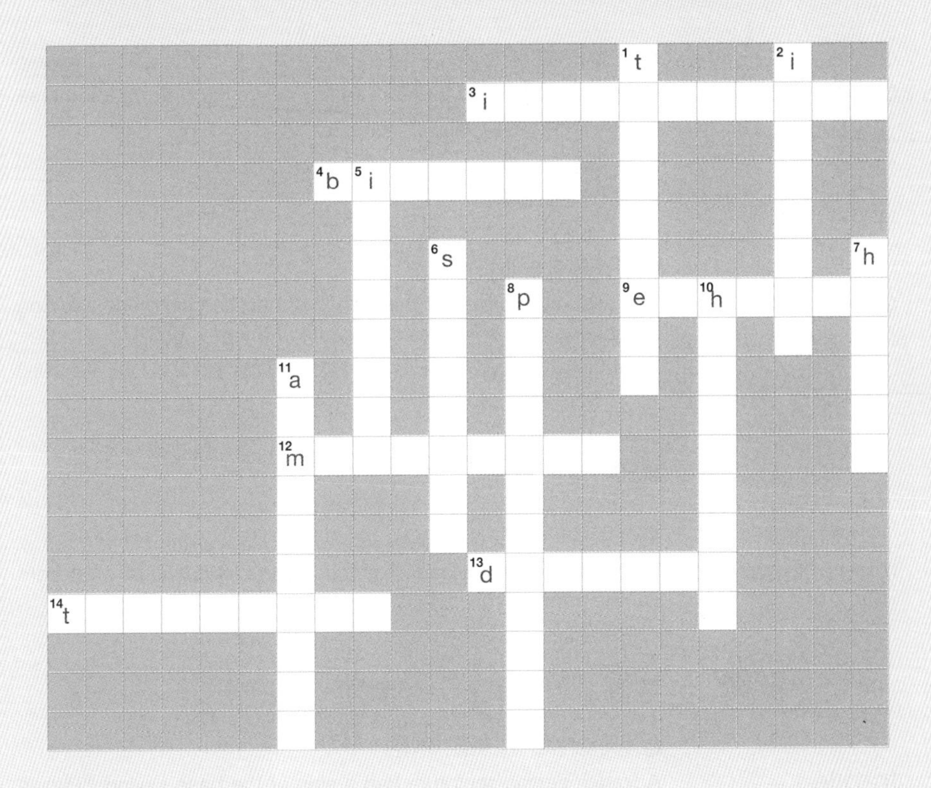

ACROSS

3 ⓝ 상속받은 재산, 유산, 유전, 상속

4 ⓐ 기이한, 특이한

9 ⓥ 높이다, 향상시키다

12 ⓝ 신화, 근거 없는 믿음, 신화

13 ⓥ 분산시키다, 퍼지다, 번지다

ⓐ 산만한, 분산된

14 ⓐ 일시적인, 순간적인

DOWN

1 ⓥ 초월하다

2 ⓐ 내재하는

5 ⓐ 암시적인, 내포된

6 ⓐ (공간이) 넓은, 훤히 트인

7 ⓐ 정신없이 바쁜, 빡빡한

8 ⓐ (~에) 비례하는

10 ⓐ 타고나는, 하드웨어에 내장된

11 ⓐⓓ 인정하건대

Answer p.525

1841 ★★☆ □□□
conform
[kənfɔ́ːrm]
◆ 내신빈출

ⓥ 따르다, 순응하다

People do not see in themselves any desire to **conform** to others. 22 EBS

사람들은 타인에게 **순응하려는** 어떤 욕구든 자신에게서 보지 못한다.

conformity ⓝ 따름, 순응

Vocab+ + **conform to** ~에 순응하다

1842 ★★☆ □□□
consensus
[kənsénsəs]

ⓝ 의견 일치, 합의

The assumption behind the theory is that disagreement is wrong and **consensus** is the desirable state of things. 17 모평

그 이론의 배경에 있는 전제는, 의견 차이는 잘못된 것이고 **의견 일치**가 바람직한 상황이라는 것이다.

consent ⓝ 동의, 합의

Vocab+ = **agreement** ⓝ 합의 **unanimity** ⓝ 만장일치

1843 ★★☆ □□□
impractical
[impræ̀ktəkəl]

ⓐ 실용[실제]적이지 않은, 터무니없는, 비현실적인

The provision of feedback from customers to individual producers can be **impractical**. 20 학평

소비자로부터 각각의 생산자에게로의 피드백의 제공은 **실용적이지 않을** 수도 있다.

Vocab+ ↔ **practical** ⓐ 실용적인, 실제적인

1844 ★★☆ □□□
fragile
[frǽdʒəl]
◆ 내신빈출

ⓐ 부서지기[깨지기] 쉬운, 허약한

A **fragile** acrylic sculpture had a sign at the base saying, "Please touch with your eyes." 22 학평

깨지기 쉬운 아크릴 조각품 밑면에 '눈으로 만져주세요.'라는 팻말이 있었다.

fragility ⓝ 부서지기 쉬움, 허약

Vocab+ = **vulnerable** ⓐ 상처받기 쉬운 **unstable** ⓐ 불안정한

1845 ★★☆ □□□
exploratory
[iksplɔ́ːrətɔ̀ːri]

ⓐ 탐사의, 탐구의

Emerging adulthood is an **exploratory** age during which young people make decisions. 21 EBS

성인 진입기는 젊은이들이 결정을 하는 **탐색기**이다.

explore ⓥ 답사하다, 탐구하다

Vocab+ = **investigative** ⓐ 조사의

1846 ★★☆ □□□
enroll
[inróul]

ⓥ 등록하다, 입학하다

Ivan Turgenev **enrolled** at the University of Berlin and studied philosophy for three years. 19 학평

Ivan Turgenev는 Berlin 대학교에 **등록하여** 3년 동안 철학을 공부했다.

enrollment ⓝ 등록, 입학

Vocab+ = **sign up (for)** (~에) 등록하다 **register** ⓥ 등록하다

1847 ★★☆ □□□

expertise

[èkspəːrtíːz]

◆ 내신빈출

ⓝ 전문성, 전문 지식

20 수능

We should concentrate our own **expertise** on the domain of choice.

우리는 선택 영역에 우리 자신의 **전문 지식**을 집중해야 한다.

expert ⓝ 전문가 ⓐ 전문가의

1848 ★★★ □□□

redemption

[ridémpʃən]

ⓝ 구원, 상환, 되찾기

22 EBS

Aesthetic **redemption** from a life takes on a rationalistic form.

삶으로부터의 미적 **구원**은 합리주의적 형태를 띤다.

redemptive ⓐ 구원하는 **redeem** ⓥ 구원하다, 보완하다

1849 ★★☆ □□□

debug

[diːbʌ́g]

ⓥ 결함을 찾아 고치다, 디버그하다

Software platforms are designed, written, and **debugged** almost entirely by humans. 22 EBS

소프트웨어 플랫폼은 거의 전적으로 인간에 의해 만들어지고, 작성되고, **결함이 고쳐진다**.

bug ⓝ 벌레, (기계 등의) 결함, 오류 ⓥ 괴롭히다

1850 ★★★ □□□

bilateral

[bailǽtərəl]

ⓐ 쌍방의, 쌍무적인, 양쪽의

When we learn Arabic numerals, we convert the shapes from **bilateral** visual areas into numerical quantities. 18 수능

우리가 아라비아 숫자를 배울 때, 우리는 **양쪽의** 시각 영역으로부터 얻은 형상들을 수적 양으로 변환한다.

혼동어

1851 ★★☆ □□□

inhibit

[inhíbit]

ⓥ 억제[저해]하다

Responses to threats and unpleasantness are harder to **inhibit** than responses to opportunities and pleasures. 20 학평

위협과 불쾌함에 대한 반응은 기회와 유쾌함에 대한 반응보다 **억제하기가** 더 어렵다.

inhibition ⓝ 억제

Vocab+ = **hinder** ⓥ 저지하다 **curb** ⓥ 억제하다

1852 ★★☆ □□□

inhabit

[inhǽbit]

ⓥ ~에 살다, 거주하다

21 모평

Stonehenge is perhaps the best-known monument to the discovery of regularity and predictability in the world we **inhabit**.

스톤헨지는 아마도 우리가 **살고 있는** 세계의 규칙성과 예측 가능성의 발견에 대한 가장 잘 알려진 기념비일 것이다.

inhabitant ⓝ 주민, 거주자

Vocab+ = **reside in, dwell in** ~에 거주하다

1853 ★★☆ □□□

appendix
[əpéndiks]

ⓝ 맹장, 충수; 부록 (ⓟⓛ appendices, appendixes)

Is it true that a human being can survive without an **appendix**? 19 학평

사람이 **맹장** 없이 살 수 있다는 게 사실인가요?

append ⓥ 덧붙이다, 첨부하다

1854 ★★☆ □□□

advent
[ǽdvent]

◆ 내신빈출

ⓝ 도래, 출현, 등장

With the **advent** of social media, our children become impatient for an immediate answer. 19 학평

소셜 미디어의 **도래**로, 우리 아이들은 즉각적인 대답을 갈망하게 된다.

1855 ★★☆ □□□

transit
[trǽnsit]

ⓝ 대중 교통, 수송, 통과, 환승

City dwellers have the option of walking or taking **transit** to work, shops, and school. 20 모평

도시 거주자들은 일터, 상점, 학교로 걸어가거나 **대중 교통**을 선택할 수 있다.

Vocab+ = **transport, transportation** ⓝ 대중 교통

1856 ★★☆ □□□

speculate
[spékjulèit]

◆ 내신빈출

ⓥ 추측하다, 사색하다; 투기하다

Thales **speculated** that the universe was fundamentally despite appearances made out of water. 17 EBS

Thales는 우주가 겉으로 보이는 모양에도 불구하고 기본적으로 물로 구성되어 있다고 **추측했다**.

speculation ⓝ 추측, 사색; 투기

Vocab+ = **conjecture, guess** ⓥ 추측하다

1857 ★★☆ □□□

parallel
[pǽrəlèl]

ⓐ 평행의; 유사한 ⓝ 평행선

Two cars were shown running synchronously on **parallel** tracks. 19 수능

두 대의 자동차가 같은 시간에 **평행** 선로에서 달리고 있는 것을 보여주었다.

Vocab+ + **parallel with** ~와 평행인[평행으로]

1858 ★★☆ □□□

irreversible
[ìrivə́ːrsəbl]

ⓐ (이전 상태로) 되돌릴[철회할] 수 없는

Our consumption decisions of some environmental goods may be '**irreversible**.' 21 모평

일부 환경 재화에 대한 우리의 소비 결정은 '**되돌릴 수 없을**'지도 모른다.

irreversibility ⓝ 비가역성, 불가역성

Vocab+ ↔ **reversible** ⓐ 되돌릴 수 있는

1859 ★★☆ □□□

naughty
[nɔ́:ti]

ⓐ 버릇없는, 말을 안 듣는

He made an angry face at the **naughty** boy. 20 수능

그는 그 **개구쟁이** 아이에게 화난 표정을 지었다.

Vocab+ = **bad** ⓐ (행실이) 나쁜 **mischievous** ⓐ 짓궂은

1860 ★★☆ □□□

managerial
[mӕnidʒí(:)əriəl]

ⓐ 경영의, 관리의, 운영의

One young person applied for a **managerial** position in a big company. 18 학평

한 젊은이가 대기업의 **관리**직에 지원했다.

manage ⓥ 관리하다, 경영하다 **manager** ⓝ 경영자

다의어

1861 ★★☆ □□□

attribute
ⓥ[ətríbju:t]
ⓝ[ǽtrəbjù:t]

1. ⓥ ~의 탓으로 여기다
2. ⓝ 속성

1. We tend to **attribute** other people's behaviour to dispositional factors. 21 EBS

   우리는 다른 사람들의 행동을 기질 요인**의 탓으로 돌리는** 경향이 있다.

2. What is music in terms of the specific **attributes** of musical sounds? 19 수능

   악음(樂音)의 특정 **속성**이라는 견지에서 음악이란 무엇인가?

Vocab+ = **property** ⓝ 속성
+ **attribute A to B** A를 B의 탓으로 여기다 (= **ascribe A to B**)

1862 ★★☆ □□□

duplicate
ⓥ[djú:pləkèit]
ⓐⓝ[djú:plikət]

ⓥ 복제하다, 복사하다 ⓐ 똑같은 ⓝ 사본

We expect photography to **duplicate** our reality for us. 18 학평

우리는 사진술이 우리를 위해 우리의 실제를 **복제해** 주기를 기대한다.

duplication ⓝ 이중, 중복

Vocab+ = **replicate** ⓥ 모사하다

1863 ★★☆ □□□

fabricate
[fǽbrəkèit]

◆ 내신빈출

ⓥ 날조하다[조작하다]; 제작하다

Contemporary astronomical science was simply not strong enough to **fabricate** an accurate, fundamental details. 22 학평

현대 천문학은 정확하고 근본적인 세부 사항들을 **지어낼** 만큼 강하지 않았다.

fabrication ⓝ 제작; 위조

1864 ★★☆ □□□

fragment
[frǽgmənt]

ⓝ 파편, 일부분 ⓥ 산산이 부서지다

Portions of rock can be incorporated into the magma, becoming molten or remaining as solid **fragments** within it. 18 학평

암석 일부가 마그마로 통합되어 녹거나 마그마 안의 고체 **파편**으로 남을 수 있다.

fragmentary ⓐ 단편적인

Vocab+ = **fraction** ⓝ 부분

1865 ★★☆ □□□

fuel
[fjú(ː)əl]

ⓝ 연료 ⓥ 연료를 가하다

Most spent **fuel** has been stored in the nuclear power plants where it was produced. 18 모평

사용된 **연료** 대부분은 그것이 생산되었던 핵발전소에 저장되어 왔다.

1866 ★★☆ □□□

frictionless
[fríkʃənlis]

ⓐ 마찰이 없는

When technologies take the form of capital that replaces workers, adoption of them will not be **frictionless**. 20 학평

기술이 노동자를 대체하는 자본의 형태를 취하면, 그것(기술)의 채택은 **마찰이 없을** 수 없을 것이다.

friction ⓝ 마찰

1867 ★★☆ □□□

ensure
[inʃúər]

ⓥ 보장하다, 확실하게 하다

Ensuring productivity and diversity is the driving force for sustainability. 17 모평

생산성과 다양성을 **보장하는** 것이 지속 가능성을 위한 원동력이다.

ensurance ⓝ 보장

참고 '-sure'로 끝나는 단어 : unsure ⓐ 확신하지 못하는 assure ⓥ 확신하다
insure ⓥ 보험에 가입하다, 보장하다 reassure ⓥ 안도하게 하다, 안심시키다

1868 ★★☆ □□□

deficit
[défisit]

◆ 내신빈출

ⓝ 부족(액), 적자, 결손

Both humans and rats adaptively adjust their eating behavior in response to **deficits** in water, calories, and salt. 18 학평

사람과 쥐는 둘 다 자신의 섭식 행동을 물, 열량, 소금의 **부족**에 대응하여 적응력 있게 조정한다.

deficient ⓐ 부족한, 결함이 있는

Vocab+ ↔ **surplus** ⓝ 과잉, 흑자

1869 ★★☆ □□□
bluff
[blʌf]

ⓥ 허세를 부리다 ⓝ 허세, 엄포
Hostile mammalian vocalizations are built upon size bluffing. 22 학평
적대적인 포유동물의 발성은 크기 **허세 부리기**에 기반을 둔다.
Vocab+ = **bravado** ⓝ 허세

1870 ★★★ □□□
proximity
[prɑksíməti]

ⓝ (거리·시간상으로) 가까움[근접] 21 모평
In the traditional extended family, kin always live in close proximity.
전통적인 확대가족에서는 친척이 항상 아주 **가까이** 산다.
proximate ⓐ 가장 가까운 **approximate** ⓐ 근사치인

1871 ★★☆ □□□
adversary
[ǽdvərsèri]
◆ 내신빈출

ⓝ 상대방, 적수 ⓐ 상대방의, 적수의
He decided to select his adversary randomly by making himself into a human spin-wheel. 15 수능
그는 자신을 인간 회전판으로 만들어 자신의 **상대**를 무작위로 선택하기로 결정했다.
adversarial ⓐ 서로 대립관계에 있는
Vocab+ = **opponent, rival** ⓝ 적수

1872 ★★☆ □□□
offspring
[ɔ́(ː)fsprìŋ]

ⓝ 자식, 새끼, 성과
A gene that made old bodies develop cancer could be passed on to numerous offspring. 17 학평
나이 든 사람의 몸에 암을 발달시켰던 유전자는 무수히 많은 **자손들**에게 전달될 수 있을 것이다.
Vocab+ = **descendent** ⓝ 자손

1873 ★★☆ □□□
majestic
[mədʒéstik]

ⓐ 장엄한, 위풍당당한
People become excited by the 'untouched nature' of the majestic mountain peaks. 18 학평
사람들은 **장엄한** 산봉우리의 '손대지 않은 자연'에 흥분한다.
majesty ⓝ 장엄함; 폐하
Vocab+ = **magnificent** ⓐ 장엄한

1874 ★★☆ □□□
navigational
[nævəgéiʃənl]

ⓐ 항해의, 항행의, 비행의, 항공의
Ant had complicated internal navigational abilities. 20 수능
개미는 복잡한 내부 **항행** 능력을 가지고 있었다.
navigate ⓥ 항해[항행]하다 **navigation** ⓝ 항해, 항행
Vocab+ = **nautical** ⓐ 항해의

1875 ★★★ □□□
transparent
[trænspέ(ː)ərənt]
◆ 내신빈출

ⓐ 투명한, 명백한

The red-colored alcohol absorbs more sunlight than does the **transparent** air. 17 학평

붉은색의 알코올은 **맑은** 공기가 그러는 것보다 더 많은 햇빛을 흡수한다.

transparency ⓝ 투명도

Vocab+ = **lucid** ⓐ 투명한, 명쾌한 **crystal clear** 수정처럼 맑은, 아주 분명한
↔ **opaque** ⓐ 불투명한

1876 ★★☆ □□□
dehydrated
[diːháidrèitid]

ⓐ 건조된, 탈수된

Dinner consists of a **dehydrated** meal, "cooked" by pouring hot water into the package. 14 수능

저녁 식사는 용기 안에 뜨거운 물을 부어 '조리되는' **건조된** 음식으로 이루어진다.

dehydrate ⓥ 건조시키다

Vocab+ ↔ **hydrated** ⓐ 물을 포함하고 있는

고난도

1877 ★★★ □□□
replicate
[réplikèit]

ⓥ 복제하다, 반복하다

No one has been able to **replicate** the research. 13 모평

그 연구를 **복제할** 수 있는 사람은 아무도 없었다.

replica ⓝ (실물을 모방하여 만든) 복제품, 모형

1878 ★★★ □□□
ancillary
[ǽnsəlèri]

ⓐ 보조적인, 부수적인

Many **ancillary** businesses that today seem almost core at one time started out as journey edges. 20 모평

오늘날 거의 핵심인 것처럼 보이는 많은 **보조** 사업들이 한때는 여정의 가장자리로 시작했다.

Vocab+ = **auxiliary** ⓐ 보조의 **secondary** ⓐ 부수적인

1879 ★★★ □□□
congenial
[kəndʒíːnjəl]

ⓐ 마음에 맞는, (~에) 적절한

Empathy is a character trait that we value in ourselves and in our **congenial** colleagues. 14 모평

공감은 우리 자신과 우리와 **마음에 맞는** 동료에게서 우리가 소중하게 여기는 성격적 특성이다.

congeniality ⓝ 일치, 합치, 적응성

1880 ★★★ □□□
procrastination
[proukræ̀stənéiʃən]

ⓝ 지연, 지체, 미룸

Delay is a necessary component of **procrastination**. 22 EBS

지연은 **미루기**의 필수적인 요소이다.

procrastinate ⓥ 지체하다, 지연하다

DAY 47

Review Test

A 우리말은 영어로, 영어는 우리말로 적으시오.

1 도래, 출현, 등장 a______
2 맹장, 충수, 부록 a______
3 자식, 새끼, 성과 o______
4 평행의, 유사한 p______
5 redemption ______
6 replicate ______
7 consensus ______
8 proximity ______

B 각 단어의 유의어 혹은 반의어를 적으시오.

1 adversary ⊜ o______
2 ancillary ⊜ a______
3 naughty ⊜ m______
4 speculate ⊜ c______
5 deficit ↔ s______
6 dehydrated ↔ h______
7 impractical ↔ p______
8 irreversible ↔ r______

C 다음 우리말에 적합한 어휘를 고르시오.

1 Responses to threats and unpleasantness are harder to [inhabit / inhibit] than responses to opportunities and pleasures.
위협과 불쾌함에 대한 반응은 기회와 유쾌함에 대한 반응보다 억제하기가 더 어렵다.

2 Stonehenge is the best-known monument to the discovery of regularity and predictability in the world we [inhabit / inhibit].
스톤헨지는 우리가 살고 있는 세계의 규칙성과 예측 가능성의 발견에 대한 가장 잘 알려진 기념비일 것이다.

D 다음 빈칸에 공통으로 들어갈 어휘를 고르시오. [예문에 실린 어휘의 원형을 고를 것]

1 We tend to ______ other people's behaviour to dispositional factors.
2 What is music in terms of the specific ______ of musical sounds?

① deficit ② duplicate ③ fragment ④ attribute ⑤ fuel

A 1 advent 2 appendix 3 offspring 4 parallel 5 구원, 상환 6 복제하다, 반복하다 7 의견 일치, 합의 8 가까움[근접] B 1 opponent 2 auxiliary 3 mischievous 4 conjecture 5 surplus 6 hydrated 7 practical 8 reversible C 1 inhibit 2 inhabit D ④ attribute

in-, im-, ir-, il-

'~ 아닌(not)'의 의미를 내포하는 부정 의미의 접두사
뒤에 나오는 발음의 특징에 따라서 'in-'의 이형태가 존재함:
양순음(p, b, m) 앞에서는 'im-', 유음(r, l) 앞에서는 각각 'ir-'과 'il-'로 표기함

inconvenient ⓐ 불편한
imbalance ⓝ 불균형
irrelevant ⓐ 상관없는
illegal ⓐ 불법의

co-, con-, com-, cor-, col-

'함께(together)'의 의미를 내포하는 접두사
뒤에 나오는 발음의 특징에 따라서 'co-'의 이형태가 존재함:
'모음(h, w 포함)' 앞에서는 'co-', 양순음(p, b, m) 앞에서는 'com-', 유음(r, l) 앞에서는 각각 'cor-'과 'col-'로 표기함

cooperative ⓐ 협력하는
conformity ⓝ 순응
compose ⓥ 구성하다
correspond ⓥ 상응하다; 서신을 교환하다
collaborate ⓥ 협력하다

un-, dis-

'~ 아닌(not)'의 의미를 내포하는 부정의 의미의 접두사
부정의 접두사 'in-'과는 달리, 접두사 'un-'은 뒤에 나오는 발음의 특징에 따라 변하는 이형태가 존재하지 않음
접두사 'dis-'는 거의 대부분의 품사의 단어 앞에 붙어 사용됨

uncomfortable ⓐ 불편한
unlock ⓥ (잠긴 상태에서 이전 상태로) 잠금해제하다
discomfort ⓝ 불편 ⓥ 불편하게 하다
disadvantageous ⓐ ~에 불리한

super-, sur-

'초과하여(over, too much)'의 의미를 내포하는 접두사

supernatural ⓐ 초자연적인
surreal ⓐ 초현실적인

sub-, under-, de-

'아래에(below, under)'의 의미를 내포하는 접두사

submarine ⓝ 잠수함
underground ⓝ 지하
depression ⓝ 침체, 우울증

Crossword Puzzle

DAY 47

ACROSS

2 ⓐ 부서지기[깨지기] 쉬운, 허약한
4 ⓝ 도래, 출현, 등장
8 ⓥ 날조하다[조작하다], 제작하다
10 ⓥ 보장하다, 확실하게 하다
11 ⓥ 억제[저해]하다
13 ⓥ 추측하다, 사색하다 ,투기하다
15 ⓝ 자식, 새끼, 성과

DOWN

1 ⓐ 투명한, 명백한
3 ⓥ ~에 살다, 거주하다
5 ⓝ 전문성, 전문 지식
6 ⓝ 의견 일치, 합의
7 ⓝ 부족(액), 적자, 결손
9 ⓝ 상대방, 적수 ⓐ 상대방의, 적수의
12 ⓐ (이전 상태로) 되돌릴[철회할] 수 없는
14 ⓥ 따르다, 순응하다

Answer p.525

1881 ★★☆ □□□
consistent
[kənsístənt]
◆ 내신빈출

ⓐ 일관된; 일치하는
It is by no means easy to maintain a **consistent** presence through language in a changeable world. 18 학평
가변적인 세상에서 언어를 통해 **일관성 있게** 존재를 유지하는 것은 절대 쉽지 않다.

consistency ⓝ 한결같음
Vocab+ = **compatible** ⓐ 양립 가능한
↔ **inconsistent** ⓐ 일치하지 않는; 일관성 없는

1882 ★★☆ □□□
improbable
[imprábəbl]

ⓐ 사실[있을 것] 같지 않은, 희한한, 별난
Success is viewed as **improbable** by social actors in a certain setting. 18 EBS
성공은 어떤 환경의 사회적인 행위자들에 의해서 **달성될 수 없을** 것으로 여겨진다.

Vocab+ = **unlikely** ⓐ 있을 법하지 않은 ↔ **probable** ⓐ 개연성 있는

1883 ★☆☆ □□□
hint
[hint]

ⓝ 단서, 전조, 징후 ⓥ 넌지시 암시하다, 힌트를 주다
Your love scenes will contain **hints** of your own past kisses and sweet moments. 17 수능
여러분이 만들어낸 사랑의 장면은 여러분 자신의 과거의 키스와 달콤한 순간들에 대한 **단서들**을 포함할 것이다.

Vocab+ = **clue** ⓝ 단서

1884 ★★☆ □□□
hollow
[hálou]

ⓐ 속이 빈
Chimpanzees can transport water from **hollow** tree trunks to their mouths. 19 학평
침팬지는 **속이 빈** 나무줄기에서 자신의 입으로 물을 옮길 수 있다.

Vocab+ = **vacant, empty** ⓐ 텅 빈

1885 ★★☆ □□□
irrespective
[ìrispéktiv]

ⓐ ~을 무시하고
All readers want to buy best sellers **irrespective** of their tastes. 19 학평
모든 독자들은 그들의 취향에 **상관없이** 베스트셀러를 사고 싶어 한다.

respect ⓝ 존경 ⓥ 존경하다
Vocab+ + **irrespective of** ~와 무관하게 (= **regardless of**)

1886 ★★☆ □□□
jeopardy
[dʒépərdi]
◆ 내신빈출

ⓝ 위험, (유죄가 될) 위험성
Suspects and the accused are the ones most obviously in **jeopardy**. 20 학평
가장 명백히 **위험**에 처해 있는 자들은 용의자와 피고인이다.

jeopardize ⓥ 위태롭게 하다
Vocab+ = **peril, hazard, danger** ⓝ 위험

1887 ★★☆ □□□

facilitate
[fəsílitèit]

ⓥ 용이하게 하다, 촉진하다 `20 학평`

The constraints like deadlines may be helpful to **facilitate** agreement.

마감시한과 같은 제약은 합의를 **촉진하는** 데 도움이 될 수도 있다.

facility ⓝ 시설, 편의 **facilitation** ⓝ 촉진, 용이함

Vocab+ = **pave the way for** ~을 촉진시키다 ↔ **hinder** ⓥ 방해하다

1888 ★★☆ □□□

entail
[intéil]

ⓥ 수반하다; 의미하다

Getting to know an area as a landscape photographer **entails** studying its weather patterns. `22 EBS`

풍경 사진작가로서 한 지역을 알게 된다는 것은 그곳의 날씨 패턴을 연구하는 것을 **수반한다**.

Vocab+ = **involve** ⓥ 수반하다

1889 ★★☆ □□□

deduce
[didjúːs]

◆ 내신빈출

ⓥ 추론[추정]하다, 연역하다

We should construct our general theories, and **deduce** testable propositions. `19 수능`

우리는 우리의 일반적인 이론을 구축하고, 검증할 수 있는 명제를 **추론해야** 한다.

deduction ⓝ 추론; 공제

Vocab+ = **infer** ⓥ 추론하다 ↔ **induce** ⓥ 귀납하다, 유도하다

1890 ★★☆ □□□

discord
ⓝ[dískɔːrd]
ⓥ[diskɔ́ːrd]

ⓝ 불일치, 불화, 불협화음 ⓥ 일치하지 않다

Some children frequently avoid other problems on account of serious **discord** with their parents. `22 EBS`

어떤 아이들은 부모와의 심각한 **불화** 때문에 자주 다른 문제를 회피한다.

discordant ⓐ 불협화음의

Vocab+ ↔ **accord** ⓥ 일치하다 ⓝ 일치 **concord** ⓝ 화합, 일치

혼동어

1891 ★★☆ □□□

blend
[blend]

ⓝ 혼합물 ⓥ 섞다

Europe's landscape is so much of a **blend**. `21 모평`

유럽의 풍경은 너무나 많이 **혼합**되어 있다.

blender ⓝ 믹서, 분쇄기구

Vocab+ + **blend into** ~에 뒤섞이다

1892 ★★☆ □□□

bland
[blænd]

ⓐ 단조로운, 특징 없는

Predictability produces a **bland** version of what used to be unique experiences. `11 모평`

예측 가능성은 한때 독특한 경험들이었던 것의 **단조로운** 버전을 만들어 낸다.

Vocab+ = **nondescript** ⓐ 아무 특징 없는 **dull** ⓐ 단조로운

1893 ★★★ □□□
bounty
[báunti]

ⓝ 풍부함, 너그러움; 포상금

The old saying "beauty is in the eye of the beholder" could be the perfect slogan for nature's **bounty**. 18 학평

'아름다움은 보는 사람의 눈에 있다'라는 속담은 자연의 **풍요로움**에 대한 완벽한 표어가 될 수 있다.

bountiful ⓐ 풍부한, 많은 **bounteous** ⓐ 아주 너그러운

1894 ★★☆ □□□
arbitrary
[áːrbitrèri]
◆ 내신빈출

ⓐ 임의적인, 독단적인

The Neantherthals were able to string such words together but could do so only in a nearly **arbitrary** fashion. 18 학평

네안데르탈인들은 그 단어들을 함께 연결할 수 있었지만 거의 **임의적인** 방식으로만 그렇게 할 수 있었다.

Vocab+ = **random** ⓐ 임의의

1895 ★★☆ □□□
prosperity
[prɑspérəti]

ⓝ 번영, 번성, 번창

A pharaoh's success in the afterlife was directly related to a worker's own **prosperity**. 22 EBS

파라오의 사후세계에서의 성공은 노동자 자신의 **번영**과 직결되었다.

prosper ⓥ 번영하다
Vocab+ = **boom** ⓝ 번영

1896 ★★☆ □□□
surveillance
[səːrvéiləns]

ⓝ 감시

More intense social ties would reinforce **surveillance** to take action against offenders. 17 EBS

더 강력한 사회적 유대는 범법자들에 대항하여 조치를 취하기 위한 **감시**를 강화할 것이다.

Vocab+ = **vigilance** ⓝ 경계

1897 ★★☆ □□□
optical
[ɑ́ptikəl]

ⓐ 시각적인

The child's drawings are not reproductions of an **optical** image. 17 학평

아이의 그림은 **시각적인** 이미지의 복제물이 아니다.

Vocab+ = **visual** ⓐ 시각적인 **ocular** ⓐ 눈[안구]의, 시각상의

1898 ★★☆ □□□
circular
[sə́ːrkjulər]

ⓐ 원의, 순환의

Circular seating arrangements typically activated people's need to belong. 17 학평

원형 배치는 보통 사람들의 소속 욕구를 활성화했다.

circle ⓝ 원, 원형 **circulate** ⓥ 순환하다
Vocab+ + **oval** ⓐ 타원의

1899 ★★☆ □□□

initiate

[iníʃièit]

ⓥ 개시하다, 착수시키다; 입회시키다

The adaptation process **initiated** by stress can lead to personal changes for the better. 20 모평

스트레스에 의해 **시작된** 적응 과정은 더 나은 쪽으로의 개인적 변화를 가져올 수 있다.

initial ⓐ 처음의 ⓝ 이름의 첫 글자 **initiative** ⓝ 계획

1900 ★★★ □□□

improvisation

[imprɑ̀vizéiʃən]

◆ 내신빈출

ⓝ 즉흥 연주, 즉석에서 하기 19 수능

Written notes freeze the music, and it discourages **improvisation**.

악보로 쓰여진 음은 그 음악을 얼어붙게 하며, **즉흥 연주**를 억제한다.

improvise ⓥ 즉흥적으로 하다 **improvisatory** ⓐ 즉흥적인

다의어

1901 ★★☆ □□□

oblige

[əbláidʒ]

1. ⓥ 강요하다, 의무를 지우다
2. ⓥ 고맙게 여기게 하다, 도움을 베풀다

1. You are not morally **obliged** to support someone who is making the world a worse place. 20 학평

   여러분은 세상을 더 나쁜 곳으로 만들고 있는 누군가를 도덕적으로 지지할 **의무가** 없다.

2. If there is any way that my son is able to join the trip, I would be very **obliged**. 16 모평

   제 아이가 여행에 참가할 수 있는 어떤 방법이라도 있다면, 저는 매우 **감사할** 것입니다.

obligation ⓝ 의무 **obligatory** ⓐ 강제의

Vocab+ + **oblige A to *do*** A가 ~할 것을 강요하다

1902 ★★☆ □□□

elastic

[ilǽstik]

◆ 내신빈출

ⓐ 탄력 있는 ⓝ 고무줄

The **elastic** band of sleep deprivation can stretch only so far before it snaps. 18 학평

수면 부족이라는 **고무** 밴드는 그것이 끊어지기 전까지만 늘어날 수 있다.

elasticity ⓝ 탄성

Vocab+ = **resilient** ⓐ 탄력이 있는

1903 ★★☆ □□□

substitute

[sʌ́bstitjùːt]

ⓥ 대체하다 ⓝ 대체재, 대체물, 대리자

There is no perfect **substitute** for good breast feeding. 19 수능

좋은 모유 수유에 대한 완벽한 **대체물**은 없다.

Vocab+ + **substitute A with B** = **substitute B for A** A를 B로 대체하다

1904 ★★☆ □□□

furiously
[fjúəriəsli]

ad 몹시 화가 나서

"Why have you been so long keeping us waiting?" the judge shouted **furiously**. 22 EBS

"당신은 왜 그렇게 오랫동안 우리를 기다리게 했습니까?"라고 재판관이 **몹시 화가 나서** 소리쳤다.

furious ⓐ 몹시 화가 난 **fury** ⓝ 격노

1905 ★★☆ □□□

electorate
[iléktərit]

n (집합적) 유권자

Western **electorates** have learned that discussion of public spending must balance its benefits. 20 학평

서구의 **유권자들**은 공공 지출에 대한 논의가 그것의 혜택에 균형을 맞춰야 한다는 것을 알게 되었다.

electoral ⓐ 선거의

Vocab+ = **voter, elector** ⓝ 유권자

1906 ★★☆ □□□

defy
[difái]

v 반항하다, (공공연히) 무시하다, 물리치다

A mysterious illness **defied** the doctors and their medicines. 11 수능

불가사의한 병은 의사와 약에 **반항했다**.

defiant ⓐ 반항하는

Vocab+ = **resist** ⓥ 저항하다

1907 ★★☆ □□□

consolidate
[kənsálidèit]

◆ 내신빈출

v 공고히 하다, 굳히다[강화하다]; 통합하다

People **consolidated** their own memory of the personal circumstances in which the event took place. 18 수능

사람들은 그 사건이 발생했던 개인적 상황에 대한 자신들의 기억을 **공고히 했다**.

consolidation ⓝ 강화

Vocab+ = **strengthen, reinforce** ⓥ 강화시키다

1908 ★★☆ □□□

brag
[bræg]

v 자랑하다, 떠벌리다

Steven was his sister's hero, and he had **bragged** to her that he would win the contest. 20 모평

Steven은 여동생의 우상이었고, 그는 자신이 시합에서 우승할 것이라고 그녀에게 **자랑했었다**.

Vocab+ = **boast** ⓥ 자랑하다 **show off** ~을 뽐내다

1909 ★★☆ □□□

adversity

[ædvə́ːrsəti]

◆ 내신빈출

ⓝ 역경, 곤경

People who had lost a job before were much better prepared to deal with **adversity**. 11 모평

이전에 일자리를 잃은 적 있었던 사람들은 **역경**을 이겨낼 준비가 훨씬 더 잘 되어 있었다.

adverse ⓐ 부정적인, 불리한

Vocab+ = **hardship, trouble, affliction** ⓝ 곤경

1910 ★★☆ □□□

retreat

[ritríːt]

ⓥ 후퇴하다 ⓝ 후퇴, 피난처

Faced with increased uncertainty, individuals tend to **retreat** to the cocoon of family and friends. 21 학평

불확실성의 증대에 직면하여, 개인은 가족과 친구들의 보호막으로 **후퇴하는** 경향이 있다.

Vocab+ = **recede** ⓥ 물러가다 ↔ **advance** ⓥ 전진하다

1911 ★★☆ □□□

patent

[pǽtənt]

ⓝ 특허 ⓐ 특허를 받은 ⓥ 특허권을 얻다

Western Union passed on the opportunity to buy Alexander Graham Bell's **patents** for the telephone. 20 학평

Western Union은 Alexander Graham Bell의 전화 **특허권**을 살 기회를 넘겨버렸다.

patented ⓐ 개인[그룹]에 특징적인

1912 ★★☆ □□□

penetrate

[pénitrèit]

◆ 내신빈출

ⓥ 침투하다, 관통하다

The trees increase in wetter climates and on sandier soils because more water is able to **penetrate** to the deep roots. 16 모평

나무는 더 습한 기후에서 그리고 모래가 더 많은 토양에서 숫자가 더 많아지는데, 그 이유는 더 많은 물이 깊은 뿌리까지 **침투할** 수 있기 때문이다.

penetration ⓝ 침투, 삽입

Vocab+ = **permeate** ⓥ 스며들다

1913 ★★☆ □□□

neural

[njú(ː)ərəl]

ⓐ 신경의

We have two different **neural** systems that manipulate our facial muscles. 18 모평

우리는 얼굴 근육을 조종하는 두 가지 서로 다른 **신경** 체계를 가지고 있다.

neuron ⓝ 신경 세포

1914 ★★★ □□□

impeccable

[impékəbl]

ⓐ 흠 잡을 데 없는, 완벽한

We are not saying you should lower your expectations for your **impeccable** life. 11 모평

우리는 당신이 당신의 **완벽한** 삶에 대한 기대를 낮춰야 한다고 말하는 것은 아닙니다.

Vocab+ = **perfect** ⓐ 완벽한 ↔ **peccable** ⓐ 과오를 범하기 쉬운

1915 ★★☆ □□□
judicious
[dʒuːdíʃəs]

ⓐ 현명한, 신중한

A good capitalist society educates people about how to exercise a choice in **judicious** ways. 19 학평

좋은 자본주의 사회는 사람들에게 **현명한** 방법으로 선택을 행사하는 방법에 대해 교육한다.

Vocab+ ↔ **injudicious** ⓐ 지혜롭지 못한

1916 ★★★ □□□
weather
[wéðər]

ⓥ (역경 등을) 견디다; 풍화시키다, 변색하다 ⓝ 날씨, 기상

People who had **weathered** repeated adversity had learned to bounce back. 11 모평

반복되는 역경을 **이겨낸** 사람들은 다시 회복하는 것을 배웠다.

고난도

1917 ★★★ □□□
construe
[kənstrúː]

ⓥ 해석하다, 이해하다

A more extreme case arises when one person **construes** things in an idiosyncratic way. 17 EBS

좀 더 극단적인 사례는 사람이 개인 특유의 방식으로 사물을 **이해할** 때 발생한다.

construal ⓝ 해석

Vocab+ = **interpret** ⓥ 해석하다

1918 ★★★ □□□
sublime
[səbláim]

ⓐ 숭고한

Forms or phenomena that possess a degree of immeasurability induce a **sublime** aesthetic experience. 21 모평

어느 정도의 헤아릴 수 없음을 가진 형태나 현상은 **숭고한** 심미적인 경험을 유발할 수 있다.

Vocab+ = **glorious** ⓐ 영광스러운, 훌륭한

1919 ★★★ □□□
fraudulent
[frɔ́ːdʒulənt]

ⓐ 기만의, 사기성의, 사기를 치는

The expression "multitasking" is inherently **fraudulent**. 14 수능

'멀티태스킹'이라는 표현은 본질적으로 **기만적**이다.

fraud ⓝ 사기, 사기꾼

Vocab+ = **deceptive** ⓐ 속이는 **counterfeit** ⓐ 위조의

1920 ★★★ □□□
viable
[váiəbl]

ⓐ 실행 가능한, 성공할 수 있는, 독자생존 가능한

Stable, definitive leadership can enable us to create **viable** action plans for restoring normality. 13 모평

안정적이고 결정적인 리더십은 우리로 하여금 정상 회복을 위한 **실행 가능한** 활동 계획을 만들 수 있게 한다.

Vocab+ = **feasible** ⓐ 실행 가능한

Review Test

A 우리말은 영어로, 영어는 우리말로 적으시오.

1 숭고한 s________
2 일관된, 일치하는 c________
3 대체하다; 대체재 s________
4 번영, 번성, 번창 p________
5 discord ________
6 patent ________
7 arbitrary ________
8 surveillance ________

B 각 단어의 유의어 혹은 반의어를 적으시오.

1 brag ⊜ b________
2 entail ⊜ i________
3 defy ⊜ r________
4 impeccable ⊜ p________
5 discord ↔ a________
6 retreat ↔ a________
7 judicious ↔ i________
8 improbable ↔ p________

C 다음 우리말에 적합한 어휘를 고르시오.

1 Europe's landscape is so much of a [bland / blend].
유럽의 풍경은 너무나 많이 혼합되어 있다.

2 Predictability produces a [bland / blend] version of what used to be unique experiences.
예측 가능성은 한때 독특한 경험들이었던 것의 단조로운 버전을 만들어 낸다.

D 다음 빈칸에 공통으로 들어갈 어휘를 고르시오. [예문에 실린 어휘의 원형을 고를 것]

1 You are not morally ________ to support someone who is making the world a worse place.
2 If there is any way that my son is able to join the trip, I would be very ________.

① initiate ② consolidate ③ retreat ④ substitute ⑤ oblige

A 1 sublime 2 consistent 3 substitute 4 prosperity 5 불일치, 불화 6 특허 7 임의적인, 독단적인 8 감시 B 1 boast 2 involve 3 resist 4 perfect 5 accord 6 advance 7 injudicious 8 probable C 1 blend 2 bland D ⑤ oblige

up- vs. down-

'위로(up)'의 의미를 내포하는 접두사 'up-'
'아래로(down)'의 의미를 내포하는 접두사 'down-'

upgrade ⓥ 개선하다, 향상시키다　downgrade ⓥ 격하시키다, 떨어뜨리다

over- vs. under-

'과도한(too much)'의 의미를 내포하는 접두사 'over-'
'부족한(too little)'의 의미를 내포하는 접두사 'under-'

overestimate ⓥ 과대평가하다　underestimate ⓥ 과소평가하다

fore-, pre-, pro-

'앞에(before), 먼저(earlier)'의 의미를 내포하는 접두사

forecast ⓥ 예언하다　premature ⓐ 시기상조의　project ⓥ 투영하다

with-, re-

'뒤로(back, against)'의 의미를 내포하는 접두사

withdraw ⓥ 물러나다; (돈을) 인출하다　repay ⓥ 갚다

post- vs. ante-

'후에(after)'의 의미를 내포하는 접두사 'post-'
'앞에(before, prior)'의 의미를 내포하는 접두사 'ante-'

posterior ⓝ 후손　postwar ⓐ 전후의
antecedent ⓝ (문법에서) 선행사　antenna ⓝ 안테나, (곤충의) 더듬이

inter- vs. in-

'사이에(between)'의 의미를 내포하는 접두사 'inter-'
'안에(in)'의 의미를 내포하는 접두사 'in-'

interview ⓝ 인터뷰　international ⓐ 국제적인
intake ⓝ 섭취　inject ⓥ 주입하다

e-, ec-, ex-, extra-

'밖에(out), 밖으로(out of)'의 의미를 내포하는 접두사

elude ⓥ 피하다　eccentric ⓐ 기이한　expose ⓥ 노출시키다　extraterrestrial ⓝ 외계인

Crossword Puzzle

DAY 48

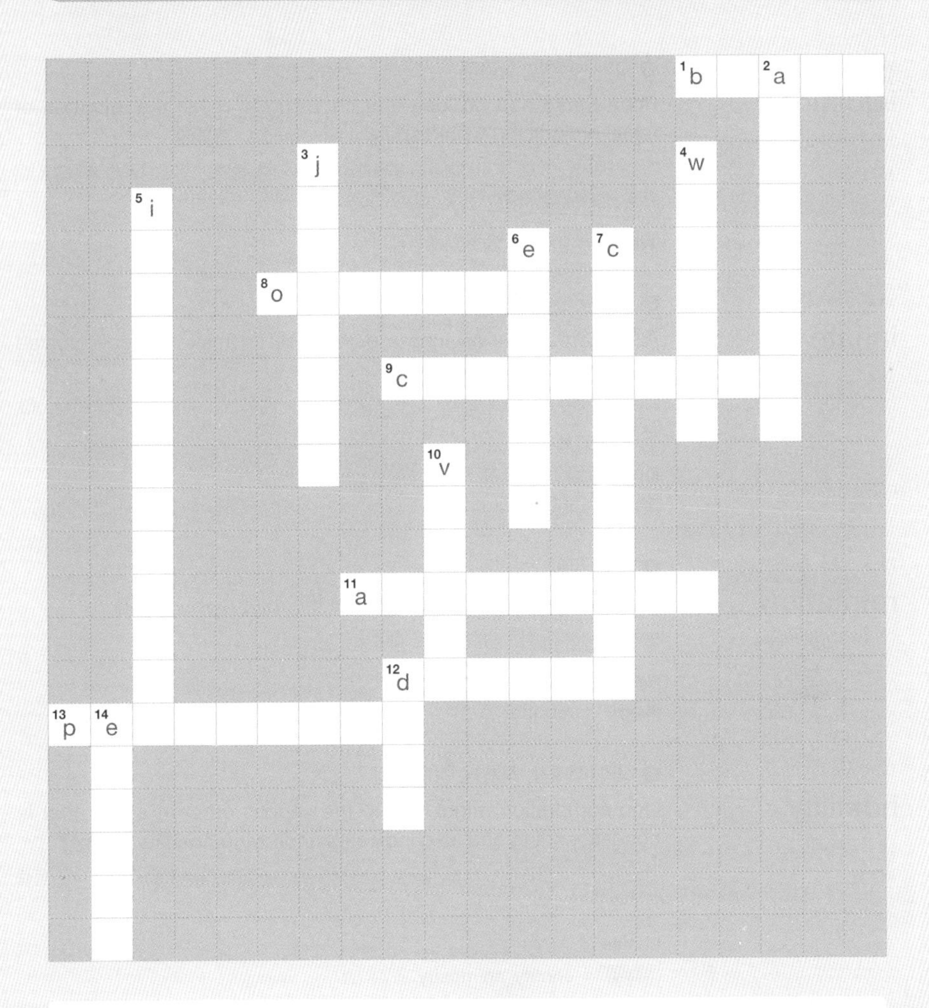

ACROSS

1 ⓐ 단조로운, 특징 없는

8 ⓐ 시각적인

9 ⓐ 일관된, 일치하는

11 ⓐ 임의적인, 독단적인

12 ⓥ 추론[추정]하다, 연역하다

13 ⓥ 침투하다, 관통하다

DOWN

2 ⓝ 역경, 곤경

3 ⓝ 위험, (유죄가 될) 위험성

4 ⓥ (역경 등을) 견디다, 풍화시키다 ⓝ 날씨

5 ⓝ 즉흥연주, 즉석에서 하기

6 ⓐ 탄력 있는 ⓝ 고무줄

7 ⓥ 공고히 하다, 굳히다[강화하다], 통합하다

10 ⓐ 실행 가능한, 성공할 수 있는, 독자생존 가능한

12 ⓥ 반항하다, (공공연히) 무시하다, 물리치다

14 ⓥ 수반하다, 의미하다

Answer p.525

1921 ★★☆ □□□
injustice
[indʒʌ́stis]
◆ 내신빈출

ⓝ 불의, 부당성, 불평등
Rosa Parks had no idea that choosing to resist the **injustice** of racial prejudicing would spark a revolution. 20 EBS
Rosa Parks는 인종적 편견이라는 **부당함**을 거부하기로 결정한 것이 혁명을 촉발할 것이라고 생각하지 못했다.

Vocab+ ↔ **justice** ⓝ 정의, 공평성

1922 ★★☆ □□□
innate
[inéit]

ⓐ 타고난, 선천적인
All athletes have an **innate** preference for task- or ego-involved goals in sport. 20 학평
모든 운동선수들은 스포츠에서 과제 개입 목표 또는 자아 개입 목표에 대한 **타고난** 선호가 있다.

innately ⓐⓓ 선천적으로
Vocab+ = **inborn** ⓐ 타고난

1923 ★★★ □□□
refutation
[rèfju(:)téiʃən]

ⓝ 반박, 논박
A better hypothesis will arise from the **refutation**. 22 EBS
반박으로부터 더 나은 가설이 나올 것이다.

refute ⓥ 반박하다 **refutal** ⓝ 반박문
Vocab+ = **rebuttal** ⓝ 반박

1924 ★★☆ □□□
hostility
[hɑstíləti]
◆ 내신빈출

ⓝ 적의, 적대감, 적개심, 강한 반감
One companion might talk to the various other in a way that is condescending and also indicates underlying **hostility**. 20 모평
한 동료가 거들먹거리는, 또한 기저에 있는 **적개심**을 나타내는 방식으로 다양한 다른 동료와 대화를 나눌 수도 있다.

hostile ⓐ 적대적인
Vocab+ = **enmity, animosity** ⓝ 적대감

1925 ★★☆ □□□
inadequately
[inǽdikwətli]

ⓐⓓ 불충분하게, 부적당하게
There is something worse than an **inadequately** informed public, and that's a misinformed public. 18 모평
불충분하게 알고 있는 대중보다 더 해로운 것이 있는데, 그것은 잘못 알고 있는 대중이다.

inadequacy ⓝ 불충분함
Vocab+ ↔ **adequately** ⓐⓓ 적절히, 충분히

1926 ★★☆ □□□
entitled
[intáitld]

ⓐ (~할) 자격이 있는
We feel **entitled** to ask the world, "What good are you?" 20 모평
우리는 세상을 향해 "당신은 무슨 쓸모가 있는가?"라고 물어볼 **자격이 있다고** 느낀다.

entitle ⓥ 자격[권리]을 주다, 제목을 붙이다
Vocab+ = **eligible** ⓐ (~할) 자격이 있는

1927 ★★★ □□□

myriad

[míriəd]

ⓐ 무수히 많은 ⓝ 무수히 많음

The European Union has tried to regularize the complex and **myriad** differences in its members' sales taxes. 12 수능

유럽연합은 회원국들의 판매세에서의 복잡하고도 **많은** 차이점들을 조정하고자 노력해 왔다.

Vocab+ + **a myriad of** 무수히 많은

1928 ★★☆ □□□

straightforward

[strèitfɔ́ːrwərd]

ⓐ 간단명료한, 복잡하지 않은; 솔직한

The same texts were "translated" into more **straightforward**, modern language. 14 모평

동일한 텍스트들은 더 **간단명료한** 현대적인 언어로 '번역'되었다.

Vocab+ = **easy** ⓐ 쉬운 **honest** ⓐ 정직한

1929 ★★☆ □□□

retrospect

[rétrəspèkt]

ⓝ 회상, 추억 ⓥ 회고하다, 추억에 잠기다

The elusive field marks more vivid and distinct in **retrospect**. 20 학평

그 흐릿한 들판은 **돌이켜보면** 더욱 생생하고 뚜렷하다.

retrospection ⓝ 회상

참고 '-spect'로 끝나는 단어 : **introspect** ⓥ 자기반성하다 **prospect** ⓝ 가망 **inspect** ⓥ 검사하다 **suspect** ⓥ 의심하다

1930 ★★☆ □□□

archive

[ɑ́ːrkaiv]

ⓝ 기록 보관소 ⓥ 기록 보관소에 보관하다

Even a journey through the stacks of a real library can be more fruitful than a trip through virtual **archives**. 17 수능

심지어 실제 도서관의 책무더기를 뒤지는 것조차도 가상 **기록 보관소**를 뒤지는 것보다 더 유익할 수 있다.

혼동어

1931 ★★★ □□□

discrete

[diskríːt]

ⓐ 별개의

Focus on just one **discrete** stream of information out of the millions of bits coming in. 17 학평

들어오고 있는 수백만 비트 중 단지 하나의 **별개** 정보 흐름에 집중하라.

Vocab+ = **individual** ⓐ 개개의 **separate** ⓐ 별개의

1932 ★★★ □□□

discreet

[diskríːt]

ⓐ 신중한, 조심스러운

Scientists should be **discreet** in reducing bias in their experiments. 12 수능

과학자들은 그들의 실험에서 편견을 줄이도록 **신중해야** 한다.

Vocab+ = **cautious** ⓐ 조심스러운 **careful** ⓐ 신중한

1933 ★★☆ □□□

constraint

[kənstréint]

ⓝ 제약, 제한

A number of customers found the traditional Monday-Friday bank opening hours to be a **constraint**. 17 모평

많은 고객들은 전통적인 월요일부터 금요일까지의 은행 영업시간을 **제약**이라고 여겼다.

constrain ⓥ 제약하다; 강요하다

Vocab+ = **curb, restriction** ⓝ 속박

1934 ★★☆ □□□

prudence

[prú:dəns]

ⓝ 신중함, 사려 분별, 조심, 빈틈 없음

In the case of **prudence**, the long-term benefits are secured through one's own agency. 18 학평

신중함의 경우, 자기 자신의 행위를 통해서 장기적인 이익이 확보된다.

prudent ⓐ 신중한

1935 ★★☆ □□□

thesis

[θí:sis]

ⓝ 논지, 학위 논문 (ⓟⓛ theses)

The borderless-world **thesis** has been vigorously criticized by many geographers. 20 학평

국경 없는 세계라는 논지는 많은 지리학자로부터 격렬하게 비난받아 왔다.

Vocab+ = **dissertation** ⓝ 학위 논문

1936 ★★☆ □□□

preserve

[prizə́:rv]

◆ 내신빈출

ⓥ 보존하다, 보호하다

Individuals act to **preserve** their own interests, not those of the species as a whole. 11 모평

개체는 자기 종 전체의 이익이 아닌, 자기 자신의 이익을 **보호하기** 위해 행동한다.

preservation ⓝ 보존

Vocab+ = **protect** ⓥ 보호하다

1937 ★★☆ □□□

prestige

[prestí:dʒ]

ⓝ 명성, 위신

He knows something socially valuable like social recognition, **prestige**, and notoriety. 20 학평

그는 사회적 인지, **명성** 그리고 악명과 같은 사회적으로 가치 있는 어떤 것을 알고 있다.

prestigious ⓐ 명성이 있는

Vocab+ = **dignity** ⓝ 위신

1938 ★★☆ □□□

optimal

[ɑ́ptəməl]

ⓐ 최적의

The payoff of many traits changed, and so did **optimal** life strategy. 20 학평

많은 특징들의 이점이 변했고, 그래서 **최적의** 생존 전략도 변했다.

optimize ⓥ 최적화하다

1939 ★★☆ □□□

mandatory

[mǽndətɔ̀:ri]

◆ 내신빈출

ⓐ 의무적인, 강제하는, 필수인

The human body developed to function in an environment where food was scarce and high levels of physical activity were mandatory for survival. 10 수능

인체는 음식이 부족하고 생존을 위해 높은 수준의 신체 활동이 **필수인** 환경에서 기능하도록 발전되었다.

mandate ⓝ 권한; 명령 ⓥ 권한을 부여하다; 명령하다

Vocab+ = **compulsory, obligatory** ⓐ 의무적인, 강제적인

1940 ★★☆ □□□

juvenile

[dʒúːvənàil]

ⓐ 성장기의, 소년소녀의 ⓝ 청소년

After a few generations, humans had animals that were permanently juvenile in behavior. 21 EBS

몇 세대 후, 인간은 행동 면에서 영원히 **성장기인** 동물을 갖게 되었다.

Vocab+ = **adolescent** ⓝ 청소년

다의어

1941 ★★☆ □□□

feature

[fíːtʃər]

1. ⓥ ~을 특징으로 하다 ⓝ 특징
2. ⓝ 특집 기사
3. ⓥ 포함하다

1. Sports songs feature 'memorable and easily sung choruses in which fans can participate'. 21 학평

   스포츠 곡들은 '팬들이 참여할 수 있는 외우기 쉽고 부르기 쉬운 합창'을 **특징으로 한다.**

2. It was the first time she had allowed me to report and write a feature. 17 학평

   그녀가 내게 취재하여 **특집 기사**를 쓰도록 허락을 해준 게 그때가 처음이었다.

3. We regret that the article featured a major error. 17 EBS

   우리는 그 기사가 중대한 잘못을 **포함하고** 있음을 유감스럽게 생각합니다.

1942 ★★☆ □□□

inclined

[inkláind]

◆ 내신빈출

ⓐ ~할 경향이 있는, ~하고 싶은 마음이 있는 19 학평

Markets have become ever more inclined toward "winner takes all."

시장은 훨씬 더 '승자독식' 쪽으로 **기울어져** 왔다.

incline ⓥ ~쪽으로 기울다, 내키게 하다

Vocab+ = **prone** ⓐ ~하기 쉬운 **disposed** ⓐ ~할 마음이 있는

1943 ★★☆ □□□

humane

[hju(:)méin]

ⓐ 인도적인, 인정 있는, 잔혹하지 않은

Procedural rules contribute to suspects' humane treatment. 20 학평

소송 절차 규정은 피의자에 대한 **인도적** 대우에 이바지한다.

Vocab+ ↔ **inhumane** ⓐ 비인간적인

1944 ★★☆ □□□
entangle
[intǽŋgl]

ⓥ 얽어매다, (걸어서) 꼼짝 못하게 하다

The Web becomes **entangled** when distorted sites manipulate the navigator to believe what is posted. 22 EBS

왜곡된 사이트들이 정보검색자가 게시된 것을 믿도록 조정하게 되면 웹은 **뒤얽히게** 된다.

entanglement ⓝ 복잡한 관계 **tangle** ⓥ 헝클어지다

Vocab+ + **be[get, become] entangled with** ~에 관련되다

1945 ★★☆ □□□
falsehood
[fɔ́:lshùd]

ⓝ 거짓, 거짓말하기

Unhealthy reasoning can be known as "rationalization," which is reasoning in the service of **falsehood**. 18 학평

건전하지 못한 추론은 '합리화'로 알려져 있을 수 있는데, 그것은 **거짓**을 뒷받침하는 추론이다.

false ⓐ 틀린, 사실이 아닌

Vocab+ = **lie** ⓝ 거짓말 ⓥ 거짓말하다

1946 ★★☆ □□□
elicit
[ilísit]
◆ 내신빈출

ⓥ (정보·반응 등을) 끌어내다, 유도하다

The reduction in capacity often **elicits** adverse reactions in numerous populations. 20 학평

수용력의 감소는 종종 수많은 개체군에서 부정적인 반응을 **일으킨다**.

elicitation ⓝ 유도 **elicitable** ⓐ 이끌어낼 수 있는

1947 ★★☆ □□□
disempower
[dìsempáuər]

ⓥ ~로부터 영향력[권력]을 빼앗다

Externalizing conversations shows how the problem has **disempowered** a troubled child. 17 모평

표면화 대화는 어떻게 문제가 고통을 겪는 아이로부터 **영향력을 빼앗아** 왔는지를 보여준다.

Vocab+ ↔ **empower** ⓥ 권한을 주다

1948 ★★☆ □□□
deliberate
ⓐ[dilíbərət]
ⓥ[dilíbərèit]
◆ 내신빈출

ⓐ 의도적인; 신중한 ⓥ 숙고하다

I tell many **deliberate** lies to Stephanie. 18 학평

나는 Stephanie에게 많은 **의도적인** 거짓말을 한다.

deliberation ⓝ 숙고, 신중함

Vocab+ = **intentional** ⓐ 의도적인

1949 ★★☆ □□□
bureaucratic
[bjùərəkrǽtik]

ⓐ 관료의, 관료주의적인

Large **bureaucratic** organizations are sometimes unable to compete against smaller, innovative firms. 20 EBS

큰 **관료** 조직은 때로는 더 작은 혁신적인 회사와 경쟁할 수 없다.

bureaucrat ⓝ 관료 **bureaucracy** ⓝ 관료주의[제도]

1950 ★★☆ □□□

arguably

[ɑ́:rgjuəbli]

ad 주장하건대, 거의 틀림없이

While ocean plastic gets a lot of media coverage, acidification is **arguably** a bigger killer. 22 EBS

해양 플라스틱이 매스컴에 많이 보도되지만, 산성화가 **아마 틀림없이** 더 큰 치명적인 위협일 것이다.

argue ⓥ 주장하다 **arguable** ⓐ 주장할 수 있는

1951 ★★☆ □□□

aggregate

ⓝⓐ[ǽgrigət]

ⓥ[ǽgrigèit]

n 합계, 총액 a 종합한 v 종합하다

At the **aggregate** level, improving the level of national energy efficiency has positive effects on macroeconomic issues. 20 수능

총체적[집합적] 차원에서, 국가의 에너지 효율 수준을 높이는 것은 거시 경제적 문제에 긍정적인 영향을 미친다.

aggregation ⓝ 종합 **aggregative** ⓐ 집합의, 종합의

1952 ★★☆ □□□

overrun

[òuvərrʌ́n]

v 침략하다, 압도하다; 급속히 퍼지다; 초과하다

A leader is **overrun** with such many inputs as e-mails, meetings, and phone calls that she can be confused. 17 학평

지도자는 혼란스러울 수 있는 이메일, 회의 및 전화 통화와 같은 많은 입력 사항으로 인해 **압도당한다**.

Vocab+ = **invade** ⓥ 침략하다 **spread** ⓥ 퍼지다

1953 ★★★ □□□

satiation

[sèiʃiéiʃən]

n 포만(감), 물릴 정도로 먹음

Satiation of the predator enables most members of the school to escape unharmed. 12 모평

포식자의 **포만감**은 무리의 대부분의 물고기들로 하여금 다치지 않고 도망갈 수 있도록 해준다.

satiate ⓥ 실컷 만족시키다

1954 ★★☆ □□□

subsidy

[sʌ́bsidi]

◆ 내신빈출

n 보조금, 장려금

The policy reform would be the removal of several hundred billions of dollars of direct annual **subsidies**. 18 수능

그 정책 개혁은 연간 수천억 달러의 직접적인 **보조금**을 없애게 될 것이다.

subsidize ⓥ 보조금을 주다

1955 ★★☆ □□□

provocative

[prəvɑ́kətiv]

a 도발적인, 화를 돋우는

While watching TV, people are likely to be exposed to **provocative** views of the human body. 18 학평

TV를 보면서, 사람들은 인체의 **도발적인** 장면에 노출될 가능성이 있다.

provocation ⓝ 도발

1956 ★★☆ □□□

frugal
[frúːgəl]

ⓐ 검소한, 절약하는

A wife who wants to coax her **frugal** husband into buying a $30,000 sports car might begin by proposing purchasing a $40,000 car. 18 EBS

자신의 **검소한** 남편에게 30,000달러짜리 스포츠카를 사라고 구슬르고 싶은 아내는 40,000달러짜리 스포츠카를 구입하는 것을 제안하는 것으로 시작할지도 모른다.

frugality ⓝ 절약

Vocab+ = **thrifty** ⓐ 검소한 ↔ **extravagant** ⓐ 사치하는

고난도

1957 ★★★ □□□

inimical
[inímikəl]

ⓐ (~에) 해로운[반하는, 불리한], 적대적인 12 수능

Anxiety has an **inimical** effect on mental performance of all kinds.

걱정은 모든 종류의 정신 활동에 **해로운** 영향을 준다.

inimicality ⓝ 해로움

Vocab+ + **inimical to** ~에 해로운

1958 ★★★ □□□

heterogeneous
[hètərədʒíːniəs]

ⓐ 이질적인, 이종의, 혼성의, 잡다한

The stories we tell inconsistently are **heterogeneous** to the memory we have of the events that the story relates. 19 모평

우리가 일관되지 않게 말하는 이야기는 그 이야기가 전달하는 사건들에 대해 우리가 가지고 있는 기억과 **이질적이다.**

heterogeneity ⓝ 불균질, 이질성, 이종

Vocab+ ↔ **homogeneous** ⓐ 동질의

1959 ★★★ □□□

philanthropist
[filǽnθrəpist]

ⓝ 박애주의자, 자선 활동가

A small donor does not wield the same kind of power as does a big **philanthropist**. 22 EBS

한 명의 소액 기부자는 한 명의 거액 **자선 활동가**가 하는 것과 같은 종류의 영향력을 행사하지 못한다.

1960 ★★★ □□□

succumb
[səkʌ́m]

ⓥ 굴복하다

Scientists **succumb** to the satisfaction of stories that explain the attractions of history to everyone else. 21 EBS

과학자들은 역사의 매력을 다른 모든 사람들에게 설명하는 이야기가 주는 만족감에 **굴복한다.**

Vocab+ = **surrender** ⓥ 굴복하다 + **succumb to** ~에 굴복하다

DAY 49 Review Test

A 우리말은 영어로, 영어는 우리말로 적으시오.

1 신중함, 사려 분별 p________
2 적의, 적대감 h________
3 의도적인, 신중한 d________
4 논지, 학위 논문 t________
5 constraint ________
6 subsidy ________
7 retrospect ________
8 archive ________

B 각 단어의 유의어 혹은 반의어를 적으시오.

1 juvenile ⊜ a________
2 straightforward ⊜ e________
3 entitled ⊜ e________
4 frugal ⊜ t________
5 inadequately ↔ a________
6 disempower ↔ e________
7 heterogeneous ↔ h________
8 humane ↔ i________

C 다음 우리말에 적합한 어휘를 고르시오.

1 Focus on just one [discreet / discrete] stream of information out of the millions of bits coming in.
들어오고 있는 수백만 비트 중 단지 하나의 별개 정보 흐름에 집중하라.

2 Scientists should be [discreet / discrete] in reducing bias in their experiments.
과학자들은 그들의 실험에서 편견을 줄이도록 신중해야 한다.

D 다음 빈칸에 공통으로 들어갈 어휘를 고르시오. [예문에 실린 어휘의 원형을 고를 것]

1 Sports songs ________ 'memorable and easily sung choruses in which fans can participate'.
2 It was the first time she had allowed me to report and write a ________.
3 We regret that the article ________ a major error.

① feature ② figure ③ injustice ④ myriad ⑤ subsidy

A 1 prudence 2 hostility 3 deliberate 4 thesis 5 제약, 제한 6 보조금, 장려금 7 회상, 추억 8 기록 보관소 B 1 adolescent 2 easy 3 eligible 4 thrifty 5 adequately 6 empower 7 homogeneous 8 inhumane C 1 discrete 2 discreet D ① feature

out-

'밖에(out) 혹은 능가하여(beyond)'의 의미를 내포하는 접두사
명사 앞에 붙어 '동사'로 품사를 변형시키기도 함

out**come** ⓝ 결과 out**live** ⓥ ~보다 오래 살다 out**number** ⓥ 수적으로 우세하다

trans-, tra-

'가로질러(across) 혹은 관통하여(through)'의 의미를 내포하는 접두사

trans**formation** ⓝ 변형 tra**jectory** ⓝ 탄도, 궤적, 궤도

auto-

'자신의, 스스로의(self)'의 의미를 내포하는 접두사

auto**graph** ⓝ 자필, 서명 auto**cracy** ⓝ 독재정치

by-

'이차적인, 부수적인(secondary)'의 의미를 내포하는 접두사

by-**product** ⓝ 부산물 by**pass** ⓝ 우회로

circum-

'둘레에(around)'의 의미를 내포하는 접두사

circum**stance** ⓝ 상황 circum**scribe** ⓥ 제한하다, ~의 둘레에 선을 긋다

a-, ab-, de-

'멀어져, 떨어져(away)'의 의미를 내포하는 접두사

a**typical** ⓐ 비전형적인 ab**normal** ⓐ 비정상적인 de**cipher** ⓥ 암호를 풀다

anti-, ob-, op-, counter-, contra-

'~에 반하여, 대항하여(against)'의 의미를 내포하는 접두사

anti**pathy** ⓝ 반감 ob**ject** ⓥ 반대하다 op**pose** ⓥ 반대하다
counter**attack** ⓥ 반격하다 contra**dict** ⓥ 모순되다

Crossword Puzzle

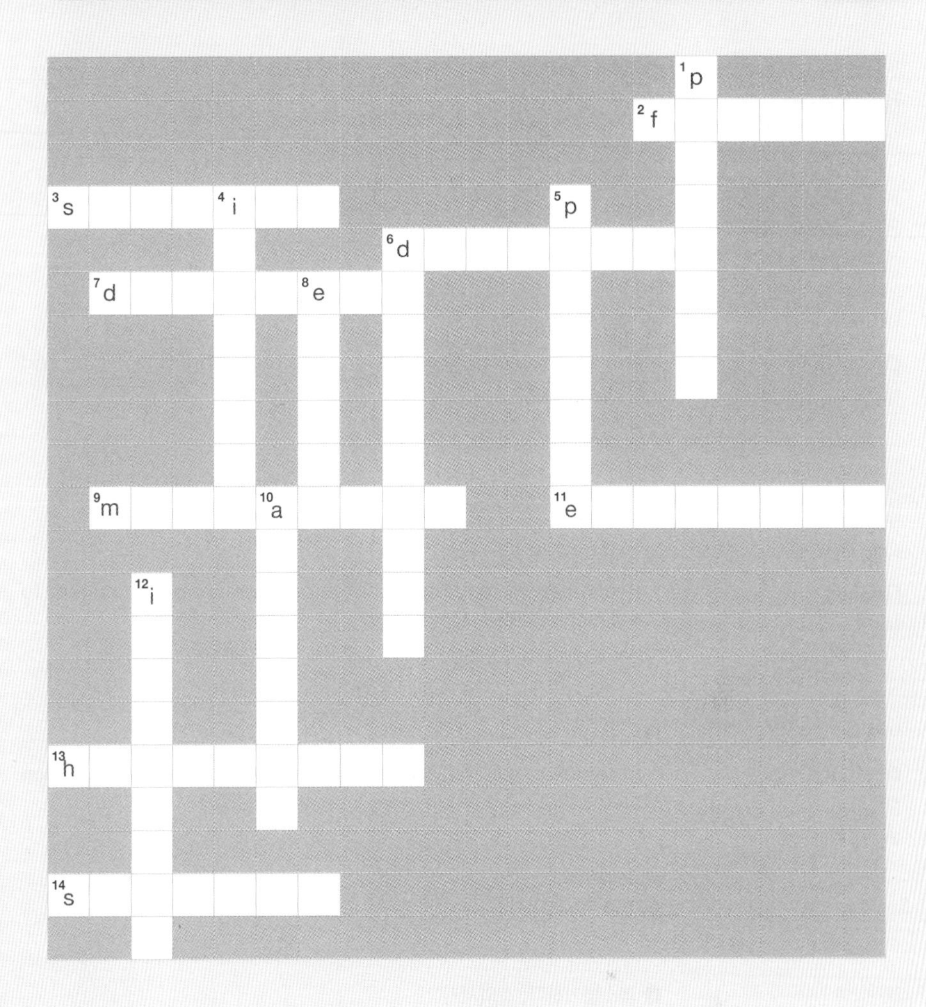

ACROSS

2 ⓐ 검소한, 절약하는
3 ⓝ 보조금, 장려금
6 ⓐ 신중한, 조심스러운
7 ⓐ 별개의
9 ⓐ 의무적인, 강제하는, 필수인
11 ⓐ (~할) 자격이 있는
13 ⓝ 적의, 적대감, 적개심, 강한 반감
14 ⓥ 굴복하다

DOWN

1 ⓝ 명성, 위신
4 ⓐ ~할 경향이 있는, ~하고 싶은 마음이 있는
5 ⓥ 보존하다, 보호하다
6 ⓐ 의도적인, 신중한 ⓥ 숙고하다
8 ⓥ (정보·반응 등을) 끌어내다, 유도하다
10 ad 주장하건대, 거의 틀림없이
12 ⓝ 불의, 부당성, 불평등

Answer p.526

1961 ★★☆ □□□
hilarious
[hilɛ́(:)əriəs]

ⓐ 아주 우스운
What we find funny, comical, or **hilarious** depends on our culture. 22 EBS
우리가 재미있다거나, 우습다거나, 또는 **매우 웃긴다**고 여기는 것은 우리의 문화에 달려 있다.

hilarity ⓝ 아주 우스움
Vocab+ = **funny, amuzing** ⓐ 재미있는

1962 ★★☆ □□□
pension
[pénʃən]

ⓝ 연금, 생활 보조금
Millions of workers retired with **pensions** during the 1960s and 1970s. 15 모평
수백만 명의 근로자들이 1960년대와 1970년대에 **연금**을 받고 퇴직하였다.

Vocab+ = **allowance** ⓝ 수당, 연금

1963 ★★☆ □□□
niche
[nitʃ]

ⓝ 틈새, 아주 꼭 맞는 자리
The companies may leave the green segment of the market to small **niche** competitors. 21 모평
그 기업들은 시장의 친환경 부문을 소규모 **틈새** 경쟁업체들에게 남겨둘 수 있다.

1964 ★☆☆ □□□
replace
[ripléis]
◆ 내신빈출

ⓥ 대체하다
A transition began that **replaced** old-style farming with production systems that were much more intensive. 18 학평
구식 농업을 훨씬 더 집약적인 생산체계로 **대체하는** 전환이 시작되었다.

replacement ⓝ 교체, 대체
Vocab+ + **replace A with B** A를 B로 대체하다

1965 ★★☆ □□□
marginalize
[mɑ́:rdʒənəlàiz]

ⓥ 과소평가하다, 소외시키다
Economics traditionally **marginalizes** something that cannot be priced. 13 수능
경제학은 가격을 매길 수 없는 것을 전통적으로 **과소평가한다**.

margin ⓝ 가장자리; 여지; 수익
Vocab+ = **ignore, disregard** ⓥ 무시하다

1966 ★★☆ □□□
landmark
[lǽndmɑ̀:rk]

ⓝ 주요 지형지물, 랜드마크, 현저한 사건[발견], 경계표
Landmarks are themselves, but they also define neighborhoods around themselves. 21 모평
랜드마크는 그 자체이기도 하지만, 또한 그것의 주변 지역을 규정하기도 한다.

Vocab+ = **milestone** ⓝ 이정표

1967 ★★☆ □□□
install
[instɔ́:l]

ⓥ 설치하다

The first step in servicing or **installing** equipment is talking with the clients to understand how they used the equipment. 16 모평

장비를 점검하거나 **설치할** 때의 첫 번째 단계는 고객들이 장비를 어떻게 사용했는지를 알기 위해 고객과 이야기하는 것이다.

installation ⓝ 설치

Vocab+ = set up ~을 설치하다 establish ⓥ 세우다

1968 ★★☆ □□□
inconsequential
[inkɑ̀nsəkwénʃəl]

ⓐ 중요하지 않은, 하찮은; 불합리한

Because rests are silent, people often misinterpret these empty spaces as **inconsequential**. 12 모평

쉼표들은 소리가 없기 때문에 사람들은 종종 이 빈 공간들을 **중요하지 않은** 것으로 잘못 해석한다.

inconsequence ⓝ 불합리, 부조화

Vocab+ = insignificant, trivial, unimportant ⓐ 중요하지 않은

1969 ★★☆ □□□
fallacy
[fǽləsi]

ⓝ 오류, 틀린 생각

Regression **fallacy** is a mistake of causal reasoning. 21 학평

회귀의 **오류**는 인과 추론의 실수이다.

fallacious ⓐ 잘못된

Vocab+ = misconception ⓝ 오해

1970 ★☆☆ □□□
aggressive
[əgrésiv]
◆ 내신빈출

ⓐ 공격적인

A child cries and runs to tell the teacher about the **aggressive** behaviour of the other 'naughty' child. 17 학평

한 아이는 울며 선생님에게 달려가서 그 다른 '개구쟁이' 친구의 **공격적인** 행동에 관해서 말한다.

aggression ⓝ 공격성

Vocab+ = offensive ⓐ 공격적인

혼동어

1971 ★★☆ □□□
humility
[hju:míləti]

ⓝ 겸손

While hunting is an important activity, successful hunters are expected to show **humility** and gentleness. 22 EBS

사냥이 중요한 활동이기는 하지만, 성공을 거둔 사냥꾼은 **겸손함**과 상냥함을 보이도록 기대된다.

humble ⓐ 겸손한

Vocab+ = modesty ⓝ 겸손

1972 ★★☆ □□□
humiliation
[hju:mìliéiʃən]

ⓝ 굴욕, 창피

An insulted person might feel anger or feel shame or **humiliation**. 21 EBS

모욕당한 사람은 분노를 느낄 수도 있고, 혹은 수치심이나 **굴욕감**을 느낄 수도 있다.

humiliate ⓥ 굴욕을 주다

Vocab+ = shame ⓝ 창피

1973 ★★☆ □□□

entity
[éntəti]

ⓝ 실체, 독립체

Information has become a recognized **entity** to be measured, evaluated, and priced. 18 수능

정보는 측정되고, 평가되고, 값이 매겨지는 인정받는 **실체(독립체)**가 되었다.

1974 ★★☆ □□□

embed
[imbéd]

ⓥ 깊숙이 박다, 내재하다

Steam railways are **embedded** in the development of the modern world. 21 학평

증기 철도는 현대 세계의 발달에 **깊숙이 뿌리박혀** 있다.

embedded ⓐ 내재된, 내장된

Vocab+ = **entrench** ⓥ 단단히 자리잡게 하다

1975 ★★☆ □□□

disorientation
[disɔ̀rientéiʃən]

ⓝ 방향 상실, 혼미

There is much of the confusion and **disorientation** in contemporary ethics. 19 학평

현대 윤리학에는 많은 혼란과 **방향 상실**이 있다.

disorient ⓥ 방향 감각을 잃게 하다 **disoriented** ⓐ 방향을 잃은

1976 ★★☆ □□□

superb
[sju(:)pə́ːrb]

ⓐ 매우 뛰어난

Grandad was inspired by his grandson's **superb** victory. 17 모평

할아버지는 손자의 **훌륭한** 승리에 고무되었다.

Vocab+ = **splendid** ⓐ 매우 훌륭한 **excellent** ⓐ 뛰어난

1977 ★★☆ □□□

aristocrat
[ərístəkræ̀t]

ⓝ 귀족

There appeared the first manuals teaching "table manners" to the offspring of **aristocrats**. 19 수능

귀족의 자녀들에게 '식탁 예절'을 가르치는 최초의 교범이 등장했다.

aristocratic ⓐ 귀족의 **aristocracy** ⓝ (집합적) 귀족

1978 ★★☆ □□□

disobedient
[dìsəbíːdiənt]

ⓐ 복종[순종]하지 않는, 반항하는

Masters were often happy to rid their homes of **disobedient** and unreliable adolescents. 17 EBS

장인들은 종종 자신들의 집에서 **순종하지 않고** 신뢰할 수 없는 젊은이들을 기꺼이 몰아냈다.

disobedience ⓝ 불복종, 반항

Vocab+ ↔ **obedient** ⓐ 순종적인

1979 ★★☆ □□□

undermine

[ʌ̀ndərmáin]

◆ 내신빈출

ⓥ 약화시키다

Impossibly cheap food and consumer products from abroad **undermine** farmers' efforts. 21 학평

해외로부터의 불가능할 정도로 값싼 음식과 소비재들은 농부들의 노력을 **약화시킨다**.

Vocab+ = **weaken** ⓥ 약화시키다 ↔ **enhance** ⓥ 강화시키다

1980 ★★☆ □□□

rhetoric

[rétərik]

ⓝ 수사학, 수사적 표현

According to the **rhetoric** about science, discoveries are made in laboratories. 18 모평

과학에 대한 **수사적 표현**에 따르면, 발견은 실험실에서 이루어진다.

rhetorical ⓐ 수사적인

다의어

1981 ★★☆ □□□

bound

[baund]

1. ⓐ (~에) 묶여 있는
2. ⓐ 반드시 ~하는
3. ⓥ 경계를 이루다 ⓝ 경계, 범위

1. Your imagination is **bound** to some degree by your belief. 19 EBS

   여러분의 상상력은 어느 정도 여러분의 믿음에 **매여 있다**.

2. Any learning environment that deals with only the improvisatory instincts is **bound** to fail. 19 수능

   즉흥적인 직감만을 다루는 어떤 학습 환경도 **반드시** 실패한다.

3. Like ecosystems, niches are loosely **bounded**. 19 EBS

   생태계와 마찬가지로 생태적 지위는 느슨하게 **경계지어져** 있다.

bounded ⓐ 제한된 **inbound** ⓐ 국내의 **outbound** ⓐ 해외의

Vocab+ + **be bound to + 명사** ~에 매여 있다
be bound to + 동사원형 반드시 ~하다, ~할 가능성이 크다

1982 ★★☆ □□□

presume

[prizjúːm]

◆ 내신빈출

ⓥ 추정하다, 간주하다 22 EBS

Communicators **presume** numeric data is useful in decision-making.

의사전달자는 수치 데이터가 의사결정에 유용하다고 **추정한다**.

presumption ⓝ 추정 **presumably** ⓐⓓ 짐작컨대

Vocab+ = **assume** ⓥ 가정하다

1983 ★★★ □□□

nocturnal

[nɑktə́ːrnəl]

ⓐ 야행성의, 밤에 일어나는

The saola is an endangered, **nocturnal** forest-dwelling ox weighing about 100 kilograms. 18 학평

사올라는 무게가 100킬로그램 정도 나가는 멸종위기에 처한, 숲에 사는 **야행성** 소다.

Vocab+ ↔ **diurnal** ⓐ 주행성의

1984 ★★☆ □□□
nomad
[nóumæd]

ⓝ 유목민, 방랑자
The use of portable technologies and personal cloud services facilitates the work of digital nomads. 20 학평
휴대용 기술과 개인 클라우드 서비스의 사용은 디지털 **유목민**의 작업을 용이하게 한다.
nomadic ⓐ 유목민의 **nomadize** ⓥ 유목 생활을 하다

1985 ★★☆ □□□
markedly
[má:rkidli]

ⓐⓓ 현저하게, 두드러지게
The sense of guilt faded most **markedly** when the lie would help the person telling it. 20 학평
거짓말이 그것을 말하는 사람에게 도움이 될 때, 죄책감은 가장 **현저하게** 사라졌다.
marked ⓐ 뚜렷한, 유표적인

1986 ★★☆ □□□
protagonist
[proutǽgənist]
◆ 내신빈출

ⓝ 주인공; 주창자[지지자]
The typical plot of the novel is the **protagonist's** quest for authority within. 18 모평
그 소설의 전형적인 줄거리는 (주인공 자신) 내부에서 **주인공**의 권위에 대한 추구이다.
Vocab+ ↔ **antagonist** ⓝ 적대자

1987 ★★☆ □□□
laboriously
[ləbɔ́:riəsli]

ⓐⓓ 힘들여, 공들여
The **laboriously** overtaken and killed prey was hauled aboard. 18 수능
힘들여 따라잡아 죽인 먹잇감이 배 위로 끌어 올려졌다.
laborious ⓐ 힘들인, 공들인
Vocab+ = **strenuously** ⓐⓓ 열심히

1988 ★★☆ □□□
instantaneously
[instəntéiniəsli]

ⓐⓓ 순간적으로; 즉석으로; 동시에
The cars we pilot **instantaneously** and automatically become ourselves. 20 모평
우리가 조종하는 자동차는 **순간적이면서도** 무의식적으로 우리 자신이 된다.
instantaneous ⓐ 즉각적인 **instant** ⓐ 즉각적인 ⓝ 순간

1989 ★★★ □□□
prosodic
[prəsádik]

ⓐ 운율적인
Music developed from **prosodic** exchanges between mother and infant which foster the bond between them. 20 EBS
음악은 엄마와 아기 사이의 유대를 촉진하는 그들 사이의 **운율적** 대화에서 생겨났다.
prosody ⓝ 운율

1990 ★★☆ □□□

hybrid

[háibrid]

ⓝ 잡종, 복합물, 혼합물 ⓐ 혼합의, 혼혈의, 잡종의 22 학평

Most social learning is **hybrid** learning: agents acquire skills through socially guided trial and error and socially guided practice.

대부분의 사회적 학습은 **혼합** 학습인데, 행위자는 사회적으로 유도된 시행착오와 사회적으로 유도된 연습을 통해 기술을 습득한다.

Vocab+ = **cross-breed** ⓝ 잡종, 이종교배종

1991 ★★☆ □□□

falsification

[fɔ̀:lsəfəkéiʃən]

◆ 내신빈출

ⓝ 위조, 변조, (사실의) 곡해

Falsifications may occasionally need to be committed in the service of a goal higher still than accuracy. 17 학평

정확성보다 훨씬 더 높은 목표를 위해서 가끔 **변조**할 필요가 있을지도 모른다.

falsify ⓥ 위조하다, 변조하다

Vocab+ = **forgery** ⓝ 위조 **fake** ⓝ 사기

1992 ★★☆ □□□

entrepreneur

[ɑ̀:ntrəprənə́:r]

ⓝ 사업가, 기업가

The people in the beauty industry are more than technicians, more than **entrepreneurs**, and even more than artists. 18 학평

미용업에 종사하는 사람들은 기술자 이상이고, **사업가** 이상이며, 예술가 이상이기까지도 하다.

entrepreneurial ⓐ 기업가의 **entrepreneurship** ⓝ 기업가 정신

1993 ★★☆ □□□

embellish

[imbéliʃ]

ⓥ (이야기를) 윤색하다, 장식하다, 꾸미다

When you retrieve the index to the story from memory, that index can be **embellished** in a variety of ways. 19 모평

여러분이 기억에서 이야기에 대한 색인을 찾아올 때, 그 색인은 다양한 방법으로 **윤색될** 수 있다.

embellishment ⓝ 윤색

Vocab+ = **decorate, adorn, embroider** ⓥ 장식하다

1994 ★★☆ □□□

overtake

[òuvərtéik]

◆ 내신빈출

ⓥ 추월하다, 따라잡다; (폭풍·재난 등이) 덮치다

Rainforest Alliance produce sales **overtook** the Organic produce sales in 2021 and 2022. 18 수능

열대우림연합 농산물 판매는 2021년과 2022년에 유기농 농산물 판매를 **추월했다**.

Vocab+ = **surpass** ⓥ 능가하다 **outstrip** ⓥ 추월하다

1995 ★★☆ □□□
contemplate
[kántəmplèit]
◆ 내신빈출

ⓥ 숙고하다, 고려하다; 응시하다
The audience was expected to **contemplate** the musical aesthetic as they listened. 17 학평
청중은 음악을 들으면서 음악의 심미적 특징을 **곰곰이 생각해 보도록** 기대되었다.

contemplation ⓝ 사색, 명상; 응시
Vocab+ + **in contemplation** 사색 중인

1996 ★★☆ □□□
censorship
[sénsərʃip]

ⓝ 검열
The artist would not accept the **censorship** imposed by those who would publish the work. 19 학평
예술가는 작품을 출판하는 이들에 의해 부과되는 **검열**을 받아들이려 하지 않을 것이다.

censor ⓥ 검열하다

고난도

1997 ★★★ □□□
enigma
[ənígmə]

ⓝ 수수께끼, 불가사의한 것
The nature of life has always been an **enigma** for philosophers. 22 EBS
삶의 본질은 항상 철학자들에게 **수수께끼**였습니다.

enigmatic ⓐ 수수께끼 같은
Vocab+ = **mystery, puzzle** ⓝ 수수께끼

1998 ★★★ □□□
inoculation
[inὰkjuléiʃən]

ⓝ (예방) 접종, 주입
I became interested in what we call hardship **inoculation**. 18 학평
나는 소위 '고난 **예방 접종**'이라는 것에 관심을 갖게 되었다.

inoculate ⓥ 접종하다
Vocab+ = **vaccination** ⓝ 예방 접종 **immunization** ⓝ 백신주사로 면역력을 갖춤

1999 ★★★ □□□
nimble
[nímbl]

ⓐ 민첩한
The much younger Linx was a **nimble** b-boy. 15 수능
훨씬 더 어린 Linx는 **민첩한** 비보이였다.

nimbly ⓐⓓ 민첩하게
Vocab+ = **agile** ⓐ 날렵한

2000 ★★★ □□□
constrict
[kənstríkt]

ⓥ 수축하다, 위축시키다
Fast muscle fibers are cells that can **constrict** more quickly and powerfully. 12 수능
빠른 근섬유는 더 빠르고 강력하게 **수축할** 수 있는 세포이다.

constriction ⓝ 긴축, 수축
Vocab+ = **shrink** ⓥ 오그라들다 ↔ **expand** ⓥ 팽창하다

Review Test

A 우리말은 영어로, 영어는 우리말로 적으시오.

1 틈새 n______
2 수수께끼 e______
3 실체, 독립체 e______
4 연금, 생활 보조금 p______
5 censorship ______
6 aristocrat ______
7 entrepreneur ______
8 rhetoric ______

B 각 단어의 유의어 혹은 반의어를 적으시오.

1 nimble ⊜ a______
2 embed ⊜ e______
3 undermine ⊜ w______
4 install ⊜ e______
5 constrict ↔ e______
6 protagonist ↔ a______
7 nocturnal ↔ d______
8 disobedient ↔ o______

C 다음 우리말에 적합한 어휘를 고르시오.

1 While hunting is an important activity, successful hunters are expected to show [humility / humiliation] and gentleness.
사냥이 중요한 활동이기는 하지만, 성공을 거둔 사냥꾼은 겸손함과 상냥함을 보이도록 기대된다.

2 An insulted person might feel anger or feel shame or [humility / humiliation].
모욕당한 사람은 분노를 느낄 수도 있고, 혹은 수치심이나 굴욕감을 느낄 수도 있다.

D 다음 빈칸에 공통으로 들어갈 어휘를 고르시오. [예문에 실린 어휘의 원형을 고를 것]

1 Your imagination is ______ to some degree by your belief.
2 Any learning environment that deals with only the improvisatory instincts is ______ to fail.
3 Like ecosystems, niches are loosely ______.

① bound ② presume ③ overtake ④ embed ⑤ install

A 1 niche 2 enigma 3 entity 4 pension 5 검열 6 귀족 7 사업가, 기업가 8 수사학, 수사적 표현 B 1 agile 2 entrench 3 weaken 4 establish 5 expand 6 antagonist 7 diurnal 8 obedient C 1 humility 2 humiliation D ① bound

be-

'~이도록 하다(make)'의 의미를 내포하는 접두사
명사 혹은 형용사를 동사로 변형시켜 주는 접두사

belittle ⓥ 작게 하다, 경시하다 **be**ware ⓥ 조심하다, 주의하다

en-, em-

'~이도록 하다(make)'의 의미를 내포하는 접두사
명사 혹은 형용사를 동사로 변형시켜 주는 접두사
양순음 앞에서는 'em-'으로 표기하고, 그 외의 경우는 'en-'으로 표기함

enable ⓥ 가능하게 하다 [형용사 '**able**'을 동사로 품사를 변경함]
empower ⓥ 권한을 주다 [명사 '**power**'를 동사로 품사를 변경함]

mon(o)-, uni-

'하나의(one)'의 의미를 내포하는 접두사

monotonous ⓐ 단조로운 **mon**arch ⓝ 군주, 제왕 **uni**fy ⓥ 통합하다

bi-, du-

'둘의(two)'의 의미를 내포하는 접두사

bicycle ⓝ 자전거 **du**plicate ⓥ 복제하다 **du**al ⓐ 이중으로 된

omni- vs. multi- vs. hemi-

'모든(all, every)'의 의미를 내포하는 접두사 'omni-'
'많은(many)'의 의미를 내포하는 접두사 'multi-'
'절반(half)'의 의미를 내포하는 접두사 'hemi-'

omnipresent ⓐ 어디에나 존재하는 **multi**ply ⓥ 곱하다 **hemi**sphere ⓝ 반구

homo- vs. hetero-

'같은(same)'의 의미를 내포하는 접두사 'homo-'
'다른(different)'의 의미를 내포하는 접두사 'hetero-'

homogeneous ⓐ 동질적인 **hetero**geneous ⓐ 이질적인

bene-, bon- vs. mal-, mis-

'좋은(good)'의 의미를 내포하는 접두사 'bene-' 'bon-'
'나쁜(bad)'의 의미를 내포하는 접두사 'mal-' 'mis-'

benevolent ⓐ 자애로운 **bon**us ⓝ 보너스
malevolent ⓐ 악의적인 **mis**behave ⓥ 악행하다

Crossword Puzzle

DAY 50

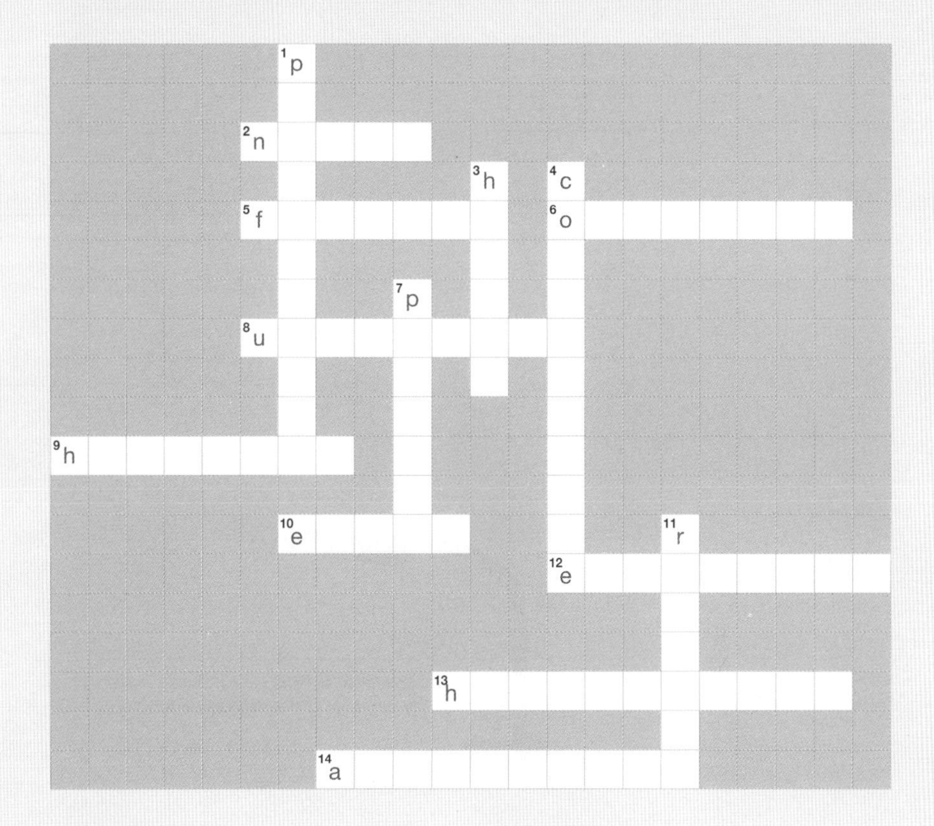

ACROSS

2 ⓝ 유목민, 방랑자

5 ⓝ 오류, 틀린 생각

6 ⓥ 추월하다, 따라잡다, (폭풍·재난 등이) 덮치다

8 ⓥ 약화시키다

9 ⓝ 겸손

10 ⓥ 깊숙이 박다, 내재하다

12 ⓥ (이야기를) 윤색하다, 장식하다, 꾸미다

13 ⓝ 굴욕, 창피

14 ⓐ 공격적인

DOWN

1 ⓝ 주인공, 주창자[지지자]

3 ⓝ 잡종, 복합물, 혼합물
ⓐ 혼합의, 혼혈의, 잡종의

4 ⓥ 숙고하다, 고려하다, 응시하다

7 ⓥ 추정하다, 간주하다

11 ⓥ 대체하다

Answer p.526

Crossword Puzzle
ANSWERS

Crossword Puzzle Answers

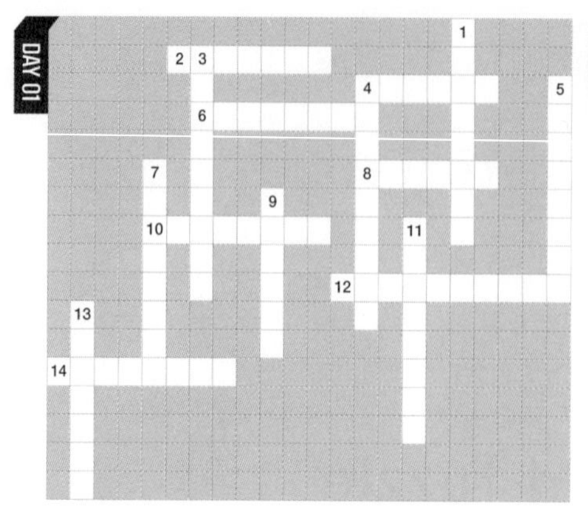

Across
2 selfish
4 donate
6 obstacle
8 afford
10 innocent
12 invaluable
14 civility

Down
1 withdraw
3 emotional
4 demanding
5 disclose
7 faithful
9 resume
11 bearable
13 cripple

DAY 02

Across
4 majority
6 reliance
7 peculiar
10 refine
12 consume
13 theoretical
15 advertise

Down
1 notable
2 disappear
3 superior
5 override
8 mislead
9 probe
11 spot
14 inform

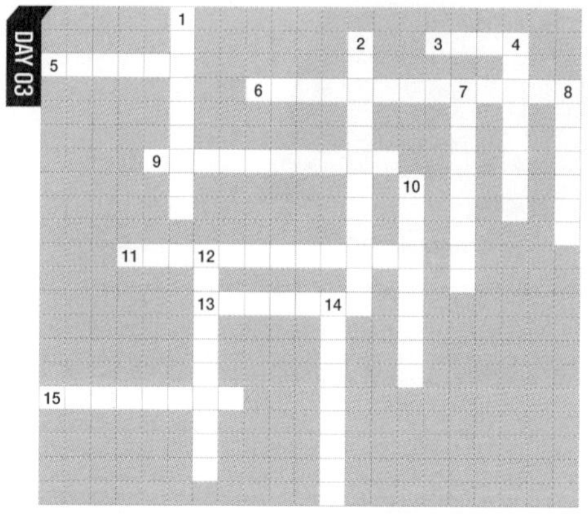

Across
3 soar
5 urgent
6 unprecedented
9 narcissism
11 discriminate
13 nurture
15 downside

Down
1 withstand
2 overestimate
4 rational
7 exclusive
8 declare
10 alleviate
12 contradict
14 recession

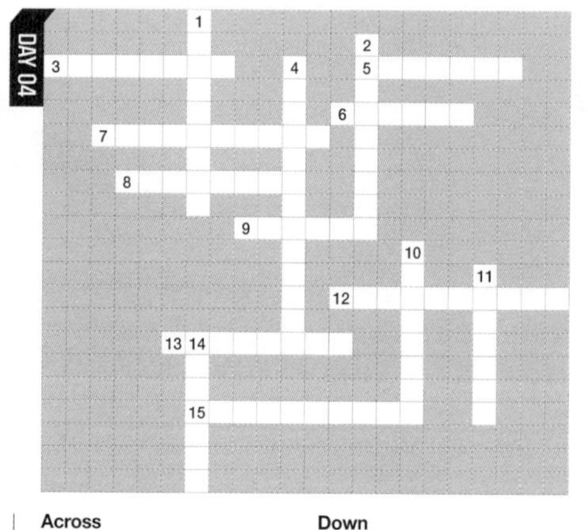

Across
3 casualty
5 exclude
6 retain
7 confidence
8 grateful
9 starve
12 pedestrian
13 emphasis
15 noticeable

Down
1 notoriety
2 relevance
4 miscellaneous
10 overcome
11 precise
14 magnify

Crossword Puzzle Answers

DAY 05~08

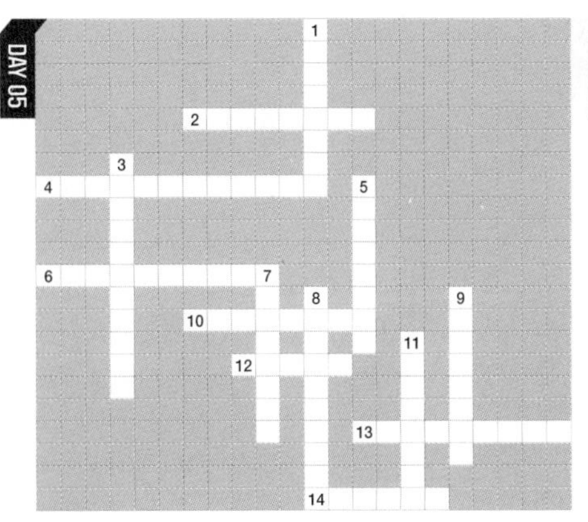

Across

2 inferior
4 incompatible
6 hypothesis
10 dominant
12 ratio
13 privilege
14 exceed

Down

1 eligible
3 controversy
5 concrete
7 suitable
8 manipulate
9 maintain
11 credible

Across

3 capacity
5 positive
7 assemble
8 rewarding
10 excavation
14 alternative
15 contribute

Down

1 implication
2 disprove
4 fade
6 infer
9 release
11 approximation
12 habitual
13 collide

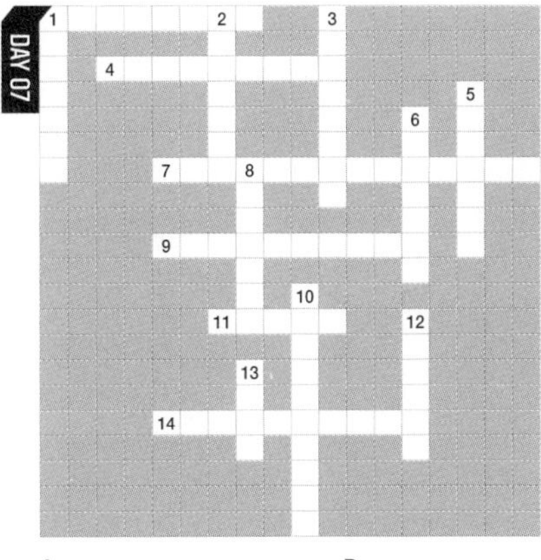

Across

1 collapse
4 infection
7 responsibility
9 succession
11 refer
14 artificial

Down

1 conjure
2 success
3 contrast
5 habitat
6 eminent
8 precede
10 definitive
12 unfold
13 heir

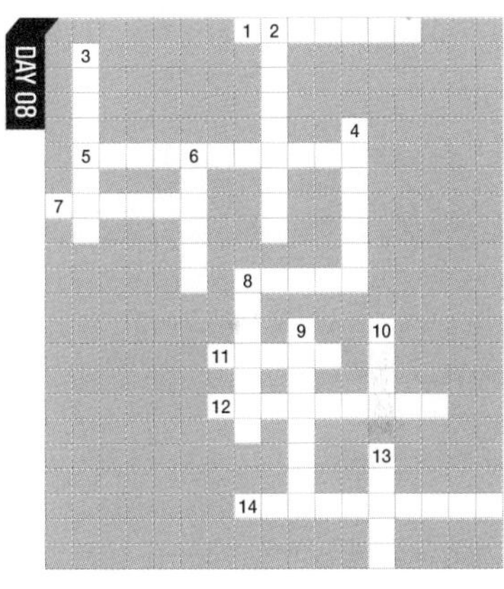

Across

1 ethical
5 restoration
7 ethnic
8 chase
11 realm
12 recommend
14 skepticism

Down

2 territory
3 tolerate
4 unaware
6 occupy
8 coveted
9 allocate
10 rage
13 seize

Crossword Puzzle Answers

Across

1 diversity
7 inhalation
8 considerate
9 regulate
10 previous
11 litter
12 eliminate
14 substantial
15 extrinsic

Down

2 impatient
3 invasive
4 charity
5 disbelief
6 misconception
13 quote

Across

4 literary
5 conceal
7 literal
9 disturbance
11 aptitude
12 pollution
14 recognize

Down

1 bullying
2 arrangement
3 neutral
5 coincidence
6 evaporate
8 ban
10 impair
13 literate

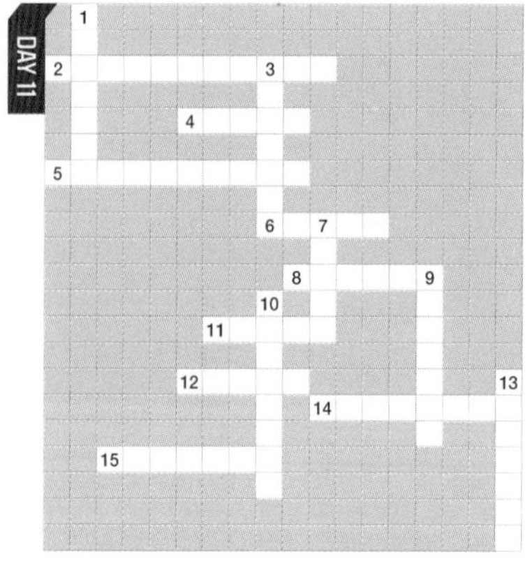

Across

2 involuntary
4 grief
5 dedication
6 evade
8 devise
11 adopt
12 adapt
14 indicate
15 dubious

Down

1 sincere
3 awesome
7 adept
9 extract
10 comprise
13 refract

Across

2 nervous
5 immune
6 tempt
8 salient
9 quantitative
13 lethal
12 robust
14 confer

Down

1 qualitative
3 simulate
4 individual
7 generate
10 voluntary
11 overload

Crossword Puzzle Answers

DAY 13~16

Across

1 decisive
4 interrupt
6 greedy
9 supposedly
12 bewilder
13 neglect
15 spread

Down

2 comprehend
3 epidemic
5 arise
7 resent
8 claim
10 pretend
11 trivial
14 retail

DAY 14

Across

1 gravity
4 decent
7 oppose
9 contagious
11 regardless
12 ration
14 estimate
15 complement

Down

2 independent
3 compliment
5 elaborate
6 focal
8 inequity
10 shrink
13 interpret

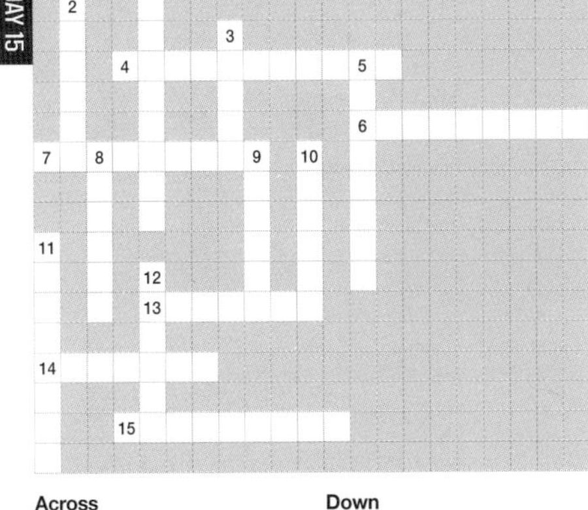

Across

4 certificate
6 architect
7 gratitude
13 achieve
14 amplify
15 effective

Down

1 affective
2 temper
3 vivid
5 transmit
8 affirm
9 edible
10 rescue
11 applause
12 tariff

DAY 16

Across

3 regarding
6 opponent
8 furnish
11 queue
12 concentration
13 strive
14 punish
15 virtue

Down

1 request
2 plague
4 repository
5 accused
7 attitude
9 severe
10 criticize

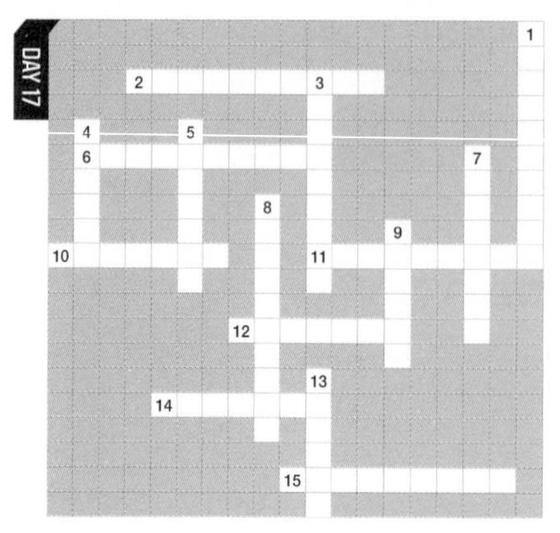

Across
- 2 sufficient
- 6 exacerbate
- 10 zealous
- 11 interfere
- 12 virtual
- 14 compose
- 15 steadfast

Down
- 1 illuminate
- 3 eccentric
- 4 refuge
- 5 jealous
- 7 athletic
- 8 transition
- 9 deadly
- 13 devote

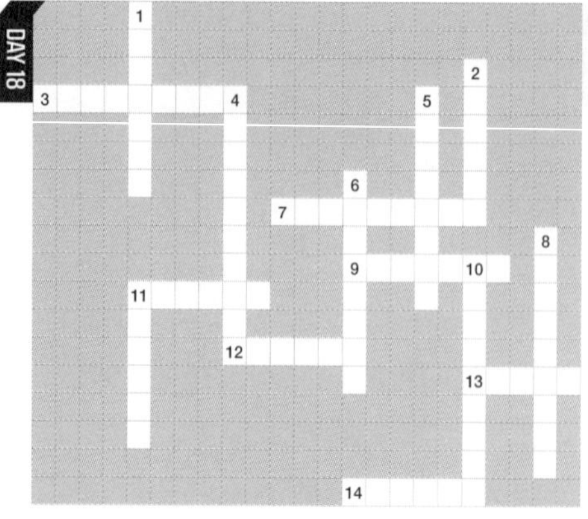

Across
- 3 metabolic
- 7 ignorance
- 9 partial
- 11 subdue
- 12 extent
- 13 crude
- 14 assign

Down
- 1 forbear
- 2 scarce
- 4 constitute
- 5 nominate
- 6 complete
- 8 reproduce
- 10 affection
- 11 spiral

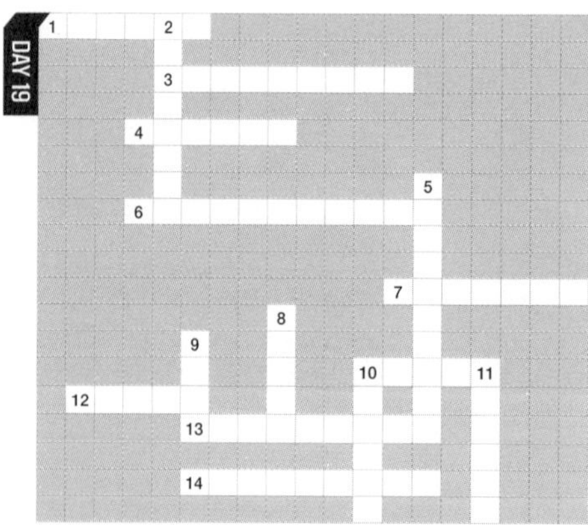

Across
- 1 stride
- 3 vigilance
- 4 native
- 6 respectable
- 7 persist
- 10 cling
- 12 dwell
- 13 extensive
- 14 isolation

Down
- 2 deviance
- 5 respective
- 8 ensue
- 9 idle
- 10 critic
- 11 gloomy

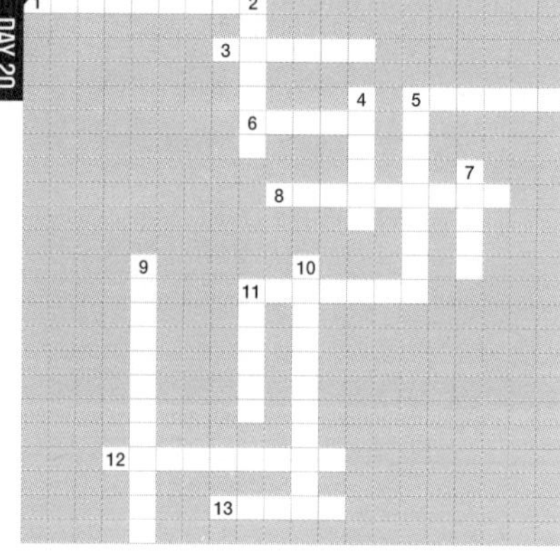

Across
- 1 complaint
- 3 remind
- 5 phobia
- 6 abide
- 8 irregular
- 11 agonize
- 12 compliant
- 13 shred

Down
- 2 thermal
- 4 lessen
- 5 prejudice
- 7 valid
- 9 breakthrough
- 10 convergence
- 11 assume

Crossword Puzzle Answers

DAY 21~24

Across

4 paradoxical
7 phenomenon
9 peril
10 mutual
11 dissent
12 sacrifice
13 exposure
14 strengthen

Down

1 expand
2 compare
3 tragic
5 identity
6 inconsistent
7 plummet
8 vicious

DAY 22

Across

2 attraction
3 provide
5 reflective
8 involve
10 perplexed
12 preferable
13 competitive
14 overwhelm

Down

1 shortcoming
2 appreciate
4 detach
6 intake
7 remark
9 flexible
11 offensive

Across

3 compete
4 incapable
6 conserve
10 devour
11 desperate
13 perceive
14 fierce
15 incremental

Down

1 compact
2 motivate
5 circulate
7 exhaustively
8 undisputed
9 dependent
12 integral

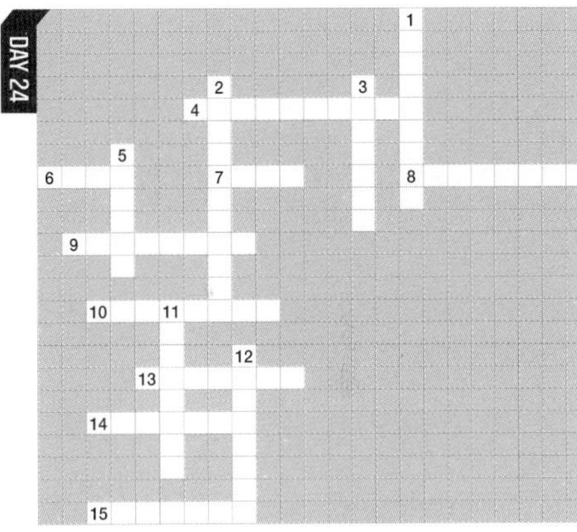

Across

4 hesitation
6 mend
7 pave
8 variable
9 absolute
10 prospect
13 suggest
14 obvious
15 subside

Down

1 attentive
2 perspective
3 vibrate
5 adjust
11 scrutiny
12 feasible

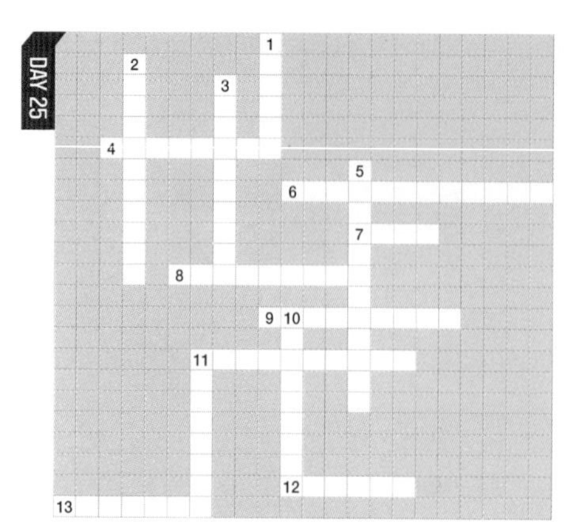

Across

4 morality
6 recollection
7 span
8 surrender
9 mortality
11 commercial
12 embody
13 durable

Down

1 costly
2 personality
3 administer
5 conservative
10 overvalue
11 commence

DAY 26

Across

1 adhere
8 meditation
11 corruption
12 shelter

Down

2 rudimentary
3 loyal
4 propose
5 dispose
6 persistent
7 stir
9 designate
10 compel
13 lag

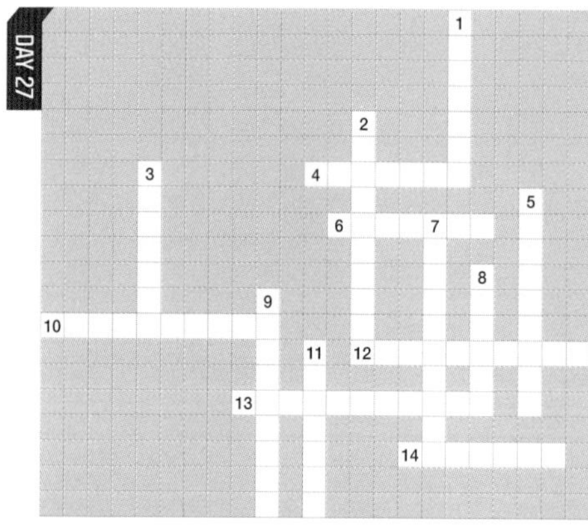

Across

4 deserve
6 comment
10 subjective
12 expedition
13 demonstrate
14 genetic

Down

1 relieve
2 disposable
3 enforce
5 confusion
7 exaggerate
8 famine
9 represent
11 broaden

Across

3 subscribe
6 cooperate
9 astonish
11 abandon
12 impede
14 evolve
15 relax

Down

1 domestic
2 molecule
4 profit
5 stimulate
7 dispute
8 chaotic
10 surpass
13 degree

Crossword Puzzle Answers

DAY 29~32

Across

3 descendant
4 yield
7 endure
10 flaw
11 mediate
13 heritage
14 monotonous

Down

1 objection
2 fatigue
5 intrigue
6 permanent
7 evoke
8 distinguish
9 deem
12 instruct

Across

3 recall
5 lucrative
8 cornerstone
9 congestion
10 bias
11 treaty
14 addictive

Down

1 prohibit
2 participate
4 milestone
6 render
7 endangered
12 assure
13 modest

Across

4 relate
6 insignificant
8 communal
11 betrayal
13 associate
14 mastery

Down

1 pale
2 irritate
3 fascinate
5 impulse
7 instinct
8 core
9 evaluate
10 vague
12 drag

Across

1 nutritional
3 restraint
5 reject
6 profitable
7 separate
10 reveal
11 beneficial
12 connotation
13 dismiss

Down

2 threaten
4 suppose
8 periodic
9 alienate
12 colleague
14 inspire

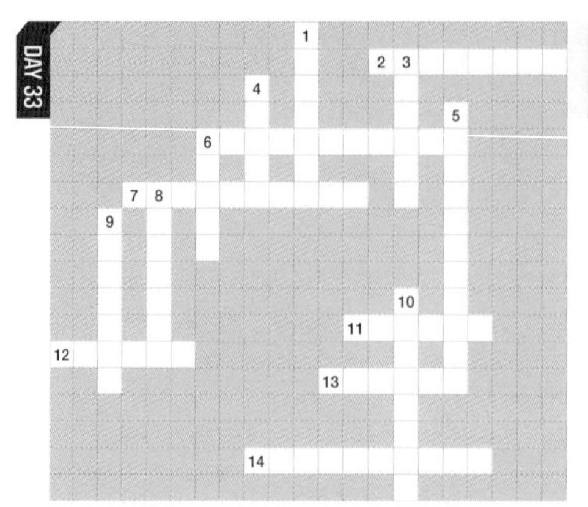

Across
2 imprison
6 realization
7 supplement
11 static
12 worsen
13 manage
14 perceptual

Down
1 require
3 malign
4 blame
5 insensitive
6 ripen
8 utilize
9 inquire
10 parasite

Across
1 hardship
4 reluctant
6 unstable
7 confine
8 polarity
10 foster
13 acquire
14 encode
15 convince

Down
2 rigorous
3 irrational
5 assert
9 irrelevant
11 barter
12 consent

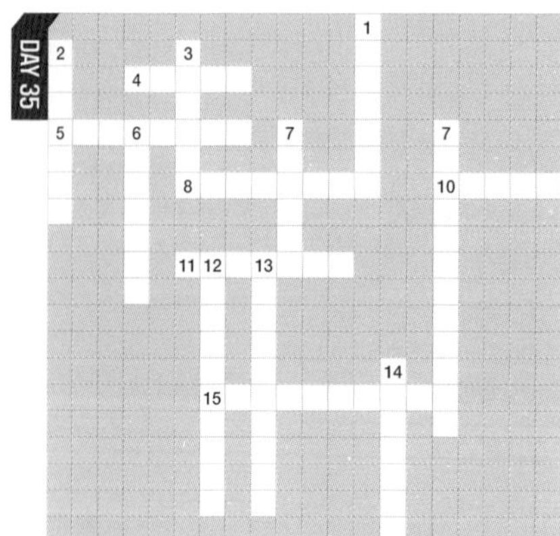

Across
4 align
5 coherent
9 thorough
10 aloof
11 discern
15 throughout

Down
1 through
2 discard
3 digest
6 elusive
7 arouse
8 availability
12 inevitable
13 concerning
14 conceit

Across
1 adverse
2 erode
4 spontaneous
7 incorporate
9 distress
10 approval
13 behalf
14 provoke

Down
1 aesthetic
3 autonomy
5 peripheral
6 spoil
8 grasp
11 refrain
12 afloat

Crossword Puzzle Answers

DAY 37~40

Across

5 affiliation
6 surplus
7 hinder
9 shortage
11 legitimate
14 appoint
15 genuine

Down

1 humble
2 contingent
3 covertly
4 criterion
8 compensate
10 keen
12 adhesive
13 overtly

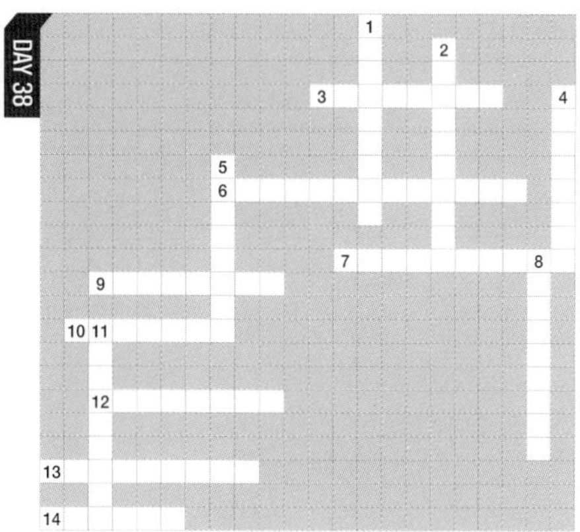

Across

3 drawback
6 indispensable
7 stereotype
9 adaptive
10 commute
12 renowned
13 statistic
14 steady

Down

1 exhausted
2 reasonable
4 insulate
5 disguise
8 perpetual
11 overstate

Across

1 allude
3 nourish
6 accelerate
8 revenue
10 reciprocity
11 embrace
12 induce
13 proportion
14 abundant

Down

2 lengthy
4 identify
5 prescribe
7 chronic
9 disregard
12 intact

Across

1 unnoticed
6 prior
7 reconcile
10 indulge
11 segregation
12 opt
13 delusion
14 apt

Down

2 illusion
3 ascribe
4 superficial
5 empirical
6 prioritize
8 fertile
9 integrate

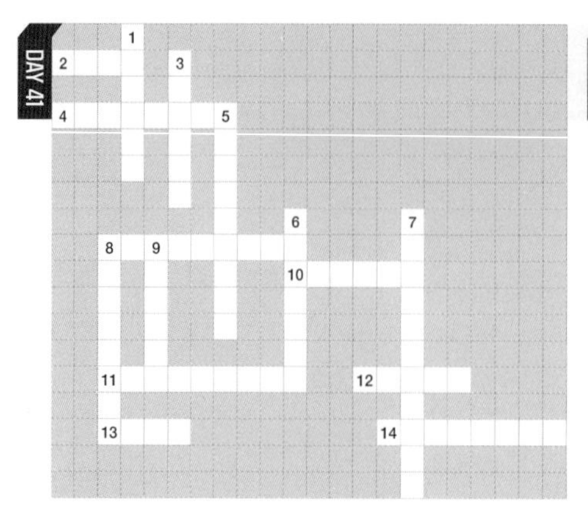

Across
2 rate
4 immature
8 plausible
10 pollen
11 alternate
12 reign
13 mock
14 lifespan

Down
1 regard
3 plunge
5 efficient
6 deprive
7 sensitivity
8 proclaim
9 attest

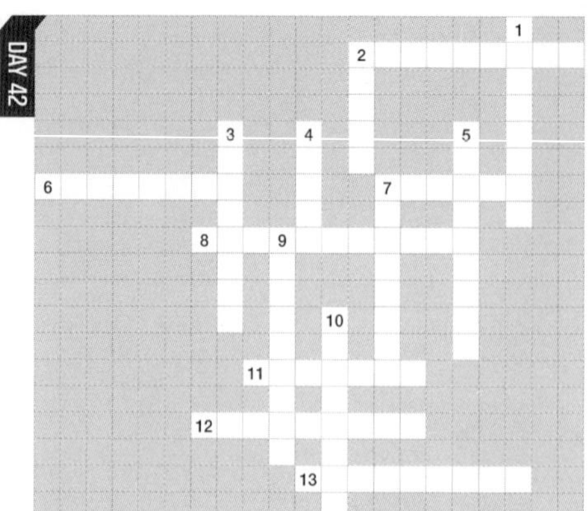

Across
2 impartial
6 obedient
7 tactic
8 disseminate
11 empower
12 reinforce
13 ingenious

Down
1 literacy
2 impel
3 outright
4 venue
5 authentic
7 tangible
9 sentiment
10 profound

Across
4 distortion
7 temporal
9 analogy
10 prolonged
12 vulnerable
13 compassion
14 withhold

Down
1 intrinsic
2 abound
3 contemporary
5 obligation
6 temporary
8 ponder
11 explicitly

Across
4 compliance
5 abuse
7 deadlock
9 formidable
12 vanish
13 mundane
14 stake

Down
1 prone
2 reprove
3 exert
5 accompany
6 deterrent
8 yearn
10 banish
11 usher

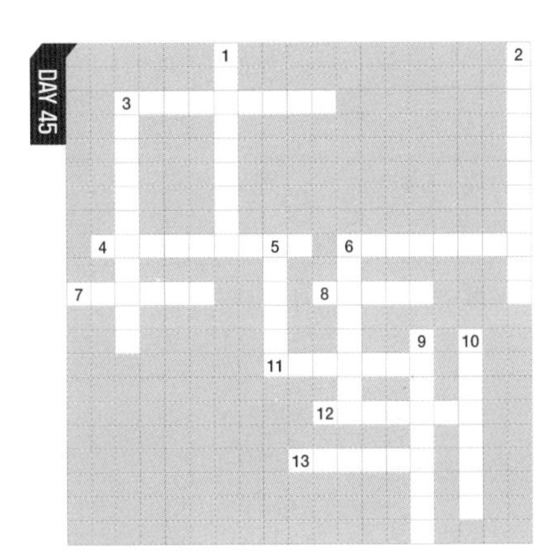

Across

3 divergent
4 hazardous
6 compress
7 plight
8 endow
11 deviate
12 bequest
13 ingest

Down

1 threshold
2 anonymously
3 devastating
5 uphold
6 conceive
9 deceitful
10 postpone

Across

3 inheritance
4 bizarre
9 enhance
12 mythology
13 diffuse
14 transient

Down

1 transcend
3 inherent
5 implicit
6 spacious
7 hectic
8 proportional
10 hardwired
11 admittedly

Across

2 fragile
4 advent
8 fabricate
10 ensure
11 inhibit
13 speculate
15 offspring

Down

1 transparent
3 inhabit
5 expertise
6 consensus
7 deficit
9 adversary
12 irreversible
14 conform

Across

1 bland
8 optical
9 consistent
11 arbitrary
12 deduce
13 penetrate

Down

2 adversity
3 jeopardy
4 weather
5 improvisation
6 elastic
7 consolidate
10 viable
12 defy
14 entail

Crossword Puzzle Answers

DAY 49~50

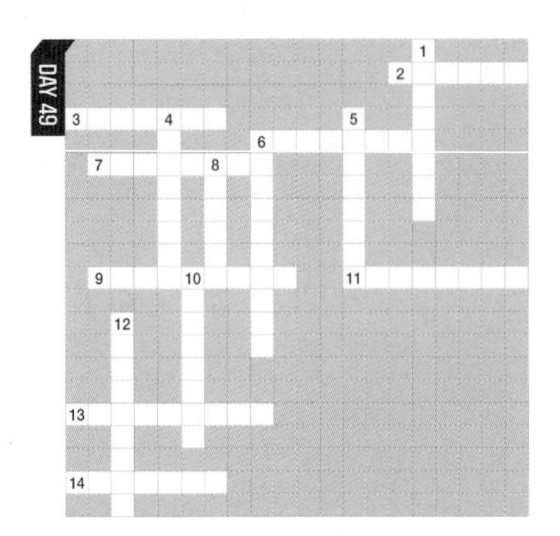

Across

2 frugal
3 subsidy
6 discreet
7 discrete
9 mandatory
11 entitled
13 hostility
14 succumb

Down

1 prestige
4 inclined
5 preserve
6 deliberate
8 elicit
10 arguably
12 injustice

DAY 50

Across

2 nomad
5 fallacy
6 overtake
8 undermine
9 humility
10 embed
12 embellish
13 humiliation
14 aggressive

Down

1 protagonist
3 hybrid
4 contemplate
7 presume
11 replace

index

Index

A

F

Index

N

O

P

W

Y

Z

memo

한 권으로 끝내는 영단어

수능 2000

미니 암기장

해피스터디

DAY 01

0001	faithful	a. 충실한, 충직한, 신의 있는
0002	emotional	a. 감정적인, 정서적인
0003	excess	n. 초과, 과다, 과잉 a. 초과한, 과도한
0004	donate	v. 기부하다
0005	discourage	v. 좌절시키다, 단념시키다
0006	demanding	a. 부담이 큰, 힘든, 요구가 많은
0007	conversely	ad. 반대로, 역으로
0008	condense	v. 응축하다, 요약하다
0009	colonize	v. 식민지로 개척하다, 식민지로 만들다; 대량서식하다
0010	carbohydrate	n. 탄수화물
0011	valuable	a. 가치 있는, 소중한
0012	invaluable	a. 귀중한, 매우 유용한
0013	widespread	a. 널리 보급되어 있는, 널리 퍼진
0014	trait	n. 특징, 특성
0015	obstacle	n. 장애물
0016	resume	v. 재개하다, 다시 찾다
0017	fake	v. ~체하다, 속이다 a. 가짜의, 거짓된, 모조의 n. 모조품, 사기꾼
0018	possess	v. 소유하다; ~의 마음을 사로잡다
0019	organism	n. 유기체, 생물(체)
0020	confrontational	a. 대립을 일삼는

0021	figure	1. n. 인물 2. n. 숫자, 수치 3. v. 알아내다, 이해하다, 계산하다
0022	innocent	a. 무해한, 순결한, 무죄의
0023	graduate	v. 졸업하다, (졸업생을) 배출시키다 n. 졸업생; 대학원
0024	enterprise	n. 기업, 사업, 일
0025	disclose	v. 털어놓다, 폭로하다, 드러내다
0026	decay	n. 부패, 쇠퇴 v. 품질이 저하되다, 부패하다, 쇠퇴하다
0027	contact	n. 접촉, 연락 v. 연락하다
0028	classify	v. 분류하다
0029	afford	v. ~할 여유가 있다
0030	withdraw	v. 움츠러들다, 위축시키다, (뒤로) 물러나다; 인출하다
0031	urge	v. 촉구하다, 강요하다 n. 욕구, 충동
0032	therapy	n. 치료법
0033	startling	a. 깜짝 놀랄 만한, 아주 놀라운
0034	selfish	a. 이기적인
0035	rigid	a. 엄격한, 완고한, 굳은
0036	bearable	a. 참을 만한, 견딜 수 있는
0037	hospitality	n. 환대, 접대
0038	civility	n. 예의 바름, 공손함
0039	villain	n. (이야기·연극 등의 중심인물인) 악당[악한]
0040	cripple	v. 손상시키다

DAY 02

0041	welfare	n. 안녕, 복지, 행복
0042	trail	n. 흔적; 오솔길 v. 추적하다; 끌다
0043	spot	v. 포착하다, 발견하다 n. 장소; 점
0044	restrict	v. 제한하다, 한정하다
0045	refine	v. 개선하다, 정제하다
0046	pose	v. 자세를 취하다; (문제를) 제기하다 n. 자세
0047	ordinary	a. 평범한, 보통의, 일상적인
0048	inform	v. 알리다, 통지하다
0049	grab	v. 붙잡다, 움켜쥐다 n. 움켜쥠
0050	altitude	n. 고도
0051	latitude	n. 위도, (위도 상의) 지역
0052	longitude	n. 경도
0053	agency	n. 주체성, 주도성; 기관; 대행사, 대리점
0054	fiction	n. 공상, 허구, 소설
0055	energetic	a. 활기찬, 정력적인
0056	disappear	v. 사라지다
0057	debt	n. 부채, 빚
0058	consume	v. 소비하다, 먹다[마시다]
0059	resurrect	v. 부활시키다
0060	bet	v. 돈을 걸다, 내기를 하다; 틀림없이 ~이다, 확신하다 n. 내기

0061	firm	**1.** n. 회사, 기업 **2.** a. 확고한, 단단한
0062	advertise	v. 알리다, 광고하다
0063	superior	a. 우월한, 우수한, 상관의 n. 선배, 상관
0064	theoretical	a. 이론의, 이론적인
0065	fabulous	a. 기막히게 좋은[멋진], 엄청난; 우화나 전설에 나올 만한
0066	insistently	ad. 고집 세게, 끈질기게
0067	self-esteem	n. 자존감, 자부심
0068	reliance	n. 의존, 의지
0069	relief	n. 안도, 안심, (고통·불안 등의) 제거, 경감
0070	probe	v. 탐색하다, 조사하다, 연구하다 n. 조사, 탐사선
0071	majority	n. 다수, 대부분
0072	peculiar	a. 이상한, 특이한, 독특한
0073	overall	a. 전반적인, 전체의
0074	notable	a. 주목할 만한, 유명한
0075	mislead	v. 잘못 판단하게 하다, 현혹하다
0076	disgust	n. 혐오감 v. 혐오감을 유발하다
0077	humanitarian	a. 인도주의적인, 인도주의의
0078	imprecision	n. 부정확, 비정밀, 불명확
0079	classlfled	a. 기밀의, 주제별로 분류된
0080	override	v. 결정을 뒤엎다, 기각[무시]하다; ~보다 더 중요하다[우선하다]

DAY 03

0081	analyze	v. 분석하다
0082	declare	v. 선언하다; (세관에) 신고하다
0083	contradict	v. 반박하다, 부정하다; 모순되다
0084	biography	n. 전기, 일대기
0085	eject	v. 튀어나오게 하다, 쫓아내다
0086	withstand	v. 견디다, 버티다
0087	urgent	a. 긴급한
0088	supervision	n. 감독, 관리
0089	statesman	n. 정치인
0090	readily	ad. 쉽게; 선뜻, 기꺼이
0091	rational	a. 합리적인, 이성적인
0092	rationale	n. 논리적 근거, 근본적 이유, 이론적 근거, 명분
0093	soar	v. 급등하다, 날아오르다
0094	sensational	a. 선정적인, 선풍적인, 세상을 놀라게 하는
0095	fanciful	a. 기발한, 비현실적인, 상상의
0096	proceed	v. 진행하다, 계속하다, 나아가다
0097	pottery	n. 도기류, 도자기, 도예
0098	pendulum	n. (시계의) 추
0099	overestimate	v. 과대평가하다
0100	nurture	n. 양육, 교육 v. 양육하다, 양성하다, 교육하다

0101	clear	**1. a.** 분명한, 확실한 **2. v.** 제거하다 **a.** 깨끗한, (방해 등이) 없는 **ad.** ~로부터 떨어져
0102	misrepresent	**v.** (정보를) 잘못[불완전하게] 표현하다
0103	recession	**n.** 경기 침체, 경기 후퇴, 물러남
0104	alleviate	**v.** 완화하다
0105	injure	**v.** 상처를 입히다, 손상시키다
0106	fragrant	**a.** 향기로운, 향긋한
0107	imprint	**n.** 인쇄물, 찍은 자국; 인상 **v.** 찍다; 감명시키다
0108	harsh	**a.** 가혹한, 엄한, 거친
0109	exclusive	**a.** 상위의, 고급의; 전용의; 배타적인 **n.** 독점기사
0110	downside	**n.** 불리한 면
0111	discriminate	**v.** 구별하다, 차별하다
0112	deposit	**n.** 매장층, 매장, 보증금 **v.** 침전시키다, ~에 두다
0113	asset	**n.** 자산, 재산
0114	coordinate	**v.** 조정하다, 조직하다 **a.** 동등한
0115	thrift	**n.** 절약, 검소
0116	inanimate	**a.** 무생물의, 죽은, 죽은 것 같은
0117	narcissism	**n.** 자아도취, 자기 도취증, 나르시시즘
0118	unprecedented	**a.** 전례 없는, 미증유의
0119	vindicate	**v.** 정당성을 입증하다, 정당화하다
0120	aviation	**n.** 항공(술)

DAY 04

0121	magnify	v. 확대하다, 과장하다
0122	remedy	v. 치유하다, 수습하다, 바로잡다 n. 치료
0123	procedure	n. (특히 어떤 일을 늘·제대로 하는) 절차[방법]; 수술
0124	misperception	n. 오해, 오인
0125	potential	n. 잠재력 a. 잠재적인, 가능성 있는
0126	confidence	n. 자신감, 확신
0127	noticeable	a. 눈에 띄는, 뚜렷한, 현저한
0128	notoriety	n. 악명, 악평
0129	initial	a. 초기의, 처음의 n. 머리글자(이니셜)
0130	causal	a. 인과관계의
0131	casual	a. 비격식의, 태평스러운; 우연한 n. 평상복; 임시직
0132	casualty	n. 사상자
0133	overcome	v. 극복하다
0134	impressive	a. 인상적인
0135	miscellaneous	a. 잡다한, 갖가지의
0136	exclude	v. 배제하다, 차단하다, 거부하다
0137	emphasis	n. 강조, 역점
0138	transfer	v. 전환하다, 이동하다, 환승하다 n. 이동, 환승
0139	pedestrian	n. 보행자 a. 보행자의
0140	discourse	n. 담화, 강연

0141	subject	**1. a.** ~의 영향하에 있는, ~에 종속된 **2. n.** 주제; 학과 **3. n.** 대상자, 피험자
0142	combat	**v.** 싸우다, 방지하다 **n.** 전투
0143	assessment	**n.** 평가
0144	likewise	**ad.** 마찬가지로
0145	wrinkled	**a.** 주름이 있는
0146	innovation	**n.** 혁신
0147	starve	**v.** 굶어 죽다, 굶주리다, 굶기다
0148	retain	**v.** 유지하다, 보유하다, 함유하다
0149	refreshment	**n.** 상쾌함; 다과
0150	precise	**a.** 정확한, 정밀한
0151	organize	**v.** 조직하다, 구조화하다, 체계화하다
0152	irony	**n.** 아이러니; 비꼼, 반어법
0153	doom	**v.** 불행한 운명[결말]을 맞게 하다, 운명 짓다 **n.** (나쁜) 운명
0154	grateful	**a.** 감사하는
0155	file	**v.** (소송을) 제기하다; 정리해 놓다, 파일에 철하다 **n.** 서류철
0156	entertainment	**n.** 오락, 여흥, 접대, 연예
0157	relevance	**n.** 관련성, 적절, 타당성
0158	rebel	**n.** 반항자, 반역자 **v.** 모반[반역]하다, 반란을 일으키다, 반항하다
0159	heretofore	**ad.** 지금까지는, 이전에는
0160	utilitarian	**a.** 실용적인, 공리주의의

DAY 05

0161	dine	v. 식사하다, 만찬을 대접하다
0162	debate	v. 논의하다, 논쟁하다, 토론하다 n. 논쟁, 토론
0163	cite	v. 인용하다, 예를 들다
0164	benefit	v. 이익을 얻다, 도움이 되다 n. 이익, 혜택
0165	suitable	a. 적합한, 적절한
0166	wicked	a. 악한, 심술궂은
0167	unspoken	a. 말해지지 않은, 입 밖에 내지 않은, 무언의
0168	texture	n. 질감, 감촉; (여러 요소의) 조화; 조직, 구조
0169	venture	v. 모험을 하다, 위험을 무릅쓰다 n. 모험, 모험적 사업
0170	hypothesis	n. 가설, 가정
0171	credible	a. 믿을 만한, 받아들일 만한
0172	credulous	a. 잘 속는
0173	snatch	v. 잡아채다
0174	self-efficacy	n. 자기효능감
0175	discover	v. 발견하다, 찾아내다, 알아내다
0176	upright	a. (자세가) 똑바른, 꼿꼿한, 수직으로 세워 둔 ad. 똑바로
0177	ratio	n. 비율, 비
0178	peasant	n. (특히 과거 또는 현대 빈곤 국가의) 농민, 소작농[소농]
0179	possibility	n. 가능성, 기회
0180	privilege	v. 특권을 주다 n. 특권

0181	affect	**1. v.** 영향을 미치다 **2. n.** [심리학] 정서
0182	outdated	**a.** 시대에 뒤진, 구식의
0183	misinterpret	**v.** 잘못 해석하다
0184	machinery	**n.** 기계류
0185	maintain	**v.** 유지하다, 관리하다; 주장하다
0186	inferior	**a.** 열등한, 질 낮은
0187	concrete	**a.** 구체적인, 사실에 의거한; 콘크리트의
0188	impose	**v.** 부과하다, 시행하다, 강요하다
0189	dominant	**a.** 지배적인, 우세한, 우성의
0190	reflect	**v.** 반영하다, 반사하다; 숙고하다
0191	exceed	**v.** 넘다, 초과하다, 초월하다
0192	emission	**n.** 배출, 배기가스
0193	fossil	**n.** 화석
0194	discount	**v.** 평가절하하다, 무시하다; 할인하다 **n.** 할인
0195	delighted	**a.** 아주 기뻐하는
0196	controversy	**n.** 논쟁, 언쟁, 논란
0197	manipulate	**v.** 조작하다, 잘 다루다
0198	synchronously	**ad.** 같은 시간에, 동시적으로
0199	eligible	**a.** 적임인, 석격인
0200	incompatible	**a.** 양립할 수 없는

DAY 06

0201	rewarding	a. 보상이 되는, 보람 있는, 수익이 많이 나는
0202	release	v. 방출하다, 놓아주다 n. 분비, 석방, 발표
0203	random	a. 무작위의, 임의의
0204	primitive	a. (산업화 이전의) 원시사회의, 초기의, 원시적인 단계의
0205	positive	a. 긍정적인, 낙관적인, 확신하는
0206	patronizing	a. 깔보는 듯한, 잘난 체하는
0207	hallmark	n. (전형적인) 특징[특질], 품질 보증 마크
0208	miserable	a. 비참한
0209	lyric	n. 노래가사, 서정시 a. 서정시의, 노래가사의
0210	disprove	v. 반증하다, 틀렸음을 증명하다, 논박하다
0211	industrial	a. 산업의, 공업의
0212	industrious	a. 부지런한, 근면한
0213	implication	n. 함의, 암시; 영향
0214	habitual	a. 습관적인, 상습적으로 하는
0215	formulate	v. (명확히) 표현하다, 공식화하다, 만들어내다
0216	fade	v. 사라지다, (색깔이) 바래다
0217	excavation	n. 발굴, 발굴지
0218	approximation	n. 추정, 근사치
0219	divorce	v. 이혼하다, 분리시키다 n. 이혼, 분리
0220	disconnect	v. 연결을 끊다 n. 단절

0221	wear	**1. v.** 착용하다 **n.** 옷 **2. v.** 닮다 **n.** 마모
0222	contribute	**v.** 공헌하다, 기여하다
0223	colonial	**a.** 식민지의, 식민시대의 **n.** 식민지 주민
0224	capacity	**n.** 수용력, 용량, 능력, 지위
0225	assemble	**v.** 모으다, 조립하다
0226	concerted	**a.** 합심한, 결연한
0227	collide	**v.** 충돌하다, 일치하지 않다
0228	fool	**v.** 속이다, 기만하다 **n.** 바보, 광대
0229	aspirational	**a.** 야심찬, 출세지향적인, 열망의, 동경의 대상인
0230	alternative	**n.** 대안 **a.** 대안의
0231	weave	**v.** (천을) 짜다, (엮어서) 만들다 **n.** 짜기
0232	trace	**v.** 추적하다, 밝혀내다 **n.** 자취, 흔적
0233	opportunity	**n.** 기회
0234	lifelong	**a.** 평생의, 일생의
0235	infer	**v.** 추론하다, 암시하다
0236	fellow	**n.** 친구, 동료 **a.** 동료의
0237	endeavor	**n.** 노력 **v.** 노력하다, 애쓰다
0238	postulate	**v.** 가정하다, 추정하다, 상정하다
0239	confidentiality	**n.** 기밀 유지, 비밀 유지
0240	premise	**n.** (주장의) 전제; 토지, 부동산 **v.** 서두[전제]로서 말하다

DAY 07

0241	habitat	n. 서식지, 주거지
0242	formula	n. 공식, 화학식, (일정한) 방식
0243	fabric	n. 직물, 천; 구조
0244	evolutionary	a. 진화의, 점진적인
0245	delinquency	n. 청소년의 비행[범죄]
0246	emergence	n. 출현, 발생
0247	heir	n. 상속인
0248	definitive	a. 확정적인, 최종적인
0249	contrast	v. 대조를 이루다, 대조시키다 n. 대조, 차이, 대비
0250	collapse	n. 붕괴 v. 무너지다, (가격이) 폭락하다
0251	succession	n. 연속, 잇따름, 연쇄
0252	success	n. 성공
0253	candidate	n. 후보자
0254	artificial	a. 인공적인, 인조의
0255	waste	v. 낭비하다, 버리다 n. 낭비, 폐기물
0256	toxic	a. 유독한, 유독성의
0257	sphere	n. 분야, 범위; 구, 구체
0258	responsibility	n. 책임
0259	refer	v. 언급하다; 참고[참조]하다; 위탁하다
0260	poisoning	n. 중독, 음독, 독살

0261	cast	**1.** **v.** 던지다, 드리우다 **2.** **n.** 깁스 **3.** **n.** 출연자 **v.** 배역을 정하다
0262	eminent	**a.** 저명한, 탁월한, 걸출한
0263	lie	**v.** 놓여 있다; 눕다 **v.** 거짓말하다 **n.** 거짓말
0264	infection	**n.** 감염, 전염병
0265	geometry	**n.** 기하학
0266	feed	**v.** (먹을 것을) 먹다, ~에 먹이를 주다
0267	encounter	**v.** (우연히) 만나다, 마주치다 **n.** 마주침
0268	dimension	**n.** 크기, 치수; 측면, 차원
0269	deal	**v.** 다루다; **n.** 거래; 많음
0270	conscience	**n.** 양심, 양심의 가책
0271	chore	**n.** 허드렛일, 잡일, 집안일
0272	barely	**ad.** 간신히, 가까스로; 거의 ~않다
0273	adorn	**v.** 꾸미다, 장식하다
0274	wholesaler	**n.** 도매상
0275	unfold	**v.** 펴지다, 펼쳐지다, 펼치다
0276	textile	**a.** 직물의, 방직의 **n.** 직물
0277	precede	**v.** ~에 앞서다, 선행하다
0278	self-containment	**n.** 자기충족
0279	conjure	**v.** ~을 상기하다, 떠올리다; 마술을 하다
0280	predecessor	**n.** 이전 형태, 전임자

DAY 08

0281	fare	n. (교통) 요금, 운임, 승객
0282	allocate	v. 할당하다, 배분하다
0283	warehouse	n. 창고
0284	tolerate	v. 견디다, 참다, 용인하다
0285	realm	n. 영역; 왕국
0286	resource	n. 자원, 재료 v. 자원을 제공하다
0287	recommend	v. 추천하다, 권고하다
0288	pioneer	n. 개척자, 선구자 v. 개척하다
0289	occupy	v. (시간·장소를) 차지하다, 전념하다
0290	launch	v. 출시하다, 시작하다; 발사하다 n. 출시; 발사
0291	ethnic	a. 민족의 n. 소수민족 출신자
0292	ethical	a. 윤리적인, 도덕에 관계된, 옳은
0293	infant	n. 유아, 유치원생
0294	genius	n. 천재, 천재성, 비범한 재능
0295	fee	n. 수수료, 요금, 회비
0296	damp	a. 축축한
0297	conquer	v. 정복하다, 이기다, 극복하다
0298	chase	v. 추격하다, 쫓다 n. 추적, 추격
0299	spill	v. 쏟아져 나오다, 흘리다 n. 유출
0300	restoration	n. 복구, 복원, 회복

0301	hide	**1. v.** 숨다, 숨기다 **n.** 은신처 **2. n.** 가죽
0302	advocate	**n.** 옹호자, 지지자, 변호사 **v.** 옹호하다, 지지하다
0303	portray	**v.** 나타내다, 묘사하다, 그리다
0304	barbaric	**a.** 야만적인, 야만의
0305	wholeheartedly	**ad.** 전폭적으로, 전적으로, 진심으로
0306	unaware	**a.** 알지 못하는, 모르는, 눈치 못 챈
0307	territory	**n.** 영토, 영역
0308	subtle	**a.** 미묘한, 교묘한, 예민한
0309	stain	**n.** 얼룩 **v.** 얼룩지게 하다
0310	skepticism	**n.** 회의, 회의론
0311	seize	**v.** 붙잡다, 사로잡다, 파악하다
0312	engrave	**v.** 새기다
0313	rage	**n.** 분노; 격렬, 대유행 **v.** 몹시 화내다
0314	primate	**n.** 영장류
0315	document	**v.** 상세히 기록하다, 서류로 입증하다 **n.** 문서
0316	inexperienced	**a.** 경험이 없는
0317	bewitched	**a.** 마법에 걸린
0318	indiscriminate	**a.** 무분별한[무차별적인], 지각없는, 신중하지 못한
0319	coveted	**a.** 부러움을 사는
0320	prerequisite	**n.** 전제 조건

DAY 09

0321	eliminate	v. 없애다, 제거하다
0322	congratulate	v. 축하하다, 축하의 말을 하다
0323	charity	n. 자선 단체, 자선
0324	quote	v. 인용하다; 값을 매기다 n. 인용구
0325	admission	n. 입장, 입학, 입회, 시인, 인정
0326	waver	v. 흔들리다, 약하다, 약해지다, 망설이다
0327	unauthorized	a. 무단의, 승인되지 않은
0328	contrary	a. 반대의; 불리한 n. 정반대, 반대의 것
0329	patriotic	a. 애국적인
0330	stack	n. 더미, 산더미; (도서관의) 서가 v. 쌓아 올리다
0331	considerate	a. 사려 깊은, 남을 배려하는
0332	considerable	a. 상당한, 많은
0333	tease	v. 놀리다[장난하다], 괴롭히다 n. 놀리기
0334	skeleton	n. 뼈대, 골격, 구조
0335	seemingly	ad. 외견상으로, 겉보기에는
0336	revision	n. 수정, 개정
0337	regulate	v. 조절하다, 규제하다
0338	radioactive	a. 방사능의
0339	previous	a. 이전의, 앞의
0340	portion	n. 부분, 일부, 1인분

0341	content	1. n. 내용(물) 2. v. 만족시키다 a. 만족하는
0342	originate	v. 처음으로 발명하다, 유래하다
0343	nevertheless	ad. 그럼에도 불구하고
0344	misconception	n. 오해
0345	litter	v. 어지럽히다 n. 쓰레기
0346	invasive	a. 급속히 퍼지는, 침습성의
0347	impatient	a. 참을성 없는
0348	diversity	n. 다양성, 포괄성
0349	ground	v. 근거[기초]를 두다 n. 지면; 근거
0350	forefather	n. 조상, 선조
0351	extrinsic	a. 외적인, 외부의
0352	evident	a. 분명한, 명백한
0353	embarrassment	n. 난처, 당황
0354	disbelief	n. 불신
0355	definite	a. 명확한, 확고한, 분명한; 한정된
0356	substantial	a. 상당한; 실재하는, 물질의; 튼튼한
0357	inhalation	n. 흡입, 흡입제
0358	intoxicate	v. 취하게 하다, 흥분시키다, 열중시키다
0359	turmoil	n. 혼란
0360	invoke	v. 들먹이다[적용하다], (예·이론 등을) 들다[언급하다]

DAY 10

0361	neutral	a. 중립의
0362	regularity	n. 규칙성, 균형, 조화
0363	aware	a. 알고 있는, 인지하는, 인식하고 있는
0364	pollution	n. 오염
0365	preventable	a. 막을 수 있는, 방해[예방]할 수 있는
0366	patience	n. 참을성, 인내심
0367	organic	a. 유기농의, 유기물의; (인체) 장기의
0368	review	v. 재검토하다, 복습하다 n. 복습, 검토, 비평
0369	mischief	n. 해악, 나쁜 짓
0370	grind	v. 빻다, 갈다, 비비다 n. 단조로운 고된 일
0371	awful	a. 끔찍한, 지독한
0372	literate	a. 읽고 쓸 수 있는, 교육받은
0373	literal	a. 문자 그대로의
0374	literary	a. 문학의, 문예의
0375	setback	n. 좌절, 방해, 역행
0376	impair	v. 지장을 주다, 손상시키다
0377	capable	a. ~을 할 수 있는, 유능한
0378	terrified	a. 무서워하는, 겁이 난
0379	aptitude	n. 소질, 적성
0380	extraordinary	a. 비범한, 기이한, 놀라운

0381	evaporate	v. 증발하다
0382	disturbance	n. 방해, 폐해, 소란, 소동
0383	slight	a. 약간의, 경미한
0384	conduct	1. v. 행동하다, 처신하다 n. 행위 2. v. 수행하다 3. n. 지휘 v. 지휘하다 4. v. 전도하다
0385	continuous	a. 계속되는, 지속적인
0386	conceal	v. 숨기다
0387	coincidence	n. 우연의 일치, 동시에 일어난 사건
0388	bullying	n. (약자) 괴롭히기
0389	arrangement	n. 배열; 합의
0390	wander	v. (정처없이) 돌아다니다, 헤매다
0391	bypass	v. 무시하다, 우회하다 n. 우회로
0392	ban	v. 금지하다 n. 금지(령)
0393	misdirect	v. 엉뚱한 방향[곳]으로 보내다, 잘못 이용하다
0394	recognize	v. 인지하다, 알아보다, 인정하다
0395	loop	n. 고리 v. 고리로 만들다
0396	inventory	n. 물품 목록, 재고 v. 목록을 만들다
0397	resolve	v. 해결하다; 결심하다 n. (단호한) 결심, 의지
0398	ingrained	a. 깊이 스며든, 뿌리 깊은, 깊이 몸에 밴
0399	reverential	a. 경건한, 숭배심이 넘치는
0400	laypeople	n. 비전문가, 평범한 사람

DAY 11

0401	sincere	a. 진정한, 진실된
0402	subsequent	a. 그 이후의, 다음의
0403	trigger	v. 유발하다, 촉발시키다 n. 방아쇠; 계기
0404	resist	v. 견디다, 저항하다
0405	admire	v. 감탄하다, 존경하다
0406	awaken	v. 깨우다, 깨다, (감정 등을) 불러일으키다
0407	ward	n. 병동, 구 v. 막다, 물리치다
0408	confess	v. 고백하다
0409	involuntary	a. 무의지적인, 무의식적인, 반사적인
0410	custom	n. 관습, 풍습, 습관
0411	devise	v. 고안하다, 창안하다
0412	adopt	v. 채택하다, 입양하다
0413	adapt	v. 적응시키다
0414	adept	a. 숙련된, 능숙한 n. 숙련가, 정통한 사람
0415	electric	a. 전기의, 전기를 이용하는
0416	foreseeable	a. 예측[예견]할 수 있는
0417	indicate	v. 나타내다, 가리키다
0418	landfill	n. 쓰레기 매립지, 매립식 쓰레기 처리
0419	numerous	a. 많은, 다수의
0420	physical	a. 신체의, 육체의, 물질의, 물질적인, 물리학의

0421	rare	a. 희귀한, 드문
0422	skilled	a. 숙련된, 노련한, 전문적인
0423	tendency	n. 성향, 경향
0424	matter	1. n. 문제, 사안; 물질 2. v. 중요하다, 문제되다
0425	vital	a. 필수적인, 중요한
0426	alert	v. 경고하다 a. 조심하는 n. 경계
0427	awesome	a. 경탄할 만한, 어마어마한
0428	buffer	v. 완충하다, 보호하다 n. 완충제
0429	cognition	n. 인식, 인지
0430	comprise	v. 구성하다, 포함하다
0431	dedication	n. 헌신, 전념
0432	eloquent	a. 말을 잘 하는, 웅변의, 달변의, 표현이 풍부한
0433	evade	v. 피하다, 회피하다, 모면하다
0434	extract	v. 추출하다 n. 추출물
0435	fond	a. 좋아하는, 애정을 느끼는
0436	grief	n. 큰 슬픔, 비탄
0437	enshrine	v. 소중히 간직하다[모시다]; (문서상으로) 명시하다
0438	dubious	a. 의심하는, 미심쩍어 하는, 불확실한
0439	refract	v. 굴절되다, 굴절시키다
0440	harness	v. 활용하다; 마구를 채우다[마구로 연결하다] n. 마구

DAY 12

0441	intervention	n. 개입, 제재, 조정, 중재
0442	overload	v. 과부하를 주다, 과적하다 n. 과부하
0443	misbehavior	n. 비행, 부정행위, 버릇없음
0444	nervous	a. 불안하게 하는; 신경의
0445	orbit	n. 궤적, 궤도 v. 궤도를 그리며 돌다
0446	pathway	n. 경로, 오솔길, 통로
0447	poke	v. 쿡 찌르다 n. 쿡 찌르기
0448	regrettable	a. 유감스러운
0449	retrieve	v. 회수하다, 잃은 것을 되찾다, 개선하다
0450	sculpture	n. 조각상 v. 조각하다
0451	quantitative	a. 양적인
0452	qualitative	a. 질적인
0453	simulate	v. ~의 모의실험을 하다, 흉내 내다
0454	tempt	v. 유혹하다, (관심을) 끌다
0455	pad	v. 채워 넣다, 옷에 솜을 두다 n. 패드, 메모지 묶음
0456	voluntary	a. 자발적인, 임의적인
0457	adequate	a. 적절한, 충분한
0458	snare	n. (사냥용) 올가미, 덫 v. 올가미[덫]로 잡다
0459	characterize	v. 특징짓다, 특징이 되다
0460	confer	v. 주다, 수여하다; 협의하다

0461	election	**n.** 선거, 당선
0462	state	**1. v.** 분명히 말하다, 진술하다 **2. n.** 상태; 지위 **3. n.** 국가, 주 **a.** 국가의, 국영의
0463	curse	**n.** 저주 **v.** 악담을 퍼붓다
0464	faculty	**n.** 대학의 학부; 교수진; (사람이 타고난) 능력, 기능
0465	immune	**a.** (질병과 공격을) 면한, 면역의, 면역성이 있는
0466	pillar	**n.** 기둥, (시스템·조직·신념 등의) 기본적인 부분
0467	counteract	**v.** (무엇의 악영향에) 대응하다
0468	lasting	**a.** 지속적인, 영속적인
0469	individual	**n.** 개인 **a.** 개인의, 개인적인
0470	generate	**v.** 생겨나게 하다, 발생시키다
0471	federal	**a.** 연방의, 연방 정부의
0472	geared	**a.** 설계된[구성된], 준비가 된
0473	index	**n.** 지표, (책 등의) 색인
0474	labor	**n.** 노동; 산고 **v.** 노동하다; 자세히 설명하다
0475	notion	**n.** 개념, 의견
0476	phase	**n.** 단계, 국면 **v.** 단계적으로 하다
0477	robust	**a.** 튼튼한, 원기 왕성한
0478	lethal	**a.** 치명적인
0479	sabotage	**v.** 방해하다 **n.** 고의적 방해행위, 태업, 사보타주
0480	salient	**a.** 두드러진, 가장 중요한, 핵심적인, 현저한

DAY 13

0481	budget	n. 예산, 예산안
0482	comprehend	v. 이해하다, 파악하다
0483	contaminated	a. 오염된
0484	decisive	a. 결정적인, 결단력 있는
0485	claim	v. 주장하다, 요구하다 n. 요구, 주장
0486	distribute	v. 분배하다, 분포시키다, 유통시키다
0487	elevate	v. 격상시키다, 들어올리다, 승진시키다
0488	trivial	a. 사소한, 하찮은
0489	fit	n. 격발; (병의) 발작 v. 발작을 일으키다 a. 적합한; 건강한
0490	range	n. 범위 v. (범위가 …에서 ~에) 이르다, 포함[포괄]하다
0491	resent	v. 분개하다, 화를 내다
0492	recent	a. 최근의
0493	roar	v. 큰소리로 울리다, (큰 짐승 등이) 으르렁거리다[포효하다] n. 함성, 포효
0494	swell	v. 부풀다; (바다 등이) 넘실거리다 n. 팽창; (파도의) 너울
0495	victim	n. 희생(자), 피해자
0496	agreeable	a. 기분 좋은, 쾌활한, 선뜻 동의하는
0497	arise	v. 발생하다, 일어나다, 생겨나다
0498	greedy	a. 탐욕스러운
0499	immigration	n. 이주, 이민, 출입국 관리소
0500	scroll	n. 두루마리 v. 스크롤하다

0501	observe	1. v. 관찰하다, ~을 보다 2. v. 말하다 2. v. 준수하다
0502	interrupt	v. 방해하다, 중단하다
0503	miraculous	a. 기적과 같은, 놀라운
0504	neglect	v. 무시하다, 소홀히 하다 n. 소홀
0505	oppression	n. 억압, 압박, 탄압
0506	plot	n. 줄거리, 음모 v. 음모를 꾸미다
0507	pretend	v. ~인 척하다
0508	puzzle	v. 어리둥절하게 하다
0509	extreme	a. 극단의, 극도의 n. 극단, 극도
0510	retail	n. 소매 a. 소매의 ad. 소매로 v. 소매하다
0511	simplify	v. 단순화하다
0512	spread	v. 퍼지다, 펼치다 n. 퍼짐, 확산
0513	subordinate	a. 하위의, 부차적인 n. 하급자 v. 하위에 두다
0514	vocational	a. 직업과 관련된
0515	supposedly	ad. 아마도, 추정상
0516	autobiographical	a. 자서전적인
0517	subsume	v. 포섭하다, 포함하다
0518	bewilder	v. 어리둥절하게 하다, 당황케 하다
0519	epidemic	n. 유행[전염]병 a. 전염성의
0520	satiety	n. 포만, 포만감

DAY 14

0521	gaze	v. 응시하다, 관찰하다 n. 응시
0522	independent	a. 독립적인
0523	sweeping	a. 광범위한, 전면적인
0524	norm	n. 규범, 표준
0525	clutter	n. 어수선함, 혼란 v. 어지럽히다
0526	quest	n. 추구, 탐구, 탐색 v. 탐색하다
0527	panorama	n. 전경(全景), 파노라마
0528	shrink	v. 오그라들다, 줄어들다, 피하다
0529	label	v. 라벨[꼬리표]을 붙이다 n. 꼬리표, 상표
0530	inequity	n. 불공평
0531	complement	v. 보완하다 n. 보완재
0532	compliment	n. 칭찬 v. 칭찬하다
0533	contagious	a. 전염성의, 감염성의
0534	decent	a. 예의 바른, 괜찮은, 적절한
0535	differentiate	v. 차별하다, 구별하다, 구분짓다
0536	elaborate	v. 공들여 만들다 a. 정교한
0537	estimate	v. 추산하다, 평가하다 n. 견적, 평가, 근사치
0538	extinction	n. 멸종, 소멸, 절멸
0539	argument	n. 논쟁, 말다툼, 주장, 논거
0540	focal	a. 중심의, 초점의

0541	curb	**1. v.** 억제하다 **n.** 재갈, 고삐 **2. n.** (인도와 차도 사이의) 연석(緣石)
0542	gravity	**n.** 인력, 중력; 심각성, 중대함
0543	immense	**a.** 엄청난
0544	pastime	**n.** 유희, 소일거리
0545	interpret	**v.** 해석하다; 통역하다
0546	liquid	**n.** 액체 **a.** 액체의, 유동적인
0547	minimize	**v.** 최소화하다
0548	necessity	**n.** 필요, 필수품
0549	oppose	**v.** 반대하다
0550	disvalue	**n.** 반가치(反價値) **v.** 경시하다, 무시하다
0551	presence	**n.** 존재(함), (특정한 곳에) 있음, 참석
0552	purposeful	**a.** 목적 의식이 있는, 결단력 있는, 결의에 찬
0553	regardless	**a.** 개의치 않는, 무관심한 **ad.** 개의치 않고
0554	concern	**v.** 관심을 갖게 하다, ~에 관한 것이다; 염려시키다 **n.** 관심; 걱정
0555	cultivation	**n.** 경작, 재배, 함양
0556	outclass	**v.** 압도하다, ~보다 우월하다
0557	outgrow	**v.** 너무 커져 맞지 않게 되다
0558	regime	**n.** 체제, 정권, 제도
0559	ration	**v.** 배급하다 **n.** 배급량
0560	manure	**n.** 거름[천연 비료] **v.** 거름을 주다

DAY 15

0561	crucial	**a.** 중대한, 결정적인
0562	temper	**n.** 성질, 기분, 화
0563	transmit	**v.** 보내다, 전달하다, 전염시키다
0564	vivid	**a.** 생생한, 선명한
0565	achieve	**v.** 이루다, 성취하다
0566	authority	**n.** 지휘권, 권위, 당국
0567	certificate	**n.** 면허, 증명서, 자격증
0568	concept	**n.** 개념
0569	subconscious	**a.** 잠재의식적인
0570	befriend	**v.** 친구가 되어 주다
0571	effective	**a.** 효과적인, 실질적인
0572	affective	**a.** 정서적인
0573	explore	**v.** 탐구하다, 답사하다, 탐색하다
0574	increase	**n.** 증가 **v.** (수량이) 증가하다
0575	foundational	**a.** 기초적인, 기본이 되는, 굳건한
0576	nod	**v.** (머리를) 끄덕이다, 끄덕여 승낙하다, 인사하다, 졸다 **n.** 끄덕임
0577	quarrel	**v.** 싸우다, 다투다 **n.** 싸움, 말다툼
0578	rescue	**v.** 구하다, 구조하다 **n.** 구출
0579	applause	**n.** 박수(갈채), 칭찬
0580	swallow	**v.** 삼키다, 집어 삼키다 **n.** 삼킴; 제비

0581	share	**1. v.** 나누다, 공유하다 **2. n.** 일부, 몫, 비율 **3. n.** 주식
0582	verbal	**a.** 말의, 구두의; 동사의
0583	affirm	**v.** 증명해 보이다, 확인하다, 단언하다
0584	architect	**n.** 건축가, 설계자
0585	complicated	**a.** 복잡한
0586	consultation	**n.** 협의, 상의, 상담, 참조
0587	cloning	**n.** 복제
0588	deceive	**v.** 속이다, 기만하다
0589	diabetes	**n.** 당뇨병
0590	externalize	**v.** (생각·감정을) 외면화하다, 표면화하다
0591	erroneously	**ad.** 잘못되게, 바르지 않게
0592	distort	**v.** 왜곡하다, 비틀다
0593	incubation	**n.** 세균의 배양, (조류의) 알 품기[포란], 질병의 잠복기
0594	fluid	**n.** 유체, 체액 **a.** 유동성의
0595	gratitude	**n.** 감사, 고마움
0596	imaginary	**a.** 상상에만 존재하는, 가상의
0597	edible	**a.** 먹을 수 있는
0598	metaphysical	**a.** 형이상학의, 순정[순수] 철학의, 철학적인, 추상적인
0599	tariff	**n.** 관세, 운임표
0600	amplify	**v.** 증폭시키다, 확대시키다

DAY 16

0601	linguistic	a. 언어의, 언어학의
0602	mimic	v. 흉내 내다, 모방하다
0603	opponent	n. 상대, 반대자 a. 반대하는
0604	passionate	a. 열정적인
0605	plague	v. 고생시키다, 괴롭히다 n. 전염병
0606	preoccupy	v. (생각·걱정이) 뇌리를 사로잡다[떠나지 않다]
0607	regarding	p. ~에 관하여
0608	respondent	n. 응답자
0609	scheme	n. 계획, 체계 v. 계획하다
0610	accused	n. (the ~) 피고(인) a. 고발[고소]당한
0611	punish	v. 처벌하다, 벌주다, (특별한 형벌에) 처하다
0612	furnish	v. 제공하다; (가구를) 비치하다, 갖추다
0613	significant	a. 중요한, 특별한 의미가 있는
0614	strive	v. 노력하다, 애쓰다, 투쟁하다
0615	tear	v. 찢다; 눈물을 흘리다 n. 눈물
0616	translation	n. 번역
0617	virtue	n. 미덕
0618	attitude	n. 태도, 입장
0619	cease	v. 중단하다 n. 중단
0620	concentration	n. 정신집중; 농축

0621	mean	**1. n.** 평균 **v.** 평균이 ~이다 **2. v.** 의미하다, 의도하다 **3. a.** 심술궂은, 인색한, 못된
0622	criticize	**v.** 비난하다
0623	destiny	**n.** 운명, 숙명
0624	ecosystem	**n.** 생태계
0625	explode	**v.** 폭발하다, 폭발적으로 증가하다
0626	fuse	**v.** 융합하다, 결합하다 **n.** 퓨즈, 도화선
0627	include	**v.** 포함하다
0628	negotiate	**v.** 협상하다
0629	pest	**n.** 해충, 유해동물
0630	request	**n.** 요청 **v.** 요청하다
0631	severe	**a.** 심한, 엄격한
0632	sustain	**v.** 지탱하다, 유지하다
0633	vehicle	**n.** 수단; 탈것, 운송수단
0634	archaeological	**a.** 고고학의, 고고학적인
0635	dump	**v.** 버리다, 쏟아버리다 **n.** 쓰레기 폐기장
0636	current	**a.** 현재의; 통용되는 **n.** 흐름, 전류, 해류, 경향
0637	undertake	**v.** 착수하다; 약속하다, 떠맡다
0638	queue	**n.** 줄, 대기행렬 **v.** 줄을 서서 기다리다
0639	reposltory	**n.** 저장소
0640	hitherto	**ad.** 지금까지

DAY 17

0641	construct	v. 구축하다, 건설하다
0642	deadly	a. 치명적인
0643	devote	v. 전념하다, (시간·노력 등을) 쏟다
0644	distinctive	a. 뚜렷이 구별되는, 변별력 있는, 독특한
0645	edge	n. 가장자리; 우위; 날카로움
0646	sufficient	a. 충분한
0647	exterior	n. 겉, 겉면, 외부 a. 외부의
0648	fluency	n. 유창성
0649	illuminate	v. 조명하다; 분명히 하다, 설명하다; 계몽하다
0650	incredible	a. (믿기 어려울 만큼) 엄청난, 믿을 수 없는
0651	jealous	a. 시샘하는, 질투하는
0652	zealous	a. 열성적인
0653	interfere	v. 간섭하다, 방해하다
0654	limitation	n. 한계, 제한
0655	migrate	v. 이동하다, 이주하다
0656	narrow	a. 좁은, 아슬아슬하게 된 v. 좁히다; 눈쌀을 찌푸리다
0657	particle	n. 입자, 작은 조각
0658	eccentric	a. 기이한, 이상한, 괴팍한
0659	premium	a. 고급의; 할증의, 프리미엄의 n. 보험료; 할증료
0660	refuge	n. 피난처, 도피처, 보호구역

0661	address	**1.** **n.** 주소 **2.** **v.** (문제 등을) 처리하다, 다루다 **3.** **v.** 연설하다
0662	scarcely	**ad.** 거의 ~않다; 겨우, 간신히, 가까스로
0663	sibling	**n.** 형제, 자매
0664	split	**v.** 분리하다, 분열하다 **n.** 몫; 틈, 분열
0665	explain	**v.** 설명하다
0666	taxation	**n.** 조세, 과세제도
0667	transition	**n.** 전환, 변화, 과도기
0668	virtual	**a.** 가상의; 사실상의
0669	accurate	**a.** 정확한
0670	athletic	**a.** 운동의, 운동경기의, 탄탄한
0671	carriage	**n.** 객차, 마차, 운반
0672	compose	**v.** 구성하다, 작곡하다, 작문하다
0673	crisis	**n.** 위기
0674	destination	**n.** 목적지
0675	dynamic	**a.** 역동적인, 활발한
0676	strip	**v.** 벗기다, 없애다
0677	fundamental	**a.** 기본적인, 근본적인, 필수의
0678	exacerbate	**v.** (특히 질병·문제를) 악화시키다
0679	steadfast	**a.** 변함없는, 확고부동한
0680	loophole	**n.** 허점, 도망갈 길

DAY 18

0681	impact	n. 영향, 충격 v. 충격을 주다
0682	nominate	v. 지명하다
0683	judge	v. 판단하다, 추정하다 n. 판사, 심판
0684	negative	a. 부정적인
0685	pursue	v. 추구하다, 추적하다
0686	reproduce	v. 복제하다, 재생하다, 번식하다
0687	spiral	n. 소용돌이, 나선 a. 나선형의 v. 나선형으로 움직이다, 급증하다
0688	suspicious	a. 의심스러운, 의혹을 갖는
0689	metabolic	a. 신진대사의, 물질대사의
0690	outmoded	a. 유행에 뒤떨어진, 더 이상 쓸모없는
0691	forbear	v. 참다[삼가다], 억제하다
0692	forebear	n. 조상
0693	affection	n. 애정, 애착
0694	assign	v. 할당하다, 부여하다, 지정하다
0695	aural	a. 청각의, 귀의
0696	complete	v. 완료하다 a. 완벽한, 완성된
0697	constitute	v. 구성하다, 설립하다, 제정하다
0698	crude	a. 투박한, 조잡한, 있는 그대로의
0699	reframe	v. 다시 구성하다
0700	distance	v. 거리를 두다, 관여하지 않다 n. 거리, 거리감

0701	discharge	1. n. 방출, 배출 v. 방출하다 2. v. 해고하다 3. v. 퇴원시키다, 석방하다 n. 제대, 퇴원
0702	equivalent	a. 동등한, ~에 상당하는 n. 동등한 것
0703	extent	n. 범위, 정도, 규모
0704	fluctuation	n. 변동, 동요
0705	gossip	v. 험담을 하다, 뒷공론하다 n. 소문, 험담
0706	ignorance	n. 무지, 무시
0707	intercept	v. (중간에) 가로채다, 가로막다
0708	migrant	n. 이주자, 이주 노동자, 철새 a. 이주성의, 이주하는
0709	narrative	n. 서술, 이야기 a. 서술의, 이야기로 이루어진
0710	familiarity	n. 친숙함, 낯익음
0711	partial	a. 부분적인, 편파적인
0712	physiology	n. 생리, 생리학
0713	preliminary	a. 예비의, 준비의 n. 예비 단계, 예선
0714	glow	v. 빛나다, 타다, 발개지다 n. 홍조
0715	indistinct	a. 또렷하지 않은, 흐릿한, 희미한
0716	detect	v. 찾아내다, 탐지하다
0717	scarce	a. 부족한, 드문
0718	unilateral	a. 일방적인
0719	subdue	v. 가라앉히다, 억누르다, 약화시키다
0720	devolve	v. 퇴화하다, 양도하다, 넘기다

DAY 19

0721	stride	n. 보행, 보폭 v. 성큼성큼 걷다
0722	tailor	v. 맞추다, 조정하다 n. 재단사, 양복장이
0723	transformation	n. 변형, 변화
0724	violent	a. 난폭한, 폭력적인
0725	astronomy	n. 천문학
0726	capture	v. 붙잡다, 차지하다, 점유하다
0727	component	n. 구성 요소 a. 구성하는
0728	criminal	a. 형사상의, 범죄의 n. 범인, 범죄자
0729	desire	n. 욕구, 욕망 v. 바라다
0730	extensive	a. 아주 넓은[많은], 광범위한, 대규모의
0731	respectable	a. 존경할 만한, 품위 있는, 부끄럽지 않은
0732	respective	a. 각자의, 각각의
0733	experience	v. 경험하다 n. 경험
0734	functional	a. 기능(상)의, 실용적인; 함수의
0735	isolation	n. 분리, 고립, 외로운 상태
0736	native	n. 출신자, 원주민 a. 토종의
0737	persist	v. 지속하다, 고집하다
0738	psychology	n. 심리학, 심리
0739	shy	a. 수줍어하는, 피하는, 꺼리는 v. 피하다
0740	servant	n. 하인, 종복, 종업원, 공무원

0741	grant	**1. v.** 주다 **2. n.** 보조금; 양도 **3. v.** 승인하다, 인정하다
0742	suspect	**v.** 의심하다; 여기다 **n.** 용의자 **a.** 수상쩍은
0743	auction	**n.** 경매 **v.** 경매로 팔다
0744	breathtaking	**a.** 숨막히는
0745	cling	**v.** ~에 집착하다, 달라붙다
0746	constant	**a.** 일정한, 불변의 **n.** (수학에서의) 상수
0747	critic	**n.** 비평가, 평론가
0748	deviance	**n.** 일탈
0749	dissolve	**v.** 용해하다, 해산하다, 해소하다
0750	ease	**n.** 쉬움, 편안함; **v.** 편하게 하다, 완화하다
0751	equilibrium	**n.** 평형[균형] (상태)
0752	dwell	**v.** 거주하다, 살다
0753	float	**v.** 뜨다, 떠다니다
0754	idle	**a.** 게으른, 나태한, 한가한, 헛된 **v.** 빈둥거리다
0755	gloomy	**a.** 침울한, 음울한, 어둑어둑한
0756	inconvenience	**n.** 불편, 불편한 것[사람]
0757	intent	**n.** 의도, 의지, 의향 **a.** 집중된, 여념없는
0758	ensue	**v.** 잇달아 나타나다
0759	vigilance	**n.** 경계, 조심, 불침번
0760	dispassionately	**ad.** 냉정하게, 공정하게

DAY 20

0761	lessen	**v.** 줄이다, 줄다
0762	naïve(naive)	**a.** 순진한, 소박한, 천진난만한
0763	ongoing	**a.** 진행 중인
0764	phobia	**n.** 공포증, 혐오증
0765	prejudice	**n.** 편견, 선입관 **v.** 편견을 갖게 하다
0766	provision	**n.** 조항; 공급, 제공
0767	resolution	**n.** 해결, 결의안, 결단력
0768	savagely	**ad.** 잔인하게, 야만적으로
0769	shred	**v.** 조각조각으로 찢다
0770	specify	**v.** (구체적으로) 명시하다
0771	complaint	**n.** 불평, 항의
0772	compliant	**a.** 순응하는, 준수하는
0773	stretch	**v.** 뻗다, 뻗치다, 늘어나다 **n.** 넓은 지역, 구간, (얼마간) 지속된 기간
0774	symptom	**n.** 증상, 증후
0775	violate	**v.** 침해하다, 위반하다
0776	permission	**n.** 허가, 승인
0777	assume	**v.** 추정하다; (태도 등을) 취하다
0778	cancel	**v.** 취소하다
0779	complex	**a.** 복잡한 **n.** 복잡체, 복합 건물
0780	creative	**a.** 창의적인, 창조적인

0781	charge	**1. v.** (요금을) 청구하다 **2. n.** 책임 **3. v.** 충전하다
0782	describe	**v.** 기술하다, 묘사하다, 표현하다
0783	dull	**a.** 둔한, 따분한 **v.** 둔해지다, 약해지다
0784	expectation	**n.** 기대, 예상
0785	fulfill	**v.** 성취하다, 이행하다
0786	thermal	**a.** 열의
0787	irregular	**a.** 불규칙적인
0788	accept	**v.** 받아들이다, 수락하다
0789	psychic	**a.** 마음의, 초자연적인
0790	remind	**v.** 상기시키다, 생각나게 하다
0791	selective	**a.** 선택적인, 선별적인, 까다로운
0792	survey	**n.** 설문 조사 **v.** 둘러보다, 조사하다
0793	valid	**a.** 타당한, 유효한
0794	appropriate	**a.** 적절한
0795	abide	**v.** 준수하다, 지키다, 견디다; 체류하다
0796	breakthrough	**n.** 비약적 발전, 돌파구
0797	contour	**n.** 등고선, 윤곽 **a.** 윤곽[등고]을 나타내는
0798	convergence	**n.** 합류점, 수렴
0799	frivolity	**n.** 경박함
0800	agonize	**v.** 고민하다, 고뇌하다

DAY 21

0801	determine	v. 결정하다, 결심하다; 밝히다
0802	dissent	v. 반대하다, 이의를 주장하다 n. 반대, 이견
0803	eager	a. 갈망하는, 간절한
0804	pinpoint	v. 정확히 보여주다, 이유를 정확히 집어내다
0805	exposure	n. 노출; 폭로, 알려짐
0806	flip	v. 손가락으로 튀기다, 홱 뒤집다 n. 공중제비, 손가락으로 튀김
0807	glimpse	n. 흘끗 봄 v. 흘끗 보다
0808	identity	n. 정체성, 신원
0809	inconsistent	a. 일치하지 않는, 모순된; 일관성 없는
0810	intensify	v. 강화하다, 강해지다
0811	omission	n. 생략, 빠짐, 부작위
0812	commission	n. 위원회, 위임; 작위; 수수료 v. 위임장을 주다, 위임하다
0813	mutual	a. 상호간의, 공동의
0814	paradoxical	a. 모순적인, 역설의
0815	phenomenon	n. 현상
0816	prehistory	n. 선사 시대
0817	province	n. 영역, 지역, 지방
0818	reform	n. 개혁 v. 개혁하다
0819	resign	v. 사임하다, 사직하다
0820	sacrifice	v. 희생시키다, 제물을 바치다 n. 희생, 희생물

0821	settle	**1.** v. 정착하다, 정착시키다 **2.** v. 가라앉다, 가라앉히다 **3.** v. 해결하다
0822	specific	a. 구체적인, 특정한
0823	strengthen	v. 강화하다, 강화되다
0824	compare	v. 비교하다, 비유하다
0825	tragic	a. 비극적인
0826	vicious	a. 악성의, 악랄한, 타락한
0827	festive	a. 축제의, 명절 기분의
0828	appear	v. ~인 것 같다; 나타나다
0829	calculate	v. 추정하다, 계산하다
0830	sympathize	v. 공감하다, 동정하다, 측은히 여기다
0831	craft	n. 공예(품), 기술 v. 공들여 만들다
0832	depict	v. 묘사하다, 그리다
0833	drown	v. 익사하다, 액체에 잠기게 하다
0834	expand	v. 확장되다, 확장시키다
0835	frustrating	a. 좌절감을 주는
0836	prune	v. 잘라내다, 다듬다 n. 말린 자두
0837	peril	n. 위험 v. 위험에 빠뜨리다
0838	plummet	v. 급락하다, 곤두박질치다
0839	presuppose	v. 예상하다, 추정[상정]하다
0840	abatement	n. 완화, 감소

DAY 22

0841	involve	v. 포함하다; 관련시키다
0842	multiply	v. 곱하다, 크게 증대하다
0843	performance	n. 수행, 공연, 연주, 성과
0844	remark	v. (의견을) 말하다; ~에 주목하다 n. 의견, 주목
0845	scream	n. 비명 v. 비명을 지르다
0846	support	v. 뒷받침하다, 지지하다 n. 뒷받침, 지지
0847	vaccinate	v. 예방 주사를 접종하다
0848	adolescence	n. 청소년기
0849	appreciate	v. 진가를 인정하다, 감상하다; 고맙게 여기다
0850	attraction	n. 인력, 끌림, 매력, (사람을 끄는) 명소, 명물
0851	herbivore	n. 초식 동물
0852	carnivore	n. 육식 동물
0853	exploit	v. 이용하다, 착취하다
0854	circumstance	n. 상황, 환경
0855	competitive	a. 경쟁의, 경쟁력 있는, 경쟁심이 강한
0856	cram	v. (좁은 공간 속으로 억지로) 밀어[쑤셔] 넣다, 벼락치기를 하다
0857	detach	v. 분리시키다, 거리를 두다
0858	enthusiastically	ad. 열광적으로
0859	botany	n. 식물학
0860	flexible	a. 잘 구부러지는, 유연한, 융통성 있는

0861	level	1. n. 수준, 정도 2. n. 수평 a. 수평의, 평평한 v. 평평하게 하다
0862	incentive	n. 자극, 동기, 장려책
0863	intake	n. 수용, 섭취(량)
0864	legislation	n. 입법, 법률의 제정
0865	mercilessly	ad. 무자비하게, 인정사정없이
0866	preferable	a. 선호되는, 더 좋은
0867	offensive	a. 공격의; 모욕적인, 불쾌한
0868	shortcoming	n. 단점, 결점
0869	pervasive	a. 만연하는, 스며드는
0870	mutation	n. 돌연변이, 변형, 변화
0871	reflective	a. 반영하는, 빛을 반사하는; 사색적인
0872	residential	a. 거주하는, 거주하기 좋은, 주택지의
0873	rust	v. 녹이 슬다, 부식하다 n. 녹
0874	overwhelm	v. 압도하다, 당황하게 하다
0875	species	n. (생물 분류상의) 종
0876	streak	n. 연속 v. 기다란 자국을 내다
0877	provide	v. 제공하다, 공급하다, 준비하다
0878	perplexed	a. 당황하게 된, 당혹한
0879	deploy	v. (군대·무기 등을) 배치하다; 효율적으로 사용하다
0880	microorganism	n. 미생물

DAY 23

0881	sympathetic	a. 공감하는, 동정적인, 호감이 가는
0882	tradeoff	n. 거래, 교환, 상호절충
0883	absorption	n. 흡수, 통합, 몰두
0884	appeal	v. 호소하다, 관심을 끌다 n. 호소, 항의
0885	burst	v. 터지다, 갑자기 나타나다 n. 파열, 폭발
0886	compact	v. 압축시키다 a. 밀집한; 아담한 n. 계약, 협정
0887	countless	a. 셀 수 없이 많은, 무수한
0888	dependent	a. 의존적인, 의존하는
0889	drought	n. 가뭄
0890	existing	a. 현존하는, 현재의
0891	horizon	n. 지평선, 수평선
0892	vertical	a. 수직의, 세로의 n. 수직선
0893	scope	n. (관찰·활동 등의) 범위, 시야 v. 조사하다
0894	motivate	v. 동기를 부여하다
0895	perceive	v. 인식하다, 인지하다
0896	proverb	n. 속담
0897	remain	v. 여전히 ~이다, 남아 있다
0898	invest	v. (수익을 위해) 투자하다, (시간·노력 등을) 투자하다
0899	supply	n. 공급, 공급품 v. 공급하다, 채우다
0900	upset	a. 속상한 v. 속상하게 하다, 계획이 뒤틀어지다 n. 혼란 상황

0901	compromise	**1. v.** 손상을 가하다 **2. n.** 타협, 절충안 **v.** 타협하다, 절충하다
0902	blush	**v.** 얼굴을 붉히다, 부끄러워하다
0903	circulate	**v.** 순환하다, 순환시키다, 유포하다, 유통시키다
0904	crack	**v.** 난국을 해결하다; 금이 가다 **n.** 갈라진 틈
0905	compete	**v.** 경쟁하다
0906	desperate	**a.** 절망적인, 필사적인
0907	conserve	**v.** 보존하다, 보호하다
0908	undisputed	**a.** 논란의 여지가 없는
0909	duration	**n.** 지속 기간, 지속
0910	enrich	**v.** 질을 높이다, 부유하게 하다
0911	experimental	**a.** 실험의, 실험적인
0912	fierce	**a.** 격렬한, 사나운
0913	incapable	**a.** ~을 하지 못하는
0914	insurance	**n.** 보험, 보험금
0915	layer	**n.** 막, 층, 겹
0916	incremental	**a.** 점진적인, 증가의
0917	integral	**a.** 통합적인; 필수적인 **n.** 적분
0918	devour	**v.** 집어삼키다, 게걸스럽게 먹다
0919	proactive	**a.** 상황을 앞서서 주도하는
0920	exhaustively	**ad.** 남김없이, 철저하게, 속속들이

DAY 24

0921	mend	v. 고치다, 수선하다, 바로잡다
0922	torrent	n. 급류
0923	obvious	a. 분명한, 명백한
0924	overview	n. 개요
0925	perspective	n. 관점, 견해; 원근법
0926	vibrate	v. 진동하다, 흔들다
0927	absolute	a. 완전한, 절대적인, 순; 무제한의
0928	reside	v. (속성 등이) ~에 있다, 거주하다
0929	swarm	v. 떼를 짓다, 무리를 짓다 n. 떼, 무리
0930	variation	n. 변형, 변화, 차이
0931	variety	n. 다양, 다양성; 품종
0932	variable	n. 변수 a. 가변적인, 변화하는
0933	strategy	n. 전략, 계획
0934	swiftly	ad. 신속히, 빨리, 즉시, 즉석에서
0935	torture	n. 고문 v. 고문하다
0936	prospect	n. 가망, 가능성, 전망 v. 조사[답사]하다; (광산 등이) 가망이 있다
0937	recruit	v. 모집하다 n. 신병
0938	annual	a. 연간의, 연례의, 해마다의
0939	communicate	v. 의사소통하다, 전달하다, 알리다
0940	council	n. 의회, 회의기구

0941	property	**1. n.** 재산, 소유권, 소유물, 부동산 **2. n.** 속성, 특성, 성향
0942	depart	**v.** 출발하다, 떠나다
0943	drift	**v.** 떠돌다, 이동하다 **n.** 표류; 일반적인 경향
0944	exhibit	**v.** 보이다, 전시하다 **n.** 전시품, 전시(회)
0945	formal	**a.** 격식을 차린, 공식적인
0946	hesitation	**n.** 망설임, 주저, 우유부단
0947	interval	**n.** 간격, 사이, 중간 휴식 시간
0948	mineral	**n.** 광물, 무기물, 광천수, 탄산음료
0949	pave	**v.** (널돌·벽돌 등으로 길을) 포장하다, 가득 채우다
0950	protect	**v.** 보호하다, 지키다
0951	rely	**v.** 의지하다, 믿다
0952	scholarship	**n.** 장학금, 학문
0953	suggest	**v.** 제안하다; 시사하다
0954	undergo	**v.** 겪다
0955	adjust	**v.** 조절하다, 적응하다
0956	applicable	**a.** 적용할 수 있는, 해당되는, 적절한
0957	attentive	**a.** 주의를 기울이는, 배려하는, 신경 쓰는
0958	subside	**v.** 가라앉다, 진정되다, 침전되다
0959	scrutiny	**n.** 정밀 조사
0960	feasible	**a.** 실현 가능한

DAY 25

0961	conservative	a. 보수적인; (실제 수나 양보다) 적게 잡은 n. 보수당원, 보수주의자
0962	coverage	n. (신문·방송의) 보도, 방송; (연구의) 범위
0963	durable	a. 내구성이 있는, 오래 가는; 내구재
0964	enlarge	v. 확대하다, 확장하다
0965	expenditure	n. 지출
0966	commence	v. 개시하다, 착수하다, 시작하다
0967	gifted	a. 재능 있는
0968	inaudible	a. 들리지 않는
0969	insult	n. 모욕, 모욕적인 말 v. 모욕하다
0970	memorial	n. 기념물, 기념비[관] a. 기념의, 추도의
0971	morality	n. 도덕성, 도덕, 도덕률
0972	mortality	n. 사망(률), 죽음
0973	obtain	v. 획득하다; 통용되다, (널리) 행해지다
0974	overvalue	v. 과대평가하다
0975	personality	n. 성격, 개성, 특색
0976	predictable	a. 예측 가능한
0977	propel	v. 나아가게 하다, 추진하다
0978	recollection	n. 회상, 기억(력), 기억하는 내용
0979	reserve	v. 마련해두다, 예약해두다, 보유하다 n. 비축, 매장량; 특별 보호 지역
0980	shiver	v. 몸을 떨다 n. 떨림

0981	suit	**1. v.** 어울리다, 적합하게 하다 **2. n.** 정장 한 벌 **3. n.** 소송
0982	span	**v.** (얼마의 기간에) 걸치다 **n.** (지속) 기간[시간], 너비
0983	strain	**n.** 중압감, 긴장 **v.** 혹사하다, 긴장시키다
0984	surrender	**v.** 항복하다, 양도하다 **n.** 항복, 양도
0985	abruptly	**ad.** 갑작스럽게; 퉁명스럽게
0986	announce	**v.** 발표하다, 알리다
0987	bulk	**a.** 대량의 **n.** 대부분; 크기, 부피 **v.** 부피가 커지다, 덩어리가 되다
0988	commercial	**a.** 상업적인, 상업의 **n.** (TV·라디오의) 광고방송
0989	costly	**a.** 돈이 많이 드는, 대가가 큰
0990	deny	**v.** 부인하다, 거절하다
0991	administer	**v.** 관리[운영]하다; 집행하다; 주다
0992	embody	**v.** 구체화하다; 포함하다
0993	drain	**v.** 물을 빼내다, (자원·활력 등을) 소모시키다 **n.** 배수관
0994	exclaim	**v.** (감탄하며) 외치다
0995	flow	**n.** 흐름, 계속적인 공급 **v.** 흐르다
0996	hemisphere	**n.** (지구·뇌의) 반구
0997	intermediate	**a.** 중간의, 중급의 **n.** 중급자
0998	forthright	**a.** 솔직 담백한
0999	temperamentally	**ad.** 기질적으로
1000	stranded	**a.** 좌초된, 유기된

DAY 26

1001	merit	n. 장점, 가치
1002	paste	v. 붙이다 n. 반죽, 풀, 붙여넣기
1003	propose	v. 제안하다; 청혼하다
1004	religious	a. 종교의, 신앙심이 깊은
1005	scare	v. 겁주다, 겁먹다 n. 불안감, 공포
1006	substance	n. 물질, 재료; 본질, 실체
1007	ultimate	a. 궁극적인, 최후의
1008	adhere	v. 고수하다
1009	apparent	a. 명백한; 외견상의
1010	biological	a. 생물학의, 생물체의
1011	royal	a. 왕족의, 왕의
1012	loyal	a. 충실한, 충성의
1013	cheating	n. 부정행위
1014	compel	v. 강요하다, ~하게 만들다
1015	consequential	a. 중대한; ~의 결과로 일어나는
1016	corruption	n. 부패, 오염
1017	designate	v. 지명하다, 지정하다
1018	dispose	v. 처리[처분]하다; 배치하다; ~할 마음이 내키다
1019	lag	n. 지연, 시간적 격차 v. 뒤쳐지다, 뒤떨어지다
1020	sculpt	v. 조각하다, 형상을 만들다

1021	still	**1. a.** 조용한, 고요한, 정지한 **2. ad.** 여전히, 아직도 **3. ad.** 그럼에도 불구하고
1022	hierarchical	**a.** 계층적인, 계급에 따른
1023	inactive	**a.** 활동하지 않는, 무기력한, 소극적인
1024	insulation	**n.** 절연[단열, 방음] 처리
1025	kinship	**n.** 친족 관계, 혈족 관계, 유사
1026	meditation	**n.** 명상, 묵상
1027	deforestation	**n.** 삼림 벌채
1028	observance	**n.** 준수, 따름; (축제·기념일의) 축하, 기념
1029	overstock	**v.** 필요[판매량] 이상을 사다[만들다], 재고[생산] 과잉이다
1030	persistent	**a.** 끈질긴, 집요한, 끊임없이 반복되는, 지속하는
1031	pronounce	**v.** 선언하다, 표명하다; 발음하다
1032	recital	**n.** 연주회, 발표회
1033	reputable	**a.** 평판이 좋은, 명망이 있는
1034	routine	**a.** 일상적인, 지루한 **n.** 틀에 박힌 일
1035	shelter	**n.** 주거지; 보호소, 피난처 **v.** 막아주다, 보호하다
1036	sovereign	**n.** 군주, 국왕 **a.** 자주적인; 최고권력을 지닌
1037	stir	**v.** 젓다, 섞다; 불러일으키다
1038	vertebrate	**n.** 척추동물
1039	rudimentary	**a.** 가장 기본적인
1040	disambiguate	**v.** (비슷한 뜻을 갖는 어구들의) 차이를 분명히 보여주다

DAY 27

1041	tissue	n. (생물) 조직
1042	folk	a. 민속의 n. 사람들
1043	ancient	a. 고대의, 아주 오래된
1044	broaden	v. 넓히다, 퍼지다
1045	comment	n. 논평, 주석 v. 논평하다, 의견을 말하다
1046	cosmopolitan	a. 세계적인, 세계주의의 n. 세계인, 국제인
1047	demonstrate	v. 입증하다, 설명하다; 시위하다
1048	draft	n. 초고, 초안 v. 초안을 그리다
1049	exaggerate	v. 과장하다
1050	flourish	v. 번성하다, 건강하다
1051	feminine	a. 여성의, 여성스러운
1052	famine	n. 기근
1053	harvest	v. 수확하다 n. 수확, 수확기, 수확물
1054	intentional	a. 고의적인, 의도적인
1055	mere	a. 단순한, 단지 ~에 불과한
1056	proper	a. 적절한, 알맞은
1057	relieve	v. 완화하다, 안도시키다
1058	satisfactory	a. 만족스러운, 만족감을 주는
1059	passive	a. 소극적인, 수동적인
1060	subjective	a. 주관적인

1061	term	**1. n.** 기간, 학기 **2. n.** 용어 **v.** (특정한 용어로) 부르다 **3. n.** (복수형으로) (지급·계약 등의) 조건, 관점
1062	trustworthy	**a.** 신뢰할 만한
1063	represent	**v.** 나타내다; 대표하다; 해당하다
1064	atmosphere	**n.** 대기; 분위기
1065	biodiversity	**n.** (균형 잡힌 환경을 위한) 생물 다양성
1066	characteristic	**n.** 특징
1067	confusion	**n.** 혼란, 혼돈
1068	deserve	**v.** ~을 받을 만하다[가치가 있다]
1069	disposable	**a.** 마음대로 처분할 수 있는, 일회용의 **n.** 일회용품
1070	dread	**v.** 두려워하다, 무서워하다 **n.** 두려움, 공포
1071	enforce	**v.** (법 등을) 실시[시행]하다, 집행하다, 억지로 시키다
1072	expedition	**n.** 탐험 (여행), 원정
1073	faulty	**a.** 흠이 있는, 불완전한, 잘못된
1074	genetic	**a.** 유전의, 유전학의
1075	heroic	**a.** 영웅적인, 용감무쌍한
1076	inaccurate	**a.** 부정확한, 오류가 있는
1077	insufficient	**a.** 불충분한
1078	sentient	**a.** 지각이 있는
1079	subservient	**a.** (~에) 종속되는, (~보다) 덜 중요한
1080	prosecute	**v.** 기소[고발, 소추]하다, 공소를 제기하다

DAY 28

1081	monetary	a. 금전적인, 화폐의
1082	molecule	n. 분자
1083	preconception	n. 예상; 선입견, 편견
1084	promotional	a. 홍보의, 판촉의
1085	recipient	n. (어떤 것을) 받는 사람, 수령인
1086	steer	v. 몰고 가다, 조종하다
1087	stimulate	v. 자극하다, 활성화시키다
1088	surpass	v. 능가하다
1089	corporate	a. 회사의, 법인의; 공동의
1090	cooperate	v. 협력하다
1091	subscribe	v. 정기 구독하다, 유료회원으로 가입하다
1092	verse	n. 운문 v. 시로 표현하다, 시를 짓다
1093	abandon	v. 버리다, 포기하다
1094	ancestor	n. 조상, 선조
1095	bounce	v. 튀(기)다, 벌떡 일어나다, (소리·빛 등이) 반사하다
1096	degree	n. 학위; 정도; 도(온도)
1097	domestic	a. 국내의, 가정의
1098	evolve	v. 진화하다, 발전하다
1099	flood	n. 홍수, 범람 v. 범람시키다
1100	harmonious	a. 사이가 좋은, 조화로운

1101	count	**1. v.** 수를 세다, 계산하다 **n.** 계산, 총계 **2. v.** 중요하다
1102	intend	**v.** ~할 작정이다, 의도하다
1103	mechanic	**n.** 기계공
1104	trick	**n.** 속임수, 마술 (기법) **v.** 속이다, 속임수를 쓰다
1105	profit	**n.** 이익, 이윤 **v.** 이익을 얻다
1106	relax	**v.** 휴식하다, 긴장을 풀다
1107	rough	**a.** 거친, 난폭한; 대충의
1108	struggle	**v.** 발버둥치다, 싸우다, 분투하다 **n.** 노력, 분투, 투쟁
1109	passion	**n.** 열정
1110	additional	**a.** 추가적인
1111	anxious	**a.** 불안해하는, 염려하는; 열망하는
1112	astonish	**v.** 깜짝 놀라게 하다
1113	dispute	**n.** 분쟁, 논쟁 **v.** 반박하다, 분쟁을 벌이다
1114	chaotic	**a.** 혼돈 상태의
1115	comparable	**a.** 비슷한, 비교할 만한
1116	impede	**v.** 방해하다, 지연시키다
1117	persevere	**v.** 인내하며 계속하다, 견디다
1118	germinate	**v.** 싹트다, 시작하다
1119	harry	**v.** 괴롭히다, 못살게 굴다
1120	sanction	**v.** 인가하다, 찬성하다 **n.** 인가; 제재

DAY 29

1121	descendant	n. 자손, 후손 a. 내려오는
1122	endure	v. 참다, 인내하다, 견디다
1123	expansion	n. 확대, 팽창, 확장
1124	fatigue	n. 피로, 피곤 v. 피로하게 하다
1125	generous	a. 관대한, 넉넉한
1126	heritage	n. 유산, 세습 재산
1127	inaccessible	a. 접근하기 어려운, 접근할 수 없는
1128	instruct	v. 지시하다, 가르치다
1129	justification	n. 정당한 이유, 정당화
1130	objectivity	n. 객관성
1131	objection	n. 이의, 반대 (이유)
1132	objective	n. 목표 a. 객관적인
1133	mediate	v. 중재하다
1134	deem	v. (~로) 여기다
1135	permanent	a. 영원한, 영구적인
1136	prominence	n. 두드러짐, 현저함, 중요성, 명성
1137	renewable	a. 재생 가능한, 갱신 가능한
1138	roam	v. 배회하다, 돌아다니다
1139	monotonous	a. 단조로운
1140	sophisticated	a. 세련된, 정교한

1141	abstract	1. v. 떼어내다, 추출하다 2. a. 추상적인 n. 추상(화); 개요
1142	stiffen	v. 뻣뻣해지다, 굳어지다
1143	surgeon	n. 외과 의사, 외과 전문의
1144	thrive	v. 번영하다, 발전하다
1145	vendor	n. 노점상
1146	yield	v. 낳다, 산출하다; 굴복하다, 양보하다 n. 수확(물), 수확량
1147	amaze	v. 놀라게 하다
1148	flaw	n. 결함, 결점
1149	combine	v. 결합하다, 겸비하다
1150	degrade	v. 저하시키다, 비하하다; 분해하다
1151	distinguish	v. 구별하다
1152	evoke	v. 이끌어내다, 불러일으키다
1153	boredom	n. 지루함, 따분함, 권태
1154	harden	v. 굳다, 경화시키다, 확고해지다
1155	instrument	n. 기구, 도구, 악기
1156	measure	v. 측정하다 n. 측정; 수단
1157	intermittent	a. 간헐적인, 간간이 일어나는
1158	indigenous	a. 토종의, (어떤 지역) 원산의[토착의]
1159	intrigue	n. 흥미; 음모 v. 호기심을 불러일으키다; 음모를 꾸미다
1160	antiseptic	n. 소독제[약] a. 소독이 되는

DAY 30

1161	participate	v. 참가하다
1162	private	a. 사유의, 민간의, 사적인, 은밀한 n. 사병, 병사
1163	relationship	n. 관계
1164	reward	v. 보상을 주다, 보답하다 n. 보상
1165	straighten	v. 똑바르게 하다, 정리하다
1166	tremendous	a. 굉장한, 무시무시한
1167	addictive	a. 중독성의, 중독성이 있는
1168	antique	a. 고대의, 옛날의, 고풍의, 골동품의 n. 골동품
1169	dramatic	a. 극적인, 급격한, 감격적인
1170	bias	n. 편견, 선입견, 편향
1171	milestone	n. 이정표, 중대한 사건
1172	cornerstone	n. 초석, 토대
1173	challenging	a. 어려운, 도전적인
1174	conflicting	a. 상충[상반]되는, 모순되는
1175	assure	v. 확실하게 하다, 보증하다
1176	endangered	a. 멸종 위기의
1177	exotic	a. 이국적인
1178	mural	n. 벽화
1179	gender	n. 성, 성별
1180	inability	n. 무능, 불능

1181	leave	**1. v.** (장소에서) 떠나다, (직장 등을) 그만두다; 남기다 **2. n.** 휴가
1182	inspiration	**n.** 영감
1183	wage	**v.** (전쟁·투쟁 등을) 벌이다 **n.** 급료
1184	modify	**v.** 수정하다, 변형하다
1185	modest	**a.** 겸손한; 알맞은, 별로 크지 않은
1186	treaty	**n.** 조약
1187	praiseworthy	**a.** 칭찬받을 만한
1188	prohibit	**v.** 금지하다
1189	recall	**v.** 상기하다; 철회하다 **n.** 상기; 철회
1190	render	**v.** (~이 되게) 하다; 주다, 제공하다
1191	fatal	**a.** 치명적인; 운명의
1192	ritual	**n.** 의식, 의례
1193	sequence	**n.** 연속적 사건, (사건·행동의) 순서, 차례 **v.** 차례로 배열하다
1194	hibernate	**v.** 동면하다
1195	lucrative	**a.** 수익성이 좋은
1196	suppress	**v.** 억압하다, 억누르다, 참다
1197	congestion	**n.** 혼잡, 밀집; 충혈
1198	willed	**a.** 의지에 의해 결정된, 자발적인
1199	averse	**a.** (~을) 싫어하는, 반대하는
1200	excerpt	**v.** 발췌하다 **n.** (글·음악·영화 등의) 발췌[인용]본

DAY 31

1201	vague	a. 희미한, 막연한, 모호한
1202	wound	v. 상처를 입히다, 부상하게 하다 n. 부상, 상처
1203	blindfold	n. 눈가리개 v. 눈가리개를 하다
1204	colony	n. 군체, 군집; 식민지
1205	convey	v. 나르다, 전달하다
1206	defend	v. 방어하다
1207	display	v. 전시하다, 나타내다 n. 전시
1208	evaluate	v. 평가하다
1209	flavor	n. 맛, 풍미 v. 맛을 내다
1210	commend	v. 칭찬하다, 추천하다
1211	command	v. 명령하다, 지휘하다 n. 명령, 지휘
1212	hail	v. 환호하다; 우박이 내리다 n. 우박, 싸락눈
1213	instinct	n. 본능
1214	meaningful	a. 의미 있는, 의미심장한
1215	pale	a. 창백한, 옅은 v. 창백해지다
1216	principle	n. 원칙, 원리
1217	relate	v. 관련시키다
1218	reverse	v. 뒤집다, 후진하다 a. 반대의 n. 반대, 후진
1219	stick	v. 달라붙다; 찌르다 n. 막대기, 나뭇가지
1220	anticipate	v. 예상하다, 기대하다

1221	decline	**1. n.** 감소 **v.** 감소하다 **2. v.** 거절하다
1222	associate	**v.** 연상시키다, 연상하다; 어울리다 **n.** 동료
1223	betrayal	**n.** 배신, 배반
1224	ceremonial	**a.** 의식의, 예식의 **n.** 의식절차
1225	communal	**a.** 공용의, 공동의
1226	core	**n.** 핵심 **a.** 핵심의
1227	drag	**v.** 힘들여 끌다, 질질 끌다 **n.** 항력
1228	encyclopedia	**n.** 백과사전
1229	fascinate	**v.** 매료시키다, 마음을 빼앗다
1230	sermon	**n.** 설교
1231	impulse	**n.** 충동, 욕구, 추진력
1232	insignificant	**a.** 중요치 않은, 대수롭지 않은
1233	irritate	**v.** 짜증나게 하다, 자극하다
1234	scribble	**v.** 갈겨 쓰다, 휘갈기다 **n.** 낙서
1235	mastery	**n.** 숙달, 통달
1236	protein	**n.** 단백질
1237	solemn	**a.** 장엄한, 근엄한, 엄숙한; 침통한
1238	entrust	**v.** 위임하다
1239	defiantly	**ad.** 반항적으로, 도진적으로
1240	impoverishment	**n.** 빈곤화, 궁핍화

DAY 32

1241	nutritional	a. 영양의
1242	overlap	v. 겹치다, 중복되다
1243	periodic	a. 주기적인, 정기[정시]의
1244	practical	a. 실용적인, 실제적인
1245	profitable	a. 이득이 되는, 수익성이 좋은
1246	meteorite	n. 운석
1247	separate	v. 분리하다 a. 분리된
1248	suppose	v. 추측하다, 가정하다
1249	threaten	v. 위협하다
1250	restraint	n. 규제, 제한, 통제
1251	brood	v. 되씹다; (새가 알을) 품다
1252	breed	v. 낳다, 양육하다
1253	utmost	n. 전력, 최선 a. 최대한의
1254	worthwhile	a. 가치 있는
1255	alienate	v. 멀리하다, 소원하게 하다
1256	blank	a. 텅빈 n. 빈칸 v. 무시하다, 아무 생각이 안 나다
1257	colleague	n. 동료
1258	convention	n. 관습, 관례; 총회
1259	decrease	v. 줄다[감소하다], 줄이다 n. 감소
1260	dismiss	v. 묵살하다; 해고하다, 해산시키다

1261	establish	v. 설립하다, 제정하다, 확립하다
1262	predation	n. (동물의) 포식
1263	submit	1. v. 제출하다 2. v. 굴복하다
1264	guardian	n. 수호인, 후견인
1265	inspire	v. 영감을 주다, 고무시키다, 격려하다
1266	mature	a. 성숙한 v. 성숙하다
1267	originality	n. 독창성
1268	primary	a. 주된, 기본의, 초기의
1269	reject	v. 거부하다, 거절하다
1270	reveal	v. 폭로하다, 드러내다
1271	steep	a. 가파른, 비탈진
1272	acute	a. 격심한, 극심한, 급성의, 예민한
1273	glance	n. 힐끗 봄, 얼핏 봄 v. 힐끗 보다
1274	beneficial	a. 유익한, 이로운
1275	celebrate	v. 기념하다, 축하하다
1276	cope	v. 대처하다
1277	linger	v. (예상보다 오래) 남다, 더 오래 머물다
1278	unobtrusive	a. 불필요하게 관심을 끌지 않는, 지나치게 야단스럽지 않은
1279	connotation	n. 함축, 내포
1280	lexical	a. 어휘의

DAY 33

1281	encouraging	a. 힘을 북돋아 주는, 격려하는
1282	depression	n. 우울증, (경제) 공황
1283	marvel	n. 경이로운 결과[업적] v. 경이로워하다
1284	farewell	v. 작별 인사를 하다 n. 작별 인사
1285	frequent	a. 빈번한 v. (장소·모임에) 자주 가다
1286	parasite	n. 기생, 기생충
1287	imprison	v. 투옥하다
1288	insensitive	a. 둔감한
1289	executive	n. 경영자, 임원 a. 행정의, 관리의
1290	provisional	a. 잠정적인
1291	require	v. 요구하다
1292	inquire	v. 묻다; 조사하다
1293	perceptual	a. 지각(력)의
1294	pound	v. (요란한 소리를 내며) 두드리다, 치다, (심장이) 뛰다 n. 파운드
1295	staple	a. 주된, 주요한 n. 주성분; 'ㄷ'자 모양 철사 침
1296	realization	n. 실현, 깨달음, 자각
1297	ripen	v. 익다, 숙성하다
1298	sensory	a. 감각의
1299	solid	a. 단단한, 고체의 n. 고체, 입체
1300	static	a. 정적인, 고정된 n. 정전기

1301	bear	**1.** **v.** (비용을) 부담하다, (책임·의무 등을) 지다 **2.** **v.** 참다, 견디다 **3.** **v.** (마음에) 지니다
1302	supplement	**v.** 보완하다 **n.** 보충
1303	thread	**n.** 실, 가닥 **v.** 실을 꿰다
1304	utilize	**v.** 활용하다
1305	worsen	**v.** 악화되다, 악화시키다
1306	agriculture	**n.** 농업
1307	blame	**v.** 비난하다, ~을 탓하다 **n.** 비난
1308	cluster	**v.** 무리를 이루다 **n.** 무리
1309	control	**v.** 통제하다, 지배하다 **n.** 통제, 지배
1310	produce	**v.** 생산하다, 제조하다 **n.** 농산물, 생산품
1311	disgrace	**n.** 불명예, 수치 **v.** 먹칠하다
1312	errand	**n.** 심부름, (남의 부탁으로 인한) 볼일
1313	financial	**a.** 금융[재정]의
1314	grocery	**n.** 식료품 잡화점, 식료품 및 잡화
1315	manage	**v.** 경영하다, 관리하다; (간신히) 해내다
1316	orientation	**n.** (~을 지향하는) 성향; 오리엔테이션
1317	detest	**v.** 혐오하다, 미워하다
1318	malign	**a.** 해로운, (병이) 악성의 **v.** 비방하다
1319	pathogen	**n.** 병원균, 병원체
1320	catastrophe	**n.** 큰 재해, 재앙, 대참사

DAY 34

1321	acquire	v. 습득하다, 획득하다
1322	irreplaceable	a. 대체 불가능한
1323	accustomed	a. 익숙한, 길들여진
1324	beforehand	ad. 사전에, 미리
1325	acoustic	a. 음향의, 청각의; 전자장치를 쓰지 않는
1326	activate	v. 작동시키다, 활성화시키다
1327	confine	v. 제한하다, 가두다
1328	encode	v. 암호화하다
1329	nostalgically	ad. 향수를 불러일으켜
1330	reluctant	a. 꺼리는, 주저하는, 마지못한
1331	supernaturalistic	a. 초자연적인
1332	superstitious	a. 미신적인
1333	rigorous	a. 철저한, 엄격한
1334	acquaintance	n. 아는 사람, 지인
1335	convince	v. 확신시키다, 납득시키다
1336	depletion	n. 고갈, 소모
1337	hardship	n. 고난, 고통
1338	irrelevant	a. 관련성이 없는
1339	foster	v. 육성[조성, 촉진]하다, 위탁 양육하다
1340	soak	v. 흠뻑 적시다

1341	account	**1. v.** 차지하다 **2. n.** 은행 계좌 **3. v.** 설명하다, 원인이 되다 **n.** 설명, 이야기
1342	binocular	**n.** 쌍안경 **a.** 두 눈으로 보는, 쌍안의
1343	assert	**v.** 주장하다
1344	irrational	**a.** 비이성적인
1345	righteous	**a.** (도덕적으로) 옳은, 정당한, 의로운
1346	unstable	**a.** 불안정한
1347	retirement	**n.** 은퇴, 퇴직
1348	register	**v.** 등록하다, 기재하다 **n.** 등록부
1349	barter	**v.** 물물 교환하다 **n.** 물물 교환, 교역품
1350	handicap	**n.** 장애, 불리한 조건 **v.** 방해하다, 불리하게 만들다
1351	nonverbal	**a.** 비언어적인
1352	consent	**n.** 동의, 찬성 **v.** 동의하다, 찬성하다
1353	rid	**v.** 몰아내다, 제거하다 **n.** 제거
1354	govern	**v.** 지배하다, 통치하다, 좌우하다
1355	delicacy	**n.** 진미; 여림; 사려 깊음
1356	infamous	**a.** 악명 높은, 오명이 난
1357	proliferation	**n.** 급증, 분열, 증식
1358	admonish	**v.** 훈계하다
1359	enumerate	**v.** 일일이 세다
1360	polarity	**n.** 양극성, 극성

DAY 35

1361	digest	v. 소화하다; 요약하다; n. 요약
1362	employ	v. 고용하다, 이용하다
1363	align	v. 가지런히 만들다, 조정하다, 조절하다
1364	deficiency	n. 결핍, 부족, 결함
1365	disagreement	n. 의견 충돌, 불일치
1366	discard	v. 폐기하다, 버리다, 처분하다
1367	aloof	a. 냉담한, 무관심한
1368	revitalize	v. 새로운 활력을 주다, 재활성화시키다
1369	thorough	a. 철저한
1370	throughout	p. ~ 도처에, 전체에
1371	through	p. ~을 통해
1372	patronage	n. 후원; 애용
1373	conceit	n. 자만심
1374	collaborate	v. 협력하다, 공동으로 작업하다
1375	inevitable	a. 피할 수 없는, 불가피한
1376	ornament	n. 장식 v. 장식하다
1377	outcompete	v. 능가하다, ~보다 우월하다
1378	concerning	p. ~에 관한
1379	diagnose	v. 진단하다
1380	terrain	n. 지형, 지역, 분야, 범위

1381	prompt	**1. v.** 촉발하다, 자극하다 **2. a.** 신속한, 즉각적인
1382	inflate	**v.** 부풀리다, 과장하다, (가격을) 올리다
1383	elusive	**a.** 알기 어려운; 달아나는
1384	secrecy	**n.** 비밀 유지, 비밀
1385	rubbish	**n.** 쓰레기
1386	arouse	**v.** 일깨우다, 자극하다, 계몽하다
1387	dilemma	**n.** 진퇴양난, 딜레마, 궁지
1388	distrust	**n.** 불신(감) **v.** 불신하다
1389	discern	**v.** 알아차리다, 분간하다
1390	prevailing	**a.** 지배적인, 압도적인
1391	stability	**n.** 안정, 안정성
1392	availability	**n.** 유용성, 효용, 이용할 수 있는 것
1393	indifferent	**a.** 무관심한, 그저 그런
1394	temperate	**a.** (기후가) 온화한, 절제하는
1395	transplant	**v.** 이식하다 **n.** 이식
1396	vie	**v.** 경쟁하다, 다투다
1397	interdisciplinary	**a.** 학제간의, 서로 다른 과목들 사이에 연계를 두는
1398	forge	**v.** 구축하다; 위조하다 **n.** 대장간, 제철소
1399	coherent	**a.** 일관성 있는, 소리[논리] 있는
1400	collateral	**a.** 부수적인, 이차적인

DAY 36

1401	autonomy	n. 자율성, 자치권
1402	brute	n. 짐승, 야수 a. 신체적인 힘에 의존하는
1403	grasp	v. 붙잡다; 이해하다
1404	clumsy	a. 서툰, 어설픈
1405	distress	n. 괴로움, (정신적) 고통 v. 괴롭히다
1406	spontaneous	a. 자발적인; 즉흥적인
1407	gadget	n. (작고 유용한) 장치, 도구
1408	behalf	n. 측, 편; 이익
1409	briskly	ad. 기분 좋게, 활발하게
1410	obsess	v. (생각을) 사로잡다, 강박 관념을 갖다
1411	obese	a. 과체중인, 비만인, 뚱뚱한
1412	autocratic	a. 독재의, 횡포한
1413	attrition	n. 소모
1414	interplay	n. 상호작용
1415	affectionate	a. 다정한, 애정어린
1416	spoil	v. 상하다; 아이를 버릇없이 키우다 n. 전리품, 성과
1417	necessitate	v. ~을 필요로 하다
1418	clockwise	a. 시계방향의 ad. 시계방향으로
1419	erode	v. 약화시키다, 침식[풍화]시키다
1420	publicize	v. 알리다, 광고[홍보]하다

1421	grave	**1. a.** 중대한 **2. n.** 무덤
1422	traitor	**n.** 배신자, 반역자
1423	afloat	**a.** 물에 떠 있는, 부유하는
1424	clinical	**a.** 임상의
1425	incorporate	**v.** 통합하다, 포함하다; 법인체를 설립하다
1426	approval	**n.** 승인, 인정, 찬성
1427	provoke	**v.** 불러일으키다, 선동하다, 자극하다
1428	accord	**n.** 부합, 일치 **v.** 일치하다, 부합하다
1429	sanitary	**a.** 위생적인, 청결한
1430	aesthetic	**a.** 미의, 미학의
1431	ecological	**a.** 생태계[학]의
1432	equate	**v.** 동일시하다, 일치하다
1433	metaphorical	**a.** 은유의, 비유의
1434	refrain	**v.** 그만두다, 삼가다, 억제하다 **n.** 자주 반복되는 말
1435	transaction	**n.** 거래, 매매
1436	adverse	**a.** 반대의; 불운한, 불리한
1437	composure	**n.** 침착, 평정
1438	indecipherable	**a.** 해독[판독]할 수 없는
1439	peripheral	**a.** 지엽적인, 주변부의
1440	reckless	**a.** 무모한, 부주의한, 신중하지 못한

DAY 37

1441	humble	a. 겸손한; 보잘것없는, 비천한
1442	lure	v. 유혹하다, 꾀내다 n. 유혹, 미끼
1443	legitimate	a. 타당한, 합법적인, 정당한 v. 합법으로 인정하다
1444	merge	v. 하나가 되다, 합병하다, 융합하다
1445	gland	n. 분비선, 분비샘
1446	shortsighted	a. 근시의, 근시안적인, 선견지명이 없는
1447	disrupt	v. 방해하다, 지장을 주다
1448	dwindle	v. 점점 줄어들다, 저하되다
1449	criterion	n. 기준
1450	adhesive	a. 잘 들러붙는, 접착용의 n. 접착제
1451	overtly	ad. 공공연하게
1452	covertly	ad. 은밀히
1453	conflate	v. 융합하다, 합체하다
1454	affiliation	n. 관계, 제휴
1455	attorney	n. 변호사, 대리인
1456	gigantic	a. 거대한
1457	hindsight	n. (사후에) 사정을 다 알게 됨, 뒤늦은 깨달음
1458	shortage	n. 부족, 결함
1459	appoint	v. 임명[지명]하다; (시간·장소를) 정하다
1460	burden	n. 부담 v. ~에게 부담을 지우다

1461	stable	**1. a.** 안정된 **2. n.** 마구간
1462	compensate	**v.** 보완하다, 보상하다
1463	predominate	**v.** (수적·양적으로) 지배적이다[두드러지다]
1464	despair	**n.** 절망 **v.** 절망하다
1465	tolerance	**n.** 관용; 내성, 저항력
1466	via	**p.** ~을 통해, ~을 경유하여
1467	hinder	**v.** 방해하다
1468	bastion	**n.** 요새
1469	unattainable	**a.** 달성할 수 없는, 얻기 어려운
1470	genuine	**a.** 진짜의, 진실된
1471	precondition	**n.** 전제 조건
1472	surplus	**n.** 여분, 잉여, 나머지 **a.** 나머지의
1473	apparatus	**n.** 장치, 기구, 조직
1474	correspondence	**n.** 연락, 서신; 일치
1475	keen	**a.** 강렬한, (~을) 열망하는
1476	medieval	**a.** 중세의
1477	valiant	**a.** 용감한, 용맹스런
1478	hedonic	**a.** 쾌락의, 향락적인
1479	sated	**a.** (~에) 물린, 질린
1480	contingent	**a.** 불확정적인, 우발적인 **n.** 부수적 사건

DAY 38

1481	correlation	n. 상관관계, 연관성
1482	indispensable	a. 필수불가결한
1483	overstate	v. 과장하다
1484	perpetual	a. 끊임없는, 영원한
1485	renowned	a. 저명한, 명성 있는
1486	insulate	v. 단열[절연, 방음] 처리하다, 보호하다
1487	shed	v. 떨구다, 흘리다 n. 헛간
1488	drawback	n. 문제점, 결점, 장애
1489	commute	v. 통근하다 n. 통근(거리)
1490	disjointed	a. 연결이 안 되는, 일관성이 없는
1491	marital	a. 결혼[부부](생활)의
1492	martial	a. 무술의
1493	decoy	n. 유인용 물건[사람], 미끼
1494	tremble	v. 떨다, 흔들리다
1495	adaptive	a. 적응적인, 조정의
1496	derive	v. 끌어내다, (~에서) 비롯되다, 유래하다
1497	disguise	n. 위장, 가장; 숨기다, 가리다
1498	frown	v. 눈살을 찌푸리다 n. 찡그린 얼굴
1499	exhausted	a. 기진맥진한, 고갈된
1500	trauma	n. 정신적 외상, 트라우마, 충격적 경험

1501	spare	**1. v.** (시간·돈 등을) 할애하다 **2. v.** (고생을) 면하게 하다 **3. a.** 여분의, 예비의
1502	reasonable	**a.** 타당한, 논리적인, 꽤 괜찮은
1503	solitary	**a.** 혼자의, 고독한, 고립된
1504	steady	**a.** 안정된, 한결같은, 꾸준한
1505	commodity	**n.** 상품, 물품
1506	confirm	**v.** 확인하다, 입증하다, (결심을) 굳게 하다
1507	stereotype	**n.** 인습, 고정관념
1508	statistic	**n.** 통계, 통계 자료
1509	transportation	**n.** 수송, 운송, 교통 수단[기관]
1510	disembodied	**a.** 형태가 없는, 알 수 없는 곳[사람]에서 나오는
1511	downturn	**n.** (물가·매출 등의) 감소, 하락, (경기의) 하강, 침체
1512	irrigation	**n.** 관개
1513	champion	**v.** 옹호하다, ~을 위해 싸우다 **n.** 옹호자
1514	indignation	**n.** 분개, 분노
1515	burnout	**n.** 극도의 피로, 에너지 소진
1516	remains	**n.** 남은 것, 나머지, 유물, 유적, 유해
1517	mitigation	**n.** 완화, 경감
1518	secular	**a.** 세속적인, 현세의
1519	helm	**v.** (배의 키를) 조종하다, 지휘하다 **n.** (배의) 키, 지노적 지위
1520	homogeneous	**a.** 동질적인

DAY 39

1521	shortcut	n. 지름길, 손쉬운 방법 a. 손쉬운
1522	offend	v. 감정을 상하게 하다; 범죄를 저지르다
1523	protest	n. 항의, 저항 v. 이의를 제기하다, 항의하다
1524	revenue	n. 수익
1525	allude	v. 시사(示唆)하다, 암시하다, 넌지시 말하다
1526	radical	a. 근본적인; 급진적인
1527	nourish	v. 기르다, 영양분을 주다
1528	abolish	v. 없애다, 폐지하다
1529	abundant	a. 풍부한
1530	cramped	a. (방 등이) 비좁은, 비좁아 답답한
1531	chronic	a. 만성적인
1532	chronological	a. 연대기적인
1533	accelerate	v. 가속하다, 촉진하다
1534	outstanding	a. 뛰어난, 눈에 띄는
1535	accessible	a. 접근 가능한, 이용 가능한, 이해하기 쉬운
1536	proportion	n. 비율, 부분
1537	accommodate	v. 수용하다; 적응하다
1538	accomplishment	n. 성취, 성과, 업적, 공적, 재주
1539	accumulation	n. 축적, 누적, 축적물
1540	concede	v. 인정하다

1541	legend	**1. n.** 전설, 전설적인 인물 **2. n.** (지도·도표 등의) 범례
1542	radiation	**n.** 방사(선), 복사 (에너지)
1543	prescribe	**v.** 처방하다, 규정하다
1544	primeval	**a.** 태고의, 원시적인
1545	phenomenal	**a.** 경이적인, 경탄스러운
1546	outnumber	**v.** ~보다 수가 더 많다, 수적으로 우세하다
1547	notification	**n.** 알림, 통지, 신고
1548	intact	**a.** 온전한, 손상되지 않은
1549	displace	**v.** 옮겨 놓다, 대체하다
1550	induce	**v.** 유도하다, 귀납하다
1551	identify	**v.** 확인하다, 식별하다; 동일시하다
1552	graze	**v.** 풀을 뜯다, 방목하다
1553	equip	**v.** 장비를 갖추다, 준비를 갖춰 주다
1554	embrace	**v.** 기꺼이 받아들이다, 수용하다, 포옹하다
1555	lengthy	**a.** 너무나 긴, 장황한, 지루한
1556	disregard	**v.** 무시하다 **n.** 무시, 묵살
1557	insidious	**a.** 서서히[은밀히] 퍼지는
1558	reciprocity	**n.** 호혜성
1559	volatile	**a.** 변덕스러운, 불안한, 휘발성의
1560	stigma	**n.** 오명

DAY 40

1561	integrate	v. 통합되다, 통합시키다
1562	unload	v. (짐을) 내리다
1563	superficial	a. 피상적인, 손쉬운
1564	larva	n. 애벌레, 유충, (올챙이와 같은) 유생
1565	lust	n. 강한 욕구, 욕망
1566	prior	a. 이전의, 우선하는
1567	photosynthesis	n. 광합성
1568	outpace	v. 앞지르다, 앞서다
1569	enact	v. 시행하다, (법을) 제정하다; 일어나다
1570	indulge	v. 맘껏 즐기다, 탐닉하다, 충족시키다
1571	opt	v. 선택하다
1572	apt	a. 적절한; ~하기 쉬운; 재주가 있는
1573	illusion	n. 환영, 착각
1574	feast	n. 진수성찬, 잔치, 축제 v. 즐겁게 하다
1575	erection	n. 건립, 세움, 구조물
1576	empathetic	a. 공감할 수 있는, 감정 이입의
1577	empirical	a. 경험에 의거한, 실증적인
1578	ascend	v. 올라가다, 오르다
1579	ally	n. 동맹국, 협력자 v. 지지하다
1580	unnoticed	a. 주목받지 못한, 눈에 띄지 않는, 간과되는

1581	refuse	1. v. 거절하다 2. n. 쓰레기
1582	synonymous	a. 같은[비슷한] 뜻을 갖는, 동의어[유의어]의
1583	segregation	n. 인종 차별, 차별정책, 분리
1584	reconcile	v. 화해시키다, 조화시키다
1585	prioritize	v. 우선시하다, 우선순위를 매기다
1586	solidarity	n. 연대, 결속
1587	microscopic	a. 미세한, 현미경을 이용한, 미시적인
1588	disrespectful	a. 무례한, 존중하지 않는, 경멸하는
1589	liberate	v. 해방시키다
1590	intellectual	a. 지적인, 지능의 n. 지식인, 식자
1591	inequality	n. 불평등, 불균등
1592	segment	n. 계층, 부분, 조각
1593	fertile	a. 비옥한, 기름진
1594	eruption	n. 분출, 폭발
1595	ascribe	v. ~의 탓으로 돌리다
1596	composting	n. 퇴비화
1597	indubitable	a. 확실한, 명백한
1598	castigate	v. 크게 책망하다, 혹평하다
1599	emulation	n. 모방, 본뜸; 경쟁, 겨룸, 대항
1600	delusion	n. 망상, 착각, 오해

DAY 41

1601	lifespan	n. 생애, 수명
1602	plausible	a. 그럴듯한, 가능해 보이는
1603	rate	n. 비율; 등급; 요금 v. 평가하다
1604	synthetic	a. 합성의, 종합적인
1605	logging	n. 벌목
1606	immature	a. 미숙한, 치기 어린, 다 자라지 못한
1607	outperform	v. 더 나은 결과를 내다, 능가하다
1608	outrage	v. 격노케 하다 n. 격분, 격노
1609	moan	v. 신음하다, 불평하다 n. 신음, 투덜거림
1610	imaginative	a. 상상력 넘치는[풍부한], 창의적인
1611	alteration	n. 변화, 변경, 개조, 수선
1612	alternate	a. 번갈아 생기는 v. 번갈아 나오다
1613	cumbersome	a. 번거로운, 귀찮은, 크고 무거운
1614	grip	n. 꽉 붙잡음, 통제 v. 꽉 잡다, 움켜 잡다
1615	fidelity	n. 충실, 성실, 충성, 원래 것과 똑같음
1616	regard	v. (~으로) 여기다, 평가하다 n. 관계; 관심; 평가; 존경
1617	conversion	n. 전환, 개조, 개종, 전향
1618	sensitivity	n. 민감성, 예민함, (남의 감정을 살필 줄 아는) 세심함
1619	attest	v. 증명[입증]하다
1620	vein	n. 정맥, 혈관

1621	moderate	**1. v.** 조정하다, 완화되다 **2. a.** 온건한, 적당한
1622	tactful	**a.** 요령[눈치] 있는
1623	coarse	**a.** 거친, (알갱이 등이) 굵은, 조잡한
1624	reign	**n.** 통치, 지배 **v.** 다스리다, 통치하다
1625	plunge	**v.** 뛰어들다, 급락하다
1626	pollen	**n.** 꽃가루, 화분
1627	mock	**v.** 놀리다, 조롱하다 **a.** 가짜의, 모조의
1628	lineage	**n.** 혈통
1629	infrastructure	**n.** (사회) 기반 시설, 하부 조직
1630	proclaim	**v.** 선언하다, 선포하다
1631	rusty	**a.** 무뎌진, 녹슨
1632	hands-on	**a.** (말만 하지 않고) 직접 해 보는[실천하는]
1633	deprive	**v.** 빼앗다, 강탈하다
1634	conviction	**n.** 확신; 유죄 판결
1635	efficient	**a.** 효율적인, 유능한
1636	idiosyncratic	**a.** 특유한, 기이한
1637	ephemeral	**a.** 수명이 짧은, 단명하는
1638	inadvertently	**ad.** 무심코, 우연히, 부주의로
1639	pseudonym	**n.** 익명, 필명, 가명
1640	implacably	**ad.** 무자비하게; 집념이 강하게

DAY 42

1641	alumnus	n. 남자 졸업생, 동창생, 동문
1642	profess	v. 공언하다, (사실이 아닌 것을 사실로) 주장하다
1643	profound	a. 깊은, 심오한
1644	outright	a. 노골적인, 명백한, 완전한 **ad.** 노골적으로, 명백히
1645	obedient	a. 유순한, 순종하는
1646	venue	n. (콘서트·스포츠·회담을 위한) 장소
1647	tactic	n. 전술, 전략[작전]
1648	astounding	a. 놀라운, 믿기 어려운
1649	combustion	n. 연소, 불이 탐
1650	nuance	n. (의미·소리·색상·감정상의) 미묘한 차이, 뉘앙스
1651	nuisance	n. 골칫거리, 방해, 귀찮은 사람
1652	sentiment	n. 감정, 정서, 감상
1653	monopolize	v. 독점하다, (사람의 관심·시간을) 독차지하다
1654	intersect	v. (~와) 교차하다, 가로지르다
1655	infuse	v. 불어넣다, 스미다
1656	counterpart	n. 상응하는 대상, 대응물
1657	impel	v. 몰아대다, 재촉하다, 억지로 ~시키다
1658	tangible	a. 분명히 실재하는, 유형의, 만질 수 있는
1659	coercion	n. (무력·협박에 의한) 강제[강압]
1660	impartial	a. 공정한

1661	secure	**1. a.** 안전한, 안정된, 자신 있는 **v.** 안전하게 하다, 확실하게 하다 **2. v.** 획득[확보]하다
1662	authentic	**a.** 진정한, 진짜의
1663	abhorrence	**n.** 혐오
1664	reinforce	**v.** 강화하다, 보강하다
1665	deranged	**a.** 제정신이 아닌
1666	relentlessly	**ad.** 끈질기게, 가차없이
1667	pollination	**n.** 가루받이, 수분
1668	outset	**n.** 착수, 시작, 처음, 발단
1669	literacy	**n.** 읽고 쓸 줄 아는 능력, 문해력
1670	amnesia	**n.** 기억상실증
1671	ingenious	**a.** 독창적인, 기발한
1672	condescend	**v.** 거들먹거리다, (못마땅하게) 자신을 낮추다
1673	empower	**v.** 권한을 주다, 자율권을 주다
1674	disperse	**v.** 흩어지다, 해산하다, 분산시키다
1675	disseminate	**v.** 퍼뜨리다, 전파하다
1676	counterintuitive	**a.** 반직관적인, 직관에 어긋나는
1677	malevolent	**a.** 악의 있는, 악의적인
1678	onerous	**a.** 성가신, 귀찮은, 부담스러운
1679	vermin	**n.** 해충, 해를 입히는 야생 동물[조류]
1680	gregarious	**a.** 남과 어울리기 좋아하는, 사교적인, 군생의

DAY 43

1681	ambiguity	n. 모호성, 애매성, 애매모호함
1682	withhold	v. 억제하다
1683	abound	v. 아주 많다, 풍부하다
1684	deterministic	a. 결정론(자)적인
1685	commemorate	v. 기념하다
1686	vulnerable	a. 상처받기 쉬운, 취약한
1687	analogy	n. 비유, 유사성
1688	sullenly	ad. 뚱하게, 시무룩하게
1689	prolonged	a. 오래 계속되는, 장기적인
1690	temporal	a. 시간의, 시간적인, 현세적인
1691	temporary	a. 일시적인
1692	contemporary	a. 현대의, 동시대의
1693	ponder	v. 곰곰이 생각하다, 심사숙고하다
1694	identical	a. 동일한, 일란성의
1695	compassion	n. 동정, 연민
1696	monumental	a. 기념비적인, 엄청난, 대단한
1697	intrinsic	a. 내적인, 본질적인, 내재하는, 고유한
1698	introspective	a. 자기 성찰적인
1699	hamper	v. 방해하다 n. (음식 운반용) 바구니
1700	enclose	v. 동봉하다, 둘러싸다

1701	resort	**1. v.** 의지하다 **n.** 의지 **2. n.** 휴양지, 리조트
1702	deterioration	**n.** 악화, (가치의) 하락, 저하
1703	outspoken	**a.** 거침없이[노골적으로] 말하는
1704	distortion	**n.** 왜곡, 찌그러뜨림
1705	cuisine	**n.** 요리, 요리법
1706	authoritative	**a.** 권위적인
1707	amendment	**n.** 개정, 수정
1708	surmise	**v.** 추측하다
1709	explicitly	**ad.** 명시적으로, 명쾌하게
1710	replenish	**v.** (원래처럼) 다시 채우다, 보충하다
1711	obligation	**n.** 의무, 책임
1712	immortality	**n.** 불멸, 죽지 않음
1713	locomotive	**n.** 기관차 **a.** 보행 운동의
1714	perishable	**a.** 상하기 쉬운, 잘 썩는
1715	flammable	**a.** 가연[인화]성의, 불에 잘 타는
1716	execution	**n.** 실행; 처형
1717	abreast	**ad.** 나란히
1718	olfactory	**a.** 후각의
1719	fraternity	**n.** 형제애, 동포애; 협회[조합]
1720	ostracize	**v.** (사람을) 외면하다, 배척하다

DAY 44

1721	yearn	v. 열망하다, 그리워하다
1722	abuse	n. 남용, 학대 v. 남용하다, 학대하다
1723	dissociative	a. 분리적인, 단절적인
1724	endorse	v. 지지하다, 보증하다, 배서하다
1725	deterrent	a. 방해하는, 전쟁 억지의 n. 제지하는 것, 방해물
1726	culinary	a. 요리[음식]의
1727	stake	n. 위험; 내기 v. 돈을 걸다; 말뚝에 매다
1728	avalanche	n. (눈·산)사태
1729	anatomy	n. 해부학
1730	simultaneously	ad. 동시에
1731	banish	v. 추방하다, 제거하다
1732	vanish	v. 사라지다
1733	repression	n. 억압, 탄압, 진압
1734	prone	a. ~하기 쉬운, ~하는 경향이 있는
1735	populate	v. ~에 살다, ~을 차지하다, 거주시키다
1736	formidable	a. 감당할 수 없는, 어마어마한
1737	mundane	a. 재미없는, 일상적인
1738	municipal	a. 지방 자치제의, 시[읍, 군]의
1739	harass	v. 괴롭히다, 억제하다
1740	flatter	v. 아첨하다, 알랑거리다, 추켜세우다

1741	compound	1. n. 혼합물 v. 혼합하다 a. 합성의 2. v. 가중시키다, 악화시키다
1742	encompass	v. 포괄하다, 포함[망라]하다, 아우르다
1743	exert	v. (힘·영향력을) 가하다, 발휘하다
1744	usher	v. 안내하다, 개시하다 n. 안내원
1745	deadlock	n. 교착 상태
1746	compliance	n. 준수, 따름
1747	pesticide	n. 살충제
1748	anecdote	n. 일화
1749	accompany	v. 동행하다; 반주하다
1750	inflamed	a. 염증이 생긴, 충혈된, 흥분한
1751	slaughter	n. 대량 학살 v. 도살하다, 학살하다
1752	reprove	v. 꾸짖다, 책망하다
1753	propaganda	n. 선전 활동, 과장된 선전
1754	obstruction	n. 방해, 차단
1755	novice	n. 초보자
1756	imperceptible	a. (너무 작아서) 감지할 수 없는
1757	hypnotize	v. 최면을 걸다
1758	garner	v. (정보·지지 등을) 얻다[모으다]
1759	mediocre	a. 보통 밖에 안 되는, 썩 좋지는 않은
1760	pedagogy	n. 교육, 교수, 교육학

DAY 45

1761	anonymously	ad. 익명으로
1762	hazardous	a. 위험한, 해로운
1763	exemplify	v. 전형적으로 보여주다, 예시하다
1764	forager	n. 수렵 채집인
1765	endow	v. (~에게) 부여하다, 기부하다
1766	detrimental	a. 유해한, 해로운
1767	deceitful	a. 기만적인, 부정직한
1768	compress	v. 압축하다, 압박하다
1769	beholder	n. 보는 사람, 구경꾼
1770	anguish	n. (극심한) 괴로움, 비통
1771	pratfall	n. 난처한 실수, 엉덩방아
1772	pitfall	n. 함정, 위험
1773	resilience	n. 회복력, 탄성
1774	postpone	v. 연기하다
1775	painstaking	a. 공들인, 빈틈없는
1776	parable	n. 우화
1777	ingest	v. (음식 등을) 섭취하다
1778	implant	v. 심다, 주입하다, 이식하다
1779	harbor	v. 품다, 숨겨주다 n. 항만, 은신처
1780	debris	n. 잔해, 쓰레기

1781	fair	**1. a.** 공정한 **2. a.** 적정한, 타당한 **3. n.** 박람회, 시장
1782	dissect	**v.** 해부하다
1783	divergent	**a.** 발산하는, 확산적인, 분기하는
1784	devastating	**a.** 대단히 파괴적인, 엄청난 손상을 가하는
1785	deviate	**v.** (일상·예상 등을) 벗어나다
1786	decelerate	**v.** 속도를 줄이다, 감속하다
1787	conceive	**v.** (생각 등을) 마음에 품다, (계획 등을) 생각해 내다; 임신하다
1788	bequest	**n.** 유산, 유증 (재산)
1789	acquisition	**n.** 습득, 구입
1790	threshold	**n.** 문지방, 경계점, 한계점
1791	solidify	**v.** 굳어지다, 굳히다, 확고히 하다
1792	resonate	**v.** 울려 퍼지다, 공명이 잘 되다
1793	precaution	**n.** 예방조치, 조심
1794	intuition	**n.** 직관력, 직관, 직감
1795	uphold	**v.** 떠받치다, 지지하다, 유지하다, 확인하다
1796	demeanor	**n.** 태도, 처신, 품행
1797	discrepancy	**n.** 차이, 불일치
1798	plight	**n.** 역경, 곤경
1799	malleable	**a.** 순응성이 있는, (부러시지 않고) 잘 변하는
1800	trajectory	**n.** 궤적, 궤도

DAY 46

1801	hardwired	a. 타고나는, 하드웨어에 내장된
1802	implicit	a. 암시적인, 내포된
1803	concurrent	a. 공존하는, 동시에 발생하는
1804	engross	v. 열중하게 하다
1805	divine	a. 신의, 신성한
1806	domestication	n. 길들이기, 사육, 재배
1807	devoid	a. 결여된, ~이 없는 v. 빼앗다
1808	decode	v. 해독하다
1809	fossilization	n. 화석화
1810	acknowledge	v. 인식하다, 인정하다; 감사를 표하다
1811	oversee	v. 감시하다, 감독하다
1812	overlook	v. 간과하다; 내려다보다
1813	antisocial	a. 반사회적인, 비사교적인
1814	transcend	v. 초월하다
1815	spacious	a. (공간이) 넓은, 훤히 트인
1816	proportional	a. (~에) 비례하는
1817	proposition	n. 명제, 제의
1818	investigate	v. 조사하다, 수사하다
1819	implement	v. 실행하다 n. 도구
1820	inheritance	n. 상속받은 재산, 유산, 유전, 상속

1821	discipline	**1.** n. 학문 (분야), 학과 **2.** n. 훈련, 훈육, 규율 v. 훈련[단련]하다
1822	hectic	a. 정신없이 바쁜, 빡빡한
1823	existential	a. (인간의) 존재에 관한, 실존주의적인
1824	enhance	v. 높이다, 향상시키다
1825	enlightenment	n. 계몽, 깨달음
1826	diffuse	v. 분산시키다, 퍼지다, 번지다 a. 산만한, 분산된
1827	deconstruct	v. 해체하다
1828	antibiotic	n. 항생 물질, 항생제
1829	bizarre	a. 기이한, 특이한
1830	admittedly	ad. 인정하건대
1831	transient	a. 일시적인, 순간적인
1832	spatial	a. 공간의, 공간적인
1833	retract	v. 철회하다, 취소하다
1834	mythology	n. 신화, 근거 없는 믿음
1835	magnitude	n. 규모, (엄청난) 중요도
1836	inherent	a. 내재하는
1837	infringement	n. 침해, 위반
1838	repercussion	n. (간접적) 영향, (빛의) 반사, (소리의) 반향
1839	instigation	n. 선동, 부추김
1840	succinct	a. 간단명료한, 간결한

DAY 47

1841	conform	v. 따르다, 순응하다
1842	consensus	n. 의견 일치, 합의
1843	impractical	a. 실용[실제]적이지 않은, 터무니없는, 비현실적인
1844	fragile	a. 부서지기[깨지기] 쉬운, 허약한
1845	exploratory	a. 탐사의, 탐구의
1846	enroll	v. 등록하다, 입학하다
1847	expertise	n. 전문성, 전문 지식
1848	redemption	n. 구원, 상환, 되찾기
1849	debug	v. 결함을 찾아 고치다, 디버그하다
1850	bilateral	a. 쌍방의, 쌍무적인, 양쪽의
1851	inhibit	v. 억제[저해]하다
1852	inhabit	v. ~에 살다, 거주하다
1853	appendix	n. 맹장, 충수; 부록
1854	advent	n. 도래, 출현, 등장
1855	transit	n. 대중 교통, 수송, 통과, 환승
1856	speculate	v. 추측하다, 사색하다; 투기하다
1857	parallel	a. 평행의; 유사한 n. 평행선
1858	irreversible	a. (이전 상태로) 되돌릴[철회할] 수 없는
1859	naughty	a. 버릇없는, 말을 안 듣는
1860	managerial	a. 경영의, 관리의, 운영의

1861	attribute	1. v. ~의 탓으로 여기다 2. n. 속성
1862	duplicate	v. 복제하다, 복사하다 a. 똑같은 n. 사본
1863	fabricate	v. 날조하다[조작하다]; 제작하다
1864	fragment	n. 파편, 일부분 v. 산산이 부서지다
1865	fuel	n. 연료 v. 연료를 가하다
1866	frictionless	a. 마찰이 없는
1867	ensure	v. 보장하다, 확실하게 하다
1868	deficit	n. 부족(액), 적자, 결손
1869	bluff	v. 허세를 부리다 n. 허세, 엄포
1870	proximity	n. (거리·시간상으로) 가까움[근접]
1871	adversary	n. 상대방, 적수 a. 상대방의, 적수의
1872	offspring	n. 자식, 새끼, 성과
1873	majestic	a. 장엄한, 위풍당당한
1874	navigational	a. 항해의, 항행의, 비행의, 항공의
1875	transparent	a. 투명한, 명백한
1876	dehydrated	a. 건조된, 탈수된
1877	replicate	v. 복제하다, 반복하다
1878	ancillary	a. 보조적인, 부수적인
1879	congenial	a. 마음에 맞는, (~에) 적질힌
1880	procrastination	n. 지연, 지체, 미룸

DAY 48

1881	consistent	a. 일관된; 일치하는
1882	improbable	a. 사실[있을 것] 같지 않은, 희한한, 별난
1883	hint	n. 단서, 전조, 징후 v. 넌지시 암시하다, 힌트를 주다
1884	hollow	a. 속이 빈
1885	irrespective	a. ~을 무시하고
1886	jeopardy	n. 위험, (유죄가 될) 위험성
1887	facilitate	v. 용이하게 하다, 촉진하다
1888	entail	v. 수반하다; 의미하다
1889	deduce	v. 추론[추정]하다, 연역하다
1890	discord	n. 불일치, 불화, 불협화음 v. 일치하지 않다
1891	blend	n. 혼합물 v. 섞다
1892	bland	a. 단조로운, 특징 없는
1893	bounty	n. 풍부함, 너그러움; 포상금
1894	arbitrary	a. 임의적인, 독단적인
1895	prosperity	n. 번영, 번성, 번창
1896	surveillance	n. 감시
1897	optical	a. 시각적인
1898	circular	a. 원의, 순환의
1899	initiate	v. 개시하다, 착수시키다; 입회시키다
1900	improvisation	n. 즉흥 연주, 즉석에서 하기

1901	oblige	**1.** v. 강요하다, 의무를 지우다 **2.** v. 고맙게 여기게 하다, 도움을 베풀다
1902	elastic	a. 탄력 있는 n. 고무줄
1903	substitute	v. 대체하다 n. 대체재, 대체물, 대리자
1904	furiously	ad. 몹시 화가 나서
1905	electorate	n. (집합적) 유권자
1906	defy	v. 반항하다, (공공연히) 무시하다, 물리치다
1907	consolidate	v. 공고히 하다, 굳히다[강화하다]; 통합하다
1908	brag	v. 자랑하다, 떠벌리다
1909	adversity	n. 역경, 곤경
1910	retreat	v. 후퇴하다 n. 후퇴, 피난처
1911	patent	n. 특허 a. 특허를 받은 v. 특허권을 얻다
1912	penetrate	v. 침투하다, 관통하다
1913	neural	a. 신경의
1914	impeccable	a. 흠 잡을 데 없는, 완벽한
1915	judicious	a. 현명한, 신중한
1916	weather	v. (역경 등을) 견디다; 풍화시키다, 변색하다 n. 날씨, 기상
1917	construe	v. 해석하다, 이해하다
1918	sublime	a. 숭고한
1919	fraudulent	a. 기만의, 사기성의, 사기를 치는
1920	viable	a. 실행 가능한, 성공할 수 있는, 독자생존 가능한

DAY 49

1921	injustice	n. 불의, 부당성, 불평등
1922	innate	a. 타고난, 선천적인
1923	refutation	n. 반박, 논박
1924	hostility	n. 적의, 적대감, 적개심, 강한 반감
1925	inadequately	ad. 불충분하게, 부적당하게
1926	entitled	a. (~할) 자격이 있는
1927	myriad	a. 무수히 많은 n. 무수히 많음
1928	straightforward	a. 간단명료한, 복잡하지 않은; 솔직한
1929	retrospect	n. 회상, 추억 v. 회고하다, 추억에 잠기다
1930	archive	n. 기록 보관소 v. 기록 보관소에 보관하다
1931	discrete	a. 별개의
1932	discreet	a. 신중한, 조심스러운
1933	constraint	n. 제약, 제한
1934	prudence	n. 신중함, 사려 분별, 조심, 빈틈 없음
1935	thesis	n. 논지, 학위 논문
1936	preserve	v. 보존하다, 보호하다
1937	prestige	n. 명성, 위신
1938	optimal	a. 최적의
1939	mandatory	a. 의무적인, 강제하는, 필수인
1940	juvenile	a. 성장기의, 소년소녀의 n. 청소년

1941	feature	**1. v.** ~을 특징으로 하다 **n.** 특징 **2. n.** 특집 기사 **3. v.** 포함하다
1942	inclined	**a.** ~할 경향이 있는, ~하고 싶은 마음이 있는
1943	humane	**a.** 인도적인, 인정 있는, 잔혹하지 않은
1944	entangle	**v.** 얽어매다, (걸어서) 꼼짝 못하게 하다
1945	falsehood	**n.** 거짓, 거짓말하기
1946	elicit	**v.** (정보·반응 등을) 끌어내다, 유도하다
1947	disempower	**v.** ~로부터 영향력[권력]을 빼앗다
1948	deliberate	**a.** 의도적인; 신중한 **v.** 숙고하다
1949	bureaucratic	**a.** 관료의, 관료주의적인
1950	arguably	**ad.** 주장하건대, 거의 틀림없이
1951	aggregate	**n.** 합계, 총액 **a.** 종합한 **v.** 종합하다
1952	overrun	**v.** 침략하다, 압도하다; 급속히 퍼지다; 초과하다
1953	satiation	**n.** 포만(감), 물릴 정도로 먹음
1954	subsidy	**n.** 보조금, 장려금
1955	provocative	**a.** 도발적인, 화를 돋우는
1956	frugal	**a.** 검소한, 절약하는
1957	inimical	**a.** (~에) 해로운[반하는, 불리한], 적대적인
1958	heterogeneous	**a.** 이질적인, 이종의, 혼성의, 잡다한
1959	philanthropist	**n.** 박애주의자, 자선 활동가
1960	succumb	**v.** 굴복하다

DAY 50

1961	hilarious	a. 아주 우스운
1962	pension	n. 연금, 생활 보조금
1963	niche	n. 틈새, 아주 꼭 맞는 자리
1964	replace	v. 대체하다
1965	marginalize	v. 과소평가하다, 소외시키다
1966	landmark	n. 주요 지형지물, 랜드마크, 현저한 사건[발견], 경계표
1967	install	v. 설치하다
1968	inconsequential	a. 중요하지 않은, 하찮은; 불합리한
1969	fallacy	n. 오류, 틀린 생각
1970	aggressive	a. 공격적인
1971	humility	n. 겸손
1972	humiliation	n. 굴욕, 창피
1973	entity	n. 실체, 독립체
1974	embed	v. 깊숙이 박다, 내재하다
1975	disorientation	n. 방향 상실, 혼미
1976	superb	a. 매우 뛰어난
1977	aristocrat	n. 귀족
1978	disobedient	a. 복종[순종]하지 않는, 반항하는
1979	undermine	v. 약화시키다
1980	rhetoric	n. 수사학, 수사적 표현

1981	bound	**1.** a. (~에) 묶여 있는 **2.** a. 반드시 ~하는 **3.** v. 경계를 이루다 n. 경계, 범위
1982	presume	v. 추정하다, 간주하다
1983	nocturnal	a. 야행성의, 밤에 일어나는
1984	nomad	n. 유목민, 방랑자
1985	markedly	ad. 현저하게, 두드러지게
1986	protagonist	n. 주인공; 주창자[지지자]
1987	laboriously	ad. 힘들여, 공들여
1988	instantaneously	ad. 순간적으로; 즉석으로; 동시에
1989	prosodic	a. 운율적인
1990	hybrid	n. 잡종, 복합물, 혼합물 a. 혼합의, 혼혈의, 잡종의
1991	falsification	n. 위조, 변조, (사실의) 곡해
1992	entrepreneur	n. 사업가, 기업가
1993	embellish	v. (이야기를) 윤색하다, 장식하다, 꾸미다
1994	overtake	v. 추월하다, 따라잡다; (폭풍·재난 등이) 덮치다
1995	contemplate	v. 숙고하다, 고려하다; 응시하다
1996	censorship	n. 검열
1997	enigma	n. 수수께끼, 불가사의한 것
1998	inoculation	n. (예방) 접종, 주입
1999	nimble	a. 민첩한
2000	constrict	v. 수축하다, 위축시키다

memo

memo

memo